重庆统计年鉴 2010

CHONGQING MUNICIPAL BUREAU OF STATISTICS
NBS SURVEY OFFICE IN CHONGQING

重庆市统计局　国家统计局重庆调查总队　编

CHONGQING STATISTICAL YEARBOOK 2010

2010

CHONGQING STATISTICAL YEARBOOK 2010

重庆市统计局 国家统计局重庆调查总队 编
CHONGQING MUNICIPAL BUREAU OF STATISTICS
NBS SURVEY OFFICE IN CHONGQING

（京）新登字041号

图书在版编目（CIP）数据

重庆统计年鉴. 2010 / 重庆市统计局，国家统计局重庆调查总队编. -- 北京 ：中国统计出版社，2010.7

ISBN 978-7-5037-5970-3

Ⅰ. ①重… Ⅱ. ①重… ②国… Ⅲ. ①统计资料—重庆市—2010—年鉴 Ⅳ. ①C832.719-54

中国版本图书馆CIP数据核字（2010）第122881号

重庆统计年鉴 2010

作　　者：重庆市统计局　国家统计局重庆调查总队
责任编辑：佘竞雄　王立群
E-mail：yearbook@stats.gov.cn
责任校对：何相莹
封面设计：海耐特　王　波
出版发行：中国统计出版社
通信地址：北京市西城区三里河月坛南街57号　中国统计出版社
邮　　编：100826
电　　话：(010) 63376907
印　　刷：重庆市三元包装技术有限公司
经　　销：新华书店
开　　本：890×1240毫米 1/16
字　　数：168万字
印　　张：34.75
印　　数：1-5500
版　　别：2010年8月第1版
版　　次：2010年8月第1次印刷
书　　号：ISBN 978-7-5037-5970-3/C.2343
定　　价：320.00元

ISBN 978-7-5037-5970-3

希望重慶市堅持以鄧小平理論和『三個代表』重要思想爲指導，全面落實科學發展觀，緊緊抓住國家實施西部大開發戰略和老工業基地振興戰略的寶貴機遇，進一步完善思路，真抓實干，把重慶加快建成西部地區的重要增長極、長江上游地區的經濟中心、城鄉統籌發展的直轄市，在西部地區率先實現全面建設小康社會的目標。

胡锦涛总书记『314』讲话

春江水暖
鸭先知

辛巳小雪 王鸿举

闪光数据见证重庆嬗变

——《重庆统计年鉴》序

通常而言，大到一个国家、一个城市，小到一个人，但凡睿智者，都会通过审视自己的成长历程，来不断提高和升华。

岁月倥偬，重庆直辖已有十余个年头。这十多年，坚毅果敢的重庆人民爬坡上坎，负重前进，成功战胜了亚洲金融风暴、非典疫情、国际金融危机和特大洪涝旱灾，基本完成了中央交办的百万移民、扶贫攻坚、生态环保和老工业基地改造振兴等四件大事，全市综合经济实力和可持续发展能力显著增强，城乡面貌日新月异，三次产业协调发展，国有民营外资并肩发力，社会事业全面进步，生态环境持续改善，民生实惠愈来愈多，全市上下呈现出心齐气顺、风正劲足的良好局面。这些荡气回肠的往事和令人瞩目的成就，都通过真实客观的数据，镌刻在《重庆统计年鉴》之中。

当前的重庆，肩负胡锦涛总书记“314”总体部署和全国统筹城乡综合配套改革试验区的历史使命，坐拥国家中心城市、西部综合交通枢纽、金融商贸物流中心等“黄金定位”，正在全面建设“五个重庆”，着力打造内陆开放高地，加速推进城镇化、工业化和城乡统筹一体化，昂首阔步在率先实现全面小康的征程上。这些奋发之为和创意之举，必将为《重庆统计年鉴》增添更加闪光的数据，增添更加华美的篇章。

统计数字是量化的历史，是各级党委、政府科学决策的重要基础，是城乡居民和工商企业生产消费的重要依据。编纂《重庆统计年鉴》，就是为了给关心支持重庆的海内外朋友提供方便，让他们更直观、更真实地了解重庆、掌握重庆；更是为了给投身于重庆改革发展大业的全体市民以启迪，让他们从中把握规律性、体现时代性、富于创造性。所以，广大统计工作者务必守护好统计工作的生命线，确保统计数字的真实性和公信力，使之成为服务发展不可或缺的教科书、工具书。

我相信，重庆，这个富有活力和理性的年轻直辖市，定能在鉴往知来中茁壮成长！

是为序。

重庆市市长 [signature]

7.15

《重庆统计年鉴—2010》

CHONGQING STATISTICAL YEARBOOK 2010

编 者 说 明

一、《重庆统计年鉴—2010》是由重庆市统计局和国家统计局重庆调查总队编纂、中国统计出版社公开出版发行的一部全面记录重庆市经济建设和社会发展情况的大型资料性年刊。本书收录了重庆市历史重要年份和2009年经济和社会各方面的统计数据，以及各区县（自治县）主要统计资料。

二、全书共二十二章，包括1.综合 2.国民经济核算 3.人口与就业 4.固定资产投资 5.能源消费 6.财政 7.人民生活与物价 8.城镇建设 9.资源和环境 10.要素市场 11.农业和农村经济 12.工业 13.建筑业 14.运输和邮电 15.国内贸易 16.对外经济贸易和旅游业 17.金融业 18.教育、科技和文化业 19.卫生、体育和其他社会活动 20.区县和开发区 21.三峡工程重庆库区移民 22.基本单位名录库；同时附录一个篇章，收集了全国及各省（自治区、直辖市）主要统计资料。每章前设《简要说明》，介绍本章节的主要内容和资料来源，章末附有《主要统计指标解释》。

三、本年鉴统计资料来源：大部分来自统计年报，部分来自抽样调查。

四、本年鉴所使用的度量衡单位均采用国际统一标准计量单位；各种分类标准均采用国家统一分类标准。

五、本年鉴部分数据的合计数或相对数，由于计量单位取舍不同而产生的计算误差未作机械调整。

六、本年鉴各表的部分指标注解位于该表下方或最后一张续表的下方。

七、本年鉴中符号的使用说明：“…”表示数据不足本表最小单位数；“空格”表示该项统计指标数据不详或无该项数据；“#”表示其中的主要项。

八、本年鉴在编辑、翻译过程中得到诸多单位和同志的大力支持，在此深表谢意。限于我们的水平，加之时间仓促，各界人士在使用资料时如发现错误和不足，恳请提出批评指正。

EDITOR'S NOTES

Ⅰ. Chongqing Statistical Yearbook 2010 is a large statistical yearbook compiled by Chongqing Municipal Bureau of Statistics and NBS Survey Office in Chongqing and published by China Statistics Press, which records the economic construction and social development of Chongqing in an all-round way. The yearbook covers the comprehensive data on Chongqing's social and economic development in 2009 and some major years in the history, as well as the major statistics on all the districts and counties (autonomous counties).

Ⅱ. The yearbook contains 22 chapters, namely 1. Comprehensive Statistics, 2. National Economic Accounting, 3. Population and Employment, 4. Investment in Fixed Assets, 5. Energy Consumption, 6. Government Finance, 7. People's Livelihood and Prices, 8. Urban Construction, 9. Resources and Environment, 10. Markets of Key Factors, 11. Agriculture and Rural Economy, 12. Industry, 13. Construction, 14. Transport, Postal and Telecommunication Services, 15. Domestic Trade, 16. Foreign Economic Relations, Trade and Tourism, 17. Financial Intermediation, 18. Education, Science & Technology and Culture, 19. Public Health, Sports and Other Social Activities, 20. Districts and Development Zones, 21. Resettlement of Chongqing Reservoir Area of Three Gorges Project and 22. Statistics on Basic Units. There is also an Appendix which covers the main data of the whole nation and other provinces, autonomous regions and municipalities. There is a Brief Introduction at the beginning of each chapter, which introduces the main contents of the chapter and the sources of data. The Explanatory Notes on Main Statistical Indicators is provided at the end of each chapter.

Ⅲ. Most of the data in this publication are obtained from the annual statistical reports, while some others are obtained from sample surveys.

Ⅳ. The units of measurement used in this yearbook are international standard measurement units; and the basis of classification of this book complies with the national uniform standard.

Ⅴ. The statistical discrepancies of the total values or relative values due to rounding are not adjusted in this yearbook.

Ⅵ. The notes concerning individual indicators are placed at the lower part of the table or the lower part of the last page.

Ⅶ. Notations used in this yearbook: "…" indicates that the figure is not large enough to be measured with the smallest unit in the table; "(blank space)" indicates that the date are unknown or are not available; "#" indicates the major items of the total.

Ⅷ. We'd like to send our sincere acknowledgement various units and comrades for their vigorous assistances during the edition and translation of this yearbook. Due to our limited ability and the hasty time, faults and shortage are unavoidable. Any criticism or suggestion is appreciated.

Contents

一 综合

COMPREHENSIVE STATISTICS

二 国民经济核算

NATIONAL ECONOMIC ACCOUNTING

三 人口与就业

POPULATION AND EMPLOYMENT

四 固定资产投资

INVESTMENT IN FIXED ASSETS

五 能源消费

ENERGY CONSUMPTION

六 财 政
GOVERNMENT FINANCE

七　人民生活与物价

PEOPLE'S LIVING CONDITIONS AND PRICE OF GOODS

八 城镇建设

URBAN CONSTRUCTION

九 资源和环境

RESOURCES AND ENVIRONMENT

十 要素市场

MARKETS OF KEY FACTORS

十一 农业和农村经济

AGRICULTURE AND RURAL ECONOMY

十二　工　业

INDUSTRY

十三 建筑业

CONSTRUCTION

十四 运输和邮电

TRANSPORT, POSTAL AND TELECOMMUNICATION SERVICES

十五 国内贸易

DOMESTIC TRADE

十六 对外经济贸易和旅游业

FOREIGN ECONOMIC RELATIONS, TRADE AND TOURISM

十七 金融业

FINANCIAL INTERMEDIATION

十八　教育、科技和文化业

EDUCATION, SCIENCED& TECHNOLOGY AND CULTURE

十九 卫生、体育和其他社会活动

PUBLIC HEALTH, SPORTS AND OTHER SOCIAL ACTIVITIES

二十 区县和开发区

DISTRICTS, COUNTIES AND DEVELOPMENT ZONES

二十一 三峡工程重庆库区移民情况

RESETTLEMENT OF THE RESIDENTS IN CHONGQING RESERVOIR AREA OF THREE GORGES PROJECT

二十二 基本单位名录库

STATISTICS ON BASIC UNITS

附 录

APPENDIX

1

综　合

Comprehensive Statistics

简要说明 Brief Introduction

本章主要包括重庆市行政区划、国民经济和社会发展综合资料，由市统计局综合处根据有关部门资料进行整理和编辑。

行政区划资料由市民政局提供。

This chapter mainly covers the data of Chongqing's administrative divisions and national economic and social development. The data of this chapter are sorted and compiled by Division of Comprehensive Statistics, Chongqing Municipal Bureau of Statistics on the basis of the information provided by the relevant departments.

The data of administrative divisions are provided by Chongqing Civil Affairs Bureau.

1—1 行政区划（2009 年）
Administrative Divisions (2009)

单位：个 (unit)

地 区	Region	乡 Townships	镇 Towns	街道办事处 Urban Sub-district Offices	居委会 Neighborhood Committees	村委会 Village Committees
全市总计	**Total**	**267**	**578**	**164**	**2175**	**8803**
万州区	Wanzhou District	12	29	11	184	448
涪陵区	Fuling District	6	12	8	77	339
渝中区	Yuzhong District			12	76	
大渡口区	Dadukou District		3	5	44	32
江北区	Jiangbei District		3	9	71	51
沙坪坝区	Shapingba District		11	14	119	86
九龙坡区	Jiulongpo District		11	7	90	106
南岸区	Nan'an District		7	7	78	63
北碚区	Beibei District		12	5	57	119
万盛区	Wansheng District		8	2	30	57
双桥区	Shuangqiao District		2	1	9	13
渝北区	Yubei District		12	12	92	241
巴南区	Ba'nan District		14	8	77	198
黔江区	Qianjiang District	12	12	6	63	156
长寿区	Changshou District		14	4	24	223
江津区	Jiangjin District		22	4	78	185
合川区	Hechuan District		23	7	56	331
永川区	Yongchuan District		16	7	50	210
南川区	Nanchuan District	16	15	3	58	192
綦江县	Qijiang County		17	3	47	314
潼南县	Tongnan County	3	17	2	21	281
铜梁县	Tongliang County	3	22	3	57	269
大足县	Dazu County		22	2	49	242
荣昌县	Rongchang County		15	6	75	92
璧山县	Bishan County	1	10	2	36	151
梁平县	Liangping County	8	24	2	24	315
城口县	Chengkou County	17	6	2	15	188
丰都县	Fengdu County	7	21	2	48	347
垫江县	Dianjiang County	4	21		56	245
武隆县	Wulong County	14	12		24	187
忠 县	Zhongxian County	6	22		46	319
开 县	Kaixian County	13	21	6	65	439
云阳县	Yunyang County	16	24	2	76	433
奉节县	Fengjie County	14	16		54	332
巫山县	Wushan County	14	11		30	308
巫溪县	Wuxi County	15	15		26	298
石柱土家族自治县	Shizhu County	15	17		27	214
秀山土家族苗族自治县	Xiushan County	18	14		32	235
酉阳土家族苗族自治县	Youyang County	25	14		8	270
彭水苗族土家族自治县	Pengshui County	28	11		26	274

注：居委会个数包含社区居委会数；北部新区的居委会和村委会数已分别分解到九龙坡区和渝北区。

Note: The number of neighborhood committees includes the community committees. The neighborhood committees and village committees of in the New Northen Zone have been covered by Jiulongpo District and Yubei District respectively.

1—2 国民经济和社会发展总量与速度指标

指标	Item	总量指标 Aggregate Indicators 1995	1996
人口与就业	**Population and Employment**		
人　口（万人）	**Population (10 000 persons)**		
年末常住人口	Year-end Resident Population		2875.30
#城镇人口	Urban		848.21
乡村人口	Rural		2027.09
#男性人口	Male		
女性人口	Female		
就　业（万人）	**Employment (10 000 persons)**		
就业人员数	Employed Persons	1709.26	1719.43
#职工人数	Staff and Workers	294.25	294.63
城镇登记失业人数	Regitered Unemployment in Urban Areas	10.47	10.95
宏观经济	**Macroeconomic Indicators**		
国民经济核算（亿元）	**National Economic Accounting (100 million yuan)**		
本市生产总值	Gross Domestic Product	1123.06	1315.12
第一产业	Primary Industry	264.19	287.56
第二产业	Secondary Industry	492.67	568.99
#工　业	Industry	436.21	502.06
第三产业	Tertiary Industry	366.20	458.57
固定资产投资（亿元）	**Investment in Fixed Assets (100 million yuan)**		
全社会固定资产投资总额	Total Investment in Fixed Assets	270.97	320.73
城　镇	Urban		228.60
建设项目	Construction Projects		172.98
房地产开发	Real Estate Development		55.62
农　村	Rural		92.13
农村非农户	Non-Rural Households		40.06
农　户	Rural Households		52.07
财　政（亿元）	**Government Finance (100 million yuan)**		
地方财政收入	Revenue of Local Government	46.01	54.94
地方财政支出	Expenditure of Local Government	66.22	79.42
物价总指数（上年=100）	**Price Indices (preceding year=100)**		
居民消费价格总指数	Consumer Price Index	119.4	109.7
工业品出厂价格指数	Producer Price Indices for Manufactured Goods		104.1
原材料、燃料、动力购进价格指数	Purchasing Price Indices of Raw Material, Fuel and Power		106.3
商品零售价格总指数	Retail Price Index	116.3	106.1
产　业	**Industry**		
农　业	**Agriculture**		
乡村从业人员（万人）	Rural Employment (10 000 persons)	1349.34	1330.44
农林牧渔业总产值（亿元）	Gross Output Value of Farming, Forestry, Animal Husbandry and Fishery (100 million yuan)	377.83	424.99
#农　业	Farming	227.89	271.38
林　业	Forestry	10.67	11.55
牧　业	Animal Husbandry	130.42	131.17
渔　业	Fishery	8.84	10.89
主要农产品产量（万吨）	Output of Major Farm Products (10 000 tons)		
粮　食	Grain	1153.68	1172.14
油　料	Oil-bearing Crops	25.12	23.60
烟　叶	Tobacco	7.80	13.24

注：本表数据本市生产总值、工业增加值速度指标按可比价计算，其余指标均为自然增长。

Principal Aggregate and Growth Rate Indicators of National Economic and Social Development

总量指标 Aggregate Indicators				速度指标（%） Growth Rate							
				指数（2009 为以下各年） Index (2009 as percentage of the following years)					平均增长速度 Average Annual Growth Rate		
2000	2005	2008	2009	1995	1996	2000	2005	2008	1996-2000	2001-2005	1997-2009
2848.82	2798.00	2839.00	2859.00		99.4	100.4	102.2	100.7		-0.4	…
1013.88	1265.95	1419.09	1474.92		173.9	145.5	116.5	103.9		4.5	4.3
1834.94	1532.05	1419.91	1384.08		68.3	75.4	90.3	97.5		-3.5	-2.9
1479.06	1409.83	1435.64	1445.75			97.7	102.5	100.7		-1.0	
1369.76	1388.17	1403.36	1413.25			103.2	101.8	100.7		0.3	
1690.00	1611.57	1646.44	1668.83	97.6	97.1	98.7	103.6	101.4	-0.2	-0.9	-0.2
208.87	209.66	229.59	234.90	79.8	79.7	112.5	112.0	102.3	-6.6	0.1	-1.7
10.15	16.89	13.02	13.44	128.4	122.7	132.4	79.6	103.2	-0.6	10.7	1.6
1791.00	3467.72	5793.66	6530.01	457.2	410.4	290.0	171.4	114.9	9.5	11.1	11.5
284.87	463.40	575.40	606.80	159.6	152.3	142.0	116.6	105.5	2.4	4.0	3.3
760.03	1564.00	3057.78	3448.77	647.4	577.0	390.4	197.1	117.8	10.6	14.6	14.4
633.98	1293.81	2607.15	2917.40	661.4	589.0	407.2	203.3	117.2	10.2	14.9	14.6
746.10	1440.32	2160.48	2474.44	449.2	392.3	256.9	161.3	113.3	11.8	9.8	11.1
655.81	2006.32	4045.25	5317.92	1962.5	1658.1	810.9	265.1	131.5	19.3	25.1	24.1
531.38	1838.42	3781.56	4958.74		2169.2	933.2	269.7	131.1		28.2	26.7
391.75	1320.69	2790.56	3719.83		2150.4	949.5	281.7	133.3		27.5	26.6
139.63	517.73	991.00	1238.91		2227.5	887.3	239.3	125.0		30.0	27.0
124.43	167.90	263.69	359.18		389.9	288.7	213.9	136.2		6.2	11.0
59.52	96.09	181.27	268.93		671.3	451.8	279.9	148.4		10.1	15.8
64.91	58.29	82.42	90.24		173.3	139.0	154.8	109.5	5.7	2.0	3.7
104.46	394.96	963.34	1165.71	2533.6	2121.8	1115.9	147.8	121.0	17.8	30.5	26.5
202.46	625.35	1448.56	1806.07	2727.4	2274.1	892.1	163.8	124.7	25.0	25.3	27.2
96.7	100.8	105.6	98.4								
98.6	103.0	105.8	95.5								
105.6	108.2	112.2	95.0								
95.5	98.7	105.0	97.3								
1352.60	1366.91	1379.89	1379.94	102.3	103.7	102.0	101.0	100.0	…	0.2	0.4
412.63	662.19	871.39	913.11	241.7	214.9	221.3	137.9	104.8	1.9	3.8	6.3
244.74	358.30	465.47	522.84	229.4	192.7	213.6	145.9	112.3	1.3	2.6	5.7
10.82	19.97	29.34	34.14	319.9	295.5	315.5	170.9	116.4	-5.7	8.0	9.3
141.99	249.50	344.15	319.42	244.9	243.5	225.0	128.0	92.8	2.8	5.0	6.7
15.08	23.80	21.15	24.27	274.5	222.9	160.9	102.0	114.8	11.4	5.7	5.4
1131.21	1168.19	1153.21	1137.20	98.6	97.0	100.5	97.3	98.6	-0.4	0.6	-0.3
31.06	42.71	35.76	40.54	161.4	171.8	130.5	94.9	113.4	4.3	6.6	4.7
10.41	9.02	8.55	9.99	128.1	75.5	96.0	110.8	116.8	5.9	-2.8	-4.1

Note: The indicators of GDP and growth rate of value-added of industry are calculated at constant prices, while the other indicators are the value of natural growth.

1-2 续表 1

指　　标	Item	总量指标 Aggregate Indicators 1995	1996
茶　　叶	Tea	1.75	1.55
水　　果	Fruit	59.29	56.62
肉　　类	Meat	127.22	133.22
#猪　肉	Pork	112.27	114.18
水 产 品	Aquatic Products	12.13	14.07
工　　业（规模以上）	**Industry (above Desingated Size)**		
工业总产值（亿元）	Gross Output Value of Industry (100 million yuan)		730.41
工业增加值（亿元）	Value-added of Industry (100 million yuan)		199.72
主营业务收入（亿元）	Revenue from Principal Business (100 million yuan)		711.34
利税总额（亿元）	Total Pre-tax Profits (100 million yuan)		48.04
经济效益综合指数（%）	Comprehensive Index of Economic Benefit (%)		63.77
产品销售率（%）	Sales as Percentage of Output (%)		96.50
全员劳动生产率（元/人年）	Overall Labor Productivity (yuan/person-year)		13546
主要工业产品产量	Output of Major Industrial Products		
原　　煤（万吨）	Coal (10 000 tons)		1498.72
天 然 气（亿立方米）	Natural Gas (100 million cu.m)		26.10
发 电 量（亿千瓦时）	Electricity (100 million kw·h)		128.73
钢　　材（万吨）	Steel Products (10 000 tons)		117.55
铝　　材（万吨）	Aluminum Products (10 000 tons)		7.36
微型计算机设备（台）	Micro-computers (unit)		
水　　泥（万吨）	Cement (10 000 tons)		648.76
汽　　车（万辆）	Motor Vehicles (10 000 vehicles)		12.41
#轿　车（万辆）	Cars (10 000 vehicles)		1.34
摩 托 车（万辆）	Motorcycles (10 000 vehicles)		177.36
啤　　酒（万千升）	Beer (10 000 kiloliters)		28.54
卷　　烟（亿支）	Cigarettes (100 million units)		453.91
建筑业（资质等级四级以上）	**Construction (Grade 4 and above)**		
建筑业总产值（亿元）	Gross Output Value of Construction (100 million yuan)		205.30
建筑业增加值（亿元）	Value-added of Construction (100 million yuan)		56.43
房屋施工面积（万平方米）	Floor Space Under Construction (10 000 sq.m)		4065
房屋竣工面积（万平方米）	Floor Space Completed (10 000 sq.m)		2277
交通运输业	**Transportation**		
客运量（万人）	Passenger Traffic (10 000 persons)	39731	42370
铁　　路	Railway	1962	972
公　　路	Highway	34379	37410
水　　运	Waterway	3352	3900
民　　航	Civil Aviation	38	88
货运量（万吨）	Freight Traffic (10 000 tons)	22796	24339
铁　　路	Railway	2960	1633
公　　路	Highway	18253	20214
水　　运	Waterway	1582	2491
民　　航	Civil Aviation	0.70	1.20
港口货物吞吐量（万吨）	Cargo Throughput of Ports (10 000 tons)	853	1076

注：1）工业总产值的绝对值和指数按现价计算；工业增加值的绝对值按现价计算，指数按可比价计算。
2）建筑业2003年起的所有数据均不包括劳务分包企业；其增加值2003年前按工程结算利润计算，从2003年起按营业利润计算（以下各表同）。
3）从2000年起民航货运量按新制度统计，旅客行李不再计入货运。
4）1996年起铁路数据按重庆现地域进行了调整（以下各表同）。
5）2008年公路、水路数据按部门专项调查作了调整。

1-2 CONTINUED-1

总量指标 Aggregate Indicators				速度指标（%） Growth Rate							
				指数（2009 为以下各年） Index (2009 as percentage of the following years)					平均增长速度 Average Annual Growth Rate		
2000	2005	2008	2009	1995	1996	2000	2005	2008	1996-2000	2001-2005	1997-2009
1.45	1.65	2.17	2.26	129.1	145.8	155.9	137.0	104.1	-3.7	2.6	3.5
81.68	154.63	193.28	212.87	359.0	376.0	260.6	137.7	110.1	6.6	13.6	11.0
143.91	178.39	177.59	187.72	147.6	140.9	130.4	105.2	105.7	2.5	4.4	2.2
122.45	144.46	140.65	146.52	130.5	128.3	119.7	100.0	104.2	1.8	3.4	1.6
20.03	25.06	19.06	20.39	168.1	144.9	101.8	81.4	107.0	10.6	4.6	2.0
962.32	2525.87	5755.90	6772.90					115.2		21.3	18.7
287.50	716.36	1829.63	2189.39					118.5		19.5	16.9
959.36	2515.17	5667.61	6624.71		931.3	690.5	263.4	116.9		21.3	18.7
85.57	256.48	601.71	710.50		1479.0	830.3	277.0	118.1		24.6	23.0
87.10	139.40	204.00	204.40								
99.10	98.79	98.00	98.30								
31081	77511	156167	159484		1177.4	513.1	205.8	102.1		20.1	20.9
1149.90	1957.79	3702.86	4290.79		286.3	373.1	219.2	115.9		11.2	8.4
38.98	57.09	79.50	75.70		290.3	194.2	132.6	95.2		7.9	8.5
167.90	234.03	396.64	428.26		332.7	255.1	183.0	108.0		6.9	9.7
156.98	294.70	487.20	477.44		406.2	304.1	162.0	98.0		13.4	11.4
13.98	39.36	79.76	75.15		1021.1	573.6	190.9	94.2		23.0	19.6
		26457.00	2090.00					7.9			
1402.78	2100.69	3230.51	3610.99		556.6	257.4	171.9	111.8		8.4	14.1
24.59	42.15	76.64	118.65		951.6	482.5	281.5	154.8		11.4	19.0
4.82	15.33	40.72	63.30		4723.9	1313.3	412.9	155.5		26.0	34.5
191.07	420.84	774.90	761.74		429.5	398.7	181.0	98.3		17.1	11.9
50.42	53.87	68.01	72.77		255.0	144.3	135.1	107.0		1.3	7.5
343.50	396.08	451.00	476.00		104.9	138.6	120.2	105.5		2.9	0.4
348.66	783.57	1496.32	1915.25		932.9	549.3	244.4	128.0		17.6	18.7
94.52	171.61	485.00	506.01		896.7	535.3	294.9	104.3		12.7	18.4
6088	10723	15619	16476		405.3	270.6	153.7	105.5		12.0	11.4
3084	5155	6485	7473		328.2	242.3	145.0	115.2		10.8	9.6
56969	60436	107191	114598	288.43	270.47	201.16	189.6	106.91	7.5	1.2	8.0
1442	1224	2472	2603	132.67	267.79	180.51	212.7	105.28	-6.0	-3.2	7.9
53170	57600	102680	110150	320.40	294.44	207.17	191.2	107.28	9.1	1.6	8.7
2240	1388	1578	1226	36.59	31.45	54.75	88.4	77.72	-7.7	-9.1	-8.5
117	224	461	619	1627.97	702.99	528.74	276.2	134.23	25.2	13.9	16.2
26852	39200	63651	68491	300.46	281.40	255.07	174.7	107.60	3.3	7.9	8.3
1812	1923	2086	2182	73.70	133.59	120.40	113.4	104.59	-9.3	1.2	2.3
23646	33378	54589	58532	320.67	289.56	247.53	175.4	107.22	5.3	7.1	8.5
1392	3896	6971	7771	491.24	311.98	558.29	199.5	111.48	-2.5	22.8	9.1
2.40	2.88	5.19	6.12	874.29	510.00	255.00	212.5	117.92	27.9	3.7	13.4
2448	5251	7893	8612	1009.57	800.34	351.78	164.0	109.11	23.5	16.5	17.3

Note: a) The value and index of gross output value of industry are calculated at current price; the value-added of industry is calculated at current price while the index is calculated at constant price.

b) All the data of construction has not included labor subcontractors since 2003. The value-added is calculated upon the settled profit before 2003 and upon the operation profit since 2003 (the same for the tables below).

c) Since 2000, the cargo turnover of civil aviation has been calculated by the new statistic system, and the luggage of passengers is no longer accounted in.

d) The data of railway has been modified based on the present administrative division of Chongqing since1996(the same for the tables below).

e) The data of highway and waterway has been modified according to the specialized survey by the related departments since 2008.

1-2 续表 2

指标	Item	总量指标 Aggregate Indicators	
		1995	1996
邮电通信业	**Postal and Telecommunication Services**		
邮电业务总量（亿元）	Business Volume (100 million yuan)	10.96	15.99
本地电话用户（万户）	Local Telephone Subscribers (10 000 subscribers)	37.24	66.50
移动电话用户（万户）	Mobile Telephone Subscribers (10 000 subscribers)	3.62	9.00
互联网络用户（万户）	Internet Subscribers (10 000 subscribers)		0.03
国内贸易（亿元）	**Domestic Trade(100 million yuan)**		
社会消费品零售总额	Retail Sales of Consumer Goods	416.13	498.63
#批发零售贸易业	Wholesale and Retail Trade	367.52	438.07
餐饮业	Catering Trade	43.88	54.45
对外贸易（亿美元）	**Foreign Trade(USD 100 million)**		
进出口总值	Total Imports and Exports	14.19	15.85
进口总值	Imports	5.71	9.92
出口总值	Exports	8.47	5.94
利用内外资	**Utilization of Domestic and Foreign Capital**		
实际利用外资额（亿美元）	Foreign Capital Actually Utilized (USD 100 million)	6.16	4.42
#外商直接投资额	Foreign Direct Investment	3.79	2.19
实际利用内资额（亿元）	Domestic Capital Actually Utilized (100 million yuan)		34.11
国际旅游	**International Tourism**		
国际旅游人数（万人次）	International Tourists (10 000 person-time)	14.29	16.18
旅游外汇收入（万美元）	Foreign Exchange Earnings from International Tourism (USD 10 000)	6333	7090
金融保险业（亿元）	**Finance and Insurance (100 million yuan)**		
金融机构人民币存款年末余额	Deposit Balance of RMB of Financial Institutions	676.70	846.43
#城乡居民储蓄存款	Saving Deposits of Urban and Rural Residents	401.45	500.71
金融机构人民币贷款年末余额	Loan Balance of RMB of Financial Institutions	755.39	913.93
股票筹资额（亿元）	Raised Capital of Shares (100 million yuan)	5.30	10.41
保险公司保费收入	Insurance Premium of Insurance Companies		12.82
保险公司赔款及给付	Indemnity Expenditure and Payment of Insurance Companies		6.48
教育、科技、文化	**Education, Science & Technology and Culture**		
教　育	**Education**		
专任教师（人）	Full-time Teachers (person)		
#普通高等学校	Regular Institutions of Higher Education	9409	9400
普通中等专业学校	Specialized Secondary Schools	4542	4505
普通中学	Regular Secondary Schools	67498	69503
小　学	Primary Schools	117497	117711
在校学生数（万人）	Student Enrollment (10 000 persons)		
#普通高等学校	Regular Institutions of Higher Education	7.34	7.99
普通中等专业学校	Specialized Secondary Schools	6.27	6.95
普通中学	Regular Secondary Schools	97.71	101.27
小　学	Primary Schools	263.86	273.71
教育经费支出（亿元）	Expenditure on Education (100 million yuan)		
科　技	**Science and Technology**		
技术市场成交额（万元）	Transaction Value of Technology Market (10 000 yuan)	26360	34344

注：1）邮电业务总量 2001 年前为 1990 年不变价，2001 年及以后为 2000 年不变价口径（以下各表同）。
2）普通高等学校数据含研究生。

1-2 CONTINUED-2

总量指标 Aggregate Indicators				速度指标（%） Growth Rate							
				指数（2009 为以下各年） Index (2009 as percentage of the following years)					平均增长速度 Average Annual Growth Rate		
2000	2005	2008	2009	1995	1996	2000	2005	2008	1996-2000	2001-2005	1997-2009
85.82	210.15	424.75	489.84	4469.34	3063.41	570.78	233.1	115.3	50.9	19.6	30.1
268.43	688.91	688.10	627.73	1685.63	943.95	233.85	91.1	91.2	48.4	20.7	18.8
160.00	943.40	1281.70	1440.92	39804.42	16010.22	900.58	152.7	112.4	113.3	42.6	47.8
10.00	128.66	189.57	203.80		679333.33	2038.00	158.4	107.5		66.7	97.1
719.95	1227.80	2147.10	2479.01	496.0	414.0	286.7	201.9	115.5	11.6	11.0	13.1
627.36	1052.92	1793.53	2048.96	469.1	393.6	274.8	194.6	114.2	11.3	10.7	12.6
84.16	163.57	307.0	381.27	672.6	542.0	350.7	233.1	124.2	13.9	14.0	16.1
17.85	42.93	95.21	77.09	543.3	486.4	431.9	179.6	81.0	4.7	19.2	12.9
7.90	17.72	37.99	34.29	600.5	345.7	434.1	193.5	90.3	6.7	17.5	10.0
9.95	25.21	57.22	42.80	505.3	720.5	430.2	169.8	74.8	3.3	20.4	16.4
3.45	7.04	28.57	41.92	680.5	948.4	1215.1	595.5	146.7	-10.9	15.3	18.9
2.44	5.16	27.29	40.16	1059.6	1833.8	1645.9	778.3	147.2	-8.4	16.2	25.1
43.04	205.90	842.84	1468.02		4303.7	3410.9	713.0	174.2		36.8	33.6
26.61	52.39	87.19	104.81	733.4	647.8	393.9	200.1	120.2	13.2	14.5	15.5
13837	26436	44977	53721	848.3	757.7	388.2	203.2	119.4	16.9	13.8	16.9
1904.71	4727.72	8021.95	10933.00	1615.6	1291.7	574.0	231.3	136.3	23.0	19.9	21.8
1085.36	2545.85	3988.96	4908.68	1222.7	980.3	452.3	192.8	123.1	22.0	18.6	19.2
1881.29	3719.52	6190.72	8766.06	1160.5	959.2	466.0	235.7	141.6	20.0	14.6	19.0
22.63		12.73	17.56	331.3	168.7	77.6		137.9	33.7		4.1
27.71	73.10	200.56	244.70		1908.7	883.1	334.7	122.0		21.4	25.5
8.27	17.59	45.64	56.63		873.9	684.8	321.9	124.1		16.3	18.1
10449	20184	28398	29883	317.6	317.9	286.0	148.1	105.2	2.1	14.1	26.0
4125	2333	2105	2035	44.8	45.2	49.3	87.2	96.7	-1.9	-10.8	-14.7
81766	93997	103111	106544	157.8	153.3	130.3	113.3	103.3	3.9	2.8	8.9
119014	114326	119161	117460	100.0	99.8	98.7	102.7	98.6	0.3	-0.8	0.0
13.25	35.79	48.50	52.33	712.9	654.9	394.9	146.2	107.9	12.5	22.0	45.6
8.45	9.69	11.39	11.06	176.4	159.1	130.9	114.1	97.1	6.1	2.8	9.7
147.79	173.52	190.79	192.02	196.5	189.6	129.9	110.7	100.6	8.6	3.3	13.7
276.13	260.98	224.39	208.14	78.9	76.0	75.4	79.8	92.8	0.9	-1.1	-5.3
		256.19	327.71					127.9			
296594	357059	621884	456190	1730.6	1328.3	153.8	127.8	73.4	62.3	3.8	67.7

Note: a) The business volumes of postal and telecommunication services before 2001 are calculated at the constant price of 1990, while the data after 2001 are calculated at the constant price of 2000 (the same for the tables below).
b) The data of regular institutions of higher education include the postgraduates.

1-2 续表 3

指　　标	Item	总量指标 Aggregate Indicators	
		1995	1996
文　　化	**Culture**		
图书出版数量（万册、万张）	Books Published (10 000 copies)	15219	13023
杂志出版数量（万册）	Magazines Published (10 000 copies)		
报纸出版数量（万份）	Newspaper Published (10 000 copies)		
电视人口覆盖率（%）	Television Coverage of Population (%)	75.00	78.90
广播人口覆盖率（%）	Radio Coverage of Population (%)	85.00	86.30
家庭、生活	**Family and Living Standards**		
家　　庭	**Family**		
城市居民平均每户家庭人口（人）	Population per Urban Household (person)	3.01	3.08
农村居民平均每户家庭人口（人）	Population per Rural Household (person)	3.90	3.85
婚　　姻	**Marital Statistics**		
内地居民登记结婚对数（万对）	Marriages of Inland Residents (10 000 couples)		26.44
内地居民登记离婚对数（万对）	Divorces of Inland Residents (10 000 couples)		1.68
居　　住	**Residence**		
城市居民人均房屋建筑面积（平方米）	Per Capita Residential Space of Urban Residents (sq.m)	8.13	8.00
农村居民人均住房面积（平方米）	Per Capita Residential Space of Rural Residents (sq.m)	23.50	24.44
工资和收入	**Wages and Income**		
城镇非私营单位职工工资总额（亿元）	Total Wages of Employees of Urban Non-private Units (100 million yuan)	130.93	145.49
城镇非私营单位在岗职工平均工资（元）	Average Salaries of Employees of Urban Non-private Units(yuan)	4508	5010
城镇居民人均可支配收入（元）	Per Capita Disposable Income of Urban Residentss (yuan)		
城市居民人均可支配收入（元）	Per Capita Disposable Income of Metropolitan Residents (yuan)	4375.43	5022.96
农村居民人均纯收入（元）	Per Capita Net Income of Rural Residents (yuan)	1270.41	1479.05
城乡居民人均人民币储蓄存款额（元）	Per Capita Saving Deposits of Urban and Rural Residents (yuan)	1337	1656
卫　　生	**Public Health**		
医院、卫生院（个）	Hospitals and Health Centers (unit)	2505	2567
卫生技术人员（人）	Medical Technical Personnel (person)	86041	87542
＃执业（助理）医师	Licensed (Assistant) Doctors	31169	30733
卫生机构床位数（张）	Number of Beds in Health Care Institutions (bed)	67243	66339
市政建设	**Municipal Construction**		
供水总量（万立方米）	Water Supply (10 000 cu.m)		84548
天然气供气总量（万立方米）	Natural Gas Supply (10 000 cu.m)		111980
排水管道长度（公里）	Length of Draining Pipelines (km)		1857
道路长度（公里）	Length of Urban Roads (km)		2652
公共绿地面积（公顷）	Public Green Areas (hectare)		1104
环　　境	**Environment**		
化学需氧量排放量（万吨）	Discharged Volume of COD (10 000 tons)		
二氧化硫排放量（万吨）	Discharged Volume of SO_2 (10 000 tons)		

注：1）“城市居民人均房屋建筑面积”2002年前数据为“人均房屋居住面积”。
2）2002年起卫生统计指标名称变更，统计口径变化，不可与往年同比：2002年起卫生技术人员和床位不包括医学院校、卫生学校和计生站；执业（助理）医师2002年以前统计口径为“医生”（以下各表同）。

1-2 CONTINUED-3

总量指标 Aggregate Indicators				速度指标（%） Growth Rate							
				指数（2009 为以下各年） Index (2009 as percentage of the following years)					平均增长速度 Average Annual Growth Rate		
2000	2005	2008	2009	1995	1996	2000	2005	2008	1996-2000	2001-2005	1997-2009
11198	11320	13677	13185	86.6	101.2	117.7	116.5	96.4	-6.0	0.2	0.2
3480	4082	6108	6356			182.6	155.7	104.1		3.2	
48674	54731	60321	59862			123.0	109.4	99.2		2.4	
93.70	95.96	96.42	96.46	128.6	122.3	102.9	100.5	100.0		0.5	4.1
89.90	92.49	92.88	92.89	109.3	107.6	103.3	100.4	100.0		0.6	1.5
3.05	3.13	2.95	2.93	97.3	95.1	96.1	93.6	99.3	0.3	0.5	-0.4
3.70	3.71	3.70	3.61	94.9	96.1	100.0	97.3	97.6	-1.0	0.1	-0.5
19.02	18.32	26.12	30.01		113.5	157.8	163.8	114.9		-0.7	2.6
2.07	5.65	7.37	8.31		494.6	401.4	147.1	112.8		22.2	37.7
10.72	22.17	27.34	27.41	337.1	342.6	255.7	123.6	100.3	7.6	19.9	10.1
29.58	32.91	35.03	35.73	149.1	143.3	118.4	108.6	102.0	4.7	2.2	3.1
173.23	345.82	613.78	716.14	547.0	492.2	413.4	207.1	116.7	5.8	14.8	13.0
8020	16630	26985	30965	686.9	618.1	386.1	186.2	114.7	9.9	15.7	15.0
		14367.55	15748.67					109.6			
6176.30	10243.99	15708.74	17191.10	392.9	342.3	278.3	167.8	109.4	7.1	10.6	9.9
1892.44	2809.32	4126.21	4478.35	324.8	279.0	218.0	159.4	108.5	8.3	8.2	8.4
3511	8033	12247	14986	1120.9	905.0	426.8	186.6	122.4	21.3	18.0	18.5
2250	1463	1396	1404	56.0	54.7	62.4	96.0	100.6			
88619	78780	88746	97199	113.0	111.0	109.7	123.4	109.5			
44940	37321	39417	41943	134.6	136.5	93.3	112.4	106.4			
65666	64674	81950	92689	137.8	139.7	141.2	143.3	113.1			
70722	82751	87433	92321		109.2	130.5	111.6	105.6		2.6	0.7
75257	204679	223084	256569		229.1	340.9	125.4	115.0		22.8	6.6
2806	7095	7899	9033		486.4	321.9	127.3	114.4		14.8	12.9
3299	5547	5937	6335		238.9	192.0	114.2	106.7		6.9	6.9
1588	7977	10504	12960		1173.9	816.1	162.5	123.4		26.8	20.9
		24	24					100.0			
		78	75					96.2			

Note: a) The data of "per capita residential space of urban residents" was formerly "per capital residential space" before 2002.

b) Due to the change of names and statistic scopes of the indicators of public health in 2002, the indicators are not comparable with the data in previous years: since 2002, the medical technical personnel and the number of beds have no longer included the data of medical universities, health schools and family plan service stations; the indicator of licensed (assistant) doctor was formerly "doctor" before 2002 (the same for the tables below).

1—3 国民经济和社会发展结构指标
Structural Indicators of Natinal Economic and Social Development

单位：% (%)

指　　标	Item	1995	1996	2000	2008	2009
人口与就业	**Population and Employment**					
人　　口	**Population**					
城镇乡村人口结构	By Urban and Rural Areas		100.0	100.0	100.0	100.0
城　镇	Urban		29.5	35.6	50.0	50.00
乡　村	Rural		70.5	64.4	51.6	48.4
性别结构	By Sex			100.0	100.0	100.0
男	Male			51.9	50.6	50.6
女	Female			48.1	49.4	49.4
就　　业	**Employment**					
产业结构	By Industry	100.0	100.0	100.0	100.0	100.0
第一产业	Primary Industry	59.6	58.3	55.5	45.4	44.0
第二产业	Secondary Industry	18.2	18.6	17.3	20.6	21.3
第三产业	Tertiary Industry	22.2	23.1	27.2	34.0	34.7
登记注册类型结构	By Status of Registration		100.0	100.0	100.0	100.0
国有经济	State-owned		11.5	8.8	7.3	7.2
集体经济	Collective-owned		71.5	66.7	49.0	47.0
私营和个体	Private and Individuals		16.3	22.3	36.9	38.7
其他经济	Others		0.7	2.2	6.8	7.1
宏观经济	**Macroeconomic Indicators**					
国民经济核算	**National Economic Accounting**					
本市生产总值结构	GDP by Industry	100.0	100.0	100.0	100.0	100.0
第一产业	Primary Industry	23.5	21.9	15.9	9.9	9.3
第二产业	Secondary Industry	43.9	43.3	42.4	52.8	52.8
#工　业	Industry	38.8	38.2	35.4	45.0	44.7
第三产业	Tertiary Industry	32.6	34.8	41.7	37.3	37.9
固定资产投资	**Investment in Fixed Assets**					
城乡结构	By Urban and Rural Areas		100.0	100.0	100.0	100.0
城　镇	Urban		71.3	81.0	93.5	93.2
建设项目	Construction Projects		53.9	59.7	69.0	69.9
房地产开发	Real Estate Development		17.4	21.3	24.5	23.3
农　村	Rural		28.7	19.0	6.5	6.8
农村非农户	Non-Rural Households		12.5	9.1	4.5	5.1
农　户	Rural Households		16.2	9.9	2.0	1.7
产业结构	By Industry	100.0	100.0	100.0	100.0	100.0
第一产业	Primary Industry	0.6	0.7	1.4	2.2	3.7
第二产业	Secondary Industry	39.4	36.1	21.7	35.5	35.6
第三产业	Tertiary Industry	60.0	63.2	76.9	62.3	60.7

1-3 续表 1 CONTINUED-1

单位：% (%)

指 标	Item	1995	1996	2000	2008	2009
财 政	**Government Finance**					
财政收入结构	By Level of Government	100.0	100.0	100.0	100.0	100.0
中 央	Central	45.1	41.7	36.0	25.3	24.1
地 方	Local	54.9	58.3	64.0	74.7	75.9
产 业	**Industry**					
农 业	**Agriculture**					
农林牧渔业产值结构	Gross Output Value of Farming, Forestry, Animal Husbandry and Fishery	100.0	100.0	100.0	100.0	100.0
农 业	Farming	60.3	63.9	59.3	53.4	57.3
林 业	Forestry	2.8	2.7	2.6	3.4	3.7
牧 业	Animal Husbandry	34.5	30.9	34.4	39.5	35.0
渔 业	Fishery	2.4	2.5	3.7	2.4	2.7
农林牧渔服务业	Agricultural Services				1.3	1.4
工 业	**Industry**					
规模以上工业增加值结构	Value-added of Industrial Enterprises above Designated Size		100.0	100.0	100.0	100.0
轻工业	Light Industry		28.9	36.1	31.1	31.0
重工业	Heavy Industry		71.1	63.9	68.9	69.0
运输业	**Transportation**					
货运量结构	Freight Traffic	100.0	100.0	100.0	100.0	100.0
#铁 路	Railway	13.0	6.7	6.7	3.3	3.2
公 路	Highway	80.1	83.1	88.1	85.7	85.5
水 运	Waterway	6.9	10.2	5.2	11.0	11.3
国内商业	**Domestic Trade**					
社会消费品零售总额结构	Retail Sales of Consumer Goods	100.0	100.0	100.0	100.0	100.0
市	City	58.6	58.9	57.0	61.3	61.4
县	County	12.9	12.3	13.2	13.4	13.4
县以下	Below County Level	28.5	28.8	29.8	25.3	25.2
对外经济贸易	**Foreign Economic Relations and Trade**					
实际利用外资结构	Actual Utilization of Foreign Capital	100.0	100.0	100.0	100.0	100.0
对外借款	Foreign Loans	33.2	47.0	28.8	4.2	3.5
外商直接投资	Foreign Direct Investment	61.6	49.6	70.8	95.5	95.8
外商其他投资	Other Foreign Investment	5.2	3.4	0.4	0.3	0.7
进出口总值结构	Imports and Exports	100.0	100.0	100.0	100.0	100.0
进 口	Imports	40.3	62.6	44.3	39.9	44.5
出 口	Exports	59.7	37.4	55.7	60.1	55.5
旅 游	**Tourism**					
国际旅游人数结构	International Tourists	100.0	100.0	100.0	100.0	100.0
#外国人	Foreigners	65.5	66.9	72.5	85.2	80.9
港澳台同胞	Compatriots from Hongkong, Macao and Taiwan	34.3	32.9	27.5	14.8	19.1

1-3 续表 2 CONTINUED-2

单位：% (%)

指　标	Item	1995	1996	2000	2008	2009
生活、环境	**Living Standards and Environment**					
生　活	**Living Standards**					
城市居民消费结构	Consumption of Urban Households	100.0	100.0	100.0	100.0	100.0
#服务性消费支出	Expenditure for Services				26.5	26.3
#食　品	Food	48.7	49.0	40.4	39.1	37.2
衣　着	Clothing	14.0	14.5	10.1	12.0	12.5
居　住	Residence	5.5	5.5	9.0	9.6	8.7
农村居民生活消费结构	Consumption for Living of Rural Households	100.0	100.0	100.0	100.0	100.0
#食　品	Food	64.7	63.2	53.6	53.3	49.1
衣　着	Clothing	5.3	5.5	4.4	5.6	6.3
居　住	Residence	12.7	13.2	14.3	11.4	12.9
卫　生	**Public Health**					
卫生技术人员结构	Medical Technical Personnel (person)	100.0	100.0	100.0	100.0	100.0
#执业（助理）医师	Licensed (Assisstant) Doctors	36.2	35.1	50.7	44.4	43.2
注册护士	Registered Nurses	21.7	22.0	23.4	55.6	56.8
卫生机构床位结构	Beds in Health Care Institutions			100.0	100.0	100.0
#医院	Hospitals			59.0	64.7	63.0
环　境	**Environment**					
治理工业污染资金使用结构	Uses of Fund in Industrial Pollution Control			100.0	100.0	100.0
治理废水	Waste Water Control			48.1	35.8	40.7
治理废气	Waste Gas Control			41.9	50.1	53.0
治理固体废物	Solid Waste Control			3.8	4.6	0.8
治理噪声	Noise Control			0.8	3.1	1.0
其　他	Others			5.4	6.4	4.4

1—4 人均主要社会经济活动水平
Per Capita Main Social and Economic Activities

单位：元 (yuan)

指 标	Item	1995	1996	2000	2008	2009
国民经济核算	**National Economic Accounting**					
本市生产总值	Gross Domestic Product	3931	4574	6274	20490	22920
主要农产品产量（公斤）	**Output of Major Farm Products (kg)**					
粮 食	Grain	385	389	367	354	347
油 料	Oil-bearing Crops	8	11	10	11	12
肉 类	Meat	42	44	47	55	57
#猪 肉	Pork	38	38	40	43	45
水 产 品	Aquatic Products	4	5	6	6	6
水 果	Fruit	20	19	27	59	65
主要工业产品产量（规模以上工业）	**Output of Major Industrial Products (Industrial Enterprises over Designated Size)**					
原 煤（公斤）	Coal (kg)		498	373	994	1310
天 然 气（立方米）	Natural Gas (cu.m)		87	126	244	231
发 电 量（千瓦时）	Electricity (kw·h)		427	545	1194	1307
钢 材（公斤）	Steel Products (kg)		39	51	138	146
铝 材（公斤）	Aluminum Products (kg)		2	5	24	23
水 泥（公斤）	Cement (kg)		215	455	963	1102
啤 酒（升）	Beer (liter)		9	16	21	22
卷 烟（支）	Cigarettes (unit)		1507	1115	1385	1453
国内商业	**Domestic Trade**					
社会消费品零售总额	Retail Sales of Consumer Goods	1242	1479	2088	6337	7568
财政、金融	**Government Finance and Financial Intermediation**					
地方财政收入	Revenue of Local Government	153	182	339	2958	3559
城乡居民储蓄存款余额	Saving Deposits of Urban and Rural Residents	1337	1656	3511	12247	14986
职工工资、居民收入	**Wages and Income**					
城镇经济单位职工平均工资	Average Annual Wages of Staff and Workers of Urbanz Economic Units	4508	5010	8020	26985	30965
城市居民人均可支配收入	Per Capita Disposable Income of Urban Residents	4375	5023	6176	15709	17191
农村居民人均纯收入	Per Capita Net Income of Rural Residents	1270	1479	1892	4126	4478

注：本市人均生产总值按常住人口计算，城市、农村居民收入为抽样调查数，其他人均指标均按户籍人口计算。
Note: The Per capita GDP is calculated by permanent population; the per capita income of urban and rural residents is the data of sample survey; and other per capita indicators in this talbe are based on registered population.

1—5 平均每天主要社会经济活动
Average Daily Social and Economic Activities

指标	Item	1995	1996	2000	2008	2009
每天创造的财富	**Daily Production**					
本市生产总值（万元）	Gross Domestic Product (10 000 yuan)	30769	36031	49068	158730	178904
第一产业	Primary Industry	7238	7878	7805	15764	16625
第二产业	Secondary Industry	13498	15589	20823	83775	94487
#工业	Industry	11951	13755	17369	71429	79929
第三产业	Tertiary Industry	10033	12564	20441	59191	67793
地方财政收入（万元）	Revenue of Local Government (10 000 yuan)	1254	1500	2862	26393	31937
粮食（吨）	Grain (ton)	31608	32113	30992	31595	31156
油料（吨）	Oil-bearing Crops (ton)	688	647	851	980	1111
肉类（吨）	Meat (ton)	3485	3560	3943	4865	4014
#猪肉	Pork	3076	3128	3355	3853	5143
水产品（吨）	Aquatic Products (ton)	332	385	549	522	559
原煤（吨）	Coal (ton)		41061	31504	101448	117556
天然气（万立方米）	Natural Gas (10 000 cu.m)		715	1068	2178	2074
发电量（万千瓦小时）	Electricity (10 000 kw·h)		3527	4600	10867	11733
钢材（吨）	Steel Products (ton)		3221	4301	13348	13081
水泥（吨）	Cement (ton)		17774	38432	88507	98931
汽车（辆）	Motor Vehicles (unit)		340	674	2100	3251
#轿车	Cars		37	132	1116	1734
摩托车（辆）	Motorcycles (unit)		4859	5235	21230	20870
每天消费量	**Daily Consumption**					
最终消费（万元）	Final Consumption Expenditures(10 000 yuan)	16235	20421	27340	77868	87242
居民消费	Household Consumption Expenditure	13375	16691	21157	57948	64852
农村	Rural Households	5529	6962	8159	11547	12072
城镇	Urban Households	7846	9729	12998	46400	52780
政府消费	Government Consumption Expenditure	2860	3731	6183	19920	22390
地方财政支出（万元）	Expenditure of Local Government (10 000 yuan)	1814	2176	5547	39687	49481
社会消费品零售总额（万元）	Total Retail Sales of Consumer Goods (10 000 yuan)	11401	13661	19725	56551	67918
每天其他经济活动	**Other Daily Economic Activities**					
资本形成总额（万元）	Gross Capital Formation (10 000 yuan)	9669.59	11478.90	19202.47	88753.42	104619.45
固定资产形成	Fixed Assets Formation		8660.27	17205.75	83832.60	99540.27
存货增加	Changes in Inventory		2818.63	1996.71	4920.82	5079.18
客运量（万人）	Passenger Traffic (10 000 persons)	108.85	116.08	156.08	293.67	313.97
货运量（万吨）	Freight Traffic (10 000 tons)	62.45	66.68	73.57	174.39	187.65
港口货物吞吐量（万吨）	Cargo Throughput of Ports (10 000 tons)	2.34	2.95	6.71	21.62	23.59
邮电业务总量（万元）	Business Volume of Postal and Tele-communication Services (10 000 yuan)	300	438	2351	11637	13420
进出口总额（万美元）	Total Imports and Exports (USD 10 000)	388.77	434.25	489.04	2608.49	2112.05
进口总额	Imports	156.44	271.78	216.44	1040.82	939.45
出口总额	Exports	232.05	162.74	272.60	1567.67	1172.60
实际利用外资（万美元）	Actual Utilization of Foreign Capital (USD 10 000)	168.77	121.10	94.52	782.74	1148.49
国际旅游人数（人）	International Tourists (person)	392	443	729	2389	2872
居民新增储蓄额（万元）	Newly Increased Amount of Saving Deposits (10 000 yuan)	3179	2719	4829	20844	25198

注：1）本表价值指标除邮电业务总量按不变价计算外，其余均按当年价计算。
2）2006 年以前工业产品产量为国有及规模以上非国有工业企业数，2007 年起为规模以上工业企业数（下表同）。

Note: a) All the value indicators in this table are calculated at current prices except the total business volumeof postal and telecommunication services, which is calculated at constant prices.
b) The output of industrial products before 2006 is based on the state-owned industrial enterprises and non-state-owned industrial enterprises above designated size; while it is based on the industrial enterprises above designated size since 2007(the same below).

1－6 各部门机构数（2008－2009年）
Grassroots Units in Various Sectors (2008-2009)

单位：个 (unit)

部 门	Sector	2008	2009
农村基层单位	**Rural Grassroots Units**		
乡政府	Township Governments	291	267
镇政府	Town Governments	580	578
村民委员会	Village Committees	8967	8803
工业（规模以上）	**Industry (above Designated Size)**	**6119**	**6412**
#国有及国有控股	State-owned and State-holding	520	518
建筑业	**Construction Enterprises**	**2483**	**2465**
邮政局所	**Postal Offices**	**1927**	**1838**
批发零售业和餐饮业（限额以上）	**Wholesale & Retail and Catering Trade above Designated Size**		
批发业企业	Wholesale Enterprises	1018	1104
零售业企业	Retail Enterprises	812	980
餐饮业企业	Catering Enterprises	1030	686
教育事业	**Education**		
普通高等学校	Regular Institutions of Higher Education	47	51
普通中学	Regular Secondary Schools	1325	1304
小 学	Primary Schools	7575	7096
幼儿园	Kindergartens	3582	3700
特殊教育	Special Education	41	36
文化机构数	**Cultural Institutions**	**1422**	**1428**
#艺术业	Art Institutions	231	203
文物事业	Cultural Relic Institutins	74	89
图书馆事业	Public Libraries	43	43
群众文化事业	Mass Cultural Institutions	1035	1035
出版、发行事业	**Publishing and Distribution Establishments**		
出版社	Publishing Houses	3	3
书刊印刷厂	Printing Houses	51	45
国有书店	State-owned Book Stores	288	265
卫生事业	**Health Care**	**2258**	**2425**
#医院、卫生院	Hospitals, Health Centers	1396	1404
社会福利	**Social Welfare**	**3387**	**3560**
#收养性单位	Residential Institutions	2205	2414
社会福利企业单位	Social Welfare Enterprises	763	764

主要统计指标解释

行政区划 指国家对行政区域的划分。根据宪法规定，我国的行政区划分如下：（1）全国分为省、自治区、直辖市；（2）省、自治区分为自治州、县、自治县、市；（3）自治州分为县、自治县、市；（4）县、自治县分为乡、民族乡、镇；（5）直辖市和较大的市分为区、县；（6）国家在必要时设立的特别行政区。

可比价格 指计算各种总量指标所采用的扣除了价格变动因素的价格，可进行不同时期总量指标的对比。按可比价格计算总量指标有两种方法：一种是直接用产品产量乘某一年的不变价格计算；另一种是用价格指数进行缩减。

不变价格 指以同类产品某年的平均价格作为固定价格，用于计算各年的产品价值。按不变价格计算的产品价值消除了价格变动因素，不同时期对比可以反映生产的发展速度。新中国成立后，随着工农业产品价格水平的变化，国家统计局先后五次制定了全国统一的工业产品不变价格和农业产品不变价格。从1952年到1957年使用1952年工（农）业产品不变价格，从1957年到1970年使用1957年不变价格，从1971年到1980年使用1970年不变价格，从1981年到1990年使用1980年不变价格，从1991年开始使用1990年不变价格。

平均增长速度 平均增长速度表明社会经济现象在一个较长的时期内逐期平均增长变化的程度，它不能根据各个环比增长速度直接求得，但与平均发展速度之间存在着一定的数量关系：平均增长速度＝平均发展速度－1。

平均发展速度是一种根据环比发展速度计算的序时平均数,由于各时期对比的基础不同，所以计算平均发展速度不能采用一般的序时平均数的计算方法，计算方法分为水平法和累计法。水平法，又称几何平均法，即将环比发展速度按连乘法用几何平均数公式计算。累计法，也称方程法，根据一段时期内各年发展水平总和与基期水平的关系，列出方程式计算平均发展速度。水平法着重考虑最后一年所达到的发展水平；累计法着重考虑整个时期累计发展水平的总量。

本《年鉴》内所列的平均增长速度，除固定资产投资用“累计法”计算外，其余均用“水平法”计算。从某年到某年平均增长速度的年份，均不包括基期年在内。如建国四十三年以来的平均增长速度是以1949年为基期计算的，则写为1950-1992年平均增长速度，其余类推。

国民经济行业分类 自2003年定期报表开始使用新的《国民经济行业分类》（GB/T4754-2002）该分类是由国家统计局组织修订，经国家质量监督检验检疫总局批准，于2002年5月10日发布实施。这次修订是在1994年分类标准的基础上，参照联合国《全部经济活动的国际标准产业分类》（ISIC/Rev.3）进行的。修订后的《国民经济行业分类》（GB/T4754-2002）共有门类20个，大类95个，中类396个，小类913个。新增门类4个，大类增加3个，中类增加28个，小类增加67个。

企业（单位）登记注册类型 是以在工商行政管理机关登记注册的各类企业为划分对象，以工商行政管理部门对企业登记注册的类型为依据，将企业登记注册类型分为内资企业、港澳台商投资企业和外商投资企业三大类。内资企业包括国有企业、集体企业、股份合作企业、联营企业、有限责任公司、股份有限公司、私营公司和其他企业，港澳台商投资企业和外商投资企业分别包括合资经营企业、合作经营企业、独资经营企业和股份有限公司。对不在工商行政管理部门进行登记注册的行政机关、事业单位和社会团体，主要按其经费来源和管理方式进行划分。

国有企业 指企业全部资产归国家所有，并按《中华人民共和国企业法人登记管理条例》规定登记注册的非公司制的经济组织。不包括有限责任公司中的国有独资公司。

集体企业 指企业资产归集体所有，并按《中华人民共和国企业法人登记管理条例》规定登记注册的经济组织。

股份合作企业 指以合作制为基础，由企业职工共同出资入股，吸收一定比例的社会资产投资组建，实行自主经营，自负盈亏，共同劳动，民主管理，按劳分配与按股份红相结合的一种集体经济组织。

联营企业 指两个及两个以上相同或不同所有制性质的企业法人或事业单位法人，按自愿、平等、互利的原则，共同投资组成的经济组织。联营企业包括国有联营企业、集体联营企业、国有与集体联营企业和其他联营企业。

有限责任公司 指根据《中华人民共和国公司登记管理条例》规定登记注册，由两个以上、五十个以下的股东共同出资，每个股东以其所认缴的出资额对公司承担有限责任，公司以其全部资产对其债务承担责任的经济组织。有限责任公司包括国有独资公司以及其他有限责任公司。

股份有限公司 指根据《中华人民共和国公司登记管理条例》规定登记注册，其全部注册资本由等额股份构成并通过发行股票筹集资本，股东以其认购的股份对公司承担有限责任，公司以其全部资产对其债务承担责任的经济组织。

私营企业 指由自然人投资设立或由自然人控股，以雇用劳动为基础的营利性经济组织。包括按照《公司法》、《合伙企业法》、《私营企业暂行条例》规定登记注册的私营有限责任公司、私营股份有限公司、私营合伙企业和私营独资企业。

其他企业 指上述企业之外的其他内资经济组织。

与港澳台商合资经营企业 指港澳台地区投资者与内地企业依照《中华人民共和国中外合资经营企业法》及有关法律的规定，按合同规定的比例投资设立、分享利润和分担风险的企业。

与港澳台商合作经营企业 指港澳台地区投资者与内地企业依照《中华人民共和国中外合作经营企业法》及有关法律的规定，依照合作合同的约定进行投资或提供条件设立、分配利润和分担风险的企业。

港澳台商独资经营企业 指依照《中华人民共和国外资企业法》及有关法律的规定，在内地由港澳台地区投资者全额投资设立的企业。

港澳台商投资股份有限公司 指根据国家有关规定，经外经贸部依法批准设立，其中港、澳、台商的股本占公司注册资本的比例达25%以上的股份有限公司。凡其中港、澳、台商的股本占公司注册资本的比例小于25%的，属于内资企业中的股份有限公司。

中外合资经营企业 指外国企业或外国人与中国内地企业依照《中华人民共和国中外合资经营企业法》及有关法律的规定，按合同规定的比例投资设立、分配利润和分担风险的企业。

中外合作经营企业 指外国企业或外国人与中国内地企业依照《中华人民共和国中外合作经营企业法》及有关法律的规定，依照合作合同的约定进行投资或提供条件设立、分配利润和分担风险的企业。

外资企业 指依照《中华人民共和国外资企业法》及有关法律的规定，在中国内地由外国投资者全额投资设立的企业。

外商投资股份有限公司 指根据国家有关规定，经外经贸部依法批准设立，其中外资的股本占公司注册资本的比例达25%以上的股份有限公司。凡其中外资股本占公司注册资本的比例小于25%的，属于内资企业中的股份有限公司。

行政机关、事业单位和社会团体 参照企业登记注册类型，主要按其经费来源和管理方式划分。具体规定如下：

（1）行政机关：包括国家机关和政党机关，原则上均列为"国有"。但有特殊规定的，如供销社等，列为"集体"。

（2）事业单位：包括经国家机构编制部门和有关业务主管部门批准成立的各类事业单位，不包括实行企业化管理的事业单位。事业单位的划分办法如下：

① 由国家财政预算拨款或列入财政预算外资金管理以及经费主要来源于国有主管部门或国有上级单位的事业

单位，列为“国有”。

② 经费主要来源于集体单位的事业单位，列为“集体”。

③ 公民个人（或个人合伙）开办的事业单位，列为“私营”。

④ 上述以外的其他事业单位，如果其经费来源不明确，按管理方式进行归类。

（3）社会团体：包括经民政部门批准成立以及未纳入社会团体管理条例范围的工会、妇联等各类社会团体。社会团体的划分办法如下：

①未纳入民政部社会团体管理条例范围的工会、妇联、共青团、青联、工商联、科协、侨联等社会团体，国家拨款设立的基金会或基金管理组织以及经费主要来源于国有业务主管部门或国有上级单位的社会团体，列为“国有”。

②经费主要来源于集体单位的社会团体,列为 “集体”。

③公民个人（或个人合伙）开办的社会团体，划为“私营”。

④上述以外的其他社会团体，如果其经费来源不明确，改按管理方式进行归类。

Explanatory Notes on Main Statistical Indicators

Division of Administrative Areas refers to the division of administrative areas by the state. The relative laws stipulate that1) the whole country is divided into provinces, autonomous regions and municipalities directly under the Central Government; 2) provinces and autonomous regions are further divided into autonomous prefectures, counties, autonomous counties and cities; 3) autonomous prefectures are divided into counties, autonomous counties and cities; 4) counties and autonomous counties are further divided into townships, ethnic townships and towns; 5) municipalities and large cities are divided into districts and counties; 6) the state shall, when necessary, establish special administrative regions.

Comparable Prices refer to prices that are used to remove the factors of price change in calculating economic aggregates, so as to facilitate comparison of aggregates over time. Two methods are used for calculating economic aggregates at comparable prices: (a) Multiplying the output of products by their constant prices of certain year. (b) Deflation of data at current prices by relevant price index.

Constant Price refers to the average price of a given product in certain year, which is used for comparison of output value over time. As the output value at constant prices removers the factor of price changes, it reflects the trend of production development over time. Since 1949,with the changes in general price level, the State Statistical Bureau has issued nationally unified constant prices five times: the 1952 constant prices for 1949-1957;the 1957 constant prices for 1957-1971;the 1970 constant prices for 1971-1981;the 1980 constant prices for 1981-1990; and the 1990 constant prices have been used since 1991.

Average Annual Growth Rate shows the average growth rate of social and economic development during a longer period. It can not be directly calculated by chain based growth rate. The relation is:

Average Annual Growth Rate = Average Speed of Development – 1

Average speed of development is the time series average of speed which calculated by chain based. Because the reference bases during the different periods are not same, average speed of development can not be calculated by the general method. Level approach and accumulative approach for calculating average speed of development rate are applied. The "level approach", or the method of calculating the geometric average, is derived by the formula of geometric average of the chain-based speeds of development, or comparing the level of the last year of the interval with that of the beginning year; the other is called the "accumulative approach" or the "algebraic average", "equation" method, which is derived by the summation of the actual figure of each year in the interval divided by the figure in the base year. The level approach focuses on the level of the last year, while the accumulative approach emphasizes the aggregate development in the duration.

The average annual growth rates listed in the Yearbook are calculated by the level approach except for the growth rate of investment in fixed assets. The base year is not listed in the duration for which average annual growth rates are computed. For instance, the average annual growth rate of the 43 years since 1949 is shown as the average annual growth rate of 1950-1992 without showing the base year 1949.

Industrial Classification of the National Economy The new *Industrial Classification of the National Economy (GB/T 4754-2002)* is introduced starting from the compilation of 2003 annual statistics. The revision of the 1994 classification was organized by the National Bureau of Statistics taking into consideration of the *International Standards of the Industrial Classification of All Economic Activities (ISIC/Rev.3)* of the United Nations, and the new Classification was promulgated by the National Administration of Quality Supervision, Inspection and Quarantine on May 10, 2002. The revised version of the *Industrial Classification of the National Economy (GB/T 4754-2002)* is composed of 20 major divisions, 95 divisions, 396 major groups and 913 groups, including 4 new major divisions, 3 new divisions, 28 major groups and 67 groups.

Registration Status of Enterprises is classified into 3 categories, namely domestic-funded enterprises, enterprises with foreign investment, in the light of the registration status of an enterprise in industrial and commercial administration agencies. Domestic-funded enterprises include state-owned enterprises, collective-owned enterprises, cooperative enterprises, joint ownership enterprises, limited liability corporations, share-holding corporations Ltd., private enterprises and other enterprises. Included in the enterprises with investment from Hong Kong, Macao and Taiwan and enterprises with foreign investment are joint-venture enterprises, cooperative enterprises, sole investment enterprises and share-holding corporations Ltd. For government agencies, institutions and social organizations that are not requested to register in industrial and commercial administration agencies, they are classified mainly by their sources of funds and way of management.

State-owned Enterprises refer to non-corporation economic units where the entire assets are owned by the state and which have registered in accordance with the *Regulation of the People's Republic of China on the Management of Registration of Corporate Enterprises*. Excluded from this category are sole state-funded corporations in the limited liability corporations.

Collective-owned Enterprises refer to economic units where the assets are owned collectively and which have registered in accordance with the *Regulation of the People's Republic of China on the Management of Registration of Corporate Enterprises.*

Cooperative Enterprises refer to a form of collective economic units (enterprises) where capitals come mainly from employees as their shares, with certain proportion of capital from the outside, where production is organized on the basis of independent operation, independent accounting for profits and losses, joint work, democratic management, and a distribution system that integrates remuneration according to work with dividend according to capital share.

Joint Ownership Enterprises refer to economic units established by two or more corporate enterprises or corporate institutions of the same or different ownership, through joint investment on the basis of equality, voluntary participation and mutual benefits. They include state joint ownership enterprises, collective joint ownership enterprises, joint state-collective enterprises, other joint ownership enterprises.

Limited Liability Corporations refer to economic units established with investment from 2-50 investors and registered in accordance with the *Regulation of the People's Republic of China on the Management of Registration of Corporations*, each investor bearing limited liability to the corporation depending on its share of investment, and the corporation bearing liability to its debt to the maximum of its total assets. Limited liability corporations include exclusive state-funded limited liability corporations and other limited liability corporations.

Share holding Corporations Ltd. refer to economic units registered in accordance with the *Regulation of the People's Republic of China on the Management of Registration of Corporations*, with total registered capitals divided into equal shares and raised through issuing stocks. Each investor bears limited liability to the corporation depending on the holding of shares, and the corporation bears liability to its debt to the maximum of its total assets.

Private Enterprises refer to profit-making economic units invested and established by natural persons, or controlled by natural persons using employed labor. Included in this category are private limited liability corporations, private share-holding corporations Ltd., private partnership enterprises and private-funded enterprises registered in accordance with the *Corporation Law, Partnership Enterprises Law and Interim Regulations on Private Enterprise*.

Other Domestic-funded Enterprises refer to domestic-funded economic units other than those mentioned above.

Joint-venture Enterprises with Funds from Hong Kong, Macao and Taiwan refer to enterprises jointly established by invertors from Hong Kong, Macao and Taiwan with enterprises in the mainland of China in accordance with the *Law of the People's Republic of China on Sino-foreign Joint Venture Enterprises* and other relevant laws, where the share of investment, profits and risks is stipulated in the contract.

Cooperative Enterprises with Funds from Hong Kong Macau and Taiwan established by investors from Hong Kong, Macau and Taiwan with enterprises in the mainland of China in accordance with the *Law of the People's Republic of China on Sino-foreign Cooperative Enterprises* and other relevant laws, where the investment or provision of facilities, and the share of profits and risks is stipulated in the cooperative contract.

Enterprises with Sole (exclusive) Investment from Hong Kong, Macau and Taiwan refer to enterprises established in the mainland of China with exclusive investment from investors from Hong Kong, Macau and Taiwan in accordance with the *Law of the People's Republic of China on Foreign-Funded Enterprises* and other relevant laws.

Share-holding Corporations Ltd. with Investment from Hong Kong, Macau and Taiwan refer to share-holding corporations Ltd. established with the approval from the former Ministry of Foreign Trade and Economic Relations in line with relevant state regulations, where the share of investment from Hong Kong, Macau or Taiwan businessmen exceeds 25% of the total registered capital of the corporation. In case the share of investment from Hong Kong, Macau or Taiwan is less than 25% of the total registered capital, the enterprise is to be classified as domestic-funded share-holding corporation Ltd.

Joint-venture Enterprises with Foreign Investment refer to enterprises jointly established by foreign enterprises or foreigners with enterprises in the mainland of China in accordance with the *Law of the People's Republic of China on Sino-foreign Joint Venture Enterprises* and other relevant laws, where the share of investment, profits and risks is stipulated in the contract.

Cooperation Enterprises with Foreign Investment refer to enterprises jointly established by foreign enterprises or foreigners with enterprises in the mainland of China in accordance with the *Law of the People's Republic of China on Sino-foreign Cooperative Enterprises* and other relevant laws, where the investment or provision of facilities, and the share of profits and risks is stipulated in the cooperative contract.

Enterprises with Sole (exclusive) Foreign Investment refer to enterprises established in the mainland of China with exclusive investment from foreign investors in accordance with the *Law of the People's Republic of China on Foreign-Funded Enterprises* and other relevant laws.

Share-holding Corporations Ltd. with Foreign Investment refer to share-holding corporations Ltd. established with the approval from the Ministry of Foreign Trade and Economic Relations in line with relevant state regulations, where the share of investment from foreign investors exceeds 25% of the total registered capital of the corporation. In case the share of foreign investment is less than 25% of the total registered capital, the enterprise is to be classified as domestic-funded share-holding corporation Ltd.

Government Agencies, Institutions and Social Organizations are classified into following categories by source of funds and way of management taking reference of the registration status of enterprises:

(I) Government agencies: include state and party agencies, classified in principle as "state-owned". There are exceptions, such as supply and marketing cooperatives, which are classified, as "collective".

(II) Institutions: include institutions of various types established with the approval by organization and staffing departments of the government, but exclude institutions where enterprise management system is introduced. Institutions are further classified as follows:

(a) Institutions whose main budget is listed in the government budget appropriations or extra-budget funds, or allocated from the budget of their competent government agencies. Such institutions are classified as "state-owned".

(b) Institutions whose budget mainly comes from collective units. Such institutions are classified as "collective".

(c) Institutions other than those mentioned above whose source of budget are not clear. Such institutions are classified by way of management.

(III) Social organizations: include social organizations established with the approval from the Ministry of Civil Affairs, and organizations that are not covered by social organization management regulations such as trade unions, women's federations etc. Social organizations are further classified as follows:

(a) Social organizations that are not covered by social organization management regulations of the Ministry of Civil Affairs such as trade unions, women's federations, communist youth leagues, youth associations, industrial and commerce associations, scientists associations, overseas Chinese associations, etc., foundations and fund management organizations established with founds from the state, and social organizations whose funds mainly come from the budget of their competent government agencies. Such institutions are classified as "state-owned".

(b) Social organizations whose budget mainly comes from collective units. Such institutions are classified as "collective".

(c) Social organizations established by individual or a group of citizens, which are classified as "private".

(d) Social organizations other than those mentioned above whose source of budget are not clear. Such organizations are classified by way of management.

2

国民经济核算

National Economic Accounting

简要说明 Brief Introduction

本章本市生产总值资料包括各年度地区生产总值的绝对值、构成和指数，三次产业贡献率，三次产业拉动力，地区生产总值收入法构成项目结构、支出法地区生产总值以及重庆市“一圈两翼”及三大经济区生产总值的绝对值和指数。

经济普查后，为保持GDP数据的历史可比性，按照国际惯例，对2008年以前的年度GDP历史数据进行了修订。本章所有数据是根据全市第二次经济普查结果修订后的数据，与以往年份年鉴数据有出入，请以本年度年鉴数据为准。

本章资料由市统计局核算处提供。

The data of Gross Domestic Product (GDP) in this chapter includes the values, composition and indicesof GDP in all the years, the share of the contributions of the growth of three strata of industry to the increase of the GDP, the contribution of the three strata of industry to GDP growth, the composition of GDP in income approach, the GDP by expenditure approach, and the value and indices of the GDP of the “one circle and two wings” and the three major economic zones of Chongqing.

After the economic census, to remain the comparability of GDP in all the years and according to the international practice, the GDPs of the years before 2008 are modified. All the data in this chapter have been modified according to the result of the Second Economic Census of Chongqing, and have some difference with the data in the year books of the previous years. The data in this year book shall prevail.

All the data in this chapter are provided by Division of National Economic Accounting, Chongqing Municipal Bureau of Statistics.

2－1 地区生产总值（1949－1978 年）
Gross Domestic Product (1949-1978)

单位：亿元 (100 million yuan)

年 份 Year	本 市 生产总值 Gross Domestic Product	第一产业 Primary Industry	第二产业 Secondary Industry	工 业 Industry	建筑业 Construction
1949	13.89	9.74	2.71	2.50	0.21
1950	15.02	10.23	3.00	2.77	0.23
1951	15.97	10.72	3.37	3.11	0.26
1952	17.97	11.86	3.94	3.59	0.35
1953	21.26	13.57	5.63	4.96	0.67
1954	22.79	13.89	6.52	6.00	0.52
1955	23.32	13.86	7.04	6.61	0.43
1956	26.37	15.01	8.33	7.70	0.63
1957	26.56	13.12	10.03	9.45	0.58
1958	34.81	15.43	14.53	13.52	1.01
1959	38.03	12.02	20.40	18.90	1.50
1960	38.82	11.10	21.38	19.89	1.49
1961	28.96	10.35	12.52	11.90	0.62
1962	25.12	9.92	9.67	9.42	0.25
1963	27.92	12.08	10.30	9.91	0.39
1964	32.58	13.37	13.07	12.49	0.58
1965	38.29	16.21	15.79	14.74	1.05
1966	39.61	16.18	17.75	16.52	1.23
1967	34.70	15.21	13.76	12.96	0.80
1968	28.25	15.18	7.81	7.41	0.40
1969	32.79	14.75	11.96	11.23	0.73
1970	39.96	15.96	17.41	16.10	1.31
1971	45.97	16.71	22.18	20.81	1.37
1972	45.37	16.67	20.82	19.67	1.15
1973	46.32	18.14	19.66	18.24	1.42
1974	45.70	18.43	18.00	16.85	1.15
1975	53.37	18.81	24.00	22.49	1.51
1976	53.43	19.07	23.44	22.00	1.44
1977	60.22	21.74	26.99	24.98	2.01
1978	71.70	24.81	34.46	31.53	2.93

2-1 续表 CONTINUED

单位：亿元 (100 million yuan)

年 份 Year	第三产业 Tertiary Industry	交通运输、仓储及邮政业 Transport, Storage, Post	批发和零售业 Wholesale and Retail Trades	住宿和餐饮业 Hotels and Catering Services	金融业 Financial Intermediation	房地产业 Real Estate	其他服务业 Others	本市人均生产总值（元） Per Capita GDP (yuan)
1949	1.44	0.61	0.44	0.26	0.03	0.02	0.08	87
1950	1.79	0.70	0.50	0.28	0.06	0.05	0.20	91
1951	1.88	0.74	0.56	0.29	0.09	0.07	0.13	94
1952	2.17	0.83	0.64	0.31	0.06	0.08	0.25	103
1953	2.06	0.78	0.65	0.32	0.07	0.09	0.15	120
1954	2.38	0.87	0.70	0.34	0.10	0.11	0.26	124
1955	2.42	0.88	0.69	0.37	0.10	0.13	0.25	125
1956	3.03	1.08	0.81	0.44	0.13	0.14	0.43	135
1957	3.41	1.23	0.97	0.44	0.14	0.15	0.48	131
1958	4.85	1.75	1.53	0.46	0.21	0.14	0.76	170
1959	5.61	2.04	1.81	0.52	0.34	0.17	0.73	185
1960	6.34	2.04	1.82	0.53	0.57	0.16	1.22	193
1961	6.09	1.82	1.54	0.53	0.57	0.18	1.45	154
1962	5.53	1.61	1.23	0.66	0.46	0.18	1.39	139
1963	5.54	1.47	1.21	0.58	0.35	0.19	1.74	151
1964	6.14	1.70	1.52	0.52	0.58	0.18	1.64	169
1965	6.29	1.71	1.55	0.52	0.86	0.21	1.44	191
1966	5.68	1.41	1.33	0.50	0.35	0.22	1.87	191
1967	5.73	1.35	1.44	0.48	0.41	0.25	1.80	164
1968	5.26	1.22	1.18	0.46	0.56	0.30	1.54	131
1969	6.08	1.37	1.40	0.49	0.72	0.36	1.74	147
1970	6.59	1.41	1.52	0.50	0.85	0.40	1.91	172
1971	7.08	1.47	1.56	0.60	1.09	0.45	1.91	192
1972	7.88	1.61	1.72	0.66	0.96	0.52	2.41	185
1973	8.52	1.76	1.79	0.66	1.06	0.55	2.70	183
1974	9.27	1.83	1.81	0.64	1.23	0.62	3.14	177
1975	10.56	2.04	2.02	0.69	1.45	0.71	3.65	201
1976	10.92	1.94	2.04	0.67	1.59	0.78	3.90	199
1977	11.49	2.11	2.21	0.69	1.90	0.87	3.71	221
1978	12.43	2.38	2.34	0.78	2.00	0.88	4.05	287

注：本表人均生产总值按户籍人口计算。
Note: The per capita GDP hereof is calculated by registered population.

2－2　地区生产总值构成（1949－1978 年）
Composition of Gross Domestic Product (1949-1978)

单位：%　　　　(%)

年　份 Year	本　市 生产总值 Gross Domestic Product	第一产业 Primary Industry	第二产业 Secondary Industry	工　业 Industry	建筑业 Construction
1949	100.0	70.1	19.5	18.0	1.5
1950	100.0	68.1	20.0	18.4	1.6
1951	100.0	67.1	21.1	19.5	1.6
1952	100.0	66.0	21.9	20.0	1.9
1953	100.0	63.8	26.5	23.3	3.2
1954	100.0	60.9	28.6	26.3	2.3
1955	100.0	59.4	30.2	28.3	1.9
1956	100.0	56.9	31.6	29.2	2.4
1957	100.0	49.4	37.8	35.6	2.2
1958	100.0	44.3	41.7	38.8	2.9
1959	100.0	31.6	53.6	49.7	3.9
1960	100.0	28.6	55.1	51.2	3.9
1961	100.0	35.7	43.2	41.1	2.1
1962	100.0	39.5	38.5	37.5	1.0
1963	100.0	43.3	36.9	35.5	1.4
1964	100.0	41.0	40.1	38.3	1.8
1965	100.0	42.3	41.2	38.5	2.7
1966	100.0	40.8	44.8	41.7	3.1
1967	100.0	43.8	39.7	37.3	2.4
1968	100.0	53.7	27.6	26.2	1.4
1969	100.0	45.0	36.5	34.2	2.3
1970	100.0	39.9	43.6	40.3	3.3
1971	100.0	36.3	48.2	45.3	2.9
1972	100.0	36.7	45.9	43.4	2.5
1973	100.0	39.2	42.4	39.4	3.0
1974	100.0	40.3	39.4	36.9	2.5
1975	100.0	35.2	45.0	42.1	2.9
1976	100.0	35.7	43.9	41.2	2.7
1977	100.0	36.1	44.8	41.5	3.3
1978	100.0	34.6	48.1	44.0	4.1

2-2 续表 CONTINUED

单位：% (%)

年 份 Year	第三产业 Tertiary Industry	交通运输、仓储及邮政业 Transport, Storage,Post	批发和零售业 Wholesale and Retail Trades	住宿和餐饮业 Hotels and Catering Services	金融业 Financial Intermediation	房地产业 Real Estate	其他服务业 Others
1949	10.4	4.4	3.2	1.9	0.2	0.1	0.6
1950	11.9	4.7	3.3	1.9	0.4	0.3	1.3
1951	11.8	4.6	3.5	1.8	0.6	0.4	0.9
1952	12.1	4.6	3.6	1.7	0.3	0.4	1.5
1953	9.7	3.7	3.1	1.5	0.3	0.4	0.7
1954	10.5	3.8	3.1	1.5	0.4	0.5	1.2
1955	10.4	3.8	3.0	1.6	0.4	0.6	1.0
1956	11.5	4.1	3.1	1.7	0.5	0.5	1.6
1957	12.8	4.6	3.7	1.7	0.5	0.6	1.7
1958	14.0	5.0	4.4	1.3	0.6	0.4	2.3
1959	14.8	5.4	4.8	1.4	0.9	0.4	1.9
1960	16.3	5.3	4.7	1.4	1.5	0.4	3.0
1961	21.1	6.3	5.3	1.8	2.0	0.6	5.1
1962	22.0	6.4	4.9	2.6	1.8	0.7	5.6
1963	19.8	5.3	4.3	2.1	1.3	0.7	6.1
1964	18.9	5.2	4.7	1.6	1.8	0.6	5.0
1965	16.5	4.5	4.0	1.4	2.2	0.5	3.9
1966	14.4	3.6	3.4	1.3	0.9	0.6	4.6
1967	16.5	3.9	4.1	1.4	1.2	0.7	5.2
1968	18.7	4.3	4.2	1.6	2.0	1.1	5.5
1969	18.5	4.2	4.3	1.5	2.2	1.1	5.2
1970	16.5	3.5	3.8	1.3	2.1	1.0	4.8
1971	15.5	3.2	3.4	1.3	2.4	1.0	4.2
1972	17.4	3.5	3.8	1.5	2.1	1.1	5.4
1973	18.4	3.8	3.9	1.4	2.3	1.2	5.8
1974	20.3	4.0	4.0	1.4	2.7	1.4	6.8
1975	19.8	3.8	3.8	1.3	2.7	1.3	6.9
1976	20.4	3.6	3.8	1.3	3.0	1.5	7.2
1977	19.1	3.5	3.7	1.1	3.2	1.4	6.2
1978	17.3	3.3	3.3	1.1	2.8	1.2	5.6

2—3 地区生产总值指数（1949—1978 年）（上年=100）
Indices of Gross Domestic Product (1949-1978) (Preceding Year=100)

年 份 Year	本市生产总值 Gross Domestic Product	第一产业 Primary Industry	第二产业 Secondary Industry	工 业 Industry	建筑业 Construction
1949	100.0	100.0	100.0	100.0	100.0
1950	105.7	103.0	112.5	112.0	118.2
1951	103.4	104.0	110.9	111.2	107.7
1952	109.3	107.0	115.4	113.7	135.7
1953	111.2	103.4	135.2	131.1	177.1
1954	110.6	106.0	120.1	125.1	82.3
1955	102.7	100.2	109.6	111.9	82.4
1956	113.5	105.1	127.4	125.5	157.1
1957	102.3	97.3	108.3	110.3	83.4
1958	118.9	100.7	137.4	135.7	165.6
1959	97.4	67.8	123.9	123.4	130.3
1960	111.0	74.7	133.6	134.2	127.0
1961	64.8	83.7	58.2	59.4	41.4
1962	100.0	135.4	83.3	85.4	44.7
1963	114.9	124.0	109.3	108.1	154.4
1964	115.0	106.1	124.0	123.3	144.0
1965	114.5	109.8	122.2	119.2	185.6
1966	105.9	101.9	113.3	113.0	118.1
1967	90.2	99.4	82.9	83.9	70.5
1968	84.4	106.4	66.3	66.9	57.4
1969	112.1	91.4	135.8	134.3	163.7
1970	120.7	102.6	138.9	136.8	170.1
1971	111.9	100.4	125.2	127.0	102.3
1972	100.1	101.6	95.4	96.0	85.0
1973	103.2	109.5	96.3	94.5	127.1
1974	101.6	101.6	98.8	99.6	87.4
1975	111.8	92.8	130.4	130.6	128.4
1976	95.1	98.5	89.1	89.3	86.7
1977	120.0	111.8	134.2	132.4	162.3
1978	117.1	109.9	125.8	124.6	141.3

注：本表按可比价格计算（下表同）。
Note: The indices hereof are calculated at constant prices (the same below).

2-3 续表 CONTINUED

年份 Year	第三产业 Tertiary Industry	交通运输、仓储及邮政业 Transport, Storage, Post	批发和零售业 Wholesale and Retail Trades	住宿和餐饮业 Hotels and Catering Services	金融业 Financial Intermediation	房地产业 Real Estate	其他服务业 Others	本市人均生产总值 Per Capita GDP
1949	100.0	100.0	100.0	100.0	100.0	100.0	100.0	100.0
1950	118.6	127.6	105.6	107.4	197.3	250.4	102.5	102.2
1951	94.9	93.2	98.7	103.4	148.0	140.2	9.0	100.5
1952	120.1	113.0	116.0	106.7	65.9	114.5	380.3	106.3
1953	111.4	110.3	125.3	103.1	113.5	115.1	164.5	109.5
1954	112.4	109.3	106.4	106.1	140.1	122.2	112.6	109.1
1955	98.7	94.7	99.1	105.7	99.1	120.9	95.1	100.7
1956	118.4	118.0	113.9	118.9	130.0	111.9	132.9	109.1
1957	105.6	112.4	104.6	100.0	107.7	111.2	115.1	98.3
1958	134.9	139.0	138.0	104.5	146.7	91.6	218.4	118.6
1959	103.2	107.3	103.7	110.9	161.1	115.2	115.4	98.1
1960	101.1	102.3	102.6	102.0	163.1	90.4	122.4	113.4
1961	70.8	69.4	61.7	100.0	86.3	111.3	44.1	68.2
1962	105.1	92.0	91.9	123.1	77.8	98.5	101.0	102.8
1963	112.6	103.5	113.2	89.1	79.7	107.9	149.5	112.7
1964	109.0	102.5	97.7	89.5	173.1	95.7	124.2	110.8
1965	100.5	102.5	110.3	100.0	153.1	117.7	69.6	111.2
1966	85.3	96.8	107.2	98.0	40.8	105.2	104.2	102.8
1967	102.9	96.7	102.7	96.0	117.4	114.3	76.2	87.6
1968	101.6	98.3	84.3	95.8	136.1	121.9	76.5	81.9
1969	105.7	117.4	115.5	106.5	130.9	121.7	98.7	109.3
1970	101.9	109.6	108.1	102.0	118.5	111.6	131.7	117.2
1971	104.7	104.1	105.0	118.0	129.6	111.6	84.5	108.2
1972	111.9	110.4	110.1	108.5	88.7	114.1	111.5	97.3
1973	108.8	104.7	102.2	100.0	107.8	106.0	141.5	100.6
1974	109.0	107.3	100.5	96.9	115.8	112.8	112.7	99.1
1975	110.0	108.4	109.9	106.5	118.2	113.3	172.7	109.0
1976	104.4	105.3	100.5	98.5	109.9	108.4	80.5	94.0
1977	103.8	107.3	107.1	103.1	117.8	110.8	41.8	118.9
1978	105.1	101.7	103.5	116.4	103.7	100.4	150.8	117.2

注：本表人均生产总值按户籍人口计算。
Note: The per capita GDP hereof is calculated by registered population.

2－4 地区生产总值指数（1949－1978 年）（1949 年=100）
Indices of Gross Domestic Product (1949-1978) (1949=100)

年 份 Year	本 市 生产总值 Gross Domestic Product	第一产业 Primary Industry	第二产业 Secondary Industry	工 业 Industry	建筑业 Construction
1949	100.0	100.0	100.0	100.0	100.0
1950	105.7	103.0	112.5	112.0	118.2
1951	109.3	107.1	124.8	124.5	127.3
1952	119.5	114.6	144.0	141.6	172.7
1953	132.9	118.5	194.7	185.6	305.9
1954	147.0	125.6	233.8	232.2	251.8
1955	151.0	125.9	256.2	259.8	207.5
1956	171.4	132.3	326.4	326.0	326.0
1957	175.3	128.7	353.5	359.6	271.9
1958	208.4	129.6	485.7	488.0	450.3
1959	203.0	87.9	601.8	602.2	586.7
1960	225.3	65.7	804.0	808.2	745.1
1961	146.0	55.0	467.9	480.1	308.5
1962	146.0	74.5	389.8	410.0	137.9
1963	167.8	92.4	426.1	443.2	212.9
1964	193.0	98.0	528.4	546.5	306.6
1965	221.0	107.6	645.7	651.4	569.0
1966	234.0	109.6	731.6	736.1	672.0
1967	211.1	108.9	606.5	617.6	473.8
1968	178.2	115.9	402.1	413.2	272.0
1969	199.8	105.9	546.1	554.9	445.3
1970	241.2	108.7	758.5	759.1	757.5
1971	269.9	109.1	949.6	964.1	774.9
1972	270.2	110.8	905.9	925.5	658.7
1973	278.8	121.3	872.4	874.6	837.2
1974	283.3	123.2	861.9	871.1	731.7
1975	316.7	114.3	1123.9	1137.7	939.5
1976	301.2	112.6	1001.4	1016.0	814.5
1977	361.4	125.9	1343.9	1345.2	1321.9
1978	423.2	138.4	1690.6	1676.1	1867.8

注：本表按可比价格计算（下表同）。
Note:The indices hereof are calculated at constant prices (the same below).

2-4 续表 CONTINUED

年份 Year	第三产业 Tertiary Industry	交通运输、仓储及邮政业 Transport, Storage, Post	批发和零售业 Wholesale and Retail Trades	住宿和餐饮业 Hotels and Catering Services	金融业 Financial Intermediation	房地产业 Real Estate	其他服务业 Others	本市人均生产总值 Per Capita GDP
1949	100.0	100.0	100.0	100.0	100.0	100.0	100.0	100.0
1950	118.6	127.6	105.6	107.4	197.3	250.4	102.5	102.2
1951	112.6	118.9	104.2	111.1	292.0	351.1	9.2	102.7
1952	135.2	134.4	120.9	118.5	192.4	402.0	35.0	109.2
1953	150.6	148.2	151.5	122.2	218.4	462.7	57.6	119.6
1954	169.3	162.0	161.2	129.7	306.0	565.4	64.9	130.5
1955	167.1	153.4	159.7	137.1	303.2	683.6	61.7	131.4
1956	197.8	181.0	181.9	163.0	394.2	764.9	82.0	143.4
1957	208.9	203.4	190.3	163.0	424.6	850.6	94.4	141.0
1958	281.8	282.7	262.6	170.3	622.9	779.1	206.2	167.2
1959	290.8	303.3	272.3	188.9	1003.5	897.5	238.0	164.0
1960	294.0	310.3	279.4	192.7	1636.7	811.3	291.3	186.0
1961	208.2	215.3	172.4	192.7	1412.5	903.0	128.5	126.9
1962	218.8	198.1	158.4	237.2	1098.9	889.5	129.8	130.5
1963	246.4	205.0	179.3	211.3	875.8	959.8	194.1	147.1
1964	268.6	210.1	175.2	189.1	1516.0	918.5	241.1	163.0
1965	269.9	215.4	193.2	189.1	2321.0	1081.1	167.8	181.3
1966	230.2	208.5	207.1	185.3	947.0	1137.3	174.8	186.4
1967	236.9	201.6	212.7	177.9	1111.8	1299.9	133.2	163.3
1968	240.7	198.2	179.3	170.4	1513.2	1584.6	101.9	133.7
1969	254.4	232.7	207.1	181.5	1980.8	1928.5	100.6	146.1
1970	259.2	255.0	223.9	185.1	2347.2	2152.2	132.5	171.2
1971	271.4	265.5	235.1	218.4	3042.0	2401.9	112.0	185.2
1972	303.7	293.1	258.8	237.0	2698.3	2740.6	124.9	180.2
1973	330.4	306.9	264.5	237.0	2908.8	2905.0	176.7	181.3
1974	360.1	329.3	265.8	229.7	3368.4	3276.8	199.1	179.7
1975	396.1	357.0	292.1	244.6	3981.4	3712.6	343.8	195.9
1976	413.5	375.9	293.6	240.9	4375.6	4024.5	276.8	184.1
1977	429.2	403.3	314.4	248.4	5154.5	4459.1	115.7	218.9
1978	451.1	410.2	325.4	289.1	5345.2	4476.9	174.5	256.6

注：本表人均地区生产总值按户籍人口计算。
Note:The per capita GDP hereof is calculated by registered population.

2—5 地区生产总值（1978—2009年）
Gross Domestic Product (1978-2009)

单位：亿元 (100 million yuan)

年 份 Year	本 市 生产总值 Gross Domestic Product	第一产业 Primary Industry	第二产业 Secondary Industry	工 业 Industry	建筑业 Construction	第三产业 Tertiary Industry
1978	71.70	24.81	34.46	31.53	2.93	12.43
1979	80.98	28.79	38.21	35.00	3.21	13.98
1980	90.68	32.57	42.42	38.89	3.53	15.69
1981	97.20	36.32	43.69	40.07	3.62	17.19
1982	108.08	40.62	47.14	43.26	3.88	20.32
1983	120.01	45.44	50.56	46.20	4.36	24.01
1984	141.64	50.66	60.63	55.46	5.17	30.35
1985	164.32	53.73	73.49	66.16	7.33	37.10
1986	184.60	60.06	81.38	72.52	8.86	43.16
1987	206.73	62.69	90.77	79.66	11.11	53.27
1988	261.27	75.00	117.61	104.79	12.82	68.66
1989	303.75	81.99	135.84	123.86	11.98	85.92
1990	327.75	100.40	135.62	117.60	18.02	91.73
1991	374.18	109.49	154.00	135.14	18.86	110.69
1992	461.32	117.28	194.40	171.42	22.98	149.64
1993	608.53	141.99	272.17	241.15	31.02	194.37
1994	833.60	196.19	376.75	339.59	37.16	260.66
1995	1123.06	264.19	492.67	436.21	56.46	366.20
1996	1315.12	287.56	568.99	502.06	66.93	458.57
1997	1509.75	307.21	650.40	567.88	82.52	552.14
1998	1602.38	300.89	675.64	574.41	101.23	625.85
1999	1663.20	286.16	697.81	589.52	108.29	679.23
2000	1791.00	284.87	760.03	633.98	126.05	746.10
2001	1976.86	294.90	841.95	695.44	146.51	840.01
2002	2232.86	317.87	958.87	787.94	170.93	956.12
2003	2555.72	339.06	1135.31	933.75	201.56	1081.35
2004	3034.58	428.05	1376.91	1132.70	244.21	1229.62
2005	3467.72	463.40	1564.00	1293.81	270.19	1440.32
2006	3907.23	386.38	1871.65	1566.83	304.82	1649.20
2007	4676.13	482.39	2368.53	2004.51	364.02	1825.21
2008	5793.66	575.40	3057.78	2607.15	450.63	2160.48
2009	6530.01	606.80	3448.77	2917.40	531.37	2474.44

2-5 续表 CONTINUED

单位：亿元 (100 million yuan)

年份 Year	交通运输、仓储及邮政业 Transportation, Storage, Postal Services	批发和零售业 Wholesale and Retail Trade	住宿和餐饮业 Hotels and Catering Trade	金融业 Financial Intermediation	房地产业 Real Estate	其他服务业 Other Services	本市人均生产总值（元） Per Capita GDP (yuan)
1978	2.38	2.34	0.78	2.00	0.88	4.05	287
1979	2.69	2.59	0.92	2.21	0.99	4.58	321
1980	3.08	2.90	1.02	2.46	1.11	5.12	357
1981	3.39	3.22	1.07	2.73	1.12	5.66	379
1982	4.18	3.89	1.11	2.99	1.28	6.87	419
1983	5.94	4.49	1.24	3.83	1.44	7.07	461
1984	6.50	5.73	1.52	6.63	1.81	8.16	542
1985	6.97	8.90	1.80	7.40	2.09	9.94	624
1986	6.59	10.08	2.17	8.71	2.64	12.97	694
1987	6.82	12.30	2.71	14.91	3.59	12.94	766
1988	8.67	17.10	3.29	17.92	4.47	17.21	958
1989	12.18	21.61	3.89	24.78	4.95	18.51	1103
1990	11.93	17.19	5.41	26.21	5.73	25.26	1181
1991	12.34	20.33	6.35	31.65	7.23	32.79	1338
1992	21.59	33.03	7.23	40.30	7.30	40.19	1641
1993	22.68	49.63	9.37	52.91	9.12	50.66	2156
1994	27.43	64.66	12.78	74.91	11.03	69.85	2935
1995	47.22	85.53	19.00	97.77	17.43	99.25	3931
1996	63.40	110.22	23.46	103.84	25.22	132.43	4574
1997	81.14	130.86	30.91	116.53	32.60	160.10	5253
1998	87.08	142.99	31.68	126.66	45.00	192.44	5579
1999	94.39	151.89	33.62	120.18	50.69	228.46	5804
2000	101.25	163.38	35.93	118.53	65.45	261.56	6274
2001	128.26	178.39	38.46	125.90	76.38	292.62	6963
2002	151.54	195.64	42.36	134.52	90.48	341.58	7912
2003	167.22	216.35	47.11	147.04	113.69	389.94	9098
2004	190.62	246.52	57.67	162.38	129.12	443.31	10845
2005	218.97	277.68	66.56	185.18	143.88	548.05	12404
2006	259.59	314.33	77.24	213.70	158.20	626.14	13939
2007	265.74	366.19	91.85	247.46	196.06	657.91	16629
2008	309.59	449.32	111.63	303.01	191.21	795.72	20490
2009	347.98	524.36	132.88	389.97	229.09	850.16	22920

注：本表人均地区生产总值按常住人口计算。
Note:The per capita GDP hereof is calculated by registered population.

2－6　地区生产总值构成（1978－2009 年）
Composition of Gross Domestic Product (1978-2009)

单位：%　　　　(%)

年　份 Year	本　市 生产总值 Gross Domestic Product	第一产业 Primary Industry	第二产业 Secondary Industry	工　业 Industry	建筑业 Construction	第三产业 Tertiary Industry
1978	100.0	34.6	48.1	44.0	4.1	17.3
1979	100.0	35.6	47.2	43.2	4.0	17.2
1980	100.0	35.9	46.8	42.9	3.9	17.3
1981	100.0	37.4	44.9	41.2	3.7	17.7
1982	100.0	37.6	43.6	40.0	3.6	18.8
1983	100.0	37.9	42.1	38.5	3.6	20.0
1984	100.0	35.8	42.8	39.2	3.6	21.4
1985	100.0	32.7	44.7	40.3	4.4	22.6
1986	100.0	32.5	44.1	39.3	4.8	23.4
1987	100.0	30.3	43.9	38.5	5.4	25.8
1988	100.0	28.7	45.0	40.1	4.9	26.3
1989	100.0	27.0	44.7	40.8	3.9	28.3
1990	100.0	30.6	41.4	35.9	5.5	28.0
1991	100.0	29.3	41.2	36.1	5.1	29.5
1992	100.0	25.4	42.1	37.2	4.9	32.5
1993	100.0	23.3	44.7	39.6	5.1	32.0
1994	100.0	23.5	45.2	40.7	4.5	31.3
1995	100.0	23.5	43.9	38.8	5.1	32.6
1996	100.0	21.9	43.3	38.2	5.1	34.8
1997	100.0	20.3	43.1	37.6	5.5	36.6
1998	100.0	18.8	42.2	35.8	6.4	39.0
1999	100.0	17.2	42.0	35.4	6.6	40.8
2000	100.0	15.9	42.4	35.4	7.0	41.7
2001	100.0	14.9	42.6	35.2	7.4	42.5
2002	100.0	14.2	42.9	35.3	7.6	42.9
2003	100.0	13.3	44.4	36.5	7.9	42.3
2004	100.0	14.1	45.4	37.3	8.1	40.5
2005	100.0	13.4	45.1	37.3	7.8	41.5
2006	100.0	9.9	47.9	40.1	7.8	42.2
2007	100.0	10.3	50.7	42.9	7.8	39.0
2008	100.0	9.9	52.8	45.0	7.8	37.3
2009	100.0	9.3	52.8	44.7	8.1	37.9

2-6 续表 CONTINUED

单位：% (%)

年份 Year	交通运输、仓储及邮政业 Transportation, Storage, Postal Services	批发和零售业 Wholesale and Retail Trade	住宿和餐饮业 Hotels and Catering Trade	金融业 Financial Intermediation	房地产业 Real Estate	其他服务业 Other Services
1978	3.3	3.3	1.1	2.8	1.2	5.6
1979	3.3	3.2	1.1	2.7	1.2	5.7
1980	3.4	3.2	1.1	2.7	1.2	5.7
1981	3.5	3.3	1.1	2.8	1.2	5.8
1982	3.9	3.6	1.0	2.8	1.2	6.3
1983	4.9	3.7	1.0	3.2	1.2	6.0
1984	4.6	4.0	1.1	4.7	1.3	5.7
1985	4.2	5.4	1.1	4.5	1.3	6.1
1986	3.6	5.5	1.2	4.7	1.4	7.0
1987	3.3	5.9	1.3	7.2	1.7	6.4
1988	3.3	6.5	1.3	6.9	1.7	6.6
1989	4.0	7.1	1.3	8.2	1.6	6.1
1990	3.6	5.2	1.7	8.0	1.7	7.8
1991	3.3	5.4	1.7	8.5	1.9	8.7
1992	4.7	7.2	1.6	8.7	1.6	8.7
1993	3.7	8.2	1.5	8.7	1.5	8.4
1994	3.3	7.8	1.5	9.0	1.3	8.4
1995	4.2	7.6	1.7	8.7	1.6	8.8
1996	4.8	8.4	1.8	7.9	1.9	10.0
1997	5.4	8.7	2.0	7.7	2.2	10.6
1998	5.4	8.9	2.0	7.9	2.8	12.0
1999	5.7	9.1	2.0	7.2	3.0	13.8
2000	5.7	9.1	2.0	6.6	3.7	14.6
2001	6.5	9.0	1.9	6.4	3.9	14.8
2002	6.8	8.8	1.9	6.0	4.1	15.3
2003	6.5	8.5	1.8	5.8	4.4	15.3
2004	6.3	8.1	1.9	5.4	4.3	14.5
2005	6.3	8.0	1.9	5.3	4.1	15.9
2006	6.6	8.0	2.0	5.5	4.0	16.1
2007	5.7	7.8	2.0	5.3	4.2	14.0
2008	5.3	7.8	1.9	5.2	3.3	13.8
2009	5.3	8.0	2.0	6.0	3.5	13.1

2－7 地区生产总值指数（1978－2009年）（上年=100）
Indices of Gross Domestic Product (1978-2009) (Preceding Year=100)

年份 Year	本市生产总值 Gross Domestic Product	第一产业 Primary Industry	第二产业 Secondary Industry	工业 Industry	建筑业 Construction	第三产业 Tertiary Industry
1978	117.1	109.9	125.8	124.6	141.3	105.1
1979	111.1	109.1	112.2	112.3	111.7	112.1
1980	107.7	104.4	109.1	109.0	110.0	109.9
1981	106.2	105.8	105.5	105.2	108.1	110.3
1982	108.9	107.5	107.6	107.7	107.1	115.8
1983	110.3	107.3	110.2	110.2	111.8	117.3
1984	115.9	106.5	121.0	121.1	119.8	121.4
1985	108.6	109.3	105.6	104.0	121.9	112.3
1986	108.6	110.3	106.5	105.4	115.9	110.4
1987	105.3	96.7	108.6	107.3	119.3	111.9
1988	109.5	103.5	113.3	114.2	106.2	109.9
1989	104.9	104.6	102.5	103.7	91.5	109.5
1990	107.0	107.8	108.0	104.0	144.2	104.8
1991	109.2	106.7	109.4	110.8	100.2	111.5
1992	116.5	101.8	121.9	122.3	118.7	124.2
1993	115.6	105.0	122.0	122.4	118.8	115.5
1994	113.5	102.9	116.4	117.7	105.8	117.6
1995	112.3	104.5	114.2	114.1	114.3	115.0
1996	111.4	104.8	112.2	112.3	111.3	114.5
1997	111.2	103.2	112.5	111.8	118.5	114.1
1998	108.6	102.1	107.2	105.2	122.8	114.0
1999	107.8	100.4	110.6	111.0	107.7	107.6
2000	108.7	101.4	110.8	110.8	110.7	109.1
2001	109.2	102.2	112.2	111.7	114.7	109.0
2002	110.5	104.2	114.3	114.2	114.7	108.9
2003	111.7	104.4	116.6	116.9	115.1	109.0
2004	112.4	104.8	116.9	117.3	114.9	109.8
2005	111.7	104.5	113.3	114.5	107.2	112.1
2006	112.4	94.5	117.1	118.2	111.9	113.2
2007	115.9	109.5	120.9	122.4	113.4	112.1
2008	114.5	106.8	118.2	119.9	109.2	112.2
2009	114.9	105.5	117.9	117.4	121.2	113.5

注：本表按可比价格计算（下表同）。
Note: The indices hereof are calculated at constant prices (the same below).

2-7 续表 CONTINUED

年份 Year	交通运输、仓储及邮政业 Transportation, Storage, Postal Services	批发和零售业 Wholesale and Retail Trade	住宿和餐饮业 Hotels and Catering Trade	金融业 Financial Intermediation	房地产业 Real Estate	其他服务业 Other Services	本市人均生产总值 Per Capita GDP
1978	101.7	103.5	116.4	103.7	100.4	150.8	117.2
1979	111.8	110.6	115.8	111.4	111.6	115.2	110.4
1980	105.9	106.3	113.6	107.4	106.8	122.4	107.1
1981	107.6	108.7	107.3	109.9	99.1	117.1	105.4
1982	115.5	115.3	107.0	108.3	111.4	120.9	108.0
1983	130.2	115.1	107.1	130.1	121.2	100.8	109.5
1984	108.1	124.0	124.2	171.5	122.6	112.7	115.5
1985	96.9	137.2	117.4	103.1	105.3	116.7	108.0
1986	99.7	106.6	117.4	111.9	118.5	117.5	107.5
1987	108.3	110.0	114.3	157.4	123.3	84.8	103.9
1988	105.9	122.8	119.1	104.0	105.9	112.5	108.2
1989	116.6	108.2	112.8	122.0	96.4	94.1	104.0
1990	100.7	83.5	133.5	108.6	116.8	134.7	106.1
1991	102.4	108.5	116.6	113.9	117.2	117.9	108.4
1992	133.5	142.3	116.4	120.4	96.4	123.3	115.8
1993	102.8	138.5	124.4	109.3	109.4	112.7	115.1
1994	109.1	104.1	133.3	115.3	102.8	139.8	112.8
1995	123.1	111.2	137.0	116.5	114.5	117.5	111.7
1996	115.6	115.9	120.3	104.0	131.5	121.3	110.7
1997	114.7	113.5	126.3	109.6	124.5	114.6	111.2
1998	104.1	115.0	104.4	110.4	122.4	120.8	108.7
1999	101.9	108.3	108.2	89.7	110.2	121.7	108.1
2000	104.0	112.2	108.1	101.8	111.6	114.5	109.1
2001	116.2	108.9	106.2	101.5	112.6	109.2	109.7
2002	105.2	110.1	109.5	107.9	113.8	110.8	111.1
2003	104.8	109.3	110.1	107.9	116.1	109.6	112.2
2004	114.6	110.8	118.0	105.9	103.7	111.2	112.8
2005	112.4	114.0	113.7	109.9	109.8	113.0	111.8
2006	120.3	111.4	115.2	112.4	107.7	112.6	112.2
2007	112.5	112.3	112.0	109.7	116.8	111.5	115.5
2008	113.7	116.9	113.0	112.9	89.1	114.8	113.9
2009	103.3	119.9	115.6	131.2	120.3	107.2	114.1

注：本表人均生产总值按常住人口计算。
Note: The per capita GDP hereof is calculated by registered population.

2－8 地区生产总值指数（1978－2009年）（1978年=100）
Indices of Gross Domestic Product (1978-2009) (1978=100)

年份 Year	本市生产总值 Gross Domestic Product	第一产业 Primary Industry	第二产业 Secondary Industry	工业 Industry	建筑业 Construction	第三产业 Tertiary Industry
1978	100.0	100.0	100.0	100.0	100.0	100.0
1979	111.1	109.1	112.2	112.3	111.7	112.1
1980	119.7	113.9	122.4	122.4	122.9	123.2
1981	127.1	120.5	129.1	128.8	132.9	135.9
1982	138.4	129.5	138.9	138.7	142.3	157.4
1983	152.7	139.0	153.1	152.8	159.1	184.6
1984	177.0	148.0	185.3	185.0	190.6	224.1
1985	192.2	161.8	195.7	192.4	232.3	251.7
1986	208.7	178.5	208.4	202.8	269.2	277.9
1987	219.8	172.6	226.3	217.6	321.2	311.0
1988	240.7	178.6	256.4	248.5	341.1	341.8
1989	252.5	186.8	262.8	257.7	312.1	374.3
1990	270.2	201.4	283.8	268.0	450.0	392.3
1991	295.1	214.9	310.5	296.9	450.9	437.4
1992	343.8	218.8	378.5	363.1	535.2	543.3
1993	397.4	229.7	461.8	444.4	635.8	627.5
1994	451.0	236.4	537.5	523.1	672.7	737.9
1995	506.5	247.0	613.8	596.9	768.9	848.6
1996	564.2	258.9	688.7	670.3	855.8	971.6
1997	627.4	267.2	774.8	749.4	1014.1	1108.6
1998	681.4	272.8	830.6	788.4	1245.3	1263.8
1999	734.5	273.9	918.6	875.1	1341.2	1359.8
2000	798.4	277.7	1017.8	969.6	1484.7	1483.5
2001	871.9	283.8	1142.0	1083.0	1703.0	1617.0
2002	963.4	295.7	1305.3	1236.8	1953.3	1760.9
2003	1076.1	308.7	1522.0	1445.8	2248.2	1919.4
2004	1209.5	323.5	1779.2	1695.9	2583.2	2107.5
2005	1351.0	338.1	2015.8	1941.8	2769.2	2362.5
2006	1518.5	319.5	2360.5	2295.2	3098.7	2674.4
2007	1759.9	349.9	2853.8	2809.3	3513.9	2998.0
2008	2015.1	373.7	3373.2	3368.4	3837.2	3363.8
2009	2315.3	394.3	3977.0	3954.5	4650.7	3817.9

注：本表按可比价格计算(下表同）。
Note: The indices hereof are calculated at constant prices (the same below).

2-8 续表 CONTINUED

年份 Year	交通运输、仓储及邮政业 Transportation, Storage, Postal Services	批发和零售业 Wholesale and Retail Trade	住宿和餐饮业 Hotels and Catering Trade	金融业 Financial Intermediation	房地产业 Real Estate	其他服务业 Other Services	本市人均生产总值 Per Capita GDP
1978	100.0	100.0	100.0	100.0	100.0	100.0	100.0
1979	111.8	110.6	115.8	111.4	111.6	115.2	110.4
1980	118.4	117.6	131.5	119.6	119.2	141.0	118.2
1981	127.4	127.8	141.1	131.4	118.1	165.1	124.6
1982	147.1	147.4	151.0	142.3	131.6	199.6	134.6
1983	191.5	169.7	161.7	185.1	159.5	201.2	147.4
1984	207.0	210.4	200.8	317.4	195.5	226.8	170.2
1985	200.6	288.7	235.7	327.2	205.9	264.7	183.8
1986	200.0	307.8	276.7	366.1	244.0	311.0	197.6
1987	216.6	338.6	316.3	576.2	300.9	263.7	205.3
1988	229.4	415.8	376.7	599.2	318.7	296.7	222.1
1989	267.5	449.9	424.9	731.0	307.2	279.2	231.0
1990	269.4	375.7	567.2	793.9	358.8	376.1	245.1
1991	275.9	407.6	661.4	904.3	420.5	443.4	265.7
1992	368.3	580.0	769.9	1088.8	405.4	546.7	307.7
1993	378.6	803.3	957.8	1190.1	443.5	616.1	354.2
1994	413.1	836.2	1276.7	1372.2	455.9	861.3	399.5
1995	508.5	929.9	1749.1	1598.6	522.0	1012.0	446.2
1996	587.8	1077.8	2104.2	1662.5	686.4	1227.6	493.9
1997	674.2	1223.3	2657.6	1822.1	854.6	1406.8	549.2
1998	701.8	1406.8	2774.5	2011.6	1046.0	1699.4	597.0
1999	715.1	1523.6	3002.0	1804.4	1152.7	2068.2	645.4
2000	743.7	1709.5	3245.2	1836.9	1286.4	2368.1	704.1
2001	864.2	1861.6	3446.4	1864.5	1448.5	2586.0	772.4
2002	909.1	2049.6	3773.8	2011.8	1648.4	2865.3	858.1
2003	952.7	2240.2	4155.0	2170.7	1913.8	3140.4	962.8
2004	1091.8	2482.1	4902.9	2298.8	1984.6	3492.1	1086.0
2005	1227.2	2829.6	5574.6	2526.4	2179.1	3946.1	1214.1
2006	1476.3	3152.2	6421.9	2839.7	2346.9	4443.3	1362.2
2007	1660.8	3539.9	7192.5	3115.2	2741.2	4954.3	1573.3
2008	1888.3	4138.1	8127.5	3517.1	2442.4	5687.5	1792.0
2009	1950.6	4961.6	9395.4	4614.4	2938.2	6097.0	2044.7

注：本表人均生产总值按常住人口计算。
Note: The per capita GDP hereof is calculated by registered population.

2－9 三次产业贡献率（1990－2009 年）
Share of the Contributions of the Growth of Three Strata of Industry to the Increase of the GDP(1990-2009)

单位：% (%)

年 份 Year	本 市 生产总值 Gross Domestic Product	第一产业 Primary Industry	第二产业 Secondary Industry	工 业 Industry	第三产业 Tertiary Industry
1990	100.0	33.9	46.8	21.2	19.3
1991	100.0	22.5	42.2	42.1	35.3
1992	100.0	3.2	54.9	49.2	41.9
1993	100.0	8.5	61.2	55.0	30.3
1994	100.0	5.0	55.3	53.0	39.7
1995	100.0	7.8	53.8	48.1	38.4
1996	100.0	8.3	50.7	45.7	41.0
1997	100.0	5.3	53.2	45.0	41.5
1998	100.0	4.3	40.3	26.2	55.4
1999	100.0	0.8	64.4	58.5	34.8
2000	100.0	2.4	60.3	53.0	37.3
2001	100.0	3.7	55.9	44.7	40.4
2002	100.0	5.9	58.9	48.6	35.2
2003	100.0	5.2	63.5	53.7	31.3
2004	100.0	5.0	63.7	54.2	31.3
2005	100.0	4.6	55.1	50.2	40.3
2006	100.0	-6.0	62.1	54.6	43.9
2007	100.0	6.7	61.6	55.1	31.7
2008	100.0	4.9	61.3	56.5	33.8
2009	100.0	3.6	60.7	50.5	35.7

2－10 三次产业拉动力（1990－2009 年）
Contribution of the Three Strata of Industry to GDP Growth (1990-2009)

单位：%　　　　(%)

年 份 Year	本 市 生产总值 Gross Domestic Product	第一产业 Primary Industry	第二产业 Secondary Industry	工 业 Industry	第三产业 Tertiary Industry
1990	7.0	2.4	3.3	1.5	1.3
1991	9.2	2.1	3.9	3.9	3.2
1992	16.5	0.5	9.1	8.1	6.9
1993	15.6	1.3	9.5	8.6	4.8
1994	13.5	0.7	7.5	7.2	5.3
1995	12.3	1.0	6.6	5.9	4.7
1996	11.4	0.9	5.8	5.2	4.7
1997	11.2	0.6	6.0	5.0	4.6
1998	8.6	0.4	3.5	2.3	4.7
1999	7.8	0.1	5.0	4.6	2.7
2000	8.7	0.2	5.2	4.6	3.3
2001	9.2	0.3	5.1	4.1	3.8
2002	10.5	0.6	6.2	5.1	3.7
2003	11.7	0.6	7.4	6.3	3.7
2004	12.4	0.6	7.9	6.7	3.9
2005	11.7	0.5	6.4	5.9	4.8
2006	12.4	-0.7	7.7	6.8	5.4
2007	15.9	1.1	9.8	8.8	5.0
2008	14.5	0.7	8.9	8.2	4.9
2009	14.9	0.5	9.0	7.5	5.4

2—11 地区生产总值收入法构成项目结构（2008 年）
Composition of Gross Domestic Product in Income Approach (2008)

单位：亿元 (100 million yuan)

项　目	Item	增加值 Value-added	劳动者报酬 Compensation of Employees	生产税净额 Net Product Tax	固定资产折旧 Depreciation of Fixed Assets	营业盈余 Earned Surplus
本市生产总值	**Gross Domestic Product**	**5793.66**	**2999.38**	**774.50**	**621.05**	**1398.73**
第一产业	Primary Industry	575.40	562.17	1.74	11.49	
第二产业	Secondary Industry	3057.78	1513.91	494.92	324.36	724.59
工　业	Industry	2607.15	1259.79	431.83	305.07	610.46
建筑业	Construction	450.63	254.12	63.09	19.29	114.13
第三产业	Tertiary Industry	2160.48	923.30	277.84	285.20	674.14
交通运输、仓储和邮政业	Transport, Storage and Post	309.59	115.80	36.92	53.77	103.10
信息传输、计算机服务和软件业	Data Transmission, Computer Services and Software	136.28	23.11	13.99	48.94	50.24
批发和零售业	Wholesale and Retail Trades	449.32	137.55	116.06	28.17	167.54
住宿和餐饮业	Hotels and Catering Services	111.63	75.69	7.67	11.06	17.21
金融业	Financial Intermediation	303.01	76.03	48.59	8.27	170.12
房地产业	Real Estate	191.21	33.92	34.04	66.85	56.40
租赁与商务服务业	Leasing and Business Services	85.74	31.75	8.51	16.86	28.62
科学研究、技术服务与地质勘查业	Scientific Research, Technical Services and Geological Prospecting	65.93	31.99	4.26	4.89	24.79
水利、环境和公共设施管理业	Administration of Water Conservancy, Environment and Public Utilities	23.57	10.08	1.23	6.38	5.88
居民服务和其他服务业	Household Services and Other Services	64.59	49.42	2.93	4.13	8.11
教　育	Education	156.50	126.61	0.92	16.55	12.42
卫生、社会保障和社会福利业	Public Health, Social Security and Social Welfare	81.93	58.94	0.56	6.75	15.68
文化、体育与娱乐业	Culture, Sports and Entertainment	31.47	14.80	1.93	2.50	12.24
公共管理与社会组织	Public Administration and Social Organizations	149.71	137.61	0.23	10.08	1.79

2－12 地区生产总值收入法构成项目结构（2009年）
Composition of Gross Domestic Product in Income Approach (2009)

单位：亿元 (100 million yuan)

项目	Item	增加值 Value-added	劳动者报酬 Compensation of Employees	生产税净额 Net Product Tax	固定资产折旧 Depreciation of Fixed Assets	营业盈余 Earned Surplus
本市生产总值	**Gross Domestic Product**	**6530.01**	**3308.46**	**912.54**	**685.50**	**1623.51**
第一产业	Primary Industry	606.80	592.59	2.32	11.89	
第二产业	Secondary Industry	3448.77	1664.36	592.71	367.88	823.82
工　业	Industry	2917.40	1363.51	518.26	345.09	690.54
建筑业	Construction	531.37	300.85	74.45	22.79	133.28
第三产业	Tertiary Industry	2474.44	1051.51	317.51	305.73	799.69
交通运输、仓储和邮政业	Transport, Storage and Post	347.98	128.97	35.83	57.51	125.67
信息传输、计算机服务和软件业	Data Transmission, Computer Services and Software	142.54	26.55	14.43	49.97	51.59
批发和零售业	Wholesale and Retail Trades	524.36	160.07	122.47	32.14	209.68
住宿和餐饮业	Hotels and Catering Services	132.88	92.60	8.73	12.23	19.32
金融业	Financial Intermediation	389.97	96.97	63.27	10.87	218.86
房地产业	Real Estate	229.09	48.36	48.98	71.31	60.44
租赁与商务服务业	Leasing and Business Services	89.57	33.45	10.78	16.77	28.57
科学研究、技术服务与地质勘查业	Scientific Research, Technical Services and Geological Prospecting	72.54	35.18	4.66	5.39	27.31
水利、环境和公共设施管理业	Administration of Water Conservancy, Environment and Public Utilities	27.55	11.72	1.41	7.71	6.71
居民服务和其他服务业	Household Services and Other Services	69.10	55.66	2.97	3.54	6.93
教　育	Education	171.74	138.94	1.01	18.16	13.63
卫生、社会保障和社会福利业	Public Health, Social Security and Social Welfare	91.18	65.67	0.63	7.50	17.38
文化、体育与娱乐业	Culture, Sports and Entertainment	32.14	16.01	2.10	2.27	11.76
公共管理与社会组织	Public Administration and Social Organizations	153.80	141.36	0.24	10.36	1.84

2－13 支出法地区生产总值（2008－2009年）
Gross Domestic Product by Expenditure Approach (2008-2009)

单位：亿元 (100 million yuan)

项　目	Item	2008	2009
本市生产总值	**Gross Domestic Product**	**5793.66**	**6530.01**
最终消费支出	Final Consumption Expenditures	2842.17	3184.33
居民消费支出	Household Consumption Expenditures	2115.09	2367.09
食品类支出	Foods	835.24	878.40
衣着类支出	Clothing	202.99	245.40
居住类支出	Residence	179.24	192.38
家庭设备、用品及服务类支出	Household Appliances, Articles and Services	141.18	180.28
医疗保健类支出	Medical and Health Care	151.25	176.21
交通和通信类支出	Traffic and Telecommunications	179.46	208.55
文教娱乐用品及服务类支出	Culture, Education and Entertainment Articles and Services	206.60	228.90
间接计算的金融中介服务支出	Indirect Financial Intermediation Services	47.29	45.72
直接付费的金融服务支出	Directly Payed Financial Intermediation Services	6.79	28.05
保险服务消费支出	Consumption of Insurance Services	28.07	31.58
自有住房服务虚拟支出	Imaginary Expenditure of Freeform Resident Services	58.97	60.09
实物消费支出	Reality Consumption	29.36	30.61
其他商品和服务类支出	Other Goods and Services	48.65	60.92
#农村居民支出	Rural Households Expenditure	421.48	440.61
食品类支出	Food	220.99	216.21
衣着类支出	Clothing	23.05	27.84
居住类支出	Residence	26.76	30.23
家庭设备、用品及服务类支出	Household Appliances, Articles and Services	24.11	29.35
医疗保健类支出	Medical and Health Care	29.15	34.01
交通和通信类支出	Traffic and Telecommunications	34.27	36.50
文教娱乐用品及服务类支出	Culture, Education and Entertainment Articles and Services	30.45	33.28
间接计算的金融中介服务支出	Indirect Financial Intermediation Services	9.10	1.27
直接付费的金融服务支出	Directly Payed Financial Intermediation Services	2.55	6.68
保险服务消费支出	Consumption of Insurance Services	2.81	8.50
自有住房服务虚拟支出	Imaginary Expenditure of Freeform Resident Services	12.08	10.38
其他商品和服务类支出	Other Goods and Services	6.16	6.36

2-13 续表 1 CONTINUED-1

单位：亿元 (100 million yuan)

项　　目	Item	2008	2009
＃城镇居民支出	Urban Households Expenditure	1693.61	1926.48
食品类支出	Foods	614.25	662.19
衣着类支出	Clothing	179.94	217.56
居住类支出	Residence	152.48	162.15
家庭设备、用品及服务类支出	Household Appliances, Articles and Services	117.07	150.93
医疗保健类支出	Medical and Health Care	122.10	142.20
交通和通信类支出	Traffic and Telecommunications	145.19	172.05
文教娱乐用品及服务类支出	Culture, Education and Entertainment Articles and Services	176.15	195.62
间接计算的金融中介服务支出	Indirect Financial Intermediation Services	38.19	44.45
直接付费的金融服务支出	Directly Payed Financial Intermediation Services	4.24	21.37
保险服务消费支出	Consumption of Insurance Services	25.26	23.08
自有住房服务虚拟支出	Imaginary Expenditure of Freeform Resident Services	46.89	49.71
实物消费支出	Reality Consumption	29.36	30.61
其他商品和服务类支出	Other Goods and Services	42.49	54.56
政府消费支出	Government Consumption	727.08	817.24
资本形成总额	Gross Capital Formation	3239.50	3818.61
固定资本形成总额	Gross Fixed Capital Formation	3059.89	3633.22
住宅	Residential Buildings		512.32
非住宅建筑物	Non-residential Buildings		1859.39
机器和设备	Machinery and Equipment		461.06
土地改良支出	Land Improvement		5.54
矿藏勘探费	Mine Exploration		3.51
计算机软件	Computer Software		23.61
其他	Others		767.79
存货增加	Increase of Inventories	179.61	185.39
第一产业	Primary Industry	0.74	0.76
第二产业	Secondary Industry	107.62	111.09
第三产业	Tertiary Industry	71.25	73.54
货物和服务净流出	Net Exports of Goods and Services	-288.01	-472.93
流　出	Exports (Outflow)	1152.04	864.03
流　入	Imports (Inflow)	1440.05	1336.96

注：由于国家今年方法制度变化，固定资本形成总额分组数据没有去年同期数。
Note: Due to the change of national statistic system, the data of fixed capital formation in the last year is not available.

2－14 分区域地区生产总值（2008－2009 年）
Gross Domestic Product by Region (2008-2009)

单位：亿元 (100 million yuan)

指　标	Item	2008	2009	指　数 上年=100 Index Preceding Year=100
本市生产总值	**Gross Domestic Product**	**5793.66**	**6530.01**	**114.9**
#一小时经济圈	One-Hour Economic Circle	4521.06	5074.00	14.3
渝东北翼	Northeast of Chongqing	954.04	1099.79	18.3
渝东南翼	Southeast of Chongqing	318.56	356.22	14.5
#都市发达经济圈	Developed Metropolitan Economic Circle	2586.77	2901.58	13.1
渝西经济走廊	West Chongqing Economic Corridor	1456.74	1636.46	15.5
三峡库区生态经济区	Ecological Economic Zone in Three Gorges Reservoir Area	1750.15	1991.97	17.2
第一产业	**Primary Industry**	**575.40**	**606.80**	**105.5**
#一小时经济圈	One-Hour Economic Circle	339.31	357.63	5.3
渝东北翼	Northeast of Chongqing	175.89	184.69	5.7
渝东南翼	Southeast of Chongqing	60.20	64.48	5.7
#都市发达经济圈	Developed Metropolitan Economic Circle	65.61	68.17	3.9
渝西经济走廊	West Chongqing Economic Corridor	230.02	243.65	5.6
三峡库区生态经济区	Ecological Economic Zone in Three Gorges Reservoir Area	279.77	294.98	5.7
第二产业	**Secondary Industry**	**3057.78**	**3448.77**	**117.9**
#一小时经济圈	One-Hour Economic Circle	2460.10	2738.51	15.9
渝东北翼	Northeast of Chongqing	446.05	540.22	28.3
渝东南翼	Southeast of Chongqing	151.63	170.04	18.4
#都市发达经济圈	Developed Metropolitan Economic Circle	1365.78	1502.95	12.4
渝西经济走廊	West Chongqing Economic Corridor	806.38	914.12	20.1
三峡库区生态经济区	Ecological Economic Zone in Three Gorges Reservoir Area	885.62	1031.70	23.7
第三产业	**Tertiary Industry**	**2160.48**	**2474.44**	**113.5**
#一小时经济圈	One-Hour Economic Circle	1721.65	1977.86	13.8
渝东北翼	Northeast of Chongqing	332.10	374.88	11.6
渝东南翼	Southeast of Chongqing	106.73	121.70	13.8
#都市发达经济圈	Developed Metropolitan Economic Circle	1155.38	1330.46	14.2
渝西经济走廊	West Chongqing Economic Corridor	420.34	478.69	12.5
三峡库区生态经济区	Ecological Economic Zone in Three Gorges Reservoir Area	584.76	665.29	12.7
人均生产总值（元）	**Per Capita GDP (yuan)**	**20490**	**22920**	**114.1**
#一小时经济圈	One-Hour Economic Circle	26613	29541	113.0
渝东北翼	Northeast of Chongqing	11256	12942	118.0
渝东南翼	Southeast of Chongqing	11332	12649	114.3
#都市发达经济圈	Developed Metropolitan Economic Circle	38152	42085	111.2
渝西经济走廊	West Chongqing Economic Corridor	17281	19281	114.7
三峡库区生态经济区	Ecological Economic Zone in Three Gorges Reservoir Area	13395	15196	116.8

注：本表人均地区生产总值按常住人口计算。
Note: The per capita GDP hereof is calculated by permanent population.

2－15 分经济类型地区生产总值（1996－2009年）
Gross Domestic Product by Status of Registration(1996-2009)

单位：亿元 (100 million yuan)

年份 Year	本市生产总值 Gross Domestic Product	公有制经济 Public-owned Economy	非公有制经济 Non-public-owned Economy	个体私营经济 Individual and Private	外商港澳台经济 Funded by HK, Macao, Taiwan & Foreign
1996	1315.12	987.66	327.46	286.70	40.76
1997	1509.75	1111.18	398.57	341.20	57.37
1998	1602.38	1104.04	498.34	442.26	56.08
1999	1663.20	1111.02	552.18	487.32	64.86
2000	1791.00	1156.99	634.01	560.58	73.43
2001	1976.86	1209.84	767.02	682.02	85.00
2002	2232.86	1295.06	937.80	799.36	138.44
2003	2555.72	1385.20	1170.52	955.84	214.68
2004	3034.58	1574.95	1459.63	1271.49	188.14
2005	3467.72	1719.99	1747.73	1511.93	235.80
2006	3907.23	1836.40	2070.83	1734.81	336.02
2007	4676.13	2099.58	2576.55	2118.29	458.26
2008	5793.66	2386.99	3406.67	2827.31	579.36
2009	6530.01	2613.93	3916.08	3197.94	718.14

2-15 续表 CONTINUED

单位：% (%)

年 份 Year	生产总值构成 Compositon of Gross Domestic Product	公有制经济 Public-owned Economy	非公有制经济 Non-public-owned Economy	个体私营经济 Individual and Private	外商港澳台经济 Funded by HK, Macao, Taiwan & Foreign
1996	100.0	75.1	24.9	21.8	3.1
1997	100.0	73.6	26.4	22.6	3.8
1998	100.0	68.9	31.1	27.6	3.5
1999	100.0	66.8	33.2	29.3	3.9
2000	100.0	64.6	35.4	31.3	4.1
2001	100.0	61.2	38.8	34.5	4.3
2002	100.0	58.0	42.0	35.8	6.2
2003	100.0	54.2	45.8	37.4	8.4
2004	100.0	51.9	48.1	41.9	6.2
2005	100.0	49.6	50.4	43.6	6.8
2006	100.0	47.0	53.0	44.4	8.6
2007	100.0	44.9	55.1	45.3	9.8
2008	100.0	41.2	58.8	48.8	10.0
2009	100.0	40.0	60.0	49.0	11.0

年 份 Year	生产总值指数（上年=100） Compositon of Gross Domestic Product (Preceding Year =100)	公有制经济 Public-owned Economy	非公有制经济 Non-public-owned Economy	个体私营经济 Individual and Private	外商港澳台经济 Funded by HK, Macao, Taiwan & Foreign
1996	111.4	107.3	126.1	127.8	115.1
1997	111.2	109.0	117.9	115.3	136.3
1998	108.6	101.7	127.9	132.6	100.1
1999	107.8	104.5	115.1	114.4	120.1
2000	108.7	105.1	115.9	116.1	114.3
2001	109.2	103.5	119.7	120.4	114.5
2002	110.5	104.7	119.6	114.7	159.3
2003	111.7	104.4	121.8	116.7	151.3
2004	112.4	107.6	118.0	125.9	83.0
2005	111.7	106.7	117.0	116.2	122.5
2006	112.4	106.6	118.2	114.5	142.2
2007	115.9	110.8	120.5	118.3	132.1
2008	114.5	105.1	122.2	123.4	116.9
2009	114.9	111.6	117.3	115.4	126.4

主要统计指标解释

国内（地区）生产总值（GDP） 是按市场价格计算的一个国家（或地区）所有常住单位在一定时期内生产活动的最终成果。国内（地区）生产总值有三种表现形态，即价值形态、收入形态和产品形态。从价值形态看，它是所有常住单位在一定时期内所生产的全部货物和服务价值超过同期中间投入的全部非固定资产货物和服务价值的差额，即所有常住单位的增加值之和；从收入形态看，它是所有常住单位在一定时期内所创造并分配给常住单位和非常住单位的初次收入之和；从产品形态看，它是所有常住单位在一定时期内最终使用的货物和服务价值减去货物和服务进口价值。在实际核算中，国内（地区）生产总值的三种表现形态表现为三种计算方法，即生产法、收入法和支出法。三种方法分别从不同的方面反映国内（地区）生产总值及其构成。

三次产业 三次产业的划分是世界上较为常用的产业结构分类，但各国的划分不尽一致。我国的三次产业划分是：

第一产业是指农业、林业、畜牧业、渔业和农林牧渔服务业。

第二产业是指采矿业，制造业，电力、煤气及水的生产和供应业，建筑业。

第三产业是指除第一、二产业以外的其他行业。

收入法国内（地区）生产总值 是从常住单位从事生产活动形式收入的角度来反映一个国家（或地区）一定时期内生产活动最终成果的一种方法，包括劳动者报酬、生产税净额、固定资产折旧、营业盈余四部分。计算公式为：

收入法国内（地区）生产总值=劳动者报酬+生产税净额+固定资产折旧+营业盈余

（1）劳动者报酬：指劳动者因从事生产活动所获得的全部报酬。包括劳动者获得的各种形式的工资、奖金和津贴，既包括货币形式的，也包括实物形式的，还包括劳动者所享受的公费医疗和医药卫生费、上下班交通补贴和单位支付的社会保险费、住房公积金等。对于个体经济来说，其所有者所获得的劳动报酬和经营利润不易区分，这两部分统一作为劳动者报酬处理。

（2）生产税净额：指生产税减生产补贴后的差额。生产税指政府对生产单位生产、销售和从事经营活动以及因从事生产活动使用某些生产要素（如固定资产、土地、劳动力）所征收的各种税、附加费和规费。生产补贴与生产税相反，是政府对生产单位的单方面转移支出，因此视为负生产税，包括政策亏损补贴、价格补贴等。

（3）固定资产折旧：指一定时期内为弥补固定资产损耗按照规定的固定资产折旧率提取的固定资产折旧，或按国民经济核算统一规定的折旧率虚拟计算的固定资产折旧。它反映了固定资产在当期生产中的转移价值。各类企业和企业化管理的事业单位的固定资产折旧指实际计提的折旧费；不计提折旧的政府机关、非企业化管理的事业单位和居民住房的固定资产折旧是按照统一规定的折旧率和固定资产原值计算的虚拟折旧。原则上，固定资产折旧应按固定资产当期的重置价值计算，但是我国目前尚不具备对全社会固定资产进行重估价的基础，所以暂时只能采用上述方法。

（4）营业盈余：指常住单位创造的增加值扣除劳动者报酬、生产税净额和固定资产折旧后的余额。它相当于企业的营业利润加上生产补贴，但要扣除从利润中开支的工资和福利等。

支出法国内（地区）生产总值 是从最终使用的角度反映一个国家（或地区）一定时期内生产活动最终成果的一种方法，包括最终消费支出、资本形成总额及货物和服务净流出三部分。计算公式为：

支出法国内(地区)生产总值=最终消费支出+资本形成总额+货物和服务净流出

最终消费支出 指常住单位为满足物质、文化和精神生活的需要，从本国经济领土和国外购买的货物和服务的支出。它不包括非常住单位在本国经济领土内的消费支出。最终消费支出分为居民消费支出和政府消费支出。

（1）居民消费支出：指常住住户在一定时期内对于货物和服务的全部最终消费支出。居民消费支出除了直接以货币形式购买的货物和服务的消费支出外，还包括以其他方式获得的货物和服务的消费支出，即所谓的虚拟消费支出。居民虚拟消费支出包括如下几种类型：单位以实物报酬及实物转移的形式提供给劳动者的货物和服务；住户生产并由本住户消费了的货物和服务，其中的服务仅指住户的自有住房服务；金融机构提供的金融媒介服务；保险公司提供的保险服务。

（2）政府消费支出：指政府部门为全社会提供的公共服务的消费支出和免费或以较低的价格向居民住户提供的货物和服务的净支出，前者等于政府服务的产出价值减去政府单位所获得的经营收入的价值，后者等于政府部门免费或以较低价格向居民住户提供的货物和服务的市场价值减去向住户收取的价值。

资本形成总额 指常住单位在一定时期内获得的减去处置的固定资产和存货的净额，包括固定资产形成总额和存货增加。

（1）固定资产形成总额：指常住单位在一定时期内获得的固定资产减处置的固定资产的价值总额。固定资产是通过生产活动生产出来的，且其使用年限在一年以上、单位价值在规定标准以上的资产，不包括自然资产。可分为有形固定资本形成总额和无形固定资本形成总额。有形固定资本形成总额包括一定时期内完成的建筑工程、安装工程和设备工器具购置(减处置)价值，以及土地改良、新增役、种、奶、毛、娱乐用牲畜和新增经济林木价值。无形固定资本形成总额包括矿藏的勘探、计算机软件等获得减处置。

（2）存货增加：指常住单位在一定时期内存货实物量变动的市场价值，即期末价值减期初价值的差额，再扣除当期由于价格变动而产生的持有收益。存货增加可以是正值，也可以是负值，正值表示存货上升，负值表示存货下降。存货包括生产单位购进的原材料、燃料和储备物资等存货，以及生产单位生产的产成品、在制品和半成品等存货。

货物和服务净流出 指货物和服务流出减货物和服务流入的差额。流出包括常住单位向非常住单位出售或无偿转让的各种货物和服务的价值；流入包括常住单位从非常住单位购买或无偿得到的各种货物和服务的价值。由于服务活动的提供与使用同时发生，一般把常住单位从本地区外得到的服务作为流入，非常住单位从本地区得到的服务作为流出。

产业部门贡献率 是各产业部门增加值可比价增量与国内生产总值可比价增量之比。

产业部门拉动力 拉动力是指总的经济增长率中带动的百分点数，产业部门拉动力是指在GDP增长中各产业部门拉动的百分点数。其计算公式为：

拉动力（%）=贡献率（%）×GDP增长率（%）

Explanatory Notes on Main Statistical Indicators

Gross Domestic Product (GDP) refers to the final products at market prices produced by all resident units in a country (or a region) during a certain period of time. Gross domestic product is expressed in three different perspectives value added, income, and products respectively. The form of value added refers to the total value of all products and services produced by all resident units during a certain period of time minus total value of intimidate input of materials and services of the nature of non-fixed assets or the summation of the value added of all resident units; the form of income includes all the income created by all resident units and distributed primarily to all resident and non-resident units; the form of products refers to all final goods and services of final use by all resident units plus the value of net exports of goods and services. In the practice of national accounting, gross domestic product is calculated with three approaches, i.e. product approach, income approach and expenditure approach, which reflect gross domestic product and its composition from different aspects.

Three Strata of Industry Classification of economic activities into three strata of industry is a common practice in the world, although the grouping varies to some extent form country to country. In China economic activities are categorized into the following three strata of industry:

Primary industry refers to agriculture, forestry, animal husbandry and fishery and services in support of these industries.

Secondary industry refers to mining and quarrying, manufacturing, production and supply of electricity, water and gas, and construction.

Tertiary industry refers to all other economic activities not included in the primary or secondary industries.

GDP by Income Approach refers to the method of measuring the final results of production activities of a country (region) during a given period from the income items produced by all resident units. It includes laborers' remuneration, net taxes on production, depreciation of fixed assets and operating surplus, i.e.:

GDP by income approach =compensation of employee + net taxes on production + depreciation of fixed assets + operating surplus

(I)Compensation of Employee refers to the total payment of various forms to employees for the productive activities they are engaged in. It includes wages, bonuses and allowances, which the employees earn in cash or in kind. It also includes the free medical services provided to the employees and the medicine expenses, transport subsidies and social insurance, and housing fund paid by the employers. As regards the individual economy, since compensation of employees is not easily distinguishable from the operating surplus, both parts are treated as compensation of employees.

(II)Net Taxes on Production refers to the difference of the taxes on production minus the subsidies on production. The taxes on production refers to the various taxes, extra charges and fees levied on the production units on their production, sale and business activities as well as on some factors of production, such as fixed assets, land and labor force, used in the production activities they are engaged in. In contrast to the taxes on production, the subsidies on production is the unilateral transfer of part of the government's revenue to the production units and is therefore treated as the negative taxes on production, They include subsidies on the loss due to implementation of government policies, price subsidies, etc.

(III)Depreciation of Fixed Assets refers to the depreciation of fixed assets drawn in accordance with the stipulated depreciation rate for the purpose of compensating the wear loss of the fixed assets or the depreciation of fixed assets calculated in a fictitious way in accordance with the stipulated unified depreciation rate in the national economic accounting system. It reflects the value of transfer of the fixed assets in the production of the current period. The depreciation of fixed assets in various enterprises and institutions managed as enterprises refers to the depreciation expenses actually drawn and calculated as part of the cost. In the units, which do not draw the depreciation expenses, such as government agencies, institutions not managed as enterprises as well as the houses of residents, the depreciation of fixed assets is the fictitious depreciation, which is calculated in accordance with the stipulated unified depreciation rate. In principle, the depreciation of fixed assets should be calculated on the basis of the re-purchased value of the fixed assets. However, there is no actual condition to re-evaluate all the fixed assets in China. Therefore, the above-mentioned methods are temporarily adopted at present.

(IV)Operating Surplus refers to the balance of the value added created by the resident units deducting the laborers' remuneration, net taxes on production ant the depreciation of fixed assets. It is equivalent to the business profit of the enterprises plus subsidies on production, but the wages and welfare expenses paid from the profits should be deducted.

GDP by Expenditure Approach refers to the method of measuring the final results of production activities of a country (region) during a given period from the perspective of final use. It includes final consumption expenditure, total capital formation and net export of goods and services, i.e.:

GDP by expenditure approach = final consumption expenditure + gross capital formation + net export of goods and services

Final Consumption Expenditure refers to the total expenditure of resident units on final consumption of goods and services from domestic economic territory and abroad to meet the requirements of material, cultural and spiritual life. It excludes the expenditure of non-resident units on consumption in the economic territory of the country. The final consumption expenditure is broken down into household consumption expenditure and government consumption expenditure.

(I) Household consumption Expenditure refers to the total expenditure of resident households on the final consumption of goods and services. In addition to the consumption of goods and services bought by the households directly with money, the households consumption expenditure also includes expenditure on goods and services obtained by the households in other ways, i.e. the so-called fictitious consumption expenditure, which includes the following types: (a) the goods and services provided to the households by the employer in the form of payment in kind and transfer in kind; (b) the goods and services produced and consumed by the households themselves, in which the services refer only to the owner-occupied housing and domestic and individual services provided by the paid household workers; (c) financial intermediate services provided by the financial institutions; (d) the insurance services provided by insurance companies.

(II) Government consumption Expenditure refers to the expenditure on the consumption of the public services provided by the government to the whole society and the net expenditure on the goods and services provided by the government to the households for free charge or at lower prices. The former equals to the output value of the government services minus the value of operating in come obtained by the government departments. The latter equals to the market value of the goods and services provided by the government to the households minus the value received by the government from the households.

Gross Capital Formation refers to the net amount of the fixed assets and stock acquired minus those disposed, including the gross fixed assets formation and changes in inventories.

(I) Gross fixed capital formation refer to the value of fixed assets purchased, transferred in by the resident units and those produced and used by themselves deducting the value of fixed assets sold and transferred out. It can by classified into total tangible assets formation and total intangible assets formation. The total tangible assets formation include the value of the construction projects, installation projects completed and the equipment, apparatus and instruments purchased as well as the value of land improved, the value of draught animals, breeding stock, milk, wool and recreational animals and the newly increased economic forest in a certain period. The total intangible assets formation includes the prospecting of minerals, the acquisition of computer software, the originals of recreational works and works of literature and arts minus the disposal of them.

(II) Changes in Inventories refers to the market value of the change in the physical volume of inventory of resident units during a given period, i.e. the difference between the values at the beginning and the end of the period minus the gains due to the change in prices. The changes in inventories can have a positive or a negative value. A positive value indicates an increase in inventory while a negative value indicates a decrease in inventory. The inventory includes raw materials, fuels and reserve materials purchased by the production units as well as the inventory of finished products, semi-finished products and work-in-progress.

Net Export of Goods and Services refers to the difference of the exports of goods and services minus the imports of goods and services. The imports include the value of various goods and services sold or gratuitously transferred by the resident units to the non-resident units. The imports include the value of various goods and services purchased or gratuitously acquired by the resident units from the non-resident units. Because the provision of services and the use of them happen simultaneously, the import and export of services by the resident units from abroad is usually treated as import while the acquisition of services by non-resident units in this country is usually treated as export. The export and import of goods are calculated at FOB.

Share of the contributions of the industry refers to the proportion of the increment of the value-added of each industry to the increase of GDP.

Contribution of the industry contribution is the driven percentage points to GDP growth. Contribution of the industry is the driven percentage points of each industry to GDP growth. Its calculation formula is:

contribution (%) = share of contribution (%) × GDP growth rate (%)

3

人口与就业

Population And Employment

简要说明 Brief Introduction

本章内容主要包括全市的户籍人口、常住人口、五次人口普查的主要数据，以及计划生育、就业、工资等情况，由市统计局人口就业处整理编辑。

户籍统计人口资料由市公安局提供；计划生育资料由市人口计划生育委员会提供；失业资料由市社会劳动保障局提供；常住人口、人口普查主要数据、就业和工资资料由市统计局人口就业处提供。

The data in this chapter include the basic statistics on the registered population, resident population and the main indicators in 5 population censuses，as well as the statistics on family planning, employment and wages. All the data are prepared and compiled by Division of Population and Employment Statistics, Chongqing Municipal Bureau of Statistics.

The data on registered population are provided by Chongqing Municipal Public Security Bureau; the data on family planning are provided by Chongqing Population and Family Planning Commission; the data on unemployment are provided by Chongqing Municipal Human Resources and Social Security Bureau and the main indicators of resident population, population censuses, employment and wages are provided by Division of Population and Employment Statistics, Chongqing Municipal Bureau of Statistics.

3-1 主要年份总户数、总人口（户籍统计）
Total Households and Total Population in Major Years (Household Registration)

单位：万人 (10 000 persons)

年份 Year	总户数（万户） Total Households (10 000 households)	总人口 Total Population	按性别分 By Sex 男 Male	女 Female	按农业、非农业分 By Agriculture and Non-agriculture 农业 Agriculture	非农业 Non-agriculture
1952	401.93	1776.52	927.91	848.61		
1957	434.66	2005.18	1040.82	964.36	1692.77	312.41
1962	442.01	1797.19	916.99	880.20	1528.95	268.24
1965	455.55	1974.89	1010.19	964.70	1685.08	289.81
1970	518.02	2289.64	1173.57	1116.07	1989.66	299.98
1975	579.36	2592.59	1332.89	1259.70	2280.39	312.20
1978	601.07	2635.56	1357.98	1277.58	2304.66	330.90
1980	610.19	2664.79	1376.22	1288.57	2291.51	373.28
1985	684.46	2768.26	1437.35	1330.91	2310.89	457.37
1986	716.53	2807.60	1458.75	1348.85	2343.23	464.37
1987	751.96	2845.14	1478.88	1366.26	2370.06	475.08
1988	784.83	2873.34	1494.20	1379.14	2390.36	482.98
1989	812.65	2897.01	1507.74	1389.27	2405.25	491.76
1990	833.78	2920.90	1520.83	1400.07	2427.92	492.98
1991	844.66	2938.99	1531.11	1407.88	2439.61	499.38
1992	849.77	2950.78	1538.46	1412.32	2438.94	511.84
1993	855.75	2964.92	1546.50	1418.42	2438.27	526.65
1994	870.20	2985.59	1558.05	1427.54	2440.41	545.18
1995	879.35	3001.77	1566.86	1434.91	2442.33	559.44
1996	888.56	3022.77	1577.97	1444.80	2445.65	577.12
1997	897.78	3042.92	1588.10	1454.82	2448.34	594.58
1998	907.17	3059.69	1596.88	1462.81	2445.66	614.03
1999	922.73	3072.34	1602.42	1469.92	2437.18	635.16
2000	938.87	3091.09	1611.68	1479.41	2430.20	660.89
2001	950.56	3097.91	1614.91	1483.00	2408.39	689.52
2002	961.69	3113.83	1623.13	1490.70	2392.38	721.45
2003	977.01	3130.10	1631.66	1498.44	2376.18	753.92
2004	988.59	3144.23	1637.18	1507.05	2358.40	785.83
2005	1010.41	3169.16	1649.26	1519.90	2351.88	817.28
2006	1030.66	3198.87	1662.77	1536.10	2353.44	845.43
2007	1056.97	3235.32	1681.10	1554.22	2358.35	876.97
2008	1080.15	3257.05	1690.56	1566.49	2349.67	907.38
2009	1110.70	3275.61	1697.69	1577.92	2326.92	948.69

3－2 主要年份人口自然变动（户籍统计）
Population Natural Changes in Major Years (Household Registration)

单位：万人、‰ (10 000 persons, ‰)

年份 Year	出生 Birth		死亡 Mortality		自然增长 Natural Growth	
	人口 Population	出生率 Birth Rate	人口 Population	死亡率 Death Rate	人口 Population	自然增长率 Natural Growth Rate
1957	54.20	27.32	21.78	10.98	32.42	16.34
1962	43.72	24.36	27.87	15.53	15.85	8.83
1965	74.01	38.03	21.43	11.01	52.58	27.02
1970	87.78	38.99	22.11	9.82	65.67	29.17
1975	72.03	28.06	21.33	8.31	50.70	19.75
1978	26.09	9.91	17.18	6.52	8.91	3.39
1980	29.68	11.16	17.19	6.46	12.49	4.70
1985	36.13	13.10	18.76	6.80	17.37	6.30
1986	54.47	19.54	18.36	6.59	36.11	12.95
1987	48.72	17.24	18.42	6.52	30.30	10.72
1988	38.58	13.49	19.43	6.79	19.15	6.70
1989	39.79	13.79	19.99	6.93	19.80	6.86
1990	42.53	14.62	19.59	6.73	22.94	7.89
1991	37.61	12.83	19.20	6.55	18.41	6.28
1992	35.62	12.09	20.89	7.09	14.73	5.00
1993	35.75	12.09	20.23	6.84	15.52	5.25
1994	40.05	13.46	19.95	6.70	20.10	6.76
1995	39.39	13.16	21.45	7.17	17.94	5.99
1996	41.06	13.63	21.62	7.18	19.44	6.45
1997	36.99	12.20	20.95	6.91	16.04	5.29
1998	35.51	11.64	21.64	7.09	13.87	4.55
1999	30.68	10.01	20.68	6.74	10.00	3.27
2000	35.22	11.43	24.59	7.98	10.63	3.45
2001	26.26	8.48	18.76	6.06	7.50	2.42
2002	28.65	9.20	18.07	5.80	10.58	3.40
2003	30.00	9.61	18.05	5.78	11.95	3.83
2004	33.72	10.74	23.44	7.47	10.28	3.27
2005	30.66	9.71	13.88	4.40	16.78	5.31
2006	36.57	11.49	14.89	4.68	21.68	6.81
2007	44.66	13.88	16.56	5.15	28.10	8.73
2008	43.26	13.33	24.56	7.57	18.70	5.76
2009	40.82	12.50	26.13	8.00	14.69	4.50

3－3 常住人口及城镇化率（1996－2009年）
Resident Population and Rate of Urban Population (1996-2009)

单位：万人 (10 000 persons)

年 份 Year	常住人口 Resident Population	城 镇 Urban	乡 村 Rural	城镇化率(%) Rate of Urban Population(%)
1996	2875.30	848.21	2027.09	29.5
1997	2873.36	890.74	1982.62	31.0
1998	2870.75	935.86	1934.89	32.6
1999	2860.37	981.11	1879.26	34.3
2000	2848.82	1013.88	1834.94	35.6
2001	2829.21	1058.12	1771.09	37.4
2002	2814.83	1123.12	1691.71	39.9
2003	2803.19	1174.55	1628.64	41.9
2004	2793.32	1215.42	1577.90	43.5
2005	2798.00	1265.95	1532.05	45.2
2006	2808.00	1311.29	1496.71	46.7
2007	2816.00	1361.35	1454.65	48.3
2008	2839.00	1419.09	1419.91	50.0
2009	2859.00	1474.92	1384.08	51.6

3－4　1%人口抽样调查（2008－2009 年）
1% Sample Survey of Population (2008-2009)

单位：万人　　(10 000 persons)

项　　目	Item	2008	2009
常住人口	Resident Population	2839.00	2859.00
#城　镇	Urban	1419.09	1474.92
乡　村	Rural	1419.91	1384.08
#男　性	Male	1435.64	1445.75
女　性	Female	1403.36	1413.25
#0-14 岁	Age 0-14	546.22	544.93
15-64 岁	Age 15-64	1973.39	1988.72
65 岁及以上	Age 65 and Over	319.39	325.35
外出人口	Population Going outside Residential Area	751.99	782.98
#外出至市外	Going outside Chongqing	466.24	468.65
市外外来人口	Population Going to Chongqing	84.50	96.33
城镇化率（%）	Rate of Urban Population (%)	49.99	51.59
一小时经济圈	One Hour Economic Sphere	62.75	60.30
渝东南翼	Southeast of Chongqing	24.49	9.90
渝东北翼	Northeast of Chongqing	32.69	29.80
出生人口	Birth Population	28.56	28.21
出生率（‰）	Birth Rate (‰)	10.10	9.90
死亡人口	Death Population	17.81	17.66
死亡率（‰）	Death Rate (‰)	6.30	6.20
自然增长人口	Natural Growing Population	12.34	10.54
自然增长率（‰）	Natural Growth Rate (‰)	3.80	3.70

3－5 第四次、第五次人口普查基本情况
Basic Statistics on Population Censuses in 1990 and 2000

指　　标	Item	1990	2000
总人口（万人）	**Total Population (10 000 persons)**	**2886.62**	**3051.28**
男	Male	1499.83	1584.15
女	Female	1386.79	1467.13
性别比（女=100）	Sex Ratio (female=100)	108.15	107.98
家庭户户数（万户）	**Family Households (10 000 households)**	**788.84**	**914.16**
家庭户规模（人/户）	**Average Family Size (person/household)**	**3.56**	**3.23**
各年龄组人口（万人）	**Population by Age Group (10 000 persons)**		
0-14 岁	Age 0-14	626.27	666.29
15-64 岁	Age 15-64	2092.06	2140.45
65 岁及以上	Age 65 and Over	168.29	244.54
预期寿命（岁）	**Life Expectancy (years old)**	**67.9**	**71.9**
城乡人口（万人）	**Population by Residence (10 000 persons)**		
城镇人口	Urban Population	842.11	1009.55
乡村人口	Rural Population	2044.51	2041.73
民族人口（万人，%）	**Nationality Population (10 000 persons, %)**		
汉　族	Han Nationality	2737.58	2853.92
占总人口比重	Percentage as Total Population	94.8	93.5
少数民族	Ethnic Minorities	149.04	197.36
占总人口比重	Percentage as Total Population	5.2	6.5
每十万人拥有的各种受教育程度人口（人）	**Population with Various Education Attainment Per 100 000 Population (person)**		
大专及以上	Junior College and Above	1070	2819
高中和中专	Senior Secondary/ Technical Secondary School	6235	8600
初　中	Junior Secondary School	22857	29474
小　学	Primary School	44999	43357
文盲人口及文盲率	**Illiterate Population and Illiterate Rate**		
文盲人口（万人）	Illiterate Population (10 000 persons)	404.54	212.24
文盲率（%）	Illiterate Rate (%)	17.9	8.9

3－6 五次人口普查主要指标
Main Indicators of Five Population Censuses

单位：万人、% (10 000 persons, %)

普查时间	Census Time	总人口 Total Population			性别比(女=100) Sex Ratio (female=100)	年平均增长率 Annual Average Growth Rate
		合计 Total	男 Male	女 Female		
第一次人口普查（1953年7月1日）	First Population Census (July 1, 1953)	1766.39	924.56	841.83	109.83	
第二次人口普查（1964年7月1日）	Second Population Census (July 1, 1964)	1889.17	969.02	920.15	105.31	0.61
第三次人口普查（1982年7月1日）	Third Population Census (July 1, 1982)	2705.89	1402.46	1303.43	107.60	2.02
第四次人口普查（1990年7月1日）	Fourth Population Census (July 1, 1990)	2886.62	1499.83	1386.79	108.15	0.81
第五次人口普查（2000年11月1日）	Fifth Population Census (November 1, 2000)	3051.28	1584.15	1467.13	107.98	0.66

3－7 计划生育基本情况（1986－2009年）
Basic Statistics on Family Planning (1986-2009)

单位：万人、% (10 000 persons, %)

年份 Year	政策性生育率 Birth Policy Rate	已婚育龄妇女人数 Married Women at Childbearing Age	领独生子女证人数 Women with Only-child Certificates	领证率 Coverage of Only-child Certificates	采取节育措施人数 Women under Contraception	避孕率 Contraception Rate
1986	90.88	481.28	109.56	68.74	424.89	88.28
1987	90.16	503.67	126.44	71.91	451.19	89.58
1988	93.83	523.17	141.28	72.14	480.27	91.80
1989	92.78	540.80	151.72	70.35	491.35	90.86
1990	94.15	560.09	166.56	70.53	512.38	91.48
1991	95.11	577.54	178.27	69.31	527.88	91.40
1992	95.83	589.35	188.00	68.34	538.37	91.35
1993	93.23	599.23	199.97		548.27	91.50
1994	86.58	611.48	206.76		559.62	91.52
1995	89.22	625.71	220.32		573.38	91.64
1996	88.73	637.31	227.59	65.45	587.93	92.25
1997	91.94	644.56	230.99	64.11	588.75	91.34
1998	85.06	644.68	219.05	59.69	589.28	91.40
1999	94.09	640.70	214.79	57.43	587.94	91.77
2000	91.26	639.20	217.43	57.11	589.95	92.29
2001	91.05	632.25	203.30	53.04	583.65	92.31
2002	92.19	620.38	180.36	47.65	571.18	92.07
2003	92.39	622.26	195.38	51.11	571.87	91.90
2004	92.95	615.20	200.49	52.42	564.60	91.77
2005	92.57	618.97	212.37	55.08	569.74	92.05
2006	90.93	626.73	203.23	52.07	572.73	91.38
2007	75.62	637.95	198.86	31.17	579.79	90.88
2008	85.05	501.74	131.84	43.54	453.63	90.61
2009	89.91	494.34	138.22	46.04	449.13	97.54

3－8 就业人员基本情况（1985－2009年）
Basic Statistics on Employment (1985-2009)

单位：万人 (10 000 persons)

年 份 Year	就业人员总计 Total Employment	#城 镇 Urban	按经济类型分 By Ownership 国 有 State-owned	集 体 Collective-owned	私营和个体 Private and Individuals	其 他 Others
1985	1432.03	269.37				
1986	1469.13	275.35				
1987	1507.33	282.39				
1988	1512.49	288.70				
1989	1540.03	291.29				
1990	1569.34	296.92				
1991	1620.67	307.87				
1992	1662.58	313.51				
1993	1658.95	310.05				
1994	1729.55	326.75				
1995	1709.26	347.06				
1996	1719.43	463.98	198.16	1228.60	280.24	12.43
1997	1715.40	483.74	189.07	1201.03	307.29	18.01
1998	1710.97	505.22	175.52	1176.65	334.24	24.56
1999	1699.06	518.40	161.15	1151.98	354.15	31.78
2000	1690.00	547.97	149.28	1127.80	376.86	36.06
2001	1680.38	570.80	136.63	1095.40	406.86	41.49
2002	1654.51	579.17	130.66	1031.06	443.56	49.23
2003	1634.77	590.28	125.88	971.28	479.81	57.80
2004	1623.85	603.97	124.72	934.99	497.18	66.96
2005	1611.57	620.27	123.50	900.39	515.08	72.60
2006	1605.45	633.99	123.90	868.10	529.52	83.93
2007	1620.86	663.65	115.79	831.18	570.88	103.01
2008	1646.44	688.74	119.83	807.55	607.89	111.17
2009	1668.83	717.88	119.79	784.82	645.66	118.56

3-8 续表 CONTINUED

年 份 Year	按产业分 By Industry			分产业比重（%） Compositon By Industry（%）		
	第一产业 Primary Industry	第二产业 Secondary Industry	第三产业 Tertiary Industry	第一产业 Primary Industry	第二产业 Secondary Industry	第三产业 Tertiary Industry
1985	1042.22	223.37	166.44	72.8	15.6	11.6
1986	1048.32	241.66	179.15	71.4	16.4	12.2
1987	1064.06	258.93	184.34	70.6	17.2	12.2
1988	1056.49	262.83	193.17	69.8	17.4	12.8
1989	1082.41	263.81	193.81	70.3	17.1	12.6
1990	1103.04	263.86	202.44	70.3	16.8	12.9
1991	1130.47	275.72	214.48	69.8	17.0	13.2
1992	1118.59	277.77	266.22	67.3	16.7	16.0
1993	1088.70	287.88	282.37	65.6	17.4	17.0
1994	1062.90	301.13	365.52	61.5	17.4	21.1
1995	1018.30	310.88	380.08	59.6	18.2	22.2
1996	1001.89	320.31	397.23	58.3	18.6	23.1
1997	989.07	313.77	412.56	57.6	18.3	24.1
1998	979.48	303.18	428.31	57.3	17.7	25.0
1999	959.71	296.12	443.23	56.5	17.4	26.1
2000	938.12	292.94	458.94	55.5	17.3	27.2
2001	912.30	293.38	474.70	54.3	17.5	28.2
2002	873.79	295.02	485.70	52.8	17.8	29.4
2003	838.33	299.43	497.01	51.3	18.3	30.4
2004	817.91	302.30	503.64	50.4	18.6	31.0
2005	794.81	304.87	511.89	49.3	18.9	31.8
2006	776.56	308.23	520.66	48.4	19.2	32.4
2007	753.67	325.99	541.20	46.5	20.1	33.4
2008	747.30	338.78	560.36	45.4	20.6	34.0
2009	733.68	355.69	579.46	44.0	21.3	34.7

3−9 就业人员年末数（1998−2009 年）
Total Employment at Year-end (1998-2009)

单位：万人 (10 000 persons)

指 标	Item	1998	1999	2000	2001	2002	2003
就业人员总计	**Total Employment**	**1710.97**	**1699.06**	**1690.00**	**1680.38**	**1654.51**	**1634.77**
城 镇	Urban	505.22	518.40	547.97	570.80	579.17	590.28
乡 村	Rural	1205.75	1180.66	1142.03	1109.58	1075.34	1044.49
按经济类型分	**By Ownership**						
国有经济	State-owned	175.52	161.15	149.28	136.63	130.66	125.88
集体经济	Collective-owned	1176.65	1151.98	1127.80	1095.40	1031.06	971.28
私 营	Private	58.52	66.43	72.92	80.44	89.22	97.95
个 体	Individual	275.72	287.72	303.94	326.42	354.34	381.86
其他经济	Others	24.56	31.78	36.06	41.49	49.23	57.80
#联 营	Joint Ownership	0.41	0.63	0.86	4.11	4.93	5.78
股份制	Share Holding	9.97	10.95	11.49	13.21	15.55	15.72
外商投资	Foreign-funded	2.04	2.42	2.74	2.86	2.91	3.23
港澳台投资	Funded by Hong Kong, Macao and Taiwan	1.95	2.50	2.44	2.66	2.25	2.55
按行业分	**By Sector**						
第一产业	Primary Industry	979.48	959.71	938.12	912.30	873.79	838.33
第二产业	Secondary Industry	303.18	296.12	292.94	293.38	295.02	299.43
采矿业	Mining and Quarrying	19.40	17.89	16.59	15.72	15.14	14.00
制造业	Manufacturing	166.42	160.07	158.73	158.66	159.84	164.98
电力、燃气及水的生产和供应业	Electricity, Gas & Water Production and Supply	6.14	6.18	6.20	6.22	6.26	6.27
建筑业	Construction	111.22	111.98	111.42	112.78	113.78	114.18
第三产业	Tertiary Industry	428.31	443.23	458.94	474.70	485.70	497.01
交通运输、仓储及邮政业	Transportation, Storage, Postal Services	39.85	40.02	40.23	41.39	42.14	45.13
信息传输、计算机服务和软件业	Data Transmission, Computer Service and Software	5.29	5.60	5.91	6.03	6.14	6.34
批发与零售业	Wholesale and Retail Trade	107.62	113.05	117.96	120.23	124.00	125.47
住宿和餐饮业	Hotels and Restaurants	70.00	70.18	70.52	71.14	72.03	73.36
金融业	Financing	6.33	6.38	6.41	6.46	6.53	6.61
房地产业	Real Estate	4.67	4.88	5.03	5.11	5.22	5.45
租赁与商务服务业	Renting and Business Activities	15.53	16.09	16.62	17.62	18.69	19.87
科学研究、技术服务与地质勘查业	Scientific Research, Technical Services and Geological Prospecting	7.29	7.58	8.05	8.48	8.80	8.90
水利、环境和公共设施管理业	Administration of Water Conservancy, Environment and Public Utilities	5.09	5.26	5.31	5.40	5.50	5.56
居民服务和其他服务业	Personal Services and Other Services	102.14	108.75	116.16	124.59	127.05	128.23
教 育	Education	29.48	29.79	30.59	31.69	32.09	33.33
卫生、社会保障和社会福利业	Public Health, Social Security and Social Welfare	12.86	12.98	13.00	13.08	13.18	13.41
文化、体育与娱乐业	Culture, Sports and Entertainment	2.68	2.73	2.74	2.79	2.84	2.88
公共管理与社会组织	Public Administration and Social Organizations	19.48	19.94	20.41	20.69	21.49	22.47

3-9 续表 CONTINUED

单位：万人 (10 000 persons)

指　标	Item	2004	2005	2006	2007	2008	2009
就业人员总计	**Total Employment**	**1623.85**	**1611.57**	**1605.45**	**1620.86**	**1646.44**	**1668.83**
城　镇	Urban	603.97	620.27	633.99	663.65	688.74	717.88
乡　村	Rural	1019.88	991.30	971.46	957.21	957.70	950.95
按经济类型分	**By Ownership**						
国有经济	State-owned	124.72	123.50	123.90	115.79	119.83	119.79
集体经济	Collective-owned	934.99	900.39	868.10	831.18	807.55	784.82
私　营	Private	102.91	107.84	114.28	145.49	170.00	195.50
个　体	Individual	394.27	407.24	415.24	425.39	437.89	450.16
其他经济	Others	66.96	72.60	83.93	103.01	111.17	118.56
#联　营	Joint Ownership	6.84	5.57	4.62	2.03	1.95	2.56
股份制	Share Holding	16.71	14.84	12.86	16.47	21.04	22.48
外商投资	Foreign-funded	4.16	4.86	5.01	7.06	7.33	8.47
港澳台投资	Funded by Hong Kong, Macao and Taiwan	2.33	2.32	2.33	2.80	2.40	3.89
按行业分	**By Sector**						
第一产业	Primary Industry	817.91	794.81	776.56	753.67	747.30	733.68
第二产业	Secondary Industry	302.30	304.87	308.23	325.99	338.78	355.69
采矿业	Mining and Quarrying	14.14	14.66	14.77	17.83	19.77	21.11
制造业	Manufacturing	165.80	166.05	167.44	176.37	184.35	193.82
电力、燃气及水的生产和供应业	Electricity, Gas & Water Production and Supply	6.32	6.72	6.90	7.66	8.31	8.66
建筑业	Construction	116.04	117.44	119.12	124.13	126.35	132.1
第三产业	Tertiary Industry	503.64	511.89	520.66	541.20	560.36	579.46
交通运输、仓储及邮政业	Transportation, Storage, Postal Services	45.41	45.57	46.40	48.57	51.05	53.28
信息传输、计算机服务和软件业	Data Transmission, Computer Service and Software	6.58	7.03	7.39	8.09	8.58	8.85
批发与零售业	Wholesale and Retail Trade	127.10	131.19	134.23	137.15	141.72	146.73
住宿和餐饮业	Hotels and Restaurants	74.27	75.40	77.38	81.39	85.25	89.83
金融业	Financing	6.65	6.76	6.90	8.03	9.09	9.76
房地产业	Real Estate	5.61	5.83	5.94	7.21	7.74	8.41
租赁与商务服务业	Renting and Business Activities	21.33	21.72	21.72	23.63	24.82	26.04
科学研究、技术服务与地质勘查业	Scientific Research, Technical Services and Geological Prospecting	9.00	9.04	9.07	9.28	9.43	9.63
水利、环境和公共设施管理业	Administration of Water Conservancy, Environment and Public Utilities	5.71	5.76	5.94	6.50	6.72	6.86
居民服务和其他服务业	Personal Services and Other Services	129.36	130.75	132.15	134.62	135.21	135.76
教　育	Education	33.68	33.91	34.20	35.01	36.02	36.61
卫生、社会保障和社会福利业	Public Health, Social Security and Social Welfare	13.50	13.51	13.65	13.94	15.17	16.15
文化、体育与娱乐业	Culture, Sports and Entertainment	2.94	2.96	3.05	3.69	4.11	4.43
公共管理与社会组织	Public Administration and Social Organizations	22.50	22.46	22.64	24.09	25.45	27.12

3－10　城镇就业人员年末数（2008－2009年）
Total Urban Employment at Year-end (2008-2009)

单位：万人　　(10 000 persons)

指　标	Item	2008	2009
就业人员总计	**Total Employment**	**688.74**	**717.88**
按经济类型分	**By Ownership**		
国有经济	State-owned	119.83	119.79
集体经济	Collective-owned	82.96	67.43
私　营	Private	126.50	152.09
个　体	Individual	248.28	260.01
其他经济	Others	111.17	118.56
#联　营	Joint Ownership	1.95	2.56
股份制	Share Holding	21.04	22.48
外商投资	Foreign-funded	7.33	8.47
港澳台投资	Funded by Hong Kong, Macao and Taiwan	2.40	3.89
按行业分	**By Sector**		
第一产业	Primary Industry	72.24	67.07
第二产业	Secondary Industry	238.87	255.50
采矿业	Mining and Quarrying	15.16	16.43
制造业	Manufacturing	134.08	143.43
电力、燃气及水的生产和供应业	Electricity, Gas & Water Production and Supply	8.31	8.66
建筑业	Construction	81.32	86.98
第三产业	Tertiary Industry	377.63	395.31
交通运输、仓储及邮政业	Transportation, Storage, Postal Services	29.56	31.71
信息传输、计算机服务和软件业	Data Transmission, Computer Service and Software	8.13	8.39
批发与零售业	Wholesale and Retail Trade	93.84	98.76
住宿和餐饮业	Hotels and Restaurants	58.73	62.72
金融业	Financing	9.09	9.76
房地产业	Real Estate	7.74	8.41
租赁与商务服务业	Renting and Business Activities	14.70	15.89
科学研究、技术服务与地质勘查业	Scientific Research, Technical Services and Geological Prospecting	7.76	7.89
水利、环境和公共设施管理业	Administration of Water Conservancy,Environment and Public Utilities	4.75	4.87
居民服务和其他服务业	Personal Services and Other Services	69.65	70.09
教　育	Education	33.35	33.80
卫生、社会保障和社会福利业	Public Health, Social Security and Social Welfare	13.58	14.47
文化、体育与娱乐业	Culture, Sports and Entertainment	3.77	4.08
公共管理与社会组织	Public Administration and Social Organizations	22.98	24.47

3－11　主要年份城镇非私营单位职工人数
Number of Employees of Urban Non-private Units in Major Years

单位：万人　(10 000 persons)

年　份 Year	合计 Total	按产业分 By Industry			按经济类型分 By Registration		
		第一产业 Primary Industry	第二产业 Secondary Industry	第三产业 Tertiary Industry	国　有 State-owned	集　体 Collective-owned	其　他 Others
1949	5.34				5.34		
1952	47.62				47.62		
1957	71.19				71.19		
1962	80.79				80.79		
1965	91.96				91.96		
1970	109.98				109.98		
1975	127.99				127.99		
1978	154.44				154.44		
1980	220.06				162.97	57.09	
1985	257.63	4.80	144.90	107.93	186.74	70.81	0.08
1986	264.01	4.79	151.13	108.09	191.47	72.43	0.11
1987	270.46	5.39	153.80	111.27	196.79	73.36	0.31
1988	277.70	5.45	157.28	114.97	201.88	75.42	0.40
1989	280.69	5.66	158.65	116.38	205.98	74.01	0.70
1990	285.68	5.68	159.47	120.53	209.61	75.16	0.91
1991	293.59	5.68	163.94	123.97	215.78	76.58	1.23
1992	297.07	5.46	165.35	126.26	218.41	76.94	1.72
1993	290.02	4.16	164.74	121.12	215.05	70.79	4.18
1994	293.23	4.24	162.90	126.09	212.02	71.03	10.18
1995	294.25	4.35	160.58	129.32	212.34	69.85	12.06
1996	294.63	4.43	159.37	130.83	214.01	67.47	13.15
1997	289.29	4.13	153.73	131.43	211.13	61.64	16.52
1998	236.61	3.83	115.89	116.89	172.24	40.91	23.46
1999	222.34	3.58	106.07	112.69	158.64	35.54	28.16
2000	208.87	3.43	96.01	109.43	146.91	29.74	32.22
2001	201.23	2.94	91.73	106.56	134.79	23.77	42.67
2002	199.93	2.64	92.63	104.66	128.41	20.82	50.70
2003	204.99	2.46	97.56	104.97	121.27	18.94	64.78
2004	208.04	2.35	100.50	105.19	120.85	16.85	70.34
2005	209.66	2.14	101.00	106.52	120.09	13.66	75.91
2006	212.97	2.12	102.22	108.63	120.37	12.22	80.38
2007	220.84	1.80	104.87	114.17	112.55	10.63	97.66
2008	229.59	1.80	108.92	118.87	115.19	10.23	104.17
2009	234.90	1.68	111.88	121.34	114.32	9.88	110.70

注：“城镇非私营单位”与原“城镇经济单位”口径相同(以下各表同)。
Note: The scope of “urban non-private units”is as same with the former “urban economic units”(the same for the table below).

3－12 主要年份城镇非私营单位职工工资总额
Total Wages of Employees of Urban Non-private Units in Major Years

单位：万元 (10 000 yuan)

年份 Year	合计 Total	按产业分 By Industry			按经济类型分 By Registration		
		第一产业 Primary Industry	第二产业 Secondary Industry	第三产业 Tertiary Industry	国有 State-owned	集体 Collective-owned	其他 Others
1949	1368				1368		
1952	18577				18577		
1957	37710				37710		
1962	45532				45532		
1965	51159				51159		
1970	60866				60866		
1975	74645				74645		
1978	91615				91615		
1980	159426				125305	34121	
1985	259688	4528	149468	105692	195684	63939	65
1986	300882	4960	177126	118796	233311	67396	175
1987	349808	5802	206458	137548	271210	78190	408
1988	435140	6771	256248	172121	340494	94048	598
1989	497553	7713	294228	195612	392179	104065	1309
1990	573310	8232	335056	230022	454776	116718	1816
1991	637968	9313	373271	255384	501204	134105	2659
1992	728780	10757	415886	302137	577638	146315	4827
1993	831520	8623	489684	333213	664939	152705	13876
1994	1144546	12990	618503	513053	902585	190980	50981
1995	1309344	15878	715405	578061	1016056	222720	70568
1996	1454905	18116	782060	654729	1132834	237510	84561
1997	1580484	17286	828011	735187	1225441	244245	110798
1998	1588049	18478	815904	753667	1223697	201028	163324
1999	1606804	19304	760591	826909	1207329	184757	214718
2000	1732318	20606	777295	934417	1290215	176693	265410
2001	1941508	21510	833110	1086888	1381940	158228	401340
2002	2196175	21857	921105	1253213	1520518	159655	516002
2003	2535070	22059	1104724	1408287	1661336	160049	713685
2004	2939800	23358	1291498	1624944	1904154	164332	871314
2005	3458237	23019	1503886	1931332	2224886	157943	1075408
2006	4034057	26173	1757357	2250527	2542465	165315	1326277
2007	4998743	27226	2111205	2860312	2814125	160900	2023718
2008	6137760	30232	2592679	3514849	3390954	177772	2569034
2009	7161387	31720	2989883	4139784	3855720	198908	3106759

3－13 主要年份城镇非私营单位在岗职工平均工资
Average Salaries of Employees of Urban Non-private Units in Major Years

单位：元 (yuan)

年份 Year	平均工资 Average Wages	按产业分 By Industry			按经济类型分 By Registration		
		第一产业 Primary Industry	第二产业 Secondary Industry	第三产业 Tertiary Industry	国有 State-owned	集体 Collective-owned	其他 Others
1949	284				284		
1952	330				330		
1957	535				535		
1962	448				448		
1965	588				588		
1970	581				581		
1975	588				588		
1978	632				632		
1980	737				783	606	
1985	1038				1110	930	861
1986	1154	1034	1197	1100	1234	941	1842
1987	1309	1140	1354	1254	1397	1073	1943
1988	1588	1249	1647	1522	1708	1264	1685
1989	1782	1388	1863	1691	1923	1393	2380
1990	2025	1452	2106	1942	2189	1565	2256
1991	2203	1640	2308	2089	2356	1768	2485
1992	2468	1931	2526	2415	2661	1906	3273
1993	2833	1793	2967	2694	3068	2067	4704
1994	3925	3093	3776	4151	4227	2693	7100
1995	4508	3657	4423	4527	4789	3162	6346
1996	5010	4127	4889	5033	5352	3603	6607
1997	5502	4188	5412	5649	5828	4016	6845
1998	6433	4713	6529	6394	6732	4891	6907
1999	7182	5296	7184	7240	7541	5200	7641
2000	8020	5884	7704	8372	7431	4534	7450
2001	9523	6521	8925	10053	10035	6614	9503
2002	10960	7587	9905	11905	11745	7601	10339
2003	12440	8877	11425	13462	13616	8552	11316
2004	14357	9871	13125	15624	15847	9839	12831
2005	16630	10676	14962	18345	18614	11614	14373
2006	19215	12279	17434	21031	21402	13522	16805
2007	23098	14852	20703	25401	25365	15149	21336
2008	26985	16751	24134	29736	29761	17444	24864
2009	30965	18864	27445	34313	34023	20337	28723

3－14 城镇非私营单位职工人数（2008－2009年）
Number of Employees in Urban Non-private Units (2008-2009)

单位：万人 (10 000 persons)

指　标	Item	合计 Total		#国　有 State-owned		#集　体 Collective-owned	
		2008	2009	2008	2009	2008	2009
总　计	**Total**	**229.59**	**234.90**	**115.19**	**114.32**	**10.23**	**9.88**
按企业、事业、机关分	**By Enterprise, Institution and Agency**						
企　业	Enterprises	155.00	159.63	43.30	41.72	8.57	8.31
事　业	Institutions	55.42	55.63	52.72	53.16	1.65	1.56
机　关	Agencies	19.17	19.64	19.17	19.44	0.01	0.01
按行业分	**By Sector**						
第一产业	Primary Industry	1.80	1.68	1.48	1.37	0.14	0.11
第二产业	Secondary Industry	108.92	111.88	25.74	24.37	6.78	6.52
采矿业	Mining and Quarrying	9.07	9.41	3.26	3.44	0.43	0.6
制造业	Manufacturing	53.99	55.22	13.99	12.60	2.70	2.48
电力、燃气及水的生产和供应业	Electricity, Gas & Water Production and Supply	6.39	6.32	2.45	2.04	0.13	0.14
建筑业	Construction	39.47	40.93	6.04	6.29	3.52	3.30
第三产业	Tertiary Industry	118.87	121.34	87.97	88.58	3.31	3.25
交通运输、仓储及邮政业	Transportation, Storage, Postal Services	13.09	12.64	8.92	8.55	0.33	0.27
信息传输、计算机服务和软件业	Data Transmission, Computer Service and Software	2.61	2.47	1.44	1.27	0.01	0.01
批发与零售业	Wholesale and Retail Trade	10.76	10.86	2.92	2.54	0.61	0.60
住宿和餐饮业	Hotels and Restaurants	3.59	4.19	0.75	0.82	0.17	0.19
金融业	Financing	5.64	6.01	2.19	2.30	0.33	0.32
房地产业	Real Estate	3.99	4.23	0.86	1.04	0.14	0.13
租赁与商务服务业	Renting and Business Activities	3.79	4.12	1.63	1.71	0.09	0.11
科学研究、技术服务与地质勘查业	Scientific Research, Technical Services & Geologic Prospecting	4.91	4.95	2.58	2.51	0.03	0.03
水利、环境和公共设施管理业	Administration of Water Conservancy, Environment and Public Utilities	3.00	3.04	2.48	2.47	0.19	0.19
居民服务和其他服务业	Personal Services and Other Services	0.72	0.76		0.14	0.03	0.05
教　育	Education	32.56	32.90	31.67	31.89	0.04	0.04
卫生、社会保障和社会福利业	Public Health, Social Security and Social Welfare	9.84	10.39	8.48	9.03	1.29	1.26
文化、体育与娱乐业	Culture, Sports and Entertainment	2.34	2.36	1.92	1.94	0.02	0.02
公共管理与社会组织	Public Administration and Social Organizations	22.03	22.42	21.98	22.37	0.03	0.03

3－15 城镇非私营单位职工工资总额（2008－2009年）
Total Wages of Employees of Urban Non-private Units (2008-2009)

单位：万元 (10 000 yuan)

指 标	Item	合计 Total		#国 有 State-owned		#集 体 Collective-owned	
		2008	2009	2008	2009	2008	2009
总 计	**Total**	**6137760**	**7161387**	**3390954**	**3855720**	**177772**	**198908**
按企业、事业、机关分	**By Enterprise, Institution and Agency**						
企 业	Enterprises	3970214	4605398	1284812	1373786	142817	161369
事 业	Institutions	1514058	1839542	1452773	1769362	34837	37137
机 关	Agencies	653488	716447	653369	712572	118	402
按行业分	**By Sector**						
第一产业	Primary Industry	30232	31720	25206	25947	2702	2900
第二产业	Secondary Industry	2592679	2989883	718643	752342	109411	120086
采矿业	Mining and Quarrying	232695	259371	90231	104291	7521	11084
制造业	Manufacturing	1313933	1512137	408038	402764	41756	44315
电力、燃气及水的生产和供应业	Electricity, Gas & Water Production and Supply	254681	282252	88301	78922	1835	2367
建筑业	Construction	791370	936123	132073	166365	58299	62320
第三产业	Tertiary Industry	3514849	4139784	2647105	3077431	65659	75922
交通运输、仓储及邮政业	Transportation, Storage, Postal Services	337937	366129	253633	269058	4900	4435
信息传输、计算机服务和软件业	Data Transmission, Computer Service and Software	111210	123005	44735	40104	203	237
批发与零售业	Wholesale and Retail Trade	234646	274556	87124	92106	7584	8821
住宿和餐饮业	Hotels and Restaurants	54553	64746	11729	14380	2091	2469
金融业	Financing	318107	375491	113635	127584	11033	15362
房地产业	Real Estate	104703	132725	17875	25773	2088	1979
租赁与商务服务业	Renting and Business Activities	75088	99935	30306	41749	1631	2079
科学研究、技术服务与地质勘查业	Scientific Research, Technical Services & Geologic Prospecting	206218	242513	96528	107723	648	713
水利、环境和公共设施管理业	Administration of Water Conservancy, Environment and Public Utilities	52711	60371	44862	50400	2772	3067
居民服务和其他服务业	Personal Services and Other Services	13641	16930	3911	4200	526	974
教 育	Education	896205	1125648	876926	1097812	834	630
卫生、社会保障和社会福利业	Public Health, Social Security and Social Welfare	321179	388474	289443	352080	30556	34340
文化、体育与娱乐业	Culture, Sports and Entertainment	65424	73257	53701	59231	416	391
公共管理与社会组织	Public Administration and Social Organizations	723227	796004	722697	795231	377	425

3－16 城镇非私营单位在岗职工平均工资（2008－2009 年）
Average Salaries of Employees of Urban Non-private Units (2008-2009)

单位：元 (yuan)

指 标	Item	合计 Total		#国 有 State-owned		#集 体 Collective-owned	
		2008	2009	2008	2009	2008	2009
总 计	**Total**	**26985**	**30965**	**29761**	**34023**	**17444**	**20337**
按企业、事业、机关分	**By Enterprise, Institution and Agency**						
企 业	Enterprises	25832	29436	29973	33396	16701	19624
事 业	Institutions	27626	33188	27580	33394	21328	24190
机 关	Agencies	34474	37101	33921	37104	18746	20167
按行业分	**By Sector**						
第一产业	Primary Industry	16571	18864	16740	18839	19300	25351
第二产业	Secondary Industry	24134	27445	28557	31858	16151	18611
采矿业	Mining and Quarrying	26103	28128	28097	30974	17051	19021
制造业	Manufacturing	24249	27752	29047	31753	15308	17467
电力、燃气及水的生产和供应业	Electricity, Gas & Water Production and Supply	40270	44952	36772	38924	14655	16700
建筑业	Construction	20823	24032	23992	30048	16751	19532
第三产业	Tertiary Industry	29736	34343	30333	34839	20037	23622
交通运输、仓储及邮政业	Transportation, Storage, Postal Services	25596	28804	28042	31309	15193	16445
信息传输、计算机服务和软件业	Data Transmission, Computer Service and Software	43567	50426	31869	31548	14710	16116
批发与零售业	Wholesale and Retail Trade	22422	26102	29942	36028	12728	14892
住宿和餐饮业	Hotels and Restaurants	15260	17097	15687	17637	12321	13210
金融业	Financing	57570	64430	52045	56782	34127	48100
房地产业	Real Estate	23889	28912	20813	25344	14684	15603
租赁与商务服务业	Renting and Business Activities	20974	22370	20932	19982	17185	19408
科学研究、技术服务与地质勘查业	Scientific Research, Technical Services & Geologic Prospecting	41384	48329	38084	43879	19343	20418
水利、环境和公共设施管理业	Administration of Water Conservancy, Environment and Public Utilities	17639	20084	18070	20544	14934	16368
居民服务和其他服务业	Personal Services and Other Services	19276	22628	26075	28668	16120	19243
教 育	Education	27723	34337	27912	34566	20644	16038
卫生、社会保障和社会福利业	Public Health, Social Security and Social Welfare	33037	38191	34546	39830	23952	27825
文化、体育与娱乐业	Culture, Sports and Entertainment	27941	30796	28187	30618	22382	17917
公共管理与社会组织	Public Administration and Social Organizations	33103	35852	33145	35894	13395	14689

3－17　城镇非私营单位就业人员劳动报酬（2008－2009年）
Earnings of Employment of Urban Non-private Units (2008-2009)

单位：万元　　(10 000 yuan)

指　标	Item	合计 Total		#国　有 State-owned		#集　体 Collective-owned	
		2008	2009	2008	2009	2008	2009
总　计	**Total**	**6348880**	**7430544**	**3464459**	**3952491**	**183751**	**205187**
按企业、事业、机关分	**By Enterprise, Institution and Agency**						
企　业	Enterprises	4145246	4829313	1325962	1428894	147502	166420
事　业	Institutions	1542469	1874427	1477450	1800761	36131	38338
机　关	Agencies	661165	726804	661047	722836	118	429
按行业分	**By Sector**						
第一产业	Primary Industry	30539	32031	25359	26086	2720	2931
第二产业	Secondary Industry	2665329	3097425	740942	784342	113788	124621
采矿业	Mining and Quarrying	235102	261670	90786	104659	7918	11325
制造业	Manufacturing	1357390	1571436	416204	418285	43647	45580
电力、燃气及水的生产和供应业	Electricity, Gas & Water Production and Supply	255818	284523	88545	79058	1845	2382
建筑业	Construction	817019	979796	145407	182340	60378	65334
第三产业	Tertiary Industry	3653012	4301088	2698158	3142063	67243	77635
交通运输、仓储及邮政业	Transportation, Storage, Postal Services	349142	380687	261304	279760	5001	4489
信息传输、计算机服务和软件业	Data Transmission, Computer Service and Software	112949	124466	45457	40937	209	244
批发与零售业	Wholesale and Retail Trade	238851	278541	88784	93111	7686	8948
住宿和餐饮业	Hotels and Restaurants	55768	65598	12279	14756	2102	2476
金融业	Financing	384936	454696	119913	134360	11223	15553
房地产业	Real Estate	108028	136486	18125	26432	2097	1996
租赁与商务服务业	Renting and Business Activities	82283	104159	31514	43209	1637	2191
科学研究、技术服务与地质勘查业	Scientific Research, Technical Services & Geologic Prospecting	215804	254372	100267	112649	669	713
水利、环境和公共设施管理业	Administration of Water Conservancy, Environment and Public Utilities	53954	62964	45765	52612	2957	3349
居民服务和其他服务业	Personal Services and Other Services	13731	17248	3926	4352	536	1061
教　育	Education	909152	1138525	887551	1108626	842	656
卫生、社会保障和社会福利业	Public Health, Social Security and Social Welfare	330647	401260	297985	364033	31443	35124
文化、体育与娱乐业	Culture, Sports and Entertainment	66070	73865	54140	59808	446	391
公共管理与社会组织	Public Administration and Social Organizations	731697	808221	731148	807418	395	444

3－18 城镇非私营单位就业人员变动情况（2008－2009 年）
Variation of Employment in Urban Non-private Units (2008-2009)

单位：万人、% (10 000 persons, %)

项 目	Item	就业人员变动情况 Variation of Employment		构 成 Composition	
		2008	2009	2008	2009
总 计	**Total**	**36.93**	**39.29**	**100.0**	**100.0**
按来源分	**By Source**				
城 镇	Urban	8.63	14.74	23.4	37.5
农 村	Rural	13.83	7.99	37.4	20.4
大中专技校毕业生	Graduates from Universities Specialized Secondary Schools and Technical Training Schools	6.17	6.88	16.7	17.5
其 他	Others	8.30	9.68	22.5	24.6
按去向分	**By Assignment**				
国有经济单位	State-owned Units	12.64	11.30	34.3	28.8
集体经济单位	Collective-owned Units	1.57	1.64	4.2	4.1
其他经济单位	Other Types of Urban Ownership	22.72	26.35	61.5	67.1

3－19 城镇登记失业人数（1985－2009 年）
Number of Registered Unemployment in Urban Areas (1985-2009)

单位：万人、% (10 000 persons, %)

年 份 Year	登记失业人数 Registered Unemployment	#女 性 Female	按失业时间分 By Unemployment Period 6个月以上 Over 6 Months	6个月以下 Less than 6 Months	登记失业率 Rate of Registered Unemployment
1985	6.46				2.3
1986	6.00				2.1
1987	6.29				2.2
1988	6.25				2.1
1989	8.43				2.8
1990	8.81				2.9
1991	9.42				3.0
1992	10.01				3.1
1993	10.23				3.2
1994	10.80				3.2
1995	10.47				2.9
1996	10.95				3.0
1997	10.85	6.18	6.92	3.93	3.5
1998	10.10	5.71	6.46	3.64	3.5
1999	10.08	5.48	6.15	3.93	3.5
2000	10.15	5.26	5.30	4.85	3.5
2001	13.72	7.24	7.72	6.00	3.9
2002	16.18	7.70	7.79	8.39	4.1
2003	16.16	8.20	8.62	7.54	4.1
2004	16.76	8.19	9.44	7.32	4.12
2005	16.89	8.27	9.67	7.22	4.12
2006	15.41	8.12	8.98	6.43	4.00
2007	14.13	7.60	8.01	6.12	3.98
2008	13.02	6.94	6.27	6.75	3.96
2009	13.44	6.55	6.02	7.42	3.96

主要统计指标解释

人口数 指一定时点、一定地区范围内的有生命的个人的总和。年度统计的年末人口数是指每年 12 月 31 日 24 时的人口数。

出生率（又称粗出生率） 指在一定时期内（通常为一年）一定地区内出生人数与同期内平均人数（或期中人数）之比，一般用千分率表示。本资料中的出生率指年出生率。计算公式为：

出生率=年出生人数/年平均人数×1000‰

式中：出生人数是指活产婴儿，即胎儿脱离母体时（不管怀孕月数）有过呼吸或其他生命现象。年平均人数是年初、年底人口数的平均数，也可用年中人口数代替。

死亡率（又称粗死亡率） 指在一定时期内（通常为一年）一定地区的死亡人数与同期平均人数（或期中人数）之比，一般用千分率表示。本资料中的死亡率指年死亡率。计算公式为：

死亡率=年死亡人数/年平均人数×1000‰

人口自然增长率 指在一定时期内（通常为一年）人口自然增加数（出生人数减死亡人数）与该时期内平均人数（或期中人数）之比，一般用千分率表示。计算公式为：

人口自然增长率=(本年出生人数-本年死亡人数)/年平均人数×1000‰

=人口出生率-人口死亡率

常住人口 常住人口在人口调查中的定义为下列几款：(1) 户口在本乡镇（街道），居住在本乡镇（街道）的人口；(2) 户口在外乡镇（街道），居住在本乡镇（街道）半年以上的人口；(3) 户口在外乡镇（街道），在本乡镇（街道）居住不满半年，离开户口登记地半年以上的人口；(4) 居住在本乡镇（街道），户口待定的人口。

城镇人口和乡村人口 城镇人口是指居住在城镇范围内的全部人口；乡村人口是除上述人口以外的全部人口。

历年城乡人口数据是按照当时国家《关于统计上划分城乡的规定》计算的。

三次普查之间年份的城乡人口根据 1990 年和 2000 年人口普查数据进行了调整。

就业人员 指在 16 周岁及以上，从事一定社会劳动并取得劳动报酬或经营收入的人员。这一指标反映了一定时期内全部劳动力资源的实际利用情况，是研究我国基本国情国力的重要指标。

职工 指在国有、城镇集体、联营、股份制、外商和港、澳、台投资、其他单位（不包括私营单位和个体经营户）及其附属机构工作，并由其支付工资的各类人员。不包括离休、退休、退职人员；再就业的离、退休人员；在城镇单位中工作的外方及港、澳、台人员；其他按有关规定不列入职工统计范围的人员。(1998 年及以后的数据均为在岗职工数据，其他相关指标如职工工资总额，职工平均工资等指标也从 1998 年按此口径进行了相应调整)。

国有单位 指资产归国家所有的经济组织。包括按《中华人民共和国企业法人登记管理条例》规定登记注册的非公司制的经济组织，以及中央、地方各级国家机关、事业单位和社会团体。

集体单位 指生产资料归集体所有，并按《中华人民共和国企业法人登记管理条例》规定登记注册的经济组织。

职工工资总额 指各单位在一定时期内直接支付给本单位全部职工的劳动报酬总额。工资总额的计算原则应以直接支付给职工的全部劳动报酬为根据。各单位支付给职工的劳动报酬以及其他根据有关规定支付的工资，不论是计入成本的还是不计入成本的，不论是以货币形式支付的还是以实物形式支付的，均包括在工资总额内。

职工平均工资 指企业、事业、机关单位的职工在一定时期内平均每人所得的工资额。它表明一定时期职工工资收入的高低程度，是反映职工工资水平的主要指标，计算公式为：

职工平均工资=报告期实际支付的全部职工工资总额/报告期全部职工平均人数

就业人员劳动报酬　指各单位在一定时期内直接支付给本单位全部就业人员的劳动报酬总额。包括职工工资总额和其他就业人员劳动报酬总额。

城镇登记失业人员　指在劳动年龄（16 周岁至退休年龄）内，有劳动能力，有就业要求，处于无业状态并在公共就业服务机构进行失业登记的城镇常住人员。其中，没有就业经历的城镇户籍人员，在户籍所在地登记；农村进城务工人员和其他非本地户籍人员在常住地稳定就业满 6 个月的，失业后可以在常住地登记。

城镇登记失业率　指报告期末，登记失业人数占期末城镇就业人员总数与期末实有城镇登记失业人数之和的比重。计算公式为：

城镇登记失业率=期末实有登记失业人数/(期末就业人员总数+期末实有登记失业人数)×100%

Explanatory Notes on Main Statistical Indicators

Total population refers to the total number of people alive at a certain point of time within a given area.The annual statistics on total population is taken at midnight, the 3lst of December.

Birth Rate (or Crude Birth Rate) refers to the ratio of the number of births to the average population (or mid-period population) during a certain period of time (usually a year), which is often expressed in ‰. Birth rate in the chapter refers to annual birth rate. The following formula is used:

Birth Rate = Number of Births /Annual Average Number of Population × 1000‰

Number of Births refers to live births, i.e. the births when babies had showed any vital phenomena regardless of the length of pregnancy.

Annual Average Population is the average of the population at the beginning of the year and that at the end of the year. Sometimes it is substituted for with the mid-year population.

Death Rate (or Crude Death Rate) refers to the ratio of the number of deaths to the average population (or mid-year population) during a certain period of time (usually a year), which is often expressed in ‰. Death rate in the chapter refers to annual death rate. The following formula is used:

Death Rate = Number of Deaths / Annual Average Population × 1000‰

Natural Growth Rate of Population refers to the ratio of natural increase in population (number of births minus number of deaths) in a certain period of time (usually a year) to average population (or mid-year population) of the same period, which is often expressed in ‰. The following formulas are applied:

Natural Growth Rate of Population = Number of Births - Number of Deaths /Annual Average Population × 1000‰

= Birth Rate - Death Rate

Resident Population According to survey of population, it includes the following main items: 1) population with residence registered in this township or town (street) and reside in this area; 2) population with residence registered in other area, but having actually resided in this township or town (street) over half a year; 3) population with residence registered in other area and having resided in this townships or towns (streets) under half a year, but leaving the area where they registered residence over half a year; 4) population reside in this township or town (street), but haven't registered residence temporarily.

Urban Population and Rural Population Urban population refer to all people, while rural population refer to population other than urban population.

Statistics on urban and rural population over the years are compiled in line with the regulations of statistical classification on urban and rural population stipulated by the government, which were in effect at different times.

Figures on urban/rural population for the years between the 3 censuses are adjusted in accordance with the 1990 and 2000 population census data.

Employees refer to the persons aged 16 and over who are engaged in social working and receive remuneration payment or earn business income. This indicator reflects the actual utilization of total labor force during a certain period of time and is often used for the research on China's economic affairs and national power.

Staff and Workers refer to persons working in, and receive payment from units of state ownership, collective ownership, joint ownership, share holding ownership, foreign ownership, and ownership by entrepreneurs from Hong Kong, Macao, and Taiwan, and other types of ownership and their affiliated units(excluding private enterprises and owners of self-employed). They exclude: retirees; re-employed retirees; foreigners and persons from Hong Kong, Macao and Taiwan who work in urban units; 8) other persons not to be included by relevant regulations. (Data of 1998 and afterward refer to fully employed staff and workers. Other related statistics such as total wage bill and average wage are adjusted since 1998 accordingly).

State-owned Units refer to economic units whose assets are owned by the state. Included are non-corporation units registered according to Regulation of the People's Republic of China on the Registration of Enterprises and Corporations, state organs, institutions and social organizations at the central and local levels.

Collective Units refer to economic units registered according to Regulation of the People's Republic of China on the Registration of Enterprises and Corporations where the means of production are collectively owned.

Total Wages of Bill refers to total remuneration payment to staff and workers in various units during a certain period of time. The calculation of total wages is based on the total remuneration payment to the staff and workers. Therefore, all the wages and salaries and other payments to staff and workers are included in the total wage bill regardless of sources, reckoning the cost of production or not, category, listing as items of premium taxation or not, and forms, paying in cash or in kind.

Average Earning refers to average earning level in money terms per employee in the enterprise, institutions, and government agencies, which reflects the general level of wage income during a certain period of time and is calculated as follows:

Average Earning of Employees=Total Earning of Employees at Reference Period/Average Number of Employees at Reference Period

Earning refer to total remuneration payment to all employees in various units in urban areas(did not include urban private units and self-employed individuals) during a certain period of time, including staff and workers and other employee(i.e.,reemployed retirees or those who are from Hong Kong, Macao, Taiwan province or other countries).

Registered Unemployed Persons in Urban Areas refers to the unemployed urban resident population at the labor age (from 16 to the age of retirement), with labor capability and employment demand, who have been registered at the public employment service institutions. Among whom, the urban resident population without employment experience shall be registered at the place of household registration; the off-farm workers and other persons with the household registration at other places who have been employed for 6 consecutive months may be registered at the place of their usual residence.

Registered Unemployment Rate in Urban Areas refers to the ratio of the number of the registered unemployed persons at the end of the reference period to the sum of total employment and the number of the registered unemployed persons at the end of the reference period. The formula is as the follows:

Registered urban unemployment rate = number of registered urban unemployed persons at the end of reference period / (total employment+ number of registered urban unemployed persons at the end of reference period) × 100%

4

固定资产投资

Investment In Fixed Assets

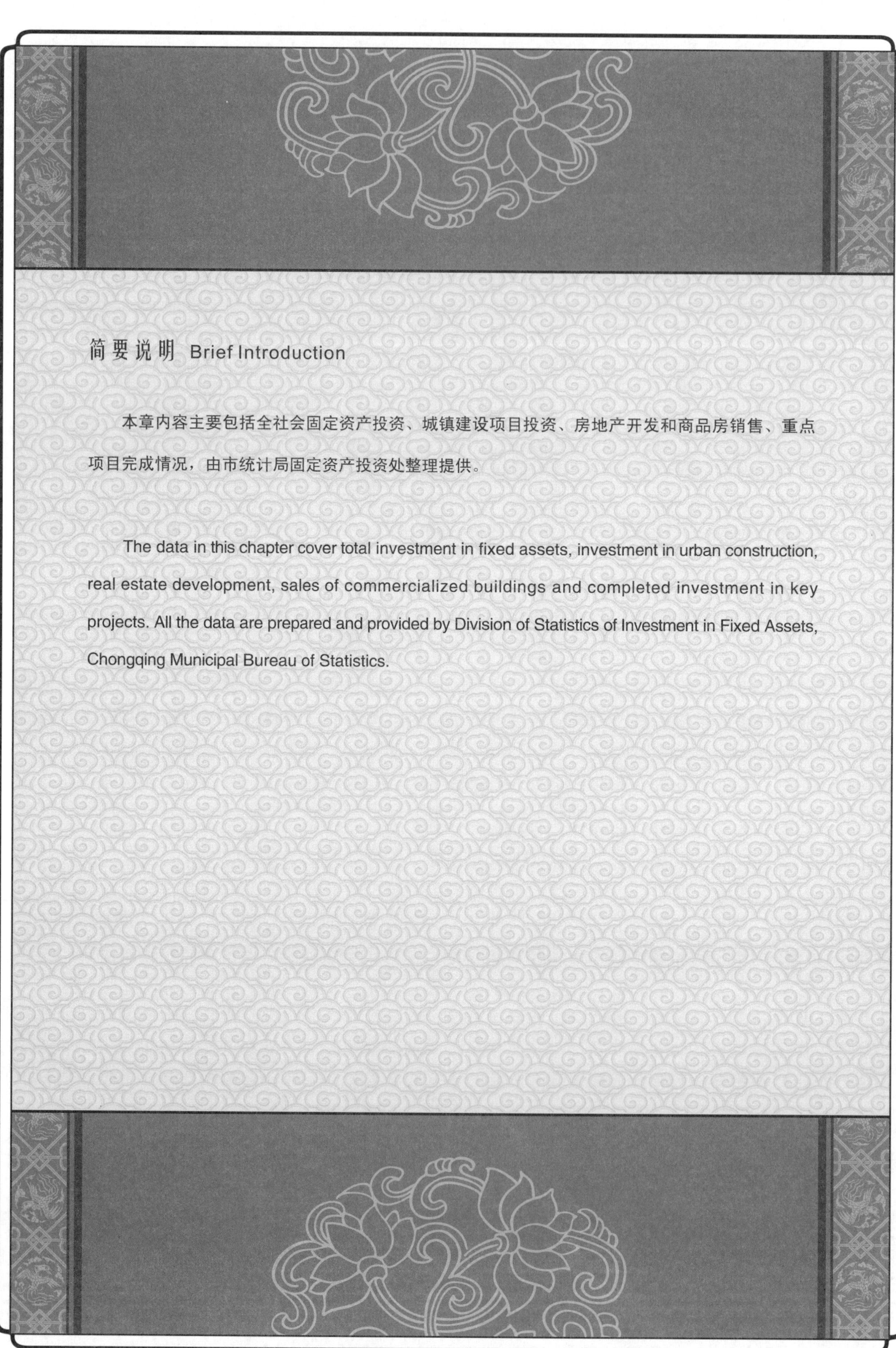

简要说明 Brief Introduction

本章内容主要包括全社会固定资产投资、城镇建设项目投资、房地产开发和商品房销售、重点项目完成情况，由市统计局固定资产投资处整理提供。

The data in this chapter cover total investment in fixed assets, investment in urban construction, real estate development, sales of commercialized buildings and completed investment in key projects. All the data are prepared and provided by Division of Statistics of Investment in Fixed Assets, Chongqing Municipal Bureau of Statistics.

4—1 主要年份全社会固定资产投资
Total Investment in Fixed Assets in Major Years

单位：万元 (10 000 yuan)

年份 Year	固定资产投资额总计 Total Investment in Fixed Assets	新增固定资产 Newly Increased Fixed Assets	固定资产投资按构成分 Investment in Fixed Assets by Use of Funds		
			建筑安装工程 Construction and Installation	设备工具器具购置 Purchase of Equipment and Instruments	其他费用 Others
1949	39	37	39		
1952	9535	7107	7027	1751	757
1957	21330	20591	12563	6636	2131
1962	7769	7650	5853	1654	262
1965	37677	32844	24658	10280	2739
1970	62448	44331	26528	31658	4262
1975	64359	29973	26446	26539	11374
1978	59026	46834	37630	16958	4438
1980	102789	101499	71220	26265	5304
1985	364822	265993	238027	101461	25334
1986	420675	343008	265430	124895	30350
1987	482445	345528	329053	114844	38548
1988	558331	378150	374833	148913	34585
1989	547540	405769	370687	140033	36820
1990	693140	462056	450344	192115	50681
1991	851614	636525	548518	234255	68841
1992	1063852	871892	703962	261333	98557
1993	1550546	1036205	1008107	389367	153072
1994	2029178	1377025	1336181	509362	183635
1995	2709663	1886888	1707448	737819	264396
1996	3207278	2306996	2076949	733537	342156
1997	3709485	3143528	2418273	879477	411735
1998	4981452	3693019	3248271	1083808	649373
1999	5628679	3706704	3860379	1080062	688238
2000	6558116	4364464	4599909	1055220	902987
2001	8018228	4722181	5460064	1435621	1122543
2002	9956645	6868792	6961365	1482391	1512889
2003	12693544	7244753	8608006	1594910	2490628
2004	16219203	8377655	10155324	2512064	3551815
2005	20063180	15268045	12487360	2990736	4585084
2006	24518351	13817208	15250559	3530668	5737124
2007	31615147	18087476	20238311	4438013	6938823
2008	40452509	16147872	26504524	5793319	8154666
2009	53179185	28027347	35607657	6552634	11018894

4-1 续表 1 CONTINUED-1

单位：万元 (10 000 yuan)

年份 Year	固定资产投资按城乡分 Investment in Fixed Assets by Urban and Rural Areas					
	城镇 Urban	建设项目 Construction Projects	房地产开发 Real Estate Development	农村 Rural	农户 Rural Households	非农户 Non-Rural Households
1949						
1952						
1957						
1962						
1965						
1970						
1975						
1978						
1980						
1985						
1986						
1987						
1988						
1989						
1990						
1991						
1992						
1993						
1994						
1995						
1996	2286027	1729842	556185	921251	520639	400612
1997	2747402	2072380	675022	962083	518255	443828
1998	4012210	3039196	973014	969242	509535	459707
1999	4504619	3379484	1125135	1124060	589147	534913
2000	5313816	3917489	1396327	1244300	649150	595150
2001	6720308	4753624	1966684	1297920	707500	590420
2002	8568780	6109650	2459130	1387865	722554	665311
2003	11375600	8096719	3278881	1317944	666529	651415
2004	14771164	10720373	4050791	1448039	715951	732088
2005	18384226	13206935	5177291	1678954	718040	960914
2006	22914581	16618281	6296300	1603770	771833	831937
2007	29713639	21214673	8498966	1901508	740000	1161508
2008	37815574	27905604	9909970	2636935	824161	1812774
2009	49587435	37198310	12389125	3591750	902424	2689326

4-1 续表 2 CONTINUED-2

单位：万元 (10 000 yuan)

年 份 Year	固定资产投资按登记注册类型分 Investment in Fixed Assets by Status of Registration						
	国 有 State-owned	集 体 Collective-owned	联 营 Joint-owned	股份制 Share-holding	港澳台及外商投资 Foreign-funded	私营个体 Individuals	其 他 Others
1949	39						
1952	9535						
1957	21330						
1962	7769						
1965	37662	15					
1970	62447	1					
1975	64355	4					
1978	56823	2203					
1980	91150	4718				3692	
1985	243927	66862				44712	9321
1986	301256	60497				48260	10662
1987	345509	58155				67033	11748
1988	410106	56588				78012	13625
1989	405239	46813				82058	13430
1990	528648	49525				92235	22732
1991	639554	69943				120515	21602
1992	739230	137945				165300	21377
1993	979597	276425	2798	32512	25320	206511	27383
1994	1364920	353815	2598	8013	13340	243119	43373
1995	1433244	424399	5834	101846	232079	370479	141782
1996	1597680	513195	6857	100805	278214	598918	111609
1997	1763147	550970	11428	354040	154602	669117	31148
1998	2598535	599304	7963	691371	402084	637275	44920
1999	2839011	664552	9951	612007	353199	1097082	52877
2000	3132534	730555	31555	877503	319730	1381098	85141
2001	3849113	821206	65544	1077977	432826	1715384	56178
2002	4603442	884409	45739	1678915	731767	1989250	23123
2003	5517224	845591	30177	3055216	648829	2514803	81704
2004	6625116	958051	30942	4199655	1174341	3114906	116192
2005	7978697	698801	75405	5902555	1176890	4063795	167037
2006	10219239	383345	62156	7208381	1420900	4939191	285139
2007	12551060	497937	92315	8796251	2293560	7036673	347351
2008	16091842	489458	158560	10398474	3026064	9663932	624179
2009	23241164	513318	149177	12949452	3052163	12497309	776602

4-1 续表 3 CONTINUED-3

单位：万元、万平方米 (10 000 yuan, 10 000 sq.m)

年 份 Year	固定资产投资按三次产业分 Investment in Fixed Assets by Three Strata of Industry			本年房屋施工面积 Floor Space under Construction	#住 宅 Residential Buildings	本年房屋竣工面积 Floor Space Completed	#住 宅 Residential Buildings
	第一产业 Primary Industry	第二产业 Secondary Industry	第三产业 Tertiary Industry				
1949						1	
1952	37	4616	4882			5	1
1957	203	15421	5706			153	84
1962	314	6080	1375			18	7
1965	5130	25482	7065			103	43
1970	1291	56173	4984			121	49
1975	2716	54692	6951			95	39
1978	3790	45516	9720			121	39
1980	2101	69188	31500			323	166
1985	4848	184918	175056	2536		1341	680
1986	3359	238569	178747	2596		2141	1445
1987	4794	282515	195136	2752		2169	1474
1988	5490	346847	205994	2632		1970	1478
1989	5919	314655	226966	2400		1851	706
1990	13220	413776	266144	2522		2057	1620
1991	19966	487813	343835	2753		2258	1756
1992	20329	558021	485502	3228		2473	1947
1993	14208	701890	834448	3619		2631	1994
1994	14449	839691	1175038	4045		2926	2119
1995	17117	1066810	1625736	4964		3306	2503
1996	23128	1156837	2027313	6026	4164	4209	3313
1997	33820	1309109	2366556	6145	4198	4302	3363
1998	44133	1418980	3518339	6587	4474	4285	3267
1999	65652	1217277	4345750	7170	4799	4660	3527
2000	89657	1423981	5044478	8494	5931	5337	4087
2001	108038	1462479	6447711	8812	6055	4939	3664
2002	191128	1956665	7808852	10643	7305	6403	4665
2003	264249	3033987	9395308	10962	7398	5959	4293
2004	360891	4301999	11556313	11797	7835	5560	3962
2005	441953	5860896	13760331	13300	8792	6385	4341
2006	519301	7553189	16445861	14993	9693	5979	4098
2007	597371	10850790	20166986	16278	10912	5523	3810
2008	890989	14370570	25190950	17629	12091	5456	3990
2009	1991057	18914538	32273590	18401	12245	4961	3208

4－2 全社会固定资产投资（2008－2009 年）
Total Investment in Fixed Assets (2008-2009)

指 标	Item	投资额 Investment		构成（%） Composition(%)	
		2008	2009	2008	2009
投资总额（万元）	**Total Investment (10 000 yuan)**	**40452509**	**53179185**	**100.0**	**100.0**
按隶属关系分	**By Jurisdiction of Administration**				
中央项目	Central Investment	3934408	4403685	9.7	8.3
地方项目（包括无隶属关系的）	Local Investment (including non-governmental investment)	36518101	48775500	90.3	91.7
按登记注册类型分	**By Status of Registration**				
内 资	Domestic-funded	37426445	50127022	92.5	94.3
#国 有	State-owned	16091842	23241164	39.8	43.7
集 体	Collective-owned	489458	513318	1.2	1.0
联 营	Joint-owned	158560	149177	0.4	0.3
股份制	Share-holding	10398474	12949452	25.7	24.4
私营个体	Individual	9663932	12497309	23.9	23.5
其 他	Others	624179	776602	1.5	1.5
港澳台投资经济	Funded by Entrepreneurs from Hong Kong, Macao and Taiwan	1707957	1865035	4.2	3.5
外商投资经济	Foreign-funded	1318107	1187128	3.3	2.2
按城乡分	**By Rural and Urban Areas**				
城 镇	Urban	37815574	49587435	93.5	93.2
#房地产开发	Real Estate Development	9909970	12389125	24.5	23.3
农 村	Rural	2636935	3591750	6.5	6.8
#农 户	Rural Households	824161	902424	2.0	1.7
按构成分	**By Use of Funds**				
建筑工程	Construction	24326240	32665434	60.1	61.4
安装工程	Installation	2178284	2942223	5.4	5.5
设备工具器具购置	Purchase of Equipment and Instruments	5793319	6552634	14.3	12.3
其他费用	Others	8154666	11018894	20.2	20.7
新增固定资产（万元）	**Newly Increased Fixed Assets (10 000 yuan)**	**16147872**	**28027347**		
固定资产交付使用率（%）	**Rate of Fixed Assets Put into Use (%)**	**40**	**53**		
房屋建筑面积（万平方米）	**Floor Space of Buildings (10 000 sq.m)**				
施工面积	Floor Space under Construction	17629	18401		
#住 宅	Residential Buildings	12091	12245		
竣工面积	Floor Space Completed	5456	4961		
#住 宅	Residential Buildings	3990	3208		

4－3 按行业分的全社会固定资产投资（2008－2009年）
Total Investment in Fixed Assets by Sector (2008-2009)

单位：万元 (10 000 yuan)

行业	Sector	2008	2009
总计	**Total**	**40452509**	**53179185**
第一产业	Primary Industry	890989	1991057
第二产业	Secondary Industry	14370570	18914538
工业	Industry	13767733	17930742
采矿业	Mining	1291734	1558543
制造业	Manufacturing	10350211	13805280
电力、燃气及水的生产和供应业	Electricity, Gas & Water Production and Supply	2125788	2566919
建筑业	Construction	602837	983796
第三产业	Tertiary Industry	25190950	32273590
交通运输、仓储及邮政业	Transport, Storage, Post	4588414	6902408
信息传输、计算机服务和软件业	Information Transmission, Computer Services and Software	591037	533316
批发与零售业	Wholesale and Retail Trades	208490	376477
住宿和餐饮业	Hotels and Catering Services	197209	184368
金融业	Financial Intermediation	23603	88368
房地产业	Real Estate	12305072	15415766
租赁与商务服务业	Leasing and Business Services	408550	302123
科学研究、技术服务与地质勘查业	Scientific Research, Technical Services and Geological Prospecting	79564	185353
水利、环境和公共设施管理业	Administration of Water Conservancy, Environment and Public Facilities	4804865	5652015
居民服务和其他服务业	Household Services and Other Services	39768	23300
教育	Education	798555	1095766
卫生、社会保障和社会福利业	Health, Social Security and Social Welfare	238194	312278
文化、体育与娱乐业	Culture, Sports and Entertainment	362555	382295
公共管理与社会组织	Public Administration and Social Organizations	545074	819757

4—4 全社会固定资产投资资金来源（2008—2009 年）
Total Investment in Fixed Assets by Source of Funds (2008-2009)

单位：万元 (10 000 yuan)

指 标	Item	总计 Total		农村 Rural		#农 户 Rural Households	
		2008	2009	2008	2009	2008	2009
本年资金来源合计	**Total Investment from All Sources in This Year**	**47321928**	**66367714**	**2667081**	**2853889**	**824161**	**902424**
上年末结余资金	Balance of the Previous Year	4801700	5843748	18700	61171		
本年资金来源小计	Subtotal of Funds Invested in This Year	42520228	60523966	2648381	2792718	824161	902424
国家预算内资金	State Budgetary Appropriation	1910486	3969932	160709	401564		
国内贷款	Domestic Loans	9230060	12043518	110065	158001		
债 券	Bonds	104047	723071				
利用外资	Foreign Investment	713080	744087	5060	8202		
自筹资金	Self-raised Funds	21662387	28819283	2090529	1896921	824161	902424
其他资金来源	Others	8900168	14224075	282018	328030		

指 标	Item	城镇 Urban		建设项目 Construction Investment		房地产开发 Real Estate Development	
		2008	2009	2008	2009	2008	2009
本年资金来源合计	**Total Investment from All Sources in This Year**	**44654847**	**62611401**	**29059513**	**40584740**	**15595334**	**22026661**
上年末结余资金	Balance of the Previous Year	4783000	5782577	1613601	2238964	3169399	3543613
本年资金来源小计	Subtotal of Funds Invested in This Year	39871847	56828824	27445912	38345776	12425935	18483048
国家预算内资金	State Budgetary Appropriation	1749777	3568368	1749777	3568368		
国内贷款	Domestic Loans	9119995	11885817	6663821	8563443	2456174	3322374
债 券	Bonds	104047	722771	104047	722771		
利用外资	Foreign Investment	708020	735885	222686	365711	485334	370174
自筹资金	Self-raised Funds	19571858	26922362	15538713	21519232	4033145	5403130
其他资金来源	Others	8618150	12993621	3166868	3606251	5451282	9387370

4—5 按行业分建设项目投资和建设总规模（2009年）

单位：万元

指　　标	Item	建设总规模 Total Investment in Construction	在建总规模 Total Investment in Projects under Construction	在建净规模 Net Investment in Projects under Construction
总　计	**Total**	**124116620**	**120536966**	**65410655**
第一产业	Primary Industry	3508828	3375409	2155355
第二产业	Secondary Industry	58227349	56427835	32447696
工　业	Industry	56027117	54117865	31316041
采矿业	Mining	2522288	2377272	861867
制造业	Manufacturing	43901256	42137998	25528227
电力、燃气及水的生产和供应业	Electricity, Gas & Water Production and Supply	9603573	9602595	4925947
建筑业	Construction	2200232	2309970	1131655
第三产业	Tertiary Industry	62380443	60733722	30807604
交通运输、仓储及邮政业	Transport, Storage, Post	24119139	23888912	11225877
信息传输、计算机服务和软件业	Information Transmission, Computer Services and Software	996325	830103	523796
批发与零售业	Wholesale and Retail Trades	1181797	1066727	768633
住宿和餐饮业	Hotels and Catering Services	608505	572329	318281
金融业	Financial Intermediation	78658	135630	112482
房地产业	Real Estate	5541802	5312028	3007024
租赁与商务服务业	Leasing and Business Services	1127471	1097499	367899
科学研究、技术服务与地质勘查业	Scientific Research, Technical Services and Geological Prospecting	342211	360437	204052
水利、环境和公共设施管理业	Administration of Water Conservancy, Environment and Public Facilities	21739398	21008891	10567576
居民服务和其他服务业	Household Services and Other Services	72670	42670	25333
教　育	Education	2869513	2726032	1396238
卫生、社会保障和社会福利业	Health, Social Security and Social Welfare	683976	683057	470589
文化、体育与娱乐业	Culture, Sports and Entertainment	1540255	1441736	723066
公共管理与社会组织	Public Administration and Social Organizations	1478723	1567671	1096758

Investment in Construction by Sector and Total Investment in Construction (2009)

(10 000 yuan)

投资额 Investment	#新　建 New Constuction	#扩　建 Expansion	#改　建 Reconstruction	建筑安装工程投资 Construction and Installation	设备工器具购置 Purchase of Equipment and Instruments	其他费用 Other Expenses
37198310	**24879461**	**5559057**	**4761300**	**24385779**	**6034963**	**6777568**
1446986	1036614	154001	234344	879267	23477	544242
17793653	11113102	3228611	2309324	10859035	4855773	2078845
16996141	10524062	3175787	2214987	10166520	4806860	2022761
1378924	329762	601434	403127	1025134	244179	109611
13200312	8794674	1909890	1487320	7466149	4121096	1613067
2416905	1399626	664463	324540	1675237	441585	300083
797512	589040	52824	94337	692515	48913	56084
17957671	12729745	2176445	2217632	12647477	1155713	4154481
6663061	4727683	683001	1099276	4695464	402848	1564749
530599	22287	503855	927	295438	228800	6361
348360	255852	44431	31097	254723	40334	53303
171052	102005	29542	35855	143199	12873	14980
88368	25261	4480	1655	8564	57623	22181
1948853	1644213	123360	130437	1276479	9821	662553
291913	195760	13222	56853	172399	15864	103650
178625	150125	6965	1905	126278	30745	21602
5276390	4182026	453120	584830	3774535	118753	1383102
22468	11460	2365	3843	18410	1925	2133
1081118	562727	214537	65295	878228	72775	130115
296662	135112	59841	39969	225496	42154	29012
368014	289249	11800	53625	309711	20579	37724
692188	425985	25926	112065	468553	100619	123016

4-6 按行业分城镇建设项目施工、投产项目个数（2009 年）
Number of Urban Construction Projects under Construction and Completed Projects by Sector (2009)

行业	Sector	施工项目（个） Number of Projects under Construction (unit)	#新开工 Started This Year	全部建成投产项目（个） Number of Projects Completed and Put into Use (unit)	项目建成投产率（%） Rate of Projects Completed & Put into Use (%)
总　计	**Total**	**11515**	**7479**	**7474**	**64.9**
第一产业	Primary Industry	462	298	298	64.5
第二产业	Secondary Industry	6183	4112	4112	66.5
工　业	Industry	4585	2622	2669	58.2
采矿业	Mining	535	335	332	62.1
制造业	Manufacturing	3560	2005	2064	58.0
电力、燃气及水的生产和供应业	Electricity, Gas & Water Production and Supply	490	282	273	55.7
建筑业	Construction	1598	1490	1443	90.3
第三产业	Tertiary Industry	4870	3069	3064	62.9
交通运输、仓储及邮政业	Transport, Storage, Post	853	584	550	64.5
信息传输、计算机服务和软件业	Information Transmission, Computer Services and Software	388	140	268	69.1
批发与零售业	Wholesale and Retail Trades	167	125	122	73.1
住宿和餐饮业	Hotels and Catering Services	110	71	71	64.5
金融业	Financial Intermediation	9	7	6	66.7
房地产业	Real Estate	624	423	357	57.2
租赁与商务服务业	Leasing and Business Services	62	37	38	61.3
科学研究、技术服务与地质勘查业	Scientific Research, Technical Services and Geological Prospecting	51	37	30	58.8
水利、环境和公共设施管理业	Administration of Water Conservancy, Environment and Public Facilities	1363	805	788	57.8
居民服务和其他服务业	Household Services and Other Services	33	29	25	75.8
教　育	Education	399	233	271	67.9
卫生、社会保障和社会福利业	Health, Social Security and Social Welfare	255	194	166	65.1
文化、体育与娱乐业	Culture, Sports and Entertainment	140	82	69	49.3
公共管理与社会组织	Public Administration and Social Organizations	416	302	303	72.8

4－7　全社会房屋施工面积（2008－2009 年）
Total Floor Space of Buildings under Construction (2008-2009)

单位：万平方米　　(10 000 sq.m)

指　　标	Item	房屋施工面积 Floor Space of Buildings under Construction		#住　　宅 Residential Buildings	
		2008	2009	2008	2009
总　计	**Total**	**17629**	**20131**	**12090**	**13816**
建设项目	Construction	3830	4516	1225	1604
房地产开发	Real Estate Development	11639	13053	9166	10338
农村非农户	Non-Rural Households	600	832	284	302
农　户	Rural Households	1560	1730	1415	1571

4－8 全社会房屋竣工面积（2008－2009 年）
Total Floor Space of Buildings Completed (2008-2009)

单位：万平方米　　(10 000 sq.m)

指　　标	Item	房屋竣工面积 Floor Space of Buildings Completed		#住　　宅 Residential Buildings	
		2008	2009	2008	2009
总　计	**Total**	**5456**	**4961**	**3990**	**3208**
建设项目	Construction	1335	1558	552	624
房地产开发	Real Estate Development	2368	2907	1951	2385
农村非农户	Non-Rural Households	314	495	166	200
农　户	Rural Households	1439	3127	1321	2868

4－9　全社会房屋造价（2008－2009 年）
Cost of Completed Buildings (2008-2009)

单位：元/平方米　　(yuan/sq.m)

指　　标	Item	每平方米造价 Cost of Buildings Completed per Sq. m		#住　　宅 Residential Buildings	
		2008	2009	2008	2009
总　计	**Total**	**1124**		**1068**	
建设项目	Construction	1034	1203	946	976
房地产开发	Real Estate Development	1699	2111	1636	2030
农村非农户	Non-Rural Households	833	888	728	767
农　户	Rural Households	324		322	

4—10 城镇建设项目投资（2008—2009年）
Investment in Urban Construction (2008-2009)

指　标	Item	2008	2009
投资总额（万元）	**Total Investment (10 000 yuan)**	**27905604**	**37198310**
#住　宅	Residential Buildings	795089	1250178
按隶属关系分	By Jurisdiction of Administration		
中央项目	Central Investment	3279787	3800724
地方项目	Local Investment	24625817	33397586
按构成分	By Use of Funds		
建筑工程	Construction	16349710	22251889
安装工程	Installation	1599263	2133890
设备、工具、器具购置	Purchase of Equipment and Instruments	5304802	6034963
其他费用	Others	4651829	6777568
按建设性质分	By Type of Construction		
#新　建	New Construction	19460223	24879461
扩　建	Expansion	3760978	5559057
改建和技术改造	Reconstruction and Technical Transformation	2817814	4761300
按国民经济行业分	By Sector		
第一产业	Primary Industry	636559	1446986
第二产业	Secondary Industry	13484328	17793653
#工　业	Industry	12979110	16996141
第三产业	Tertiary Industry	13784717	17957671
新增固定资产（万元）	**Newly Increased Fixed Assets (10 000 yuan)**	**9402839**	**19197690**
建设项目（个）	**Construction Project (unit)**		
施工项目	Project under Construction	7748	11515
本年投产项目	Project Completed in This Year	3551	7474
房屋建筑面积（万平方米）	**Floor Space of Buildings (10 000 sq.m)**		
施工面积	Floor Space under Construction	3830	4516
#住　宅	Residential Buildings	1225	1604
竣工面积	Floor Space Completed	1335	1558
#住　宅	Residential Buildings	552	624

4－11　按行业分的城镇建设项目投资（2009 年）
Investment in Constrction in Urban Area by Sector (2009)

单位：万元 (10 000 yuan)

行　业	Sector	施工项目个数(个) Project under Construction (unit)	计　划总投资 Planned Total Investment	本年完成投　资 Investment Completed in Current Year
总　计	**Total**	**11515**	**126872598**	**37198310**
第一产业	Primary Industry	462	3510630	1446986
第二产业	Secondary Industry	6183	60466418	17793653
工　业	Industry	4585	58110192	16996141
采矿业	Mining	535	2563854	1378924
#石油和天然气开采业	Extraction of Petroleum and Natural Gas	20	619133	576387
制造业	Manufacturing	3560	45718342	13200312
#化学原料及化学制品制造业	Manufacture of Raw Chemical Materials and Chemical Products	240	8118682	1279969
医药制造业	Manufacture of Medicines	71	437394	195072
通用设备制造业	Manufacture of General Purpose Machinery	276	1857511	791281
专用设备制造业	Manufacture of Special Purpose Machinery	141	1560792	557510
交通设备制造业	Manufacture of Transport Equipment	676	8593382	2546884
电力、燃气及水的生产和供应业	Production and Supply of Electricity, Gas and Water	490	9827996	2416905
电力、热力的生产和供应业	Production and Supply of Electric Power and Heat Power	198	8082106	1830030
燃气生产和供应业	Production and Supply of Gas	94	626981	167046
水的生产和供应业	Production and Supply of Water	198	1118909	419829
建筑业	Construction	1598	2356226	797512
第三产业	Tertiary Industry	4870	62895550	17957671
交通运输、仓储及邮政业	Transport, Storage and Post	853	24294802	6663061
#邮政业	Post	5	30464	6947
信息传输、计算机服务和软件业	Data Transmission, Computer Services and Software	388	1006238	530599
#电信和其他信息传输服务业	Telecommunications and Other Information Transmission Services	384	976874	515991
批发与零售业	Wholesale and Retail Trades	167	1197997	348360
住宿和餐饮业	Hotels and Catering Services	110	608505	171052
金融业	Financial Intermediation	9	135630	88368
房地产业	Real Estate	624	5544808	1948853
租赁与商务服务业	Leasing and Business Services	62	1139099	291913
科学研究、技术服务与地质勘查业	Scientific Research, Technical Services and Geological Prospecting	51	363757	178625
水利、环境和公共设施管理业	Administration of Water Conservancy, Environment and Public Utilities	1363	21761482	5276390
居民服务和其他服务业	Household Services and Other Services	33	72670	22468
教　育	Education	399	2916769	1081118
卫生、社会保障和社会福利业	Public Health, Social Security and Social Welfare	255	714457	296662
#卫　生	Public Health	204	651074	258404
文化、体育与娱乐业	Culture, Sports and Entertainment	140	1545531	368014
公共管理与社会组织	Public Administration and Social Organizations	416	1593805	692188

4－12 城镇建设项目新增主要产品生产能力（2008－2009年）
Newly Increased Production Capacity of the Major Products in Urban Construction (2008-2009)

能力名称	Item	2008	2009
铁合金（万吨/年）	Iron Alloy (10 000 tons/year)	2.4	
原煤开采（万吨/年）	Coal Mining (10 000 tons/year)	487	804
发电机组容量（万千瓦）	Capacity of Power Generating Sets (10 000 kw/year)	275	409
火　电	Thermal Power	74	87
水　电	Hydropower	201	322
汽车制造（万辆/年）	Motor Vehicles (10 000 units/year)		4
水泥（万吨/年）	Cement (10 000 tons/year)	293	2599
机制纸及纸板（万吨/年）	Machine-made Paper and Paperboards (10 000 tons/year)		1
新（扩）建港口码头年吞吐量（万吨）	Annual Handling Capacity of Newly Built (Expanded) Ports (10 000 tons)	1152	
泊　位（个）	Berths (unit)	11	
新建公路（公里）	Length of New Highways (km)	2348	6014
改建公路（公里）	Length of Reconstructed Highways (km)	4822	5306
各类院校：学生席位（个）	Students Capacity of Universities and Colleges (unit)		
医院病床床位（张）	Number of Hospital Beds (bed)		
城市自来水供水能力（万吨/日）	Tap Water Supply Capacity (10 000 tons/day)	12	28

4－13 基础设施建设投资额（2008－2009 年）
Investment in Infrastructure Construction (2008-2009)

单位：万元 (10 000 yuan)

指 标	Item	2008	2009
合 计	**Total**	**12033846**	**15425726**
电力、燃气及水的生产和供应业	Production and Supply of Electricity, Gas and Water	2125788	2566919
#电力、热力的生产和供应业	Production and Supply of Electric Power and Heat Power	1686158	1897873
燃气生产和供应业	Production and Supply of Gas	131191	188243
水的生产和供应业	Production and Supply of Water	308439	480803
交通运输及邮政业	Transport, Storage and Post	4529857	6689284
#交通运输业	Transport	4512160	6682335
#城市公共交通业	City Public Transport	308267	717915
邮政业	Post	17697	6949
电信和其他信息传输服务业	Telecommunications and Other Information Transmission Services	573336	517508
水利、环境和公共设施管理业	Administration of Water Conservancy, Environment and Public Facilities	4804865	5652015
#水利管理业	Administration of Water Conservancy	671970	902157
环境管理业	Administration of Environment	270386	419424
公共设施管理业	Administration of Public Facilities	3862509	4330434

4－14 房地产开发基本情况（1990－2009年）
Basic Statistics on Real Estate Development (1990-2009)

单位：万平方米 (10 000 sq.m)

年份 Year	企业数（个） Number of Enterprises (unit)	从业人员（人） Number of Employees (person)	本年完成土地开发面积 Land Space Developed in ThisYear	本年土地购置面积 Land Space Purchased in This Year	本年完成投资总额（万元） Investment Completed in This Year (10 000 yuan)	#住宅 Residential Buildings	资金来源（万元） Sources of Funds (10 000 yuan)	房屋施工面积 Floor Space under Construction	#住宅 Residential Buildings
1990					17503	10600	17568	107.80	65.48
1991					19185	14040	18042	112.57	83.54
1992					33868	21239	33148	160.91	94.56
1993					123151	66833	107210	437.73	293.03
1994					279089	196411	377959	650.71	394.43
1995					468845	252085	612121	1267.96	810.36
1996	635	22512	93.84	588.65	556185	259881	836655	1424.35	855.64
1997	622	24911	183.31	259.49	675022	282592	1060761	1652.32	904.18
1998	991	50088	205.98	521.48	973014	440889	1391253	2058.35	1223.66
1999	1073	50526	211.12	624.53	1125135	523357	1504042	2103.76	1285.41
2000	1339	63925	384.68	619.21	1396327	728125	1784950	2833.42	1896.18
2001	1474	78961	518.00	870.34	1966684	1107126	2373982	3653.71	2508.30
2002	1559	76582	661.94	1320.26	2459130	1306998	3148171	4414.96	3081.57
2003	1597	54148	842.35	1637.19	3278881	1774341	4793499	5287.80	3747.34
2004	1828	70711	852.02	1137.61	4050791	2171303	6220133	6247.86	4544.54
2005	1862	70563	916.26	1385.40	5177291	3004026	8819371	7487.36	5514.75
2006	1936	70094	804.10	1467.69	6296300	3767847	9985438	8864.37	6655.00
2007	2039	87606	1191.82	1737.74	8498966	5218209	15546697	10578.84	8179.29
2008	2280	86094	974.41	1164.41	9909970	6195250	15595559	11639.27	9166.21
2009	2359	87818	1050.88	1227.79	12389125	7890183	22026661	13052.60	10338.12

年份 Year	房屋新开工面积 Floor Space Started This Year	#住宅 Residential Buildings	房屋竣工面积 Floor Space Completed	#住宅 Residential Buildings	商品房销售面积 Floor Spaces of Commercialized Buildings Sold	#住宅 Residential Buildings	商品房销售额（万元） Sales of Commercialized Buildings (10 000 yuan)	#住宅 Residential Buildings
1990			46.16	34.16	23.29		17648	
1991			37.33	28.61	27.48		20007	
1992			45.90	30.48	32.87		29583	
1993			81.05	66.01	37.39		42221	
1994			141.27	115.05	46.32		55336	
1995			258.25	208.70	114.61		116657	
1996	348.68	220.54	351.76	275.62	166.21	142.98	189856	145507
1997	470.34	299.69	459.92	358.36	260.78	215.33	313111	222376
1998	914.23	596.44	600.04	422.61	416.82	359.73	554786	417609
1999	847.51	608.43	619.56	438.56	429.98	364.56	591992	393569
2000	1290.05	969.26	849.42	622.08	579.96	491.09	783709	528698
2001	1661.19	1259.38	1020.63	738.41	746.05	635.04	1076534	719196
2002	1709.47	1277.55	1390.73	1033.60	1016.58	870.41	1581505	1111929
2003	2098.24	1580.04	1676.97	1231.75	1316.83	1132.95	2102260	1499915
2004	2191.00	1692.00	1585.98	1227.66	1329.32	1157.95	2327978	1817280
2005	2335.00	1825.00	2209.82	1713.55	2017.66	1792.41	4307679	3406768
2006	2709.28	2176.75	2224.84	1700.05	2228.46	2011.70	5056850	4186980
2007	3555.87	2903.82	2253.07	1769.19	3552.92	3310.13	9673125	8567327
2008	3508.62	2857.70	2367.94	1951.35	2872.19	2669.93	8000006	7048198
2009	3813.68	2989.72	2907.05	2384.51	4002.89	3771.22	13777615	12317053

4－15 房地产开发主要指标（2008－2009年）
Main Indicators of Real Estate Development (2008-2009)

指　标	Item	2008	2009
企业个数（个）	**Number of Enterprises (unit)**	**2280**	**2359**
内资企业	Domestic Funded	2157	2235
#国　有	State-owned	85	124
有限责任	Limited Liability	595	646
私　营	Private	1393	1381
港、澳、台投资企业	Enterprises with Funds from Hong Kong, Macao and Taiwan	78	84
外商投资企业	Foreign-Funded	45	40
从业人员（人）	**Number of Employees (person)**	**86094**	**87818**
内资企业	Domestic Funded	81302	82377
#国　有	State-owned	4159	4189
有限责任	Limited Liability	26127	30257
私　营	Private	47013	44210
港、澳、台投资企业	Enterprises with Funds from Hong Kong, Macao and Taiwan	3086	3983
外商投资企业	Foreign-Funded	1706	1458
土地开发及购置（万平方米）	**Land Development and Purchase (10 000 sq.m)**		
本年完成土地开发面积	Land Space Developed in This Year	974.41	1050.88
本年土地购置面积	Land Space Purchased in This Year	1164.41	1227.79
本年完成投资总额(万元)	**Investment Completed in This Year (10 000 yuan)**	**9909970**	**12389125**
#土地开发投资	Investment in Land Development	488280	469958
按工程用途分	By Purpose of Projects		
住　宅	Residential Buildings	6195250	7890183
#别墅、高档公寓	Villas and High-Grade Flats	706977	894443
经济适用房屋	Economically Affordable Housing	517201	655887
办公楼	Office Buildings	123327	220840
商业营业用房	Buildings for Commercial Use	804351	1167561
其　他	Others	2787042	3110541
资金来源（万元）	**Total Funds by Source (10 000 yuan)**	**15595559**	**22026661**
#国内贷款	Domestic Loans	2456174	3322374
利用外资	Foreign Investment	485334	370174
自筹资金	Self-raised Fund	4033365	5403130
房屋建筑面积(万平方米)	**Floor Space of Buildings (10 000 sq.m)**		
施工面积	Floor Space under Construction	11639.27	13052.60
#住　宅	Residential Buildings	9166.21	10338.12
竣工面积	Floor Space Completed	2367.94	2907.05
#住　宅	Residential Buildings	1951.35	2384.51
本年新开工面积	Floor Space Started in This Year	3508.62	3813.68
#住　宅	Residential Buildings	2857.70	2989.72
商品房销售	**Sales of Commercialized Buildings**		
商品房销售面积（万平方米）	Floor Space of Sales (10 000 sq.m)	2872.19	4002.89
#住　宅	Residential Buildings	2669.93	3771.22
商品房销售额（万元）	Total Sales of Commercialized Buildings (10 000 yuan)	8000006	13777615
#住　宅	Residential Buildings	7048198	12317053
实收资本合计（万元）	**Total Capital Hold (10 000 yuan)**	**8487240**	**9335151**
#国家资本金	State Capital	919271	1005367
资产负债率（%）	Ratio of Liabilities to Assets (%)	66.6	68.0
房地产开发经营情况（万元）	**Real Estate Development and Operation (10 000 yuan)**		
经营总收入	Total Business Revenue	8512649	11526341
#土地转让收入	Land Transferred	121685	548146

4－16 商品房施工、竣工和销售面积情况（2008－2009年）
Floor Space Commercialized Buildings under Construction, Completed and Sold (2008-2009)

单位：万平方米 (10 000 sq.m)

指　标	Item	2008	2009
商品房施工面积	**Floor Space of Commercialized Buildings under Construction**	**11639.27**	**13052.60**
#主城九区	9 Central Urban Districts	7425.39	8035.94
#住　宅	Residential Buildings	9166.21	10338.12
#别墅、高档公寓	Villas and High-Grade Flats	599.11	672.47
经济适用房屋	Economically Affordable Housing	935.54	974.00
办公楼	Office Buildings	232.18	210.29
商业营业用房	Buildings for Commercial Use	1248.64	1344.49
商品房竣工面积	**Floor Space of Commercialized Buildings Completed**	**2367.94**	**2907.05**
#主城九区	9 Central Urban Districts	1432.89	1736.10
#住　宅	Residential Buildings	1951.35	2384.51
#别墅、高档公寓	Villas and High-Grade Flats	77.98	60.45
经济适用房屋	Economically Affordable Housing	185.41	154.02
办公楼	Office Buildings	45.18	46.36
商业营业用房	Buildings for Commercial Use	215.56	258.40
商品房销售面积	**Floor Space of Commercialized Buildings Sold**	**2872.19**	**4002.89**
#主城九区	9 Central Urban Districts	1593.58	2119.67
#住　宅	Residential Buildings	2669.93	3771.22
#别墅、高档公寓	Villas and High-Grade Flats	117.38	271.20
经济适用房屋	Economically Affordable Housing	332.79	186.50
办公楼	Office Buildings	34.87	29.15
商业营业用房	Buildings for Commercial Use	126.53	157.15

4－17　房地产开发企业资产负债情况（2008－2009 年）
Asset Balance of Enterprises for Real Estate Development (2008-2009)

单位：万元　　(10 000 yuan)

指　　标	Item	2008	2009
实收资本合计	Total Capital Hold	8487240	9335151
#国家资本金	State Capital	919271	1005367
资产总计	Total Assets	40490907	53095024
累计折旧	Total Depreciation	377423	423186
#本年折旧	Depreciation in This Year	93452	81146
负债总计	Total Liabilities	26950521	36094074
所有者权益	Owners' Equity	13540386	17000950
资产负债率（%）	Asset-Liability Ratio (%)	66.6	68.0

4－18　房地产开发企业经营情况（2008－2009 年）
Statistics on the Operation of the Enterprises for Real Estate Development (2008-2009)

单位：万元　　(10 000 yuan)

指　　标	Item	2008	2009
经营总收入	Total Revenue	8512649	11526341
主营业务收入	Revenue from Major Business	8371133	11351941
土地转让收入	Land Transferred	121685	548146
商品房屋销售收入	Commercialized Buildings Sold	7646947	10419090
房屋出租收入	Houses Leased	187455	90251
其他收入	Others	415046	294454
其他业务收入	Revenue from Other Business	141516	174400
经营税金及附加	Business Tax and Extra Charges	487805	690546
利润总额	Total Profits	953015	1052619

4－19　重点项目完成情况（2009 年）
Completed Investment in Key Projects (2009)

单位：亿元　　(100 million yuan)

指　　标	Item	计划总投资 Total Planned Investment	完成投资 Total Investment Completed	完成计划(%) Percentage of Completion (%)
重点项目完成情况	**Completed Investment in Key Projects**	**1550**	**1620**	**104.5**
交通	Transport	360	362	100.6
能源	Energy	50	68	136.7
城市基础设施	Urban Infrastructure	200	253	379.3
生态环境及地质灾害防治	Environment and Control of Geological Disasters	100	139	138.8
水利基础设施	Water Conservancy Infrastructure	40	52	129.3
社会事业	Social Undertakings	290	255	88.0
科技	Science and Technology	10	10	104.9
社会文化旅游	Society, Culture and Tourism	25	63	251.2
工业项目	Industry	390	296	75.8
农业产业	Agriculture	20	19	95.3
商贸流通	Commerce and Trade	10	8	79.4
城市拆迁及旧城改造	Urban Housing Demolition and City Reconstruction	55	95	173.1

主要统计指标解释

固定资产投资 以货币形式表现的在一定时期内全社会建造和购置固定资产的工作量以及与此有关的费用的总称。该指标是反映固定资产投资规模、结构和发展速度的综合性指标,又是观察工程进度和考核投资效果的重要依据。

城镇固定资产投资 包括建设项目投资和房地产开发投资。

建设项目 指城镇各种登记注册类型的企业、事业、行政单位及个体户进行的计划总投资（或实际需要总投资）50万元及50万元以上的建设项目。

房地产开发投资 指各种登记注册类型的房地产开发公司、商品房建设公司及其他房地产开发法人单位和附属于其他法人单位实际从事房地产开发或经营的活动单位统一开发的包括统代建、拆迁还建的住宅、厂房、仓库、饭店、宾馆、度假村、写字楼、办公楼等房屋建筑物和配套的服务设施，土地开发工程（如道路、给水、排水、供电、供热、通讯、平整场地等基础设施工程）的投资；不包括单纯的土地交易活动。

农村投资 包括在农村区域范围内进行固定资产活动的企业、事业、行政单位及个人投资，包括农村非农户投资、农村农户投资。

农村非农户投资 指农村各种登记注册类型的企业、事业、行政单位及个体户进行的计划总投资（或实际需要总投资）50万元及50万元以上的固定资产投资。

建设总规模 是指在报告期内所有施工项目的计划总投资。这个指标和施工项目相对应。

在建总规模 是指在报告期末所有在建项目的计划总投资。

在建净规模 是指报告期末所有在建项目建成投产尚需的投资总量。
在建净规模＝在建总规模－未投产项目（期末在建）累计完成投资。

新增固定资产 指报告期内交付使用的固定资产价值。包括本年内建成投入生产或交付使用的工程投资和达到固定资产标准的设备、工具、器具的投资及有关应摊入的费用。该指标是反映固定资产投资成果的价值指标，也是反映建设进度，计算固定资产投资效果的重要指标。

固定资产投资按构成分 固定资产投资活动按其工作内容和实现方式分为建筑安装工程，设备、工具、器具购置，其他费用三个部分。

（1）建筑安装工程（建筑工作量）：指各种房屋、建筑物的建造工程和各种设备、装置的安装工程。在安装工程中，不包括被安装设备本身的价值。

（2）设备、工具、器具购置：指把工业企业生产的产品转为固定资产的购置活动，包括建设单位或企业、事业单位购置或自制达到固定资产标准的设备、工具、器具的价值。新建单位及扩建单位的新建车间，按照设计或计划要求购置或自制的全部设备、工具、器具，不论是否达到固定资产标准均计入“设备、工具、器具购置”中。

（3）其他费用：指在固定资产建造和购置过程中发生的，除建筑安装工程和设备、工器具购置投资完成额以外的费用，不指经营中财务上的其他费用。

固定资产投资按资金来源 根据固定资产投资的资金来源不同，分为国家预算内资金、国内贷款、利用外资、自筹资金和其他资金。

（1）本年资金来源合计：指固定资产投资单位在本年内收到的可用于固定资产建造和购置的各种资金,包括上年末结余资金、本年度内拨入或借入的资金以及各种方式筹集的资金。

（2）上年末结余资金：指上年资金来源中没有形成固定资产投资额而结余的资金。包括尚未用到工程上的材料价值、未开始安装的需要安装的设备价值及结存的现金和银行存款等。

（3）本年资金来源小计：指固定资产投资单位在报告期收到的，用于固定资产投资的各种货币资金。包括国家预算内资金、国内贷款、债券、利用外资、自筹资金和其他资金。

① 国家预算内资金：分为财政拨款和财政安排的贷款两部分，包括中央财政的基本建设基金（分经营性基金和非经营性基金两部分），专项支出、收回再贷、贴息资金，财政安排的挖潜改造和新产品试制支出、城建支出、商业部门简易建筑支出，不发达地区发展基金等资金中用于固定资产投资的资金；地方财政中由国家统筹安排的资金等。

② 国内贷款：指报告期固定资产投资单位向银行及非银行金融机构借入的用于固定资产投资的各种国内借款，包括：银行利用自有资金以及吸收的存款发放的贷款，上级主管部门拨入的国内贷款、国家专项贷款（包括煤代油贷款、劳改煤矿专项贷款等），地方财政专项资金安排的贷款、国内储备贷款、周转贷款等。

③ 债券：指企业（公司）或金融机构通过发行各种债券，筹集用于固定资产投资的资金。包括由银行代理国家专业投资公司发行的重点企业债券和基本建设债券。

④ 利用外资：指报告期收到的用于固定资产投资的境外资金（包括设备、材料、技术在内）。包括外商直接投资、对外借款（外国政府、国际金融组织贷款、出口信贷、外国银行商业贷款、对外发行债券和股票）以及外商其他投资（包括补偿贸易和加工装配由外商提供的设备价款、国际租赁）。

⑤ 自筹资金：指固定资产投资单位报告期收到的，由各地区、各部门及企事业单位筹集用于固定资产投资的预算外资金。

⑥ 其他资金来源：指在报告期收到的除以上各种资金以外其他用于固定资产投资的资金，包括社会集资，个人资金、无偿损赠的资金及其他单位拨入的资金等。

固定资产投资按建设性质分

（1）新建：一般是指从无到有、“平地起家”开始建设的企、事业和行政或独立的工程单位。有的单位原有的基础很小，经过建设后其新增加的固定资产价值超过原有固定资产价值（原值）三倍以上的也算新建。

（2）扩建：是指为扩大原有产品的生产能力、在厂内或其他地点增建主要生产车间（或主要工程）、独立的生产线或总厂之下的分厂的企业；事业单位和行政单位在原单位增建业务用房（如学校增建教学用房、医院增建门诊部或病床用房、行政机关增建办公楼等）也作为扩建。

（3）改建和技术改造：指现有企业、事业单位，对原有设施进行技术改造或更新（包括相应配套的辅助性生产、生活福利设施）的建设项目。现有企业、事业单位为适应市场变化的需要，而改变企业的主要产品种类（如军工企业转产民用品等）的建设项目，应作为改建。原有产品生产作业线由于各工序（车间）之间能力不平衡，为填平补齐充分发挥原有生产能力而增建不增加本企业主要产品设计能力的车间，也应作为改建。技术改造是指企业、事业单位在现有基础上，用先进的技术代替落后的技术，用先进的工艺和装备代替落后的工艺和装备，以改变企业落后的技术经济面貌，实现以内涵为主的扩大再生产，达到提高产品质量、促进产品更新换代、节约能源、降低消耗、扩大生产规模、全面提高社会经济效益的目的。技术改造具体包括以下内容：机器设备和工具的更新改造；生产工艺改革、节约能源和原材料的改造；厂房建筑和公共设施的改造；劳动条件和生产环境的改造等。

新增生产能力（或工程效益） 指在本年度内按照新增生产能力（或工程效益）的计算条件和标准，实际建成投入生产或交付使用的生产能力（或工程效益），即通过固定资产投资活动而增加的设计能力。

计算新增生产能力（或工程效益）是以能独立发挥生产能力（或工程效益）的工程为对象，如一座矿井、一座转炉、一套化工装置、一条铁路专用线等。当工程建成，经有关部门验收鉴定合格，正式移交投入生产，即应计算新增生产能力（或效益）。

新增生产能力的数量，原则上应按设计（计划）能力计算。设计能力指设计中规定的主体工程（或主体设备）及相应配套的辅助工程（或配套设备）在正常情况下能够达到的生产能力。在建设过程中需要调整设计能力时，必须经原有设计的管理机关批准后，才能按批准修改后的能力计算。如尚未批准，仍按原设计能力计算，并加以说明。无设计（或计划）能力的，可根据验收时鉴定能力计算。

建成投产的工程，各生产环节的设备已经配齐，符合计算新增生产能力条件的，应该按工程的全部设计能力计算。

各生产环节的设备虽未按设计全部配套建成，但保证生产所需的主体设备、配套设备、主体工程、附属工程都已部分完成，形成生产作业线，经负荷试运转交付使用单位正式投入生产的，只计算设备配齐部分的能力。这部分建成投入生产的工程，填报新增生产能力时，需附有计算依据，并说明工程或主要设备配齐部分的情况，以及尚未建成的工程主要内容或尚缺的设备情况。

施工项目个数　指报告期内所有施工的建设项目个数，包括本年新开工的项目和以前年度开工在本年继续施工的建设项目。

本年投产项目个数　按设计文件规定的全部生产能力（或效益）在本年内全部建成投产，经验收合格交付使用的建设项目个数。

本年房屋施工面积　指报告期内施工的全部房屋建筑面积。包括本期新开工的面积和上期开工跨入本期继续施工的房屋面积，以及上期已停建在本期复工的房屋面积。本期竣工和本期施工后又停缓建的房屋，其建筑面积仍计入本期施工房屋面积中。

本年房屋竣工面积　指在报告期内房屋建筑按照设计要求已全部完工，达到住人和使用条件，经验收鉴定合格（或达到竣工验收标准），可正式移交使用的各栋房屋建筑面积的总和。

本年竣工房屋价值　指在报告期内竣工房屋本身的建造价值。竣工房屋价值按房屋设计和预算规定的内容计算。竣工房屋本身的基础、结构、房屋、装修以及水、电、卫等附属工程的建造价值，也包括作为房屋建筑组成部分而列入房屋建筑工程预算内的设备（如电梯、通风设备等）的购置和安装费用。不包括厂房内的工艺设备、工艺管线的购置和安装，工艺设备基础的建造，室外的水、暖、电、卫、道路工程、挡土墙等环境工程的费用，办公及生活用家具的购置等费用，购置土地的费用，迁移补偿费和场地平整的费用等。

固定资产交付使用率　指一定时期新增固定资产与同期完成投资额的比率。该指标是反映固定资产动用速度，衡量建设过程中宏观投资效果的综合指标。由于新增固定资产是较长时期内形成的结果，而投资额则是当年完成的，因此，该指标一般适宜于反映较长时期内固定资产的动用情况。

别墅、高档公寓　指建筑造价和销售价格明显高于一般商品住宅的商品住宅。别墅一般指地处郊区，独立成栋的商品住宅；高档公寓一般指地处市内高尚社区，高层或多层的商品住宅。别墅、高档公寓的确定标准：一是经有房地产投资计划审批权的主管部门审批建设的别墅、高档公寓开发项目；二是销售价格高于当地同等地段商品住宅平均销售价格一倍以上的别墅、公寓开发项目。该指标可以分析房地产投资结构，反映高收入家庭商品住宅的供求平衡情况。

经济适用房　指根据国家经济适用房计划安排建设的政策性住宅。经济是指房屋建筑造价和销售价格低于一般商品住宅；适用是指适合中低收入家庭购买使用。经济适用房主要是由国家统一下达投资计划，房地产公司开发，对外销售；用地一般采用行政划拨或招标投标方式，免收土地出让金；对各种经批准的收费减半征收，开发利润不超过3%；销售价格实行政府指导价。该指标可以分析房地产投资结构，反映中低收入家庭商品住宅的供求平衡情况。

商品房销售面积　指报告期内出售商品房屋的合同总面积(即双方签署的正式买卖合同中所确定的建筑面积)。由现房销售建筑面积和期房销售建筑面积两部分组成。

（1）现房销售面积：是指在报告期内正式签订买卖合同、已经竣工达到入住条件的商品房屋建筑面积。包括以一次性付款方式和分期付款方式销售的现房建筑面积。

（2）期房销售面积：是指在报告期内正式签订买卖合同、正在建设尚未竣工交付使用的商品房屋建筑面积。包括以一次性付款方式和分期付款方式销售的商品房屋建筑面积。期房销售建筑面积竣工后不再结转为现房销售建筑面积。

空置面积　指报告期末已竣工的可供销售或出租的商品房屋建筑面积中，尚未销售或出租的商品房屋建筑面积，包括以前年度竣工和本期竣工的房屋面积，但不包括报告期已竣工的拆迁还建、统建代建、公共配套建筑、房地产公司自用及周转房等不可销售或出租的房屋面积。按照商品房空置时间的长短可以划分为空置一年以下、空置一到到三年（含一年）和空置三年以上（含三年）。空置时间在一年以内的为待销商品房；空置时间在一年到三年（含一年）的为滞销商品房；空置时间在三年以上（含三年）的为积压商品房。

完成开发土地面积 指报告期内对土地进行开发并已完成七通一平等前期开发工程，具备进行房屋建筑物施工或达到出让条件的土地面积。

本年购置土地面积 指在本年内通过各种方式获得土地使用权的土地面积。

Explanatory Notes on Main Statistical Indicators

Total Investment in Fixed Assets refers to the volume of activities in construction and purchases of fixed assets and related fees, expressed in monetary terms. It is a comprehensive indicator which shows the size, structure and growth of the investment in fixed assets, providing basis for observing the progress of construction projects and evaluating results of investment.

Urban Investment in Fixed Assets refers to investment in construction and investment in real estate development.

Investment of Construction refers to construction projects involving a total planned(or required)investment of 500,000 yuan and over by enterprises of various types of ownership, institutions, administrative units and individuals in urban areas,investment in real estate development,and private investment.

Investment in Real Estate Development refers to investment by real estate development companies, commercialized buildings construction companies and other real estate development units of various types of ownership in the construction of buildings, such as residential buildings, factory buildings, warehouses, hotels, guesthouses, holiday villages, office buildings, and the complementary service facilities and land development projects, such as roads, water supply, water drainage, power supply, heating supply, telecommunications, land leveling and other infrastructural projects. It does not include activities in pure land transactions

Investment in Rural Areas refers to investment in fixed assets by enterprises, institutions, administrative units and individuals in rural areas, including rural household and non-rural household in rural areas.

Investment of non-rural household in Rural Assets refers to investment in fixed assets involving a total planned

(or required) investment of 500,000 yuan and over by enterprises of various types of ownership,institutions,administrative units and individuals in urban areas,investment in real estate development,and private investment.

Total Size of Construction refers to the planned total investment for all construction projects during the reference period. This item should correspond with projects under work.

Total Size of Investment in Projects under Construction refers to the planned total investment of all projects under construction at the end of the reference period.

Net Size of Investment in Projects under Construction refers to the outstanding requirement of investment of all projects under construction at the end of the reference period.

Net size of investment in projects under construction= Total size of investment – Accumulated completed investment of projects under construction

Newly Increased Fixed Assets refers to the newly increased value of fixed assets, constructed or purchased, that have been transferred to the investor and have been including equipment and instruments.This is an indicator that demnstrates the results of investment in fixed assets in monetary terms, and an important indicator to reflect the speed of construction and to calculate the efficiency of investment.

Investment in Fixed Assets by Structure By their contents, investment activities are classified into 3 categories, i.e. construction and installation, purchase of equipment and instrument, and other expenses.

(I) Construction and installation (work volume of construction): refers to the construction of various houses and buildings and installation of various kinds of equipment and instruments. The value of equipment installed is not included in the value of installation projects.

(II) Purchase of equipment and instruments: refers to the purchase converting products produced by industrial enterprises to the purchase of fixed assets, including the total value of equipment, tools, and vessels purchased or self - produced. Equipment, tools and vessels purchased or self - produced for new workshops by newly established or expanded units are categorized as "purchase of equipment and instruments" no matter whether they come up to the standards for fixed assets or not.

(III) Other expenses: refer to expenses occurring during the construction or purchase of fixed assets other than construction, installation or purchase of equipment and instruments, excluding other expenses in financial management.

Sources of Funds for Investment in Fixed Assets are categorized as funds from the State budget, domestic loans, foreign investment, self-raised funds, and others, depending on the sources of investment.

(I) Total of source of funds in this year: refers to the various funds received by investing enterprises in this year for the purpose of construction and purchase of investment in fixed assets. It includes balance of funds brought forward from the previous year, funds appropriated and brought in this year, and funds collected by various ways.

(II) Balance of funds brought forward from the previous year: refers to the surplus funds which didn't form the investment in fixed assets in the sources of funds in previous year. It includes material values that will be used in the projects, facilities values that must be and will be installed, and surplus cashes and deposits in bank.

(III) Subtotal of source of funds in this year: refers to the monetary funds received by investing enterprises during the reference period for the purpose of investment in fixed assets. It includes funds from state budgetary appropriation, domestic loans, bonds, foreign investment, self-raised funds, and others.

(a) State budgetary appropriation consists of budgetary appropriation and loans from state budget. More specifically, it includes, from the budget of the central government, capital construction fund (operation fund and non-operational fund), special expenses (e.g. expenses on substituting petroleum with coal), loans from repayment, discount fund, expenses on innovation and trial production of new products, expenses on urban construction, expenses on temporary construction by trade departments, development fund for less developed areas, as well as local budgetary fund transferred from the central budget.

(b) Domestic loans refer to loans of various forms borrowed by investing units from banks and non-bank financial institutions during the reference period, including loans issued by banks from their self-owned funds and deposit, loans appropriated by higher responsible authorities, special loans by government (including loan for substituting petroleum with coal, special loan for reform-through-labour coal mines), loans arranged by local government from special funds, domestic reserve loan, and working loan, etc.

(c) Bonds refer to the funds collected by enterprises or financial institutions by bonds issuance for the purpose of investment in fixed assets. It includes emphasis enterprises bonds issued by banks substituting special nation investment enterprises and capital construction bonds.

(d) Foreign Investment refers to foreign funds received during the reference period for investment in fixed assets (covering equipment, materials and technology), including foreign direct investment, foreign borrowings (loans from foreign governments and international financial institutions, export credit, commercial loans from foreign banks, issuance of bonds and stocks overseas), and other foreign investment (covering facilities' funds provided by foreign investment by compensation trade and processing & assembly, as well as international lease).

(e) Self-raised funds refer to extra-budgetary funds for investment in fixed assets received by investing units from central government ministries, local governments, enterprises and institutions during the reference period.

(f) Others refer to funds for investment in fixed assets received from the sources other than those listed above, including funds raised from social and individuals, through donations, and funds transferred from other units.

Investment in Fixed Assets by Type of Construction

(I) New construction in general: refers to newly constructed enterprises, institutions, administrative agencies or independent projects from scratch. In case the asset of the existing unit is quite small, and the value of newly added fixed assets exceeds the original value of assets by three times, the expansion will be considered as new construction.

(II) Expansion: refers to construction of new major production workshop, branch factory or independent production line within a factory or in other locations, for the purpose of increasing the production capacity (or improving efficiency) of the original products. Newly constructed houses for the operation of institutions and administrative organizations (such as the newly constructed buildings for teaching in schools, buildings for clinics or wards in hospitals, buildings for administrative agencies, etc.) are also classified as expansion.

(III) Reconstruction and Technical Transformation: refer to construction projects by existing enterprises or institutions in innovation or technical transformation of the old facilities (including auxiliary production equipment and welfare facilities). Also considered as reconstruction is the construction of new workshops by the existing enterprises or institutions to change the variety of products to meet the market demand (such as the production of civil products by defence industries), or to bring the designed production capacity into full play through a more balanced production process on production lines. Technical transformation refers to replacement of old technology or equipment by new technology or equipment, in order to expand the reproduction through improvement of technology contents in production, to improve product quality, to promote new products, to save energy and reduce consumption and to improve overall social-economic efficiency. Contents of technical transformation include: updating of machinery, equipment and tools; reforming production process by using energy or materials saving technology; construction of factory workshops and transformation of public facilities; improvement of working conditions and environment, etc.

Newly Increased Production Capacity (or Project Efficiency) refers to the production capacity put into produce or put into use actually according to calculation conditions and standards of newly increased production capacity (or project efficiency) in the reference period, that is increase of designed capacity (or project efficiency) through investment in fixed assets.

The target of calculation of newly increased production capacity (project efficiency) is project can produce production capacity (or project efficiency) independently, such as a mineral well, a turn kiln, a set of chemical appliance, a special rail line, etc. When the project completes and has been checked, accepted and formally put into production, it can be calculate as newly increased production capacity (or project efficiency).

Newly increased production capacity is calculated according to design capacity (or plan capacity). Design capacity refers to the production capacity of major projects (or major facilities) and subsidiary projects (or subsidiary facilities) which can be come true in normal situation. When there are some changes in construction process of design capacity, the new capacity can be calculated after the approval of management. If it didn't have the approval, it must be calculated by original design capacity and give a explanation. If it hasn't design capacity, it can be calculated by the capacity according to checkout and verification.

Newly increased production capacity of projects completed and put into produce, whose facilities are assorted in every part and correspond with conditions of calculation is calculated by total design capacity. If the total facilities aren't assorted while a part of major and subsidiary facilities and projects complete that can meet the need of production and put into produce, the newly increased production capacity is calculated by capacity of assorted part. When newly increased production capacity is infilled and reported the projects put into produce must have calculation warranty and give an explanation of situation of projects and major parts assorted, major content of projects uncompleted and missing facilities.

Number of Projects under Construction refers to the number of projects having construction in the reference period, including new projects in current year and projects started in the reference period and continued in current year.

Number of Projects Put into Produce refers to the number of projects completed and have been checked, accepted and formally put into use in this year according to total production capacity (or efficiency) prescribed in design document.

Floor Space under Construction in this Year refers to total floor space of all buildings under construction during the reference period, including floor space of newly started buildings during the reference period, floor space of construction extended from the previous period to the current period, and floor space of construction suspended during the previous period and resumed in the current period. Floor space of construction completed in the current period, and floor space of construction started and then suspended in the current period are also included in the floor space under construction of the current year.

Floor Space of Buildings Completed in this Year refers to the floor space of all buildings completed in the reference period, which have been appraised and accepted (or come up to the designed standards) and have been transferred to the owners for use.

Value of Buildings Completed in this Year refers to the intrinsic construction value of buildings completed in the reference period. It is figured by the rules of buildings design and budget, which not only includes the construction value of foundations, structure, furnishings, subsidiary projects such as water, electricity, toilet, etc. but also includes purchase and installation expenditures of facilities (such as lift, ventilation, etc.) listed into buildings budget as component of building construction. It excludes the purchase and installation of technical facilities, leads and lines in factories, construction of technical facilities' basis, expenditures of environment projects such as water, eructate, electricity, toilet, road projects, wall fended to earth outside, purchase of furniture in office or house, purchase of lands, as well as expenditures of move compensation and land leveling etc.

Rate of Projects of Fixed Assets Completed and Put into Operation refers to the ratio of the newly increased fixed assets to the total investment made in the same period. This is a comprehensive indicator reflecting the speed of the employment of fixed assets and the investment efficiency at the macro-level. As the newly increase fixed assets is the result of a long period while the investment is completed in the current year, this indicator is expected to be used to reflect the employment of fixed assets over a long period of time.

Villas, High-Grade Apartments refer to commercial houses whose construction costs and marketing prices are significantly higher than ordinary housing. Villas are independent structures generally located in the suburbs; high-grade apartments are multi-story buildings located in elegant urban neighborhoods. Criteria for villas and high-grade apartments include: 1) projects for the construction of villas or high-grade apartments have to be approved by competent departments in charge of real estate development and investment plans, and 2) prices for projects on villas or high-grade apartments are higher by over 100% compared with the average prices of ordinary commercial housing projects in similar location. This indicator helps to analyze the investment structure of the real estate industry and the demand and supply of housing for high-income households.

Economically Affordable Housing refers to housing constructed according to the state plan for economically affordable housing. Houses of this category featured in low cost in construction and low prices, and therefore are affordable to mid-income or low income households. Economically affordable housing projects are developed by real estate companies under the state investment plan, with the land provided through government allocation or tendering procedures. Developers are exempted from land utilization fees and enjoy another 50% exemption of all other legitimate fees, while their profits are limited to less than 3%, and the completed houses are sold under the government-guided prices. This indicator helps to analyze the investment structure of the real estate industry and the demand and supply of housing for mid or low income households.

Floor Space of Commercial Buildings Actually Sold refers to the total contracted floor space of commercial buildings actually sold in reporting period(the floor space provided in the formal contract),which consists of the floor space of the sold completed buildings and the floor space of the sold forward-delivery buildings.

(I) Floor Space of Sold Completed Buildings refers to the floor space of the completed commercial buildings prepared for occupancy with the formally signed sales contract in the reporting period, including the floor space of the completed buildings purchased by one-off payment and by installment.

(II)Floor Space of Sold Forward-Delivery Buildings refers to the floor space of the uncompleted commercial buildings still under construction with the formally signed sales contract in the reporting period, including the floor space of the commercial buildings purchased by one-off payment and by installment. The floor space of sold forward-delivery buildings,afer completion,will not be carried forward into the floor space of sold completed buildings.

Vacant Space refers to the floor space of the completed commercial buildings available for sale or lease but not sold or leased yet in the reporting period, including the vacant floor space of the commercial buildings completed in previous periods and in this period, but excluding the floor space of the building not for sale or lease such sa the buildings of compensation for demolition, the unified constructed or agency constructed buildings, the public auxiliary facilities, the buildings of self-use by real estate companies and the buildings of turnover, that have been completed in the reporting period. By the length of the vacant period, it is categorized as space vacant for less than a year, space vacant for a year to 3 years (including a year) and space vacant for 3 years or longer (including 3 years). Those vacant for less than a year are commercial buildings for sale; those vacant for a year to 3 year (including a year) are slow-moving commercial buildings; and those vacant for 3 years of longer (including 3 year) are overstocked commercial buildings.

Developed Land Area Completed refers to the land area of land development and prophase development projects completed, which can carry out construction or remise.

Purchased Land Area in Current Year refers to the land area accessible by various means in current year.

5

能源消费

Energy Consumption

简要说明 Brief Introduction

本章主要内容包括能源消费及品种构成，能源消费弹性系数，平均每万元GDP能源消费量及日均能源消费量，综合能源平衡表，按工业行业分的能源消费量和工业产值综合能耗。本章资料由市统计局能源处根据有关资料和调查结果编制。

The data in this chapter mainly cover energy consumption and its composition, the elasticity ratio of energy consumption, average energy consumption per 10,000 yuan of GDP, average daily energy consumption, overall energy balance sheet, energy consumption by industrial sector and comprehensive energy consumption per unit output value. This chapter is compiled by Division of Industry and Transport Statistics, Chongqing Municipal Bureau of Statistics on the basis of the related materials and the results of surveys.

5－1 主要年份能源消费总量
Total Consumption of Energy in Major Years

单位：万吨标准煤 (10 000 tons of SCE)

年 份 Year	能源消费总量 Total Consumption of Energy	煤炭 Coal	天然气 Natural Gas	油料 Oil	电力 Electricity
1949	91.71	88.97		2.06	0.68
1952	155.47	150.64		3.43	1.40
1957	263.73	247.95	3.41	7.00	5.37
1962	476.37	429.30	18.20	14.21	14.66
1965	342.88	295.00	19.65	9.85	18.38
1970	469.56	379.80	50.13	14.04	25.59
1975	651.21	514.03	78.58	21.99	36.61
1978	889.20	703.87	103.87	32.20	49.26
1980	985.59	752.60	129.08	40.53	63.38
1981	1004.30	766.33	137.82	33.83	66.32
1982	1050.33	794.01	138.62	48.30	69.40
1983	1110.05	838.14	148.22	51.06	72.63
1984	1160.49	872.47	151.97	60.05	76.00
1985	1241.40	938.21	160.83	62.83	79.53
1986	1271.14	938.66	173.38	75.61	83.49
1987	1395.65	1036.28	195.61	76.12	87.64
1988	1513.18	1157.08	183.73	80.37	92.00
1989	1565.46	1194.44	190.36	84.08	96.58
1990	1516.59	1130.76	196.44	88.00	101.39
1991	1558.56	1151.68	197.06	96.63	113.19
1992	1601.01	1172.98	198.32	103.34	126.37
1993	1644.85	1194.68	200.89	108.20	141.08
1994	1696.72	1216.78	216.74	105.70	157.50
1995	1776.91	1239.85	258.36	102.87	175.83
1996	1871.09	1317.32	260.86	97.39	195.52
1997	2030.13	1383.98	282.80	145.47	217.88
1998	2119.46	1393.43	291.30	183.62	251.11
1999	2278.42	1495.55	308.19	196.34	278.34
2000	2410.82	1599.80	312.20	202.17	296.65
2001	2573.68	1700.43	322.51	206.20	344.54
2002	2823.05	1928.90	331.87	213.84	348.44
2003	3137.90	2206.42	349.11	220.81	361.56
2004	3668.41	2505.08	403.52	379.97	379.84
2005	4464.58	3151.71	472.15	411.86	428.86
2006	4881.63	3381.87	532.67	469.11	497.98
2007	5512.44	3832.29	578.95	549.12	552.08
2008	5895.10	4048.95	648.38	600.57	597.20
2009	6431.63	4499.83	657.82	619.73	654.25

注：本表所有数据均按全国第二次经济普查结果进行了调整，各年能源品种均已折合为按当量值计算的吨标准煤。

Note: All the data here have been adjusted according to the result of the 2nd National Economic Census, and each type of energy has been converted into tons of SCE calculated in equivalent value.

5－2 规模以上工业按行业分能源消费量（2008－2009年）

行　业	Sector	原煤（吨） Coal (ton)		焦炭（吨） Coke (ton)	
		2008	2009	2008	2009
工业消费总量	**Total Industry Consumption**	**36773906**	**40057172**	**1864819**	**1801797**
采矿业	Mining	13657718	16505474	1727	1917
#煤炭开采和洗选业	Mining and Washing of Coal	13126589	16226098	1355	1237
石油和天然气开采业	Extraction of Petroleum and Natural Gas				
黑色金属矿采选业	Mining and Processing of Ferrous Metal Ores	44630	29854	122	
有色金属矿采选业	Mining and Processing of Non-Ferrous Metal Ores	10580	565		
非金属矿采选业	Mining and Processing of Non-metal Ores	475919	248957	250	680
制造业	Manufacturing	10347090	10949775	1863092	1799881
农副食品加工业	Processing of Food from Agricultural Products	78229	96168	224	16
食品制造业	Manufacture of Foods	91996	91873	170	272
饮料制造业	Manufacture of Beverages	112734	92842	112	44
烟草制品业	Manufacture of Tobacco	16014	12558		
纺织业	Manufacture of Textile	320327	250433		
纺织服装、鞋、帽制造业	Manufacture of Textile Wearing Apparel, Footware and Caps	4106	746		
皮革、毛皮、羽毛（绒）及其制品业	Manufacture of Leather, Fur, Feather and Related Products	5111	1207	265	
木材加工及木、竹、藤、棕、草制品业	Processing of Timber, Manufacture of Wood, Bamboo, Rattan, Palm, and Straw Products	17817	21820		
家具制造业	Manufacture of Furniture	585	503		
造纸及纸制品业	Manufacture of Paper and Paper Products	450582	982906		
印刷业、记录媒介的复制	Printing, Reproduction of Recording Media	1142	3865		
文教体育用品制造业	Manufacture of Articles For Culture, Education and Sport Activities	305			
石油加工、炼焦及核燃料加工业	Processing of Petroleum, Coking, Processing of Nuclear Fuel	407014	552902		

Energy Consumption of Enterprises above Designated Size by Sector (2008-2009)

汽油（吨） Gasoline (ton)		煤油（吨） Kerosene (ton)		柴油（吨） Diesel Oil (ton)		天然气（万立方米） Natural Gas (10 000 cu.m)		电力（万千瓦时） Electricity (10 000 kw·h)	
2008	2009	2008	2009	2008	2009	2008	2009	2008	2009
82865	**87074**	**6831**	**6981**	**204759**	**191026**	**374015**	**365156**	**3414033**	**3674216**
4733	5870	663	800	28324	24365	6387	6478	201262	198353
3980	5074	196	214	11900	12262	63	1258	153387	150626
118	126			29	32	5986	5007	4550	5087
183	139			4681	877	238	199	12721	4941
23	17			20	10			544	335
429	514	467	586	11695	11184	99	14	30060	37364
71396	74983	6165	6180	157499	153162	367172	358049	2606722	2826899
1596	1893	157	10	1025	1808	2908	1740	28624	31348
1205	1265	26		3295	4657	2797	2395	18481	16273
4983	4198	1	1	1352	1504	1595	1920	24821	29793
338	334			121	699	691	799	5984	6378
1240	1192	4	13	1000	818	1887	2074	57300	60262
642	560			166	152	235	198	4478	2772
657	611	5		167	67	99	142	3775	4178
393	209		9	287	449	19	50	3466	4135
415	523			387	423	67	94	3472	4538
677	828		2	22761	3280	1027	1099	53874	90019
1047	1074	5	11	624	760	442	470	7583	9425
1	1			34	5	1	1	369	180
1127	302	283		1327	1241	184	221	9422	10042

5-2 续表

行　业	Sector	原煤（吨）Coal (ton)		焦炭（吨）Coke (ton)	
		2008	2009	2008	2009
化学原料及化学制品制造业	Manufacture of Raw Chemical Materials and Chemical Products	2601839	2689001	22953	26588
医药制造业	Manufacture of Medicines	202438	184086	8	
化学纤维制造业	Manufacture of Chemical Fibres	1508	1216		
橡胶制品业	Manufacture of Rubber	32895	113979		
塑料制品业	Manufacture of Plastics	23543	26149	462	85
非金属矿物制品业	Manufacture of Non-metallic Mineral Products	4703135	4687079	1790	2279
黑色金属冶炼及压延加工业	Smelting and Pressing of Ferrous Metals	681385	670670	1721077	1672094
有色金属冶炼及压延加工业	Smelting and Pressing of Nonferrous Metals	287832	249764	21969	4707
金属制品业	Manufacture of Metal Products	21537	18051	1811	740
通用设备制造业	Manufacture of General Purpose Machinery	50734	49499	36799	37608
专用设备制造业	Manufacture of Special Purpose Machinery	93145	14923	711	542
交通运输设备制造业	Manufacture of Transport Equipment	123757	120011	51827	52171
电气机械及器材制造业	Manufacture of Electrical Machinery and Equipment	7862	7382	1067	649
通信设备、计算机及其他电子设备制造业	Manufacture of Communication Equipment, Computers and Other Electronic Equipment	336	250	40	
仪器仪表及文化、办公用机械制造业	Manufacture of Measuring Instruments and Machinery for Cultural Activity and Office Work	1521	805	1724	2035
工艺品及其他制造业	Manufacture of Artwork and Other Manufacturing	5744	6073		
废弃资源和废旧材料回收加工业	Recycling and Disposal of Waste	1919	3012	84	51
电力、燃气及水的生产和供应业	Electric Power, Gas and Water Production and Supply	12769099	12601923		
电力、热力的生产和供应业	Production and Supply of Electric Power and Heat Power	12769099	12601911		
燃气生产和供应业	Production and Supply of Gas		11		
水的生产和供应业	Production and Supply of Water				

5-2 CONTINUED

汽油（吨） Gasoline (ton)		煤油（吨） Kerosene (ton)		柴油（吨） Diesel Oil (ton)		天然气（万立方米） Natural Gas (10 000 cu.m)		电力（万千瓦时） Electricity (10 000 kw·h)	
2008	2009	2008	2009	2008	2009	2008	2009	2008	2009
10078	10975	285	382	5806	6289	214000	187578	449382	485120
1261	1725	18	19	859	1029	5421	5132	60772	56807
96	96			82	71	50		2521	2117
1680	2147			429	461	758	696	13122	21585
1035	1094	12	14	1073	1244	309	126	29090	33399
3331	4032	150	253	69906	55877	64597	67565	492852	490613
1008	1117	50	39	6258	25423	12141	25027	413798	370970
848	912	200	247	2141	1427	11181	11008	428367	529143
1603	1878	34	54	1823	1766	2586	3996	27448	35992
5493	5746	1161	1200	6962	7656	8537	10170	74785	94870
2226	2404	146	173	1630	1578	1797	1534	33932	31890
23079	24800	3548	3696	24861	31721	30257	30763	309258	343938
2637	2782	23	17	1358	1606	2135	1950	30795	35449
531	572	4	5	306	158	353	365	7556	8946
1880	1540	48	37	824	703	854	636	8116	8494
210	121	4		484	183	52	13	1856	1595
79	52			150	106	192	286	1424	6628
6735	6221	3	1	18936	13499	457	630	606050	648964
5675	5112		1	18390	12950	251	445	550920	588271
597	642	2		300	288	197	183	5433	6609
463	467			245	261	8	2	49696	54084

5－3 规模以上工业企业产值综合能耗（2008－2009年）
Comprehensive Energy Consumption of Industrial Enterprises above Designated Size per Unit Output Value (2008-2009)

行业	Sector	综合能源消费量（吨标准煤）Comprehensive Energy Consumption (ton of SCE)		工业总产值（万元）Gross Output Value of Industry (10 000 yuan)		产值能耗（吨标准煤/万元）Energy Consumption per Unit Output Value (ton of SCE/ 10 000 yuan)	
		2008	2009	2008	2009	2008	2009
工业消费总量	**Total Industry Consumption**	**27583304**	**27670093**	**57551182**	**67541109**	**0.48**	**0.41**
采矿业	Mining	2855629	2476083	3087749	3656834	0.93	0.68
#煤炭开采和洗选业	Mining and Washing of Coal	2475742	2211456	2165554	2390359	1.14	0.93
石油和天然气开采业	Extraction of Petroleum and Natural Gas	77459	65617	366918	518438	0.21	0.13
黑色金属矿采选业	Mining and Processing of Ferrous Metal Ores	104137	43273	207211	126959	0.50	0.34
有色金属矿采选业	Mining and Processing of Non-Ferrous Metal Ores	8288	855	35711	29352	0.23	0.03
非金属矿采选业	Mining and Processing of Non-metal Ores	190002	154882	312355	591726	0.61	0.26
制造业	Manufacturing	18411492	18868548	50597818	59584380	0.36	0.32
农副食品加工业	Processing of Food from Agricultural Products	134481	134246	2153891	2418833	0.06	0.06
食品制造业	Manufacture of Foods	134856	128859	673509	739999	0.20	0.17
饮料制造业	Manufacture of Beverages	139293	134120	673324	861596	0.21	0.16
烟草制品业	Manufacture of Tobacco	25431	26180	739747	855625	0.03	0.03
纺织业	Manufacture of Textile	320497	275510	1014703	1349589	0.32	0.20
纺织服装、鞋、帽制造业	Manufacture of Textile Wearing Apparel, Footware and Caps	11906	6759	230889	259982	0.05	0.03
皮革、毛皮、羽毛（绒）及其制品业	Manufacture of Leather, Fur, Feather and Related Products	10143	8335	416910	388947	0.02	0.02
木材加工及木、竹、藤、棕、草制品业	Processing of Timber, Manufacture of Wood, Bamboo, Rattan, Palm, and Straw Products	20618	23691	93914	104345	0.22	0.23
家具制造业	Manufacture of Furniture	5400	6654	228479	354255	0.02	0.02
造纸及纸制品业	Manufacture of Paper and Paper Products	415578	721692	583306	832963	0.71	0.87
印刷业、记录媒介的复制	Printing, Reproduction of Recording Media	16969	21779	377116	435598	0.05	0.05
文教体育用品制造业	Manufacture of Articles For Culture, Education and Sport Activities	498	229	4630	6482	0.11	0.04
石油加工、炼焦及核燃料加工业	Processing of Petroleum, Coking, Processing of Nuclear Fuel	215692	232908	313829	388422	0.69	0.60

5-3 续表 CONTINUED

行 业	Sector	综合能源消费量（吨标准煤） Comprehensive Energy Consumption (ton of SCE)		工业总产值（万元） Gross Output Value of Industry (10 000 yuan)		产值能耗（吨标准煤/万元） Energy Consumption per Unit Output Value (ton of SCE/ 10 000 yuan)	
		2008	2009	2008	2009	2008	2009
化学原料及化学制品制造业	Manufacture of Raw Chemical Materials and Chemical Products	5270623	4970187	3610455	3844469	1.46	1.29
医药制造业	Manufacture of Medicines	277774	256304	1367975	1662398	0.20	0.15
化学纤维制造业	Manufacture of Chemical Fibres	8406	6357	43800	54865	0.19	0.12
橡胶制品业	Manufacture of Rubber	52103	115876	312639	432770	0.17	0.27
塑料制品业	Manufacture of Plastics	64194	77906	587302	688390	0.11	0.11
非金属矿物制品业	Manufacture of Non-metallic Mineral Products	5715190	5904577	2827715	3130103	2.02	1.89
黑色金属冶炼及压延加工业	Smelting and Pressing of Ferrous Metals	3092621	3173371	3108659	3004525	1.00	1.06
有色金属冶炼及压延加工业	Smelting and Pressing of Nonferrous Metals	945570	979333	3360440	3179502	0.28	0.31
金属制品业	Manufacture of Metal Products	86992	112436	856261	1056006	0.10	0.11
通用设备制造业	Manufacture of General Purpose Machinery	279752	325840	2630871	3253203	0.11	0.10
专用设备制造业	Manufacture of Special Purpose Machinery	102353	70714	1230878	1573082	0.08	0.04
交通运输设备制造业	Manufacture of Transport Equipment	933812	994371	18643037	23230575	0.05	0.04
电气机械及器材制造业	Manufacture of Electrical Machinery and Equipment	75830	79695	2839644	3414958	0.03	0.02
通信设备、计算机及其他电子设备制业	Manufacture of Communication Equipment,Computers and Other Electronic Equipment	13537	15946	769848	1064372	0.02	0.01
仪器仪表及文化、办公用机械制造业	Manufacture of Measuring Instruments and Machinery for Cultural Activity and Office Work	25896	23244	703985	713527	0.04	0.03
工艺品及其他制造业	Manufacture of Artwork and Other Manufacturing	9446	25887	89395	121502	0.11	0.21
废弃资源和废旧材料回收加工业	Recycling and Disposal of Waste	6033	15539	110667	163496	0.06	0.10
电力、燃气及水的生产和供应业	Electric Power, Gas and Water Production and Supply	6316183	6325462	3865615	4299895	1.63	1.47
电力、热力的生产和供应业	Production and Supply of Electric Power and Heat Power	6244229	6246899	3278841	3670800	1.90	1.70
燃气生产和供应业	Production and Supply of Gas	9992	11257	438599	483164	0.02	0.02
水的生产和供应业	Production and Supply of Water	61962	67306	148176	145932	0.42	0.46

5－4 能源消费弹性系数（1985－2009 年）
Elasticity Ratio of Energy Consumption (1985-2009)

年份 Year	能源消费比上年增长% Growth Rate of Energy Consumption over Preceding Year (%)	本市生产总值比上年增长% Growth Rate of GDP over Preceding Year (%)	能源消费弹性系数 Elasticity Ratio of Energy Consumption
1985	7.0	8.6	0.81
1986	2.4	8.6	0.28
1987	9.8	5.3	1.85
1988	8.4	9.5	0.89
1989	3.5	4.9	0.71
1990	-3.1	7.0	-0.45
1991	2.8	9.2	0.30
1992	2.7	16.5	0.17
1993	2.7	15.6	0.18
1994	3.2	13.5	0.23
1995	4.7	12.3	0.38
1996	5.3	11.4	0.46
1997	8.5	11.2	0.76
1998	4.4	8.6	0.51
1999	7.5	7.8	0.96
2000	5.8	8.7	0.67
2001	6.8	9.2	0.73
2002	9.7	10.5	0.92
2003	11.2	11.7	0.95
2004	16.9	12.4	1.36
2005	21.7	11.7	1.85
2006	9.3	12.4	0.75
2007	12.9	15.9	0.81
2008	6.9	14.5	0.48
2009	9.1	14.9	0.61

注：本表所有数据均按全国第二次经济普查结果进行了调整，本市生产总值增长速度按可比价格计算。
Note:All the data here have been adjusted according to the result of the 2nd National Economic Census, and the growth rate of GDP is calculated at constant prices.

5－5 平均每万元本市生产总值能源消费量（2008-2009 年）
Average Energy Consumption per 10 000 Yuan of GDP (2008-2009)

品　　种	Type	2008	2009
单位生产总值能源消费量（吨标煤/万元）	**Energy Consumption per Unit of GDP (ton of SCE/10 000 yuan)**	**1.250**	**1.181**
#煤　炭	Coal	0.78	0.76
天然气	Natural Gas	0.13	0.11
油　料	Oil	0.12	0.10
电　力	Electricity	0.38	0.35

注：本表 2008 年能源消费数据和 GDP 已按全国第二次经济普查结果进行调整，按 2005 年价计算；能源品种均已折合为按等价值计算的吨标准煤。
Note:The data of energy consumption and GDP in 2008 have been adjusted according to the result of the 2nd National Economic Census, and calculated at the prices of 2005; each type of energy has been converted into tons of SCE calculated in equivalent value.

5－6 平均每天主要能源消费量（2008-2009 年）
Average Daily Energy Consumption (2008-2009)

品　　种	Type	2008	2009
每天能源消费量（万吨标煤/天）	**Average Daily Energy Consumption (10 000 tons of SCE/day)**	**16.15**	**17.62**
#煤　炭	Coal	11.09	12.33
天然气	Natural Gas	1.78	1.80
油　料	Oil	1.65	1.70
电　力	Electricity	5.44	5.66

注：本表 2008 年能源消费数据已按全国第二次经济普查结果进行了调整，按 2005 年价计算，能源品种均已折合为按等价值计算的吨标准煤。
Note: The data of energy consumption in 2008 have been adjusted according to the result of the 2nd National Economic Census, and calculated at the prices of 2005; each type of energy has been converted into tons of SCE calculated in equivalent value.

5－7　综合能源平衡表（2008-2009 年）
Overall Energy Balance Sheet (2008-2009)

单位：万吨标准煤 (10 000 tons of SCE)

项　目	Item	2008		2009	
		按当量值计算 Equivalent Weight	按等价值计算 Equivalent Value	按当量值计算 Equivalent Weight	按等价值计算 Equivalent Value
可供消费的能源总量	**Total Energy Available for Consumption**	**5895.10**	**6472.38**	**6431.63**	**7029.60**
#一次能源生产量	Primary Energy Output	4057.33	4357.00	4230.94	4549.20
调进量	Imports	2939.88	3291.81	3474.09	3961.43
调出量（-）	Exports (-)	-1638.23	-1715.23	-1916.70	-2131.20
能源消费总量	**Total Energy Consumption**	**5895.10**	**6472.38**	**6431.63**	**7029.60**
终端消费	End-use Consumption	4903.29	6220.67	5291.90	6652.67
第一产业	Primary Industry	232.30	238.07	228.73	232.26
第二产业	Secondary Industry	3675.12	4562.06	3983.74	4901.63
第三产业	Tertiary Industry	633.77	815.60	664.70	854.02
生活消费	Household Consumption	362.10	604.93	414.72	664.76
城　镇	Urban	188.46	353.13	228.28	394.69
乡　村	Rural	173.64	251.81	186.44	270.07
加工转换投入（-）产出（+）量	Input (-) and Output (+) during the Process of Enery Conversion	-935.97	-92.34	-1101.40	-266.03
损失量	Energy Losses	55.83	159.35	38.33	110.90

注：本表2008年能源消费数据已按全国第二次经济普查结果进行了调整。

Note: The data of energy consumption in 2008 have been adjusted according to the result of the 2nd National Economic Census.

主要统计指标解释

能源消费总量 指一定时期内全国（地区）物质生产部门、非物质生产部门和生活消费的各种能源的总和，是观察能源消费水平、构成和增长速度的总量指标。能源消费总量包括：煤和原油及其制品、天然气、电力。不包括：低热值燃料、生物质能和太阳能等的利用。能源消费总量分为终端能源消费量、能源加工转换损失量和损失量三部分。

（1）终端能源消费量：指一定时期内全国（地区）生产和生活消费的各种能源在扣除了用于加工转换二次能源消费量和损失量以后的数量。

（2）能源加工转换损失量：指一定时期内全国（地区）投入加工转换的各种能源数量之和与产出各种能源产品之和的差额，是观察能源在加工转换过程中损失量变化的指标。

（3）能源损失量：指一定时期内能源在输送、分配、储存过程中发生的损失和由客观原因造成的各种损失量。不包括各种气体能源放空、放散量。

能源消费弹性系数 是反映能源消费增长速度与国民经济增长速度之间比例关系的指标。计算公式为：

能源消费弹性系数=能源消费量平均增长速度/国民经济年平均增长速度

Explanatory Notes on Main Statistical Indicators

Total Energy Consumption refers to the total consumption of energy of various kinds by material production sectors, non-material production sectors and households in the country (region) in a given period of time. It is a comprehensive indicator to show the scale, composition and development of energy consumption. The total energy consumption includes that of coal, crude oil and their products, natural gas and electricity. However, it excludes the consumption of fuel of low calorific value, bio-energy and solar energy. Total domestic energy consumption can be divided into three parts:

(I) Final energy consumption: refers to the total energy consumption by material production sectors, non-material production sectors and households in the country (region) in a given period of time, but excludes the consumption in conversion of the primary energy into the secondary energy and the loss in the process of energy conversion.

(II) Loss during the process of energy conversion: refers to the total input of various kinds of energy for conversion, minus the total output of various kinds of energy in the country in a given period of time. It is an indicator to show the loss that occurs during the process of energy conversion.

(III) Loss: refers to the total of the loss of energy during the course of energy transport, distribution and storage and the loss caused by any objective reason in a given period of time. The loss of various kinds of gas due to gas discharges and stocktaking is excluded.

Elasticity Ratio of Energy Consumption is an indicator to show the relationship between the growth rate of energy consumption and the growth rate of the national economy. The formula is:

Elasticity Ratio of Energy Consumption=Average annual Growth Rate of Energy Consumption/ Average Annual Growth Rate of National Economy.

财 政

Government Finance

简要说明 Brief Introduction

本章资料包括全市财政收入和支出情况、国税和地税税收收入情况，由市统计局综合处分别根据市财政局、市国税局和市地税局的有关资料整理编辑。

The data in this chapter include the revenue and expenditure of the municipal government, and the revenue from national taxation and local taxation. The data is sorted and compiled by Division of Comprehensive Statistics of Chongqing Municipal Bureau of Statistics on the basis of the materials from Chongqing Municipal Bureau of Finance, Chongqing Municipal Office of SAT and Chongqing Local Taxation Bureau.

6－1 财政收入及支出（1994－2009 年）
Government Revenue and Expenditure (1994-2009)

单位：万元 (10 000 yuan)

年 份 Year	财政收入 Government Revenue	#地方财政收入 Revenue of Local Government	#一般预算收入 General Budgetary Revenue	#中央两税（四税）收入 Revenue from the 2 (4) Taxes of Central Government	地方财政支出 Expenditure of Local Government	#一般预算支出 General Budgetary Expenditure
1994	716172	366325	366325	349847	560818	560818
1995	837748	460052	460052	377696	662235	662235
1996	942682	549412	549412	393270	794216	794216
1997	1180555	745296	593060	435259	1151627	1010110
1998	1338867	858046	711287	480821	1359474	1257608
1999	1402935	898912	767341	504023	1623685	1502365
2000	1632353	1044570	872442	587783	2024606	1876433
2001	1961761	1264090	1061243	697671	2555530	2375486
2002	2694610	1578651	1260674	991425	3450674	3058591
2003	3412781	2069315	1615618	1205457	3913564	3415775
2004	4629591	3024439	2006241	1435206	4851221	3957233
2005	5811921	3949624	2568072	1656599	6253516	4873543
2006	7421702	5294579	3177165	1944772	8201936	5942543
2007	10572948	7885604	4127000	2491920	11023545	7683886
2008	12901828	9633392	5775738	3023634	14485581	10160112
2009	15353975	11657132	6818189	3403122	18060672	13180913

注：财政收入 2002 年前为地方财政收入与中央两税（增值税和消费税）之和，2002 年起为地方财政收入、中央四税收入和其他中央收入之和。其中其他中央收入不含关税，自 2003 年起包含车辆购置税(以下各表同）。

Note: Government revenue before 2002 is the sum of revenue of local government and revenue from the 2 taxes of Central Government (value-added tax and consumption tax), whereas since 2002 it is the sum of revenue of local government, revenue from the 4 taxes of Central Government and other revenue of Central Government. Other revenue of Central Government does not include tariff, while since 2003 vehicle purchasing tax is included (the same applies to the following tables).

6－2 财政收入占地区生产总值的比重（1994－2009 年）
Percentage of Government Revenue to Gross Domestic Product (1994-2009)

年 份 Year	财政收入（亿元） Government Revenue (100 million yuan)	地区生产总值（亿元） Gross Domestic Product (100 million yuan)	财政收入占本市生产总值的比重（%） Percentage of Government Revenue to GDP (%)
1994	71.62	833.60	8.59
1995	83.77	1123.06	7.46
1996	94.27	1315.12	7.17
1997	118.06	1509.75	7.82
1998	133.89	1602.38	8.36
1999	140.29	1663.20	8.43
2000	163.24	1791.00	9.11
2001	196.18	1976.86	9.92
2002	269.46	2232.86	12.07
2003	341.28	2555.72	13.35
2004	462.96	3034.58	15.26
2005	581.19	3467.72	16.76
2006	742.17	3907.23	18.99
2007	1057.29	4676.13	22.61
2008	1290.18	5793.66	22.27
2009	1535.40	6530.01	23.51

6—3 财政收入（2008—2009 年）
Government Revenue (2008-2009)

单位：万元 (10 000 yuan)

项 目	Item	2008	2009	指数 上年同口径数=100 Index The Same-Scope Index of Previous Year=100
财政收入	**Government Revenue**	**12901828**	**15353975**	**119.0**
一、地方财政收入	**Revenue of Local Government**	**9633392**	**11657132**	**121.0**
#市 级	Municipal Level	5092506	5665899	111.3
一般预算收入	**General Budgetary Revenue**	**5775738**	**6818189**	**118.0**
#市 级	Municipal Level	2423973	2688918	110.9
工商各税	Industrial and Commercial Taxes	3244638	3845570	118.5
#增值税	Value-added Tax	579372	620094	107.0
营业税	Business Tax	1450454	1855470	127.9
企业所得税	Corporate Income Tax	349614	414051	118.4
个人所得税	Individual Income Tax	178254	212433	119.2
资源税	Resource Tax	49603	51567	104.0
城市维护建设税	City Maintenance and Construction Tax	238666	275222	115.3
房产税	House Property Tax	93288	121291	130.0
印花税	Stamp Tax	54863	64311	117.2
农业四税	4 Taxes on Agriculture	358287	510658	142.5
#农业税	Agricultural Tax			
契 税	Deed Tax	256038	338513	132.2
非税收入	Non-tax Revenue	2172813	2461961	113.3
#国有资产经营收入	Operating Revenue of State-owned Assets	673198	377946	56.1
国有资源（资产）有偿使用收入	Revenue from the Compensable Use of State-owned Resources (Assets)	165514	310707	187.7
行政性收费收入	Charge of Administrative and Institutional Units	962035	1275512	132.6
罚没收入	Penalty Receipts	118709	140149	118.1
专项收入	Special Program Receipts	208691	203330	97.4
基金预算收入	**Budgetary Revenue of Funds**	**3857654**	**4838943**	**125.4**
#养路费	Road Toll	162863		
国有土地使用权出让金	Transferring Fees of the Right to Use the State-owned Land	3144653	4242418	134.9
新增建设用地土地有偿使用费	Revenue from the Paid Use of the Increased Land for Construction Use	128881	141964	110.2
二、中央四税收入	**Revenue from 4 Taxes of Central Government**	**3023634**	**3403122**	**112.6**
增值税收入	Revenue from VAT	1738109	1860572	107.0
消费税收入	Revenue from Consumption Tax	489792	610243	124.6
企业所得税收入	Revenue from Corporate Income Tax	528354	613661	116.1
个人所得税收入	Revenue from Individual Income Tax	267379	318646	119.2
三、其他中央收入	**Other Revenue of Central Government**	**244802**	**293721**	**120.0**
#车辆购置税	Vehicle Purchase Tax	165434	209093	126.4

注：其他中央收入不含关税。2009 年基金预算收入科目调整。
Note: Other revenue of Central Government excludes tariff. The budgetary revenue of fund was adjusted in 2009.

6－4 财政支出（2008－2009 年）
Government Expenditure (2008-2009)

单位：万元 (10 000 yuan)

项 目	Item	2008	2009	指数 上年同口径数=100 Index The Same-Scope Index of Previous Year=100
地方财政支出	**Expenditure of Local Government**	**14485581**	**18060672**	**124.7**
#市 级	Municipal Level	5428457	6313272	116.3
一般预算支出	**General Budgetary Expenditure**	**10160112**	**13180913**	**129.7**
#市 级	Municipal Level	2958540	3718983	125.7
一般公共服务	Expenditure for General Public Services	1390183	1569010	112.9
公共安全	Expenditure for Public Security	659158	751581	114.0
教育	Expenditure for Education	1534951	1902818	124.0
科学技术	Expenditure for Science and Technology	151279	155544	102.8
文化体育与传媒	Expenditure for Culture,Sport and Media	165439	190375	115.1
社会保障和就业	Expenditure for Social Security and Employment Effort	1722665	2346214	136.2
医疗卫生	Expenditure for Medical and Health Care	516362	767295	148.6
环境保护	Expenditure for Environment Protection	529297	500481	94.6
城乡社区事务	Expenditure for Urban and Rural Community Affairs	1246138	1770751	142.1
农林水事务	Expenditure for Agriculture, Forestry and Water Conservancy	767242	1283280	167.3
交通运输	Expenditure for Transportation	479259	647348	135.1
工业商业金融等事务	Expenditure for Industry, Commerce and Banking	717407	951716	132.7
地震灾后恢复重建支出	Expenditure for the Reconstruction after Earthquake	9759	37128	380.4
其他支出	Other Expenditure	270973	307372	113.4
基金预算支出	**Budgetary Expenditure of Fund**	**4325469**	**4879759**	**112.8**
#文体与传媒	Expenditure for Culture, Sport and Media	6623	11265	170.1
社会保障和就业	Expenditure for Social Security and Employment Effort	14549	17552	120.6
城乡社区事务	Expenditure for Urban and Rural Community Affairs	3670738	4432457	120.8
农林水事务	Expenditure for Agriculture, Forestry and Water Conservancy	69518	94315	135.7
交通运输	Expenditure for Transportation	274304	133880	48.8
工业商业等事务	Expenditure for Industry, Commerce and Banking	201043	147485	73.4
其他基金	Other Funds	53270	6392	12.0

6－5 国税和地税税收收入（1996－2009年）
Revenue from National and Local Taxation (1996-2009)

单位：万元 (10 000 yuan)

年份 Year	国税税收收入 Revenue from National Taxation	#增值税 Value-added Tax	#消费税 Consumption Tax	地税税收收入 Revenue from Local Taxation	#营业税 Business Tax	#企业所得税 Corporate Income Tax	#个人所得税 Individual Income Tax
1996	611211	455912	92966	266489	130952	33616	17748
1997	645914	489770	108411	324758	155607	47121	29468
1998	715077	529607	123846	382948	195747	41808	42562
1999	881410	692354	120696	436999	218101	52873	54910
2000	929759	680489	144660	500530	243476	68614	72133
2001	1128638	795789	164879	602387	278516	97553	105450
2002	1295409	915425	193646	732964	367458	91953	120326
2003	1559085	1112204	217868	894415	466393	100102	148386
2004	1900477	1366125	257385	1115549	585415	125572	168282
2005	2139060	1525267	278540	1356424	702018	152846	203950
2006	2559190	1803377	346133	1660513	858693	181691	224558
2007	3261800	2240634	424683	2245537	1171243	233743	308283
2008	3922674	2658088	489991	2861162	1450449	319964	386364
2009	4411106	2892068	610367	3461226	1855471	334508	504270

注：国税收入对外公布数据从2001年起均包含车辆购置税，故对以前年度数据进行了调整。
Note: The released data of national taxation has included vehicle purchasing tax since 2001, so the data of the previous years is adjusted.

6－6 国税税收收入（2008－2009年）
Revenue from National Taxation (2008-2009)

单位：万元 (10 000 yuan)

项目	Item	2008	2009
税收收入合计	**Total Revenue from Taxation**	**3922674**	**4411106**
按税种分	**By Tax Category**		
增值税收入	Value-added Tax	2658088	2892068
#一般纳税人	General Taxpayer	2264054	2470767
消费税收入	Consumption Tax	489991	610367
营业税	Business Tax		
企业所得税	Corporate Income Tax	549009	672622
内资	Domestic Enterprise	396604	471615
外资	Foreign-Funded Enterprise	152405	201007
个人所得税	Individual Income Tax	59275	26817
车辆购置税	Vehicle Purchasing Tax	166311	209232
城市维护建设税	City Maintenance and Construction Tax		
按行业分	**By Sector**		
第一产业	Primary Industry	7206	1543
第二产业	Secondary Industry	2859734	3051012
工业	Industry	2848917	3037580
建筑业	Construction	10817	13432
第三产业	Tertiary Industry	1055734	1358551
交通运输仓储及邮政业	Transport, Storage and Post	22795	32553
批发和零售业	Wholesale and Retail Trades	584660	754221
金融业	Financial Intermediation	104070	184310
信息传输、计算机服务和软件业	Information Transmission, Computer Services and Software	35064	57776
住宿和餐饮业	Hotel and Catering Services	2614	5018
文化、体育和娱乐业	Culture, Sports and Entertainment	1179	1290
租赁和商务服务业	Leasing and Business Services	8103	12182
房地产业	Real Estate	74448	88410
其他行业	Other Trades	222801	222791

6—7 按企业类型分的国税税收收入（2009 年）
Revenue from National Taxation by Status of Registration (2009)

单位：万元 (10 000 yuan)

项　目	Item	合计 Total	内资企业 Domestic-funded 国有企业 State-owned	集体企业 Collective-owned	股份合作企业 Cooperative	联营企业 Joint Ownership	股份公司 Share-holding corporations
总　计	**Total**	**4411106**	**721457**	**32212**	**24168**	**5977**	**1739839**
增值税收入	Value-added Tax	2892068	515053	28807	8287	2272	1096830
消费税收入	Consumption Tax	610367	128798	25	106		269488
营业税	Business Tax						
企业所得税	Corporate Income Tax	672622	68014	109	8453	242	357094
个人所得税	Individual Income Tax	26817					
资源税	Resource Tax						
固定资产投资方向调节税	Fixed Asset Investment Regulation Tax						
城市维护建设税	City Maintenance and Construction Tax						
车辆购置税	Vehicle Purchasing Tax	209232	9592	3271	7322	3463	16427

项　目	Item	内资企业 Domestic-funded 私营企业 Private	其他企业 Others	港澳台投资企业 Funded By Hong Kong, Macao & Taiwan	外商投资企业 Foreign-funded	个体经营 Individuals	附：乡镇企业 Township Enterprises
总　计	**Total**	**447854**	**12578**	**128394**	**1067594**	**270979**	**127376**
增值税收入	Value-added Tax	397323	1352	80025	706480	55639	120281
消费税收入	Consumption Tax	3280		3818	204429	40369	928
营业税	Business Tax						
企业所得税	Corporate Income Tax	36413	1290	44405	156602		6167
个人所得税	Individual Income Tax					26817	
资源税	Resource Tax						
固定资产投资方向调节税	Fixed Asset Investment Regulation Tax						
城市维护建设税	City Maintenance and Construction Tax						
车辆购置税	Vehicle Purchasing Tax	10838	9936	146	83	148154	

6－8 地税税收收入（2008－2009 年）
Revenue from Local Taxation (2008-2009)

单位：万元 (10 000 yuan)

项　目	Item	2008	2009
税收收入合计	**Total**	**2861162**	**3461226**
#中央级	Central Government	423795	503260
重庆市级	Chongqing Municipal Government	1107421	1381801
区县级	Distirct and County Governments	1329946	1576165
按税种分	**By Tax Category**		
营业税	Business Tax	1450449	1855471
企业所得税	Corporate Income Tax	319964	334508
个人所得税	Individual Income Tax	386364	504270
资源税	Resource Tax	49603	51567
固定资产投资方向调节税	Fixed Asset Investment Regulation Tax		
城市维护建设税	City Maintenance and Construction Tax	238668	275367
房产和城市房地产税	House Property and Urban Real Estate Tax	93284	121294
印花税	Stamp Tax	54863	64311
城镇土地使用税	Urban Land Use Tax	131559	141379
土地增值税	Land Appreciation Tax	106982	75939
车船税	Tax on Vehicles and Boat Operation	12049	13878
屠宰税	Slaughter Tax		
烟叶税	Tobacco Leaf Tax	17377	23242
按行业分	**By Sector**		
第一产业	Primary Industry	7	958
第二产业	Secondary Industry	810900	973249
工　业	Industry	490553	521215
建筑业	Construction	320347	452034
第三产业	Tertiary Industry	2050255	2487019
交通运输仓储及邮政业	Transport, Storage and Post	203402	229396
批发和零售业	Wholesale and Retail Trades	140068	181176
金融业	Financial Intermediation	300900	392103
信息传输、计算机服务和软件业	Information Transmission, Computer Services and Software	61955	64578
住宿和餐饮业	Hotel and Catering Services	67227	76174
文化、体育和娱乐业	Culture, Sports and Entertainment	20611	24953
租赁和商务服务业	Leasing and Business Services	75884	91655
房地产业	Real Estate	733575	915291
其他行业	Other Trades	446633	511693

6－9 按企业类型分的地税税收收入（2009年）
Revenue from Local Taxation by Status of Registration (2009)

单位：万元 (10 000 yuan)

项 目	Item	合计 Total	内资企业 Domestic-funded				
			国有企业 State-owned	集体企业 Collective-owned	股份合作企业 Cooperative	联营企业 Joint Ownership	股份公司 Share-holding corporations
总 计	**Total**	**3461226**	**511959**	**49914**	**33366**	**5906**	**1908742**
营业税	Business Tax	1855471	256124	25574	21584	3252	1040350
企业所得税	Corporate Income Tax	334508	17590	8425	3438	506	242307
个人所得税	Individual Income Tax	504270	81981	4245	3051	758	231442
资源税	Resource Tax	51567	10984	1815	252	60	21620
固定资产投资方向调节税	Fixed Asset Investment Regulation Tax						
城市维护建设税	City Maintenance and Construction Tax	275367	66828	3674	2449	381	155467
房产和城市房地产税	House Property and Urban Real Estate Tax	121294	18416	1884	1089	346	64704
印花税	Stamp Tax	64311	9523	652	426	63	31626
城镇土地使用税	Urban Land Use Tax	141379	14790	2191	795	370	80763
土地增值税	Land Appreciation Tax	75939	11112	831	260	142	36969
车船税	Tax on Vehicles and Boat Operation	13878	1369	623	22	28	3494
屠宰税	Slaughter Tax						
烟叶税	Tobacco Leaf Tax	23242	23242				

项 目	Item	内资企业 Domestic-funded		港澳台投资企业 Funded By Hong Kong, Macao & Taiwan	外商投资企业 Foreign-funded	个体经营 Individuals	附：乡镇企业 Township Enterprises
		私营企业 Private	其他企业 Others				
总 计	**Total**	**397956**	**167590**	**111270**	**153821**	**120702**	**9186**
营业税	Business Tax	214094	70030	67246	92677	64540	4614
企业所得税	Corporate Income Tax	53344	8898				
个人所得税	Individual Income Tax	41376	54265	21597	27693	37862	754
资源税	Resource Tax	8489	3649	87	1219	3392	438
固定资产投资方向调节税	Fixed Asset Investment Regulation Tax						
城市维护建设税	City Maintenance and Construction Tax	35196	5798			5574	677
房产和城市房地产税	House Property and Urban Real Estate Tax	10027	4756	7299	10363	2410	206
印花税	Stamp Tax	6676	5639	1847	7199	660	94
城镇土地使用税	Urban Land Use Tax	16677	4679	7306	12323	1485	291
土地增值税	Land Appreciation Tax	11057	6084	5776	2275	1433	87
车船税	Tax on Vehicles and Boat Operation	1020	3792	112	72	3346	99
屠宰税	Slaughter Tax						
烟叶税	Tobacco Leaf Tax						

主要统计指标解释

财政收入 指国家财政参与社会产品分配所取得的收入，是实现国家职能的财力保证。主要包括：

（1）各项税收：包括国内增值税、国内消费税、进口货物增值税和消费税、出口货物退增值税和消费税、营业税、企业所得税、个人所得税、资源税、城市维护建设税、房产税、印花税、城镇土地使用税、土地增值税、车船税、船舶吨税、车辆购置税、关税、耕地占用税、契税、烟叶税等。

（2）非税收入：包括专项收入、行政事业性收费、罚没收入和其他收入。

财政支出 指国家财政将筹集起来的资金进行分配使用，以满足经济建设和各项事业的需要。主要包括：

（1）一般公共服务：指政府提供基本公共管理与服务的支出，包括人大事务、政协事务、政府办公厅（室）及相关机构事务、发展与改革事务、统计信息事务、财政事务、税收事务、审计事务、海关事务、人力资源事务、纪检监察事务、人口与计划生育事务、商贸事务、知识产权事务、工商行政管理事务、国土资源事务、海洋管理事务、测绘事务、地震事务、气象事务、民族事务、宗教事务、港澳台侨事务、档案事务、共产党事务、民主党派事务及工商联事务、群众团体事务、彩票事务等。

（2）外交：指政府外交事务支出，包括外交行政管理、驻外机构、对外援助、国际组织、对外合作与交流、边界勘界联检等方面的支出。

（3）国防：指政府用于国防方面的支出，包括用于现役部队、预备役部队、民兵、国防科研事业、专项工程、国防动员等方面的支出。

（4）公共安全：指政府维护社会公共安全方面的支出，包括武装警察、公安、国家安全、检察、法院、司法行政、监狱、劳教、国家保密、缉私警察等。

（5）教育：指政府教育事务支出，包括教育行政管理、学前教育、小学教育、初中教育、普通高中教育、普通高等教育、初等职业教育、中专教育、技校教育、职业高中教育、高等职业教育、广播电视教育、留学生教育、特殊教育、干部继续教育、教育机关服务等。

（6）科学技术：指用于科学技术方面的支出，包括科学技术管理事务、基础研究、应用研究、技术研究与开发、科技条件与服务、社会科学、科学技术普及、科技交流与合作等。

（7）文化教育与传媒：指政府在文化、文物、体育、广播影视、新闻出版等方面的支出。

（8）社会保障和就业：指政府在社会保障与就业方面的支出，包括社会保障和就业管理事务、民政管理事务、财政对社会保险基金的补助、补充全国社会保障基金、行政事业单位离退休、企业改革补助、就业补助、抚恤、退役安置、社会福利、残疾人事业、城市居民最低生活保障、其他城镇社会救济、农村社会救济、自然灾害生活救助、红十字事务等。

（9）医疗卫生：指政府医疗卫生方面的支出，包括医疗卫生管理事务支出、医疗服务支出、医疗保障支出、疾病预防控制支出、卫生监督支出、妇幼保健支出、农村卫生支出等。

（10）环境保护：指政府环境保护支出，包括环境保护管理事务支出、环境监测与监察支出、污染治理支出、自然生态保护支出、天然林保护工程支出、退耕还林支出、风沙荒漠治理支出、退牧还草支出、已垦草原退耕还草、能源节约利用、污染减排、可再生能源和资源综合利用等支出。

（11）城乡社区事务：指政府城乡社区事务支出，包括城乡社区管理事务支出、城乡社区规划与管理支出、城乡社区公共设施支出、城乡社区住宅支出、城乡社区环境卫生支出、建设市场管理与监督支出等。

（12）农林水事务：指政府农林水事务支出，包括农业支出、林业支出、水利支出、扶贫支出、农业综合开发支出等。

（13）交通运输：指政府交通运输和邮政业方面的支出，包括公路运输支出、水路运输支出、铁路运输支出、民用航空运输支出、邮政业支出等。

（14）工业商业金融等事务：指政府对工业、商业及金融等方面的支出，包括采掘业支出、制造业支出、建筑业支出、工业和信息产业监管支出、国有资产监管支出、商业流通事务支出、金融业监管支出、旅游业管理与服务支出等。

中央财政收入和地方财政收入 指按现行分税制财政体制划分的中央本级收入和地方本级收入。属于中央财政的收入包括关税，进口货物增值税和消费税，出口货物退增值税和消费税，消费税，铁道部门、各银行总行、各保险公司总公司等集中交纳的营业税和城市维护建设税，增值税75%部分，纳入共享范围的企业所得税60%部分，未纳入共享范围的中央企业所得税、中央企业上交的利润，个人所得税60%部分，车辆购置税，船舶吨税，证券交易印花税97%部分，海洋石油资源税，中央非税收入等。属于地方财政的收入包括营业税（不含铁道部门、各银行总行、各保险公司总公司集中交纳的营业税），地方企业上交利润，城市维护建设税（不含铁道部门、各银行总行、各保险公司总公司集中交纳的部分），房产税，城镇土地使用税，土地增值税，车船税，耕地占用税，契税，烟叶税，印花税，增值税25%部分，纳入共享范围的企业所得税40%部分，个人所得税40%部分，证券交易印花税3%部分，海洋石油资源税以外的其他资源税，地方非税收入等。

中央财政支出和地方财政支出 指根据政府在经济和社会活动中的不同职责，划分中央和地方政府的责权，按照政府的责权划分确定的支出。中央财政支出包括一般公共服务，外交支出，国防支出，公共安全支出，以及中央政府调整国民经济结构、协调地区发展、实施宏观调控的支出等。地方财政支出包括一般公共服务，公共安全支出，地方统筹的各项社会事业支出等。

Explanatory Notes on Main Statistical Indicators

Government Revenue refers to income for the government finance through participating in the distribution of social products. It is the financial guarantee to ensure government functioning. The contents of government revenue include the following main items:

(1) Various tax revenues, including domestic value added tax (VAT), domestic consumption tax, VAT and consumption tax from imports, VAT and consumption tax rebate for exports, business tax, corporate income tax, individual income tax, resource tax, city maintenance and construct tax, house property tax, stamp tax, urban land use tax, land appreciation tax, tax on vehicles and boat operation, ship tonnage tax, vehicle purchase tax, tariffs, farm land occupation tax, deed tax, and tobacco leaf tax, etc.

(2) Non-tax revenue, including special program receipts, charge of administrative and institutional units, penalty receipts and others non-tax receipts.

Government Expenditure refers to the distribution and use of the funds which the government finance has raised, so as to meet the needs of economic construction and various causes. It includes the following main items:

(1) Expenditure for general public services: It refers to the spending on the basic public management and services which provided by governments, including the expense on affairs of People's Congress, affairs of People's Political Consultative Conference, affairs of government general office and relative institutions, affairs of development and reform, affairs of statistics, affairs of finance, affairs of taxation, affairs of audit, affairs of customs, affairs of human resources and social security, affairs of discipline inspection and supervision, affairs of population and family planning, affairs of commerce and trade, affairs of intellectual property, affairs of administration for industry and commerce, affairs of land and resources, affairs of oceanic administration, affairs of surveying and mapping, affairs of earthquake, ethnic affairs, religious affairs, affairs of Hong Kong, Macao, Taiwan, and Overseas Chinese, affairs of archives administration, affairs of Chinese Communist Party, affairs of democratic parties and federation of industry and commerce, affairs of mass organization, and affairs of lottery, etc.

(2) Expenditure for foreign affairs: It refers to the spending of government on foreign affairs, including the expense on administration of foreign affairs, missions overseas, external assistance, international organizations, foreign cooperation and communication, surveying and joint inspection on borderline, etc.

(3) Expenditure for national defence: It refers to the spending of government on national defence, including the expense on active force, reserve force, militia, scientific research on national defence, special projects, mobilization of national defence, etc.

(4) Expenditure for public security: It refers to the spending of government on maintaining social and public security, including the expense on armed police force, public security, state security, prosecution, courts, justice, prison, labour education and rehabilitation, protection of state secrecy, anti-smuggling police, etc.

(5) Expenditure for education: It refers to the spending of government on education, including the expense on the administration of education, pre-primary education, primary education, secondary education, high school education, regular higher education, primary vocational education, secondary vocational education, technical school education, vocational high school education and higher vocational education, radio and television education, student abroad education, special education, on the job training of cadres, education authorities services, etc.

(6) Expenditure for science and technology: It refers to the spending of government on science and technology (S&T), including the expense on the administration of S&T, basic research, applied research, research and development, conditions and services of S&T, popularization of social science, science and technology, exchanges and cooperation of S&T, etc.

(7) Expenditure for culture, sport and media: It refers to the spending of government on culture, cultural heritage, sports, radio, film, television, press and publication, etc.

(8) Expenditure for social safety net and employment effort: It refers to the spending of government on social safety net and employment, including the expense on administration of social safety net and employment, civil affairs, budgetary subsidy on the social insurance funds, subsidy on National Social Security Fund, retirees of administrative units and institutions, subsidy on enterprise reform, subsidy on employment effort, pension, placement of ex-serviceman, social welfare, the handicapped undertakings, the system of cost of living allowances for urban residents, other urban social relief, rural social relief, living relief of natural disasters, affairs of Red Cross Society, etc.

(9) Expenditure for medical and health care: It refers to the spending of government on medical and health care, including the expense on administration of medical and health care, medical services, health care, disease prevention and control, health inspection and supervision, women and children's health, rural health care, etc.

(10) Expenditure for environment protection: It refers to the spending of government on environment protection, including the expense on administration of environment protection, environment monitoring and supervision, pollution control, natural ecology protection, project of virgin forests protection, reforesting farmland, controlling the sources of dust storms, returning pastureland to grassland, returning pastureland to grassland, returning cultivated land to grassland, energy conservation, emissions reduction, comprehensive utilization of renewable energy and resources, etc.

(11) Expenditure for urban and rural community affairs: It refers to the spending of government on urban and rural community affairs, including the expense on administration of urban and rural community, planning and management of urban and rural community, public facilities of urban and rural community, housing of urban and rural community, sanitation of urban and rural community, management and supervision on the construction market, etc.

(12) Expenditure for agriculture, forestry and water conservancy: It refers to the spending of government on agriculture, forestry and water conservancy, including the expense on agriculture, forestry, water conservancy, poverty alleviation, comprehensive agricultural development, etc.

(13) Expenditure for transportation: It refers to the spending of government on transportation and postal services, including the expense on road transportation, waterway transportation, railway transportation, civil aviation transportation, and postal services.

(14) Expenditure for industry, commerce and banking: It refers to the spending of government on industry, commerce and banking, including the expense on mining, manufacturing, construction, industry and information technology supervision and administration, State-owned assets supervision and administration, commerce and circulation affairs, financial intermediation supervision and administration, tourism administration and service, etc.

Revenue of the Central Government and Revenue of the Local Governments refers to the revenue collected by the Central Government and that by the local governments as defined by the decentralized taxation system. In accordance with this system, the revenue of the Central Government includes tariff, VAT and consumption tax from imports, VAT and consumption tax rebate for exports, consumption tax, business tax and city maintenance and construct tax from the Ministry of Railways, head offices of banks, head offices of insurance company, which are handed over to the government in a centralized way, 75% of the value added tax, 60% the share part of the corporate income tax, unshared part of corporate income tax of the central enterprises, profit handed in by the central enterprises, 60% of individual income tax, vehicle purchase tax, ship tonnage tax, 97% of stamp tax on securities transactions, resource tax on the offshore petroleum resources. The revenue of the local governments includes business tax (excluding the part of the Ministry of Railways, head offices of banks, head offices of insurance company, which are handed over to the government in a centralized way), profit handed in by the local enterprises, city maintenance and construct tax (excluding the part of the Ministry of Railways, head offices of banks, head offices of insurance company, which are handed over to the government in a centralized way), house property tax, urban land use tax, land appreciation tax, tax on vehicles and boat operation, farm land occupation tax, deed tax, and tobacco leaf tax, stamp tax, 25% of the value added tax, 40% the share part of the corporate income tax, 40% of individual income tax, 3% of stamp tax on securities transactions, resource tax other than the tax on offshore petroleum resources, local non-tax revenue, etc.

Expenditure of the Central Government and Expenditure of the Local Governments according to the different functions of the Central Government and local governments in economic and social activities, the rights of affairs administration are demarcated between those of the Central Government and those of local governments; and the classification of the expenditure between the Central Government and local governments are made on the basis of the classification of the rights of affairs administration between them. The expenditure of the Central Government includes the expenditure for general public services, expenditure for foreign affairs, expenditure for public security, and the expenditure of the Central Government for adjusting the national economic structure; coordinating the development among different regions; and exercising macroeconomic regulation. The expenditure of the local governments includes mainly the expenditure for general public services, expenditure for public security, and expenditures for social development which are planned by local governments, etc.

7

人民生活与物价

People's Living Conditions And Price Of Goods

简要说明 Brief Introduction

本章资料反映全市城乡居民生活状况，主要内容包括城乡居民家庭基本情况、恩格尔系数、居民储蓄、年收入支出及其构成、主要商品购买数量、耐用消费品的拥有量，以及居民消费价格指数、商品零售价格指数、原材料、燃料、动力购进价格指数和工业品出厂价格指数等。居民住户调查资料是抽样调查汇总的结果，价格调查资料采用直接调查方法取得。

城市居民、城镇居民和农村居民生活状况的数据来源于国家统计局重庆调查总队。城乡居民物质生活情况和居民储蓄由市统计局综合处整理编辑。

The data in this chapter present the living conditions of the urban and rural households in Chongqing, including basic conditions of urban and rural households, Engle's coefficient, saving deposits, annual income & expenditure and their compositions, purchases of major commodities, possession of durable consumer goods, as well as consumer price indices, retail price indices, purchasing price indices of raw material, fuel and power and PPI, etc. The data of urban and rural households are the results of sample survey, while the data of prices are collected by direct inquiry method.

The data about the living conditions of metropolitan, urban and rural residents are provided by NBS Survey Office in Chongqing. The data of material & cultural life and saving deposits of urban & rural residents are sorted and compiled by Division of Comprehensive Statistics, Chongqing Municipal Bureau of Statistics.

7—1 城乡居民物质文化生活情况（2008—2009年）
Material and Cultural Life of Urban & Rural Residents (2008-2009)

指标	Item	2008	2009
就业	**Employment**		
每一城市就业者负担人数（人）	Number of Dependents per Metropolitan Employee (person)	1.82	1.84
每一城镇就业者负担人数（人）	Number of Dependents per Urban Employee (person)	1.58	1.86
每一农村劳动力负担人数（人）	Number of Dependents per Rural Laborer (person)	1.30	1.31
城镇登记失业率（%）	Registered Urban Unemployment Rate (%)	3.96	3.96
收入和支出	**Income and Expenditure**		
城镇非私营单位在岗职工平均工资（元）	Annual Average Wages of Staff and Workers of Urban Non-private Units (yuan)	26985	30965
城市居民人均可支配收入（元）	Annual per Capita Disposable Income of Metropolitan Households (yuan)	15708.74	17191.10
城镇居民人均可支配收入（元）	Annual per Capita Disposable Income of Urban Households (yuan)	14367.55	15748.67
农民人均纯收入（元）	Annual per Capita Net Income of Rural Households (yuan)	4126.21	4478.35
城市居民人均消费性支出（元）	Annual per Capita Consumption Expenditure of Metropolitan Households(yuan)	12269.32	13507.30
城镇居民人均消费性支出（元）	Annual per Capita Consumption Expenditure of Urban Households(yuan)	11146.80	12144.06
农村居民人均生活消费支出（元）	Annual per Capita Living Expenditure of Rural Households (yuan)	2884.92	3142.14
城市居民家庭恩格尔系数（%）	Engle's Coefficient of Metropolitan Households (%)	39.1	37.2
城镇居民家庭恩格尔系数（%）	Engle's Coefficient of Urban Households (%)	39.6	37.7
农村居民家庭恩格尔系数（%）	Engle's Coefficient of Rural Households (%)	53.3	49.1
人均储蓄存款余额（元）	Per Capita Balance of Saving Deposit (yuan)	12247	14986
住房	**Housing**		
城市人均房屋建筑面积（平方米）	Per Capita Residential Floor Space in Metropolitan Areas (sq.m)	27.34	27.41
城镇人均房屋建筑面积（平方米）	Per Capita Residential Floor Space in Urban Residents (sq.m)	29.68	31.42
农村人均住房面积（平方米）	Per Capita Living Space in Rural Areas (sq.m)	35.03	35.73
交通邮电	**Traffic, Postal and Telecommunication Services**		
人均道路面积（平方米）	Per Capita Area of Paved Roads (sq.m)	8.94	9.29
每万人拥有电话（部）	Number of Telephones per 10 000 Population (unit)	6939	7236
每人平均交寄函件（件）	Number of Letters Mailed per Capita (unit)	1.93	1.83
城市公用事业	**City Public Utilities**		
用水普及率（%）	Percentage of Population with Access to Tap Water (%)	89.8	91.3
燃气普及率（%）	Percentage of Population with Access to Gas (%)	86.8	88.6
人均公共绿地面积（平方米）	Per Capita Public Green Area (sq.m)	8.91	10.57
教育	**Education**		
学龄儿童入学率（%）	Enrollment Ratio of School-Aged Children (%)	99.98	99.93
每万人口中在校大学生（人）	Number of Undergraduates per 10 000 Population (person)	149	161
文化	**Culture**		
每百户城市家庭拥有彩色电视机（台）	Number of Color TV Sets per 100 Metropolitan Households (unit)	145.42	149.39
每百户城镇家庭拥有彩色电视机（台）	Number of Color TV Sets per 100 Urban Households (unit)	141.56	144.61
每百户农村家庭拥有彩色电视机（台）	Number of Color TV Sets per 100 Rural Households (unit)	94.33	95.28
广播人口覆盖率（%）	Rate of Radio Broadcast Coverage of the Population (%)	92.88	92.89
电视人口覆盖率（%）	Rate of TV Coverage of the Population (%)	96.42	96.46
卫生	**Public Health**		
每万人拥有医院、卫生院病床（张）	Number of Beds of Hospitals and Health Centers per 10 000 Population (bed)	23.92	26.50
每万人拥有执业（助理）医师（人）	Number of Licensed (Assistant) Doctors per 10 000 Population (person)	12.10	12.80

7－2 城乡居民人民币储蓄存款年末余额（1980－2009 年）
Year-end Savings Deposit of RMB of Urban and Rural Households (1980-2009)

年份 Year	城乡居民人民币储蓄存款年末余额（亿元） Year-end Savings Deposit of RMB of Urban and Rural Households (100 million yuan)	定期 Time Deposits	活期 Demand Deposits	人均人民币储蓄存款余额（元） Per Capita Balance of Savings Deposit of RMB (yuan)
1980	6.22			23
1981	8.35			31
1982	10.56			39
1983	13.34			49
1984	18.39			67
1985	25.41			92
1986	34.79			124
1987	44.46			156
1988	50.50	40.65	9.85	176
1989	68.17	55.75	12.42	235
1990	92.17	77.63	14.54	316
1991	121.95	103.36	18.59	415
1992	154.45	128.64	25.81	523
1993	198.05	160.51	37.54	668
1994	285.40	231.23	54.17	956
1995	401.45	331.09	70.36	1337
1996	500.71	403.84	96.87	1656
1997	580.67	454.04	126.63	1908
1998	724.54	552.72	171.82	2368
1999	909.10	672.96	236.14	2959
2000	1085.36	774.38	310.98	3511
2001	1317.17	929.37	387.80	4252
2002	1595.01	1082.90	512.11	5122
2003	1896.56	1265.52	631.04	6059
2004	2189.73	1469.99	719.74	6964
2005	2545.85	1740.13	805.72	8033
2006	2949.05	1999.88	949.17	9219
2007	3228.15	2099.55	1128.60	9978
2008	3988.96	2640.70	1348.26	12247
2009	4908.68	3060.01	1848.67	14986

7－3 城乡居民家庭人均收入及恩格尔系数（1978－2009年）
Per Capita Annual Income and Engle's Coefficient of Urban and Rural Households (1978-2009)

年份 Year	城市居民家庭人均可支配收入 Per Capital Annual Disposable Income of Metropolitan Households 绝对数（元）Value (yuan)	指数(1979=100) Index (1979=100)	城镇居民家庭人均可支配收入 Per Capital Annual Disposable Income of Urban Households 绝对数（元）Value (yuan)	指数（2007=100）Index（2007=100）	农村居民家庭人均纯收入 Per Capital Annual Net Income of Rural Households 绝对数（元）Value (yuan)	指数（1978=100）Index（1978=100）	城市居民家庭恩格尔系数(%) Engle's Coefficient of Metropolitan Households (%)	城镇居民家庭恩格尔系数(%) Engle's Coefficient of Urban Households (%)	农村居民家庭恩格尔系数(%) Engle's Coefficient of Rural Households (%)
1978					126.01	100.0			74.0
1979	354.54	100.0			150.18	119.2	61.9		72.9
1980	411.47	116.1			163.33	129.6	52.8		68.1
1985	812.40	229.1			325.24	258.1	51.8		63.9
1986	983.99	277.5			358.86	284.8	53.1		63.4
1987	1108.71	312.7			385.82	306.2	52.4		62.2
1988	1277.89	360.4			457.54	363.1	51.6		60.5
1989	1448.98	408.7			510.09	404.8	57.4		61.7
1990	1691.13	477.0			586.73	465.6	54.6		63.6
1991	1891.90	533.6			628.89	499.1	52.9		63.8
1992	2195.33	619.2			677.46	537.6	54.3		62.8
1993	2780.62	784.3			748.08	593.7	52.9		61.3
1994	3634.33	1025.1			1018.24	808.1	53.7		63.5
1995	4375.43	1234.1			1270.41	1008.2	50.6		64.7
1996	5022.96	1416.8			1479.05	1173.8	50.2		63.2
1997	5302.05	1495.5			1692.36	1343.0	46.7		65.8
1998	5442.84	1535.2			1801.17	1429.4	45.6		61.3
1999	5828.43	1643.9			1835.54	1456.7	42.8		60.7
2000	6176.30	1742.1			1892.44	1501.8	42.2		53.6
2001	6572.30	1853.8			1971.18	1564.3	40.8		54.1
2002	7238.07	2041.5			2097.58	1664.6	38.0		55.8
2003	8093.67	2282.9			2214.55	1757.4	38.0		52.5
2004	9220.96	2600.2			2510.41	1992.2	37.8		56.0
2005	10243.99	2889.4			2809.32	2229.4	36.4		52.8
2006	11569.74	3263.3			2873.83	2280.6	36.3		52.2
2007	13715.25	3868.5	12590.78	100.0	3509.29	2784.9	37.0	37.2	54.5
2008	15708.74	4430.7	14367.55	114.1	4126.21	3274.5	39.1	39.6	53.3
2009	17191.10	4848.8	15748.67	125.1	4478.35	3554.0	37.2	37.7	49.1

7－4 城市居民家庭基本情况（1985－2009年）
Basic Conditions of Metropolitan Households (1985-2009)

年 份 Year	平均每户家庭人口（人） Population Per Household (person)	平均每户就业人口（人） Average Number of Employed Persons per Household (person)	平均每一就业者负担人数（人） Number of Dependants per Employee (person)	平均每人可支配收入（元） Per Capita Disposable Income (yuan)	平均每人消费性支出（元） Per Capita Annual Consumption Expenditure (yuan)	平均每人房屋建筑面积（平方米） Per Capita Residential Floor Space (sq.m)
1985	3.49	2.01	1.73	812.40	711.13	6.58
1986	3.41	2.01	1.70	983.99	893.84	6.68
1987	3.40	2.00	1.70	1108.71	1043.86	7.28
1988	3.31	1.87	1.77	1277.89	1323.17	7.64
1989	3.18	1.71	1.86	1448.98	1382.66	8.40
1990	3.12	1.73	1.81	1691.13	1569.97	8.90
1991	3.10	1.88	1.65	1891.90	1754.20	7.06
1992	3.16	2.04	1.55	2195.33	1928.63	6.75
1993	3.11	1.94	1.61	2780.62	2397.08	6.98
1994	3.03	1.89	1.61	3634.33	3126.56	7.30
1995	3.01	1.87	1.61	4375.43	4051.53	8.13
1996	3.08	2.00	1.54	5022.96	4467.12	8.00
1997	3.06	1.92	1.60	5302.05	4919.63	8.65
1998	3.01	1.86	1.62	5442.84	4956.80	9.21
1999	3.03	1.77	1.71	5828.43	5376.69	9.51
2000	3.05	1.72	1.78	6176.30	5471.70	10.72
2001	3.05	1.69	1.80	6572.30	5724.90	11.47
2002	3.05	1.50	2.03	7238.07	6360.20	19.56
2003	2.97	1.62	1.83	8093.67	7118.06	21.29
2004	3.02	1.61	1.88	9220.96	7973.05	22.76
2005	3.13	1.63	1.92	10243.99	8623.29	22.17
2006	3.10	1.72	1.80	11569.74	9398.69	24.52
2007	2.98	1.70	1.75	13715.25	10876.12	27.31
2008	2.95	1.62	1.82	15708.74	12269.32	27.34
2009	2.93	1.59	1.84	17191.10	13507.30	27.41

注：因统计制度变更，指标“平均每人房屋建筑面积”2002年前的数据为“平均每人房屋居住面积”数。
Note: Due to the change of statistic system, the data of "per capita residential floor space" before 2002 is the data of "per capita living space".

7－5 城市居民家庭基本情况（2008－2009 年）
Basic Conditions of Metropolitan Households (2008-2009)

指　标	Item	2008	2009
平均每户就业人数（人）	**Average Number of Employed Persons per Household (person)**	**1.62**	**1.59**
#国有经济单位	State-owned Unit	0.70	0.72
城镇集体经济单位	Urban Collective-owned Unit	0.08	0.06
城镇个体私营经济	Urban Individual and Private Unit	0.49	0.48
平均每人全年总收入（元）	**Per Capita Annual Income (yuan)**	**16740.41**	**18729.26**
#可支配收入	Disposable Income	15708.74	17191.10
工薪收入	Income from Wages and Salaries	12282.68	13214.37
#工资及补贴收入	Salaries and Subsidies	12063.90	12969.37
经营净收入	Net Business Income	715.80	926.83
财产性收入	Income from Properties	216.97	235.14
转移性收入	Income from Transfer	3524.95	4352.92
平均每人全年消费支出（元）	**Per Capita Annual Consumption Expenditure (yuan)**	**12269.32**	**13507.30**
#服务性消费支出	Consumption Expenditure of Services	3253.66	3556.60
食　品	Food	4803.06	5020.22
#粮　食	Grain	283.81	292.58
衣　着	Clothing	1467.00	1690.57
#服　装	Garments	1074.54	1253.70
家庭设备用品及服务	Household Facilities, Articles and Services	878.04	1101.43
医疗保健	Health Care and Medical Services	960.32	1081.22
交通和通讯	Transport and Communication	1142.08	1366.52
教育娱乐文化服务	Educational, Recreational and Cultural Services	1498.95	1620.20
#教　育	Education	650.46	628.42
居　住	Residence	1173.60	1179.64
#住　房	Housing	437.22	362.74
杂项商品与服务	Miscellaneous Goods and Services	346.28	447.50

7－6 按可支配收入分组的城市居民家庭情况（2009年）
Conditions of Metropolitan Households by Disposable Income (2009)

项　目	Item	合计 Total	按平均每人每月可支配收入分组 By per Capita Monthly Disposable Income 200元以下 Below 200 yuan	200-400元 200-400 yuan	400-600元 400-600 yuan
比　重（%）	Percentage (%)	100.0	0.39	1.82	5.89
平均每户家庭人口数（人）	Average Household Size (person)	2.93	2.91	3.13	3.06
平均每户就业人口数（人）	Average Number of Employed Persons per Household (person)	1.59	1.50	1.14	1.30
平均每户就业面（%）	Percentage of Employment per Household (%)	54.27	51.55	36.42	42.48
平均每一就业者负担人数（人）	Number of Dependants per Employee (person)	1.84	1.94	2.75	2.35
平均每人每月总收入（元）	Per Capita Monthly Income (yuan)	1560.77	538.87	417.18	596.43
#可支配收入	Disposable Income	1432.59	-386.25	304.51	512.29
平均每人每月消费性支出（元）	Per Capita Monthly Consumption Expenditure (yuan)	1125.61	1056.36	557.26	694.69
#服务性消费支出	Consumption Expenditure of Services	296.38	253.07	135.35	169.72

项　目	Item	按平均每人每月可支配收入分组 By per Capita Monthly Disposable Income 600-800元 600-800 yuan	800-1000元 800-1000 yuan	1000-1500元 1000-1500 yuan	1500元以上 Over 1500 yuan
比　重（%）	Percentage (%)	10.28	13.19	34.61	33.66
平均每户家庭人口数（人）	Average Household Size (person)	3.13	3.07	2.95	2.76
平均每户就业人口数（人）	Average Number of Employed Persons per Household (person)	1.40	1.45	1.61	1.74
平均每户就业面（%）	Percentage of Employment per Household (%)	44.73	47.23	54.58	63.04
平均每一就业者负担人数（人）	Number of Dependants per Employee (person)	2.24	2.12	1.83	1.59
平均每人每月总收入（元）	Per Capita Monthly Income (yuan)	797.32	998.85	1346.03	2546.72
#可支配收入	Disposable Income	708.48	900.98	1228.00	2381.62
平均每人每月消费性支出（元）	Per Capita Monthly Consumption Expenditure (yuan)	754.08	865.42	1025.35	1584.88
#服务性消费支出	Consumption Expenditure of Services	192.99	194.62	261.55	446.18

7－7 城市居民家庭平均每人全年收入及构成（2009 年）
Per Capita Annual Income of Metropolitan Households and Its Composition (2009)

项　目	Item	总平均 Overall Average	最低收入户（10%） Lowest Income Households (10%)	#困难户（5%） Poor Households (5%)	低收入户（10%） Low Income Households (10%)	中等偏下户（20%） Lower Middle Income Households (20%)
全年总收入（元）	**Annual Total Income (yuan)**	**18729.26**	**8460.08**	**7233.11**	**11413.64**	**14284.32**
#可支配收入	Disposable Income	17191.10	7605.53	6681.49	10618.69	13022.55
工薪收入	Income from Wages and Salaries	13214.37	4814.05	3950.31	6220.66	8328.75
#工资及补贴收入	Salaries and Subsidies	12969.37	4558.80	3738.64	6106.24	8153.07
经营净收入	Net Business Income	926.83	762.20	610.70	785.63	1355.57
财产性收入	Income from Properties	235.14	37.46	40.51	81.35	91.42
转移性收入	Income from Transfer	4352.92	2846.36	2631.58	4326.01	4508.57
全年总收入构成（%）	**Composition of Annual Income (%)**	**100.0**	**100.0**	**100.0**	**100.0**	**100.0**
工薪收入	Income from Wages and Salaries	70.6	56.9	54.6	54.5	58.3
#工资及补贴收入	Salaries and Subsidies	69.2	53.9	51.7	53.5	57.1
非工薪收入	Non-Salary Income	29.4	43.1	45.4	45.5	41.7

项　目	Item	中等收入户（20%） Middle Income Households (20%)	中等偏上户（20%） Upper Middle Income Households (20%)	高收入户（10%） High Income Households (10%)	最高收入户（10%） Highest Income Households (10%)
全年总收入（元）	**Annual Total Income (yuan)**	**17028.64**	**21225.09**	**26799.12**	**39067.40**
#可支配收入	Disposable Income	15698.82	19437.33	24690.70	35928.21
工薪收入	Income from Wages and Salaries	11326.28	15429.85	21280.76	33110.21
#工资及补贴收入	Salaries and Subsidies	11220.59	15188.23	20943.75	32328.10
经营净收入	Net Business Income	627.44	1034.33	618.93	1072.94
财产性收入	Income from Properties	226.06	119.22	486.47	1000.66
转移性收入	Income from Transfer	4848.86	4641.68	4412.95	3883.59
全年总收入构成（%）	**Composition of Annual Income (%)**	**100.0**	**100.0**	**100.0**	**100.0**
工薪收入	Income from Wages and Salaries	66.5	72.7	79.4	84.8
#工资及补贴收入	Salaries and Subsidies	65.9	71.6	78.2	82.7
非工薪收入	Non-Salary Income	33.5	27.3	20.6	15.2

7－8 城市居民家庭平均每人全年消费支出及构成（2009年）
Per Capita Annual Living Expenditure of Metropolitan Households and Its Composition (2009)

项目	Item	总平均 Overall Average	最低收入户（10%） Lowest Income Households (10%)	#困难户（5%） Poor Households (5%)	低收入户（10%） Low Income Households (10%)	中等偏下户（20%） Lower Middle Income Households (20%)
消费支出（元）	**Total Consumption Expenditure (yuan)**	**13507.30**	**6305.75**	**4997.34**	**9462.22**	**11141.20**
#服务性消费支出	Consumption Expenditure of Services	3556.60	1379.04	933.40	2473.74	2560.01
食　品	Food	5020.22	3281.76	2706.69	4127.22	4748.61
#粮油类	Grain and Oils	585.19	525.19	483.44	554.54	620.16
#粮　食	Grain	292.58	261.92	241.02	289.36	308.49
肉禽蛋水产品类	Meat, Poultry, Eggs and Aquatic Products	1446.50	1151.77	945.86	1348.42	1427.02
#肉　类	Meat	772.13	651.51	546.33	761.61	784.17
蔬菜类	Vegetable	518.47	481.11	455.14	484.42	520.09
糖烟酒饮料类	Candy, Cigarette, Alcohol and Beverage	520.20	249.88	204.62	342.40	503.47
糕点、奶及奶制品	Cake, Milk and Dairy Products	353.43	218.32	175.29	319.62	334.97
衣　着	Clothing	1690.57	437.41	325.65	959.69	1319.52
#服　装	Garments	1253.70	297.49	222.88	658.46	954.02
家庭设备用品及服务	Household Facilities, Articles and Services	1101.43	319.44	283.58	511.52	835.77
医疗保健	Health Care and Medical Services	1081.22	437.34	290.33	772.44	946.33
交通和通讯	Transport and Communications	1366.52	418.11	275.91	728.64	1038.88
教育娱乐文化服务	Education, Recreation and Cultural Services	1620.20	649.13	492.19	1312.54	1055.35
#教　育	Education	628.42	407.27	361.46	698.56	363.91
居　住	Residence	1179.64	637.17	526.96	760.58	867.59
#住　房	Housing	362.74	101.59	65.21	124.69	134.84
杂项商品与服务	Miscellaneous Goods and Services	447.50	125.39	96.02	289.60	329.15
消费支出构成（%）	**Composition of Living Expenditure (%)**	**100.0**	**100.0**	**100.0**	**100.0**	**100.0**
#服务性消费支出	Consumption Expenditure of Services	26.3	21.9	18.7	26.1	23.0
食　品	Food	37.2	52.0	54.2	43.6	42.6
衣　着	Clothing	12.5	6.9	6.5	10.1	11.8
家庭设备用品及服务	Household Facilities, Articles and Services	8.2	5.1	5.7	5.4	7.5
医疗保健	Health Care and Medical Services	8.0	6.9	5.8	8.2	8.5
交通和通讯	Transport and Communications	10.1	6.6	5.5	7.7	9.3
教育娱乐文化服务	Education, Recreation and Cultural Services	12.0	10.3	9.8	13.9	9.5
居　住	Residence	8.7	10.1	10.5	8.0	7.8
杂项商品与服务	Miscellaneous Goods and Services	3.3	2.0	1.9	3.1	3.0

7-8 续表 CONTINUED

项　目	Item	中等收入户（20%）Middle Income Households (20%)	中等偏上户（20%）Upper Middle Income Households (20%)	高收入户（10%）High Income Households (10%)	最高收入户（10%）Highest Income Households (10%)
消费支出（元）	**Total Consumption Expenditure (yuan)**	**12922.33**	**14494.29**	**18629.99**	**25690.46**
#服务性消费支出	Consumption Expenditure of Services	3379.08	3904.52	5197.38	7516.65
食　品	Food	4977.76	5456.52	6307.87	6415.12
#粮油类	Grain and Oils	574.46	588.20	626.40	583.22
#粮　食	Grain	289.14	290.45	313.21	285.76
肉禽蛋水产品类	Meat, Poultry, Eggs and Aquatic Products	1445.37	1546.21	1649.89	1500.41
#肉　类	Meat	767.49	801.54	838.25	767.95
蔬菜类	Vegetable	527.57	521.61	564.58	519.52
糖烟酒饮料类	Candy, Cigarette, Alcohol and Beverage	548.13	546.33	835.22	614.80
糕点、奶及奶制品	Cake, Milk and Dairy Products	329.35	391.68	420.73	488.26
衣　着	Clothing	1618.80	1895.44	2782.53	3381.22
#服　装	Garments	1180.97	1441.69	2127.94	2549.76
家庭设备用品及服务	Household Facilities, Articles and Services	941.99	1174.23	1796.04	2776.18
医疗保健	Health Care and Medical Services	1301.57	1229.01	1230.62	1487.13
交通和通讯	Transport and Communications	1122.11	1341.23	1552.65	4419.53
教育娱乐文化服务	Education, Recreation and Cultural Services	1442.77	1732.59	2580.14	3543.04
#教　育	Education	561.03	642.22	994.76	1148.27
居　住	Residence	1145.07	1147.90	1738.06	2581.06
#住　房	Housing	323.61	290.27	613.97	1466.66
杂项商品与服务	Miscellaneous Goods and Services	372.27	517.37	642.08	1087.17
消费支出构成（%）	**Composition of Living Expenditure (%)**	**100.0**	**100.0**	**100.0**	**100.0**
#服务性消费支出	Consumption Expenditure of Services	26.1	26.9	27.9	29.3
食　品	Food	38.5	37.6	33.9	25.0
衣　着	Clothing	12.5	13.1	14.9	13.2
家庭设备用品及服务	Household Facilities, Articles and Services	7.3	8.1	9.6	10.8
医疗保健	Health Care and Medical Services	10.1	8.5	6.6	5.8
交通和通讯	Transport and Communications	8.7	9.3	8.3	17.2
教育娱乐文化服务	Education, Recreation and Cultural Services	11.2	12.0	13.8	13.8
居　住	Residence	8.9	7.9	9.3	10.0
杂项商品与服务	Miscellaneous Goods and Services	2.9	3.6	3.4	4.2

7－9 城市居民家庭平均每人全年购买的主要商品数量（2008－2009年）
Per Capita Annual Purchases of Major Commodities of Metropolitan Households (2008-2009)

指　　标	Item	2008	2009
粮食（千克）	Grain (kg)	47.30	46.37
鲜菜（千克）	Fresh Vegetables (kg)	130.96	128.79
食用植物油（千克）	Edible Vegetable Oil (kg)	14.03	14.83
猪肉（千克）	Pork (kg)	30.35	29.56
牛羊肉（千克）	Beef and Mutton (kg)	3.09	3.78
家禽（千克）	Poultry (kg)	12.92	13.27
鲜蛋（千克）	Fresh Eggs (kg)	9.68	9.43
鱼虾（千克）	Aquatic Products (kg)	10.46	10.86
鲜乳品（千克）	Fresh Dairy Products (kg)	21.66	22.65
酒类（千克）	Liquor (kg)	6.83	7.21
茶叶（千克）	Tea (kg)	0.29	0.36
鲜瓜果（千克）	Fresh Melons and Fruits (kg)	42.11	44.66
服装（件）	Clothing (piece)	6.96	7.57
鞋类（双）	Shoes (pair)	2.92	3.07

7－10 城市居民家庭平均每百户年末耐用消费品拥有量（2008－2009 年）
Ownership of Major Durable Consumer Goods per 100 Metropolitan Households at Year-end (2008-2009)

指　标	Item	2008	2009
摩托车（辆）	Motorcycle (unit)	3.97	3.78
家用汽车（辆）	Automobile (unit)	5.20	5.90
电冰箱（台）	Refrigerator (unit)	100.68	101.89
洗衣机（台）	Washing Machine (unit)	96.82	98.46
彩色电视机（台）	Color TV Set (unit)	145.42	149.39
组合音响（套）	Hi-Fi Stereo Component System (set)	32.94	34.80
摄像机（架）	Video Camera (unit)	9.02	10.07
照相机（架）	Camera (unit)	36.62	40.92
钢　琴（架）	Piano (unit)	2.59	2.94
中高档乐器（件）	Medium and High-Grade Musical Instrument (piece)	1.71	2.05
微波炉（台）	Microwave Oven (unit)	72.57	78.51
空调器（台）	Air Conditioner (unit)	166.52	172.95
淋浴热水器（台）	Water Heater for Shower (unit)	99.93	101.11
健身器材（套）	Health Equipment (set)	3.99	4.51
家用电脑（台）	Computer (unit)	65.27	72.96
普通电话（部）	Telephone (unit)	86.46	86.26
移动电话（部）	Mobile Telephone (unit)	179.46	188.66

7－11　城镇居民家庭基本情况（2008－2009年）
Basic Conditions of Urban Households (2008-2009)

指　标	Item	2008	2009
平均每户家庭人口（人）	**Average Household Size (person)**	**2.93**	**2.92**
平均每户就业人数（人）	**Average Number of Employed Persons per Household (person)**	**1.58**	**1.57**
#国有经济单位	State-owned Unit	0.62	0.61
城镇集体经济单位	Urban Collective-owned Unit	0.07	0.07
城镇个体私营经济	Urban Individual and Private Unit	0.54	0.56
平均每人全年总收入（元）	**Per Capita Annual Income (yuan)**	**15217.73**	**16990.3**
#可支配收入	Disposable Income	14367.55	15748.67
工薪收入	Income from Wages and Salaries	10957.62	11824.00
#工资及补贴收入	Salaries and Subsidies	10749.91	11554.51
经营净收入	Net Business Income	788.26	1018.76
财产性收入	Income from Properties	205.94	253.98
转移性收入	Income from Transfer	3265.92	3893.57
平均每人全年消费支（元）	**Per Capita Annual Consumption Expenditure (yuan)**	**11146.80**	**12144.06**
#服务性消费支出	Consumption Expenditure of Services	2801.01	2997.67
食　品	Food	4418.34	4576.23
#粮　食	Grain	273.17	293.78
衣　着	Clothing	1294.30	1503.49
#服　装	Garments	947.72	1103.76
家庭设备用品及服务	Household Facilities, Articles and Services	842.09	1043.06
医疗保健	Health Care and Medical Services	878.25	982.73
交通和通讯	Transport and Communication	1044.36	1189.03
教育娱乐文化服务	Educational, Recreational and Cultural Services	1267.03	1351.90
#教　育	Education	536.43	538.88
居　住	Residence	1096.82	1120.60
#住　房	Housing	418.79	385.73
杂项商品与服务	Miscellaneous Goods and Services	305.60	377.02

7－12 按可支配收入分组的城镇居民家庭情况（2009 年）
Conditions of Urban Households by Disposable Income (2009)

项　目	Item	合计 Total	按平均每人每月可支配收入分组 By per Capita Monthly Disposable Income		
			200 元以下 Below 200 yuan	200-400 元 200-400 yuan	400-600 元 400-600 yuan
比　重（%）	Percentage (%)	100.00	0.56	2.79	8.33
平均每户家庭人口数（人）	Average Household Size (person)	2.92	3.02	3.21	3.18
平均每户就业人口数（人）	Average Number of Employed Persons per Household (person)	1.57	1.42	1.29	1.42
平均每户就业面（%）	Percentage of Employment per Household (%)	53.77	47.02	40.19	44.65
平均每一就业者负担人数（人）	Number of Dependants per Employee (person)	1.86	2.13	2.49	2.24
平均每人每月总收入（元）	Per Capita Monthly Income (yuan)	1415.86	465.11	391.89	570.92
#可支配收入	Disposable Income	1312.39	-397.22	312.30	509.11
平均每人每月消费性支出（元）	Per Capita Monthly Consumption Expenditure (yuan)	1012.01	778.59	583.38	595.60
#服务性消费支出	Consumption Expenditure of Services	249.81	166.08	140.58	130.27

项　目	Item	按平均每人每月可支配收入分组 By per Capita Monthly Disposable Income			
		600-800 元 600-800 yuan	800-1000 元 800-1000 yuan	1000-1500 元 1000-1500 yuan	1500 元以上 Over 1500 yuan
比　重（%）	Percentage (%)	13.40	15.20	31.69	27.90
平均每户家庭人口数（人）	Average Household Size (person)	3.10	3.09	2.89	2.69
平均每户就业人口数（人）	Average Number of Employed Persons per Household (person)	1.45	1.52	1.58	1.69
平均每户就业面（%）	Percentage of Employment per Household (%)	46.77	49.19	54.67	62.83
平均每一就业者负担人数（人）	Number of Dependants per Employee (person)	2.14	2.03	1.83	1.59
平均每人每月总收入（元）	Per Capita Monthly Income (yuan)	769.66	973.07	1316.30	2521.93
#可支配收入	Disposable Income	702.78	895.84	1219.73	2376.39
平均每人每月消费性支出（元）	Per Capita Monthly Consumption Expenditure (yuan)	685.25	799.17	982.95	1521.26
#服务性消费支出	Consumption Expenditure of Services	155.64	177.24	233.94	410.99

7－13 城镇居民家庭平均每人全年收入及构成（2009年）
Per Capita Annual Income of Urban Households and Its Composition (2009)

项　目	Item	总平均 Overall Average	最低收入户（10%） Lowest Income Households (10%)	#困难户（5%） Poor Households (5%)	低收入户（10%） Low Income Households (10%)	中等偏下户（20%） Lower Middle Income Households (20%)
全年总收入（元）	**Annual Total Income (yuan)**	**16990.30**	**7490.32**	**6788.39**	**9947.64**	**12860.11**
#可支配收入	Disposable Income	15748.67	6758.89	5923.36	9319.27	11943.20
工薪收入	Income from Wages and Salaries	11824.00	3852.88	3603.16	5981.24	7907.86
#工资及补贴收入	Salaries and Subsidies	11554.51	3478.23	3359.05	5718.69	7695.64
经营净收入	Net Business Income	1018.76	1810.68	1564.34	1348.73	995.79
财产性收入	Income from Properties	253.98	115.51	57.64	139.98	143.10
转移性收入	Income from Transfer	3893.57	1711.25	1563.24	2477.68	3813.36
全年总收入构成（%）	**Composition of Annual Income (%)**	**100.0**	**100.0**	**100.0**	**100.0**	**100.0**
工薪收入	Income from Wages and Salaries	69.6	51.4	53.1	60.1	61.5
#工资及补贴收入	Salaries and Subsidies	68.0	46.4	49.5	57.5	59.8
非工薪收入	Non-Salary Income	30.4	48.6	46.9	39.9	38.5

项　目	Item	中等收入户（20%） Middle Income Households (20%)	中等偏上户（20%） Upper Middle Income Households (20%)	高收入户（10%） High Income Households (10%)	最高收入户（10%） Highest Income Households (10%)
全年总收入（元）	**Annual Total Income (yuan)**	**15871.48**	**19760.54**	**25250.58**	**35815.83**
#可支配收入	Disposable Income	14764.25	18361.63	23312.10	33232.21
工薪收入	Income from Wages and Salaries	10567.56	12913.80	18938.79	30129.37
#工资及补贴收入	Salaries and Subsidies	10373.12	12659.47	18573.40	29538.04
经营净收入	Net Business Income	894.35	1386.37	1006.32	687.05
财产性收入	Income from Properties	177.81	295.54	384.38	909.47
转移性收入	Income from Transfer	4231.77	5164.83	4921.09	4089.94
全年总收入构成（%）	**Composition of Annual Income (%)**	**100.0**	**100.0**	**100.0**	**100.0**
工薪收入	Income from Wages and Salaries	66.6	65.4	75.0	84.1
#工资及补贴收入	Salaries and Subsidies	65.4	64.1	73.6	82.5
非工薪收入	Non-Salary Income	33.4	34.6	25.0	15.9

7－14 城镇居民家庭平均每人全年消费支出及构成（2009 年）
Per Capita Annual Living Expenditure of Urban Households and Its Composition (2009)

项 目	Item	总平均 Overall Average	最低收入户（10%） Lowest Income Households (10%)	#困难户（5%） Poor Households (5%)	低收入户（10%） Low Income Households (10%)	中等偏下户（20%） Lower Middle Income Households (20%)
消费支出（元）	**Total Consumption Expenditure (yuan)**	**12144.06**	**6510.73**	**5129.46**	**7642.77**	**9492.67**
#服务性消费支出	Consumption Expenditure of Services	2997.67	1413.52	1070.66	1696.61	2144.13
食 品	Food	4576.23	2845.42	2367.36	3402.63	4040.14
#粮油类	Grain and Oils	577.95	466.13	425.65	518.83	565.57
#粮 食	Grain	293.78	244.24	221.35	263.06	297.10
肉禽蛋水产品类	Meat, Poultry, Eggs and Aquatic Products	1373.74	954.56	866.46	1170.10	1256.27
#肉 类	Meat	790.94	594.85	556.96	718.39	749.08
蔬菜类	Vegetable	509.10	409.31	378.04	459.13	480.08
糖烟酒饮料类	Candy, Cigarette, Alcohol and Beverage	476.97	275.76	176.91	301.57	427.08
糕点、奶及奶制品	Cake, Milk and Dairy Products	281.38	146.52	114.13	185.29	248.50
衣 着	Clothing	1503.49	600.40	447.99	755.70	1119.19
#服 装	Garments	1103.76	421.65	310.02	517.57	797.37
家庭设备用品及服务	Household Facilities, Articles and Services	1043.06	457.84	279.48	577.36	725.86
医疗保健	Health Care and Medical Services	982.73	411.23	334.22	714.92	799.62
交通和通讯	Transport and Communications	1189.03	535.34	381.57	577.74	763.71
教育娱乐文化服务	Education, Recreation and Cultural Services	1351.90	676.01	540.62	797.23	943.96
#教 育	Education	538.88	424.13	354.54	471.20	431.88
居 住	Residence	1120.60	848.77	716.72	628.56	832.43
#住 房	Housing	385.73	354.66	264.94	112.86	193.39
杂项商品与服务	Miscellaneous Goods and Services	377.02	135.72	61.49	188.63	267.77
消费支出构成（%）	**Composition of Living Expenditure (%)**	**100.0**	**100.0**	**100.0**	**100.0**	**100.0**
#服务性消费支出	Consumption Expenditure of Services	24.7	21.7	20.9	22.2	22.6
食 品	Food	37.7	43.7	46.2	44.5	42.6
衣 着	Clothing	12.4	9.2	8.7	9.9	11.8
家庭设备用品及服务	Household Facilities, Articles and Services	8.6	7.0	5.4	7.6	7.6
医疗保健	Health Care and Medical Services	8.1	6.3	6.5	9.4	8.4
交通和通讯	Transport and Communications	9.8	8.2	7.4	7.6	8.0
教育娱乐文化服务	Education, Recreation and Cultural Services	11.1	10.4	10.5	10.4	9.9
居 住	Residence	9.2	13.0	14.0	8.2	8.8
杂项商品与服务	Miscellaneous Goods and Services	3.1	2.1	1.2	2.5	2.8

7-14 续表 CONTINUED

项 目	Item	中等收入户（20%）Middle Income Households (20%)	中等偏上户（20%）Upper Middle Income Households (20%)	高收入户（10%）High Income Households (10%)	最高收入户（10%）Highest Income Households (10%)
消费支出（元）	**Total Consumption Expenditure (yuan)**	**11509.11**	**13811.37**	**16783.60**	**22811.45**
#服务性消费支出	Consumption Expenditure of Services	2676.53	3358.99	4668.76	6567.17
食 品	Food	4583.51	5253.60	5861.86	6350.78
#粮油类	Grain and Oils	593.77	615.74	629.08	629.32
#粮 食	Grain	302.94	301.70	321.57	317.50
肉禽蛋水产品类	Meat, Poultry, Eggs and Aquatic Products	1407.23	1560.20	1633.27	1558.59
#肉 类	Meat	824.60	866.55	886.15	823.73
蔬菜类	Vegetable	523.53	559.50	564.30	546.92
糖烟酒饮料类	Candy, Cigarette, Alcohol and Beverage	501.58	528.09	674.60	680.09
糕点、奶及奶制品	Cake, Milk and Dairy Products	280.93	337.33	353.01	420.58
衣 着	Clothing	1452.42	1791.15	2076.36	3226.41
#服 装	Garments	1051.80	1337.85	1559.75	2433.70
家庭设备用品及服务	Household Facilities, Articles and Services	940.26	1260.07	1413.63	2328.57
医疗保健	Health Care and Medical Services	1078.25	1127.66	1411.03	1287.93
交通和通讯	Transport and Communications	941.11	1304.35	1861.05	3141.27
教育娱乐文化服务	Education, Recreation and Cultural Services	1124.57	1513.55	2080.18	3233.06
#教 育	Education	437.66	517.86	825.77	1038.74
居 住	Residence	1041.61	1125.32	1541.57	2340.09
#住 房	Housing	338.57	288.63	554.49	1273.04
杂项商品与服务	Miscellaneous Goods and Services	347.38	435.67	537.91	903.34
消费支出构成（%）	**Composition of Living Expenditure (%)**	**100.0**	**100.0**	**100.0**	**100.0**
#服务性消费支出	Consumption Expenditure of Services	23.3	24.3	27.8	28.8
食 品	Food	39.8	38.0	34.9	27.8
衣 着	Clothing	12.6	13.0	12.4	14.1
家庭设备用品及服务	Household Facilities, Articles and Services	8.2	9.1	8.4	10.2
医疗保健	Health Care and Medical Services	9.4	8.2	8.4	5.6
交通和通讯	Transport and Communications	8.2	9.4	11.1	13.8
教育娱乐文化服务	Education, Recreation and Cultural Services	9.8	11.0	12.4	14.2
居 住	Residence	9.1	8.1	9.2	10.3
杂项商品与服务	Miscellaneous Goods and Services	3.0	3.2	3.2	4.0

7－15　城镇居民家庭平均每人全年购买的主要商品数量（2008－2009 年）
Per Capita Annual Purchases of Major Commodities of Urban Households (2008-2009)

指　　标	Item	2008	2009
粮食（千克）	Grain (kg)	48.73	51.15
鲜菜（千克）	Fresh Vegetables (kg)	130.87	134.91
食用植物油（千克）	Edible Vegetable Oil (kg)	13.73	14.19
猪肉（千克）	Pork (kg)	31.56	31.37
牛羊肉（千克）	Beef and Mutton (kg)	2.56	3.21
家禽（千克）	Poultry (kg)	12.66	12.35
鲜蛋（千克）	Fresh Eggs (kg)	9.13	9.09
鱼虾（千克）	Aquatic Products (kg)	9.57	9.97
鲜乳品（千克）	Fresh Dairy Products (kg)	18.08	17.36
酒类（千克）	Liquor (kg)	6.93	7.17
茶叶（千克）	Tea (kg)	0.23	0.30
鲜瓜果（千克）	Fresh Melons and Fruits (kg)	38.24	41.07
服装（件）	Clothing (piece)	6.61	7.34
鞋类（双）	Shoes (pair)	3.02	3.18

7－16 城镇居民家庭平均每百户年末耐用消费品拥有量（2008－2009年）
Ownership of Major Durable Consumer Goods per 100 Urban Households at Year-end (2008-2009)

指　　标	Item	2008	2009
摩托车（辆）	Motorcycle (unit)	8.67	10.97
家用汽车（辆）	Automobile (unit)	4.41	4.90
电冰箱（台）	Refrigerator (unit)	99.96	100.23
洗衣机（台）	Washing Machine (unit)	96.40	96.76
彩色电视机（台）	Color TV Set (unit)	141.56	144.61
组合音响（套）	Hi-Fi Stereo Component System (set)	32.67	33.69
摄像机（架）	Video Camera (unit)	7.54	7.32
照相机（架）	Camera (unit)	33.14	32.87
钢　琴（架）	Piano (unit)	1.85	1.76
中高档乐器（件）	Medium and High-Grade Musical Instrument (piece)	2.62	2.74
微波炉（台）	Microwave Oven (unit)	66.12	66.65
空调器（台）	Air Conditioner (unit)	155.12	151.13
淋浴热水器（台）	Water Heater for Shower (unit)	99.70	99.56
健身器材（套）	Health Equipment (set)	4.15	4.64
家用电脑（台）	Computer (unit)	58.21	62.03
普通电话（部）	Telephone (unit)	87.71	86.00
移动电话（部）	Mobile Telephone (unit)	176.74	180.50

7－17 农村居民家庭基本情况（1985－2009年）
Basic Conditions of Rural Households (1985-2009)

年 份 Year	平均每户常住人口（人） Average Permanent Population per Household (person)	平均每户整半劳动力（人） Average Number of Full/Semi Laborers per Household (person)	平均每个劳动力负担人口（人） Average Number of Dependants per Laborer(person)	平均每人纯收入（元） Per Capita Annual Net Income(yuan)	平均每人生活消费支出（元） Per Capita Annual Living Expenditure(yuan)	平均每人住房面积（平方米） Per Capita Residential Floor Space(sq.m)
1985	4.63	2.81	1.65	325.24	275.81	18.04
1986	4.58	2.85	1.61	358.86	312.34	18.06
1987	4.51	2.87	1.57	385.82	346.40	18.23
1988	4.40	2.89	1.53	457.54	427.19	19.03
1989	4.31	2.92	1.47	510.09	463.47	19.29
1990	4.21	2.93	1.44	586.73	519.26	19.37
1991	4.20	2.88	1.46	628.89	558.44	21.52
1992	4.12	2.88	1.43	677.46	573.65	21.94
1993	4.05	2.90	1.39	748.08	694.60	22.01
1994	3.98	2.88	1.38	1018.24	879.26	22.55
1995	3.90	2.83	1.38	1270.41	1097.52	23.50
1996	3.85	2.70	1.43	1479.05	1328.18	24.44
1997	3.82	2.69	1.42	1692.36	1389.99	24.74
1998	3.71	2.61	1.42	1801.17	1417.08	26.50
1999	3.68	2.59	1.42	1835.54	1388.64	26.67
2000	3.70	2.63	1.41	1892.44	1395.53	29.58
2001	3.66	2.56	1.43	1971.18	1475.16	31.00
2002	3.65	2.62	1.39	2097.58	1497.72	31.02
2003	3.65	2.69	1.36	2214.55	1583.31	31.45
2004	3.67	2.72	1.35	2510.41	1853.94	32.49
2005	3.71	2.80	1.32	2809.32	2142.12	32.91
2006	3.68	2.80	1.31	2873.83	2205.21	34.30
2007	3.67	2.80	1.31	3509.29	2526.70	34.56
2008	3.70	2.80	1.30	4126.21	2884.92	35.03
2009	3.61	2.78	1.31	4478.35	3142.14	35.73

7－18 农村居民家庭基本情况（2008－2009年）
Basic Conditions of Rural Households (2008-2009)

指　标	Item	2008	2009
调查户数（户）	**Number of Households Surveyed (household)**	**1800.0**	**1800.0**
调查户常住人口（人）	Number of Permanent Residents (person)	6581.0	6560.0
整半劳动力	Full/Semi Labor Force	5005.0	5007.0
平均每户常住人口	Average Number of Permanent Residents per Household	3.70	3.61
平均每户整半劳力	Average Number of Full/Semi Laborers per Household	2.80	2.78
平均每个劳动力负担人口（含本人）	Average Number of Dependents per Laborer (including the laborer himself or herself)	1.30	1.30
平均每人年收入（元）	**Per Capita Annual Income (yuan)**		
总收入	Total Income	5443.73	5798.81
纯收入	Net Income	4126.21	4478.35
现金收入	Cash Income	4173.83	4624.85
农村居民纯收入按五等分分组(元)	**Per Capita Net Income of Rural Households by Quintile (yuan)**		
低收入户	Low Income Households	1577.92	1663.57
中下收入户	Lower Middle Income Households	2832.39	3037.99
中等收入户	Middle Income Households	3862.33	4162.10
中上收入户	Upper Middle Income Households	5180.63	5571.86
高收入户	High Income Households	8264.23	9133.02
平均每人年支出（元）	**Per Capita Annual Expenditure (yuan)**		
总支出	Total Expenditure	4422.08	4753.32
现金支出	Cash Expenditure	3355.09	3750.88
平均每人经营耕地面积（亩）	**Per Capita Cultivated Area (mu)**	**1.02**	**1.09**
平均每人生产性固定资产原值（元）	**Per Capita Original Value of Productive Fixed Assets (yuan)**	**1184.71**	**1266.11**
第一产业	Primary Industry	981.05	1060.03
#役畜、产品畜	Draught Animals and Commodity Animals	180.89	186.12
大中型铁木农具	Large and Medium Wood and Iron Farm Tools	62.16	54.41
农林牧渔机械	Machinery of Farming, Forestry, Animal Husbandry and Fishery	63.03	66.61
第二产业	Secondary Industry	20.86	23.36
第三产业	Tertiary Industry	182.80	182.72

7－19　农村居民家庭平均每人收入情况（2008－2009年）
Per Capita Annual Income of Rural Households (2008-2009)

单位：元 (yuan)

指　标	Item	2008	2009
总收入	**Total Income**	**5443.73**	**5798.81**
工资性收入	Income from Wages and Salaries	1764.64	1919.68
#在本地劳动得到收入	From Local Enterprises	505.58	578.80
外出从业得到收入	From Enterprises in Other Areas	1151.07	1223.39
家庭经营收入	Income from Household Business Operation	3239.95	3298.28
第一产业	Primary Industry	2940.58	2948.72
#农　业	Farming	1438.31	1529.83
牧　业	Animal Husbandry	1423.42	1317.20
第二产业	Secondary Industry	38.31	57.11
第三产业	Tertiary Industry	261.05	292.45
#交通运输、邮电业	Transportation, Postal and Telecommunication Services	74.39	94.48
批零贸易、餐饮业	Wholesale & Retail Trade and Catering Service	102.95	125.82
财产性收入	Income from Properties	50.90	67.80
转移性收入	Income from Transfer	388.24	513.05
纯收入	**Net Income**	**4126.21**	**4478.35**
工资性收入	Income from Wages and Salaries	1764.64	1919.68
#在本地劳动得到收入	From Local Enterprises	505.58	578.80
外出从业得到收入	From Enterprises in Other Areas	1151.07	1223.39
家庭经营收入	Income from Household Business Operation	2016.64	2111.65
第一产业	Primary Industry	1784.70	1834.56
#农　业	Farming	1100.39	1167.69
牧　业	Animal Husbandry	640.40	600.26
第二产业	Secondary Industry	27.51	35.28
第三产业	Tertiary Industry	204.43	241.80
#交通运输、邮电业	Transportation, Postal and Telecommunication Services	56.67	76.05
批零贸易、餐饮业	Wholesale & Retail Trade and Catering Service	71.88	105.34
财产性收入	Income from Properties	50.90	67.80
转移性收入	Income from Transfer	294.03	379.23
现金收入	**Cash Income**	**4173.83**	**4624.85**
工资性收入	Income from Wages and Salaries	1761.43	1917.23
#在本地劳动得到收入	From Local Enterprises	505.50	578.77
外出从业得到收入	From Enterprises in Other Areas	1150.03	1222.88
家庭经营收入	Income from Household Business Operation	1977.06	2135.37
第一产业	Primary Industry	1678.35	1785.88
#农　业	Farming	506.28	637.37
牧　业	Animal Husbandry	1097.14	1051.51
第二产业	Secondary Industry	38.03	57.11
第三产业	Tertiary Industry	260.68	292.38
#交通运输、邮电业	Transportation, Postal and Telecommunication Services	74.39	94.48
批零贸易、餐饮业	Wholesale & Retail Trade and Catering Service	102.95	125.82
财产性收入	Income from Properties	49.02	61.74
转移性收入	Income from Transfer	386.33	510.52

7－20 农村居民家庭平均每人支出情况（2008－2009年）
Per Capita Annual Expenditure of Rural Households (2008-2009)

单位：元 (yuan)

指 标	Item	2008	2009
总支出	**Total Expenditure**	**4422.08**	**4753.32**
家庭经营费用支出	Expenditure of Household Business Operation	1139.12	1097.23
第一产业	Primary Industry	1085.40	1038.53
第二产业	Secondary Industry	9.38	20.27
第三产业	Tertiary Industry	44.34	38.44
购置生产性固定资产支出	Expenditure of Purchasing Productive Fixed Assets	47.80	79.26
税费支出	Taxes and Fees	5.21	5.0
生活消费支出	Living Expenditure	2884.92	3142.14
食 品	Food	1537.59	1542.12
衣 着	Clothing	160.34	198.60
居 住	Residence	328.97	406.36
家庭设备、用品及服务	Household Facilities, Articles and Services	167.74	209.37
交通和通讯	Transport and Communications	238.43	260.33
文教娱乐用品及服务	Culture, Education, Recreation and Services	211.83	237.38
医疗保健	Health Care and Medical Services	197.15	242.60
其他商品和服务	Miscellaneous Goods and Services	42.87	45.38
财产性支出	Property Expenditure	1.86	2.27
转移性支出	Transfer Expenditure	340.35	418.08
现金支出	**Cash Expenditure**	**3355.09**	**3750.88**
家庭经营费用支出	Expenditure of Household Business Operation	812.14	779.36
第一产业	Primary Industry	759.19	720.67
第二产业	Secondary Industry	9.38	20.27
第三产业	Tertiary Industry	43.57	38.42
购置生产性固定资产支出	Expenditure of Purchasing Productive Fixed Assets	47.80	79.26
税费支出	Taxes and Fees	5.15	4.96
生活消费支出	Living Expenditure	2145.18	2458.54
食 品	Food	841.31	895.62
衣 着	Clothing	160.32	198.55
居 住	Residence	285.59	369.71
家庭设备、用品及服务	Household Facilities, Articles and Services	167.70	208.97
交通和通讯	Transport and Communications	238.43	260.33
文教娱乐用品及服务	Culture, Education, Recreation and Services	211.83	237.38
医疗保健	Health Care and Medical Services	197.15	242.60
其他商品和服务	Miscellaneous Goods and Services	42.87	45.38
财产性支出	Property Expenditure	1.86	2.27
转移性支出	Transfer Expenditure	340.11	417.16

7－21 不同收入组农村居民家庭收入支出情况（2009 年）
Per Capita Annual Income and Expenditures of Rural Households by Income Quintile (2009)

单位：元 (yuan)

指　标	Item	总平均 Total Average	低收入户（20%） Low Income Households	中低收入户（20%） Lower Middle Income Households
平均每人总收入	**Per Capita Total Income**	**5798.81**	**2833.97**	**4037.77**
#现金收入	Cash Income	4624.85	2021.79	3007.50
平均每人纯收入	**Per Capita Net Income**	**4478.35**	**1663.57**	**3037.99**
工资性收入	Income from Wages and Salaries	1919.68	777.34	1384.69
家庭经营纯收入	Income from Family Business Operation	2111.65	646.32	1387.25
财产性收入	Income from Property	67.80	28.10	31.43
转移性收入	Income from Transfer	379.23	211.82	234.62
平均每人总支出	**Per Capita Total Expenditure**	**4753.32**	**3558.36**	**3644.77**
#现金支出	Cash Expenditure	3750.88	2677.55	2706.32
生活消费总支出	**Per Capita Living Expenditures**	**3142.14**	**2273.59**	**2457.10**
食　品	Food	1542.12	1190.81	1338.21
衣　着	Clothing	198.60	132.34	147.53
居　住	Residence	406.36	337.35	217.33
家庭设备用品及服务	Household Facilities, Articles and Services	209.37	119.99	153.41
交通通讯	Transport and Communications	260.33	147.98	208.40
文教娱乐用品及服务	Culture, Education, Recreation and Services	237.38	151.23	169.54
医疗保健	Health Care and Medical Services	242.60	162.61	196.97
其他商品及服务	Miscellaneous Goods and Services	45.38	31.28	25.70

指　标	Item	中等收入户（20%） Middle Income Households	中高收入户（20%） Upper Middle Income Households	高收入户（20%） High Income Households
平均每人总收入	**Per Capita Total Income**	**5514.27**	**6934.13**	**10975.46**
#现金收入	Cash Income	4350.63	5648.36	9260.80
平均每人纯收入	**Per Capita Net Income**	**4162.10**	**5571.86**	**9133.02**
工资性收入	Income from Wages and Salaries	1949.45	2599.09	3285.36
家庭经营纯收入	Income from Family Business Operation	1854.72	2511.22	4806.75
财产性收入	Income from Property	48.39	56.10	203.11
转移性收入	Income from Transfer	309.54	405.45	837.81
平均每人总支出	**Per Capita Total Expenditure**	**4787.10**	**5372.39**	**6989.69**
#现金支出	Cash Expenditure	3808.96	4295.01	5802.43
生活消费总支出	**Per Capita Living Expenditures**	**3134.42**	**3615.85**	**4624.39**
食　品	Food	1541.81	1736.80	2040.50
衣　着	Clothing	209.51	245.07	284.45
居　住	Residence	451.28	401.57	690.39
家庭设备用品及服务	Household Facilities, Articles and Services	224.14	247.00	336.94
交通通讯	Transport and Communications	222.43	354.49	412.26
文教娱乐用品及服务	Culture, Education, Recreation and Services	251.41	301.73	346.60
医疗保健	Health Care and Medical Services	194.53	285.51	414.90
其他商品及服务	Miscellaneous Goods and Services	39.32	43.68	98.35

7－22 农村居民家庭平均每人主要消费品消费量（2008－2009年） Per Capita Consumption of Major Foods of Rural Households (2008-2009)

指　标	Item	2008	2009
粮　食（原粮）（千克）	Grain (unprocessed) (kg)	191.38	196.88
蔬　菜（千克）	Fresh Vegetables (kg)	135.37	122.74
食用植物油（千克）	Edible Vegetable Oil (kg)	4.83	5.22
肉　类（千克）	Meat (kg)	25.44	27.85
#猪　肉	Pork	25.31	27.72
牛羊肉	Beef and Mutton	0.13	0.14
家　禽（千克）	Poultry (kg)	4.22	4.09
鲜　蛋（千克）	Eggs (kg)	6.16	6.31
鱼　虾（千克）	Aquatic Products (kg)	2.85	3.36
鲜　奶（千克）	Fresh Milk (kg)	1.17	1.23
卷　烟（盒）	Cigarettes (pack)	32.91	32.12
酒　类（千克）	Liquor (kg)	12.80	13.22

7－23 农村居民家庭平均每百户年末耐用消费品拥有量（2008－2009年） Number of Durable Consumer Goods Owned per 100 Rural Households at Year-end (2008-2009)

指　标	Item	2008	2009
洗衣机（台）	Washing Machine (unit)	36.22	42.11
电冰箱（台）	Refrigerator (unit)	32.67	43.61
空调机（台）	Air Conditioner (unit)	6.67	10.11
抽油烟机（台）	Exhaust Fan (unit)	0.94	1.50
微波炉（台）	Microwave Oven (unit)	4.67	5.50
热水器（台）	Water Heater for Shower (unit)	9.28	14.89
自行车（辆）	Bicycle (unit)	13.83	11.97
摩托车（辆）	Motorcycle (unit)	19.50	22.33
家用计算机（台）	Computer (unit)	1.11	1.83
电话机（部）	Telephone (unit)	60.11	56.94
移动电话（部）	Mobile Telephone (unit)	98.28	107.78
彩色电视机（台）	Color TV Set (unit)	94.33	95.28
轿车（台）	Automobile (unit)	0.20	1.28
影碟机（台）	Vedio Player (unit)	39.28	42.61
照相机（架）	Camera (unit)	1.89	1.56

7－24 主要年份居民消费价格总指数和商品零售价格总指数 General Consumer Price Indices and General Retail Price Indices in Major Years

年份 Year	以1950年为100 1950=100		以1978年为100 1978=100		以上年为100 Preceding Year=100	
	居民消费价格总指数 General Consumer Price Index	商品零售价格总指数 General Retail Price Index	居民消费价格总指数 General Consumer Price Index	商品零售价格总指数 General Retail Price Index	居民消费价格总指数 General Consumer Price Index	商品零售价格总指数 General Retail Price Index
1951						
1952	106.1	108.7			97.3	97.2
1957	114.0	116.5			104.6	103.9
1962	145.8	158.1			95.2	95.0
1965	125.1	133.1			98.0	98.2
1970	129.2	137.9			99.6	99.5
1975	131.2	140.2			100.3	100.3
1978	135.4	145.1	100.0	100.0	102.9	103.2
1980	148.3	160.1	109.5	110.3	107.9	108.6
1985	179.4	191.7	132.4	132.0	109.9	110.0
1986	186.9	199.8	138.0	137.5	104.2	104.2
1987	205.2	220.8	151.5	151.9	109.8	110.5
1988	251.8	272.2	185.9	187.3	122.7	123.3
1989	294.9	317.1	217.7	218.2	117.1	116.5
1990	299.0	317.4	220.7	218.4	101.4	100.1
1991	319.9	336.8	236.1	231.7	107.0	106.1
1992	355.7	369.8	262.5	254.4	111.2	109.8
1993	422.2	430.1	311.6	295.9	118.7	116.3
1994	547.6	544.1	404.1	374.3	129.7	126.5
1995	653.8	632.8	482.5	435.3	119.4	116.3
1996	717.2	671.4	529.3	461.9	109.7	106.1
1997	741.2	682.6	546.8	470.4	103.3	101.7
1998	714.5	645.1	527.1	444.5	96.4	94.5
1999	709.5	622.5	523.4	428.9	99.3	96.5
2000	686.1	594.5	506.1	409.6	96.7	95.5
2001	697.8	588.6	514.7	405.5	101.7	99.0
2002	695.0	582.1	512.6	401.0	99.6	98.9
2003	699.2	579.2	515.7	399.0	100.6	99.5
2004	725.1	587.3	534.8	404.6	103.7	101.4
2005	730.9	579.7	539.1	399.3	100.8	98.7
2006	748.4	589.0	552.0	405.7	102.4	101.6
2007	783.6	610.8	577.9	420.7	104.7	103.7
2008	827.5	641.3	610.3	441.7	105.6	105.0
2009	814.3	624.0	600.5	429.8	98.4	97.3

7－25 居民消费价格分类指数（2008－2009年）
Consumer Price Indices by Category (2008-2009)

（上年=100） (preceding year=100)

项　目	Item	2008	2009
居民消费价格总指数	**General Consumer Price Index**	**105.6**	**98.4**
食　品	Food	115.7	100.0
#粮　食	Grain	112.0	106.2
油　脂	Oil and Fat	128.5	80.9
肉禽及其制品	Meat, Poultry and Processed Products	122.7	86.7
蛋	Eggs	103.2	98.8
水产品	Aquatic Products	125.0	102.3
菜	Vegetables	108.2	115.0
#鲜　菜	Fresh Vegetables	107.4	116.6
茶及饮料	Tea and Beverages	105.6	100.7
干鲜瓜果	Dried and Fresh Melons and Fruits	118.1	113.2
#鲜　果	Fresh Fruits	118.4	115.2
液体乳及乳制品	Milk and Its Products	114.2	101.0
在外用膳食品	Dinning Out	110.2	103.9
其它食品	Other Foods	112.6	98.9
烟酒及用品	Tobacco, Liquor and Articles	102.8	101.6
#烟　草	Tobacco	99.4	100.0
酒	Liquor	112.4	105.3
衣　着	Clothing	94.2	94.7
#服　装	Garments	94.5	98.7
家庭设备用品及维修服务	Household Facilities, Articles and Service	102.5	97.2
#耐用消费品	Durable Consumer Goods	101.3	94.4
家庭服务及加工维修服务	Household Services and Maintenance and Renovation	108.6	100.5
医疗保健和个人用品	Health Care and Personnal Articles	101.9	99.4
#医疗保健	Health Care	101.4	99.8
个人用品及服务	Personal Articles and Services	103.1	97.9
交通和通信	Transportation and Communications	99.3	98.2
#交　通	Transportation	102.7	100.7
通　信	Telecommunication	97.3	96.5
娱乐教育文化用品及服务	Recreational, Educational and Cultural Articles and Services	100.3	98.5
#教　育	Education	101.2	102.8
居　住	Residence	101.8	95.9

7－26 商品零售价格分类指数（2008－2009 年）
Retail Price Indices By Category (2008-2009)

（上年=100） (preceding year=100)

项　　目	Item	2008	2009
商品零售价格总指数	**General Retail Price Index**	**105.0**	**97.3**
食　品	Food	116.0	100.1
饮料、烟酒	Beverages, Tobacco and Liquor	103.9	101.6
服装、鞋帽	Garments, Shoes and Hats	94.1	94.7
纺织品	Textiles	102.2	96.9
家用电器及音像器材	Household Appliances and Video Materials	97.8	91.0
文化办公用品	Cultural and Office Appliances	97.9	96.3
日用品	Articles for Daily Use	103.3	100.5
体育娱乐用品	Sports and Recreation Articles	98.2	99.1
交通、通信用品	Transportation and Communication Articles	89.4	91.5
家　具	Furniture	100.4	96.8
化妆品	Cosmetics	101.1	100.6
金银珠宝	Gold, Silver and Jewelry	119.7	91.0
中西药品及医疗保健用品	Traditional Chinese & Western Medicines and Health Care Articles	102.0	99.7
书报杂志及电子出版物	Books, Newspaper, Magazines and Electronic Publications	100.4	103.4
燃　料	Fuels	107.0	95.3
建筑材料及五金电料	Building Materials and Hardware	105.1	99.7

7－27 农产品生产价格指数（2004-2009 年）
Producers' Price Indices for Agricultural Products (2004-2009)

（上年＝100） (preceding year=100)

指　标	Item	2004	2005	2006	2007	2008	2009
合计	**Total**	**125.5**	**100.0**	**93.6**	**121.8**	**120.4**	**89.0**
农业产品	**Farm Products**	**120.3**	**102.2**	**100.4**	**108.6**	**108.9**	**104.2**
#谷物	Cereal	139.6	101.3	97.3	108.2	108.5	100.4
#小麦	Wheat	131.6	102.7	95.1	103.9	106.4	103.5
稻谷	Rice	141.5	101.2	97.8	108.2	109.2	100.8
玉米	Corn	130.4	101.7	94.9	109.0	106.2	97.9
大豆	Beans	122.1	97.4	100.0	107.9	115.4	98.9
油料	Oil-bearing Crops	123.2	93.1	102.8	120.1	118.9	80.3
蔬菜	Vegetables	106.0	103.8	102.5	109.8	106.6	110.5
水果、坚果	Fruits and Nuts	103.0	103.4	101.3	104.5	109.2	107.0
牧业（畜产品）	**Animal Husbandry Products**	**128.8**	**98.8**	**89.8**	**128.8**	**126.1**	**80.8**
#活猪（毛重）	Pig (gross weight)	131.2	97.5	86.9	132.2	127.2	77.1
活牛（毛重）	Cattle and Buffaloes (gross weight)	101.7	103.9	101.6	120.6	116.0	104.2
活羊（毛重）	Sheep and Goats (gross weight)	111.1	102.8	101.2	108.0	128.9	100.7
肉禽（毛重）	Poultry (gross weight)	117.2	104.3	100.2	116.2	111.7	102.8
禽蛋	Eggs	111.9	103.9	98.9	110.1	112.1	101.9
渔业产品	**Fishery Products**	**107.8**	**105.7**	**101.7**	**105.9**	**110.3**	**104.7**
#淡水鱼类	Freshwater Fish	107.8	105.7	101.7	105.9	110.3	104.7

7－28 原材料、燃料、动力购进价格指数（2008－2009 年）
Purchasing Price Indices of Raw Materials, Fuels and Power (2008-2009)

（上年=100） (preceding year=100)

指 标	Item	2008	2009
原材料、燃料、动力购进价格指数	**Purchasing Price Indices of Raw Material, Fuel and Power**	**112.2**	**95.0**
燃料、动力类	Fuel and Power	116.1	100.5
黑色金属材料类	Ferrous Metals	121.4	86.3
有色金属材料和电线类	Nonferrous Metals and Wires	95.6	84.7
化工原料类	Raw Chemical Materials	106.7	89.6
木材及纸浆类	Timber and Paper Pulp	107.8	101.1
建筑材料及非金属矿类	Building Materials and Non-metal Minerals	122.3	98.9
其他工业原材料及半成品类	Other Industrial Raw Materials and Semi-products	112.3	97.3
农副产品类	Agricultural Products	113.1	101.1
纺织原料类	Textile Materials	102.9	98.5

7－29 工业品出厂价格分类指数（2008－2009 年）
PPI by Category (2008-2009)

（上年=100） (preceding year=100)

指 标	Item	2008	2009
工业品出厂价格总指数	**General PPI**	**105.8**	**95.5**
轻工业	Light Industry	105.3	98.4
以农产品为原料	Farm Products as Raw Materials	108.2	99.1
以非农产品为原料	Non-farm Products as Raw Materials	104.2	98.1
重工业	Heavy Industry	106.1	93.4
采掘工业	Minming and Quarrying Industry	125.0	99.2
原材料工业	Raw Materials Industry	108.3	91.3
加工工业	Processing Industry	104.2	93.7
生产资料	Means of Production	106.7	94.2
采掘工业	Minming and Quarrying Industry	130.4	97.5
原材料工业	Raw Materials Industry	105.9	91.5
加工工业	Processing Industry	105.6	94.7
生活资料	Consumer Goods	103.3	99.0
食 品	Food	110.3	98.8
衣 着	Clothing	103.6	101.4
一般日用品	Articles for Daily Use	102.2	101.5
耐用消费品	Durable Consumer Goods	99.6	98.6

7－30 按工业行业分工业品出厂价格指数（2008－2009年）
PPI by Sector (2008-2009)

（上年=100） (preceding year=100)

行　业	Sector	2008	2009
工业品出厂价格指数	**PPI**	**105.8**	**95.5**
煤炭开采和洗选业	Mining and Washing of Coal	135.9	98.3
石油和天然气开采业	Extraction of Petroleum and Natural Gas	114.1	100.0
黑色金属矿采选业	Mining and Processing of Ferrous Metal Ores	112.4	94.9
有色金属矿采选业	Mining and Processing of Non-Ferrous Metal Ores	97.0	81.1
非金属矿采选业	Mining and Processing of Nonmetal Ores	106.6	93.4
农副食品加工业	Processing of Food from Agricultural Products	123.1	95.7
食品制造业	Processing of Foodstuff	110.6	101.4
饮料制造业	Manufacture of Beverages	103.4	100.0
烟草制品业	Manufacture of Tobacco	101.4	99.2
纺织业	Manufacture of Textile	96.9	98.8
纺织服装、鞋、帽制造业	Manufacture of Textile Wearing Apparel, Footware, and Caps	111.7	101.1
皮革、毛皮、羽毛(绒)及其制品业	Manufacture of Leather, Fur, Feather and Related Products	95.1	98.7
木材加工及木、竹、藤、棕、草制品业	Processing of Timber, Manufacture of Wood, Bamboo, Rattan, Palm and Straw Products	105.4	104.5
家具制造业	Manufacture of Furniture	103.1	102.9
造纸及纸制品业	Manufacture of Paper and Paper Products	104.2	97.2
印刷业和记录媒介的复制	Printing, Reproduction of Recording Media	99.4	99.5
文教体育用品制造业	Manufacture of Articles for Culture, Education and Sport Activities	100.0	100.0
石油加工、炼焦及核燃料加工业	Processing of Petroleum, Coking, Processing of Nuclear Fuel	130.0	87.5
化学原料及化学制品制造业	Manufacture of Raw Chemical Materials and Chemical Products	116.2	84.7
药品	Manufacture of Medicines	104.1	101.8
化学纤维制造业	Manufacture of Chemical Fibers	115.5	80.6
橡胶制品业	Manufacture of Rubber	103.4	97.0
塑料制品业	Manufacture of Plastics	104.4	95.4
非金属矿物制品业	Manufacture of Non-metallic Mineral Products	116.3	100.1
黑色金属冶炼及压延加工业	Smelting and Pressing of Ferrous Metals	125.2	81.5
有色金属冶炼及压延加工业	Smelting and Pressing of Non-ferrous Metals	96.2	82.1
金属制品业	Manufacture of Metal Products	106.0	97.3
通用设备制造业	Manufacture of General Purpose Machinery	109.5	99.2
专用设备制造业	Manufacture of Special Purpose Machinery	103.1	102.0
交通运输设备制造业	Manufacture of Transport Equipment	100.3	98.2
电气机械及器材制造业	Manufacture of Electrical Machinery and Equipment	103.4	88.9
通信设备、计算机及其他电子设备制造业	Manufacture of Communication Equipment, Computers and Other Electronic Equipment	98.0	99.0
仪器仪表及文化、办公用机械制造业	Manufacture of Measuring Instruments and Machinery for Cultural Activity and Office Work	102.9	101.6
工艺品及其他制造业	Manufacture of Artwork and Other Manufacturing	110.1	96.5
废弃资源和废旧材料回收加工业	Recycling and Disposal of Waste		
电力、热力的生产和供应业	Production and Supply of Electric Power and Heat Power	102.2	102.1
燃气生产和供应业	Production and Supply of Gas	107.2	100.9
水的生产和供应业	Production and Supply of Water	104.1	100.3

7－31 固定资产投资价格指数（1994－2009 年）
Price Indices of Investment in Fixed Assets (1994-2009)

（上年=100） (preceding year=100)

年 份 Year	固定资产投资 Investment in Fixed Assets	建筑安装工程 Construction and Installation	设备工、器具 Purchase of Equipment and Instruments	其他费用 Others
1994	108.9	109.4	107.4	109.8
1995	104.2	101.2	107.8	114.0
1996	108.1	108.5	100.4	129.1
1997	101.7	103.2	97.6	103.4
1998	98.7	100.0	94.9	99.5
1999	100.5	100.7	97.7	104.4
2000	102.5	103.1	97.0	108.7
2001	100.8	101.4	96.8	103.3
2002	100.7	101.9	96.2	100.4
2003	102.9	104.7	96.7	101.3
2004	105.1	107.0	98.8	102.7
2005	102.3	102.2	99.7	104.6
2006	101.7	101.1	100.7	104.3
2007	105.5	106.0	100.2	107.8
2008	110.2	113.7	100.6	106.6
2009	97.8	97.0	97.7	100.2

7－32 房屋销售价格指数（2008－2009 年）
Sales Price Indices of Houses (2008-2009)

（上年=100） (preceding year=100)

指 标	Item	2008	2009
房屋销售价格指数	Sales Price Indices of Houses	106.3	101.1
新建房屋	New Buildings	106.7	100.5
住宅	Residential Buildings	107.2	101.3
非住宅	Non-residential Buildings	101.1	98.0
二手房	Second-hand House	103.5	103.3

7－33 房屋销售价格指数（1998－2009 年）
Sales Price Indices of Houses (1998-2009)

（上年=100） (preceding year=100)

年 份 Year	房屋销售价格指数 Sales Price Indices of Houses	新建房屋 New Buildings	二手房屋 Second-hand House
1998	106.4	107.3	
1999	103.1	102.5	
2000	101.8	102.7	
2001	101.4	102.1	
2002	102.1	102.5	
2003	107.3	107.9	
2004	113.9	115.4	
2005	107.2	107.4	106.3
2006	103.1	103.3	102.0
2007	106.9	107.6	104.2
2008	106.3	106.7	103.5
2009	101.1	100.5	103.3

主要统计指标解释

城乡居民储蓄存款余额 指某一时点城乡居民存入银行及农村信用社的储蓄金额，包括城镇居民储蓄存款和农民个人储蓄存款，不包括居民的手存现金和工矿企业、部队、机关、团体等单位存款。

城市（城镇）居民家庭就业人口 指城市（城镇）居民从事社会劳动并取得劳动报酬或经营收入的人口。就业人口包括通过国家统筹规划和指导由劳动部门介绍就业，自愿组织起来就业和自谋职业等方式，在国有、集体所有制、中外合资、中外合作、外资在华独资的企事业单位和私营企业单位工作或从事个体劳动的有固定性职业或临时性职业的人口。被聘用和留用的离退休人员也计入就业人口。本指标可以反映城市居民的就业情况，是计算就业面，负担系数的重要资料。

城市（城镇）居民家庭总收入 指家庭成员得到的工薪收入、经营净收入、财产性收入、转移性收入之和，不包括出售财物收入和借贷收入。

城市（城镇）居民家庭可支配收入 指家庭成员得到可用于最终消费支出和其它非义务性支出以及储蓄的总和，即居民家庭可以用来自由支配的收入。它是家庭总收入扣除交纳的所得税、个人交纳的社会保障支出以及记账补贴后的收入。计算公式为：

可支配收入=家庭总收入-交纳所得税-个人交纳的社会保障支出-记帐补贴

城市（城镇）居民家庭总支出 指除借贷支出以外的全部家庭支出。包括消费性支出、购房建房支出、转移性支出、财产性支出、社会保障支出。

城市（城镇）居民家庭消费性支出 指家庭用于日常生活的支出，包括食品、衣着、家庭设备用品及服务、医疗保健、交通和通信、娱乐教育文化服务、居住、杂项商品和服务等八大类支出。

城市（城镇）居民家庭人均服务性消费支出 指调查户用于本家庭支付社会提供的各种文化和生活方面的非商品性服务费用。服务性消费的特点在于其劳动过程和消费过程在时间与空间上的统一。在居民家庭八大类消费中，服务性消费支出包括：1、食品类中加工服务费和部分在外饮食费用；2、衣着类中衣着加工服务费；3、家庭设备用品及服务类中家庭服务（如家政服务费用）；4、医疗保健类中医疗费（如诊疗费、上门出诊费、护工费用）；5、交通和通信类中交通工具服务费（如汽车使用、维修费用）、交通费中使用飞机、轮船、火车等交通工具费用、通信服务费（如电信费、邮费）；6、教育文化娱乐服务类中文化娱乐服务费（如参观、游览费用、健身活动费、团体旅游、其他文娱活动费）、文娱用品修理服务费、教育费（如义务、非义务教育支出）、成人教育支出、家教费、培训班费用、择校费；7、居住类中租赁费用、部分房屋装潢费用（人工费用）、居住服务费（如物业管理、维修费用）；8、杂项商品和服务（如美容、洗澡、理发费用，旅馆住宿等费用）。

城市（城镇）居民家庭收入分组方法 将所有调查户依户人均可支配收入由低到高排队，按10%，10%，20%，20%，20%，10%，10%的比例依次分成：最低收入户、低收入户、中等偏下收入户、中等收入户、中等偏上收入户、高收入户、最高收入户等七组。总体中最低5%的户为困难户。

恩格尔系数 指食物支出金额在消费性总支出金额中所占的比例。计算公式为：

恩格尔系数 = 食物支出总额 / 消费性总支出总额×100%

农村居民家庭整半劳动力 整劳动力指男子18周岁到50周岁，女子18周岁到45周岁；半劳动力指男子16周岁到17周岁，51周岁到60周岁；女子16周岁到17周岁，46周岁到55周岁，同时具有劳动能力的人。虽然在劳动年龄之内，但已丧失劳动能力的人，不应算为劳动力；超过劳动年龄，但能经常参加劳动，计入半劳动力数内。常住人口中的职工，若这些职工为劳动力，就包括在本户的整半劳动力中。

农村居民家庭总收入 指调查期内农村住户和住户成员从各种来源渠道得到的收入总和。按收入的性质划分为工资性收入、家庭经营收入、财产性收入和转移性收入。

农村居民家庭现金收入 指农村住户和住户成员在调查期内得到以现金形态表现的收入。按来源分成工资性收入、家庭经营现金收入、财产性收入、转移性收入。

农村居民家庭纯收入 指农村住户当年从各个来源得到的总收入相应地扣除所发生的费用后的收入总和。计算方法：

纯收入= 总收入-家庭经营费用支出-税费支出-生产性固定资产折旧-调查补贴-赠送农村内部亲友支出

纯收入主要用于再生产投入和当年生活消费支出，也可用于储蓄和各种非义务性支出。“农民人均纯收入”按人口平均的纯收入水平，反映的是一个地区或一个农户农村居民的平均收入水平。

农村居民家庭总支出 指农村住户用于生产、生活和再分配的全部支出。家庭经营费用支出、购置生产性固定资产支出、生产性固定资产折旧、税费支出、生活消费支出、财产性支出和转移性支出。

农村居民家庭生活消费支出 指农村住户用于物质生活和精神生活方面的支出。生活消费支出包括食品、衣着、居住、家庭设备用品及服务、医疗保健、交通和通讯、文化教育娱乐用品及服务、其他商品和服务等消费。

农村居民家庭现金支出 指农村住户用于生产、生活和再分配所支付的现金。包括家庭经营费用支出、缴纳的税费、购买生产性固定资产、生活消费、财产性和转移性支出。

居民消费价格指数 居民消费价格指数是度量一组代表性消费商品及服务项目价格水平随着时间而变动的相对数，反映居民家庭购买的消费品及服务价格水平的变动情况。它是宏观经济分析和决策、价格总水平监测和调控以及国民经济核算的重要指标。其按年度计算的变动率通常被用来作为反映通货膨胀（或紧缩）程度的指标。

商品零售价格指数 商品的零售价格是商品在流通过程中最后一个环节的价格，是工业、商业、餐饮业和其他零售企业向城乡居民、机关团体出售生活消费品和办公用品的价格。通过系统地调查、搜集和整理市场商品零售价格资料，编制商品零售价格指数，以此反映市场商品零售价格的变动趋势和变动程度。其目的在于掌握商品价格的变动趋势，为国家宏观调控和国民经济核算提供参考依据。

农产品生产价格指数 是反映一定时期内，农产品生产者出售农产品价格水平变动趋势及幅度的相对数。该指数可以客观反映全国农产品生产价格水平和结构变动情况，满足农业与国民经济核算需求。其中某代表品生产价格指数是通过对全部有出售该产品行为的调查单位的个体指数进行几何平均求得的，类价格指数是通过对其所属的类（或代表品）的价格指数进行加权平均求得的。季度累计价格指数的计算方法与分季指数的计算方法相同。

原材料、燃料和动力购进价格指数 是反映工业企业作为生产投入，而从物资交易市场和能源、原材料生产企业购买原材料、燃料和动力产品时，所支付的价格水平变动趋势和程度的统计指标，是扣除工业企业物质消耗成本中的价格变动影响的重要依据。

工业品出厂价格指数 是反映工业产品价格变化趋势和变动幅度的统计指标，是工业品价格在不同时间和空间条件下平均变动的相对数。工业品价格包括工业品第一次出售时的出厂价格和企业作为中间投入的原材料、燃料和动力购进价格，是进行国民经济核算和经济管理的重要依据。

固定资产投资价格指数 是反映一定时期内全社会及各类工程固定资产投资中涉及的各类投资品和取费项目价

格的变动趋势和变动幅度的相对数。该指数可以观察按现价计算的固定资产投资指标中的价格变动因素。

房屋销售价格指数 是反映一定时期内房产所有权转移时买卖双方实际成交价格（合同价格）的变化趋势和变化幅度的相对数。

Explanatory Notes on Main Statistical Indicators

Saving Deposits of Urban and Rural Residents refer to the total value of savings deposits of urban and rural households in banks and rural credit cooperatives at a given point of time, including the saving deposits of urban residents and the saving deposits of rural residents. The cash in hand by residents and the deposits of organizations such as enterprises, military units, government agencies, institutions, etc. are not included.

Employed Population in Urban (Town)Households refers to urban (town) residents engaged in certain work and receiving payment for their labor or income from their business operation, including those who work in state-owned or collective units, joint ventures, foreign-owned units and private units with permanent or temporary jobs. The self - employed individuals and reemployed retirees are also basic data for calculating employment rate and dependency ratio.

Total Income of Urban (Town)Households refers to the sum of wage and salary, net business income, income from properties, and income from transfers of members of the households, excluding income from selling of properties and income from borrowings.

Disposable Income of Urban (Town)Households refers to the actual income at the disposal of members of the households which can be used for final consumption, other non-compulsory expenditure and savings. This equals to total income minus income tax, personal contribution to social security and sample household subsidy for keeping dairies. Following formula is used:

Disposable income = total household income - income tax - personal contribution to social security –sample household subsidy for keeping dairies

Total expenditure of Urban (Town) Households refers to expenditure of households on services of various kinds provided by the society.

Consumption Expenditure of Urban (Town)Households refers to total expenditure of the sample households for consumption in daily life, including expenditure on eight categories such as food, clothing, household appliances and services, health care and medical services, transport and communications, recreation, education and cultural services, housing, miscellaneous goods and services.

Expenditure of Urban (Town) Households on Consumption of Services refers to expenditure of households on services of various kinds provided by the society. Services are offered and consumed at the same time and place. The service spending for an urban family falls into the following eight types: 1. Money paid for food processing and money spent while eating out; 2. Money paid for clothing processing; 3. Domestic services and services for home amenities; 4. Medical cost (including medical diagnosis and treatment, in-home medical services and nursing cost); 5. Transport tool service fees (such as for the use of a car and maintenance fee thereby arising), transport tools (plane, ship, train) fees, post and telecommunications fees; 6. Fees for culture and entertainment services (such as tour and fitness building), fees for repair of sports and entertainment items, education cost (spending on obligatory and non-obligatory education), adult education cost, tutor fees, training courses fees and extra money paid as sponsorship fee to a school a student outside his or her education community; 7. Housing rents, some interior decoration cost (for labor), residence service fees (such as for property management and repairs); 8. Fees for other services (such as at a beauty salon, bathhouse, hairdresser's and hotels).

Urban (Town) Households by Income Group All households in the sample are grouped, by per capita disposable income of the household, into groups of lowest income, low income, lower middle income, middle income, upper middle income, high income and highest income, each group consisting of 10%, 10%, 20%, 20%, 20%, 10% and 10% of all households respectively. The lowest 5% of households are also referred to as poor households.

Engel Coefficient refers to the percentage of expenditure on food in the total consumption expenditure, using the following formula:

Engel Coefficient = (expenditure on food / total consumption expenditure) ×100%

Full/Semi Labour Force Full labor force refers to persons capable of work, aged 18-50 for males and 18-45 for females. Semi labor force refers to persons capable of work, aged 16-17 and 51-60 for males and 16-17 and 46-55 for females. Persons at their working ages but not capable of work are not to be included as labor force. Persons not at working ages but participating regularly in work are included in semi labor force. For staff and workers as resident population of the household, they are included as full or semi labor force of the household if they are in the labor force.

Total Income of Rural Households refers to the sum of income earned from various sources by the rural households and their members during the reference period, and is classified as income from wages and salaries, income from household operations, income from properties and income from transfers.

Cash Income of Rural Households refers to income received by rural households and their members in the form of cash during the reference period. It is classified, by source of income, into income from wages and salaries, cash income from household operations, income from properties and income from transfers.

Net Income of Rural Households refers to the total income of rural households from all sources minus all corresponding expenses. The formula for calculation is as follows:

Net income = total income –household operation expenses – taxes and fees paid – depreciation of fixed assets for production – subsidy for participating in household survey – gifts to rural relatives

Net income is mainly used as input for reproduction and as consumption expenditure of the year, and also used for savings and non-compulsory expenses of various forms. “Per capita net income of farmers” is the level of net income averaged by population which reflects the average income level of rural households in a given area.

Total Expenditure of Rural Households refers to total expenses of rural households on production, consumption and redistribution, including expenditure on household operations, on purchase of productive fixed assets, depreciation of productive fixed assets, taxes and fees, expenses on household consumption, expenses on properties and expenses on transfers.

Expenditure on Household Consumption of Rural Households refers to expenditure by rural households on their material and cultural life, including expenditure on food; clothing; housing; household appliances, articles and services; health and medical service; transportation and communications; articles and services on culture, education and recreation; and other goods and services.

Cash Expenditure of Rural Households refers to cash expenditure by rural households for production, consumption and redistribution during the reference period, including cash expenses on household operations, taxes and fees, purchase of productive fixed assets, household consumption, and expenses on properties and transfers.

Consumer Price Index reflects the relative change in prices of consumer goods and services in a certain period of time, Formation of consumer price index aims to study the impact of consumer price changes on the actual living cost of urban and rural residents and to provide scientific basis for central government and relevant departments in drawing up consumer up consumer policy, price policy, wage policy and monetary policy and in accounting the nation economy. It is also a key index reflecting the fluctuation of inflation.

Retail Price Index refers to the prices at which industrial, commercial, catering and other retail enterprises sell daily consumer goods and products for office use to urban and rural residents and institutions and social organizations. It reflects the general change in prices of retail commodities in a certain period of time. Formation of retail price index aims to keep abreast of price fluctuation of retail commodities and provide the reference basis for the central government in working out economic policies.

Producer Price Indices for Farm Products reflect the trend and degree of changes in producers' prices received by farmers when they sell farm products during a given period. These indices depict the change in the level and struture of producer prices for farm products of the country and meet the needs of agricultural statistics and national accounts statistics. The producer price index for a given product is calculated as the geometrical mean of individual indices for all surveyed units which sell such product, and the indices for a product category is obtained as the weighted mean of price indices for all products in the category. Method for calculating accumulative quarterly indices is the same as for calculating the individual quarterly indices.

Indices of Purchasing Prices of Raw Materials, Fuels and Power reflect changes in the level and degree of prices paid by industrial enterprises when they purchase production input such as raw materials, fuels and power from the market or from other energy or raw materials producing enterprises. These indices provide important basis for measuring the material consumption of industrial enterprises after removing influence of price changes.

Producer Price Indices for Manufactured Goods is a statistic indicator reflecting the fluctuating tendency and extent of the price of manufactured goods. It is a relative ratio of the average price fluctuation of manufactured goods in different times and places. The price of manufactured goods includes the factory price of the manufactured goods at the first sale and the price of the raw materials, fuel and power purchased by the enterprises as intermediate input, which is an important basis for national economic accounting and economic administration.

Price Indices of Investment in Fixed Assets reflect the trend and degree of changes in prices of investment goods and projects in fixed assets during a given period., This indicator is used to observe the removing the factor of price change in the aggregates of investment at current prices.

Price Index of Real Estate Sales refers to the transference of ownership of real estate through selling and buying. The Price Index of Real Estate Sales is an indicator of the general trend and variation degrees of the sales price of the real estate.

8

城镇建设

Urban Construction

简要说明 Brief Introduction

本章资料反映全市城镇建设的基本情况。

城镇建设资料主要包括城镇建设用地、基础设施水平、市政设施、园林绿化、供水供气、公共交通、基础设施建设投资、房屋等，由市统计局固定资产投资处根据市建设委员会、市国土资源和房屋管理局资料整理提供。

The data in this chapter show the basic conditions of urban construction in Chongqing.

The statistics on urban construction mainly include the data of land for urban construction, urban infrastructure, municipal infrastructure, parks and green areas, tap water and gas supply, public traffic, investment in infrastructure construction and buildings and housing. The data concerned are provided by Chongqing Construction Commission and Chongqing Administration of Land, Resources and Housing, and sorted and compiled by Division of Statistics of Investment in Fixed Assets, Chongqing Municipal Bureau of Statistics.

8－1 城镇建设用地（2008－2009 年）
Land for Urban Construction (2008-2009)

单位：平方公里 (sq.km)

项 目	Item	全 市 Total		#区合计 Total of Districts	
		2008	2009	2008	2009
建成区面积	**Developed Area**	**933.04**	**1026.84**	**708.37**	**783.29**
建设用地面积	**Area of Land for Urban Construction**	**891.88**	**986.38**	**694.05**	**769.58**
居住用地	Land for Residence	338.15	353.35	270.30	279.13
公共设施用地	Land for Public Utilities	102.34	105.50	73.90	78.12
工业用地	Land for Industry	164.85	209.14	137.21	173.68
仓储用地	Land for Storage	17.96	15.56	12.78	10.90
对外交通用地	Land for External Transport	33.02	35.71	19.16	24.93
道路广场用地	Land for Roads and Squares	128.16	146.39	105.75	117.74
市政公用设施用地	Land for Municipal Public Utilities	24.72	27.84	16.09	18.29
绿 地	Green Land	66.47	77.73	46.15	55.31
特殊用地	Land for Special Purpose	16.21	15.16	12.71	11.48

注："区合计"数为 19 个市辖区合计（下表同）。
Note: "Total of Districts" refers to the total data of 19 districts (the same below).

8－2 城镇基础设施水平（2008－2009 年）
Statistics on Urban Infrastructure (2008-2009)

项 目	Item	全 市 Total		#区合计 Total of Districts	
		2008	2009	2008	2009
人均日生活用水量（升）	Per Capita Daily Consumption of Tap Water for Residential Use (liter)	133.27	132.85	143.57	141.46
用水普及率（%）	Percentage of Population with Access to Tap Water (%)	89.83	91.28	93.20	94.60
燃气普及率（%）	Percentage of Population with Access to Gas (%)	86.80	88.56	90.87	91.83
人均道路面积（平方米）	Per Capita Area of Paved Roads (sq.m)	8.94	9.29	9.49	9.78
污水处理厂集中处理率（%）	Rate of Intensive Treatment by Wastewater Treatment Plant (%)	76.66	83.94	83.19	88.03
人均公共绿地面积（平方米）	Per Capita Public Green Land (sq.m)	8.91	10.57	9.62	11.25
建成区绿地率（%）	Green Land as Percentage of Developed Area (%)	30.93	33.44	33.00	35.42
建成区绿化覆盖率（%）	Green Covered Area as Percentage of Developed Area (%)	34.10	36.76	35.91	38.48

注：人均数为户籍人口口径。
Note: Data of average population refer to registration statistics.

8－3 城镇市政设施（2008－2009 年）
Municipal Infrastructure (2008-2009)

项　目	Item	全　市 Total		#区合计 Total of Districts	
		2008	2009	2008	2009
道路长度（公里）	Length of Paved Roads (km)	5937	6335	4589	4882
道路面积（万平方米）	Area of Paved Roads (10 000 sq.m)	10545	11390	8353	8953
#人行道	Sidewalk	3206	3468	2540	2715
桥梁数（座）	Number of Bridges (unit)	1157	1209	878	918
#立交桥	Overpasses	128	132	121	123
路灯盏数（盏）	Number of Street Lights (unit)	332928	576167	239871	480080
排水管道长度（公里）	Length of Drainpipes (km)	7899	9033	5815	6651
#污水管道	Sewage Pipes	3422	3722	2426	2491
污水年排放量（万立方米）	Annual Discharged Volume of Wastewater (10 000 cu.m)	68717	73895	57562	61830
污水处理厂处理总量（万立方米）	Total Volume of Wastewater Treated by Wastewater Treatment Plant (10 000 cu.m)	53261	62027	48466	54427
防洪堤长度（公里）	Length of Flood Protecting Embankment (km)	511	548	405	424

8－4 城镇园林绿化（2008－2009 年）
Parks and Green Areas in Urban Area (2008-2009)

指　标	Item	全　市 Total		#区合计 Total of Districts	
		2008	2009	2008	2009
绿化覆盖面积（公顷）	Green Covered Area (hectare)	38304	44240	31389	35722
#建成区	Developed Area	31820	37744	25436	30143
园林绿地面积（公顷）	Area of Parks and Green Area (hectare)	34489	39955	28473	32451
#建成区	Developed Area	28859	34336	23377	27742
公共绿地面积（公顷）	Area of Public Green Area (hectare)	10504	12960	8463	10294
动物园、公园个数（个）	Number of Parks and Zoos (unit)	169	207	123	138
动物园、公园面积（公顷）	Area of Parks and Zoos (hectare)	3914	4626	3360	3746

8－5 城镇供水及供气情况（2008－2009 年）
Statistics on Tap Water and Gas Supply in Urban Area (2008-2009)

指　标	Item	全　市 Total		#区合计 Total of Districts	
		2008	2009	2008	2009
城镇供水	**Tap Water Supply in Urban Area**				
年末供水综合生产能力（万立方米/日）	Production Capacity of Tap Water Supply at Year-end (10 000 cu.m/day)	502.93	512.64	418.16	420.35
年末供水管道长度（公里）	Length of Water Supply Pipelines at Year-end (km)	11251	11601	8288	8523
供水总量（万立方米）	Total Volume of Water Supply (10 000 cu.m)	87443	92321	73473	77146
#生产运营用水	For Production Use	23868	25391	21110	22326
公共服务用水	For Public Services	8869	9321	7605	7872
居民家庭用水	For Residential Use	42523	44769	35264	36705
消防及其他用水	For Fire Fighting and Other Purposes	12183	3475	9494	2804
用水户数（户）	Households with Access to Tap Water (household)	2343351	2551647	1760148	1910712
#家庭用户	Residential Households	1996434	2313981	1475568	1734486
用水人口（万人）	Number of Residents with Access to Tap Water(10 000 persons)	1059.29	1118.95	820.13	865.54
城镇供气	**Gas Supply in Urban Area**				
天然气供气总量（万立方米）	Total Volume of Natural Gas Supply (10 000 cu.m)	223084	256569	187936	205164
#家庭用量	Used by Residential Households	79309	94981	63839	66456
天然气用气户数（户）	Households with Access to Natural Gas (household)	2971615	3183814	2454315	2610561
#家庭用户	Residential Households	2814015	3072649	2326280	2513642
天然气用气人口（万人）	Population with Access to Natural Gas (10 000 persons)	846.46	900.42	696.16	729.84
天然气汽车加气站（个）	Number of CNG Stations for Motor Vehicles (unit)	76	63	61	48
液化石油气供气总量（吨）	Total Volume of Liquefied Petroleum Gas Supply (ton)	94621	97088	68122	70066
#家庭用量	Used by Residential Households	53326	54492	33875	32569
液化石油气用气户数（户）	Households with Access to Liquefied Petroleum Gas (household)	632803	631149	291025	304497
#家庭用户	Residential Households	506476	514032	206741	236769
液化石油气用气人口（万人）	Population with Access to Liquefied Petroleum Gas (10 000 persons)	172.87	185.25	102.42	110.38

8—6 城镇公共交通情况（2009 年）
Public Traffic in Urban Area (2009)

指 标	Item	全 市 Total	#区合计 Total of Districts
营运客车	**Public Vehicles**		
年末营运线路网长度（公里）	Year-end Length of Public Transport Network(km)	3896	2705
运营车数（辆）	Number of Public Vehicles (unit)	8077	7046
#天然气燃料车	CNG Vehicles	7152	6553
客运量（万人次）	Passenger Volume (10 000 person-times)	150056	141466
轻 轨	**Light Rail Transits**		
通车里程（公里）	Length of Light Rail Transits in Operation	19	19
车辆数（辆）	Number of Vehicles (unit)	136	136
客运量（万人次）	Passengers Traffic (10 000 person-times)	4181	4181
轮 渡	**Ferries**		
年末实有轮渡总数（艘）	Year-end Total Ferries (unit)	27	9
出租汽车	**Taxis**		
车辆数（辆）	Number of Vehicles (unit)	15516	9295

8－7 公用事业和市政建设投资额（2008－2009 年）
Investment in Public Utilities and Municipal Construction (2008-2009)

单位：万元 (10 000 yuan)

指　标	Item	2008	2009
公用事业	**Public Utilities**		
供　水	Tap Water Supply	61713	72638
燃　气	Gas Supply	36084	86618
轨道交通	Rail Transit		652656
市政建设	**Municipal Construction**		
园林绿化	Parks and Green Areas	276528	602042
环境卫生	Environmental Sanitation	37834	22477
市政工程	Municipal Engineering	2832930	3217773

注：因指标发生变化，轨道交通无 2008 年的数据。
Note: Due to the change of indicators, there is no data of rail transit in 2008.

8－8 城镇房屋及居住情况（2008－2009 年）
Statistics on Buildings and Housing in Urban Area (2008-2009)

指　标	Item	全　市 Total		#区合计 Total of Districts	
		2008	2009	2008	2009
房屋状况（万平方米）	**Conditions of Buildings (10 000 sq.m)**				
年末实有房屋建筑面积	Total Floor Space of Buildings at Year-end	46348.29	50080.35	35843.16	39258.49
#住　宅	Residential Buildings	30137.40	32831.68	23013.36	25130.98
#自有（私有）住宅	Self-owned (private)	25255.87	28684.61	18933.95	21938.28
年末实有住宅套数（套）	Total Number of Residential Units at Year-end (set)	3195909	3452087	2526973	2708948
年末成套住宅建筑面积	Total Floor Space of Residential Buildings at Year-end	26066.04	29366.25	20071.43	22457.80
年末危险房屋建筑面积	Total Floor Space of Dilapidated Buildings at Year-end				
#住　宅	Residential Buildings				
居住状况	**Conditions of Housing**				
居住户数（万户）	Households of Housing (10 000 households)	304.96	334.41	234.88	250.42
人均住宅建筑面积（平方米/人）	Per Capita Floor Space of Residential Buildings (sq.m/person)		34.61		37.99
户均住宅套数（套/户）	Average Number of Apartments Per Household (set/household)	1.05	1.03	1.08	1.08

主要统计指标解释

供水综合生产能力 指按供水设施取水、净化、送水、出厂输水干管等环节设计能力计算的综合生产能力。包括在原设计能力基础上，经挖、革、改增加的生产能力。计算时，以四个环节中最薄弱的环节为主确定能力。

供水管道长度 指从送水泵到用户水表之间所有管道的长度。不包括新安装尚未使用的管道。

供水总量 指报告期供水企业（单位）供出的全部水量。包括有效供水量和漏损水量。

生活用水量 包括公共服务用水和居民家庭用水。公共服务用水指为城市社会公共生活服务的用水。包括行政事业单位、部队营区和公共设施服务、社会服务业、批发零售贸易业、旅馆饮食业及其他公共服务业等单位用水。居民家庭用水指城市范围内所有居民家庭的日常生活用水。包括城市居民、农民家庭、公共供水站用水。

城市人口用水普及率 指城市用水人口数与城市人口总数之比。计算公式为：

用水普及率=（城市用水人口数/城市人口数）×100%

全年供气总量 指全年燃气企业（单位）向用户供应的燃气数量，包括销售量和损失量。

城市用气普及率 指报告期末使用燃气的城市人口数与城市人口总数的比率。计算公式为：

用气普及率=城市用气人口数/城市人口总数×100%

道路长度 指年末道路长度和与道路相通的广场、桥梁、隧道的长度，按车行道中心线计算。在统计时只统计路面宽度在3.5米（含3.5米）以上的各种铺装道路，包括开放型工业区和住宅区道路在内。

道路面积 为车行道与人行道面积之和。

城市桥梁 指为跨越天然或人工障碍物而修建的构筑物。包括跨河桥、立交桥、人行天桥以及人行地下通道等。包括永久性桥和半永久性桥。

城市排水管道长度 指所有排水总管、干管、支管、检查井及连接井进出口等长度之和。

年末运营车数 指年末公交企业（单位）用于运营业务的全部车辆数。以企业（单位）固定资产台帐中已投入运营的车辆数为准。

城市园林绿地面积 指报告期末用作园林和绿化的各种绿地面积。包括公共绿地、居住区绿地、单位附属绿地、防护绿地、生产绿地、道路绿地和风景林地面积。不包括：

（1）屋顶绿化、垂直绿化、阳台绿化和室内绿化。

（2）以物质生产为主的林地、耕地、牧草地、果园和竹园等。

（3）城市总体规划中不列入绿地的水域。

公共绿地 指向公众开放的市级、区级、居住区级各类公园、街旁游园，包括其范围内的水域。其中居住区级公园应不小于1万平方米，街旁游园的宽度不小于8米，面积不小于400平方米。

Explanatory Notes on Main Statistical Indicators

Production Capacity of Water Supply refers to the designed comprehensive production capacity of water facilities, covering the 4 links of water collection, purification, conveyance, and outflow through trunk pipelines. Increase capacity through transformation and innovation projects is included as well. The capacity is determined mainly on the weakest of the above-mentioned 4 links.

Length of Water Supply Pipelines at the Year-end refers to the total length of all the pipelines between the water pumps and the user's water meters, excluding pipelines newly installed but not used yet.

Annual Volume of Water Supply refers to the total volume of water supplied by water-works (units) during the reference period, including both the effective water supply and loss during the water supply.

Consumption of Water for Residential Use refers to the water consumption of households for daily life and the water consumption of public service facilities. The latter refers to water consumption for urban public services, including the consumption of government agencies and public institutions, military barracks, public facilities, wholesale and retail outlets, restaurants, hotels, and other units providing public services. Household water consumption refers to consumption of water for daily life of all households in the boundary of cities, including households of urban residents and farmers, and public water supply stations.

Percentage of Urban Population with Access to Tap Water refers to the ratio of the urban population with access to tap water to the total urban population. The formula is:

Percentage of Population with access to Tap Water = Urban Population with Access to Tap Water / Urban Population ×100%

Volume of Gas Supply refers to the total volume of gas provided to users by gas-producing enterprises (units) in a year, including the volume sold and the volume lost.

Percentage of Urban Population with Access to Gas refers to the ratio of the urban population with access to gas to the total urban population at the end of the reference period. The formula is:

Percentage of population with access to gas = (Urban population with access to gas / Urban population) ×100%

Length of Roads refers to the length of roads with paved surface including squares bridges and tunnels connected with roads by the end of the year. Length of the roads is measured by the central lines for vehicles for paved roads with a width of 3.5 meters and over, including roads in open-ended factory compounds and residential quarters.

Area of Roads is the summed of carriageway and sidewalk.

Urban Bridges refer to bridges built to cross over natural or man-made barriers, including bridges over rivers, overpasses for traffic and for pedestrian, underpasses for pedestrian, etc. Both permanent and semi-permanent bridges are included.

Length of Urban Sewage Pipes refers to the total length of general drainage, trunks, branch and inspection wells, connection wells, inlets and outlets, etc.

Number of Vehicles under Operation at the Year-end refers to the total number of vehicles under operation by public transport enterprises (units) at year-end, based on the records of operational vehicles by the enterprises (units).

Area of Urban Gardens and Green Areas refers to the total area occupied for green projects at the end of the reference period, including public green land, green land in residential quarters, green land attached to institutions, protection green land, production green land, roadside green land and forest in scenic spots. It does not include the following:

(I) Greenery and plants on roofs, balconies, indoors and vertical green areas;

(II) Forest, cultivated land, grassland, orchards and bamboo grooves that are for production purpose; and

(III) Water areas that are not included in urban master plan as green land.

Public Green Area refers to green areas open to the public such as municipal, community and neighborhood parks and roadside parks, including waters within parks. Neighborhood parks should occupy an area larger than 10,000 square meters, and the width of roadside parks should occupy an area larger than 400 square meters, with a width of more that 8 meters.

9
资源和环境
Resources And Environment

简要说明 Brief Introduction

资源主要内容包括自然资源、自然地理、气象状况。自然资源中土地、矿产资源数据由市国土资源和房屋管理局提供，林木资源数据由市林业局提供，水资源数据由市水利局提供。气象状况由市气象局提供。

自然地理、气象综合资料，由市统计局综合处根据有关部门资料进行整理和编辑。环境主要内容包括工业废水、废气、固体废物的排放处理和利用，工业污染治理投资，生活污染物排放等，由市统计局社会科技处根据市环境保护局、市水利局、市林业局等部门的资料整理提供。

The scope of resources mainly covers natural resources, natural geography and climate. The data of land and mineral resources in natural resources are provided by Chongqing Municipal Bureau of Land & Resources and House Administration; the data of forest resources are provided by Chongqing Forestry Administration; the data of water resources are provided by Chongqing Water Resources Bureau; and the data of climate are provided by Chongqing Meteorological Bureau.

The data of natural environment and climate are provided by the departments concerned and sorted and compiled by Division of Comprehensive Statistics of Municipal Bureau of Statistics. The statistics of environment mainly includes the discharge, treatment and utilization of industrial waste water, waste gas and solid wastes, the investment in industrial pollution treatment and the discharge of domestic pollutants, which are provided by Chongqing Environmental Protection Bureau, Chongqing Water Resources Bureau and Chongqing Forestry Administration, and sorted and compiled by Division of Social and Technology Statistics, Municipal Bureau of Statistics.

9－1 自然资源（2008－2009 年）
Natural Resources (2008-2009)

项　目	Item	2008	2009
土地资源（万公顷）	**Land Resources (10 000 hectares)**	**822.69**	**822.69**
＃农用地	Agricultural Land	692.04	691.23
＃耕　地	Cultivated Land	223.59	223.76
园　地	Garden Land	24.02	23.93
林　地	Forest Land	329.11	328.81
牧草地	Grassland	23.72	23.71
建设用地	Construction Land	59.32	60.61
未利用地	Unused Land	71.33	70.85
林木资源	**Forest Resources**		
活立木总蓄积量（万立方米）	Total Standing Forest Stock (10 000 cu.m)	12000	13019
森林面积（万公顷）	Forest Area (10 000 hectares)	280.16	288.4
森林蓄积量（万立方米）	Stock Volume of Forest (10 000 cu.m)	11173	12121
森林覆盖率（%）	Forest Coverage Rate (%)	34.0	35.0
水资源（当年量）	**Water Resources (current quantity)**		
降水深（毫米）	Precipitation (mm)	1187.70	1029.60
地表径流量（亿立方米）	Surface Runoff (100 million cu.m)	576.93	455.91
地下水量（亿立方米）	Groundwater Resources (100 million cu.m)	88.40	81.86
水力资源蕴藏量（万千瓦）	Hydropower Resources (10 000 kw)	2296.43	2296.43
＃技术可开发量	Technical Developable Resources	980.84	980.84
主要矿产资源（保有基础储量）	**Major Mineral Resources (Retained Basic Reserves)**		
天然气（亿立方米）	Natural Gas (100 million cu.m)	1559.00	1559.00
煤（万吨）	Coal (10 000 tons)	209705.00	194372.70
铁（矿石万吨）	Iron Ore (ore, 10 000 tons)	112.00	112.00
锰（矿石万吨）	Manganese Ore (ore, 10 000 tons)	1845.00	1806.89
锌（金属万吨）	Zinc Ore (metal, 10 000 tons)	15.00	15.00
铝土（矿石万吨）	Aluminum Ore (ore, 10 000 tons)	3639.00	3639.00
汞（吨）	Mercury (ton)	1917	1917
锶（天青石万吨）	Strontium Ore (ore, 10 000 tons)	43.00	43.00
熔剂用灰岩（矿石万吨）	Limestone for Flux (ore, 10 000 tons)	10287.00	10260.67
冶金用白云岩（矿石万吨）	Dolomite for Metallurgy (ore, 10 000 tons)	4546.00	4546.00
冶金用石英砂岩（矿石万吨）	Quartzite for Metallurgy (ore, 10 000 tons)	382.00	382.00
陶瓷用砂岩（矿石万吨）	Sandstone for Ceramics (ore, 10 000 tons)	495.00	495.00
耐火粘土（矿石万吨）	Refractory Clay (ore, 10 000 tons)	169.00	169.00
重晶石（矿石万吨）	Barytes (ore, 10 000 tons)	185.00	185.00
毒重石（矿石万吨）	Witherite (ore, 10 000 tons)	491.00	491.00
盐矿（矿石万吨）	Salt Mine (ore, 10 000 tons)	100296.00	100296.00

注：1）林木资源数据为 2002 年森林资源二类调查补充数，该调查一般五年一次。
　　2）天然气数据为剩余技术可采储量。

Note: a) The data of forest resources were surveried and readjusted according to Class II survey in 2002, which is carried out every 5 years ordinarily.
　　b) The data of natural gas are technical recoverable reserves.

9－2 自然地理（2009 年）

位置：重庆位于北纬 28 度 10 分-32 度 13 分，东经 105 度 11 分-110 度 11 分之间，地处较为发达的东部地区和资源丰富的西部地区的结合部，东邻湖北、湖南，南靠贵州，西接四川，北连陕西，是长江上游最大的经济中心、西南工商业重镇和水陆交通枢纽。1997 年 3 月 14 日，第八届全国人民代表大会第五次会议通过了设立重庆直辖市的决议，与北京、天津、上海同为四大直辖市。

面积：重庆幅员面积 8.24 万平方公里，南北长 450 公里，东西宽 470 公里。2009 年全市共辖 19 个区：万州区、涪陵区、渝中区、大渡口区、江北区、沙坪坝区、九龙坡区、南岸区、北碚区、万盛区、双桥区、渝北区、巴南区、黔江区、长寿区、江津区、合川区、永川区、南川区；21 个县（自治县）：綦江县、潼南县、铜梁县、大足县、荣昌县、璧山县、开县、忠县、梁平县、云阳县、奉节县、巫山县、巫溪县、城口县、垫江县、武隆县、丰都县、石柱县土家族自治县、彭水苗族土家族县、酉阳土家族苗族县、秀山土家族苗族县。

地势：重庆地势由南北向长江河谷逐级降低，西北部和中部以丘陵、低山为主，东南部靠大巴山和武陵山两座大山脉。

河流：主要河流有长江、嘉陵江、乌江、涪江、綦江、大宁河等。

气候：重庆属中亚热带湿润季风气候区，具有夏热冬暖，光热同季，无霜期长，雨量充沛，湿润多阴等特点。2009 年平均气温 19.0 ℃，年总降雨量 1198.9 毫米。

Natural Environment (2009)

Location:

Chongqing is located at 28°10'～32°13' north latitude and 105°11'～110°11' east longitude. As a joint between the eastern areas with developed economy and the western areas with rich resources, with Hubei and Hunan on its east, Guizhou on its south, Sichuan on its west and Shaanxi on its north, Chongqing is the largest economic center in the upper reaches of the Yangtze River, an important industrial and commercial city in the southwest and a hub of land and water communications. On March 14, 1997, the resolution to establish Chongqing Municipality was passed on the 5th Session of the 8th National People's Congress, and Chongqing became the fourth municipality directly under the Central Government after Beijing, Tianjin and Shanghai.

Area:

Chongqing covers an area of 82,400 square kilometers, stretching 450 kilometers from north to south and 470 kilometers from east to west. In 2009, Chongqing has 19 districts, namely Wanzhou, Fuling Yuzhong, Dadukou, Jiangbei, Shapingba, Jiulongpo, Nan'an, Beibei, Wansheng, Shuangqiao, Yubei, Banan, Qianjiang, Changshou, Jiangjin, Hechuan, Yongchuan and Nanchuan, and 21 counties, namely Qijiang, Tongnan, Tongliang, Dazu, Rongchang, Bishan, Kaixian, Zhongxian, Liangping, Yunyang, Fengjie, Wushan, Wuxi, Chengkou, Dianjiang, Wulong, Fengdu, Shizhu Tujia Autonomous County, Pengshui Miao Autonomous County, Youyang Tujia Autonomous County and Xiushan Tujia Autonomous County.

Topography:

The altitude of Chongqing declines gradually from the north and the south to the valley of the Yangtze River. There are mainly hills and low mountains in the northwest and central areas of Chongqing, while the two large mountains of Daba and Wuling are in the southeast of Chongqing.

River:

The rivers stretching through Chongqing mainly include Yangtze River, Jialing River, Wujiang River, Fujiang River, Qijiang River and Daning River.

Climate:

Chongqing has a humid subtropical monsoon climate, hot in summer and warm in winter with the rainy season coinciding with the hot season. It has the characteristics of long frost-free period, plenty of rainfall and a lot of humid and cloudy days. The annual average temperature of 2009 is 19.0℃, with the annual precipitation of 1198.9mm.

9－3 气象基本情况（1951－2009 年）
Basic Statistics on Climate (1951-2009)

年 份 Year	降水量（毫米） Precipitation (mm)	平均气温（℃） Average Temperature (℃)	日照时数（时） Sunshine Hours (hour)	平均相对湿度（%） Average Relative Humidity (%)	平均风速（米/秒） Average Wind Speed (m/s)	平均气压（百帕） Average Air Pressure (100 pa)
1951	1043.4	18.4		81	1.0	
1952	1227.9	18.5	1198.6	81	1.0	
1953	852.1	18.8	1245.6	80	0.9	
1954	1112.8	17.9	1061.2	81	0.9	981.2
1955	927.4	18.2	1388.6	77	0.8	982.0
1956	1497.4	18.2	1433.2	76	1.4	982.8
1957	1171.9	17.9	1094.2	80	1.3	983.3
1958	740.7	18.6	1260.7	77	1.4	983.3
1959	915.7	18.7	1378.3	76	1.4	983.0
1960	1026.0	18.4	1102.0	78	1.4	983.5
1961	787.7	18.7	1338.8	77	1.5	982.8
1962	1210.4	18.0	1323.9	80	1.4	983.3
1963	1072.8	18.9	1370.4	77	1.4	982.4
1964	1031.6	18.2	1170.4	80	1.5	982.9
1965	1318.9	18.1	1009.5	81	1.4	983.4
1966	958.9	18.6	1278.9	78	1.4	982.7
1967	1046.0	18.1	1216.3	79	1.4	983.4
1968	1384.5	17.7	1054.6	82	1.2	983.5
1969	1080.5	18.6	1357.1	76	1.2	982.8
1970	1097.5	18.1	1197.9	79	1.1	983.5
1971	854.3	18.6	1370.6	76	1.3	983.4
1972	1171.8	18.4	1284.1	78	1.3	982.9
1973	1092.3	18.9	1349.4	78	1.3	983.2
1974	1258.0	17.8	1068.3	79	1.3	983.0
1975	1025.4	18.5	1202.5	78	1.2	982.9
1976	1044.9	17.7	1129.2	79	1.1	983.5
1977	1151.2	18.1	1234.8	79	1.1	984.0
1978	1057.2	18.8	1495.7	77	1.2	983.5

注：此表为重庆市区资料。
Note: The table above shows the data of the downtown area of Chongqing.

9-3 续表 CONTINUED

年 份 Year	降水量（毫米） Precipitation (mm)	平均气温（℃） Average Temperature (℃)	日照时数（时） Sunshine Hours (hour)	平均相对湿度（%） Average Relative Humidity (%)	平均风速（米/秒） Average Wind Speed (m/s)	平均气压（百帕） Average Air Pressure (100 pa)
1979	1160.0	18.4	1222.2	80	1.1	983.4
1980	1062.6	18.2	1071.8	79	1.4	983.6
1981	1157.9	18.1	1188.0	79	1.4	983.5
1982	1185.2	17.7	992.3	81	1.1	983.6
1983	1138.1	18.1	954.4	80	0.9	983.9
1984	1035.1	17.8	1028.7	79	1.1	983.1
1985	1004.0	17.9	997.1	79	1.3	983.3
1986	1141.4	17.8	946.1	80	1.3	984.2
1987	910.2	18.6	946.3	78	1.2	983.4
1988	1254.0	18.0	840.6	80	1.1	983.6
1989	1137.4	17.7	855.0	81	1.0	983.8
1990	956.7	18.7	1083.7	79	1.2	983.2
1991	1180.6	18.2	874.8	81	1.1	983.5
1992	987.4	18.1	975.0	78	1.6	984.0
1993	1164.3	17.8	894.6	81	1.5	984.0
1994	982.5	18.7	1063.8	80	1.4	983.2
1995	923.5	18.3	993.6	79	1.3	983.7
1996	1398.3	17.7	899.4	81	1.3	983.6
1997	898.8	18.5	943.0	79	1.4	983.8
1998	1508.0	19.2	941.9	79	1.5	983.0
1999	1305.6	18.5	833.6	81	1.5	983.2
2000	1010.9	18.2	961.1	80	1.4	983.0
2001	814.8	18.8	1050.4	78	1.6	983.3
2002	1430.6	18.8	1117.1	80	1.6	983.3
2003	1025.0	18.9	875.7	80	1.6	983.2
2004	1182.1	18.4	974.7	78	1.3	984.0
2005	1019.8	18.6	903.9	77	1.4	982.5
2006	839.6	19.2	1114.3	75	1.4	982.9
2007	1439.2	19.0	856.2	81	1.3	983.3
2008	985.3	18.6	703.8	82	1.3	983.9
2009	1198.9	19.0	943.9	80	1.4	982.8

9－4 全年气象情况（2009 年）
Statistics on the Climate of the Current Year (2009)

月 份 Month	降水量（毫米） Precipitation (mm)	平均气温（℃） Average Temperature (℃)	日照时数（时） Sunshine Hours (hour)	平均相对湿度(%) Average Relative Humidity (%)	平均风速（米/秒） Average Wind Speed (m/s)	平均气压（百帕） Average Air Pressure (100 pa)	大风日数（天） Days of Strong Wind (day)	雨日数（天） Days of Rain (day)
全 年 Total	**1198.9**	**19.0**	**943.9**	**79.8**	**1.4**	**982.8**	**28**	**149**
1	26.8	7.7	23.8	88.0	1.1	994.4		12
2	16.6	13.0	53.8	84.2	1.4	983.5		7
3	45.2	14.8	77.2	74.7	1.5	985.0	1	10
4	117.4	18.8	72.9	81.7	1.3	982.0	5	14
5	93.5	21.9	68.3	81.5	1.4	980.1	2	20
6	260.2	25.4	92.3	83.2	1.3	973.7	8	17
7	102.1	28.9	131.9	72.1	1.5	972.1	3	8
8	383.7	28.4	154.4	75.1	1.5	975.1	8	14
9	49.3	26.9	166.2	67.3	1.7	979.0	1	5
10	66.5	19.6	42.7	85.4	1.3	986.4		19
11	18.0	12.9	41.4	82.5	1.4	991.0		11
12	19.6	9.9	19.0	83.0	1.3	990.9		12

9－5 环境保护情况（2008－2009 年）
Environmental Protection (2008-2009)

项　目	Item	2008	2009
环保投资（亿元）	Investment in Environmental Protection (100 million yuan)	126.42	189.55
水资源总量（万立方米）	Total Water Resources (10 000 cu.m)	5769329	
用水总量（万立方米）	Total Use of Water (10 000 cu.m)	827731	
生活污水排放量（万吨）	Discharged Volume of Domestic Sewage (10 000 tons)	78086	81385
化学需氧量排放量（万吨）	Discharged Volume of COD (10 000 tons)	24.17	23.98
二氧化硫排放量（万吨）	Discharged Volume of SO_2 (10 000 tons)	78.24	74.61
#生活二氧化硫排放量（万吨）	Discharged Volume of SO_2 from Daily Life (10 000 tons)	15.52	15.99
饮用水源水质达标率（%）	Rate of Drinking Water Sources up to Standard (%)	100.0	100.0
工业污染治理施工项目数（个）	On-going Projects of Industrial Pollution Treatment (unit)	184	148
工业污染治理项目完成投资（万元）	Completed Investment in Projects of Industrial Pollution Treatment (10 000 yuan)	97396	70747
工业污染治理竣工项目数（个）	Completed Projects of Industrial Pollution Treatment (unit)	170	118
工业废水排放达标率（%）	Rate of Waste Water up to Discharge Standard (%)	93.5	94.3
工业固体废物综合利用率（%）	Rate of Industrial Solid Wastes Comprehensively Utilized (%)	79.1	79.8
森林覆盖率(%)	Forest Coverage(%)	34.0	35.0
自然保护区数（个）	Number of Nature Reserves (unit)	52	49
自然保护区面积（万公顷）	Area of Nature Reserves (10 000 hectares)	91.31	83.86
保护区面积占土地总面积比重（%）	Percentage of Nature Reserves to Total Land Area (%)	11.1	10.2
主城区区域环境噪声平均值（分贝）	Average Noises in Downtown (db)	54.4	54.2
主城区道路交通噪声（分贝）	Traffic Noises in Downtown (db)	67.7	67.8
主城区大气可吸入颗粒年日均值（毫克/立方米）	Annual Average Daily Inhalable Motes in Atmosphere in Downtown (mg/cu.m)	0.106	0.105
主城区二氧化硫年日均值（毫克/立方米）	Annual Average Daily SO_2 Concentration in Downtown (mg/cu.m)	0.063	0.053
主城区二氧化氮年日均值（毫克/立方米）	Annual Average Daily NO_2 Concentration in Downtown (mg/cu.m)	0.043	0.037
主城区环境空气质量优良天数比例（%）	Proportion of High Air Quality Days in Downtown (%)	81.1	83.0

注：森林覆盖率数据为 2002 年森林资源二类调查基础上的推算数，该调查一般五年一次。
Note: The data of forest coverage is calculated on the basis of Class II survey of forest resources in 2002, which is carried out every 5 years ordinarily.

9－6 工业“三废”排放处理及综合利用情况（1995－2009年）
Discharge, Treatment and Comprehensive Utilization of Waste Gas, Waste Water and Solid Wastes (1995-2009)

年 份 Year	工 业 废 水（万吨） Industrial Waste Water (10 000 tons)			工 业 废 气（万吨） Industrial Waste Gas (10 000 tons)			
	排放总量 Total Volume of Discharge	排放达标量 Volum up to Discharge Standard	排放达标率（%） Rate of Discharge up to Standard (%)	工业废气排放总量（亿标立方米） Total Volume of Industrial Waste Gas Discharged (100 million cu.m)	工业二氧化硫排放量 Volume of SO_2 Discharged	工业粉尘排放量 Volume of Industrial Dusts Discharged	工业粉尘去除量 Volume of Industrial Dusts Removed
1995	95590	57000	55.4	1979.00	71.45	22.39	25.30
1996	93889	46879	62.4	1697.00	72.16	22.36	23.43
1997	101324	67766	80.2	1794.00	71.43	33.18	22.60
1998	93997	58396	77.8	1712.76	73.64	28.65	28.92
1999	90220	58380	82.3	1839.33	75.88	26.44	33.33
2000	84344	63612	82.6	1907.90	66.42	22.01	44.61
2001	81214	66920	91.0	1856.24	56.94	21.41	37.42
2002	79872	71372	89.4	1978.89	55.18	20.31	40.18
2003	81973	73663	89.9	2276.94	59.97	22.23	33.49
2004	83031	77559	93.4	3540.86	64.11	21.98	36.76
2005	84885	79507	93.7	3654.55	68.32	21.28	37.57
2006	85866	80645	93.9	5066.96	71.08	20.01	33.48
2007	69003	63533	92.1	7616.62	68.31	18.23	39.03
2008	67027	62648	93.5	7350.73	62.72	15.33	41.70
2009	65684	61925	94.3	12586.52	58.61	10.77	59.00

年 份 Year	工业废气 Industrial Waste Gas	工 业 固 体 废 物（万吨） Industrial Solid Wastes (10 000 tons)					“三废”综合利用产品产值（万元） Output Value of Products from Comprehensive Utilization of “Three Wastes” (10 000 yuan)
	工业烟尘排放量 Volume of Industrial Fume Discharged	产生量 Produced Volume	排放量 Discharged Volume	处置量 Treated Volume	综合利用量 Comprehensively Utilized Volume	综合利用率（%） Rate of Comprehensive Utilization (%)	
1995	16.12	1092	230	68.34	467.79	50.37	31138
1996	15.76	1174	229	61.06	510.06	58.10	52037
1997	14.90	1279	273	49.16	623.00	54.27	44737
1998	14.42	1368	229	43.75	597.00	61.78	48945
1999	14.07	1512	291	42.40	655.47	64.32	80554
2000	12.18	1305	238	37.64	626.01	71.00	59593
2001	11.01	1300	168	87.85	881.64	65.30	74642
2002	11.08	1348	160	68.78	960.95	68.20	72459
2003	11.98	1336	142	73.54	967.98	68.43	71512
2004	12.53	1489	118	62.09	1093.35	70.93	79932
2005	13.13	1777	184	122.41	1329.39	72.07	81494
2006	12.76	1815	133	123.99	1367.71	73.70	108030
2007	11.59	2087	138	162.73	1623.36	76.71	165139
2008	10.10	2311	149	73.24	1850.57	79.07	238383
2009	10.87	2552	150	126.68	2076.74	79.80	274133

9－7 重点调查工业废气排放及处理情况（2009年）

行业	Sector	汇总工业企业数（个）Number of Industrial Enterprises (unit)	废气治理设施数（套）Number of Facilities for Waste Gas Treatment (set)	工业废气排放总量（亿标立方米）Total Volume of Industrial Waste Gas Discharged (100 million cu.m)
总　计	**Total**	**2925**	**3311**	**9717.08**
采矿业	**Mining and Quarrying**	**388**	**170**	**96.85**
煤炭开采和洗选业	Mining and Washing of Coal	353	143	49.97
石油和天然气开采业	Extraction of Petroleum and Natural Gas	10	6	10.88
黑色金属矿采选业	Mining and Processing of Ferrous Metal Ores	6	9	17.84
有色金属矿采选业	Mining and Processing of Non-Ferrous Metal Ores	7		1.07
非金属矿采选业	Mining and Processing of Nonmetal Ores	12	12	17.08
其他采矿业	Mining of Other Ores			
制造业	**Manufacturing**	**2459**	**3039**	**8111.97**
农副食品加工业	Processing of Food from Agricultural Products	248	40	16.41
食品制造业	Manufacture of Foods	85	35	78.59
饮料制造业	Manufacture of Beverages	97	31	15.16
烟草制品业	Manufacture of Tobacco	6	30	5.36
纺织业	Manufacture of Textile	109	65	34.92
纺织服装、鞋、帽制造业	Manufacture of Textile Wearing Apparel, Footware and Caps	3	1	0.45
皮革毛皮羽毛（绒）及其制品业	Manufacture of Leather, Fur, Feather and Related Products	12	5	0.67
木材加工及木竹藤棕草制品业	Processing of Timber, Manufacture of Wood, Bamboo, Rattan, Palm and Straw Products	9	9	1.54
家具制造业	Manufacture of Furniture	3		
造纸及纸制品业	Manufacture of Paper and Paper Products	98	88	123.72
印刷业、记录媒介的复制	Printing, Reproduction of Recording Media	14		0.12
文教体育用品制造业	Manufacture of Articles For Culture, Education and Sport Activities	1		
石油加工、炼焦及核燃料加工业	Processing of Petroleum, Coking, Processing of Nuclear Fuel	18	12	121.90
化学原料及化学制品制造业	Manufacture of Raw Chemical Materials and Chemical Products	199	345	483.45
医药制造业	Manufacture of Medicines	77	45	30.42
化学纤维制造业	Manufacture of Chemical Fibers	4	7	75.22
橡胶制品业	Manufacture of Rubber	27	24	17.94
塑料制品业	Manufacture of Plastics	28	12	55.26
非金属矿物制品业	Manufacture of Non-metallic Mineral Products	739	1554	2167.77
黑色金属冶炼及压延加工业	Smelting and Pressing of Ferrous Metals	66	193	730.53
有色金属冶炼及压延加工业	Smelting and Pressing of Nonferrous Metals	46	100	911.91
金属制品业	Manufacture of Metal Products	77	35	20.40
通用设备制造业	Manufacture of General Purpose Machinery	102	101	36.67
专用设备制造业	Manufacture of Special Purpose Machinery	26	63	2617.37
交通运输设备制造业	Manufacture of Transport Equipment	265	169	543.59
电气机械及器材制造业	Manufacture of Electrical Machinery and Equipment	48	49	15.79
通信设备、计算机及其他电子设备制造业	Manufacture of Communication Equipment, Computers and Other Electronic Equipment	15	3	2.49
仪器仪表及文化、办公用机械制造业	Manufacture of Measuring Instruments and Machinery for Cultural Activity and Office Work	26	20	3.63
工艺品及其他制造业	Manufacture of Artwork and Other Manufacturing	6	1	0.23
废弃资源和废旧材料回收加工业	Recycling and Disposal of Waste	5	2	0.48
电力、燃气及水的生产和供应业	**Production and Supply of Electric Power, Gas and Water**	**40**	**92**	**1507.83**
电力、热力的生产和供应业	Production and Supply of Electric Power and Heat Power	32	92	1507.83
燃气生产和供应业	Production and Supply of Gas			
水的生产和供应业	Production and Supply of Water	8		
其　他	**Others**	**38**	**10**	**0.43**

Waste Gas Discharge and Treatment by the Industrial Enterprises under Major Survey (2009)

燃料燃烧过程中废气排放量 Volume of Waste Gas Discharged during the Burning of Fuel	生产工艺过程中废气排放量 Volume of Waste Gas Discharged in the Process of Production	工业二氧化硫排放量（万吨） Volume of Sulphur Dioxide Discharged (10 000 ton)	工业二氧化硫去除量（万吨） Volume of Sulphur Dioxide Removed (10 000 ton)	工业烟尘排放量（万吨） Volume of Fume Discharged (10 000 ton)	工业烟尘去除量（万吨） Volume of Fume Removed (10 000 ton)	工业粉尘排放量（万吨） Volume of Dust Discharged (10 000 ton)	工业粉尘去除量（万吨） Volume of Dust Removed (10 000 ton)
3821.35	**5895.72**	**53.79**	**77.61**	**9.80**	**241.91**	**9.75**	**58.90**
74.65	**22.20**	**1.40**	**5.63**	**0.25**	**5.13**	**0.45**	**0.29**
39.57	10.40	0.81	0.56	0.15	3.57	0.30	0.06
9.03	1.86	0.16	5.03	0.02		…	
8.17	9.68	0.38		0.06	0.19	…	…
1.07		…		…			
16.81	0.27	0.04	0.04	0.01	1.37	0.15	0.23
2238.50	**5873.48**	**26.31**	**9.10**	**5.75**	**31.18**	**9.30**	**58.60**
14.57	1.84	0.30	0.01	0.22	0.22	0.04	0.02
73.83	4.76	0.56	0.95	0.13	1.87		
15.16		0.34	0.09	0.09	0.11	…	
2.31	3.05	0.05	0.01	0.01	0.10	…	0.07
34.92		0.87	0.12	0.19	0.80	0.01	0.18
0.45		…		…	…		
0.67	…	0.02	…	…	0.09	…	
1.53	0.01	0.05		0.06	0.03	0.04	…
123.60	0.12	1.74	0.56	0.23	2.47		
0.11	…	…		…			
18.11	103.78	0.73	0.15	0.04	0.04	0.03	0.17
229.49	253.96	2.68	1.47	0.57	4.25	0.16	0.35
26.87	3.55	0.83	0.73	0.15	1.08	…	0.01
68.52	6.70	2.01	0.01	0.18	1.16		
16.22	1.72	0.14	0.17	0.04	1.68	…	0.01
8.05	47.21	0.05	0.01	0.02	0.03		
1158.77	1009.00	12.52	4.07	3.26	13.31	8.60	49.86
223.61	506.91	2.61	0.39	0.30	2.02	0.32	5.71
27.48	884.43	0.35	0.34	0.10	1.72	0.03	2.07
18.29	2.11	0.09	…	0.04	0.05	…	…
21.31	15.36	0.11	0.01	0.05	0.02	0.01	0.01
1.47	2615.90	0.01		…		0.01	0.02
145.68	397.91	0.13	0.01	0.04	0.06	0.05	0.13
6.33	9.46	0.10	…	0.02	0.07	…	…
0.09	2.40	…		…	…		
0.33	3.30	…	…	…	…	…	…
0.23		0.01		…	…		
0.48		0.01	…	…	0.01	…	…
1507.83		**26.06**	**62.88**	**3.81**	**205.58**		
1507.83		26.06	62.88	3.81	205.58		
0.38	**0.05**	**0.02**		**…**	**0.02**	**…**	**…**

9－8 重点调查工业固体废物产生及处理利用情况（2009 年）

行 业	Sector	企业数（个） Number of Enterprises (unit)	工业固体废物产生量（万吨） Volume of Industrial Solid Waste Produced (10 000 tons)
总 计	**Total**	**2925**	**2327.45**
采矿业	**Mining and Quarrying**	**388**	**626.02**
煤炭开采和洗选业	Mining and Washing of Coal	353	598.84
石油和天然气开采业	Extraction of Petroleum and Natural Gas	10	…
黑色金属矿采选业	Mining and Processing of Ferrous Metal Ores	6	3.50
有色金属矿采选业	Mining and Processing of Non-Ferrous Metal Ores	7	16.89
非金属矿采选业	Mining and Processing of Nonmetal Ores	12	6.79
其他采矿业	Mining of Other Ores		
制造业	**Manufacturing**	**2459**	**821.15**
农副食品加工业	Processing of Food from Agricultural Products	248	3.57
食品制造业	Manufacture of Foods	85	8.53
饮料制造业	Manufacture of Beverages	97	12.82
烟草制品业	Manufacture of Tobacco	6	0.72
纺织业	Manufacture of Textile	109	5.67
纺织服装、鞋、帽制造业	Manufacture of Textile Wearing Apparel, Footware and Caps	3	0.02
皮革毛皮羽毛（绒）及其制品业	Manufacture of Leather, Fur, Feather and Related Products	12	0.14
木材加工及木竹藤棕草制品业	Processing of Timber, Manufacture of Wood, Bamboo, Rattan, Palm and Straw Products	9	0.36
家具制造业	Manufacture of Furniture	3	0.05
造纸及纸制品业	Manufacture of Paper and Paper Products	98	28.12
印刷业、记录媒介的复制	Printing, Reproduction of Recording Media	14	0.04
文教体育用品制造业	Manufacture of Articles For Culture, Education and Sport Activities	1	…
石油加工、炼焦及核燃料加工业	Processing of Petroleum, Coking, Processing of Nuclear Fuel	18	4.19
化学原料及化学制品制造业	Manufacture of Raw Chemical Materials and Chemical Products	199	255.05
医药制造业	Manufacture of Medicines	77	9.33
化学纤维制造业	Manufacture of Chemical Fibers	4	24.28
橡胶制品业	Manufacture of Rubber	27	5.66
塑料制品业	Manufacture of Plastics	28	0.43
非金属矿物制品业	Manufacture of Non-metallic Mineral Products	739	184.09
黑色金属冶炼及压延加工业	Smelting and Pressing of Ferrous Metals	66	193.54
有色金属冶炼及压延加工业	Smelting and Pressing of Nonferrous Metals	46	59.35
金属制品业	Manufacture of Metal Products	77	1.84
通用设备制造业	Manufacture of General Purpose Machinery	102	7.29
专用设备制造业	Manufacture of Special Purpose Machinery	26	2.01
交通运输设备制造业	Manufacture of Transport Equipment	265	12.97
电气机械及器材制造业	Manufacture of Electrical Machinery and Equipment	48	0.85
通信设备、计算机及其他电子设备制造业	Manufacture of Communication Equipment, Computers and Other Electronic Equipment	15	0.04
仪器仪表及文化、办公用机械制造业	Manufacture of Measuring Instruments and Machinery for Cultural Activity and Office Work	26	0.07
工艺品及其他制造业	Manufacture of Artwork and Other Manufacturing	6	0.06
废弃资源和废旧材料回收加工业	Recycling and Disposal of Waste	5	0.06
电力、燃气及水的生产和供应业	**Production and Supply of Electric Power, Gas and Water**	**40**	**879.48**
电力、热力的生产和供应业	Production and Supply of Electric Power and Heat Power	32	879.43
燃气生产和供应业	Production and Supply of Gas		
水的生产和供应业	Production and Supply of Water	8	0.05
其 他	**Others**	**38**	**0.79**

Generation, Treatment and Utilization of Solid Wastes of the Industrial Enterprises under Major Survey (2009)

#危险废物产生量 Volume of Hazardous Wastes Produced	工业固体废物综合利用量（万吨） Volume of Industrial Solid Wastes Comprehensively Utilized (10 000 tons)	工业固体废物贮存量（万吨） Volume of Industrial Solid Wastes in Stock (10 000 tons)	工业固体废物处置量（万吨） Volume of Industrial Solid Wastes Treated (10 000 tons)	工业固体废物排放量（万吨） Volume of Industrial Solid Wastes Discharged (10 000 tons)	“三废”综合利用产品产值（万元） Output Value of Products from Comprehensive Utilization of Waste Water, Waste Gas and of Solid Wastes (10 000 yuan)
14.68	**1889.13**	**251.50**	**103.07**	**134.50**	**274557**
	514.22	**22.51**	**5.90**	**99.89**	**13626**
	490.67	22.51	5.63	96.53	12900
	…		…		297
	2.62	…	…	0.88	105
	16.84			0.05	60
	4.08		0.27	2.44	263
13.50	**595.51**	**105.98**	**87.34**	**34.60**	**220772**
	2.69		0.23	0.65	671
	8.33		0.15	0.06	518
…	11.11	0.20	…	1.52	2236
	0.62		0.03	0.07	3
…	5.65		0.01	0.01	186
	0.02				11
	0.14				3
	0.36			…	112
	0.02		0.03		
	26.67	1.43	0.01	0.02	5320
…	0.03		0.01		56
	…				
…	4.18		0.01		440
5.24	156.35	31.54	66.90	0.26	26294
0.39	8.21	0.10	0.94	0.09	10566
6.05	23.60		0.68		1455
…	5.26		0.40		618
0.02	0.40		0.02		539
…	167.62	…	0.66	16.43	144844
0.40	124.42	69.38	0.24	1.15	6519
0.36	27.27	3.31	14.88	13.88	1763
0.13	1.62	0.01	0.22		1292
0.03	7.06		0.18	0.05	832
0.07	1.87		0.14		4252
0.76	11.09	…	1.51	0.37	11427
0.02	0.77	…	0.07		308
…	0.02		0.01		27
…	0.05	…	0.01		300
	0.01			0.05	180
	0.06				
1.17	**778.64**	**123.02**	**9.80**		**39304**
1.17	778.60	123.02	9.80		39304
…	0.04	…			
0.01	**0.76**		**0.03**		**856**

9－9 重点调查工业废水排放及处理情况（2009年）

Waste Water Discharge and Treatment by the Industrial Enterprises under Major Survey (2009)

单位：万吨 (10 000 tons)

行业	Sector	企业数（个） Number of Enterprises (unit)	工业废水排放总量 Total Volume of Waste Water Discharged	#工业废水排放达标量 Volume of Up-to-Standard Waste Water	废水治理设施数（套） Number of Facilities for Waste Water Control (set)
总　计	**Total**	**2925**	**60940.65**	**57548.74**	**1660**
采矿业	**Mining and Quarrying**	**388**	**7422.54**	**6497.70**	**178**
煤炭开采和洗选业	Mining and Washing of Coal	353	6662.81	5758.38	163
石油和天然气开采业	Extraction of Petroleum and Natural Gas	10	173.17	171.70	7
黑色金属矿采选业	Mining and Processing of Ferrous Metal Ores	6	69.76	69.76	4
有色金属矿采选业	Mining and Processing of Non-Ferrous Metal Ores	7	143.81	125.00	
非金属矿采选业	Mining and Processing of Nonmetal Ores	12	372.99	372.86	4
其他采矿业	Mining of Other Ores				
制造业	**Manufacturing**	**2459**	**45080.41**	**42767.75**	**1397**
农副食品加工业	Processing of Food from Agricultural Products	248	1586.82	1100.09	88
食品制造业	Manufacture of Foods	85	2649.89	2558.50	49
饮料制造业	Manufacture of Beverages	97	974.46	821.98	64
烟草制品业	Manufacture of Tobacco	6	208.70	208.68	3
纺织业	Manufacture of Textile	109	2896.33	2471.11	56
纺织服装、鞋、帽制造业	Manufacture of Textile Wearing Apparel, Footware and Caps	3	13.29	13.15	2
皮革毛皮羽毛（绒）及其制品业	Manufacture of Leather, Fur, Feather and Related Products	12	298.72	243.71	7
木材加工及木竹藤棕草制品业	Processing of Timber, Manufacture of Wood, Bamboo, Rattan, Palm and Straw Products	9	45.07	42.92	5
家具制造业	Manufacture of Furniture	3	6.55	4.40	1
造纸及纸制品业	Manufacture of Paper and Paper Products	98	6199.25	5779.97	92
印刷业、记录媒介的复制	Printing, Reproduction of Recording Media	14	25.01	22.66	7
文教体育用品制造业	Manufacture of Articles For Culture, Education and Sport Activities	1	0.24	0.14	1
石油加工、炼焦及核燃料加工业	Processing of Petroleum, Coking, Processing of Nuclear Fuel	18	79.88	39.88	17
化学原料及化学制品制造业	Manufacture of Raw Chemical Materials and Chemical Products	199	13881.61	13764.15	205
医药制造业	Manufacture of Medicines	77	2392.22	2346.35	64
化学纤维制造业	Manufacture of Chemical Fibers	4	1489.93	1489.51	3
橡胶制品业	Manufacture of Rubber	27	158.59	158.48	16
塑料制品业	Manufacture of Plastics	28	72.60	49.84	15
非金属矿物制品业	Manufacture of Non-metallic Mineral Products	739	1889.13	1746.95	136
黑色金属冶炼及压延加工业	Smelting and Pressing of Ferrous Metals	66	3078.82	3070.93	83
有色金属冶炼及压延加工业	Smelting and Pressing of Nonferrous Metals	46	836.01	833.34	48
金属制品业	Manufacture of Metal Products	77	820.32	782.92	49
通用设备制造业	Manufacture of General Purpose Machinery	102	336.36	324.72	75
专用设备制造业	Manufacture of Special Purpose Machinery	26	1757.77	1756.17	26
交通运输设备制造业	Manufacture of Transport Equipment	265	2973.66	2769.12	201
电气机械及器材制造业	Manufacture of Electrical Machinery and Equipment	48	225.96	200.74	39
通信设备、计算机及其他电子设备制造业	Manufacture of Communication Equipment,Computers and Other Electronic Equipment	15	54.58	52.77	14
仪器仪表及文化、办公用机械制造业	Manufacture of Measuring I nstruments and Machinery for Cultural Activity and Office Work	26	66.59	65.45	23
工艺品及其他制造业	Manufacture of Artwork and Other Manufacturing	6	17.24	6.13	4
废弃资源和废旧材料回收加业	Recycling and Disposal of Waste	5	44.80	43.00	4
电力、燃气及水的生产和供应业	**Production and Supply of Electric Power, Gas and Water**	**40**	**7690.24**	**7554.67**	**53**
电力、热力的生产和供应业	Production and Supply of Electric Power and Heat Power	32	7151.85	7018.28	50
燃气生产和供应业	Production and Supply of Gas				
水的生产和供应业	Production and Supply of Water	8	538.39	536.39	3
其　他	**Others**	**38**	**747.45**	**728.62**	**32**

9－10 工业污染治理项目及投资情况（2008－2009 年）
Industrial Pollution Treatment Projects and Investment (2008-2009)

项 目	Item	2008	2009
企业数（个）	**Number of Enterprises (unit)**	**147**	**119**
施工项目数（个）	**Number of Projects under Construction (unit)**	**184**	**148**
治理废水	Treatment of Waste Water	70	63
治理废气	Treatment of Waste Gas	86	66
治理固体废物	Treatment of Solid Wastes	7	4
治理噪声	Treatment of Noise Pollution	8	9
治理其他	Treatment of Other Pollution	13	6
资金来源合计（万元）	**Total Funds (10 000 yuan)**	**97396**	**70747**
国家预算内资金	National Budgetary Assets	2408	3555
环境保护补助资金	Environmental Protection Subsidies	3179	3724
环保贷款	Loans for Environmental Protection	18031	1925
其 他	Others	73778	61543
资金使用合计（万元）	**Total Expenditures (10 000 yuan)**	**97396**	**70747**
治理废水	Treatment of Waste Water	34832	28813
治理废气	Treatment of Waste Gas	48838	37522
治理固体废物	Treatment of Solid Wastes	4476	590
治理噪声	Treatment of Noise Pollution	3057	676
治理其他	Treatment of Other Pollution	6193	3146
本年竣工项目数（个）	**Number of Projects Completed in Current Year (unit)**	**170**	**118**
当年竣工项目新增设计处理利用“三废”能力	**Newly Added Designed Capacity of the Projects Completed in Current Year for the Treatment and Utilization of "Three Wastes"**		
废水（吨/日）	Waste Water (ton/day)	181413	257544
废气（万标立方米/时）	Waste Gas (10 000 cu.m/hour)	969	482
固体废物（吨/日）	Solid Wastes (ton/day)	1105	

9－11 生活污染物排放情况（2008－2009 年）
Discharge of Domestic Pollutants (2008-2009)

项 目	Item	2008	2009
生活污水排放量（万吨）	Volume of Domestic Waste Water Discharged (10 000 tons)	78086	81385
生活污水中化学需氧量排放量（吨）	Discharge of CCD in Domestic Waste Water (ton)	140472	139507
生活二氧化硫排放量（吨）	Discharge of Sulfur Dioxide from Daily Life (ton)	155162	159975
生活烟尘排放量（吨）	Discharge of Dust from Daily Life (ton)	83337	81900

主要统计指标解释

自然资源 指人类可以直接从自然界获得，并用于生产和生活的物质资源。自然资源一般可以分成可再生资源和非再生资源两大类。可再生资源指在较短时间内可以再生、可以循环利用的资源，包括土地资源、水资源、气候资源、生物资源和海洋资源等。非再生资源指在使用后不能再生的资源，包括矿产资源和地热能源。

土地资源 土地指陆地的表层部分，它主要由岩石、岩石的风化物和土壤构成。土地资源按利用类型可以分为农用地、建筑用地和未利用地。农用地包括耕地、园地、林地、牧草地和水面。建筑用地包括居民点及工矿用地、交通用地和水利设施用地。未利用地指农用地和建筑用地以外的土地，包括滩涂、荒漠、戈壁、冰川和石山等。

耕地面积 指经过开垦用以种植各种农作物并经常进行耕耘的土地面积，包括种有作物的土地面积、休闲地、新开荒地和抛荒未满三年的土地面积。

林业用地面积 指生长乔木、竹类、灌木、沿海红树林等林木的土地面积，包括有林地、灌木林、疏林地、未成林造林地、迹地、苗圃等。

草地面积 指牧区和农区用于放牧牲畜或割草，植被盖度在5%以上的草原、草坡、草山等面积。包括天然的和人工种植或改良的草地面积。

森林资源 指森林、林木、林地以及依托森林、林木、林地生存的野生动物、植物和微生物。林木指树木和竹子。森林指以乔木为主体的植物群落，是集生的乔木及与共同作用的植物、动物、微生物和土壤、气候等的总体。

活立木总蓄积量 指一定范围内土地上全部树木蓄积的总量，包括森林蓄积、疏林蓄积、散生木蓄积和四旁（村旁、路旁、水旁、宅旁）树蓄积。

森林面积 指由乔木树种构成，郁闭度0.2以上（含0.2）的林地或冠幅宽度10米以上的林带的面积，即有林地面积。森林面积包括天然起源和人工起源的针叶林面积、阔叶林面积、针阔混交林面积和竹林面积，不包括灌木林地面积和疏林地面积。

森林蓄积量 指一定森林面积上存在着的林木树干部分的总材积。它是反映一个国家或地区森林资源总规模和水平的基本指标之一，也是反映森林资源的丰富程度、衡量森林生态环境优劣的重要依据。

森林覆盖率 指一个国家或地区森林面积占土地面积的百分比。森林覆盖率是反映森林资源的丰富程度和生态平衡状况的重要指标。在计算森林覆盖率时，森林面积包括郁闭度0.2以上的乔木林地面积和竹林地面积、国家特别规定的灌木林地面积、农田林网以及四旁（村旁、路旁、水旁、宅旁）林木的覆盖面积。计算公式为：

森林覆盖率（%）=森林面积/土地总面积×100%

水资源 水在自然界中以固体、液体和气态三种聚集状态存在，分布于海洋、陆地（包括土壤）以及大气之中，通过水循环形成水资源。水资源包括经人类控制并直接可供灌溉、发电、给水、航运、养殖等用途的地表水和地下水，以及江河、湖泊、井、泉、潮汐、港湾和养殖水域等。水资源是发展国民经济不可缺少的重要自然资源。

地表水和地下水 陆地上的水因空间分布不同，可以分为地表水和地下水。地表水指分别存在于河流、湖泊、沼泽、冰川和冰盖等水体中水分的总称，又称陆地水。地下水指储存在地面以下饱和岩土孔隙、裂隙及溶洞中的水。

径流 指大气降水扣除损耗外，从地表和地下向流域出口断面汇集的水流。径流可分为地表径流、地下径流和壤中流。地表径流指沿地表向河流、湖泊、沼泽、海洋等汇集的水流；地下径流指沿潜水层或隔水层间的含水层，向河流、湖泊、沼泽、海洋等汇集的地下水水流。

径流量 指在一定时段内通过河流某一过水断面的水量，用以反映一个国家或地区水资源的丰歉程度。计算公式为：径流量=降水量－蒸发量

矿产资源 矿产指由地质作用形成，具有利用价值的，呈固态、液态、气态的自然资源，是社会生产发展的重要物质基础。目前我国已发现矿种有 170 多种，按其特点和用途，可分为能源矿产（如煤炭、石油、天然气、地热）、金属矿产（如铁矿、锰矿、铜矿、铅矿、铝土矿）、非金属矿产（如金刚石、石灰石、粘土）和水气矿产（如地下水、矿泉水、二氧化碳气）四大类。其中：金属矿产按其物质成份和性质又可分为：黑色金属矿产、有色金属矿产、贵金属矿产、稀有金属矿产、稀土金属矿产、分散元素金属矿产六类。

矿产基础储量 基础储量是查明矿产资源的一部分。它能满足现行采矿和生产所需的指标要求，是控制的、探明的并通过可行性或预可行性研究认为属于经济的、边界经济的部分，用未扣除设计、采矿损失的数量表示。

气候 指地球与大气之间长期能量交换与质量交换所形成的一种自然环境状态，它是多种因素综合作用的结果。气候既是人类生活和生产的环境要素之一，又是供给人类生活和生产的重要资源。气温、降水、湿度等气象要素的多年平均值是用来描述一个地区气候状况的主要参数，而各种气象要素某年、某月的平均值（或总量）则可以反映出该时期天气气候状况的重要特征。

气温 指空气的温度，我国一般以摄氏度（℃）为单位表示。气象观测的温度表是放在离地面约 1.5 米处通风良好的百叶箱里测量的，因此，通常说的气温指的是离地面 1.5 米处百叶箱的温度。其统计计算方法为：

月平均气温是全月各日的平均气温相加，除以该月的天数而得。

年平均气温是将 12 个月的月平均气温累加后除以 12 而得。

相对湿度 指空气中实际所含水蒸气密度和同温度下饱和水蒸气密度的百分比值。其统计方法与气温相同。

降水量 指从天空降落到地面的液态或固态（经融化后）水，未经蒸发、渗透、流失而在地面上积聚的深度。其统计计算方法为：

月降水量是将全月各日的降水量累加而得。

年降水量是将 12 个月的月降水量累加而得。

日照时数 指太阳实际照射地面的时间。其统计方法与降水量相同。

化学需氧量(COD)排放量 为工业废水中 COD 排放量与生活污水中 COD 排放量之和。化学需氧量指用化学氧化剂氧化水中有机污染物时所需的氧量。一般利用化学氧化剂将废水中可氧化的物质（有机物、亚硝酸盐、亚铁盐、硫化物等）氧化分解，然后根据残留的氧化剂的量计算出氧的消耗量，来表示废水中有机物的含量，反映水体有机物污染程度。COD 值越高，表示水中有机污染物污染越重。

二氧化硫排放量 指报告期内工业 SO_2 排放量与生活 SO_2 排放量之和。

工业废水排放量 指经过企业厂区所有排放口排到企业外部的工业废水量。包括生产废水、外排的直接冷却水、超标排放的矿井地下水和与工业废水混排的厂区生活污水，不包括外排的间接冷却水（清污不分流的间接冷却水应计算在内）。

工业废水排放达标量 指报告期内废水中各项污染物指标都达到国家或地方排放标准的外排工业废水量，包括未经处理外排达标的，经废水处理设施处理后达标排放的，以及经污水处理厂处理后达标排放的。

工业废气排放量 指报告期内企业厂区内燃料燃烧和生产工艺过程中产生的各种排入空气的含有污染物的气体的总量，以标准状态（273K，101325Pa）计算。测算公式为：

工业废气排放量=燃料燃烧过程中废气排放量+生产工艺过程中废气排放量

工业二氧化硫排放量 指报告期内企业在燃料燃烧和生产工艺过程中排入大气的SO_2总量，计算公式为：

工业SO_2排放量=燃料燃烧过程中SO_2排放量+生产工艺过程中SO_2排放量

工业烟尘排放量 指企业厂区内的燃料燃烧过程中产生的烟气中夹带的颗粒物排放量。

工业粉尘排放量 指企业在生产工艺过程中排放的能在空气中悬浮一定时间的固体颗粒物排放量。如钢铁企业的耐火材料粉尘、焦化企业的筛焦系统粉尘、烧结机的粉尘、石灰窑的粉尘、建材企业的水泥粉尘等。不包括电厂排入大气的烟尘。

工业固体废物产生量 指报告期内企业在生产过程中产生的固体状、半固体状和高浓度液体状废弃物的总量，包括危险废物、冶炼废渣、粉煤灰、炉渣、煤矸石、尾矿、放射性废物和其他废物等；不包括矿山开采的剥离废石和掘进废石（煤矸石和呈酸性或碱性的废石除外）。酸性或碱性废石是指采掘的废石其流经水、雨淋水的ＰＨ值小于 4 或ＰＨ值大于 10.5 者。

工业固体废物综合利用量 指报告期内企业通过回收、加工、循环、交换等方式，从固体废物中提取或者使其转化为可以利用的资源、能源和其他原材料的固体废物量（包括当年利用往年的工业固体废物累计贮存量），如用作农业肥料、生产建筑材料、筑路等。综合利用量由原产生固体废物的单位统计。

工业固体废物贮存量 指报告期内企业以综合利用或处置为目的，将固体废物暂时贮存或堆存在专设的贮存设施或专设的集中堆存场所内的数量。专设的固体废物贮存场所或贮存设施必须有防扩散、防流失、防渗漏、防止污染大气、水体的措施。

工业固体废物处置量 指报告期内企业将固体废物焚烧或者最终置于符合环境保护规定要求的场所，并不再回取的工业固体废物量（包括当年处置往年的工业固体废物累计贮存量）。处置方法有填埋（其中危险废物应安全填埋）、焚烧、专业贮存场（库）封场处理、深层灌注、回填矿井及海洋处置（经海洋管理部门同意投海处理）等。

工业固体废物排放量 指报告期内企业将所产生的固体废物排到固体废物污染防治设施、场所以外的数量，不包括矿山开采的剥离废石和掘进废石（煤矸石和呈酸性或碱性的废石除外）。

“三废”综合利用产品产值 指报告期内利用“三废”（废液、废气、废渣）作为主要原料生产的产品产值（现行价），已经销售或准备销售的应计算产品产值，留作生产上自用的不应计算产品产值。

城镇生活污水排放量 指城镇居民每年排放的生活污水。用人均系数法测算。测算公式为：

城镇生活污水排放量=城镇生活污水排放系数×市镇非农业人口×365

生活及其他烟尘排放量 指除工业生产活动以外的所有社会、经济活动及公共设施的经营活动中燃烧所排放的烟尘纯重量。以生活及其他煤炭消费量为基础进行测算。

Explanatory Notes on Main Statistical Indicators

Natural Resources refer to material resources that could be obtained from the nature by human being and used for production and living. Natural resources in general can be classified as renewable resources and non-renewable resources. Renewable resources refer to resources that could be renewed and recycled during a relatively short period of time, including land resource, water resource, climate resource, biology resource and marine resource. Non-renewable resources include resources that could not be renewed, such as minerals and geothermal resource.

Land Resource Land refers to the surface of the earth, consisting of mainly rocks and its weathering and earth. Land resource can be classified, by its utilization, as land for agriculture, land for construction and unused land. Land for agriculture included cultivated land, plantation land, forestland, grassland and waters. Land for construction includes land for residential purpose, for manufacturing and mining, for transportation and for water-conservancy projects. Unused land refers to land other than land for agriculture and construction, including beaches, deserts, Gobi glaciers and rock mountains.

Area of Cultivated Land refers to area of land reclaimed for the regular cultivation of various farm crops, including crop-cover land, fallow, newly reclaimed land and land laid idle for less than 3 years.

Area of Afforestated Land refers to area for Land for trees bamboo, bushes and mangrove, including forest-covered land, bush-covered land, sparse forest land, land planned for afforestation and nurseries of young trees.

Area of Grassland refers to areas of grassland, grass-slopes and grass-covered hills with a vegetation-covering rate of over 5% that are used for animal husbandry or harvesting of grass. It includes natural, cultivated and improved grassland areas.

Forest Resource refers to forests, trees, forestland and wild animals, plants and microorganism that live on forest and trees. Trees include trees and bamboo. Forest refers to the population of clusters of trees and other plants, animals and microorganism as well as the earth and climate that have interactions with the trees.

Total Standing Stock Volume refers to the total stock volume of trees growing in land, including trees in forest, tress in sparse forest, scattered trees and trees planted by the side of villages, farm houses and along roads and rivers.

Forest Area refers to the area of forest where trees and bamboo grow with canopy density above 0.2, including land of natural woods and planted woods, but excluding bush land and thin forest land. It reflects the total areas of afforestation.

Stock Volume of Forest refers to total stock volume of wood growing in forest area, which shows the total size and level of forest resources of a country or a region. It is also an important indicator illustrating the richness of forest resource and the status of forest ecological environment.

Forest Coverage Rate refers to the ratio of area of afforested land to total land area. It is a very important indicator that reflects the status of abundance of forest resource and balance of the ecosystem. Forest area includes the area of trees and bamboo grow with canopy density above 0.2, the area of shrubby tree according to regulations of the government, the area of forest land inside farm land and the area of trees planted by the side of villages, farm houses and along roads and rivers.The formula for calculating forest coverage rate is as follows.

Forestry coverage rate (%) = (Area of Afforested Land / Area of Total Land) × 100%

Water Resource Water exists in the nature in solid, liquid and gaseous states, is distributed in the ocean, land (including earth) and air, and constitutes the water resource through the circulation of water. Water resource includes the surface water and ground water that is controlled by the human being for irrigation, power-generation, water supply, navigation and cultivation. It also includes rivers, Lakes, wells, springs, tides, and gulf and water area for cultivation. Water resource as an important natural resource is indispensable for the development of the national economy.

Surface Water and Ground Water Water on earth can be divided into surface water and ground water according to its distribution. Surface water refers to moisture exists in rivers, lakes, swamps, glaciers, icecaps and so on. It is also called land water. The underground water refers to water deposited under-ground in the cranny and the hole of saturated rock soil and in water-eroded cave.

Runoff refers to the water gathered at the way out of the cross section of drainage area either from the surface or underground after deducting the wastage of the precipitation. Runoff can be divided into surface runoff, underground runoff and within soil runoff. Surface runoff refers to water flow to the rivers, lakes, swamps, and seas on the surface of the earth. Underground runoff refers to water flow to rivers, swamps, and seas through the water-bearing stratum of confined layer or unconfined layer.

Volume of Runoff refers to the total volume of water running through a certain cross section of a river during a certain period of time, reflecting the water resource condition in a country or a region. The formula for calculating volume or runoff is as follows: *Runoff=Precipitation-Evaporation*

Mineral Resources refer to useful minerals, with solid state, liquid state, gaseity, due to the geological process. Minerals are important natural resources, and important material base for social development. At present, there are more than 170 types of minerals discovered in China. They can be categorized into four groups: energy producing minerals (including coal, petroleum, natural gas and terrestrial heat), metallic minerals (including iron, manganese, copper, lead and bauxite), non metallic minerals (including diamond, limestone and clay), and water/gas related minerals (including ground water, mineral water and carbon dioxide). Metallic minerals can be further classified as ferrous, non-ferrous, noble metal, rare metal, rare earth metal and dispersed metals.

Ensured Mineral Reserves refer to the actual mineral reserves, which equal to the proven mineral reserves (including industrial reserves and prospective reserves) minus extracted parts and underground losses.

Climate refers to the natural environmental status formed by the long-time exchange of energy and mass between the earth and the atmosphere, and is the result of interaction of many factors. Climate is both one of the environment factors and also the important resources for the living and production activities of the human being. The average values across several years of meteorological factors such as temperature, rainfall and humidity are used as important parameters to describe the climate of a region, while the average values (or total values) of a given year of month of meteorological factors reflect the key characteristics of climate for that period of time.

Temperature refers to the air temperature. China uses centigrade (°C) as the unit. The thermometry used for weather observation is put in a breezy shutter, which is 1.5 meters high from the ground. Therefore, the commonly used temperature refers to the temperature in the breezy shutter 1.5 meters away from the ground. The calculation method is as follows:

Monthly average temperature is the summation of average daily temperature of one month divided by the actual days of that particular month.

Annual average temperature is the summation of monthly average of a year divided by 12 months.

Relative Humidity refers to the ratio of actual water vapor pressure to the saturation water vapor pressure under the current temperature. The calculation method is the same as that of temperature.

Volume of Precipitation refers to the deepness of liquid state of solid state (thawed) water falling from the sky to the ground that has not been evaporated, infiltrated or run off. The calculation method is as follows:

Monthly precipitation is the summation of daily precipitation of a month.

Annual precipitation is the summation of 12 months' precipitation of a year.

Sunshine Hours refer to the actual hours of sun irradiating the earth. The calculation method is the same as that of the precipitation.

COD Emission refers to the total volume of COD emitted from industrial activities and life activities.COD refers to the amount of oxygen required when chemical oxidants are used to oxidize organic pollutants in water. Chemical oxidants are used to oxidize possible material in water, such as organic material, nitrite, ferrous salt, sulfide and so on. Then according to residual amount of oxidants to calculate consumption of oxygen, it is said that how much organic pollutants are in water. A higher value of COD corresponds to more serious pollution by organic pollutants.

SO_2 Emission refer to the total volume of SO_2 emitted from industrial activities and life activities within a given period of time.

Volume of Industrial Waste Water Discharged refers to the volume of industrial waste water discharged, through all outlets, to the outside of industrial enterprises, including waste water produced, direct - cooling water, underground water from mines that does not meet the standard of discharge, and the domestic sewage mixed up with industrial waste water when discharged, but excluding discharged indirect - cooling water.

Volume of Waste Water up to the Standard for Discharge refers to the volume of discharged industrial wastewater that, with or without treatment, has come up to the national or local standards for discharge.

Industrial Waste Air Emission refers to discharge into atmosphere of waste air containing pollutants generated from fuel burning and production process in enterprises within a given period of time. It is calculated at standard status (273K, 101325Pa) as:

Industrial waste air emission = emission through fuel burning + emission through production process

Industrial SO_2 Emission refers to volume of sulphur dioxide emission from fuel burning and production process in premises of enterprises for a given period of time. Its calculation formula is:

Industrial SO_2 Emission = SO_2 Emission from fuel burning + SO_2 Emission from production process

Industrial Soot Emission refers to volume of soot in smoke emitted in process of fuel burning in premises of enterprises.

Industrial Dust Emission refers to volume of dust emitted by production process of enterprises and suspended in the air for a given period of time, including dust from refractory material of iron and steel works, dust from coke-screening systems and sintering machines of coke plants, dust from lime kilns and dust from cement production in building material enterprises, but excluding soot and dust emitted from power plants.

Volume of Industrial Solid Wastes Produced refers to total volume of solid, semi-solid and high concentration liquid residues produced by industrial enterprises from production process in a given period of time, including hazardous wastes, slag, coal ash, gangue, tailings, radioactive residues and other wastes, but excluding stones stripped or dug out in mining (gangue and acid or alkaline stones not included). A stone is acid or alkaline depending on the pH value of the water below 4 or above 10.5 when the stone is in or soaked by the water.

Volume of Industrial Solid Wastes Utilized in a Comprehensive Way refers to volume of solid wastes from which useful materials can be extracted or which can be converted into usable resources, energy or other materials by means of reclamation, processing, recycling and exchange (including utilizing in the year the stocks of industrial solid wastes of the previous year). Examples of such utilizations include fertilizers, building materials and road materials. The information shall be collected by the producing units of the wastes.

Volume of Industrial Solid Wastes Stored up refers to the volume of industrial solid wastes temporarily stored up or piled with special facilities or piled in the special sites for the purpose of utilization or treatment in future. The special facilities or special sites for storing up solid wastes should have the measures against spreading or being washed away to other places, permeating the soil or causing air pollution or water contamination.

Volume of Industrial Solid Wastes Treated refers to quantity of industrial solid wastes which are burnt or placed ultimately in the sites meeting the requirements for environmental protection and not salvaged or recycled (including disposition in the year of those wastes of previous years). The disposition includes landfill (Safe landfills should be conducted for hazardous wastes), incineration, containment spaces, deep underground disposal, backfill in mining pits and disposal at sea (accepted by management of sea).

Volume of Industrial Solid Wastes Discharged refers to volume of industrial solid wastes discharged by producing enterprises to disposal facilities or to other sites. The wastes exclude stones stripped or dug from mining (gangue and acid or alkaline waste stones not included).

Output Value of Products Made from Utilization of Waste Gas, Waste Water and Industrial Solid Wastes refers to the value of products (calculated at current prices) made by industrial enterprises using recovered waste water, waste gas or solid wastes as main raw materials. Only the value of the products, which have been sold or are ready, to be sold should be included. The value of the products, which will be used in the production of the enterprises, should not be included.

Urban Consumption Waste Water Discharge refers to annual discharge of consumption waste water by urban households. Its calculation formula is:

Discharge = Discharge of Consumption Wastewater by Urban Households × Urban Non-agricultural Population × 365

Soot Emission by Consumption and Others refers to net volume of soot emitted by fuel burning from all social and economic activities and operation of public facilities other than industrial activities. It is calculated on the basis of coal consumption by households and others.

10

要素市场

Markets Of Key Factors

简要说明 Brief Introduction

本章资料中的国有土地使用权出让与划拨、城市房产市场交易情况由市统计局固定资产投资处根据市国土资源和房屋管理局资料整理提供，亿元以上商品市场由市统计局贸易外经处提供，技术市场由市统计局社会科技处根据市科学技术委员会资料整理提供，人才市场、劳动力市场和证券市场情况由市统计局综合处根据市人才交流服务中心、市就业服务管理局、市发展和改革委员会和重庆证监局资料整理编辑。

货币流通、保险业务和有价证券的相关资料详见第十七章金融。

The data on transaction and allotment of the right to use the state-owned land and the real estate markets in urban areas are sorted and compiled by Division of Statistics of Investment in Fixed Assets, Chongqing Municipal Bureau of Statistics on the basis of the data provided by Chongqing Administration of Land, Resources and Housing; the data of the transaction of the commodity markets with transaction value over 100 million yuan are provided by Division of Trade and External Economic Relations Statistics, Chongqing Municipal Bureau of Statistics; the data of transactions of technology exchanges are provided by Division of Social and Technology Statistics, Chongqing Municipal Bureau of Statistics on the basis of the data from Chongqing Science and Technology Commission; the data of the human resource markets, labor force markets and securities markets are sorted and compiled by Division of Comprehensive Statistics, Chongqing Municipal Bureau of Statistics on the basis of the data from Chongqing Human Resource Exchanges Service Center, Chongqing Administration of Employment Services, Chongqing Development and Reform Commission and China Securities Regulatory Commission Chongqing Bureau.

See Chapter 17 Financial Intermediation for the data on currency, insurance and securities.

10－1 国有土地使用权出让与划拨情况（2008－2009 年）
Transactions and Allotment of the Right to Use the State-owned Land (2008-2009)

指 标	Item	2008	2009
土地使用权出让	**Transaction of Right to Use State-owned Land**		
地块（宗）	Land Parcel (parcel)	1295	1060
面积（公顷）	Land Area (hectare)	3088.32	3814.54
出让价款（亿元）	Value of Transaction (100 million yuan)	322	544
土地使用权划拨	**Allotment of Right to Use State-owned Land**		
地块（宗）	Land Parcel (parcel)	728	840
面积（公顷）	Land Area (hectare)	2395.72	5545.33

10－2 城市房产市场交易情况（2008－2009 年）
Real Estate Markets in Urban Area (2008-2009)

指 标	Item	2008	2009
房产转让	**Housing Transactions**		
成交面积（万平方米）	Area of Transactions (10 000 sq.m)	1496.82	2757.08
#住宅	Residential Buildings	1319.74	2521.45
#商品房	Commercialized Buildings	1220.70	2258.65
存量房	Buildings in Stock	276.12	498.43
成交金额（亿元）	Total Value of Transactions (100 million yuan)	556.91	1109.81
#住宅	Residential Buildings	469.50	981.13
#商品房	Commercialized Buildings	491.55	975.94
存量房	Buildings in Stock	65.36	133.87
房产抵押	**Housing Mortgage**		
面积（万平方米）	Area (10 000 sq.m)	4102.50	
担保金额（亿元）	Amount Assured (100 million yuan)	1464.27	

注：本表为主城九区的数据。
Note:The table above shows the data of the 9 urban district.

10－3　亿元以上商品市场交易情况（2008－2009年）
Transactions of Commodity Markets with Transaction Value over 100 Million Yuan (2008-2009)

单位：万元　　(10 000 yuan)

指　标	Item	摊位数量（个） Number of Stands (unit)		总成交额 Total Volume of Transactions	
		2008	2009	2008	2009
合　计	**Total**	**67992**	**68778**	**13025718**	**15834865**
食品、饮料、烟酒类	Food, Beverages, Tobacco and Liquor	18507	18882	2596844	3649690
服装鞋帽、针、纺织品类	Clothing, Shoes, Hats and Textiles	19473	18443	2093337	2416199
化妆品类	Cosmetics	645	697	53839	58589
金银珠宝类	Gold, Silver and Jewelry	4	6	2370	2800
日用品类	Articles for Daily Use	3216	4377	211314	247852
五金电料类	Hardwear and Electrical Materials	4074	4019	415776	503622
体育、娱乐用品类	Sports and Entertainment Articles	309	336	7086	7257
书报杂志类	Newspapers and Magazines	29	35	481	775
电子出版物及音像制品类	E-journal and Video Products	62	33	3498	1726
家用电器和音像制品类	Household Electric Appliances and Video Products	570	764	82424	194125
中西药品类	Traditional Chinese and Western Medicines	133	100	16345	13789
文化办公用品类	Cultural and Office Articles	1092	1571	126284	334469
家具类	Furniture	2135	2233	915680	966545
通讯器材类	Communication Appliances	143	330	57179	103111
木材及制品类	Wood and Wooden Products	760	780	287187	101085
石油及制品类	Petroleum and Related Products	3	3	126	154
化工材料及制品类	Chemical Materials and Products	358	174	69697	35711
金属材料类	Metal Materials	3196	2855	3482752	3543181
建筑及装潢材料类	Building and Decoration Materials	5054	5894	1183417	2084463
机电产品及设备类	Mechanical and Electrical Products	1730	2102	521857	735952
#农机类	Agricultural Machinery	3	14	210	865
汽车类	Automobiles	1623	1600	373113	422023
种子饲料类	Seeds and Feedstuff	502	457	201581	155317
棉麻类	Cotton and Hemp	270	17	35220	1855
其他类	Others	4104	3069	288311	254269

10－4 技术市场交易情况（2009 年）
Transactions of Technology Exchanges (2009)

单位：项、万元 (item, 10 000 yuan)

指 标	Item	技术买方 Purchases of Technology		技术卖方 Sales of Technology	
		项数 Number	金额 Value	项数 Number	金额 Value
总 计	**Total**	**2546**	**456190**	**2546**	**456190**
#企业法人	Corporations	1087	342855	1724	295675
事业法人	Public Institutions	1081	19364	733	110163
机关法人	Governments	291	89017		

10－5 人才市场人才流动情况（2008－2009 年）
Human Resource Markets and Exchanges (2008-2009)

指 标	Item	2008	2009
人才流动机构（个）	Number of Agencies of Human Resource Exchanges (unit)	117	123
政府人事部门所属	Under Official Departments	42	42
非政府人事部门所属	Under Un-official Departments	75	81
人才市场（个）	Number of Human Resource Markets (unit)	33	32
举办人才交流会（次）	Number of Job Fairs (time)	1600	1684
登记要求流动人数（人）	Number of Persons Registered for Exchanges (person)	771361	3025000
参加人才交流会人数（人）	Number of Persons Attending Job Fairs (person)	1920000	2031000
参加人才交流会的招聘单位（个）	Number of Employers Attending Job Fairs (unit)	225611	144000
全年接收人事档案数量（份）	Annual Number of Personnel Files Received (copy)	20338	9500
现存人事档案总量（份）	Number of Personnel Files in Archives (copy)	236513	54000
当年流动人员职称评定（人）	Number of Exchanged Persons Evaluated for Professional Titles in Current Year (person)	4152	1940
评定高级职称人数	Senior Titles	414	111
评定中级职称人数	Medium Titles	1068	560
评定初级职称人数	Junior Titles	2670	1269

注：本表指标除人才流动机构为全市口径，其余指标均为人事部门口径。
Note: All the indices of this table are in the scope of personnel departments except the number of agencies of human resource exchanges, which is in the scope of Chongqing.

10－6　公共就业服务机构介绍情况（2009年）
Statistics on the Public Job Services and Intermediation Agencies (2009)

单位：人 (person)

指　标	Item	2009
公共就业服务机构（个）	**Number of Job Services Agencies (unit)**	**435**
#区县及以上	At District & County Level and above	42
登记招聘单位数	Number of Registered Employers	56062
登记招聘人数	**Number of Persons to Be Employed**	**593984**
登记求职人次（人次）	**Number of Registered Job Applicants（person-time)**	**594631**
#女性	Female	267030
#城镇登记失业人员	Registered Unemployed Persons in Urban Areas	279129
#下岗职工	Laid-off Workers	
#失业人员	Unemployed Persons	
#高校毕业生	College Graduates	34674
#农村劳动力	Rural Labor Force	244308
#获得职业资格人员	Persons with Professional Certification	
职业指导人数	**Number of Persons under Vocational Guidance**	**478709**
介绍成功人次（人次）	**Number of Persons Employed through Job Services (person-times)**	**296930**
#女性	Female	131712
#城镇登记失业人员	Registered Unemployed Persons in Urban Areas	137159
#高校毕业生	College Graduates	21594
#农村劳动力	Rural Labor Force	116282

10－7　证券市场基本情况（2008－2009年）
General Statistics on Security Markets (2008-2009)

指　标	Item	2008	2009
境内上市公司数(A、B股)(家)	Number of Listed Companies (A and B Shares) in Mainland (unit)	31	31
境内上市外资股(B股)(只)	Number of Listed Companies of Foreign Fund (B Shares) in Mainland (unit)	2	2
境外上市公司数(H股)(家)	Number of Listed Companies (H Shares) Overseas (unit)	4	5
IPO和增发股票量(万股)	Number of Shares of IPO and Additional Equity Offer (10 000 shares)	22062.48	237707.50
股票总发行股本（亿股）	Total Capital Stock (100 million shares)	131.12	153.01
#流通股本	Negotiable Capital	68.28	88.91
股票市价总值（亿元）	Total Market Capitalization of Shares (100 million yuan)	608.94	1900.07
#股票流通市值	Negotiable Market Capitalization	324.32	1029.51
国债发行额（亿元）	Volume of T-bonds Issued (100 million yuan)	12.03	34.14
企业债发行额（亿元）	Volume Enterprise Bonds Issued (100 million yuan)	45.00	105.00
股票筹资额（亿元）	Raised Capital of Shares (100 million yuan)	12.73	17.56
投资者开户数（万户）	Total Accounts of Investors (10 000 accounts)	151.88	167.06
期货总成交额（亿元）	Total Future Turnover (100 million yuan)	13418.83	25492.61

注：股票发行量、总发行股本、市价总值和筹资额均不含H股。
Note: H share is not included in the number of shares, total capital stock, total market capitalization and raised capital of shares.

11

农业和农村经济

Agriculture And Rural Economy

简要说明 Brief Introduction

本章反映全市农业生产和农村经济的基本情况，内容主要包括农村基本情况、农业生产条件与生产情况、农作物播种面积、农林牧渔产品产量、农林牧渔业产值、农业商品产值和商品率、乡镇企业等方面的统计资料。

本章资料由国家统计局重庆调查总队根据市农委、市林业局、市水利局和调查总队等资料整理提供。乡镇企业的有关情况由重庆市统计局综合处根据市乡镇企业管理局提供的资料整理、编辑。

The data in this chapter show the basic conditions of agricultural production and rural economy, including basic statistics on rural areas, basic conditions of agricultural production, sown area of farm crops, output of farming, forestry, animal husbandry and fishery products, gross output value of farming, forestry, animal husbandry and fishery, output value of agricultural commodities and rate of commercialization, and township-owned enterprises.

The data in this chapter are provided by Chongqing Agriculture Commission, Municipal Bureau of Forestry, Municipal Bureau of Water Conservancy and NBS Survey Office in Chongqing, and sorted and compiled by NBS Survey Office in Chongqing. The data of township-owned enterprises are provided by Municipal Administration of Township-owned Enterprises and sorted and compiled by Division of Comprehensive Statistics, Municipal Bureau of Statistics.

11－1 主要年份农村基本情况
Basic Statistics on Rural Areas in Major Years

年 份 Year	乡村户数 （万户） Number of Rural Households (10 000 households)	乡村人口 （万人） Rural Population (10 000 persons)	乡村从业人员 （万人） Rural Employed Population (10 000 persons)
1949		1446.24	650.59
1952		1546.01	692.81
1957		1685.98	762.15
1962		1506.16	692.19
1965		1676.21	755.99
1970		1977.85	857.78
1975		2264.67	921.67
1978		2316.54	926.32
1980	534.19	2294.08	980.75
1985	573.00	2355.39	1114.34
1986	596.13	2365.34	1154.26
1987	626.70	2391.29	1184.92
1988	650.27	2412.04	1218.03
1989	671.51	2427.70	1249.12
1990	686.26	2446.38	1273.06
1991	697.61	2471.48	1314.79
1992	699.94	2476.10	1350.71
1993	700.88	2463.53	1352.26
1994	710.34	2482.05	1356.59
1995	706.86	2454.17	1349.34
1996	709.86	2464.23	1330.44
1997	708.64	2452.75	1320.91
1998	709.84	2445.12	1316.95
1999	710.99	2442.47	1342.99
2000	710.28	2440.32	1352.60
2001	714.67	2438.79	1345.15
2002	718.31	2443.21	1342.17
2003	718.65	2436.47	1340.25
2004	714.99	2425.25	1361.54
2005	718.84	2430.93	1366.91
2006	714.86	2418.40	1382.62
2007	717.49	2413.95	1378.29
2008	724.06	2405.64	1379.89
2009	731.05	2400.85	1379.94

11－2 主要年份农业生产条件
Conditions of Agricultural Production in Major Years

年 份 Year	有效灌溉面积（万公顷） Irrigated Area (10 000 hectares)	农用机械总动力（万千瓦） Total Agricultural Machinery Power (10 000 kw)	农村用电量（万千瓦时） Electricity Consumption in Rural Areas (10 000 kw·h)	农用化肥施用量（折纯）（万吨） Consumption of Chemical Fertilizer (net) (10 000 tons)	农膜使用量（万吨） Consumption of Farm Plastic Film (10 000 tons)	农药使用量（万吨） Consumption of Chemical Pesticides (10 000 tons)
1949	5.48					
1952	6.73					
1957	13.40					
1962	21.31	4	1852			
1965	26.10	10	3791			
1970	31.92	22	12655			
1975	42.84	54	21045			
1978	56.27	101	28542	21.63	0.33	0.64
1980	60.42	155	37953	29.21	0.37	0.71
1985	60.98	219	63309	31.76	0.50	0.73
1986	60.12	240	71471	36.70	0.51	0.79
1987	59.27	259	83229	38.26	0.57	0.78
1988	58.41	278	79637	38.29	0.61	0.81
1989	57.56	291	89611	44.72	0.65	0.81
1990	58.02	300	97091	48.13	0.80	0.87
1991	58.55	316	104430	52.08	0.97	1.01
1992	58.96	324	115831	52.75	1.07	1.05
1993	59.26	343	134027	54.51	1.18	1.27
1994	59.53	366	160197	58.55	1.28	1.29
1995	59.79	386.05	174847	62.02	1.43	1.46
1996	60.08	409.91	196788	65.55	1.53	1.69
1997	61.14	454.07	227302	69.64	1.59	1.68
1998	61.41	506.64	242934	71.18	1.77	1.82
1999	62.05	558.54	260029	71.03	1.86	1.84
2000	62.60	586.47	278728	72.00	1.96	1.85
2001	63.19	628.07	301140	72.58	1.94	1.91
2002	64.12	665.57	338717	73.37	2.53	1.93
2003	64.97	695.67	366535	71.59	2.42	1.95
2004	61.68	728.31	384627	77.02	2.68	1.95
2005	61.81	775.96	428943	79.20	2.75	1.95
2006	62.13	820.01	460291	80.54	2.82	1.96
2007	63.37	860.31	484478	84.32	3.01	2.04
2008	65.89	903.15	550949	88.14	3.09	2.1
2009	67.20	967.41	614832	91.17	3.47	2.2

11－3 农作物播种面积（1978－2009 年）
Sown Area (1978-2009)

单位：公顷 (hectare)

年 份 Year	农作物总播种面积 Total Sown Area	#粮 食 Grain	#稻 谷 Rice	#油 料 Oil-bearing Crops	#油菜籽 Rapeseeds	#蔬 菜 Vegetables	#烟 叶 Tobacco
1978	3498061	3177221	849243	92351	71374	95954	26582
1980	3345304	3048196	828317	116577	89369	78400	10416
1985	3214717	2748498	820140	176866	137367	140569	30956
1986	3232433	2710205	819858	183859	143792	159811	40897
1987	3241258	2697509	807797	180579	143292	160867	41729
1988	3287399	2727164	821305	185171	150612	171444	54056
1989	3381959	2788700	836231	188593	154505	177979	75726
1990	3438950	2847370	821986	203171	168751	183873	66607
1991	3526637	2889404	816684	224412	188989	197049	70859
1992	3522037	2874889	819262	215622	179402	200686	81258
1993	3513064	2870480	804560	184964	147692	222621	82461
1994	3493884	2877837	800342	174643	135505	225902	54997
1995	3526684	2876853	799482	201550	162572	236283	58939
1996	3585745	2889834	802279	202483	159584	257106	77657
1997	3605420	2881902	797955	191800	152222	267203	99482
1998	3614446	2900656	794636	192330	148896	290397	56603
1999	3592496	2862143	788576	197151	151801	301389	63969
2000	3590815	2773404	776636	226384	173185	327094	70775
2001	3555871	2714600	763964	225046	167911	366330	55210
2002	3464566	2606866	757195	236325	173930	359674	56012
2003	3307179	2410369	738486	236724	176836	386990	57237
2004	3435957	2516507	749300	244129	173815	390237	52995
2005	3444733	2501263	747949	252421	187333	399970	51508
2006	3073880	2155500	672300	187290	133680	417414	48879
2007	3134700	2195800	652130	192920	135370	432906	43553
2008	3215064	2215407	673538	215531	150170	481563	47749
2009	3308300	2229493	682041	237025	173643	552233	52579

11－4 主要年份农林牧渔产品产量

Output of Farming, Forestry, Animal Husbandry and Fishery in Major Years

年份 Year	粮食（万吨） Grain (10 000 tons)	#稻谷 Rice	#豆类 Beans	油料（万吨） Oil-bearing Crops (10 000 tons)	#油菜籽 Rapeseeds	麻类（吨） Fiber Crops (ton)	甘蔗（万吨） Sugarcane (10 000 tons)
1949	402.68	246.57		0.90		1416	8.78
1952	470.97	281.33		3.19		1889	10.61
1957	596.55	316.39		5.13		1811	6.86
1962	378.23	191.26		1.40		598	1.04
1965	566.17	293.32		3.87		1048	14.47
1970	564.37	307.80		2.68		666	9.00
1975	603.72	325.84		4.13		632	24.87
1978	814.71	345.07	29.07	7.71	6.03	1659	31.20
1980	835.43	341.59	22.20	11.57	9.28	6172	36.64
1985	948.97	461.73	22.26	18.12	13.63	25787	30.24
1986	1004.92	493.41	25.02	20.91	15.85	21719	31.42
1987	1004.51	499.56	22.34	20.89	16.14	35995	29.43
1988	958.02	503.00	20.53	19.25	14.94	31013	29.32
1989	1044.88	541.81	17.25	18.78	14.38	18932	24.41
1990	1085.07	550.40	19.93	22.02	17.74	12707	20.55
1991	1115.28	535.90	21.53	26.92	22.81	11487	26.07
1992	1050.24	509.07	18.48	25.18	21.40	9716	14.33
1993	1052.72	479.90	21.90	21.70	17.22	9257	12.30
1994	1134.10	523.13	25.94	19.26	15.31	11471	9.39
1995	1153.68	532.63	30.38	25.12	20.54	11092	8.76
1996	1172.14	542.64	20.10	23.60	18.66	10898	8.27
1997	1184.63	552.44	21.90	23.34	18.34	11175	8.08
1998	1155.36	519.38	22.17	25.11	19.03	7541	7.28
1999	1143.05	533.01	21.93	24.09	17.33	6826	7.59
2000	1131.21	525.43	24.60	31.06	22.61	8406	9.06
2001	1035.35	466.45	23.32	29.96	21.91	8857	10.08
2002	1082.15	484.42	27.78	35.04	25.84	12139	12.06
2003	1087.20	494.29	32.21	38.27	28.51	9620	11.35
2004	1144.57	509.55	38.11	41.75	30.99	10209	11.77
2005	1168.19	521.43	42.16	42.71	31.81	12362	11.46
2006	808.40	344.90	29.24	28.94	23.47	11846	10.16
2007	1088.00	491.59	35.12	30.68	23.19	15399	11.26
2008	1153.20	529.39	37.78	35.68	26.54	16982	11.18
2009	1137.20	511.30	39.83	40.54	30.95	15869	11.57

11-4 续表 1 CONTINUED-1

年 份 Year	烟 叶（吨） Tobacco (ton)	蔬 菜（万吨） Vegetables (10 000 tons)	茶 叶（吨） Tea (ton)	蚕 茧（吨） Silkworm Cocoons (ton)	水 果（万吨） Fruits (10 000 tons)	牛 奶（吨） Cow Milk (ton)	禽 蛋（万吨） Poultry Eggs (10 000 tons)
1949	8535		916	761	6.02	1171	
1952	9238		1059	1236	7.75	1292	
1957	8247		1914	1588	7.14	2621	
1962	2566		1981	1325	8.80	3925	
1965	4654		2369	2306	6.83	6576	
1970	1667		2927	6608	4.54	9651	
1975	8146		4884	10477	7.12	11940	
1978	22528	243.95	8004	15404	7.91	15891	4.46
1980	8098	229.86	9217	25751	15.69	17277	5.51
1985	36239	390.86	16172	33130	24.70	29677	8.77
1986	46724	421.94	16893	32693	28.61	32665	9.44
1987	44992	439.00	18267	35755	29.57	36474	9.98
1988	68928	460.93	18676	41748	20.50	39126	10.17
1989	62093	469.31	18568	42063	37.19	40308	11.24
1990	74393	499.61	18103	43502	35.08	46293	12.01
1991	98156	533.00	18264	47757	40.75	51988	12.94
1992	124705	541.38	17178	50686	41.38	56579	14.61
1993	113208	558.23	19522	54505	56.85	54880	15.71
1994	68904	569.83	21920	57408	52.87	48514	17.32
1995	77981	593.91	17452	27000	59.29	39153	19.18
1996	132355	637.03	15536	27402	56.62	40297	20.85
1997	164736	668.44	14996	28072	60.72	45129	23.50
1998	79970	711.30	15299	29226	74.10	46587	24.46
1999	95653	737.11	14441	24177	71.70	46614	26.29
2000	104082	775.42	14526	29098	81.68	55989	27.89
2001	80064	779.96	14142	32396	82.61	67791	29.79
2002	87052	833.84	14093	33856	113.41	80952	31.58
2003	86048	840.17	14320	27802	128.59	90608	35.36
2004	85036	863.57	16064	29376	137.22	85143	36.55
2005	90173	890.47	16545	31092	154.63	86076	39.15
2006	91945	888.76	17087	27488	145.74	83456	30.30
2007	71513	945.21	18853	29196	175.89	86095	32.30
2008	85513	994.52	21696	24388	193.28	77842	33.11
2009	99905	1177.45	22569	19464	212.87	79422	35.97

注：2006 年始禽蛋产量已根据第二次农业普查数据进行了调整。
Note: Output of Poultry Eggs was adjusted according to the sencond National Agricultural Census since 2006.

11-4 续表2 CONTINUED-2

年 份 Year	水产品（吨） Aquatic Products (ton)	肉猪出栏头数（万头） Slaughtered Fattened Hogs (10 000 heads)	猪年末头数（万头） Hogs at Year End (10 000 heads)	大牲畜年末存栏头数（万头） Large Animals at Year End (10 000 heads)	#牛 Cattle and Buffaloes	肉类总产量（万吨） Output of Meat (10 000 tons)	#猪 肉 Pork
1949	3576	174.70		107.90		11.00	
1952	4119	254.80		122.50		16.00	
1957	6515	345.10		131.20		21.70	
1962	3791	76.90		115.60		6.90	
1965	6964	421.50		128.00		25.60	
1970	7649	414.50		150.20		23.10	
1975	10797	489.90		151.10		28.10	
1978	14362	542.70	914.98	142.15	141.58	40.51	37.38
1980	17734	797.63	1165.05	141.75	141.19	59.89	55.92
1985	42838	1140.06	1353.02	128.91	127.62	84.45	79.96
1986	47805	1190.22	1377.37	129.39	128.10	88.56	83.15
1987	51854	1243.78	1418.69	128.24	126.96	92.76	86.89
1988	58419	1345.77	1448.48	128.35	127.07	99.85	94.02
1989	65707	1375.38	1471.66	127.92	126.64	102.41	96.09
1990	65482	1375.79	1429.13	129.18	127.63	102.92	96.12
1991	71813	1429.45	1440.56	129.77	128.21	107.45	99.87
1992	74459	1469.47	1444.16	130.80	128.84	111.47	102.66
1993	89227	1492.99	1438.96	130.54	129.24	113.73	104.30
1994	103492	1555.69	1476.05	132.50	132.41	121.61	108.48
1995	121289	1610.14	1489.55	136.61	135.72	127.22	112.27
1996	140656	1637.51	1477.06	140.43	137.89	133.22	114.18
1997	160692	1699.74	1475.25	144.01	141.04	141.86	119.66
1998	178607	1720.14	1492.95	152.48	149.24	140.00	121.61
1999	191313	1703.19	1512.18	163.88	160.58	140.50	120.61
2000	200345	1724.96	1509.91	167.45	164.05	143.91	122.45
2001	196967	1746.85	1533.03	168.63	165.05	147.88	124.87
2002	211568	1781.69	1548.89	170.52	166.85	152.40	127.48
2003	224893	1828.49	1583.03	172.58	169.31	159.51	131.82
2004	239255	1909.32	1640.75	173.56	170.08	167.01	136.43
2005	250568	2006.39	1708.80	174.48	170.69	178.39	144.46
2006	226129	1732.70	1377.40	97.71	94.00	151.50	124.80
2007	255372	1783.20	1422.94	98.15	94.44	159.27	130.27
2008	190600	1898.67	1566.47	107.36	103.61	177.58	140.65
2009	203900	2003.11	1604.07	122.85	119.39	187.72	146.52

注：本表除水产品外其余数据从2006年起根据第二次农业普查数据重新进行了调整。

Note: Except the data of aquatic products, the other data in this table have been adjusted according to the second National Agricultural Census since 2006.

11－5 主要年份农林牧渔业总产值
Gross Output Value of Farming, Forestry, Animal Husbandry and Fishery in Major Years

单位：万元　　(10 000 yuan)

年份 Year	农林牧渔业总产值 Gross Output Value	农业 Farming	林业 Forestry	牧业 Animal Husbandry	渔业 Fishery	农林牧渔服务业 Agricultural Services
1949	142123	111424	3837	26293	568	
1952	186367	140707	6523	38205	932	
1957	240351	176658	10816	51916	961	
1962	153506	120349	4605	28245	307	
1965	165688	122775	5799	36617	497	
1970	269234	192504	11128	64604	998	
1975	295062	210016	18048	65660	1338	
1978	357616	262881	17236	75731	1768	
1980	417925	296840	16160	102514	2411	
1985	739003	477570	43546	208842	9044	
1986	801998	516990	42045	231097	11867	
1987	902072	564063	40932	282816	14262	
1988	1104369	641751	49662	393394	19561	
1989	1243819	706771	49328	463300	24420	
1990	1460003	858133	55308	518757	27805	
1991	1595286	938353	60038	565193	31702	
1992	1713839	995009	70992	612498	35340	
1993	2073607	1197742	77531	749776	48558	
1994	2831816	1552652	86981	1127394	64789	
1995	3778259	2278927	106732	1304229	88371	
1996	4249903	2713807	115493	1311666	108937	
1997	4393508	2678892	117313	1468914	128389	
1998	4288839	2549365	150929	1444758	143787	
1999	4168780	2496237	115588	1409527	147428	
2000	4126272	2447376	108236	1419910	150750	
2001	4311666	2503968	112044	1544041	151613	
2002	4609755	2640760	135143	1661965	171887	
2003	4885655	2701156	145824	1776384	183251	79040
2004	6127723	3329516	184814	2309374	212464	91555
2005	6621943	3583035	199704	2494965	237959	106280
2006	6372401	3409510	223069	2403097	218639	118086
2007	7996186	4238428	258558	3112862	259915	126423
2008	8713871	4654740	293365	3441474	211481	112811
2009	9131080	5228407	341356	3194244	242699	124374

注：按照国民经济行业分类标准（GB/T4754-2002），从2003年起增加了农林牧渔服务业（下表同）。

Note: According to the national standard of industry classification (GB/T4754-2002), the gross output value has included agricultural services since 2003 (the same below).

11－6 主要年份农林牧渔业总产值指数（上年=100）
Gross Output Value Indices of Farming, Forestry, Animal Husbandry and Fishery in Major Years (Preceding Year=100)

年份 Year	农林牧渔业总产值 Gross Output Value	农业 Farming	林业 Forestry	牧业 Animal Husbandry	渔业 Fishery	农林牧渔服务业 Agricultural Services
1952	119.9	116.8	123.7	135.7	111.2	
1957	129.0	126.7	144.5	133.4	156.4	
1962	63.9	69.9	58.0	39.4	49.5	
1965	151.1	137.2	125.4	275.5	194.9	
1970	101.5	100.3	88.5	109.7	107.3	
1975	108.2	110.6	129.7	94.6	134.0	
1978	123.2	126.7	119.1	109.7	121.2	
1980	115.3	105.9	99.6	165.8	121.0	
1985	144.1	130.9	210.2	169.8	292.2	
1986	105.8	106.3	83.9	109.3	119.4	
1987	102.7	102.1	89.0	106.3	110.3	
1988	101.8	97.3	99.1	111.7	115.2	
1989	106.4	108.4	99.9	103.0	111.0	
1990	102.7	101.1	96.4	106.4	106.8	
1991	106.2	105.3	102.1	108.2	113.9	
1992	101.9	98.7	110.4	107.3	100.9	
1993	104.1	103.4	104.8	104.6	120.8	
1994	105.6	103.5	101.8	109.0	115.4	
1995	106.3	105.1	106.7	107.7	116.8	
1996	102.8	101.8	101.3	103.6	116.2	
1997	103.3	102.0	95.8	105.4	115.7	
1998	102.4	101.5	117.2	101.6	112.4	
1999	99.8	100.7	75.7	100.4	108.5	
2000	101.0	100.3	86.6	102.9	104.5	
2001	102.1	100.3	109.7	104.1	101.9	
2002	101.7	99.7	102.3	104.2	105.6	
2003	104.6	103.5	119.6	104.8	106.8	
2004	105.7	105.5	108.8	104.9	108.4	116.5
2005	105.2	103.9	100.8	106.9	106.0	113.3
2006	96.8	94.9	99.9	99.6	89.0	105.7
2007	109.5	114.8	105.1	101.6	110.2	106.0
2008	107.1	107.7	104.5	106.7	104.0	104.3
2009	106.4	106.8	106.6	105.7	108.8	104.8

注：本表指数按可比价计算；其中1952年以1949年为100。
Note: Indices of this table are calculated at constant prices. The index of 1952 is calculated with the index of 1949 equal to 100.

11－7 农林牧渔业总产值（2008－2009年）
Gross Output Value of Farming, Forestry, Animal Husbandry and Fishery (2008-2009)

单位：万元 (10 000 yuan)

指 标	Item	农林牧渔业总产值 Gross Output Value		指数 上年=100 Index Preceding Year=100
		2008	2009	
总 计	**Total**	**8713871**	**9131080**	**106.4**
农 业	Farming	4654740	5228407	106.8
谷物及其他作物	Cereal and Other Crops	2567113	2588055	99.2
#谷 物	Cereal	1527423	1487991	96.9
豆 类	Beans	195323	215767	105.4
油 料	Oil Crops	222257	215350	113.6
烟 草	Tobacco	90018	114264	116.8
蔬菜园艺作物	Vegetables and Gardening	1540508	1998388	118.2
#蔬 菜（含菜用瓜）	Vegetables (including Melons as Vegetables)	1435179	1878308	118.4
花 卉	Flowers	28836	33787	106.5
水果、坚果、饮料和香料作物	Fruits, Nuts, Drinks and Spices	471972	539412	108.6
#水果、坚果（含果用瓜）	Fruits and Nuts (including Melons as Fruits)	389580	460957	110.1
茶及其他饮料	Tea and Other Drinks	73462	68257	104.1
#茶	Tea	73462	68257	104.1
中药材	Traditional Chinese Medical Materials	75147	102551	118.7
林 业	Forestry	293365	341356	106.6
林木的培育和种植	Forest Cultivation	110281	129137	134.9
#造 林	Afforestation	29714	27282	90.2
竹木采运	Bamboo Felling and Transportation	22582	38664	178.0
林产品	Forest Products	160502	173555	104.7
牧 业	Animal Husbandry	3441474	3194244	105.7
牲畜饲养	Livestock Raising	165810	193062	112.0
#牛	Cattle	109252	126738	114.3
奶产品	Milk Products	23353	25415	102.0
猪的饲养	Hog Raising	2276310	1882136	104.1
#肉 猪	Edible Hogs	2259417	1862892	104.1
家禽饲养	Poultry Raising	850893	948568	108.4
#禽 蛋	Poultry Eggs	371768	360536	108.6
狩猎和捕捉动物	Animal Hunting	312	946	252.6
其他畜牧业	Others	148149	169532	106.7
#蚕 茧	Silkworm Cocoons	37801	34062	79.8
渔 业	Fishery	211481	242699	108.8
#内陆水域水产品	Aquatic Products in Inland Water Areas	211481	242699	108.8
#养 殖	By Breeding	194116	222069	108.6
#鱼 类	Fish	208686	239855	108.7
农林牧渔服务业	Agricultural Services	112811	124374	104.8

注：本表数据绝对值按现价计算，指数按可比价计算。
Note: The absolute figures in this table are calculated at current prices whereas the indices are calculated at constant prices.

11－8 农村基本情况（2008－2009 年）
Basic Statistics on Rural Areas (2008-2009)

指 标	Item	2008	2009
户 数（万户）	**Number Households (10 000 households)**	**724.06**	**731.05**
人 口（万人）	**Population (10 000 persons)**	**2405.64**	**2400.85**
乡村从业人员（万人）	**Rural Employed Population (10 000 persons)**	**1379.89**	**1379.94**
按性别分	By Sex		
男	Male	745.47	746.95
女	Female	634.42	633.00
按产业分	By Sector		
第一产业	Primary Industry	676.09	649.69
第二产业	Secondary Industry	339.68	361.94
第三产业	Tertiary Industry	364.12	368.31
农村基础设施（个）	**Rural Infrastructure (unit)**		
自来水受益村数	Number of Villages with Access to Tap Water	5100	5379
通汽车村数	Number of Villages with Highways	8872	8655
通电话村	Number of Villages with Telephones	8947	8726

注：从 2001 年起，民政部门调整乡、镇、村的区划，村个数均比往年减少。
Note: The number of villages is less than that in previous years for the administrative adjustment since 2001.

11－9 农业生产条件（2008－2009 年）
Conditions of Agricultural Production (2008-2009)

指 标	Item	2008	2009
农业机械化情况	**Agricultural Mechanization**		
农业机械总动力（万千瓦）	Total Agricultural Machinery Power (10 000 kw)	903.15	967.41
农用大中型拖拉机数（万台）	Number of Large and Medium-sized Agricultural Tractors (10 000 units)	0.26	0.28
农用大中型拖拉机动力（万千瓦）	Capacity of Large and Medium-sized Agricultural Tractors (10 000 kw)	8.96	9.72
小型拖拉机数（万台）	Number of Small Tractors (10 00 units)	0.69	0.68
小型拖拉机动力（万千瓦）	Capacity of Small Tractors (10 000 kw)	8.97	8.84
农用排灌动力机械台数（万台）	Number of Drainage and Irrigation Engines (10 00 units)	76.34	83.31
农用排灌动力机械动力（万千瓦）	Capacity of Drainage and Irrigation Engines (10 000 kw)	162.77	184.45
农用水泵（万台）	Pumps (10 00 units)	76.34	83.31
机动脱粒机（万台）	Motorized Threshing Machines (10 00 units)	54.30	56.76
农用运输车（万辆）	Farm Tracks (10 00 vehicles)	6.01	5.30
渔用机动船（万艘）	Motorized Fishing Boats (10 00 vessels)	0.63	0.56
农业主要能源及物耗	**Main Agricultural Energy and Material Consumption**		
农村用电量（万千瓦时）	Electricity Consumed in Rural Areas (10 000 kw·h)	550949	614832
乡村办电站（个）	Power Stations in Rural Areas (unit)	599	606
乡村办电站发电量（万千瓦时）	Capacity of Power Station in Rural Areas (10 000 kw·h)	149852	149910
有效灌溉面积（公顷）	Irrigated Area (hectare)	658860	672020
化肥施用量（折纯量）（万吨）	Consumption of Chemical Fertilizer (net) (10 000 tons)	88.14	91.17
#氮 肥	Nitrogenous Fertilizer	50.02	50.24
磷 肥	Phosphate Fertilizer	17.31	17.31
钾 肥	Potash Fertilizer	4.73	4.86
复合肥	Compound Fertilizer	15.45	18.05
农用塑料薄膜使用量（万吨）	Consumption of Farm Plastic Film (10 000 tons)	3.09	3.47
#地膜使用量	Consumption of Farm Plastic Film	1.83	1.94
地膜覆盖面积（公顷）	Area Covered by Farm Plastic Film (hectare)	260443.00	297482.00
农用柴油使用量（万吨）	Consumption of Diesel Oil (10 000 tons)	14.98	15.74
农药使用量（万吨）	Consumption of Chemical Pesticides (10 000 tons)	2.10	2.20

11－10 主要农作物播种面积及产量（2008－2009年）
Sown Area and Output of Major Farm Crops (2008-2009)

指　标	Item	播种面积（公顷）Sown Area (hectare)		总产量（吨）Total Output (ton)		单位产量（公斤/公顷）Yield Per Unit (kg/ha)	
		2008	2009	2008	2009	2008	2009
粮食	**Grain**	**2215407**	**2229493**	**11532076**	**11372000**	**5205**	**5101**
谷物	Cereal	1336239	1331208	8388053	8129697	6277	6107
稻谷	Rice	673538	682041	5293898	5112954	7860	7497
中稻	Middle Rice	673538	682041	5293898	5112954	7860	7497
小麦	Wheat	188950	168210	582001	516791	3080	3072
玉米	Corn	455553	459116	2460340	2444539	5401	5324
高粱	Sorghum	10370	12868	33519	35149	3232	2732
其他谷物	Other Cereal	7828	8973	18295	20264	2337	2258
豆类	Beans	197130	204461	377784	398282	1916	1948
#大豆	Soybean	79930	85937	153860	170427	1925	1983
薯类	Tubers	682038	693824	2766239	2844021	4056	4099
#马铃薯	Potato	310143	327160	1017245	1070232	3280	3271
油料	**Oil-bearing Crops**	**215531**	**237025**	**357605**	**405388**	**1659**	**1710**
#花生	Peanut	44614	47749	75597	82496	1694	**1728**
油菜籽	Rapeseed	150170	173643	265430	309515	1768	**1782**
芝麻	Sesame Seed	7401	7774	6779	7482	916	**962**
麻类	**Fiber Crops**	**11476**	**11329**	**16982**	**15869**	**1480**	**1401**
#苎麻	Ramie	11119	10980	16439	15329	1478	1396
黄红麻	Jute and Ambary Hemp	258	248	256	257	992	1036
糖料（甘蔗）	**Sugar Crops (sugarcane)**	**2981**	**3069**	**111844**	**115667**	**37519**	**37689**
烟叶	**Tobacco**	**47749**	**52579**	**85513**	**99905**	**1791**	**1900**
#烤烟	Flue-cured Tobacco	39453	43890	68992	82252	1749	1874
蔬菜、瓜果	**Vegetables and Melons**	**503673**	**574819**	**10253234**	**12096128**	**20357**	**21043**
#蔬菜（含菜用瓜）	Vegetables (including Melons as Vegetables)	481563	552233	9945191	11774486	20652	21322

11－11 林牧渔业生产情况（2008－2009年）
Output of Forestry, Animal Husbandry and Fishery (2008-2009)

指 标	Item	2008	2009
林 业（公顷）	**Forestry (hectare)**		
当年造林面积	Increased Forest Area in Current Year	106120	95726
年末封山育林面积	Year-end Area of Hillsides Closed for Afforestation	387840	299471
零星（四旁）植树（万株）	Scattered (Four-side) Tree Planting (10 000 plants)	8337	10607
育苗面积	Seeding Raising Area	6240	11008
当年苗木产量（万株）	Output of Plants in Current Year (10 000 plants)	49456	87868
幼林抚育实际面积	Actual Tending Area for Young Stands	145500	120073
成林抚育面积	Tending Area for Mature Plantation	63950	65161
牧 业	**Animal Husbandry**		
年末大牲畜总头数（万头）	Number of Large Animals (year-end, 10 000 heads)	107.36	122.85
#农事劳役头数	Number of Draught Animals	57.09	58.01
年末生猪存栏头数（万头）	Number of Hogs (year-end, 10 000 heads)	1566.47	1604.07
年末羊只数（万只）	Number of Sheep and Goats (year-end, 10 000 heads)	129.53	142.29
年内出栏肥猪头数（万头）	Number of Slaughtered Fattened Hogs (10 000 heads)	1898.67	2003.11
年内出栏羊只数（万只）	Number of Slaughtered Sheep and Goats (10 000 heads)	149.61	166.55
年内出栏家禽（万只）	Number of Slaughtered Poultry (10 000 heads)	16363.71	17918.26
渔 业（公顷）	**Fishery (hectare)**		
水产品养殖面积	Cultured Areas of Aquatic Products	49386	52859
#池 塘	Ponds	26949	28673
水 库	Reservoirs	16218	16311

11－12 林牧渔业主要产品产量（2008－2009年）
Output of the Major Products of Forestry,Animal Husbandry and Fishery (2008-2009)

单位：吨 (ton)

指 标	Item	2008	2009
水果	Fruits	1932778	2128709
#柑桔	Citrus	556082	1263348
肉类	Meat	1775784	1877226
#猪肉	Pork	1406538	1465247
禽肉	Meat of Poultry	261209	285368
兔肉	Meat of Rabbit	30541	38997
奶类	Milk	77842	79422
#牛奶	Cow Milk	77842	79422
蜂蜜	Honey	10289	10792
水产品	Aquatic Products	190600	203900
#养殖	Cultured Aquatic Products	180738	194020
年末实有茶园面积（公顷）	Area of Tea Plantations (year-end) (hectare)	28450	29929
#本年采摘面积	Picked Area in Current Year	21590	22417
年末果园面积（公顷）	Area of Orchards (year-end) (hectare)	216710	230878
#梨园	Pear	32680	35425
#柑桔	Citrus	120300	126325

11－13 主要农产品产量与建国以来最高年产量的比较（2009 年）
Output of Major Agricultural Products in Comparison with the Peak Year since the Foundation of PRC (2009)

单位：万吨 （10 000 tons）

指 标	Item	2009	建国以来最高产量 Output in the Peak Year Since the Foundation of PRC		2009 年为建国以来最高年份的比重（%） 2009 as Percentage of Peak Year
			年 份 Year	产 量 Output	
粮食总产量	Total Output of Grain	1137.20	1997	1184.63	96.0
#稻 谷	Rice	511.30	1997	552.44	92.6
小 麦	Wheat	51.68	1995	156.24	33.1
玉 米	Corn	244.45	2008	246.03	99.4
豆 类	Beans	39.83	1958	45.34	87.8
薯 类	Tubers	284.40	2005	282.36	100.7
油菜籽	Rapeseed	30.95	2005	31.81	97.3
麻 类	Fiber Crops	1.59	1985	2.60	61.2
甘 蔗	Sugarcane	11.57	1980	36.64	31.6
烤 烟	Flue-cured Tobacco	8.23	1997	11.00	74.8
蔬菜类	Vegetables	1177.45	2008	994.52	118.4
年末生猪存栏头数（万头）	Number of Hogs (year-end, 10 000 heads)	1604.07	2005	1708.80	93.9
肉 类	Meat	187.72	2005	178.39	105.2
#猪 肉	Pork	146.52	2005	144.46	101.4
禽 肉	Meat of Poultry	28.54	2008	26.12	109.3
奶 类	Milk	7.94	2003	9.06	87.6
禽 蛋	Poultry Eggs	35.97	2005	39.15	91.9
水产品	Aquatic Products	20.39	2005	25.06	81.4
蚕 茧	Silkworm Cocoon	1.95	1995	5.21	37.4
茶 叶	Tea	2.26	2008	2.17	104.1
水 果	Fruits	212.87	2008	193.28	110.1

11－14 农业商品产值和商品率（2008－2009 年）
Output Value of Agricultural Commodities and Rate of Commercialization (2008-2009)

指 标	Item	农业商品产值（万元） Output Value of Agricultural Commodities (10 000 yuan)		农业商品率（%） Rate of Commercialization (%)	
		2008	2009	2008	2009
总 计	**Total**	**5186590**	**5533941**	**59.5**	**60.6**
农 业	Farming	2186769	2648295	47.0	50.7
#粮食作物	Grain Crops	620074	642860	29.0	29.9
经济作物	Cash Crops	223735	275829	65.9	77.4
蔬 菜	Vegetables	894116	1160632	62.3	61.8
茶、桑、水果	Tea, Mulberry and Fruits	299530	378284	64.7	71.5
林 业	Forestry	176019	218468	60.0	64.0
牧 业	Animal Husbandry	2656075	2474151	77.2	77.5
#猪	Hogs	1697365	1417935	74.5	75.3
活的畜禽产品	Livestocks and Relative Products	358408	356717	76.1	76.4
渔 业	Fishery	167727	193027	79.3	79.5

11－15 乡镇企业主要指标（2008－2009年）
Main Indicators of Township-owned Enterprises (2008-2009)

单位：万元 (10 000 yuan)

指　标	Item	2008	2009
企业单位数（个）	Number of Enterprises (unit)	83370	91145
#工　业	Industry	31349	34267
#集体企业	Collective-owned Enterprises	257	236
私有企业	Private Enterprises	31092	34031
从业人数（人）	Employees (person)	2356602	2443129
#集体企业	Collective-owned Enterprises	52087	45734
私有企业	Private Enterprises	2304515	2397395
总产值	Gross Output Value	55617909	66307239
#集体企业	Collective-owned Enterprises	452421	393145
私有企业	Private Enterprises	55165488	65914094
工业总产值	Gross Industrial Output Value	35308675	42549985
#集体企业	Collective-owned Enterprises	264578	223638
私有企业	Private Enterprises	35044097	42326347
乡镇企业增加值	Value-added of Township Enterprises	15767001	18944155
#工　业	Industry	9937836	12094065
营业收入	Business Income	54538783	65213119
#集体企业	Collective-owned Enterprises	451074	393711
私有企业	Private Enterprises	54087709	64819408
利润总额	Total Pre-tax Profits	2355406	2773431
实交税金	Taxes Payed	1865586	2248638
#所得税	Income Tax	271723	326135
当地入库税金	Taxes Received by Local Treasury	1865586	2248638
工资总额	Total Wages	3900718	4521151
#集体企业	Collective-owned Enterprises	72705	76401
私有企业	Private Enterprises	3828013	4444750
年末固定资产原值	Original Value of Fixed Assets at Year-end	17146804	21355630
#集体企业	Collective-owned Enterprises	201971	230878
私有企业	Private Enterprises	16944833	21124752
银行（信用社）贷款余额	Bank (Credit Cooperative) Loan Balance	3338681	4121411

主要统计指标解释

农林牧渔业总产值　指以货币表现的农、林、牧、渔业全部产品和对农林牧渔业生产活动进行的各种支持性服务活动的价值总量，它反映一定时期内农林牧渔业生产总规模和总成果。1957 年以前的农林牧渔业总产值中包括了厩肥和农民自给性手工业(如农民自制衣服、鞋、袜，自己从事粮食初步加工等)。1958 年及以后，林业中增加了村及村以下竹木采伐产值；牧业中取消了厩肥产值；副业中取消了农民自给性手工业产值，增加了村及村以下办的工业产值；渔业中增加了海洋捕捞水产品产值。1980 年及以后，在副业中增加了农民家庭兼营工业商品部分的产值。从 1984 年起村及村以下工业产值划归工业。从 1993 年起取消副业，将野生动物的捕猎划入牧业、野生植物采集和农民家庭兼营商品性工业划归农业。从 2003 年起，执行新的国民经济行业分类标准，农林牧渔业总产值中包括了农林牧渔服务业产值。林业中增加了森林采运业产值。农业中取消了家庭兼营商品性工业产值，将野生林产品的采集划归林业。第一次农业普查以后，由于畜牧业产品年报数据与普查数据之间存在一定的差距，国家统计局农调总队对畜牧业年报数据与普查数据进行衔接，相应的畜牧业产值进行调整。第二次农普后，国家统计局再次对种植业、畜牧业、渔业、服务业数据进行了衔接与调整。

农林牧渔业总产值的计算方法通常是按农、林、牧、渔业产品及其副产品的产量分别乘以各自单位产品价格求得；少数生产周期较长，当年没有产品或产品产量不易统计的，则采用间接方法匡算其产值；然后将五业产值相加即为农林牧渔业总产值。

粮食产量　指全社会的产量。包括国有经济经营的、集体统一经营的和农民家庭经营的粮食产量，还包括工矿企业办的农场和其他生产单位的产量。粮食除包括稻谷、小麦、玉米、高粱、谷子及其他杂粮外，还包括薯类和豆类。其产量计算方法，豆类按去豆荚后的干豆计算；薯类（包括甘薯和马铃薯，不包括芋头和木薯）1963 年以前按每 4 公斤鲜薯折 1 公斤粮食计算，从 1964 年开始及以后改为按 5 公斤鲜薯折 1 公斤粮食计算。城市郊区作为蔬菜的薯类（如：马铃薯等）按鲜品计算，并且不作粮食统计。其他粮食一律按脱粒后的原粮计算。1989 年以前全国粮食产量数据主要靠全面报表取得，1989 年开始使用抽样调查数据。

油料产量　指全部油料作物的生产量。包括花生、油菜籽、芝麻、向日葵籽，胡麻籽（亚麻籽）和其他油料。不包括大豆，也不包括木本油料和野生油料。花生以带壳干花生计算。

水产品产量　指人工养殖的水产品和天然生长的水产品的捕捞量。包括海水的鱼类、虾蟹类、贝类和藻类以及内陆水域的鱼类、虾蟹类和贝类，不包括淡水生植物。水产品产量是通过各级水产和统计部门逐级上报取得数据。1995 年及以前，贝类中牡蛎按鲜肉计算；蚶、蛤、蛙按 5 斤鲜品折 1 斤计算。1996 年以后则统一按鲜品计算。

肉产量　指各种牲畜及家禽、兔等动物肉产量总计。猪、羊、骡、骆驼肉产量按去掉头蹄下水后带骨肉的胴体重量计算，牛肉产量按去骨后的净肉重量计算，兔禽肉产量按屠宰后去毛和内脏后的重量计算，可用住户调查资料推算。

期初（末）畜禽存栏头（只）数　指报告期初（末）农村各种合作经济组织和国营农场、农民个人、机关、团体、学校、工矿企业，部队等单位以及城镇居民饲养的大牲畜、猪、羊、家禽等畜禽的存栏头（只）数。

农作物播种面积　指实际播种或移植有农作物的面积，凡是实际种植有农作物的面积，不论种植在耕地上还是种植在非耕地上，均包括在农作物播种面积中。在播种季节基本结束后，因遭灾而重新改种和补种的农作物面积，也包括在内。它是反映我国耕地面积利用情况的一个重要指标。目前，农作物播种面积主要包括粮食、棉花、油料、糖料、麻类、烟叶、蔬菜和瓜类、药材和其它农作物九大类。

有效灌溉面积　指具有一定的水源，地块比较平整，灌溉工程或设备已经配套，在一般年景下当年能够进行正常灌溉的耕地面积。在一般情况下，有效灌溉面积应等于灌溉工程或设备已经配备，能够进行正常灌溉的水田和水浇地面积之和。它是反映我国耕地抗旱能力的一个重要指标。

农用化肥施用量 指本年内实际用于农业生产的化肥数量，包括氮肥、磷肥，钾肥和复合肥。化肥施用量要求按折纯量计算数量。折纯法化肥施用量是把氮肥、磷肥和钾肥分别按含氮、含五氧化二磷、含氧化钾的百分之一百成份折算后的数量。复合肥按其所含主要成分折算。公式为：

折纯量= 实物量 × 某种化肥有效成份含量的百分比

农业机械总动力 指主要用于农、林、牧、渔业的各种动力机械的动力总和。包括耕作机械、排灌机械、收获机械、农用运输机械、植物保护机械、牧业机械、林业机械、渔业机械和其他农业机械［内燃机按引擎马力折成瓦（特）计算，电动机按功率折成瓦（特）计算］。不包括专门用于乡、镇、村、组办工业、基本建设、非农业运输、科学试验和教学等非农业生产方面用的动力机械与作业机械。

乡村从业人员 指乡村人口中劳动年龄在16周岁以上实际参加生产经营活动并取得实物或货币收入的人员，包括劳动年龄内经常参加劳动的人员，也包括超过劳动年龄但经常参加劳动的人员，但不包括户口在家的在外学生、现役军人和丧失劳动能力的人，也不包括待业人员和家务劳动者。从业人员按从事主业时间最长（时间相同按收入）分为农业从业人员、工业从业人员、建筑业从业人员、交通运输业、仓储及邮电通信业从业人员、批零贸易及餐饮业从业人员、其他非农行业从业人员。

Explanatory Notes on Main Statistical Indicators

Gross Output Value of Farming Forestry, Animal Husbandry and Fishery refers to the total value of products of farming, forestry, animal husbandry and fishery, and total value of services rendered to support farming, forestry, animal husbandry and fishery activities. It reflects the total scale and results of agricultural production during a given period. Prior to 1957, Chinas gross agricultural output value included barnyard manure and handicraft products for self-consumption (clothes, shoes, stockings, and initial grain processing undertaken by peasants). Since 1958, cutting and felling of bamboo and trees by villages and other cooperative organizations under villages have been included in forestry; value of barnyard manure has been excluded from animal husbandry; self consumed handicrafts has been excluded from sideline occupations, while the output value of industries run by villages and cooperative organizations under village had been included in sideline occupations and the output value of fish catches by motor fishing boats has been added to fishery. Since 1980, the value of handicraft products made for sale by individuals in households had been added to sideline occupations. Since 1984, industries run by villages and under villages have been included in the sector of industry. Since 1993, the subdivision of sideline occupations has been canceled, and the hunting of wild animals has been classified into animal husbandry, and the gathering of wild plants and commodity industry run by rural household have been included in farming. A new industrial classification of economic activities was introduced in 2003. Under the new classification, value of services to farming, forestry, animal husbandry and fishery is included in the gross output value of agriculture, value of wood felling and transport is included in forestry, value of industrial output by rural households is not included in agriculture, and the collection of wild forest products is taken from agriculture and included in the forestry. The first agriculture census of China revealed some discrepancy between the production of animal products from the annual reports and that from the census. Efforts were made by the Rural Socio-economic Survey Organization of NBS to adjust the output value of animal husbandry to make the figures from the annual reports consistent with the census data. After the second agriculture census of China, the National Bureau of Statistics adjustment the data of farming, animal husbandry, fisheries and services once again.

Gross output value of agriculture is obtained by first multiplying the output of each product or by product by its price, resulting in the output value of each single item. For a small number of products, annual output of which is not available or difficult to get due to the long production (growing) process involved, the output value is estimated through an indirect approach. The sum of output value of all products of farming, forestry, animal husbandry and fishery is then equal to the gross output value of agriculture.

Grain Yield refers to the total output in the whole country including grains produced by state farms, collective units, rural households, as well as by farms affiliated to industrial and mining enterprises and other production units. Grain includes rice, wheat, corn, sorghum, millet and other miscellaneous grains as well as tubers and bean. Output of beans refers to dry beans without pods. The output of tubers (sweet potatoes and potatoes, not including taros and cassava) was converted into that of grain at the ratio 4:1, i.e. 4 kilograms of fresh tubers was equivalent to 1 kilogram of grain up to 1963. Since 1964 the ratio for conversion has been 5:1. Tubers supplied as vegetables (such as potatoes) in cities and suburbs are calculated as fresh vegetables and their output is not included in the output of grain. Output of all other grains refers to husked grain. Data on grain production before 1989 were obtained through Comprehensive Statistical Reporting System. Since 1989, data from sample surveys are used.

Yield of Oil-bearing Crops refers to the total yield of oil-bearing crops of various kinds, including peanuts, (dry, in shell) rapeseeds, sesame, sunflower seeds, flax seeds, and other oil-bearing crops Soybeans, oil-bearing woody plants, and oil-bearing crops are not included.

Output of Aquatic Products refers to catches of both artificially cultured and naturally grown aquatic products, including fish, shrimps, crabs and shellfish in sea and inland water as well as seaweed. Freshwater plants are not included. Data on output of aquatic products are reported by aquatic product and statistical agencies level by level. Before 1995, among the shellfish, the oyster was counted as fresh meat; 5 kilograms of ark shell, clams and frogs are equivalent to 1 kilogram of fresh aquatic products; they are all counted as fresh aquatic products since 1996.

Output of Meat refers to the total meat of livestock. Data, which refers to the meat of slaughtered hogs, cattle, sheep and goats with head, feet and offal taken away, and refers to the meat of slaughtered animials such as rabbit with feather, visceral taken away.

Number of Livestock or Poultry in Hand at the Beginning (or End) of the Reference Period refers to the total number of large animals, pigs, sheep, fowls, etc., raised by rural cooperative organizations, state farms, rural individuals, government agencies, schools, industrial and mining enterprises, army, and urban residents at the beginning (or end) of the reference period.

Sown Area of Crops refers to area of land sown or trans-planted with crops regardless of being in cultivated area or non-cultivated area. Area of land resown due to natural disasters is also included. At present, the sown area of crops mainly include the following 9 categories of crops: grain, cotton, oil-bearing crops, sugar crops, fiber crops, Tobacco, Vegetables and melons, medicinal materials and other farm crops.

Irrigated Area refers to areas that are effectively irrigated, i.e. level land, which has water source and complete sets of irrigation facilities to lift and move adequate water for irrigation purpose under normal conditions. Under normal conditions, irrigated area is the sum of watered fields and irrigated fields where irrigation systems or equipment have been installed for regular irrigation purpose. This important indicator reflects drought resistance capacity of the cultivated land in China.

Consumption of Chemical Fertilizers for Farming refers to the quantity of chemical fertilizers applied in agriculture in the year, including nitrogenous fertilizer, phosphate fertilizer, potash fertilizer, and compound fertilizer. The consumption of chemical fertilizers is required in calculation to convert the gross weight into weight containing 100% effective component (e.g. 100% nitrogen content in nitrogenous fertilizer, 100% phosphorous pentoxide content in phosphate fertilizer, 100% potassium oxide content in potash fertilizer). Compound fertilizer is converted with its major component. The formula is:

Volume of effective component= physical quantity × effective component of certain chemical fertilizer (%)

Total Power of Farm Machinery refers to total mechanical power of machinery used in farming, forestry, animal husbandry, and fishery, including sloughing, irrigation and drainage, harvesting, transport, plant protection, stockbreeding, forestry and fishery. The power of internal combustion engines is required to convert horsepower into watts and the power of electric motors is required to be converted into watts. Machinery employed for non-agricultural purposes, such as the machines used in township-run and village-run industry, construction, non-agricultural transport, scientific experiments and teaching, is excluded.

Rural Employed Persons refer to rural labor forces aged over 16 years old who are engaged in real production and management activities and receive payment in kind or wages, including those covered within the age frame and regularly participating in production activities, and those who are out of the range of age frame and also participating in production activities regularly. Excluding students studying in other places with their permanent residence registered in local areas, servicemen and persons incapable of working; also excluding those who are waiting for jobs and those engaged in household work. Persons employed are classified as rural employed persons; industrial employed persons; construction industry employed persons; transport, storage and telecommunications industries employed persons; whole sales and retail sales trade and catering industry employed persons and other non-agricalture employed persons according to the longest period of employment in major activities (or using income indicator when period of employment is the same).

12

工业

Industry

简要说明 Brief Introduction

本章资料主要包括工业企业主要指标，规模以上（即指年主营业务收入500万元及以上）工业企业单位数、增加值、主要经济指标和效益指标，国有控股工业企业的主要经济指标和效益指标，私营工业企业的主要经济指标和效益指标，外商投资和港澳台投资企业的主要经济指标和效益指标，大中型工业企业的主要经济指标和效益指标，主要工业产品产量以及占全国当年产量的比重。本章资料由市统计局工业处整理提供。

The data in this chapter cover the main indicators of industrial enterprises; the number, value-added, main economic indicators and benefit indicators of enterprises above designated size (enterprises with annual revenue from principal business 5 million yuan and above); the main economic indicators and benefit indicators of state-holding industrial enterprises, private industrial enterprises, industrial enterprises with Hong Kong, Macao, Taiwan and foreign funds and large and medium-sized industrial enterprises; the output of major industrial products and their percentage to nation total in this year. The data in this chapter are sorted and provided by Division of Industry Statistics, Chongqing Municipal Bureau of Statistics.

12－1 工业企业主要指标（1978－2009 年）
Major Indicators of Industrial Enterprises (1978-2009)

单位：万元 (10 000 yuan)

年 份 Year	单位数（个）Number of Enterprises (unit)	从业人员平均人数（人）Average Emloyment (person)	工业总产值 Industrial Gross Output Value		工业增加值 Value-added of Industry	
			绝对值 Value	指数（上年=100）Index Preceding Year=100	绝对值 Value	指数（上年=100）Index Preceding Year=100
1978	8037	951217	643444	100.0		
1980	10963	998963	772307	104.6		
1985	9924	1251649	1408126	117.2		
1986	12454	1473491	1604215	104.1		
1987	11556	1511086	1921043	112.4		
1988	11303	1552189	2529674	116.1		
1989	10976	1587712	2991130	102.4		
1990	10763	1610473	2993490	100.7		
1991	10780	1652984	3424558	111.8		
1992	9693	1662144	4191279	116.3	1149187	100.0
1993	9083	1752822	5847377	118.2	1837033	159.9
1994	9713	1692108	7185418	115.4	2034142	110.7
1995	11474	1724173	7651109	115.2	1935522	95.2
1996	2332	1474400	7304148		1997189	
1997	2210	1428600	7947952	114.4	2139029	107.1
1998	2000	1164200	7667894	100.7	2097535	98.1
1999	1975	1004400	8585525	118.9	2407000	114.8
2000	2040	907900	9623226	113.6	2875000	119.4
2001	2054	841900	10728325	115.5	3329900	115.8
2002	2072	820103	12283741	119.8	3974400	119.4
2003	2243	843341	15889928	126.7	4778500	120.2
2004	2634	900546	21427261	129.9	5956894	125.3
2005	2946	924204	25258684	118.6	7163600	117.1
2006	3214	968440	32142340	127.4	8453802	120.6
2007	3942	1082675	43632489	133.6	12340576	125.1
2008	6119	1321310	57558984	129.3	18296282	121.6
2009	6412	1372758	67729015	115.2	21893934	118.5

注：1）本表统计口径 1996 年以前为全部独立核算工业企业，1996 年-2006 年为全部国有及规模以上（即年主营业务收入在 500 万元及以上）非国有工业企业，2007 年为规模以上（即年主营业务收入在 500 万元及以上）工业企业（下表同）。
2）工业总产值、工业增加值的绝对值按现价计算。由于工业统计制度变更，工业总产值指数 2003 年及以前按可比价计算，2004 年起按现价计算；工业增加值指数 2003 年及以前按现价计算 2004 年起按可比价计算。
3）由于部分指标无法取得，因此 2008 年工业总产值指数、工业增加值绝对值以及工业增加值指数采用 2008 年 12 月快报数代替，其余指标均取自 2008 年经济普查数。

Note: a) The statistic scope of this table is all the industrial enterprises with independent accounting system before 1996, is all the state-owned industrial enterprises and non-state-owned industrial enterprises over designated size (with annual revenue from principal business 5 million yuan and above) from 1996 to 2006, and is the industrial enterprises over designated size (with annual revenue from principal business 5 million yuan and above) in 2007 (the same below).
b) Gross output value of industry and value-added of industry are calculated at current prices. As industry statistic system has been changed, the index of industrial gross output value in 2003 and previous years is calculated at constant prices, while the index is calculated at current prices since 2004. The same for the index of value-added of industry.
c) Because some of the indices are not available, the index of industrial gross output value, value-added of industry and its index in 2008 are replaced by the accumulated value in December 2008, and other indices are the data from the census of economy in 2008.

12-1 续表 CONTINUED

单位：万元 (10 000 yuan)

年 份 Year	年末固定资产 Year-end Fixed Assets 原值 Original Value	净值 Net Value	流动资产合计 Total Circulating Assets	主营业务收入 Revenue from Principal Business	利税总额 Total Pre-tax Profits	利润总额 Total Profits
1978	706016	475301	298093	595593	119300	
1980	823370	540178	329897	708120	146213	
1985	1339800	923111	604983	1449426	260677	
1986	1445859	970019	743986	1559353	225749	
1987	1635303	1135872	908572	1897962	251220	
1988	1830786	1254850	1062157	2472560	358610	
1989	2063326	1405200	1441939	2734475	365348	
1990	2314886	1490850	1942657	2782262	253309	
1991	2585930	1647544	2418353	3338105	291455	
1992	2947902	1784094	2852708	4167995	365134	
1993	3424857	2106423	3484050	6124846	551046	
1994	4953046	2967592	4631636	6294911	573144	
1995	7307273	4057468	5702467	7524836	580345	
1996	7708153	5398622	5749079	7113430	480449	-49429
1997	8578673	5952377	6959065	7981695	460736	-116702
1998	9866758	6940364	7202796	7809127	393220	-193078
1999	10840971	7604150	7733524	8546131	572648	-67491
2000	11515782	7848443	8157646	9593576	855670	156449
2001	12056356	7958216	8874861	10732455	1016889	238170
2002	12730167	8282507	9228472	12357157	1320260	405426
2003	13424490	8576299	10305605	15950727	1910901	859689
2004	14970250	9738481	11641381	21088433	2420163	1155898
2005	16779752	11001178	13571979	25151726	2564825	1155912
2006	20266728	13551444	15484263	32008042	3192103	1557631
2007	24067348	16421036	18541937	42629860	5025623	2405387
2008	30254424	20829025	24807777	56676087	6017115	3086786
2009	34109428	22757818	28630140	66247114	7105030	3560249

12－2 主要工业产品产量（1978－2009 年）
Output of Major Industrial Products (1978-2009)

年 份 Year	原煤（万吨） Coal (10 000 tons)	天然气（亿立方米） Natural Gas (100 million cu.m)	发电量（亿千瓦时） Electricity (100 million kw·h)	钢材（万吨） Steel Products (10 000 tons)	铝材（万吨） Aluminum Products (10 000 tons)	水泥（万吨） Cement (10 000 tons)	汽车（万辆） Motor Vehicles (10 000 units)
1978	1429.30	0.09	29.60	73.09	1.47	96.14	0.16
1980	1519.58	15.78	33.32	76.52	2.27	129.10	0.23
1985	2085.66	24.47	36.67	86.35	4.50	262.78	0.89
1986	2109.01	25.88	41.96	94.99	4.55	269.20	0.61
1987	2255.86	28.39	54.73	111.36	5.00	308.29	0.90
1988	2459.97	29.44	66.38	121.06	5.01	353.43	1.66
1989	2540.03	31.96	72.64	102.59	4.99	345.39	2.02
1990	2332.71	34.59	73.75	109.61	3.97	351.85	2.18
1991	2380.45	35.86	84.05	105.67	5.51	428.56	3.04
1992	2432.44	36.44	91.95	112.24	5.55	517.31	4.56
1993	2624.97	37.14	118.41	162.74	5.79	562.32	6.82
1994	2841.32	41.87	124.36	130.74	6.19	642.62	8.77
1995	3104.83	45.00	127.62	120.68	5.93	820.57	11.47
1996	1498.72	26.10	128.73	117.55	7.36	648.76	12.41
1997	1410.35	30.69	139.88	116.08	9.31	862.10	16.07
1998	2573.99	33.24	158.67	131.01	10.62	1173.59	15.74
1999	1183.22	34.74	158.27	135.10	12.11	1197.60	21.85
2000	1149.90	38.98	167.90	156.98	13.98	1402.78	24.59
2001	1154.67	41.88	170.41	161.42	16.82	1511.18	24.38
2002	1211.73	45.41	184.75	201.48	19.94	1679.52	33.13
2003	1484.20	47.29	188.64	235.24	21.60	1927.00	40.45
2004	1738.19	51.57	232.82	288.10	26.23	1906.23	42.89
2005	1957.79	57.09	234.03	294.70	39.36	2100.69	42.15
2006	2172.19	70.88	275.44	382.87	66.41	2533.84	51.99
2007	2711.65	71.11	325.22	436.57	81.13	2819.92	70.80
2008	3702.86	79.50	396.64	487.20	79.76	3230.51	76.64
2009	4290.79	75.70	428.26	477.44	75.15	3610.99	118.65

12-2 续表 CONTINUED

年 份 Year	#轿车 （万辆） Cars (10 000 units)	摩托车 （万辆） Motorcycles (10 000 units)	维纶纤维 （万吨） PVA Fiber (10 000 tons)	硫酸 （万吨） Sulphuric Acid (10 000 tons)	啤酒 （万千升） Beer (1000 kiloliters)	卷烟 （亿支） Cigarettes (100 million pieces)	农用化肥 （万吨） Chemical Fertilizer (10 000 tons)
1978				12.76		87.70	20.23
1980		0.27		15.85		115.75	13.10
1985		47.18		15.09	3.47	246.70	15.23
1986		31.94		20.86	4.16	314.90	17.28
1987		27.14		23.25	5.18	346.95	21.70
1988		44.47		25.31	6.26	355.65	21.55
1989		36.85		27.33	5.90	356.20	21.60
1990		38.22		25.24	5.91	357.85	24.58
1991		48.48		33.10	6.67	368.85	28.24
1992		69.37		34.28	7.74	439.10	28.86
1993		120.38		25.96	15.61	437.10	31.73
1994		170.23		25.31	16.69	430.65	35.59
1995		220.17		48.84	18.89	502.25	54.37
1996	1.34	177.36	1.71	51.29	28.54	453.91	78.97
1997	2.89	177.04	1.23	52.00	40.05	507.38	66.07
1998	3.56	126.90	0.90	59.47	50.66	369.35	73.40
1999	4.46	174.93	0.63	61.83	50.81	482.85	74.27
2000	4.82	191.07	0.77	50.65	50.42	343.50	72.26
2001	4.31	253.53	1.03	65.77	39.91	338.50	77.57
2002	6.78	323.42	1.11	85.64	41.36	343.80	82.53
2003	12.06	441.32	1.18	99.18	44.42	387.50	89.97
2004	15.73	473.07	1.30	135.51	46.21	386.32	104.22
2005	15.33	420.84	1.56	150.08	53.87	396.08	121.89
2006	26.30	534.60	1.52	190.44	64.73	406.00	127.82
2007	41.80	638.25	1.57	223.78	76.49	426.00	154.20
2008	40.72	774.90	1.47	172.31	68.01	451.00	127.06
2009	63.30	761.74	1.23	202.29	72.77	476.00	152.00

12－3 工业企业经济效益指标（1992－2009年）
Indicators on Economic Benefit of Industrial Enterprises (1992-2009)

单位：%　　(%)

年 份	经济效益综合指数 Comprehensive Index of Economic Benefits	总资产贡献率 Ratio of Total Assets to Industrial Output Value	资本保值增值率 Ratio of Assets Appreciation YOY	资产负债率 Asset-Liability Ratio
1992	76.2			
1993	84.6			
1994	83.9			
1995	73.0			
1996	63.8	2.8	125.7	68.6
1997	60.3	2.7	113.9	68.4
1998	57.3	5.0	103.0	68.3
1999	67.7	5.5	101.4	67.1
2000	87.1	6.3	112.1	64.8
2001	95.2	6.9	108.3	62.7
2002	109.8	7.8	120.7	61.3
2003	129.7	9.9	115.8	60.8
2004	140.9	10.6	120.2	60.8
2005	139.4	10.0	116.2	59.7
2006	153.7	10.5	114.4	59.8
2007	187.7	12.6	118.2	59.7
2008	204.0	12.2	117.6	60.0
2009	204.4	12.1	114.6	60.3

年 份	流动资产周转率（次） Turnover Ratio of Circulating Assets (time)	成本费用利润率 Ratio of Profits to Cost	全员劳动生产率（元/人年） Overall Labor Productivity (yuan/person-year)	产品销售率 Sales as Percentage of Output
1992	1.4	3.2	7296	97.0
1993	1.6	3.1	10758	97.1
1994	1.4	2.7	12638	96.4
1995	1.2	0.7	11804	96.3
1996	1.3	-1.2	13546	96.5
1997	1.2	-1.8	14972	95.6
1998	1.1	-2.4	16690	97.2
1999	1.1	-1.1	23385	97.5
2000	1.2	1.7	31081	99.1
2001	1.2	2.3	37750	97.9
2002	1.3	3.4	46464	98.1
2003	1.5	5.7	55957	97.8
2004	1.8	5.8	66148	99.9
2005	1.9	4.9	77511	98.8
2006	2.1	5.2	87750	98.4
2007	2.3	6.1	127993	97.1
2008	2.4	5.8	156167	98.0
2009	2.3	5.8	159484	98.3

注：1）经济效益综合指数1997年前由资金利税率、增加值率、流动资产周转率、成本费用利润率、全员劳动生产率、产品销售率等六项指标构成，从1997年起由总资产贡献率、资本保值增值率、资产负债率、流动资产周转率、成本费用利润率、全员劳动生产率、产品销售率等七项指标构成。

2）由于部分指标无法取得，因此2008年资本保值增值率、全员劳动生产率采用2008年12月快报数代替，其余指标均取自2008年经济普查数。

Note: a) Comprehensive index of economic benefits before 1997 are composed of 6 items, namely ratio of pretax profits to total industrial assets, ratio of value-added to gross industrial output value, turnover ratio of circulating assets, ratio of profits to cost, overall labor productivity and sales as percentage of output, and since 1997 are composed of 7 items, namely ratio of total assets to industrial output value, ratio of assets appreciation YOY, asset-liability ratio, turnover ratio of circulating assets, ratio of profits to cost, overall labor productivity and sales as percentage of output.

b) Because some of the indices are not available, the index of industrial gross output value, value-added of industry and its index in 2008 are replaced by the accumulated value in December 2008, and other indices are the data from the census of economy in 2008.

12－4 规模以上工业企业单位数（2008－2009 年）
Number of Industrial Enterprises above Designated Size (2008-2009)

单位：个 (unit)

指　　标	Item	2008	2009
总　计	**Total**	**6119**	**6412**
＃国有及国有控股企业	State-owned and State-holding Enterprises	520	518
＃亏损企业	Loss-generating Enterprises	803	767
按登记注册类型分	**By Status of Registration**		
内资企业	Domestic-funded Enterprises	5833	6124
国有企业	State-owned Enterprises	162	121
集体企业	Collective-owned Enterprises	185	154
股份合作企业	Cooperative Share Holding Enterprises	37	45
国有联营	State Joint Ownership Enterprises	2	3
集体联营	Collective Joint Ownership Enterprises	3	2
国有与集体联营	Joint State-Collective Enterprises	2	2
其他联营	Other Joint Ownership Enterprises	2	2
国有独资公司	Soly State-funded Corporations	99	112
其他有限责任公司	Other Limited Liability Corporations	397	769
股份有限公司	Share-holding Corporations Ltd.	121	136
私营独资	Soly Private-funded Enterprises	1125	1192
私营合作	Cooperative Private Enterprises	268	256
私营有限责任公司	Private Limited Liability Corporations	3042	2927
私营股份有限公司	Private Share-holding Corporations Ltd.	369	392
其他内资	Other Enterprises	19	11
港澳台商投资企业	Enterprises Funded by Hong Kong, Macao and Taiwan	98	107
合资经营	Joint-ventures	51	60
合作经营	Cooperative Enterprises	2	2
独资	Enterprises with Sole Investment	40	40
投资股份有限公司	Share-holding Corporations Ltd.	5	5
外商投资企业	Foreign-funded Enterprises	188	181
中外合资经营	Joint-ventures	120	120
中外合作经营	Cooperative Enterprises	7	6
外资企业	Enterprises with Sole Investment	56	50
外商投资股份有限公司	Share-holding Corporations Ltd.	5	5
按轻重工业分	**By Light and Heavy Industries**		
轻工业	Light Industry	2420	2502
重工业	Heavy Industry	3699	3910
按企业规模分	**By Size**		
大型企业	Large	66	67
中型企业	Medium	567	600
小型企业	Small	5486	5745

12－5 规模以上工业企业增加值（2008－2009年）
Value-added of Industrial Enterprises above Designated Size (2008-2009)

单位：万元 (10 000 yuan)

指 标	Item	2008	2009
总 计	**Total**	**18296282**	**21893934**
#国有控股企业	State-owned and State-holding Enterprises	8590947	9078301
按登记注册类型分	**By Status of Registration**		
内资企业	Domestic-funded Enterprises	14951984	17887287
#国有企业	State-owned	1118256	942398
集体企业	Collective-owned	192993	263900
港澳台投资企业	Funded by Hong Kong, Macao and Taiwan	516122	1041469
外商投资企业	Foreign-funded	2828176	2965178
按轻、重工业分	**By Light and Heavy Industries**		
轻工业	Light Industry	5693883	6787632
重工业	Heavy Industry	12602399	15106301
按企业规模分	**By Size**		
大型企业	Large	6366187	7456006
中型企业	Medium	5828977	6908227
小型企业	Small	6101118	7529701
按行业分	**By Sector**		
采矿业	Mining and Quarrying		
煤炭开采和洗选业	Mining and Washing of Coal	941771	1284982
石油和天然气开采业	Extraction of Petroleum and Natural Gas	149426	274110
黑色金属矿采选业	Mining and Processing of Ferrous Metal Ores	127393	91827
有色金属矿采选业	Mining and Processing of Non-Ferrous Metal Ores	14243	63527
非金属矿采选业	Mining and Processing of Nonmetal Ores	102707	256919
其他采矿业	Mining of Other Ores		
制造业	Manufacturing		
农副食品加工业	Processing of Food from Agricultural Products	633671	746333
食品制造业	Manufacture of Foods	181454	242095
饮料制造业	Manufacture of Beverages	245897	321263
烟草制品业	Manufacture of Tobacco	525281	617069
纺织业	Manufacture of Textile	289185	393448
纺织服装、鞋、帽制造业	Manufacture of Textile Wearing Apparel, Footware and Caps	74606	90644
皮革、毛皮、羽毛（绒）及其制品业	Manufacture of Leather, Fur, Feather and Related Products	101184	105704
木材加工及木竹藤棕草制品业	Processing of Timber, Manufacture of Wood, Bamboo, Rattan, Palm and Straw Products	16841	32759
家具制造业	Manufacture of Furniture	67151	98773
造纸及纸制品业	Manufacture of Paper and Paper Products	151137	230690
印刷业、记录媒介的复制	Printing, Reproduction of Recording Media	121740	137156
文教体育用品制造业	Manufacture of Articles For Culture, Education and Sport Activities	961	3192
石油加工、炼焦及核燃料加工业	Processing of Petroleum, Coking, Processing of Nuclear Fuel	102103	154239
化学原料及化学制品制造业	Manufacture of Raw Chemical Materials and Chemical Products	1401891	1518225
医药制造业	Manufacture of Medicines	612167	697609
化学纤维制造业	Manufacture of Chemical Fibers	11537	19347
橡胶制品业	Manufacture of Rubber	89996	118353
塑料制品业	Manufacture of Plastics	142457	196607
非金属矿物制品业	Manufacture of Non-metallic Mineral Products	950610	1158629
黑色金属冶炼及压延加工业	Smelting and Pressing of Ferrous Metals	947321	822709
有色金属冶炼及压延加工业	Smelting and Pressing of Nonferrous Metals	944373	783199
金属制品业	Manufacture of Metal Products	241071	311253
通用设备制造业	Manufacture of General Purpose Machinery	745251	875580
专用设备制造业	Manufacture of Special Purpose Machinery	363605	295384
交通运输设备制造业	Manufacture of Transport Equipment	4981664	6269879
电气机械及器材制造业	Manufacture of Electrical Machinery and Equipment	694670	788356
通信设备、计算机及其他电子设备制造业	Manufacture of Communication Equipment, Computers and Other Electronic Equipment	261019	366848
仪器仪表及文化、办公用机械制造业	Manufacture of Measuring Instruments and Machinery for Cultural Activity and Office Work	198953	219545
工艺品及其他制造业	Manufacture of Artwork and Other Manufacturing	34772	300927
废弃资源和废旧材料回收加工业	Recycling and Disposal of Waste	55142	44856
电力、燃气及水的生产和供应业	Production and Supply of Electric Power, Gas and Water		
电力、热力的生产和供应业	Production and Supply of Electric Power and Heat Power	1385730	1625476
燃气生产和供应业	Production and Supply of Gas	325377	262247
水的生产和供应业	Production and Supply of Water	61925	74174

12－6 规模以上工业企业主要经济指标（2009 年）

单位：万元

指标	Item	单位数（个） Number of Enterprises (unit)	从业人员平均人数（万人） Average Employment (10 000 persons)
总 计	**Total**	**6412**	**137.28**
＃国有控股企业	State-owned and State-holding Enterprises	518	42.22
按登记注册类型分	**By Status of Registration**		
内资企业	Domestic-funded Enterprises	6124	124.86
＃国有企业	State-owned	121	7.80
集体企业	Collective-owned	154	2.35
港澳台投资企业	Funded by Hong Kong, Macao and Taiwan	107	4.46
外商投资企业	Foreign-funded	181	7.96
按轻、重工业分	**By Light and Heavy Industries**		
轻工业	Light Industry	2502	46.63
重工业	Heavy Industry	3910	90.64
按企业规模分	**By Size**		
大型企业	Large	67	29.28
中型企业	Medium	600	45.39
小型企业	Small	5745	62.61
按行业分	**By Sector**		
煤炭开采和洗选业	Mining and Washing of Coal	596	16.05
石油和天然气开采业	Extraction of Petroleum and Natural Gas	4	0.42
黑色金属矿采选业	Mining and Processing of Ferrous Metal Ores	45	0.78
有色金属矿采选业	Mining and Processing of Non-Ferrous Metal Ores	4	0.06
非金属矿采选业	Mining and Processing of Nonmetal Ores	130	1.80
其他采矿业	Mining of Other Ores		
农副食品加工业	Processing of Food from Agricultural Products	388	4.59
食品制造业	Manufacture of Foods	151	1.99
饮料制造业	Manufacture of Beverages	84	1.65
烟草制品业	Manufacture of Tobacco	4	0.54
纺织业	Manufacture of Textile	227	4.85
纺织服装、鞋、帽制造业	Manufacture of Textile Wearing Apparel, Footware and Caps	56	1.27
皮革、毛皮、羽毛（绒）及其制品业	Manufacture of Leather, Fur, Feather and Related Products	122	1.64
木材加工及木竹藤棕草制品业	Processing of Timber, Manufacture of Wood, Bamboo,Rattan, Palm and Straw Products	52	0.45
家具制造业	Manufacture of Furniture	63	0.77
造纸及纸制品业	Manufacture of Paper and Paper Products	133	2.10
印刷业、记录媒介的复制	Printing, Reproduction of Recording Media	83	1.23
文教体育用品制造业	Manufacture of Articles For Culture, Education and Sport Activities	5	0.07
石油加工、炼焦及核燃料加工业	Processing of Petroleum, Coking, Processing of Nuclear Fuel	33	0.67
化学原料及化学制品制造业	Manufacture of Raw Chemical Materials and Chemical Products	310	7.40
医药制造业	Manufacture of Medicines	115	3.66
化学纤维制造业	Manufacture of Chemical Fibers	3	0.05
橡胶制品业	Manufacture of Rubber	59	1.39
塑料制品业	Manufacture of Plastics	184	1.89
非金属矿物制品业	Manufacture of Non-metallic Mineral Products	593	10.35
黑色金属冶炼及压延加工业	Smelting and Pressing of Ferrous Metals	131	3.11
有色金属冶炼及压延加工业	Smelting and Pressing of Nonferrous Metals	122	3.87
金属制品业	Manufacture of Metal Products	214	3.22
通用设备制造业	Manufacture of General Purpose Machinery	378	7.02
专用设备制造业	Manufacture of Special Purpose Machinery	150	4.55
交通运输设备制造业	Manufacture of Transport Equipment	1360	33.23
电气机械及器材制造业	Manufacture of Electrical Machinery and Equipment	226	5.01
通信设备、计算机及其他电子设备制造业	Manufacture of Communication Equipment, Computers and Other Electronic Equipment	51	2.02
仪器仪表及文化、办公用机械制造业	Manufacture of Measuring Instruments and Machinery for Cultural Activity and Office Work	105	2.08
工艺品及其他制造业	Manufacture of Artwork and Other Manufacturing	32	0.46
废弃资源和废旧材料回收加工业	Recycling and Disposal of Waste	14	0.17
电力、热力的生产和供应业	Production and Supply of Electric Power and Heat Power	100	5.29
燃气生产和供应业	Production and Supply of Gas	43	0.69
水的生产和供应业	Production and Supply of Water	42	0.89

Main Economic Indicators of Industrial Enterprises above Designated Size (2009)

(10 000 yuan)

工业总产值 Gross Industrial Output Value	#新产品产值 Output Value of New Products	工业销售产值 Sales Value of Industry	实收资本 Paid-in Capital	#国家资本 State Capital	#外商资本 Foreign Capital
67729015	**22266491**	**66577300**	**12761837**	**2062618**	**1154883**
26583645	11367136	26323622	6794260	1945053	428291
54444456	14834806	53549177	9784577	1649959	128689
2645233	844840	2717563	1077683	674655	
763262	294497	763018	69856	334	625
3536267	982873	3423220	1001329	6862	62408
9748291	6448812	9604903	1975932	405796	963786
20775251	5988450	20374520	3060228	240938	230233
46953764	16278041	46202780	9701609	1821680	924649
23980102	13519258	23547232	4276695	650756	387901
20642291	6190120	20007258	4612191	984490	521682
23106622	2557112	23022809	3872951	427372	245299
2390359	4021	2396120	508328	2780	
518438		515396	86885	76133	
126959		138736	27921	18845	
29352		30211	3468		
591726	2383	585948	67530	1903	
2431967	313308	2454792	198295	18090	24623
739999	91641	762732	90519	8261	19960
861596	230680	853838	213026	1160	70129
855625	200949	831524	108749	1150	
1349589	123379	1319739	157707	5030	18676
259982	14674	233584	32682		30
388947	29042	388820	27904	62	4375
104345	1909	101268	20133	224	40
354255	14543	356902	43370		2444
832963	182192	823652	487385	50	2139
435598	12133	427028	84227	4871	388
6482	1125	6576	1973		
388422	25113	413223	68148		12803
3885428	1434871	3809104	1198888	448072	195340
1662398	646553	1578888	379635	46032	1281
54865		52799	820		
432770	56944	411324	114229	500	14868
688390	37669	677371	121163	675	7295
3130103	453821	3156766	900559	18956	159665
3004525	607720	2956285	370693	27561	411
3179502	781497	2984924	710981	46908	35
1056006	159648	1047170	161376	14731	4871
3253203	1264901	3298919	642379	35153	80655
1573082	412623	1587220	486532	33897	6967
23230575	12521753	22708564	2781266	254151	430399
3514958	1676519	3303192	370095	58888	34288
1064372	668794	1012610	131141	30139	11022
713527	208406	737972	136372	9364	21749
121502	22691	116722	11424	200	
163496		163505	4661		
3694613	64988	3692207	1664563	787151	10706
493164		494606	152469	10977	94
145932		147062	194340	100706	19629

12-6 续表 1

单位：万元

指　标	Item	资产 Total Assets
总　计	**Total**	**64377008**
#国有控股企业	State-owned and State-holding Enterprises	35820967
按登记注册类型分	**By Status of Registration**	
内资企业	Domestic-funded Enterprises	52376281
#国有企业	State-owned	4903490
集体企业	Collective-owned	411897
港澳台投资企业	Funded by Hong Kong, Macao and Taiwan	3953213
外商投资企业	Foreign-funded	8047513
按轻、重工业分	**By Light and Heavy Industries**	
轻工业	Light Industry	14795375
重工业	Heavy Industry	49581633
按企业规模分	**By Size**	
大型企业	Large	26120315
中型企业	Medium	20992418
小型企业	Small	17264275
按行业分	**By Sector**	
煤炭开采和洗选业	Mining and Washing of Coal	2175475
石油和天然气开采业	Extraction of Petroleum and Natural Gas	211095
黑色金属矿采选业	Mining and Processing of Ferrous Metal Ores	169429
有色金属矿采选业	Mining and Processing of Non-Ferrous Metal Ores	18111
非金属矿采选业	Mining and Processing of Nonmetal Ores	455493
其他采矿业	Mining of Other Ores	
农副食品加工业	Processing of Food from Agricultural Products	983169
食品制造业	Manufacture of Foods	509168
饮料制造业	Manufacture of Beverages	862367
烟草制品业	Manufacture of Tobacco	623560
纺织业	Manufacture of Textile	710732
纺织服装、鞋、帽制造业	Manufacture of Textile Wearing Apparel, Footware and Caps	169016
皮革、毛皮、羽毛（绒）及其制品业	Manufacture of Leather, Fur, Feather and Related Products	126151
木材加工及木竹藤棕草制品业	Processing of Timber, Manufacture of Wood, Bamboo, Rattan, Palm and Straw Products	75806
家具制造业	Manufacture of Furniture	202252
造纸及纸制品业	Manufacture of Paper and Paper Products	920480
印刷业、记录媒介的复制	Printing, Reproduction of Recording Media	457008
文教体育用品制造业	Manufacture of Articles For Culture, Education and Sport Activities	4171
石油加工、炼焦及核燃料加工业	Processing of Petroleum, Coking, Processing of Nuclear Fuel	284688
化学原料及化学制品制造业	Manufacture of Raw Chemical Materials and Chemical Products	5363359
医药制造业	Manufacture of Medicines	2059481
化学纤维制造业	Manufacture of Chemical Fibers	14954
橡胶制品业	Manufacture of Rubber	467851
塑料制品业	Manufacture of Plastics	432905
非金属矿物制品业	Manufacture of Non-metallic Mineral Products	3996445
黑色金属冶炼及压延加工业	Smelting and Pressing of Ferrous Metals	2452809
有色金属冶炼及压延加工业	Smelting and Pressing of Nonferrous Metals	2133545
金属制品业	Manufacture of Metal Products	841089
通用设备制造业	Manufacture of General Purpose Machinery	3076520
专用设备制造业	Manufacture of Special Purpose Machinery	2493249
交通运输设备制造业	Manufacture of Transport Equipment	16608284
电气机械及器材制造业	Manufacture of Electrical Machinery and Equipment	2443191
通信设备、计算机及其他电子设备制造业	Manufacture of Communication Equipment, Computers and Other Electronic Equipment	725386
仪器仪表及文化、办公用机械制造业	Manufacture of Measuring Instruments and Machinery for Cultural Activity and Office Work	732555
工艺品及其他制造业	Manufacture of Artwork and Other Manufacturing	85727
废弃资源和废旧材料回收加工业	Recycling and Disposal of Waste	44448
电力、热力的生产和供应业	Production and Supply of Electric Power and Heat Power	9945261
燃气生产和供应业	Production and Supply of Gas	747794
水的生产和供应业	Production and Supply of Water	753983

12-6 CONTINUED-1

(10 000 yuan)

	固定资产 Fixed Assets		负债	
#流动资产 Circulating Assets	原值 Original Value	净值 Net Value	Total Liabilities	#流动负债 Total Circulating Liabilities
28630140	**34109428**	**22757818**	**38804026**	**27462234**
14380708	21280962	13743732	22666479	14649132
22971422	26907611	18052066	31559476	22414862
1819102	2831733	1746860	3033369	2083392
260323	172105	109421	284977	248325
1617465	2286359	1618607	2290204	1456604
4041252	4915458	3087145	4954347	3590768
7673345	6683805	4430411	8521390	7123415
20956795	27425623	18327407	30282636	20338818
11742284	13540715	8593813	15892648	11267590
9449107	11272629	7453057	12717073	9110187
7438749	9296084	6710948	10194305	7084456
695564	1222137	759367	1148550	731062
41834	212907	94476	16812	16457
79491	37509	21080	115601	103598
13249	6212	4862	8707	8377
99408	256857	196374	191937	142801
516066	464355	312367	545863	473378
235807	288226	186705	267278	218567
400898	489353	313891	500955	456288
423177	328651	153450	295178	280363
356159	333789	218168	379742	283479
64175	76979	59972	78491	70595
69511	84091	40191	62560	49508
32622	39817	30566	30446	24884
151429	59638	41420	115974	108490
228240	687362	618602	412797	158196
223905	221891	151715	264967	226395
640	3710	3156	645	329
98377	178215	128990	123439	110655
1659459	3133607	2072555	3071579	1810191
959097	763577	519876	1144048	980834
8919	13570	5256	5655	5655
181295	164573	112274	286992	195010
244672	218480	129191	252527	231225
1604991	2352993	1634167	2405352	1475087
1138804	1328135	822902	1505837	1037320
1076124	1255443	717032	1313321	1018381
404357	328190	243588	495157	452409
1959858	1027444	632979	1793708	1520398
1189522	1188494	948460	1707217	1419807
9811216	6060046	3735929	9931397	8789021
1691607	591205	405973	1625758	1324089
487486	216092	134078	439548	404536
497834	231193	137060	417054	381344
47734	35667	22398	33691	21642
20947	13930	11053	25923	17954
1441471	9311778	6518219	6877976	2358162
368187	302099	204476	490726	423617
106006	581217	415001	420620	132133

12-6 续表 2

单位：万元

指 标	Item	所有者权益 Creditors' Equity	主营业务收入 Revenue from Principal Business
总 计	**Total**	**25434012**	**66247114**
#国有控股企业	State-owned and State-holding Enterprises	13098762	26280544
按登记注册类型分	**By Status of Registration**		
内资企业	Domestic-funded Enterprises	20718245	53146656
#国有企业	State-owned	1858786	2714573
集体企业	Collective-owned	126024	778019
港澳台投资企业	Funded by Hong Kong, Macao and Taiwan	1661796	3451022
外商投资企业	Foreign-funded	3053971	9649436
按轻、重工业分	**By Light and Heavy Industries**		
轻工业	Light Industry	6244923	20229799
重工业	Heavy Industry	19189089	46017315
按企业规模分	**By Size**		
大型企业	Large	10197194	23497486
中型企业	Medium	8247056	19961924
小型企业	Small	6989762	22787704
按行业分	**By Sector**		
煤炭开采和洗选业	Mining and Washing of Coal	1025615	2392200
石油和天然气开采业	Extraction of Petroleum and Natural Gas	184284	495502
黑色金属矿采选业	Mining and Processing of Ferrous Metal Ores	53827	137618
有色金属矿采选业	Mining and Processing of Non-Ferrous Metal Ores	9304	30288
非金属矿采选业	Mining and Processing of Nonmetal Ores	261649	551869
其他采矿业	Mining of Other Ores		
农副食品加工业	Processing of Food from Agricultural Products	429240	2439097
食品制造业	Manufacture of Foods	241475	753741
饮料制造业	Manufacture of Beverages	360395	832783
烟草制品业	Manufacture of Tobacco	328382	817293
纺织业	Manufacture of Textile	329145	1314714
纺织服装、鞋、帽制造业	Manufacture of Textile Wearing Apparel, Footware and aps	89907	228463
皮革、毛皮、羽毛（绒）及其制品业	Manufacture of Leather, Fur, Feather and Related Products	63592	386836
木材加工及木竹藤棕草制品业	Processing of Timber, Manufacture of Wood, Bamboo, Rattan, Palm and Straw Products	45359	99970
家具制造业	Manufacture of Furniture	86177	339753
造纸及纸制品业	Manufacture of Paper and Paper Products	507502	812784
印刷业、记录媒介的复制	Printing, Reproduction of Recording Media	191992	422433
文教体育用品制造业	Manufacture of Articles For Culture, Education and Sport Activities	3526	5736
石油加工、炼焦及核燃料加工业	Processing of Petroleum, Coking, Processing of Nuclear Fuel	160951	405835
化学原料及化学制品制造业	Manufacture of Raw Chemical Materials and Chemical Products	2277336	3762431
医药制造业	Manufacture of Medicines	914802	1570300
化学纤维制造业	Manufacture of Chemical Fibers	9300	51098
橡胶制品业	Manufacture of Rubber	180391	406476
塑料制品业	Manufacture of Plastics	179996	660997
非金属矿物制品业	Manufacture of Non-metallic Mineral Products	1587927	3142661
黑色金属冶炼及压延加工业	Smelting and Pressing of Ferrous Metals	946324	2951263
有色金属冶炼及压延加工业	Smelting and Pressing of Nonferrous Metals	816059	2960289
金属制品业	Manufacture of Metal Products	343436	1031430
通用设备制造业	Manufacture of General Purpose Machinery	1279317	3293196
专用设备制造业	Manufacture of Special Purpose Machinery	785850	1587166
交通运输设备制造业	Manufacture of Transport Equipment	6634303	22742790
电气机械及器材制造业	Manufacture of Electrical Machinery and Equipment	813393	3279843
通信设备、计算机及其他电子设备制造业	Manufacture of Communication Equipment, Computers and Other Electronic Equipment	284035	1013204
仪器仪表及文化、办公用机械制造业	Manufacture of Measuring Instruments and Machinery for Cultural Activity and Office Work	284352	721451
工艺品及其他制造业	Manufacture of Artwork and Other Manufacturing	52035	112134
废弃资源和废旧材料回收加工业	Recycling and Disposal of Waste	18525	157737
电力、热力的生产和供应业	Production and Supply of Electric Power and Heat Power	3067155	3724847
燃气生产和供应业	Production and Supply of Gas	256718	464256
水的生产和供应业	Production and Supply of Water	330438	146631

12-6 CONTINUED-2

(10 000 yuan)

主营业务成本 Cost of Principal Business	主营业务税金及附加 Tax and Extra Charges of Principal Business	本年应交增值税 VAT Payable	主营业务利润 Profit of Principal Business	利润总额 Total After-tax Profits	利税总额 Total Pre-tax Profits	工资总额 Total Wages
54962482	**1112736**	**2432045**	**3785904**	**3560249**	**7105030**	**4757876**
21648885	799596	1186075	994573	944180	2929851	1778297
44411458	815670	1743242	2913206	2743369	5302281	4238578
2169127	33410	98610	47274	74353	206373	278377
683333	4304	20843	35418	33767	58915	66187
2862446	17084	100421	203529	207332	324837	217591
7688577	279983	588382	669169	609548	1477913	301707
16453469	539984	587768	1259392	1112505	2240258	1475552
38509013	572752	1844278	2526512	2447743	4864773	3282325
19743891	750574	937524	1006172	872230	2560328	1298196
16598064	186388	821759	1395149	1375871	2384019	1676510
18620527	175774	672762	1384583	1312147	2160684	1783171
1812947	33958	155426	202093	200211	389595	556935
360434	18380	18235	3401	3293	39908	10117
82608	1733	10414	9394	9180	21327	24339
21222	700	2132	2480	1447	4279	1734
431490	6788	26186	43021	29928	62902	44742
2058934	10598	36328	102627	100723	147648	153515
575351	2748	32220	77449	78350	113319	59067
540907	28895	37312	91561	86452	152660	68154
321828	355226	86765	62923	62912	504903	33505
1140700	7162	33464	54870	43497	84124	99510
172471	4374	8658	19940	20902	33934	34263
331293	1820	6760	23683	17791	26371	54864
76772	667	2416	5848	6472	9555	9058
263352	1429	10983	29540	28693	41105	25908
634759	12599	19480	27877	24290	56368	51167
343046	2317	18896	32656	34766	55979	34819
3731	43	353	235	229	625	1722
324654	4695	20058	24971	26690	51443	37142
3155794	36853	170454	197845	227048	434355	248634
1148762	19813	85937	104819	111696	217446	133973
46566	391	1899	3335	3228	5518	2533
340723	1884	12710	18272	20318	34912	55606
565290	2958	20008	42836	33366	56332	47739
2492911	18830	154877	221797	231184	404891	261410
2611919	8533	74588	108896	90457	173578	217297
2720344	16702	50685	88884	84569	151956	160044
839692	9040	27042	65719	61998	98080	100125
2735952	13314	104635	263689	265528	383477	254303
1306877	5855	24521	45410	39150	69525	172239
19196337	413620	827180	1239584	1070380	2311180	1247804
2815647	24246	95262	236712	226215	345723	152566
849398	10972	39231	56572	57695	107898	67674
549394	4535	28166	48481	52049	84751	65660
85656	1317	3799	16640	14798	19914	11250
143870	579	3377	11947	11933	15889	5447
3371367	21725	161832	129118	109904	293461	188330
374857	6101	11177	59031	59773	77051	39409
114629	1335	8578	11751	13134	23047	25271

12－7 规模以上工业企业经济效益指标（2009 年）

单位：%

指 标	Item	增加值率 Ratio of Value-added to Gross Industrial Output Value
总 计	**Total**	**29.1**
#国有控股企业	State-owned and State-holding Enterprises	31.3
按登记注册类型分	**By Status of Registration**	
内资企业	Domestic-funded Enterprises	29.5
#国有企业	State-owned	38.5
集体企业	Collective-owned	19.2
港澳台投资企业	Funded by Hong Kong, Macao and Taiwan	23.6
外商投资企业	Foreign-funded	29.5
按轻、重工业分	**By Light and Heavy Industries**	
轻工业	Light Industry	28.8
重工业	Heavy Industry	29.3
按企业规模分	**By Size**	
大型企业	Large	28.5
中型企业	Medium	31.1
小型企业	Small	27.2
按行业分	**By Sector**	
煤炭开采和洗选业	Mining and Washing of Coal	53.8
石油和天然气开采业	Extraction of Petroleum and Natural Gas	59.4
黑色金属矿采选业	Mining and Processing of Ferrous Metal Ores	79.1
有色金属矿采选业	Mining and Processing of Non-Ferrous Metal Ores	27.6
非金属矿采选业	Mining and Processing of Nonmetal Ores	33.3
其他采矿业	Mining of Other Ores	
农副食品加工业	Processing of Food from Agricultural Products	22.7
食品制造业	Manufacture of Foods	35.8
饮料制造业	Manufacture of Beverages	37.0
烟草制品业	Manufacture of Tobacco	69.6
纺织业	Manufacture of Textile	29.0
纺织服装、鞋、帽制造业	Manufacture of Textile Wearing Apparel, Footware and Caps	33.4
皮革、毛皮、羽毛（绒）及其制品业	Manufacture of Leather, Fur, Feather and Related Products	31.3
木材加工及木竹藤棕草制品业	Processing of Timber, Manufacture of Wood, Bamboo, Rattan, Palm and Straw Products	23.0
家具制造业	Manufacture of Furniture	23.6
造纸及纸制品业	Manufacture of Paper and Paper Products	22.5
印刷业、记录媒介的复制	Printing, Reproduction of Recording Media	28.1
文教体育用品制造业	Manufacture of Articles For Culture, Education and Sport Activities	49.8
石油加工、炼焦及核燃料加工业	Processing of Petroleum, Coking, Processing of Nuclear Fuel	32.6
化学原料及化学制品制造业	Manufacture of Raw Chemical Materials and Chemical Products	31.3
医药制造业	Manufacture of Medicines	37.2
化学纤维制造业	Manufacture of Chemical Fibers	20.4
橡胶制品业	Manufacture of Rubber	28.3
塑料制品业	Manufacture of Plastics	28.4
非金属矿物制品业	Manufacture of Non-metallic Mineral Products	34.5
黑色金属冶炼及压延加工业	Smelting and Pressing of Ferrous Metals	23.9
有色金属冶炼及压延加工业	Smelting and Pressing of Nonferrous Metals	21.3
金属制品业	Manufacture of Metal Products	30.4
通用设备制造业	Manufacture of General Purpose Machinery	29.8
专用设备制造业	Manufacture of Special Purpose Machinery	28.5
交通运输设备制造业	Manufacture of Transport Equipment	25.3
电气机械及器材制造业	Manufacture of Electrical Machinery and Equipment	21.9
通信设备、计算机及其他电子设备制造业	Manufacture of Communication Equipment, Computers and Other Electronic Equipment	28.1
仪器仪表及文化、办公用机械制造业	Manufacture of Measuring Instruments and Machinery for Cultural Activity and Office Work	28.4
工艺品及其他制造业	Manufacture of Artwork and Other Manufacturing	38.5
废弃资源和废旧材料回收加工业	Recycling and Disposal of Waste	15.5
电力、热力的生产和供应业	Production and Supply of Electric Power and Heat Power	36.2
燃气生产和供应业	Production and Supply of Gas	28.0
水的生产和供应业	Production and Supply of Water	58.6

Indicators on Economic Benefit of Industrial Enterprises above Designated Size (2009)

(%)

总资产贡献率 Ratio of Total Assets to Industrial Output Value	资本保值增值率 Ratio of Assets Appreciation YOY	资产负债率 Asset-Liability Ratio	流动资产周转率（次） Turnover Ratio of Circulating Assets (time)	成本费用利润率 Ratio of Profits to Cost	全员劳动生产率（元/人年） Overall Labor Productivity (yuan/person-year)	产品销售率 Sales as Percentage of Output
12.1	**114.6**	**60.3**	**2.3**	**5.8**	**159484**	**98.3**
9.3	106.9	63.3	1.8	3.8	215024	99.0
11.2	114.3	60.3	2.3	5.5	143259	98.4
5.1	117.2	61.9	1.5	2.8	120820	102.7
15.1	165.0	69.2	3.0	4.6	112298	100.0
9.4	112.5	57.9	2.1	6.5	233513	96.8
19.4	117.8	61.6	2.4	6.8	372510	98.5
16.2	112.0	57.6	2.6	6.1	145564	98.1
10.9	115.4	61.1	2.2	5.6	166663	98.4
10.7	107.2	60.8	2.0	3.9	254645	98.2
12.6	114.3	60.6	2.1	7.3	152197	96.9
13.6	128.9	59.0	3.1	6.4	120264	99.6
18.4	118.6	52.8	3.4	9.7	80061	100.2
19.1	100.0	8.0	11.8	0.8	652643	99.4
14.5	95.6	68.2	1.7	6.9	117727	109.3
25.3	330.4	48.1	2.3	5.5	1058783	102.9
15.1	200.8	42.1	5.6	6.2	142733	99.0
16.3	111.5	55.5	4.7	4.5	162600	100.9
23.2	116.7	52.5	3.2	11.5	121656	103.1
18.8	108.4	58.1	2.1	12.3	194705	99.1
82.1	111.8	47.3	1.9	15.7	1142720	97.2
13.1	106.1	53.4	3.7	3.6	81123	97.8
20.7	95.0	46.4	3.6	10.1	71373	89.8
22.6	125.9	49.6	5.6	4.9	64454	100.0
13.7	133.2	40.2	3.1	7.6	72798	97.1
21.4	123.1	57.3	2.2	9.6	128277	100.7
7.5	117.7	44.8	3.6	3.5	109852	98.9
13.4	128.2	58.0	1.9	9.0	111509	98.0
15.3	191.9	15.5	9.0	5.1	45600	101.4
19.3	132.2	43.4	4.1	7.3	230207	106.4
9.3	129.1	57.3	2.3	6.1	205166	98.0
12.0	111.0	55.6	1.6	7.6	190604	95.0
38.5	101.6	37.8	5.7	6.7	386940	96.2
9.3	185.6	61.3	2.2	5.3	85146	95.0
14.2	132.9	58.3	2.7	5.4	104025	98.4
11.5	118.0	60.2	2.0	8.2	111945	100.9
8.1	105.6	61.4	2.6	3.2	264537	98.4
8.7	104.5	61.6	2.8	2.9	202377	93.9
12.7	126.6	58.9	2.6	6.6	96662	99.2
13.1	120.8	58.3	1.7	8.7	124726	101.4
3.5	120.2	68.5	1.3	2.5	64920	100.9
14.5	114.4	59.8	2.3	5.0	188681	97.8
15.1	114.8	66.5	1.9	7.4	157356	94.0
15.4	132.1	60.6	2.1	5.9	181608	95.1
12.3	120.7	56.9	1.4	7.9	105550	103.4
24.6	112.7	39.3	2.3	15.4	654189	96.1
37.0	118.0	58.3	7.5	7.8	263859	100.0
5.0	98.2	69.2	2.6	2.9	307273	99.9
10.3	120.9	65.6	1.3	14.1	380068	100.3
4.0	108.8	55.8	1.4	8.5	83342	100.8

12-7 续表

单位：%

指 标	Item	销售利润率 Rate of Return on Sale
总 计	**Total**	**5.4**
#国有控股企业	State-owned and State-holding Enterprises	3.6
按登记注册类型分	**By Status of Registration**	
内资企业	Domestic-funded Enterprises	5.2
#国有企业	State-owned	2.7
集体企业	Collective-owned	4.3
港澳台投资企业	Funded by Hong Kong, Macao and Taiwan	6.0
外商投资企业	Foreign-funded	6.3
按轻、重工业分	**By Light and Heavy Industries**	
轻工业	Light Industry	5.5
重工业	Heavy Industry	5.3
按企业规模分	**By Size**	
大型企业	Large	3.7
中型企业	Medium	6.9
小型企业	Small	5.8
按行业分	**By Sector**	
煤炭开采和洗选业	Mining and Washing of Coal	8.4
石油和天然气开采业	Extraction of Petroleum and Natural Gas	0.7
黑色金属矿采选业	Mining and Processing of Ferrous Metal Ores	6.7
有色金属矿采选业	Mining and Processing of Non-Ferrous Metal Ores	4.8
非金属矿采选业	Mining and Processing of Nonmetal Ores	5.4
其他采矿业	Mining of Other Ores	
农副食品加工业	Processing of Food from Agricultural Products	4.1
食品制造业	Manufacture of Foods	10.4
饮料制造业	Manufacture of Beverages	10.4
烟草制品业	Manufacture of Tobacco	7.7
纺织业	Manufacture of Textile	3.3
纺织服装、鞋、帽制造业	Manufacture of Textile Wearing Apparel, Footware and Caps	9.1
皮革、毛皮、羽毛（绒）及其制品业	Manufacture of Leather, Fur, Feather and Related Products	4.6
木材加工及木竹藤棕草制品业	Processing of Timber, Manufacture of Wood, Bamboo, Rattan, Palm and Straw Products	6.5
家具制造业	Manufacture of Furniture	8.4
造纸及纸制品业	Manufacture of Paper and Paper Products	3.0
印刷业、记录媒介的复制	Printing, Reproduction of Recording Media	8.2
文教体育用品制造业	Manufacture of Articles For Culture, Education and Sport Activities	4.0
石油加工、炼焦及核燃料加工业	Processing of Petroleum, Coking, Processing of Nuclear Fuel	6.6
化学原料及化学制品制造业	Manufacture of Raw Chemical Materials and Chemical Products	6.0
医药制造业	Manufacture of Medicines	7.1
化学纤维制造业	Manufacture of Chemical Fibers	6.3
橡胶制品业	Manufacture of Rubber	5.0
塑料制品业	Manufacture of Plastics	5.0
非金属矿物制品业	Manufacture of Non-metallic Mineral Products	7.4
黑色金属冶炼及压延加工业	Smelting and Pressing of Ferrous Metals	3.1
有色金属冶炼及压延加工业	Smelting and Pressing of Nonferrous Metals	2.9
金属制品业	Manufacture of Metal Products	6.0
通用设备制造业	Manufacture of General Purpose Machinery	8.1
专用设备制造业	Manufacture of Special Purpose Machinery	2.5
交通运输设备制造业	Manufacture of Transport Equipment	4.7
电气机械及器材制造业	Manufacture of Electrical Machinery and Equipment	6.9
通信设备、计算机及其他电子设备制造业	Manufacture of Communication Equipment, Computers and Other Electronic Equipment	5.7
仪器仪表及文化、办公用机械制造业	Manufacture of Measuring Instruments and Machinery for Cultural Activity and Office Work	7.2
工艺品及其他制造业	Manufacture of Artwork and Other Manufacturing	13.2
废弃资源和废旧材料回收加工业	Recycling and Disposal of Waste	7.6
电力、热力的生产和供应业	Production and Supply of Electric Power and Heat Power	3.0
燃气生产和供应业	Production and Supply of Gas	12.9
水的生产和供应业	Production and Supply of Water	9.0

12-7 CONTINUED

(%)

资本积累率 Rate of Capital Accumulation	流动比率 Current Ratio	速动比率 Quick Ratio	产权比率 Equity Ratio	人均实现利税（元） Per Capita Pre-tax Profits (yuan)	从业人员人均工资（元） Per Capita Wages of Employees (yuan)
14.6	**1.0**	**0.8**	**1.5**	**51756**	**34658**
6.9	1.0	0.7	1.7	69395	42120
14.3	1.0	0.8	1.5	42466	33947
17.2	0.9	0.7	1.6	26458	35689
65.0	1.0	0.8	2.3	25070	28164
12.5	1.1	0.7	1.4	72833	48787
17.8	1.1	0.8	1.6	185667	37903
12.0	1.1	0.8	1.4	48043	31644
15.4	1.0	0.8	1.6	53671	36213
7.2	1.0	0.8	1.6	87443	44337
14.3	1.0	0.8	1.5	52523	36936
28.9	1.1	0.8	1.5	34510	28481
18.6	1.0	0.8	1.1	24274	34700
	2.5	2.4	0.1	95019	24088
-4.4	0.8	0.6	2.1	27342	31204
230.4	1.6	1.2	0.9	71320	28897
100.8	0.7	0.5	0.7	34946	24857
11.5	1.1	0.7	1.3	32167	33445
16.7	1.1	0.8	1.1	56944	29682
8.4	0.9	0.6	1.4	92521	41306
11.8	1.5	0.6	0.9	935006	62047
6.1	1.3	0.9	1.2	17345	20518
-5.0	0.9	0.4	0.9	26720	26979
25.9	1.4	0.9	1.0	16080	33454
33.2	1.3	0.9	0.7	21234	20130
23.1	1.4	1.1	1.3	53383	33646
17.7	1.4	1.0	0.8	26842	24365
28.2	1.0	0.7	1.4	45511	28308
91.9	1.9	1.1	0.2	8926	24601
32.2	0.9	0.4	0.8	76780	55436
29.1	0.9	0.7	1.3	58697	33599
11.0	1.0	0.8	1.3	59411	36605
1.6	1.6	0.8	0.6	110366	50660
85.6	0.9	0.5	1.6	25117	40004
32.9	1.1	0.7	1.4	29805	25259
18.0	1.1	0.9	1.5	39120	25257
5.6	1.1	0.6	1.6	55813	69870
4.5	1.1	0.7	1.6	39265	41355
26.6	0.9	0.5	1.4	30460	31095
20.8	1.3	0.9	1.4	54626	36225
20.2	0.8	0.6	2.2	15280	37855
14.4	1.1	0.9	1.5	69551	37551
14.8	1.3	0.9	2.0	69007	30452
32.1	1.2	0.8	1.5	53415	33502
20.7	1.3	1.0	1.5	40745	31567
12.7	2.2	1.3	0.6	43291	24457
18.0	1.2	0.9	1.4	93465	32042
-1.8	0.6	0.6	2.2	55475	35601
20.9	0.9	0.8	1.9	111669	57114
8.8	0.8	0.7	1.3	25895	28395

12－8 国有控股工业企业主要经济指标（2009年）

单位：万元

指标	Item	单位数（个） Number of Enterprises (unit)
总　计	**Total**	**518**
按轻、重工业分	**By Light and Heavy Industries**	
轻工业	Light Industry	137
重工业	Heavy Industry	381
按企业规模分	**By Size**	
大型企业	Large	46
中型企业	Medium	180
小型企业	Small	292
按行业分	**By Sector**	
煤炭开采和洗选业	Mining and Washing of Coal	21
石油和天然气开采业	Extraction of Petroleum and Natural Gas	4
黑色金属矿采选业	Mining and Processing of Ferrous Metal Ores	1
有色金属矿采选业	Mining and Processing of Non-Ferrous Metal Ores	
非金属矿采选业	Mining and Processing of Nonmetal Ores	3
其他采矿业	Mining of Other Ores	
农副食品加工业	Processing of Food from Agricultural Products	20
食品制造业	Manufacture of Foods	8
饮料制造业	Manufacture of Beverages	7
烟草制品业	Manufacture of Tobacco	4
纺织业	Manufacture of Textile	6
纺织服装、鞋、帽制造业	Manufacture of Textile Wearing Apparel, Footware and Caps	
皮革、毛皮、羽毛（绒）及其制品业	Manufacture of Leather, Fur, Feather and Related Products	
木材加工及木竹藤棕草制品业	Processing of Timber, Manufacture of Wood, Bamboo, Rattan, Palm and Straw Products	3
家具制造业	Manufacture of Furniture	
造纸及纸制品业	Manufacture of Paper and Paper Products	2
印刷业、记录媒介的复制	Printing, Reproduction of Recording Media	13
文教体育用品制造业	Manufacture of Articles For Culture, Education and Sport Activities	
石油加工、炼焦及核燃料加工业	Processing of Petroleum, Coking, Processing of Nuclear Fuel	3
化学原料及化学制品制造业	Manufacture of Raw Chemical Materials and Chemical Products	41
医药制造业	Manufacture of Medicines	16
化学纤维制造业	Manufacture of Chemical Fibers	
橡胶制品业	Manufacture of Rubber	3
塑料制品业	Manufacture of Plastics	5
非金属矿物制品业	Manufacture of Non-metallic Mineral Products	24
黑色金属冶炼及压延加工业	Smelting and Pressing of Ferrous Metals	12
有色金属冶炼及压延加工业	Smelting and Pressing of Nonferrous Metals	17
金属制品业	Manufacture of Metal Products	10
通用设备制造业	Manufacture of General Purpose Machinery	34
专用设备制造业	Manufacture of Special Purpose Machinery	23
交通运输设备制造业	Manufacture of Transport Equipment	65
电气机械及器材制造业	Manufacture of Electrical Machinery and Equipment	17
通信设备、计算机及其他电子设备制造业	Manufacture of Communication Equipment, Computers and Other Electronic Equipment	11
仪器仪表及文化、办公用机械制造业	Manufacture of Measuring Instruments and Machinery for Cultural Activity and Office Work	27
工艺品及其他制造业	Manufacture of Artwork and Other Manufacturing	1
废弃资源和废旧材料回收加工业	Recycling and Disposal of Waste	
电力、热力的生产和供应业	Production and Supply of Electric Power and Heat Power	68
燃气生产和供应业	Production and Supply of Gas	15
水的生产和供应业	Production and Supply of Water	34

Main Economic Indicators of State-holding Industrial Enterprises (2009)

(10 000 yuan)

从业人员平均人数（万人） Average Emloyment (10 000 persons)	工业总产值 Gross Output Value	#新产品产值 Output Value of New Products	工业销售产值 Sales Value of Industry	工业增加值 Value-added of Industry	实收资本 Paid-in Capital	#国家资本 State Capital	#外商资本 Foreign Capital
42.22	**26583645**	**11367136**	**26323622**	**9078301**	**6794260**	**1945053**	**428291**
7.08	3392606	1118844	3344623	1548336	798650	227161	48950
35.14	23191039	10248292	22978999	7529965	5995611	1717892	379340
21.74	17738053	9381295	17596535	5906012	3522698	650756	387276
15.76	6131366	1745150	6048643	2134663	2250899	895401	33565
4.72	2714226	240692	2678444	1037626	1020664	398896	7449
5.45	625580		618336	390132	295768	2058	
0.42	518438		515396	279481	86885	76133	
0.12	25055		34490	11858	18845	18845	
0.04	10956		10062	4520	1378	760	
0.50	178144	48609	179318	68934	30806	15702	
0.42	142561	66177	140674	44969	24884	8191	
0.49	216013	77696	223177	93380	65924	265	8450
0.54	855625	200949	831524	599313	108749	1150	
0.47	66339	32467	67763	15186	18477	4362	
0.03	2823		3478	862	3275	224	
0.11	8138	390	8607	3757	13467		
0.24	28456	3083	24532	8483	12746	4871	388
0.29	148682	21866	158860	39965	24909		
3.35	1708361	555060	1780603	658500	586330	396744	1550
1.36	573074	167207	559909	235992	134761	43501	75
0.38	63848	14846	61891	17430	51200		
0.11	34057		33939	11333	8818	636	
1.31	391962	168811	394496	147866	289808	9911	69954
1.67	1493282	269134	1465212	393126	261572	27102	
1.20	1132761	200279	1107236	233696	503902	46908	
0.46	162405		162222	43685	26812	9451	
2.74	1496715	948187	1500322	292114	346558	33009	21592
3.35	1106043	274264	1146567	446742	401305	33897	5448
8.39	10072500	7499937	9841466	2774005	1449998	237153	312097
0.57	512771	230396	455643	176109	55183	39195	639
0.55	459172	385426	428538	157147	51150	30139	844
1.24	402297	137365	421963	117262	73678	6039	7254
0.01	1169		1045	339	200	200	
5.06	3624219	64988	3621301	1539643	1582889	786926	
0.58	416511		417864	219542	125023	10977	
0.75	105689		107189	52929	138963	100706	

12-8 续表 1

单位：万元

指 标	Item	资产 Total Assets	#流动资产 Circulating Assets
总 计	**Total**	**35820967**	**14380708**
按轻、重工业分	**By Light and Heavy Industries**		
轻工业	Light Industry	4163551	1965833
重工业	Heavy Industry	31657416	12414875
按企业规模分	**By Size**		
大型企业	Large	22172375	9592475
中型企业	Medium	8925975	3679764
小型企业	Small	4722617	1108469
按行业分	**By Sector**		
煤炭开采和洗选业	Mining and Washing of Coal	1284630	376189
石油和天然气开采业	Extraction of Petroleum and Natural Gas	211095	41834
黑色金属矿采选业	Mining and Processing of Ferrous Metal Ores	91225	40590
有色金属矿采选业	Mining and Processing of Non-Ferrous Metal Ores		
非金属矿采选业	Mining and Processing of Nonmetal Ores	11821	4788
其他采矿业	Mining of Other Ores		
农副食品加工业	Processing of Food from Agricultural Products	141047	53254
食品制造业	Manufacture of Foods	144365	66971
饮料制造业	Manufacture of Beverages	392793	199414
烟草制品业	Manufacture of Tobacco	623560	423177
纺织业	Manufacture of Textile	86281	57604
纺织服装、鞋、帽制造业	Manufacture of Textile Wearing Apparel, Footware and Caps		
皮革、毛皮、羽毛（绒）及其制品业	Manufacture of Leather, Fur, Feather and Related Products		
木材加工及木竹藤棕草制品业	Processing of Timber, Manufacture of Wood, Bamboo, Rattan, Palm and Straw Products	12524	4244
家具制造业	Manufacture of Furniture		
造纸及纸制品业	Manufacture of Paper and Paper Products	37003	13236
印刷业、记录媒介的复制	Printing, Reproduction of Recording Media	44615	21339
文教体育用品制造业	Manufacture of Articles For Culture, Education and Sport Activities		
石油加工、炼焦及核燃料加工业	Processing of Petroleum, Coking, Processing of Nuclear Fuel	77612	41801
化学原料及化学制品制造业	Manufacture of Raw Chemical Materials and Chemical Products	2917903	830092
医药制造业	Manufacture of Medicines	1052655	455795
化学纤维制造业	Manufacture of Chemical Fibers		
橡胶制品业	Manufacture of Rubber	177181	58688
塑料制品业	Manufacture of Plastics	28475	16244
非金属矿物制品业	Manufacture of Non-metallic Mineral Products	1052329	317246
黑色金属冶炼及压延加工业	Smelting and Pressing of Ferrous Metals	1817296	867162
有色金属冶炼及压延加工业	Smelting and Pressing of Nonferrous Metals	1060684	459892
金属制品业	Manufacture of Metal Products	147504	100050
通用设备制造业	Manufacture of General Purpose Machinery	1815862	1276740
专用设备制造业	Manufacture of Special Purpose Machinery	2104732	965237
交通运输设备制造业	Manufacture of Transport Equipment	8442438	4975791
电气机械及器材制造业	Manufacture of Electrical Machinery and Equipment	528196	387322
通信设备、计算机及其他电子设备制造业	Manufacture of Communication Equipment, Computers and Other Electronic Equipment	316934	227125
仪器仪表及文化、办公用机械制造业	Manufacture of Measuring Instruments and Machinery for Cultural Activity and Office Work	440990	299314
工艺品及其他制造业	Manufacture of Artwork and Other Manufacturing	901	678
废弃资源和废旧材料回收加工业	Recycling and Disposal of Waste		
电力、热力的生产和供应业	Production and Supply of Electric Power and Heat Power	9581808	1381405
燃气生产和供应业	Production and Supply of Gas	631629	322096
水的生产和供应业	Production and Supply of Water	544883	95389

12-8 CONTINUED-1

(10 000 yuan)

固定资产 Fixed Assets		负债		所有者权益	主营业务收入
原值 Original Value	净值 Net Value	Total Liabilities	#流动负债 Total Circulating Liabilities	Creditors' Equity	Revenue from Principal Business
21280962	**13743732**	**22666479**	**14649132**	**13098762**	**26280544**
2086835	1205243	2454272	2003333	1700107	3319732
19194127	12538489	20212207	12645799	11398655	22960812
12161725	7542065	13519993	9294164	8621912	17616816
5739048	3615131	5818597	3933843	3096390	6062307
3380188	2586535	3327890	1421126	1380460	2601422
711680	370372	778392	451359	506238	626506
212907	94476	16812	16457	184284	495502
13738	5686	77810	69310	13416	34593
7154	3238	4879	4879	6941	9527
79079	50273	79593	55310	61453	178062
89488	51694	103693	84557	40672	140845
180762	112893	250316	229843	142477	216694
328651	153450	295178	280363	328382	817293
41808	19860	80345	62053	5936	68496
8061	5924	7708	7630	4816	3009
22598	17350	26116	25686	10887	8749
29788	15821	29016	25553	15599	25016
54509	28298	37215	33734	40398	157966
1644456	967068	1733413	971098	1182450	1746472
390437	252864	619205	529352	433449	556539
15007	10032	126064	71344	51115	61853
16769	9086	18095	17585	10380	34718
743989	545910	657835	270325	394333	397491
979057	573038	1159631	771462	657665	1482764
803283	439199	664201	544971	396401	1121077
56858	39973	114866	86226	32638	159627
541486	312315	1165008	965347	650738	1504435
1030791	834433	1498308	1231927	606423	1152088
3253794	1902808	4875145	4323792	3557705	9877654
80917	56494	423571	349924	104431	411404
109831	52405	202933	182141	113854	427282
157780	90493	269323	246018	141198	416484
245	222	746		155	1015
8996505	6276319	6630275	2262484	2951533	3657406
235642	152246	433498	388401	198131	383619
443890	299492	287291	90002	254667	106359

12-8 续表 2

单位：万元

指 标	Item	主营业务成本 Cost of Principal Business
总 计	**Total**	**21648885**
按轻、重工业分	**By Light and Heavy Industries**	
轻工业	Light Industry	2156161
重工业	Heavy Industry	19492724
按企业规模分	**By Size**	
大型企业	Large	14548481
中型企业	Medium	4980340
小型企业	Small	2120065
按行业分	**By Sector**	
煤炭开采和洗选业	Mining and Washing of Coal	537162
石油和天然气开采业	Extraction of Petroleum and Natural Gas	360434
黑色金属矿采选业	Mining and Processing of Ferrous Metal Ores	29821
有色金属矿采选业	Mining and Processing of Non-Ferrous Metal Ores	
非金属矿采选业	Mining and Processing of Nonmetal Ores	6500
其他采矿业	Mining of Other Ores	
农副食品加工业	Processing of Food from Agricultural Products	146198
食品制造业	Manufacture of Foods	114417
饮料制造业	Manufacture of Beverages	105794
烟草制品业	Manufacture of Tobacco	321828
纺织业	Manufacture of Textile	64551
纺织服装、鞋、帽制造业	Manufacture of Textile Wearing Apparel, Footware and Caps	
皮革、毛皮、羽毛（绒）及其制品业	Manufacture of Leather, Fur, Feather and Related Products	
木材加工及木竹藤棕草制品业	Processing of Timber, Manufacture of Wood, Bamboo, Rattan, Palm and Straw Products	2717
家具制造业	Manufacture of Furniture	
造纸及纸制品业	Manufacture of Paper and Paper Products	10094
印刷业、记录媒介的复制	Printing, Reproduction of Recording Media	20448
文教体育用品制造业	Manufacture of Articles For Culture, Education and Sport Activities	
石油加工、炼焦及核燃料加工业	Processing of Petroleum, Coking, Processing of Nuclear Fuel	130863
化学原料及化学制品制造业	Manufacture of Raw Chemical Materials and Chemical Products	1504197
医药制造业	Manufacture of Medicines	373773
化学纤维制造业	Manufacture of Chemical Fibers	
橡胶制品业	Manufacture of Rubber	57690
塑料制品业	Manufacture of Plastics	30356
非金属矿物制品业	Manufacture of Non-metallic Mineral Products	324095
黑色金属冶炼及压延加工业	Smelting and Pressing of Ferrous Metals	1345411
有色金属冶炼及压延加工业	Smelting and Pressing of Nonferrous Metals	1065837
金属制品业	Manufacture of Metal Products	131494
通用设备制造业	Manufacture of General Purpose Machinery	1231164
专用设备制造业	Manufacture of Special Purpose Machinery	978760
交通运输设备制造业	Manufacture of Transport Equipment	7962881
电气机械及器材制造业	Manufacture of Electrical Machinery and Equipment	362926
通信设备、计算机及其他电子设备制造业	Manufacture of Communication Equipment, Computers and Other Electronic Equipment	387565
仪器仪表及文化、办公用机械制造业	Manufacture of Measuring Instruments and Machinery for Cultural Activity and Office Work	321113
工艺品及其他制造业	Manufacture of Artwork and Other Manufacturing	883
废弃资源和废旧材料回收加工业	Recycling and Disposal of Waste	
电力、热力的生产和供应业	Production and Supply of Electric Power and Heat Power	3322465
燃气生产和供应业	Production and Supply of Gas	316402
水的生产和供应业	Production and Supply of Water	81049

12-8 CONTINUED-2

(10 000 yuan)

主营业务税金及附加 Tax and Extra Charges of Principal Business	主营业务利润 Profit of Principal Business	利润总额 Total After-tax Profits	利税总额 Total Pre-tax Profits	工资总额 Total Wages
799596	**994573**	**944180**	**2929851**	**1778297**
418615	170892	151219	746113	255705
380981	823681	792961	2183738	1522592
711419	612824	590249	2116698	1032288
54697	245810	256886	595672	591660
33480	135940	97045	217481	154348
9006	-362	6971	69825	222531
18380	3401	3293	39908	10117
409	-3176	-3016	-733	9158
93	367	364	666	2118
906	7845	8703	13197	23561
240	7783	7710	12981	13996
20430	25092	25223	60034	22124
355226	62923	62912	504903	33505
131	-8486	-5019	-4130	9523
18	-396	-204	97	514
23	-3123	-4939	-4645	1171
98	-1564	-1454	108	5153
3183	7431	7480	16914	9847
11108	30916	68882	155668	120427
11004	21864	23566	71537	58764
179	-4882	-4199	-945	16495
68	3009	2124	4210	2167
1249	5939	9360	37415	34745
855	26432	12732	45242	139966
808	23805	10544	18643	70054
1757	3901	4102	10051	16343
5379	136590	141729	207661	105632
2670	8818	913	14669	134265
321473	412560	353602	1190352	390332
2330	17853	15418	31955	13921
2863	12912	12881	30338	32675
2069	21462	24709	42528	39601
11	51	51	62	137
21328	124650	106027	285574	181840
5350	47959	48269	62956	35939
951	3000	5447	12812	21677

12－9 国有控股工业企业经济效益指标（2009年）

单位：%

指标	Item	总资产贡献率 Ratio of Total Assets to Industrial Output Value
总计	**Total**	**9.3**
按轻、重工业分	**By Light and Heavy Industries**	
轻工业	Light Industry	19.2
重工业	Heavy Industry	8.0
按企业规模分	**By Size**	
大型企业	Large	10.5
中型企业	Medium	8.0
小型企业	Small	6.3
按行业分	**By Sector**	9.3
煤炭开采和洗选业	Mining and Washing of Coal	5.9
石油和天然气开采业	Extraction of Petroleum and Natural Gas	19.1
黑色金属矿采选业	Mining and Processing of Ferrous Metal Ores	2.5
有色金属矿采选业	Mining and Processing of Non-Ferrous Metal Ores	
非金属矿采选业	Mining and Processing of Nonmetal Ores	5.6
其他采矿业	Mining of Other Ores	
农副食品加工业	Processing of Food from Agricultural Products	10.0
食品制造业	Manufacture of Foods	10.6
饮料制造业	Manufacture of Beverages	16.6
烟草制品业	Manufacture of Tobacco	82.1
纺织业	Manufacture of Textile	-3.7
纺织服装、鞋、帽制造业	Manufacture of Textile Wearing Apparel, Footware and Caps	
皮革、毛皮、羽毛（绒）及其制品业	Manufacture of Leather, Fur, Feather and Related Products	
木材加工及木竹藤棕草制品业	Processing of Timber, Manufacture of Wood, Bamboo, Rattan, Palm and Straw Products	1.4
家具制造业	Manufacture of Furniture	
造纸及纸制品业	Manufacture of Paper and Paper Products	-11.4
印刷业、记录媒介的复制	Printing, Reproduction of Recording Media	1.3
文教体育用品制造业	Manufacture of Articles For Culture, Education and Sport Activities	
石油加工、炼焦及核燃料加工业	Processing of Petroleum, Coking, Processing of Nuclear Fuel	23.3
化学原料及化学制品制造业	Manufacture of Raw Chemical Materials and Chemical Products	6.6
医药制造业	Manufacture of Medicines	8.5
化学纤维制造业	Manufacture of Chemical Fibers	
橡胶制品业	Manufacture of Rubber	0.5
塑料制品业	Manufacture of Plastics	16.8
非金属矿物制品业	Manufacture of Non-metallic Mineral Products	5.5
黑色金属冶炼及压延加工业	Smelting and Pressing of Ferrous Metals	3.6
有色金属冶炼及压延加工业	Smelting and Pressing of Nonferrous Metals	3.5
金属制品业	Manufacture of Metal Products	8.7
通用设备制造业	Manufacture of General Purpose Machinery	12.0
专用设备制造业	Manufacture of Special Purpose Machinery	1.4
交通运输设备制造业	Manufacture of Transport Equipment	14.2
电气机械及器材制造业	Manufacture of Electrical Machinery and Equipment	7.1
通信设备、计算机及其他电子设备制造业	Manufacture of Communication Equipment, Computers and Other Electronic Equipment	9.6
仪器仪表及文化、办公用机械制造业	Manufacture of Measuring Instruments and Machinery for Cultural Activity and Office Work	10.4
工艺品及其他制造业	Manufacture of Artwork and Other Manufacturing	6.8
废弃资源和废旧材料回收加工业	Recycling and Disposal of Waste	
电力、热力的生产和供应业	Production and Supply of Electric Power and Heat Power	5.1
燃气生产和供应业	Production and Supply of Gas	9.8
水的生产和供应业	Production and Supply of Water	3.1

Indicators on Economic Benefit of State-holding Industrial Enterprises (2009)

(%)

资本保值增值率 Ratio of Assets Appreciation YOY	资产负债率 Asset-Liability Ratio	流动资产周转率（次） Turnover Ratio of Circulating Assets (time)	成本费用利润率 Ratio of Profits to Cost	全员劳动生产率（元/人年） Overall Labor Productivity (yuan/person-year)	产品销售率 Sales as Percentage of Output
106.9	**63.3**	**1.8**	**3.8**	**215024**	**99.0**
105.1	58.9	1.7	5.6	218692	98.6
107.1	63.8	1.8	3.5	214285	99.1
106.4	61.0	1.8	3.5	271666	99.2
107.4	65.2	1.6	4.3	135448	98.7
109.3	70.5	2.3	4.2	219836	98.9
106.9					
115.5	60.6	1.7	1.2	71584	98.8
100.0	8.0	11.8	0.8	665432	99.4
92.7	85.3	0.9	-6.9	98816	137.7
219.3	41.3	2.0	5.0	112997	91.8
164.2	56.4	3.3	5.0	137868	100.7
68.5	71.8	2.1	5.2	107070	98.7
109.7	63.7	1.1	14.7	190571	103.3
111.8	47.3	1.9	15.7	1109840	97.2
7.0	93.1	1.2	-6.8	32311	102.1
108.4	61.5	0.7	-5.4	28722	123.2
73.4	70.6	0.7	-41.4	34158	105.8
158.8	65.0	1.2	-5.7	35346	86.2
138.0	47.9	3.8	5.1	137812	106.8
113.3	59.4	2.1	3.8	196567	104.2
111.7	58.8	1.2	4.5	173524	97.7
464.9	71.1	1.1	-6.4	45869	96.9
147.1	63.5	2.1	6.3	103028	99.7
102.8	62.5	1.3	2.4	112875	100.6
98.4	63.8	1.7	0.9	235405	98.1
92.9	62.6	2.4	0.9	194747	97.7
101.5	77.9	1.6	2.8	94967	99.9
115.5	64.2	1.2	10.2	106611	100.2
119.8	71.2	1.2	0.1	133356	103.7
109.6	57.7	2.0	3.8	330632	97.7
96.1	80.2	1.1	3.9	308964	88.9
106.7	64.0	1.9	2.9	285722	93.3
118.3	61.1	1.4	6.3	94566	104.9
113.7	82.8	1.5	5.3	33916	89.4
97.2	69.2	2.6	2.8	304277	99.9
117.0	68.6	1.2	13.4	378520	100.3
103.0	52.7	1.1	5.0	70572	101.4

12-9 续表

单位：%

指　标	Item	销售利润率 Rate of Return on Sale
总　计	**Total**	**3.6**
按轻、重工业分	**By Light and Heavy Industries**	
轻工业	Light Industry	4.6
重工业	Heavy Industry	3.5
按企业规模分	**By Size**	
大型企业	Large	3.4
中型企业	Medium	4.2
小型企业	Small	3.7
按行业分	**By Sector**	
煤炭开采和洗选业	Mining and Washing of Coal	1.1
石油和天然气开采业	Extraction of Petroleum and Natural Gas	0.7
黑色金属矿采选业	Mining and Processing of Ferrous Metal Ores	-8.7
有色金属矿采选业	Mining and Processing of Non-Ferrous Metal Ores	
非金属矿采选业	Mining and Processing of Nonmetal Ores	3.8
其他采矿业	Mining of Other Ores	
农副食品加工业	Processing of Food from Agricultural Products	4.9
食品制造业	Manufacture of Foods	5.5
饮料制造业	Manufacture of Beverages	11.6
烟草制品业	Manufacture of Tobacco	7.7
纺织业	Manufacture of Textile	-7.3
纺织服装、鞋、帽制造业	Manufacture of Textile Wearing Apparel, Footware and Caps	
皮革、毛皮、羽毛（绒）及其制品业	Manufacture of Leather, Fur, Feather and Related Products	
木材加工及木竹藤棕草制品业	Processing of Timber, Manufacture of Wood, Bamboo, Rattan, Palm and Straw Products	-6.8
家具制造业	Manufacture of Furniture	
造纸及纸制品业	Manufacture of Paper and Paper Products	-56.5
印刷业、记录媒介的复制	Printing, Reproduction of Recording Media	-5.8
文教体育用品制造业	Manufacture of Articles For Culture, Education and Sport Activities	
石油加工、炼焦及核燃料加工业	Processing of Petroleum, Coking, Processing of Nuclear Fuel	4.7
化学原料及化学制品制造业	Manufacture of Raw Chemical Materials and Chemical Products	3.9
医药制造业	Manufacture of Medicines	4.2
化学纤维制造业	Manufacture of Chemical Fibers	
橡胶制品业	Manufacture of Rubber	-6.8
塑料制品业	Manufacture of Plastics	6.1
非金属矿物制品业	Manufacture of Non-metallic Mineral Products	2.4
黑色金属冶炼及压延加工业	Smelting and Pressing of Ferrous Metals	0.9
有色金属冶炼及压延加工业	Smelting and Pressing of Nonferrous Metals	0.9
金属制品业	Manufacture of Metal Products	2.6
通用设备制造业	Manufacture of General Purpose Machinery	9.4
专用设备制造业	Manufacture of Special Purpose Machinery	0.1
交通运输设备制造业	Manufacture of Transport Equipment	3.6
电气机械及器材制造业	Manufacture of Electrical Machinery and Equipment	3.7
通信设备、计算机及其他电子设备制造业	Manufacture of Communication Equipment, Computers and Other Electronic Equipment	3.0
仪器仪表及文化、办公用机械制造业	Manufacture of Measuring Instruments and Machinery for Cultural Activity and Office Work	5.9
工艺品及其他制造业	Manufacture of Artwork and Other Manufacturing	5.0
废弃资源和废旧材料回收加工业	Recycling and Disposal of Waste	
电力、热力的生产和供应业	Production and Supply of Electric Power and Heat Power	2.9
燃气生产和供应业	Production and Supply of Gas	12.6
水的生产和供应业	Production and Supply of Water	5.1

12-9 CONTINUED

(%)

资本积累率 Rate of Capital Accumulation	流动比率 Current Ratio	速动比率 Quick Ratio	产权比率 Equity Ratio	人均实现利税（元） Per Capita Pre-tax Profits (yuan)	从业人员人均工资（元） Per Capita Wages of Employees (yuan)
6.9	**1.0**	**0.7**	**1.7**	**69395**	**42120**
5.1	1.0	0.7	1.4	105383	36116
7.1	1.0	0.8	1.8	62144	43329
6.4	1.0	0.8	1.6	97364	47483
7.4	0.9	0.7	1.9	37796	37542
9.3	0.8	0.5	2.4	46076	32701
15.5	0.8	0.8	1.5	12812	40831
	2.5	2.4	0.1	95019	24088
-7.3	0.6	0.5	5.8	-6112	76317
119.3	1.0	0.9	0.7	16658	52940
64.2	1.0	0.7	1.3	26394	47121
-31.5	0.8	0.6	2.5	30906	33323
9.7	0.9	0.5	1.8	122518	45151
11.8	1.5	0.6	0.9	935006	62047
-93.0	0.9	0.7	13.5	-8787	20263
8.4	0.6	0.4	1.6	3237	17137
-26.6	0.5	0.4	2.4	-42226	10646
58.8	0.8	0.6	1.9	451	21470
38.0	1.2	0.4	0.9	58326	33956
13.3	0.9	0.7	1.5	46468	35948
11.7	0.9	0.7	1.4	52601	43208
364.9	0.8	0.5	2.5	-2486	43409
47.1	0.9	0.7	1.7	38271	19701
2.8	1.2	1.0	1.7	28561	26523
-1.6	1.1	0.5	1.8	27091	83812
-7.1	0.8	0.5	1.7	15536	58378
1.5	1.2	0.4	3.5	21850	35529
15.5	1.3	1.0	1.8	75789	38552
19.8	0.8	0.6	2.5	4379	40079
9.6	1.2	0.9	1.4	141877	46523
-3.9	1.1	0.8	4.1	56061	24423
6.7	1.2	0.8	1.8	55160	59408
18.3	1.2	0.9	1.9	34296	31936
13.7			4.8	6170	13700
-2.8	0.6	0.6	2.2	56438	35937
17.0	0.8	0.8	2.2	108544	61963
3.0	1.1	1.0	1.1	17082	28902

12－10　私营工业企业主要经济指标（2009 年）

单位：万元

指　标	Item	单位数（个） Number of Enterprises (unit)
总　计	**Total**	**4767**
按轻、重工业分	**By Light and Heavy Industries**	
轻工业	Light Industry	1976
重工业	Heavy Industry	2791
按企业规模分	**By Size**	
大型企业	Large	13
中型企业	Medium	245
小型企业	Small	4509
按行业分	**By Sector**	
煤炭开采和洗选业	Mining and Washing of Coal	497
石油和天然气开采业	Extraction of Petroleum and Natural Gas	
黑色金属矿采选业	Mining and Processing of Ferrous Metal Ores	43
有色金属矿采选业	Mining and Processing of Non-Ferrous Metal Ores	3
非金属矿采选业	Mining and Processing of Nonmetal Ores	117
其他采矿业	Mining of Other Ores	
农副食品加工业	Processing of Food from Agricultural Products	314
食品制造业	Manufacture of Foods	115
饮料制造业	Manufacture of Beverages	62
烟草制品业	Manufacture of Tobacco	
纺织业	Manufacture of Textile	193
纺织服装、鞋、帽制造业	Manufacture of Textile Wearing Apparel, Footware and Caps	47
皮革、毛皮、羽毛（绒）及其制品业	Manufacture of Leather, Fur, Feather and Related Products	115
木材加工及木竹藤棕草制品业	Processing of Timber, Manufacture of Wood, Bamboo, Rattan, Palm and Straw Products	39
家具制造业	Manufacture of Furniture	56
造纸及纸制品业	Manufacture of Paper and Paper Products	112
印刷业、记录媒介的复制	Printing, Reproduction of Recording Media	53
文教体育用品制造业	Manufacture of Articles For Culture, Education and Sport Activities	4
石油加工、炼焦及核燃料加工业	Processing of Petroleum, Coking, Processing of Nuclear Fuel	22
化学原料及化学制品制造业	Manufacture of Raw Chemical Materials and Chemical Products	196
医药制造业	Manufacture of Medicines	69
化学纤维制造业	Manufacture of Chemical Fibers	3
橡胶制品业	Manufacture of Rubber	46
塑料制品业	Manufacture of Plastics	146
非金属矿物制品业	Manufacture of Non-metallic Mineral Products	461
黑色金属冶炼及压延加工业	Smelting and Pressing of Ferrous Metals	96
有色金属冶炼及压延加工业	Smelting and Pressing of Nonferrous Metals	84
金属制品业	Manufacture of Metal Products	165
通用设备制造业	Manufacture of General Purpose Machinery	271
专用设备制造业	Manufacture of Special Purpose Machinery	100
交通运输设备制造业	Manufacture of Transport Equipment	1016
电气机械及器材制造业	Manufacture of Electrical Machinery and Equipment	161
通信设备、计算机及其他电子设备制造业	Manufacture of Communication Equipment, Computers and Other Electronic Equipment	26
仪器仪表及文化、办公用机械制造业	Manufacture of Measuring Instruments and Machinery for Cultural Activity and Office Work	61
工艺品及其他制造业	Manufacture of Artwork and Other Manufacturing	27
废弃资源和废旧材料回收加工业	Recycling and Disposal of Waste	9
电力、热力的生产和供应业	Production and Supply of Electric Power and Heat Power	14
燃气生产和供应业	Production and Supply of Gas	19
水的生产和供应业	Production and Supply of Water	5

Main Economic Indicators of Private Industrial Enterprises (2009)

(10 000 yuan)

从业人员平均人数（万人） Average Emloyment (10 000 persons)	工业总产值 Gross Output Value	#新产品产值 Output Value of New Products	工业销售产值 Sales Value of Industry	工业增加值 Value-added of Industry	实收资本 Paid-in Capital	#国家资本 State Capital	#外商资本 Foreign Capital
67.73	**26258696**	**5803857**	**25787757**	**8982476**	**2785459**	**9667**	**12618**
27.26	10283930	2325094	10152300	3464191	969228	3644	1030
40.47	15974766	3478763	15635457	5518285	1816230	6023	11588
5.23	4224855	2767335	4012243	1072162	267907		
16.32	6586443	1540798	6332730	2669526	715480	1701	4669
46.17	15447398	1495724	15442785	5240788	1802071	7966	7950
8.74	1503002	3294	1520558	850864	174573	100	
0.65	100216		102641	71722	9059		
0.05	21949		21722	10129	3180		
1.39	413130	1008	425953	212723	32762	1143	
3.31	1416022	60636	1434181	523870	109719	1794	
0.94	277293	25260	280511	115034	29914	70	
0.58	256723	98777	246753	106601	51238		
3.23	862708	75895	846265	262293	78292	668	
0.72	148357	14674	139665	64485	22665		30
1.30	332856	29042	333126	89662	17278	62	1000
0.30	77778	1729	75709	27703	12876		
0.58	208332	14543	213353	62771	31010		
1.19	373235	35316	375742	94761	45967		
0.46	149145	2956	147106	66834	24066		
0.06	5274		5237	2128	1608		
0.21	147140		146413	74117	22991		2000
2.69	1074288	198872	1049631	476601	204541		13
1.18	471011	130407	431604	226145	103272	150	
0.05	54865		52799	12428	820		
0.67	216858	35121	202744	65278	19013	500	
1.37	468133	24107	459564	123191	62416	33	
6.96	1913989	189632	1919368	729098	362583	439	
1.20	1251362	291617	1232662	359128	80716	459	
2.23	1560777	342813	1409725	333351	152348		
2.37	798626	158817	782974	267007	100097	560	275
2.93	1266906	173956	1273063	390296	147228	219	5335
0.80	307169	55856	303957	102118	42496		
17.05	8660621	3275715	8487141	2676036	574733	3471	
2.62	1252872	313504	1215775	321219	145496		250
0.68	258246	178348	240343	88528	20673		
0.61	191933	64138	197841	61490	34407		
0.33	90922	7825	87402	31799	9366		
0.06	31956		31666	39778	3820		
0.08	24102		24227	10328	29932		3622
0.08	57435		56647	26957	21564		94
0.07	13467		13693	6002	2739		

12-10 续表 1

单位：万元

指标	Item	资产 Total Assets
总 计	**Total**	**15634663**
按轻、重工业分	**By Light and Heavy Industries**	
轻工业	Light Industry	5284494
重工业	Heavy Industry	10350168
按企业规模分	**By Size**	
大型企业	Large	2434087
中型企业	Medium	4954820
小型企业	Small	8245756
按行业分	**By Sector**	
煤炭开采和洗选业	Mining and Washing of Coal	740211
石油和天然气开采业	Extraction of Petroleum and Natural Gas	
黑色金属矿采选业	Mining and Processing of Ferrous Metal Ores	76405
有色金属矿采选业	Mining and Processing of Non-Ferrous Metal Ores	15752
非金属矿采选业	Mining and Processing of Nonmetal Ores	159035
其他采矿业	Mining of Other Ores	
农副食品加工业	Processing of Food from Agricultural Products	493599
食品制造业	Manufacture of Foods	151565
饮料制造业	Manufacture of Beverages	164199
烟草制品业	Manufacture of Tobacco	
纺织业	Manufacture of Textile	293938
纺织服装、鞋、帽制造业	Manufacture of Textile Wearing Apparel, Footware and Caps	100683
皮革、毛皮、羽毛（绒）及其制品业	Manufacture of Leather, Fur, Feather and Related Products	94259
木材加工及木竹藤棕草制品业	Processing of Timber, Manufacture of Wood, Bamboo, Rattan, Palm and Straw Products	43838
家具制造业	Manufacture of Furniture	111858
造纸及纸制品业	Manufacture of Paper and Paper Products	187435
印刷业、记录媒介的复制	Printing, Reproduction of Recording Media	133070
文教体育用品制造业	Manufacture of Articles For Culture, Education and Sport Activities	2465
石油加工、炼焦及核燃料加工业	Processing of Petroleum, Coking, Processing of Nuclear Fuel	139971
化学原料及化学制品制造业	Manufacture of Raw Chemical Materials and Chemical Products	1132042
医药制造业	Manufacture of Medicines	387160
化学纤维制造业	Manufacture of Chemical Fibers	14954
橡胶制品业	Manufacture of Rubber	140231
塑料制品业	Manufacture of Plastics	263093
非金属矿物制品业	Manufacture of Non-metallic Mineral Products	1793316
黑色金属冶炼及压延加工业	Smelting and Pressing of Ferrous Metals	489040
有色金属冶炼及压延加工业	Smelting and Pressing of Nonferrous Metals	771587
金属制品业	Manufacture of Metal Products	609480
通用设备制造业	Manufacture of General Purpose Machinery	688256
专用设备制造业	Manufacture of Special Purpose Machinery	198886
交通运输设备制造业	Manufacture of Transport Equipment	4825274
电气机械及器材制造业	Manufacture of Electrical Machinery and Equipment	768075
通信设备、计算机及其他电子设备制造业	Manufacture of Communication Equipment, Computers and Other Electronic Equipment	185185
仪器仪表及文化、办公用机械制造业	Manufacture of Measuring Instruments and Machinery for Cultural Activity and Office Work	151410
工艺品及其他制造业	Manufacture of Artwork and Other Manufacturing	47148
废弃资源和废旧材料回收加工业	Recycling and Disposal of Waste	19502
电力、热力的生产和供应业	Production and Supply of Electric Power and Heat Power	135992
燃气生产和供应业	Production and Supply of Gas	86336
水的生产和供应业	Production and Supply of Water	19416

12-10 CONTINUED-1

(10 000 yuan)

	固定资产 Fixed Assets		负债		所有者权益	主营业务收入
#流动资产 Circulating Assets	原值 Original Value	净值 Net Value	Total Liabilities	#流动负债 Total Circulating Liabilities	Creditors' Equity	Revenue from Principal Business
7906623	**7070806**	**4869202**	**8795421**	**7074463**	**6774851**	**25576996**
2908463	2354998	1545766	2950362	2522343	2318342	10080544
4998160	4715808	3323435	5845059	4552120	4456509	15496453
1283802	823059	576475	1533428	1206698	900659	3945216
2415360	2207984	1527763	2866814	2160101	2082173	6318414
4207461	4039763	2764963	4395180	3707664	3792019	15313366
256934	436430	332754	301095	227650	438383	1501837
37138	23726	15358	37679	34175	38727	101416
11469	4913	4283	6936	6606	8816	21773
40914	125370	92490	51436	32782	105691	422226
221624	273532	185250	203954	165023	283255	1433167
63754	88014	60204	69480	50259	81671	273917
75145	91299	66226	65841	52604	97340	240675
120650	154351	107063	136366	109482	155728	844057
44806	40139	30333	53491	47969	46575	134301
49891	74171	32785	43980	35001	50279	333538
18617	22948	18635	13177	8211	30661	74627
70007	44087	33771	53355	45910	58403	205297
90427	100357	71821	98541	81224	88863	367754
74762	49757	34503	61164	55178	71858	143619
448	2004	1641	463	267	2002	5184
38547	75753	67111	64882	57184	74790	141301
426572	577116	439825	674689	410740	455630	1020912
213986	153455	110158	173997	149311	212582	432946
8919	13570	5256	5655	5655	9300	51098
59161	71174	40923	79501	58963	60265	192026
163324	113067	74623	152736	138504	110106	456173
809859	1001670	665229	1046232	751330	744131	1902384
172782	315095	224445	255153	198628	233239	1228935
404326	342362	219956	428007	326062	339497	1383308
254733	229459	176421	341506	328888	267479	765826
388798	264823	186895	376714	326478	308741	1263184
117386	82822	59970	100199	92271	98562	302079
2890306	1767680	1144549	3095001	2700118	1699087	8474970
440632	235584	157671	439660	309420	325138	1223760
128523	41237	30438	116944	112502	66646	235604
99279	37113	25921	68934	65473	81795	187287
23853	28603	17146	22937	13953	24211	83039
8632	8693	7461	14714	8933	4788	30539
39784	111031	74085	90132	37765	45736	23484
39676	47206	37254	40218	28533	46118	61321
960	22198	16752	10654	1412	8762	13434

12-10 续表 2

单位：万元

指 标	Item	主营业务成本 Cost of Principal Business
总 计	**Total**	**21482301**
按轻、重工业分	**By Light and Heavy Industries**	
轻工业	Light Industry	8563170
重工业	Heavy Industry	12919131
按企业规模分	**By Size**	
大型企业	Large	3570202
中型企业	Medium	5406816
小型企业	Small	12505284
按行业分	**By Sector**	
煤炭开采和洗选业	Mining and Washing of Coal	1080654
石油和天然气开采业	Extraction of Petroleum and Natural Gas	
黑色金属矿采选业	Mining and Processing of Ferrous Metal Ores	52254
有色金属矿采选业	Mining and Processing of Non-Ferrous Metal Ores	17208
非金属矿采选业	Mining and Processing of Nonmetal Ores	330637
其他采矿业	Mining of Other Ores	
农副食品加工业	Processing of Food from Agricultural Products	1184322
食品制造业	Manufacture of Foods	213425
饮料制造业	Manufacture of Beverages	183004
烟草制品业	Manufacture of Tobacco	
纺织业	Manufacture of Textile	718722
纺织服装、鞋、帽制造业	Manufacture of Textile Wearing Apparel, Footware and Caps	101464
皮革、毛皮、羽毛（绒）及其制品业	Manufacture of Leather, Fur, Feather and Related Products	285286
木材加工及木竹藤棕草制品业	Processing of Timber, Manufacture of Wood, Bamboo, Rattan, Palm and Straw Products	56941
家具制造业	Manufacture of Furniture	149927
造纸及纸制品业	Manufacture of Paper and Paper Products	305791
印刷业、记录媒介的复制	Printing, Reproduction of Recording Media	113678
文教体育用品制造业	Manufacture of Articles For Culture, Education and Sport Activities	3287
石油加工、炼焦及核燃料加工业	Processing of Petroleum, Coking, Processing of Nuclear Fuel	112761
化学原料及化学制品制造业	Manufacture of Raw Chemical Materials and Chemical Products	856874
医药制造业	Manufacture of Medicines	340465
化学纤维制造业	Manufacture of Chemical Fibers	46566
橡胶制品业	Manufacture of Rubber	153230
塑料制品业	Manufacture of Plastics	393688
非金属矿物制品业	Manufacture of Non-metallic Mineral Products	1527136
黑色金属冶炼及压延加工业	Smelting and Pressing of Ferrous Metals	1053153
有色金属冶炼及压延加工业	Smelting and Pressing of Nonferrous Metals	1255206
金属制品业	Manufacture of Metal Products	619790
通用设备制造业	Manufacture of General Purpose Machinery	1072418
专用设备制造业	Manufacture of Special Purpose Machinery	233084
交通运输设备制造业	Manufacture of Transport Equipment	7477106
电气机械及器材制造业	Manufacture of Electrical Machinery and Equipment	1056824
通信设备、计算机及其他电子设备制造业	Manufacture of Communication Equipment, Computers and Other Electronic Equipment	180847
仪器仪表及文化、办公用机械制造业	Manufacture of Measuring Instruments and Machinery for Cultural Activity and Office Work	140969
工艺品及其他制造业	Manufacture of Artwork and Other Manufacturing	69810
废弃资源和废旧材料回收加工业	Recycling and Disposal of Waste	26382
电力、热力的生产和供应业	Production and Supply of Electric Power and Heat Power	14884
燃气生产和供应业	Production and Supply of Gas	45155
水的生产和供应业	Production and Supply of Water	9357

12-10 CONTINUED-2

(10 000 yuan)

主营业务税金及附加 Tax and Extra Charges of Principal Business	主营业务利润 Profit of Principal Business	利润总额 Total After-tax Profits	利税总额 Total Pre-tax Profits	工资总额 Total Wages
198959	**1714611**	**1541292**	**2473362**	**2037523**
71778	638253	503542	785023	794226
127181	1076358	1037750	1688339	1243297
28104	281870	178175	295163	181031
56585	464686	428031	698295	567975
114270	968055	935085	1479904	1288517
20440	171652	163881	266934	279431
1310	12031	11658	21381	15033
678	1243	1243	3491	1253
5540	37470	26080	52372	34494
8527	83426	75287	107967	102627
1710	22539	21365	31868	25843
3996	19097	19244	28654	21406
5753	43077	37574	60239	68835
1681	9675	10596	17297	16824
1693	18876	15967	22406	47505
562	5442	5741	7874	6628
1356	17415	16681	22881	18947
2321	13309	12228	22127	23690
1583	13755	14351	21080	11862
43	613	606	877	1472
602	10935	11962	18949	15023
13021	81030	70220	113213	75332
1769	29685	28280	44097	36725
391	3335	3228	5518	2533
1663	13205	13753	20816	19868
1899	25894	19052	30621	33461
14223	145259	148467	245667	170276
6176	76730	71820	117622	66725
4074	53191	60670	96530	66427
6780	56617	52634	80422	74248
6206	90222	82186	123315	98778
2494	23295	23618	33640	21959
57655	507036	402784	649383	555512
19572	70816	64747	118373	75438
1243	21836	21920	36270	15336
1792	14686	14569	24593	17344
1141	6700	4844	7739	7861
173	839	830	1975	2136
248	2706	2837	4549	2148
472	8584	8859	10387	2536
175	2390	1510	2237	2008

12－11 私营工业企业经济效益指标（2009 年）

单位：%

指 标	Item	总资产贡献率 Ratio of Total Assets to Industrial Output Value
总 计	**Total**	**16.9**
按轻、重工业分	**By Light and Heavy Industries**	
轻工业	Light Industry	16.0
重工业	Heavy Industry	17.3
按企业规模分	**By Size**	
大型企业	Large	13.1
中型企业	Medium	15.4
小型企业	Small	18.9
按行业分	**By Sector**	
煤炭开采和洗选业	Mining and Washing of Coal	36.6
石油和天然气开采业	Extraction of Petroleum and Natural Gas	
黑色金属矿采选业	Mining and Processing of Ferrous Metal Ores	28.2
有色金属矿采选业	Mining and Processing of Non-Ferrous Metal Ores	24.1
非金属矿采选业	Mining and Processing of Nonmetal Ores	34.4
其他采矿业	Mining of Other Ores	
农副食品加工业	Processing of Food from Agricultural Products	23.6
食品制造业	Manufacture of Foods	22.3
饮料制造业	Manufacture of Beverages	18.7
烟草制品业	Manufacture of Tobacco	
纺织业	Manufacture of Textile	21.8
纺织服装、鞋、帽制造业	Manufacture of Textile Wearing Apparel, Footware and Caps	18.2
皮革、毛皮、羽毛（绒）及其制品业	Manufacture of Leather, Fur, Feather and Related Products	25.6
木材加工及木竹藤棕草制品业	Processing of Timber, Manufacture of Wood, Bamboo, Rattan, Palm and Straw Products	19.1
家具制造业	Manufacture of Furniture	22.4
造纸及纸制品业	Manufacture of Paper and Paper Products	13.1
印刷业、记录媒介的复制	Printing, Reproduction of Recording Media	16.7
文教体育用品制造业	Manufacture of Articles For Culture, Education and Sport Activities	35.9
石油加工、炼焦及核燃料加工业	Processing of Petroleum, Coking, Processing of Nuclear Fuel	14.0
化学原料及化学制品制造业	Manufacture of Raw Chemical Materials and Chemical Products	11.1
医药制造业	Manufacture of Medicines	12.3
化学纤维制造业	Manufacture of Chemical Fibers	38.5
橡胶制品业	Manufacture of Rubber	17.9
塑料制品业	Manufacture of Plastics	12.7
非金属矿物制品业	Manufacture of Non-metallic Mineral Products	14.9
黑色金属冶炼及压延加工业	Smelting and Pressing of Ferrous Metals	24.5
有色金属冶炼及压延加工业	Smelting and Pressing of Nonferrous Metals	13.9
金属制品业	Manufacture of Metal Products	14.1
通用设备制造业	Manufacture of General Purpose Machinery	18.7
专用设备制造业	Manufacture of Special Purpose Machinery	17.6
交通运输设备制造业	Manufacture of Transport Equipment	14.5
电气机械及器材制造业	Manufacture of Electrical Machinery and Equipment	16.6
通信设备、计算机及其他电子设备制造业	Manufacture of Communication Equipment, Computers and Other Electronic Equipment	20.6
仪器仪表及文化、办公用机械制造业	Manufacture of Measuring Instruments and Machinery for Cultural Activity and Office Work	16.9
工艺品及其他制造业	Manufacture of Artwork and Other Manufacturing	18.4
废弃资源和废旧材料回收加工业	Recycling and Disposal of Waste	11.6
电力、热力的生产和供应业	Production and Supply of Electric Power and Heat Power	4.9
燃气生产和供应业	Production and Supply of Gas	12.3
水的生产和供应业	Production and Supply of Water	12.0

Indicators on Economic Benefit of Private Industrial Enterprises (2009)

(%)

资本保值增值率 Ratio of Assets Appreciation YOY	资产负债率 Asset-Liability Ratio	流动资产周转率（次） Turnover Ratio of Circulating Assets (time)	成本费用利润率 Ratio of Profits to Cost	全员劳动生产率（元/人年） Overall Labor Productivity (yuan/person-year)	产品销售率 Sales as Percentage of Output
123.7	**56.3**	**3.2**	**6.5**	**132622**	**98.2**
114.0	55.8	3.5	5.4	127080	98.7
129.9	56.5	3.1	7.3	136355	97.9
114.3	63.0	3.1	4.6	205002	95.0
116.1	57.9	2.6	7.2	163574	96.1
131.9	53.3	3.6	6.8	113511	100.0
121.8	40.7	5.8	13.2	97353	101.2
99.5	49.3	2.7	13.3	110342	102.4
330.4	44.0	1.9	6.3	202574	99.0
154.0	32.3	10.3	7.1	153038	103.1
106.1	41.3	6.5	5.8	158269	101.3
110.7	45.8	4.3	8.7	122377	101.2
117.3	40.1	3.2	9.4	183795	96.1
104.6	46.4	7.0	5.0	81205	98.1
90.5	53.1	3.0	8.7	89563	94.1
127.2	46.7	6.7	5.1	68971	100.1
144.7	30.1	4.0	9.2	92342	97.3
134.3	47.7	2.9	9.4	108226	102.4
133.2	52.6	4.1	3.7	79631	100.7
134.0	46.0	1.9	11.4	145291	98.6
100.9	18.8	11.6	16.7	35463	99.3
100.5	46.4	3.7	9.6	352940	99.5
135.4	59.6	2.4	7.2	177175	97.7
147.8	44.9	2.0	7.2	191648	91.6
101.6	37.8	5.7	6.7	248564	96.2
130.4	56.7	3.2	7.8	97430	93.5
140.5	58.1	2.8	4.5	89921	98.2
115.9	58.3	2.3	8.8	104755	100.3
137.8	52.2	7.1	6.5	299274	98.5
128.5	55.5	3.4	4.6	149485	90.3
135.1	56.0	3.0	7.6	112661	98.0
136.3	54.7	3.2	7.0	133207	100.5
120.7	50.4	2.6	8.8	127648	99.0
120.6	64.1	2.9	5.0	156952	98.0
122.3	57.2	2.8	5.7	122603	97.0
213.8	63.1	1.8	9.9	130189	93.1
128.0	45.5	1.9	8.9	100803	103.1
114.9	48.6	3.5	6.3	96361	96.1
130.6	75.4	3.5	2.9	662970	99.1
121.0	66.3	0.6	14.4	129102	100.5
116.7	46.6	1.5	18.0	336961	98.6
99.9	54.9	14.0	12.3	85747	101.7

12-11 续表

单位：%

指 标	Item	销售利润率 Rate of Return on Sale
总 计	**Total**	**6.0**
按轻、重工业分	**By Light and Heavy Industries**	
轻工业	Light Industry	5.0
重工业	Heavy Industry	6.7
按企业规模分	**By Size**	
大型企业	Large	4.5
中型企业	Medium	6.8
小型企业	Small	6.1
按行业分	**By Sector**	
煤炭开采和洗选业	Mining and Washing of Coal	10.9
石油和天然气开采业	Extraction of Petroleum and Natural Gas	
黑色金属矿采选业	Mining and Processing of Ferrous Metal Ores	11.5
有色金属矿采选业	Mining and Processing of Non-Ferrous Metal Ores	5.7
非金属矿采选业	Mining and Processing of Nonmetal Ores	6.2
其他采矿业	Mining of Other Ores	
农副食品加工业	Processing of Food from Agricultural Products	5.3
食品制造业	Manufacture of Foods	7.8
饮料制造业	Manufacture of Beverages	8.0
烟草制品业	Manufacture of Tobacco	
纺织业	Manufacture of Textile	4.5
纺织服装、鞋、帽制造业	Manufacture of Textile Wearing Apparel, Footware and Caps	7.9
皮革、毛皮、羽毛（绒）及其制品业	Manufacture of Leather, Fur, Feather and Related Products	4.8
木材加工及木竹藤棕草制品业	Processing of Timber, Manufacture of Wood, Bamboo, Rattan, Palm and Straw Products	7.7
家具制造业	Manufacture of Furniture	8.1
造纸及纸制品业	Manufacture of Paper and Paper Products	3.3
印刷业、记录媒介的复制	Printing, Reproduction of Recording Media	10.0
文教体育用品制造业	Manufacture of Articles For Culture, Education and Sport Activities	11.7
石油加工、炼焦及核燃料加工业	Processing of Petroleum, Coking, Processing of Nuclear Fuel	8.5
化学原料及化学制品制造业	Manufacture of Raw Chemical Materials and Chemical Products	6.9
医药制造业	Manufacture of Medicines	6.5
化学纤维制造业	Manufacture of Chemical Fibers	6.3
橡胶制品业	Manufacture of Rubber	7.2
塑料制品业	Manufacture of Plastics	4.2
非金属矿物制品业	Manufacture of Non-metallic Mineral Products	7.8
黑色金属冶炼及压延加工业	Smelting and Pressing of Ferrous Metals	5.8
有色金属冶炼及压延加工业	Smelting and Pressing of Nonferrous Metals	4.4
金属制品业	Manufacture of Metal Products	6.9
通用设备制造业	Manufacture of General Purpose Machinery	6.5
专用设备制造业	Manufacture of Special Purpose Machinery	7.8
交通运输设备制造业	Manufacture of Transport Equipment	4.8
电气机械及器材制造业	Manufacture of Electrical Machinery and Equipment	5.3
通信设备、计算机及其他电子设备制造业	Manufacture of Communication Equipment, Computers and Other Electronic Equipment	9.3
仪器仪表及文化、办公用机械制造业	Manufacture of Measuring Instruments and Machinery for Cultural Activity and Office Work	7.8
工艺品及其他制造业	Manufacture of Artwork and Other Manufacturing	5.8
废弃资源和废旧材料回收加工业	Recycling and Disposal of Waste	2.7
电力、热力的生产和供应业	Production and Supply of Electric Power and Heat Power	12.1
燃气生产和供应业	Production and Supply of Gas	14.4
水的生产和供应业	Production and Supply of Water	11.2

12-11 CONTINUED

(%)

资本积累率 Rate of Capital Accumulation	流动比率 Current Ratio	速动比率 Quick Ratio	产权比率 Equity Ratio	人均实现利税（元） Per Capita Pre-tax Profits (yuan)	从业人员人均工资（元） Per Capita Wages of Employees (yuan)
23.7	**1.1**	**0.8**	**1.3**	**36518**	**30083**
14.0	1.2	0.8	1.3	28798	29135
29.9	1.1	0.8	1.3	41718	30721
14.3	1.1	0.8	1.7	56437	34614
16.1	1.1	0.9	1.4	42788	34802
31.9	1.1	0.8	1.2	32053	27908
21.8	1.1	0.9	0.7	30542	31971
-0.5	1.1	0.9	1.0	32894	23127
230.4	1.7	1.5	0.8	69810	25054
54.0	1.2	0.9	0.5	37678	24816
6.1	1.3	0.8	0.7	32618	31005
10.7	1.3	0.7	0.9	33902	27493
17.3	1.4	0.9	0.7	49403	36906
4.6	1.1	0.6	0.9	18650	21311
-9.5	0.9	0.4	1.1	24024	23367
27.2	1.4	1.0	0.9	17235	36542
44.7	2.3	1.6	0.4	26246	22094
34.3	1.5	1.0	0.9	39449	32667
33.2	1.1	0.8	1.1	18594	19908
34.0	1.4	1.2	0.9	45826	25786
0.9	1.7	1.1	0.2	14618	24535
0.5	0.7	0.4	0.9	90231	71539
35.4	1.0	0.7	1.5	42087	28004
47.8	1.4	1.1	0.8	37371	31123
1.6	1.6	0.8	0.6	110366	50660
30.4	1.0	0.5	1.3	31069	29654
40.5	1.2	0.8	1.4	22351	24424
15.9	1.1	0.9	1.4	35297	24465
37.8	0.9	0.6	1.1	98019	55604
28.5	1.2	0.9	1.3	43287	29788
35.1	0.8	0.4	1.3	33933	31328
36.3	1.2	0.8	1.2	42087	33713
20.7	1.3	0.9	1.0	42050	27449
20.6	1.1	0.8	1.8	38087	32581
22.3	1.4	1.1	1.4	45181	28793
113.8	1.1	0.8	1.8	53338	22553
28.0	1.5	1.2	0.8	40317	28433
14.9	1.7	0.7	0.9	23453	23822
30.6	1.0	0.8	3.1	32913	35607
21.0	1.1	1.0	2.0	56865	26855
16.7	1.4	1.3	0.9	129831	31698
-0.1	0.7	0.6	1.2	31953	28691

12－12 外商投资和港澳台投资工业企业主要经济指标（2009年）

单位：万元

指标	Item	单位数（个）Number of Enterprises (unit)
总　计	**Total**	**288**
按轻、重工业分	**By Light and Heavy Industries**	
轻工业	Light Industry	94
重工业	Heavy Industry	194
按企业规模分	**By Size**	
大型企业	Large	8
中型企业	Medium	77
小型企业	Small	203
按行业分	**By Sector**	
煤炭开采和洗选业	Mining and Washing of Coal	1
石油和天然气开采业	Extraction of Petroleum and Natural Gas	
黑色金属矿采选业	Mining and Processing of Ferrous Metal Ores	
有色金属矿采选业	Mining and Processing of Non-Ferrous Metal Ores	
非金属矿采选业	Mining and Processing of Nonmetal Ores	1
其他采矿业	Mining of Other Ores	
农副食品加工业	Processing of Food from Agricultural Products	13
食品制造业	Manufacture of Foods	4
饮料制造业	Manufacture of Beverages	5
烟草制品业	Manufacture of Tobacco	
纺织业	Manufacture of Textile	6
纺织服装、鞋、帽制造业	Manufacture of Textile Wearing Apparel, Footware and Caps	4
皮革、毛皮、羽毛（绒）及其制品业	Manufacture of Leather, Fur, Feather and Related Products	3
木材加工及木竹藤棕草制品业	Processing of Timber, Manufacture of Wood, Bamboo,Rattan, Palm and Straw Products	3
家具制造业	Manufacture of Furniture	2
造纸及纸制品业	Manufacture of Paper and Paper Products	8
印刷业、记录媒介的复制	Printing, Reproduction of Recording Media	5
文教体育用品制造业	Manufacture of Articles For Culture, Education and Sport Activities	1
石油加工、炼焦及核燃料加工业	Processing of Petroleum, Coking, Processing of Nuclear Fuel	1
化学原料及化学制品制造业	Manufacture of Raw Chemical Materials and Chemical Products	22
医药制造业	Manufacture of Medicines	5
化学纤维制造业	Manufacture of Chemical Fibers	
橡胶制品业	Manufacture of Rubber	4
塑料制品业	Manufacture of Plastics	11
非金属矿物制品业	Manufacture of Non-metallic Mineral Products	27
黑色金属冶炼及压延加工业	Smelting and Pressing of Ferrous Metals	4
有色金属冶炼及压延加工业	Smelting and Pressing of Nonferrous Metals	4
金属制品业	Manufacture of Metal Products	7
通用设备制造业	Manufacture of General Purpose Machinery	16
专用设备制造业	Manufacture of Special Purpose Machinery	10
交通运输设备制造业	Manufacture of Transport Equipment	69
电气机械及器材制造业	Manufacture of Electrical Machinery and Equipment	17
通信设备、计算机及其他电子设备制造业	Manufacture of Communication Equipment, Computers and Other Electronic quipment	15
仪器仪表及文化、办公用机械制造业	Manufacture of Measuring Instruments and Machinery for Cultural Activity and Office Work	8
工艺品及其他制造业	Manufacture of Artwork and Other Manufacturing	2
废弃资源和废旧材料回收加工业	Recycling and Disposal of Waste	
电力、热力的生产和供应业	Production and Supply of Electric Power and Heat Power	3
燃气生产和供应业	Production and Supply of Gas	5
水的生产和供应业	Production and Supply of Water	2

Main Economic Indicators of Industrial Enterprises with Hong Kong, Macao, Taiwan and Foreign Funds (2009)

(10 000 yuan)

从业人员平均人数（万人） Average Emloyment (10 000 persons)	工业总产值 Gross Output Value	#新产品产值 Output Value of New Products	工业销售产值 Sales Value of Industry	工业增加值 Value-added of Industry	实收资本 Paid-in Capital	#国家资本 State Capital	#外商资本 Foreign Capital
12.42	**13284558**	**7431685**	**13028123**	**4006647**	**2977260**	**412658**	**1026194**
4.11	2838662	855750	2816203	872044	809216	25479	184011
8.31	10445897	6575935	10211920	3134603	2168044	387180	842183
3.74	6539918	4943315	6433099	1825471	1194903	158361	307729
6.03	5060849	2117947	4918779	1668187	1209488	250568	509383
2.65	1683791	370424	1676246	512988	572869	3729	209082
0.01	517		455	159	100		
0.01	6454	1375	5409	2784	9332		
0.22	418824	199184	420719	119150	34811		24623
0.22	174686		192342	67907	23253	82	19270
0.62	329078	53661	372912	118379	104351	866	59399
0.36	121699	2302	120741	38497	21676		18676
0.24	59718		43410	18633	6287		
0.07	15330		15339	5311	7177		3375
0.02	6622	62	5471	1986	770		40
0.16	137760		135630	13613	10653		2444
0.66	421403	145443	408761	116090	423348		2139
0.16	103361	6095	101838	36148	20411		388
0.01	1208	1125	1339	547	365		
	1682		1677	12282	10803		10803
0.42	718968	571628	620533	332770	328581	54490	195327
0.03	8689	1657	8180	2609	2029		1281
0.28	138252	6499	133828	33904	39977		13822
0.18	88557	712	90846	22071	35370		7295
1.19	580416	193365	619780	230141	342783	5788	159665
0.99	1116309	198807	1071762	338731	175155		411
0.14	240208	164726	239782	48480	25657		35
0.13	26014		25060	5846	21296		4596
0.63	498441	204837	520880	166496	161770	722	75320
0.16	85605	64223	79919	34120	34757		6852
3.26	6305509	4994368	6149232	1643501	703578	169396	327587
0.47	381166	198484	350258	120326	60174	1059	33413
0.86	566038	319391	545363	189739	64520	600	11022
0.59	332059	88876	345910	95992	52502	4825	21697
0.11	25261	14866	24536	15609	1748		
0.11	339111		340129	156767	196774	174831	7084
0.02	9518		9978	4977	4842		
0.06	26098		26109	13082	52412		19629

12-12　续表 1

单位：万元

指　　标	Item	资产 Total Assets
总　计	**Total**	**12000727**
按轻、重工业分	**By Light and Heavy Industries**	
轻工业	Light Industry	2473191
重工业	Heavy Industry	9527536
按企业规模分	**By Size**	
大型企业	Large	5385538
中型企业	Medium	4749187
小型企业	Small	1866002
按行业分	**By Sector**	
煤炭开采和洗选业	Mining and Washing of Coal	747
石油和天然气开采业	Extraction of Petroleum and Natural Gas	
黑色金属矿采选业	Mining and Processing of Ferrous Metal Ores	
有色金属矿采选业	Mining and Processing of Non-Ferrous Metal Ores	
非金属矿采选业	Mining and Processing of Nonmetal Ores	15117
其他采矿业	Mining of Other Ores	
农副食品加工业	Processing of Food from Agricultural Products	232441
食品制造业	Manufacture of Foods	111732
饮料制造业	Manufacture of Beverages	425807
烟草制品业	Manufacture of Tobacco	
纺织业	Manufacture of Textile	99916
纺织服装、鞋、帽制造业	Manufacture of Textile Wearing Apparel, Footware and Caps	34514
皮革、毛皮、羽毛（绒）及其制品业	Manufacture of Leather, Fur, Feather and Related Products	11500
木材加工及木竹藤棕草制品业	Processing of Timber, Manufacture of Wood, Bamboo, Rattan, Palm and Straw Products	7705
家具制造业	Manufacture of Furniture	84802
造纸及纸制品业	Manufacture of Paper and Paper Products	664543
印刷业、记录媒介的复制	Printing, Reproduction of Recording Media	102493
文教体育用品制造业	Manufacture of Articles For Culture, Education and Sport Activities	1706
石油加工、炼焦及核燃料加工业	Processing of Petroleum, Coking, Processing of Nuclear Fuel	9809
化学原料及化学制品制造业	Manufacture of Raw Chemical Materials and Chemical Products	925911
医药制造业	Manufacture of Medicines	17530
化学纤维制造业	Manufacture of Chemical Fibers	
橡胶制品业	Manufacture of Rubber	125331
塑料制品业	Manufacture of Plastics	75109
非金属矿物制品业	Manufacture of Non-metallic Mineral Products	1383381
黑色金属冶炼及压延加工业	Smelting and Pressing of Ferrous Metals	1606497
有色金属冶炼及压延加工业	Smelting and Pressing of Nonferrous Metals	191315
金属制品业	Manufacture of Metal Products	53224
通用设备制造业	Manufacture of General Purpose Machinery	472124
专用设备制造业	Manufacture of Special Purpose Machinery	120200
交通运输设备制造业	Manufacture of Transport Equipment	3431606
电气机械及器材制造业	Manufacture of Electrical Machinery and Equipment	283895
通信设备、计算机及其他电子设备制造业	Manufacture of Communication Equipment, Computers and Other Electronic Equipment	279275
仪器仪表及文化、办公用机械制造业	Manufacture of Measuring Instruments and Machinery for Cultural Activity and Office Work	282692
工艺品及其他制造业	Manufacture of Artwork and Other Manufacturing	27489
废弃资源和废旧材料回收加工业	Recycling and Disposal of Waste	
电力、热力的生产和供应业	Production and Supply of Electric Power and Heat Power	709842
燃气生产和供应业	Production and Supply of Gas	24279
水的生产和供应业	Production and Supply of Water	188195

12-12 CONTINUED-1

(10 000 yuan)

	固定资产 Fixed Assets		负债		所有者权益	主营业务收入
#流动资产 Circulating Assets	原值 Original Value	净值 Net Value	Total Liabilities	#流动负债 Total Circulating Liabilities	Creditors' Equity	Revenue from Principal Business
5658718	**7201817**	**4705753**	**7244550**	**5047371**	**4715767**	**13100458**
1029705	1458307	1096313	1352924	1040826	1111719	2802293
4629012	5743510	3609440	5891626	4006546	3604048	10298165
2673962	2886556	1926734	3325546	2460989	2029523	6478700
2000573	3444189	2160583	2763399	1656933	1978610	4959756
984183	871072	618436	1155605	929450	707635	1662002
210	633	514	1032	1032	-285	504
1496	12914	12180	6970	3859	8148	5114
193568	55085	32147	197343	197317	34649	425248
49430	69536	40816	44207	44207	67525	192912
164771	271834	163347	252159	237192	173648	374027
58619	43027	37643	73951	71968	25965	121136
15484	13747	8108	17235	17090	17279	42910
5235	5617	4228	4885	3364	6616	12776
3745	3086	2465	2881	2831	4824	5823
78624	12174	5169	60336	60336	24466	126461
105257	552441	520609	271392	35543	393151	407259
40287	61925	47016	65919	57919	36573	96959
191	1706	1515	182	62	1524	552
4852	4148	4134	145	145	9664	1533
257832	810139	582485	468534	273466	457377	636467
8035	7496	5919	14181	13901	3349	7766
53246	74150	59932	71053	54765	54278	139524
32732	70404	34470	40722	36548	34256	88785
428874	977326	732011	858582	376944	524726	628557
776009	830959	488432	1039937	662277	566559	1093160
155369	47420	23006	144141	71233	47174	241728
22031	32769	27085	34868	34856	16555	28502
273333	195583	121959	251398	203314	220726	514836
64312	39398	32370	52142	48334	68059	76771
2113352	1465846	879887	2189529	1982917	1234760	6171870
227718	77522	39117	131377	110941	152450	353804
181121	98368	62645	156681	130062	122594	555201
213584	87073	49651	155085	148367	97138	346520
15262	5334	4011	6493	5774	20996	24638
99907	1143411	571795	493246	113985	216596	343337
5331	16608	13063	15403	6237	8776	9595
8900	114140	98025	122543	40587	65653	26185

12-12 续表 2

单位：万元

指 标	Item	主营业务成本 Cost of Principal Business
总 计	**Total**	**10551024**
按轻、重工业分	**By Light and Heavy Industries**	
轻工业	Light Industry	2139485
重工业	Heavy Industry	8411539
按企业规模分	**By Size**	
大型企业	Large	5153359
中型企业	Medium	4029856
小型企业	Small	1367809
按行业分	**By Sector**	
煤炭开采和洗选业	Mining and Washing of Coal	455
石油和天然气开采业	Extraction of Petroleum and Natural Gas	
黑色金属矿采选业	Mining and Processing of Ferrous Metal Ores	
有色金属矿采选业	Mining and Processing of Non-Ferrous Metal Ores	
非金属矿采选业	Mining and Processing of Nonmetal Ores	4251
其他采矿业	Mining of Other Ores	
农副食品加工业	Processing of Food from Agricultural Products	376187
食品制造业	Manufacture of Foods	143519
饮料制造业	Manufacture of Beverages	235537
烟草制品业	Manufacture of Tobacco	
纺织业	Manufacture of Textile	112843
纺织服装、鞋、帽制造业	Manufacture of Textile Wearing Apparel, Footware and Caps	30817
皮革、毛皮、羽毛（绒）及其制品业	Manufacture of Leather, Fur, Feather and Related Products	10545
木材加工及木竹藤棕草制品业	Processing of Timber, Manufacture of Wood, Bamboo, Rattan, Palm and Straw Products	4332
家具制造业	Manufacture of Furniture	107838
造纸及纸制品业	Manufacture of Paper and Paper Products	294234
印刷业、记录媒介的复制	Printing, Reproduction of Recording Media	81412
文教体育用品制造业	Manufacture of Articles For Culture, Education and Sport Activities	445
石油加工、炼焦及核燃料加工业	Processing of Petroleum, Coking, Processing of Nuclear Fuel	1263
化学原料及化学制品制造业	Manufacture of Raw Chemical Materials and Chemical Products	498794
医药制造业	Manufacture of Medicines	6561
化学纤维制造业	Manufacture of Chemical Fibers	
橡胶制品业	Manufacture of Rubber	120035
塑料制品业	Manufacture of Plastics	72806
非金属矿物制品业	Manufacture of Non-metallic Mineral Products	459038
黑色金属冶炼及压延加工业	Smelting and Pressing of Ferrous Metals	973676
有色金属冶炼及压延加工业	Smelting and Pressing of Nonferrous Metals	211389
金属制品业	Manufacture of Metal Products	24212
通用设备制造业	Manufacture of General Purpose Machinery	401965
专用设备制造业	Manufacture of Special Purpose Machinery	52671
交通运输设备制造业	Manufacture of Transport Equipment	4949426
电气机械及器材制造业	Manufacture of Electrical Machinery and Equipment	258781
通信设备、计算机及其他电子设备制造业	Manufacture of Communication Equipment, Computers and Other Electronic Equipment	501018
仪器仪表及文化、办公用机械制造业	Manufacture of Measuring Instruments and Machinery for Cultural Activity and Office Work	265389
工艺品及其他制造业	Manufacture of Artwork and Other Manufacturing	13492
废弃资源和废旧材料回收加工业	Recycling and Disposal of Waste	
电力、热力的生产和供应业	Production and Supply of Electric Power and Heat Power	307069
燃气生产和供应业	Production and Supply of Gas	7079
水的生产和供应业	Production and Supply of Water	23945

12-12 CONTINUED-2

(10 000 yuan)

主营业务 税金及附加 Tax and Extra Charges of Principal Business	主营业务利润 Profit of Principal Business	利润总额 Total After-tax Profits	利税总额 Total Pre-tax Profits	工资总额 Total Wages
297067	**872698**	**816880**	**1802750**	**519298**
33861	239749	182773	307219	159345
263206	632949	634107	1495531	359953
255219	282889	231596	897355	190767
38638	502343	493447	762850	245796
3210	87466	91837	142545	82736
4	-130	-130	-79	170
	505	568	614	218
43	4250	10099	13065	8181
5	26772	27869	39072	9347
15030	38507	33256	67820	28922
117	1916	1863	7119	7407
25	4610	4625	6380	9290
9	2236	750	864	1443
2	527	527	639	372
	11596	11482	17421	6274
10165	16868	15704	36567	23133
	7468	7656	12287	5005
	-377	-377	-252	250
4	-71	-71	-65	112
5604	58958	59699	121858	15557
	-329	-328	-77	766
	9526	9730	13753	17644
1	8311	6424	10387	5446
448	55258	59414	102643	34000
192	8600	10987	31980	83444
11514	13935	14317	34588	5004
8	-2001	-1917	-1801	3098
208	74250	74791	91472	31242
407	9296	11793	16058	9054
247393	399254	334704	985034	146964
151	68079	69845	89598	14958
3623	12182	13108	32040	23930
1594	23519	23470	38894	20353
131	8045	8060	9846	3008
	3648	1536	15205	2583
189	1501	1659	2288	611
202	5992	5768	7533	1512

12－13 外商投资和港澳台投资工业企业经济效益指标（2009 年）

单位：%

指标	Item	总资产贡献率 Ratio of Total Assets to Industrial Output Value
总 计	**Total**	**16.1**
按轻、重工业分	**By Light and Heavy Industries**	
轻工业	Light Industry	13.5
重工业	Heavy Industry	16.8
按企业规模分	**By Size**	
大型企业	Large	17.4
中型企业	Medium	17.5
小型企业	Small	8.6
按行业分	**By Sector**	
煤炭开采和洗选业	Mining and Washing of Coal	-10.6
石油和天然气开采业	Extraction of Petroleum and Natural Gas	
黑色金属矿采选业	Mining and Processing of Ferrous Metal Ores	
有色金属矿采选业	Mining and Processing of Non-Ferrous Metal Ores	
非金属矿采选业	Mining and Processing of Nonmetal Ores	6.2
其他采矿业	Mining of Other Ores	
农副食品加工业	Processing of Food from Agricultural Products	6.3
食品制造业	Manufacture of Foods	34.3
饮料制造业	Manufacture of Beverages	17.1
烟草制品业	Manufacture of Tobacco	
纺织业	Manufacture of Textile	9.4
纺织服装、鞋、帽制造业	Manufacture of Textile Wearing Apparel, Footware and Caps	18.5
皮革、毛皮、羽毛（绒）及其制品业	Manufacture of Leather, Fur, Feather and Related Products	8.4
木材加工及木竹藤棕草制品业	Processing of Timber, Manufacture of Wood, Bamboo, Rattan, Palm and Straw Products	9.5
家具制造业	Manufacture of Furniture	20.5
造纸及纸制品业	Manufacture of Paper and Paper Products	6.9
印刷业、记录媒介的复制	Printing, Reproduction of Recording Media	13.9
文教体育用品制造业	Manufacture of Articles For Culture, Education and Sport Activities	-14.6
石油加工、炼焦及核燃料加工业	Processing of Petroleum, Coking, Processing of Nuclear Fuel	-0.7
化学原料及化学制品制造业	Manufacture of Raw Chemical Materials and Chemical Products	14.8
医药制造业	Manufacture of Medicines	1.3
化学纤维制造业	Manufacture of Chemical Fibers	
橡胶制品业	Manufacture of Rubber	12.8
塑料制品业	Manufacture of Plastics	15.3
非金属矿物制品业	Manufacture of Non-metallic Mineral Products	9.4
黑色金属冶炼及压延加工业	Smelting and Pressing of Ferrous Metals	3.1
有色金属冶炼及压延加工业	Smelting and Pressing of Nonferrous Metals	20.1
金属制品业	Manufacture of Metal Products	-1.4
通用设备制造业	Manufacture of General Purpose Machinery	19.3
专用设备制造业	Manufacture of Special Purpose Machinery	14.5
交通运输设备制造业	Manufacture of Transport Equipment	28.9
电气机械及器材制造业	Manufacture of Electrical Machinery and Equipment	31.7
通信设备、计算机及其他电子设备制造业	Manufacture of Communication Equipment, Computers and Other Electronic Equipment	11.8
仪器仪表及文化、办公用机械制造业	Manufacture of Measuring Instruments and Machinery for Cultural Activity and Office Work	14.7
工艺品及其他制造业	Manufacture of Artwork and Other Manufacturing	36.7
废弃资源和废旧材料回收加工业	Recycling and Disposal of Waste	
电力、热力的生产和供应业	Production and Supply of Electric Power and Heat Power	5.0
燃气生产和供应业	Production and Supply of Gas	10.7
水的生产和供应业	Production and Supply of Water	5.6

Indicators on Economic Benefit of Industrial Enterprises with Hong Kong, Macao, Taiwan and Foreign Funds (2009)

(%)

资本保值增值率 Ratio of Assets Appreciation YOY	资产负债率 Asset-Liability Ratio	流动资产周转率（次） Turnover Ratio of Circulating Assets (time)	成本费用利润率 Ratio of Profits to Cost	全员劳动生产率（元/人年） Overall Labor Productivity (yuan/person-year)	产品销售率 Sales as Percentage of Output
116.0	**60.4**	**2.3**	**6.7**	**322596**	**98.1**
120.1	54.7	2.7	7.6	212176	99.2
115.0	61.8	2.2	6.5	377209	97.8
105.3	61.7	2.4	3.8	488094	98.4
118.8	58.2	2.5	10.9	276648	97.2
142.3	61.9	1.7	6.0	193580	99.6
	138.2	2.4	-21.5	15926	87.9
90.8	46.1	3.4	12.1	278439	83.8
93.0	84.9	2.2	2.6	541589	100.5
162.8	39.6	3.9	16.7	308667	110.1
114.8	59.2	2.3	10.6	190934	113.3
101.7	74.0	2.1	1.5	106937	99.2
149.7	49.9	2.8	10.9	77639	72.7
81.4	42.5	2.4	6.1	75865	100.1
111.3	37.4	1.6	10.4	99282	82.6
120.5	71.1	1.6	10.0	85083	98.5
117.6	40.8	3.9	4.8	175895	97.0
119.2	64.3	2.4	8.6	225927	98.5
120.0	10.7	2.9	-43.1	54707	110.8
449.0	1.5	0.3	-4.3	1919000	99.7
167.4	50.6	2.5	10.1	792310	86.3
142.8	80.9	1.0	-4.1	86950	94.1
172.2	56.7	2.6	7.4	121085	96.8
92.2	54.2	2.7	8.0	122616	102.6
122.5	62.1	1.5	10.7	193396	106.8
97.6	64.7	1.4	1.0	342152	96.0
99.3	75.3	1.6	6.3	346286	99.8
93.7	65.5	1.3	-6.6	44968	96.3
88.1	53.2	1.9	16.9	264279	104.5
176.9	43.4	1.2	17.6	213250	93.4
114.3	63.8	2.9	5.8	504142	97.5
110.0	46.3	1.6	24.6	256013	91.9
132.1	56.1	3.1	2.3	220627	96.3
118.8	54.9	1.6	7.4	162698	104.2
110.3	23.6	1.6	48.7	141901	97.1
91.4	69.5	3.4	0.5	1425159	100.3
116.7	63.4	1.8	19.8	248835	104.8
145.5	65.1	2.9	17.9	218029	100.0

12-13 续表

指标	Item	销售利润率 Rate of Return on Sale
总计	**Total**	**6.2**
按轻、重工业分	**By Light and Heavy Industries**	
轻工业	Light Industry	6.5
重工业	Heavy Industry	6.2
按企业规模分	**By Size**	
大型企业	Large	3.6
中型企业	Medium	9.9
小型企业	Small	5.5
按行业分	**By Sector**	
煤炭开采和洗选业	Mining and Washing of Coal	-25.8
石油和天然气开采业	Extraction of Petroleum and Natural Gas	
黑色金属矿采选业	Mining and Processing of Ferrous Metal Ores	
有色金属矿采选业	Mining and Processing of Non-Ferrous Metal Ores	
非金属矿采选业	Mining and Processing of Nonmetal Ores	11.1
其他采矿业	Mining of Other Ores	
农副食品加工业	Processing of Food from Agricultural Products	2.4
食品制造业	Manufacture of Foods	14.4
饮料制造业	Manufacture of Beverages	8.9
烟草制品业	Manufacture of Tobacco	
纺织业	Manufacture of Textile	1.5
纺织服装、鞋、帽制造业	Manufacture of Textile Wearing Apparel, Footware and Caps	10.8
皮革、毛皮、羽毛（绒）及其制品业	Manufacture of Leather, Fur, Feather and Related Products	5.9
木材加工及木竹藤棕草制品业	Processing of Timber, Manufacture of Wood, Bamboo, Rattan, Palm and Straw Products	9.1
家具制造业	Manufacture of Furniture	9.1
造纸及纸制品业	Manufacture of Paper and Paper Products	3.9
印刷业、记录媒介的复制	Printing, Reproduction of Recording Media	7.9
文教体育用品制造业	Manufacture of Articles For Culture, Education and Sport Activities	-68.4
石油加工、炼焦及核燃料加工业	Processing of Petroleum, Coking, Processing of Nuclear Fuel	-4.6
化学原料及化学制品制造业	Manufacture of Raw Chemical Materials and Chemical Products	9.4
医药制造业	Manufacture of Medicines	-4.2
化学纤维制造业	Manufacture of Chemical Fibers	
橡胶制品业	Manufacture of Rubber	7.0
塑料制品业	Manufacture of Plastics	7.2
非金属矿物制品业	Manufacture of Non-metallic Mineral Products	9.5
黑色金属冶炼及压延加工业	Smelting and Pressing of Ferrous Metals	1.0
有色金属冶炼及压延加工业	Smelting and Pressing of Nonferrous Metals	5.9
金属制品业	Manufacture of Metal Products	-6.7
通用设备制造业	Manufacture of General Purpose Machinery	14.5
专用设备制造业	Manufacture of Special Purpose Machinery	15.4
交通运输设备制造业	Manufacture of Transport Equipment	5.4
电气机械及器材制造业	Manufacture of Electrical Machinery and Equipment	19.7
通信设备、计算机及其他电子设备制造业	Manufacture of Communication Equipment, Computers and Other Electronic Equipment	2.4
仪器仪表及文化、办公用机械制造业	Manufacture of Measuring Instruments and Machinery for Cultural Activity and Office Work	6.8
工艺品及其他制造业	Manufacture of Artwork and Other Manufacturing	32.7
废弃资源和废旧材料回收加工业	Recycling and Disposal of Waste	
电力、热力的生产和供应业	Production and Supply of Electric Power and Heat Power	0.4
燃气生产和供应业	Production and Supply of Gas	17.3
水的生产和供应业	Production and Supply of Water	22.0

12-13 CONTINUED

资本积累率 Rate of Capital Accumulation	流动比率 Current Ratio	速动比率 Quick Ratio	产权比率 Equity Ratio	人均实现利税（元） Per Capita Pre-tax Profits (yuan)	从业人员人均工资（元） Per Capita Wages of Employees (yuan)
16.0	**1.1**	**0.8**	**1.5**	**145149**	**41811**
20.1	1.0	0.7	1.2	74749	38770
15.0	1.2	0.8	1.6	179968	43316
5.3	1.1	0.7	1.6	239935	51007
18.8	1.2	0.9	1.4	126509	40762
42.3	1.1	0.8	1.6	53791	31221
23.2	0.2	0.1	-3.6	-7900	17020
-9.2	0.4	0.2	0.9	61400	21820
-7.0	1.0	0.7	5.7	59387	37185
62.8	1.1	1.0	0.7	177599	42487
14.8	0.7	0.4	1.5	109388	46649
1.7	0.8	0.7	2.8	19774	20575
49.7	0.9	0.3	1.0	26584	38709
-18.6	1.6	0.2	0.7	12347	20614
11.3	1.3	0.7	0.6	31925	18585
20.5	1.3	1.2	2.5	108878	39209
17.6	3.0	1.8	0.7	55404	35050
19.2	0.7	0.5	1.8	76791	31280
	3.1	1.1	0.1	-25230	25000
349.0	33.5	31.6		-17105	29473
67.4	0.9	0.8	1.0	290137	37040
42.8	0.6	0.5	4.2	-2563	25533
72.2	1.0	0.6	1.3	49118	63015
-7.8	0.9	0.7	1.2	57707	30253
22.5	1.1	0.9	1.6	86255	28572
-2.4	1.2	0.6	1.8	32303	84287
-0.7	2.2	1.7	3.1	247059	35742
-6.3	0.6	0.3	2.1	-13854	23833
-11.9	1.3	1.0	1.1	145194	49590
76.9	1.3	1.0	0.8	100363	56589
14.3	1.1	0.8	1.8	302158	45081
10.0	2.1	1.4	0.9	190635	31826
32.1	1.4	0.8	1.3	37256	27826
18.8	1.4	1.2	1.6	65922	34496
10.3	2.6	1.8	0.3	89508	27343
-8.6	0.9	0.6	2.3	138224	23485
16.7	0.9	0.8	1.8	114395	30545
45.5	0.2	0.1	1.9	125547	25202

12－14 大中型工业企业主要经济指标（2009 年）

单位：万元

指标	Item	单位数(个) Number of Enterprises (unit)	从业人员平均人数(万人) Average Emloyment (10 000persons)	工业总产值 Gross Output Value
总 计	**Total**	**667**	**74.67**	**44622393**
#国有控股企业	State-holding Enterprises	226	37.49	23869419
按登记注册类型分	**By Status of Registration**			
内资企业	Domestic-funded Enterprises	582	64.90	33021625
#国有企业	State-owned	48	6.52	1966470
集体企业	Collective-owned	10	0.81	450929
港澳台投资企业	Funded by Hong Kong, Macao and Taiwan	29	3.49	2976346
外商投资企业	Foreign-funded	56	6.28	8624422
按轻、重工业分	**By Light and Heavy Industries**			
轻工业	Light Industry	234	22.88	12806454
重工业	Heavy Industry	433	51.79	31815939

指标	Item	固定资产净值 Net Value of Fixed Assets	负债 Total Liabilities	#流动负债 Total Circulating Liabilities
总 计	**Total**	**16046870**	**28609721**	**20377777**
#国有控股企业	State-holding Enterprises	11157197	19338589	13228007
按登记注册类型分	**By Status of Registration**			
内资企业	Domestic-funded Enterprises	11959554	22520776	16259856
#国有企业	State-owned	1411271	2676813	1882277
集体企业	Collective-owned	53609	159947	140035
港澳台投资企业	Funded by Hong Kong, Macao and Taiwan	1405081	1923224	1166988
外商投资企业	Foreign-funded	2682236	4165721	2950933
按轻、重工业分	**By Light and Heavy Industries**			
轻工业	Light Industry	2904963	5957287	4970308
重工业	Heavy Industry	13141907	22652434	15407469

Main Economic Indicators of Large & Medium-sized Industrial Enterprises (2009)

(10 000 yuan)

#新产品产值 Output Value of New Products	工业销售产值 Sales Value of Industry	工业增加值 Value-added of Industry	实收资本 Paid-in Capital	#国家资本 State Capital	资产 Total Assets	#流动资产 Circulating Assets	固定资产原值 Original Value of Fixed Assets
19709378	**43554491**	**14364233**	**8888886**	**1635246**	**47112733**	**21191390**	**24813344**
11126445	23645178	8040675	5773597	1546157	31098350	13272239	17900774
12648117	32202613	10870574	6484495	1226316	36978009	16516855	18482599
828364	2042664	736147	879618	514395	4167437	1649302	2304650
283561	445541	110330	32189		200071	135728	77037
861483	2891921	876931	810597	5700	3335787	1307143	1989732
6199779	8459957	2616728	1593794	403230	6798938	3367393	4341012
5236520	12388149	4073298	1985091	168972	10163433	5270179	4434326
14472858	31166342	10290935	6903796	1466273	36949300	15921211	20379019

所有者权益 Creditors' Equity	主营业务收入 Revenue from Principal Business	主营业务成本 Cost of Principal Business	主营业务税金及附加 Tax and Extra Charges of Principal Business	主营业务利润 Profit of Principal Business	利润总额 Total After-tax Profits	利税总额 Total Pre-tax Profits	工资总额 Total Wages
18444250	**43459409**	**36341956**	**936962**	**2401321**	**2248102**	**4944347**	**2974705**
11718302	23679122	19528821	766116	858633	847135	2712370	1623949
14436118	32020954	27158741	643105	1616089	1523058	3284142	2538143
1490613	2047356	1676944	13867	40605	64910	155267	241142
40124	446902	409294	983	20778	20146	30291	27832
1412105	2923828	2418431	14493	169178	171822	269232	188710
2596028	8514628	6764784	279364	616055	553221	1390973	247852
4199206	12324673	9927163	491006	823738	688898	1585130	858412
14245044	31134736	26414793	445956	1577583	1559204	3359217	2116293

12－15 大中型工业企业经济效益指标（2009年）

单位：%

指标	Item	总资产贡献率 Ratio of Total Assets to Industrial Output Value	资本保值增值率 Ratio of Assets Appreciation YOY
总 计	**Total**	**11.6**	**110.5**
#国有控股企业	State-holding Enterprises	9.7	106.7
按登记注册类型分	**By Status of Registration**		
内资企业	Domestic-funded Enterprises	9.9	110.0
#国有企业	State-owned	5.2	117.0
集体企业	Collective-owned	16.5	346.5
港澳台投资企业	Funded by Hong Kong, Macao and Taiwan	9.3	108.3
外商投资企业	Foreign-funded	21.5	114.3
按轻、重工业分	**By Light and Heavy Industries**		
轻工业	Light Industry	16.8	107.7
重工业	Heavy Industry	10.1	111.3

指标	Item	销售利润率 Rate of Return on Sale	资本积累率 Rate of Capital Accumulation
总 计	**Total**	**5.2**	**10.5**
#国有控股企业	State-holding Enterprises	3.6	6.7
按登记注册类型分	**By Status of Registration**		
内资企业	Domestic-funded Enterprises	4.8	10.0
#国有企业	State-owned	3.2	17.0
集体企业	Collective-owned	4.5	246.5
港澳台投资企业	Funded by Hong Kong, Macao and Taiwan	5.9	8.3
外商投资企业	Foreign-funded	6.5	14.3
按轻、重工业分	**By Light and Heavy Industries**		
轻工业	Light Industry	5.6	7.7
重工业	Heavy Industry	5.0	11.3

Indicators on Economic Benefit of Large & Medium-sized Industrial Enterprises (2009)

(%)

资产负债率 Asset-Liability Ratio	流动资产周转率（次） Turnover Ratio of Circulating Assets (time)	成本费用利润率 Ratio of Profits to Cost	全员劳动生产率（元/人年） Overall Labor Productivity (yuan/person-year)	产品销售率 Sales as Percentage of Output
60.7	**2.1**	**5.4**	**192370**	**97.6**
62.2	1.8	3.7	214475	99.1
60.9	1.9	5.0	167497	97.5
64.2	1.2	3.0	112906	103.9
79.9	3.3	4.6	136210	98.8
57.7	2.2	6.3	251270	97.2
61.3	2.5	7.0	416676	98.1
58.6	2.3	6.1	178029	96.7
61.3	2.0	5.2	198705	98.0

流动比率 Current Ratio	速动比率 Quick Ratio	产权比率 Equity Ratio	人均实现利税（元） Per Capita Pre-tax Profits (yuan)	从业人员人均工资（元） Per Capita Wages of Employees (yuan)
1.0	**0.8**	**1.6**	**66216**	**39838**
1.0	0.8	1.7	72349	43317
1.0	0.8	1.6	50603	39109
0.9	0.7	1.8	23814	36985
1.0	0.8	4.0	37396	34361
1.1	0.6	1.4	77144	54072
1.1	0.9	1.6	221492	39467
1.1	0.8	1.4	69280	37518
1.0	0.8	1.6	64862	40863

12－16 规模以上工业企业主要产品产量（2008－2009 年）
Output of Major Products of Industrial Enterprises above Designated Size (2008-2009)

产　品	Products	2008	2009
化学纤维（万吨）	Chemical Fiber (10 000 tons)	5.32	6.35
纱（吨）	Yarn (ton)	93149	130655
布（万米）	Cloth (10 000 m)	57403.00	78950.94
印染布（万米）	Printed and Dyed Fabric (10 000 m)	14384.43	25327.19
毛　线（吨）	Knitting Wool (ton)	881	3143
丝（吨）	Silk (ton)	10117	8647
丝织品(蚕丝及交织机织物（含蚕丝≥50%））（万米）	Silk Products (silk and mixture fabric (with content of silk ≥50%)) (10 000 m)	2164.03	1921.30
电视机（万部）	TV Sets (10 000 units)	10.72	38.16
#彩色电视机	Color TV Sets	10.72	38.16
微型计算机设备（台）	Microcomputers (units)	26457	2090
#笔记本计算机	Laptops		
摩托车（万辆）	Motorcycles (10 000 units)	774.90	761.74
机制纸及纸板（吨）	Machine-made Paper and Paperboard (ton)	946951	1735603
日用陶瓷制品（万件）	Household Ceramics (10 000 pcs)	10465.05	13186.21
日用玻璃制品（吨）	Daily-use Glassware (ton)	342953	358807
合成洗涤剂（吨）	Synthetic Detergents (ton)	35154	41240
肥　皂（吨）	Soap (ton)	925	593
干电池（折一号电池）(万只）	Dry Cells (equivalent to No.1 battery) (10 000 units)	10385.04	8000.70
卷　烟（亿支）	Cigarettes (100 million pieces)	451.00	476.00
白　酒（万千升）	Liquor (1000 kiloliters)	11.01	17.00
啤　酒（万千升）	Beer (1000 kiloliters)	68.01	72.77
罐　头（吨）	Canned Food (ton)	49162	45379
食用植物油（吨）	Edible Vegetable Oil (ton)	169868	193125
皮　鞋（万双）	Leather Shoes (10 000 pairs)	3033.57	3005.03
服　装（万件）	Garments (10 000 pcs)	3184.74	5487.39
乳制品（万吨）	Dairy Products (10 000 tons)	9.97	11.32
无酒精饮料（软饮料）（吨）	Non-alcoholic Beverage (soft) (ton)	1482237	2342357
原　煤（万吨）	Coal (10 000 tons)	3702.86	4290.79
洗精煤（万吨）	Washed and Fine Coal (10 000 tons)	555.04	718.73
焦　炭（万吨）	Coke (10 000 tons)	280.55	294.21
发电量（万千瓦时）	Electricity (10 000 kw·h)	3966367.00	4282622.13
天然气（万立方米）	Natural Gas (10 000 cu.m)	795025.42	756968.00
生　铁（万吨）	Pig Iron (10 000 tons)	332.80	324.88
粗　钢（万吨）	Crude Steel (10 000 tons)	351.30	333.79
钢　材（万吨）	Steel Products (10 000 tons)	487.20	477.44
#大型钢材	Large	7.94	24.73
中小型钢材	Medium	31.79	30.51
中厚钢板	Medium Rolled-steel	131.43	126.57
无缝钢管	Seamless Steel Pipe	14.63	15.94

12-16 续表 CONTINUED

产 品	Products	2008	2009
铝（吨）	Aluminum (ton)	130111	181666
硫 酸（吨）	Sulphuric Acid (ton)	1723081	2022942
盐 酸（吨）	Hydrochloric Acid (ton)	90017	110403
烧 碱（吨）	Caustic Soda (ton)	113373	145836
电 石（折合量）（吨）	Calcium Carbide (equivalent) (ton)	9849	
精甲醇（商品量）（吨）	Fine Methyl Alcohol (commodities) (ton)	491090	453305
染 料（吨）	Dyestuff (ton)	4572	4070
涂 料（吨）	Paint (ton)	120986	201451
塑料制品（吨）	Plastics (ton)	379088	499248
合成橡胶（吨）	Synthetic Rubber (ton)	29378	27388
化学原料药（吨）	Chemical Raw Material (ton)	12446	16059
中成药（吨）	Traditional Chinese Medicine (ton)	37360	42803
轮胎外胎（万条）	Tire (10 000 units)	1091.67	980.74
水 泥（万吨）	Cement (10 000 tons)	3230.51	3610.99
人造板（立方米）	Artificial Boards (cu.m)	151927.80	144308.62
矿山设备（吨）	Mining Equipment (ton)	47824	81968
起重设备（起重机）（吨）	Hoist and Derrick (ton)	38606	47535
房间空气调节器（台）	Air-Conditioners (unit)	4334141	3812321
发电设备（千瓦）	Generating Equipment (kw)	1091227	954690
交流电动机（万千瓦）	AC Motors(10 000 kw)	485.26	556.20
电力变压器（万千伏安）	Electric Transformer Products (10 000 kva)	5995.23	4733.06
金属切削机床（台）	Metal-cutting Machines (unit)	6414	4935
汽 车（辆）	Motor Vehicles (unit)	766438	1186538
#轿 车	Cars	407245	633029
内燃机（发动机）（万千瓦）	Internal Combustion Engines (10 000 kw)	7203.53	3332.90
泵（台）	Industry Pumps (unit)	278033	390286
风 机（台）	Air Pumps (unit)	157296	6528
气体压缩机（台）	Gas Compressors (unit)	429	234
轴 承（万套）	Bearings (10 000 sets)	7411.17	8818.37
工业锅炉（蒸吨）	Industry Boilers (ton)	1177	968.37
民用钢质船舶（载重吨）	Civil Steel Ships (ton)	359625	365512
合成氨（吨）	Synthetic Ammonia (ton)	1048446	1138438
化肥（100%）（吨）	Chemical Fertilizer (100%) (ton)	1270565	1519977
#氮 肥	Nitrogen Fertilizer	826671	926761
磷 肥	Phosphate Fertilizer	443519	576798
配混合饲料（吨）	Mingled Forage (ton)	1121779	1084214
农 药（吨）	Chemical Pesticides (ton)	10275	9813

12－17 规模以上工业企业主要产品产量占全国的比重（2009年）

Output of Major Industrial Products of Industria Enterprises above Designated Sized as Percentage of Nation Total (2009)

产品	Products	全国 Nation Total	重庆 Chongqing	重庆占全国比重（%） Chongqing as % of Nation Total
维纶纤维（吨）	PVA Fiber (ton)	47700.00	12285.00	25.8
布（亿米）	Cloth (100 million m)	567.50	7.90	1.4
丝（万吨）	Silk (10 000 tons)	16.65	0.86	5.2
合成洗涤剂（万吨）	Synthetic Detergents (10 000 tons)	692.90	4.12	0.6
合成洗衣粉（万吨）	Synthetic Washing Powder (10 000 tons)	380.21	2.26	0.6
原　盐（万吨）	Salt (10 000 tons)	5845.10	144.76	2.5
卷　烟（亿支）	Cigarettes (100 million pieces)	22908.60	476.00	2.1
白　酒（万千升）	Liquor (1000 kiloliters)	706.90	17.00	2.4
啤　酒（万千升）	Beer (1000 kiloliters)	4236.40	72.77	1.7
软饮料（万吨）	Soft Beverage (10 000 tons)	8086.20	234.24	2.9
乳制品（万吨）	Dairy Products (10 000 tons)	1935.10	11.32	0.6
原　煤（亿吨）	Coal (100 million tons)	29.65	0.43	1.5
发电量（亿千瓦小时）	Electricity (100 million kw·h)	36506.20	428.26	1.2
天然气（亿立方米）	Natural Gas (100 million cu.m)	829.90	75.70	9.1
生　铁（万吨）	Pig Iron (10 000 tons)	54374.80	324.88	0.6
钢（万吨）	Steel (10 000 tons)	56784.20	333.79	0.6
成品钢材（万吨）	Steel Products (10 000 tons)	69243.70	477.44	0.7
铝　材（万吨）	Aluminum Products (10 000 tons)	1769.90	75.15	4.2
水　泥（万吨）	Cement (10 000 tons)	162897.80	3610.99	2.2
硫　酸（万吨）	Sulphuric Acid (10 000 tons)	5958.30	202.29	3.4
纯　碱（万吨）	Soda Ash (10 000 tons)	2001.40	99.15	5.0
烧　碱（万吨）	Caustic Soda (10 000 tons)	1891.00	14.58	0.8
农用化学肥料（万吨）	Chemical Fertilizer (10 000 tons)	6706.20	152.00	2.3
化学农药（万吨）	Chemical Pesticides (10 000 tons)	226.20	0.98	0.4
合成氨（万吨）	Synthetic Ammonia (10 000 tons)	5135.50	113.84	2.2
化学原料药（万吨）	Chemical Raw Material Medicine (10 000 tons)	193.60	1.61	0.8
中成药（万吨）	Traditional Chinese Medicine (10 000 tons)	180.38	4.28	2.4
冰醋酸（万吨）	Glacial Acetic Acid (10 000 tons)	272.10	26.07	9.6
精甲醇（万吨）	Refined Methanol (10 000 tons)	1133.38	45.33	4.0
涂　料（万吨）	Paint (10 000 tons)	911.35	20.15	2.2
牙　膏（自然支）（亿支）	Toothpaste (100 million units)	74.12	3.60	4.9
卫生陶瓷（万件）	Toilet Wares (10 000 tons)	17768.26	101.57	0.6
变压器（万千伏安）	Transformers (10 000 kilovolt-amperes)	126490.90	4733.06	3.7
汽　车（万辆）	Motor Vehicles (10 000 units)	1382.70	118.65	8.6
#轿车	Cars	749.20	63.30	8.4
摩托车（万辆）	Motorcycles (10 000 units)	2751.50	761.74	27.7

主要统计指标解释

工业 指从事自然资源的开采，对采掘品和农产品进行加工和再加工的物质生产部门。具体包括：（1）对自然资源的开采，如采矿、晒盐、森林采伐等（不包括禽兽捕猎和水产捕捞）；（2）对农副产品的加工、再加工，如粮油加工、食品加工、轧花、缫丝、纺织、制革等；（3）对采掘品的加工、再加工，如炼铁、炼钢、化工生产、石油加工、机器制造、木材加工等，以及电力、自来水、煤气的生产和供应等；（4）对工业品的修理、翻新，如机器设备的修理、交通运输工具（包括小卧车）的修理等。

工业统计调查单位为独立核算法人工业企业。

独立核算法人工业企业指从事工业生产经营活动的单位。独立核算法人工业企业应同时具备以下条件：①依法成立，有自己的名称、组织机构和场所，能够承担民事责任；②独立拥有和使用资产，承担负债，有权与其他单位签订合同；③独立核算盈亏，并能够编制资产负债表。

本年鉴中涉及的企业登记注册类型：

（1）国有企业：指企业全部资产归国家所有，并按《中华人民共和国企业法人登记管理条例》规定登记注册的非公司制的经济组织。不包括有限责任公司中的国有独资公司。

（2）集体企业：指企业资产归集体所有，并按《中华人民共和国企业法人登记管理条例》规定登记注册的经济组织。

（3）股份合作企业：指以合作制为基础，由企业职工共同出资入股，吸收一定比例的社会资产投资组建，实行自主经营，自负盈亏，共同劳动，民主管理，按劳分配与按股分红相结合的一种集体经济组织。

（4）联营企业：两个及两个以上相同或不同所有制性质的企业法人或事业单位法人，按自愿、平等、互利的原则，共同投资组成的经济组织称为联营企业。联营企业包括国有联营企业、集体联营企业、国有与集体联营企业和其他联营企业。

国有联营企业：指所有联营单位均为国有。

集体联营企业：指所有联营单位均为集体。

国有与集体联营企业：指联营单位既有国有也有集体。

其他联营企业：指上述三种联营企业之外的其他联营形式的企业。

（5）有限责任公司：根据《中华人民共和国公司登记管理条例》规定登记注册，由两个以上，五十个以下的股东共同出资，每个股东以其所认缴的出资额对公司承担有限责任，公司以其全部资产对其债务承担责任的经济组织称为有限责任公司。有限责任公司分为国有独资公司以及其他有限责任公司。

国有独资公司：指国家授权的投资机构或者国家授权的部门单独投资设立的有限责任公司。

其他有限责任公司：指国有独资公司以外的其他有限责任公司。

（6）股份有限公司：指根据《中华人民共和国公司登记管理条例》规定登记注册，其全部注册资本由等额股份构成并通过发行股票筹集资本，股东以其认购的股份对公司承担有限责任，公司以其全部资产对其债务承担责任的经济组织。

（7）私营企业：指由自然人投资设立或由自然人控股，以雇佣劳动为基础的营利性经济组织。包括按照《公司法》、《合伙企业法》、《私营企业暂行条例》以及《个人独资企业法》规定登记注册的私营有限责任公司、私营股份有限公司、私营合伙企业、私营独资企业和个人独资企业。

（8）其他内资企业：指上述第（1）至第（7）之外的其他内资经济组织。

（9）与港澳台商合资经营企业：指港澳台地区投资者与内地企业依照《中华人民共和国中外合资经营企业法》及有关法律的规定，按合同规定的比例投资设立、分享利润和分担风险的企业。

（10）与港澳台商合作经营企业：指港澳台地区投资者与内地企业依照《中华人民共和国中外合作经营企业法》及有关法律的规定，依照合作合同的约定进行投资或提供条件设立、分配利润和分担风险的企业。

（11）港澳台商独资经营企业：指依照《中华人民共和国外资企业法》及有关法律的规定，在内地由港澳台地区投资者全额投资设立的企业。

（12）港澳台商投资股份有限公司：指根据国家有关规定，经外经贸部依法批准设立，其中港、澳、台商的股本占公司注册资本的比例达 25% 以上的股份有限公司。凡其中港、澳、台商的股本占公司注册资本的比例小于 25%的，属于内资企业中的股份有限公司。

（13）中外合资经营企业：指外国企业或外国人与中国内地企业依照《中华人民共和国中外合资经营企业法》及有关法律的规定，按合同规定的比例投资设立、分享利润和分担风险的企业。

（14）中外合作经营企业：指外国企业或外国人与中国内地企业依照《中华人民共和国中外合作经营企业法》及有关法律的规定，依照合作合同的约定进行投资或提供条件设立、分配利润和分担风险的企业。

（15）外资企业：指依照《中华人民共和国外资企业法》及有关法律的规定，在中国内地由外国投资者全额投资设立的企业。

（16）外商投资股份有限公司：指根据国家有关规定，经外经贸部依法批准设立，其中外资的股本占公司注册资本的比例达 25% 以上的股份有限公司。凡其中外资股本占公司注册资本的比例小于 25%的，属于内资企业中的股份有限公司。

国有控股企业 是指在企业的全部实收资本中，国有经济成分的出资人拥有的实收资本(股本)所占企业全部实收资本(股本)的比例大于 50%的国有绝对控股。

在企业的全部实收资本中，国有经济成分的出资人拥有的实收资本(股本)所占比例虽未大于 50%，但相对大于其他任何一方经济成分的出资人所占比例的国有相对控股；或者虽不大于其他经济成分，但根据协议规定拥有企业实际控制权的国有协议控股。

投资双方各占 50%，且未明确由谁绝对控股的企业，若其中一方为国有经济成分的，一律按国有控股处理。

轻工业 指主要提供生活消费品和制作手工工具的工业。按其所使用的原料不同，可分为两大类：(1)以农产品为原料的轻工业，是指直接或间接以农产品为基本原料的轻工业。主要包括食品制造、饮料制造、烟草加工、纺织、缝纫、皮革和毛皮制作、造纸以及印刷等工业；(2)以非农产品为原料的轻工业，是指以工业品为原料的轻工业。主要包括文教体育用品、化学药品制造、合成纤维制造、日用化学制品、日用玻璃制品、日用金属制品、手工工具制造、医疗器械制造、文化和办公用机械制造等工业。

重工业 指为国民经济各部门提供物质技术基础的主要生产资料的工业。按其生产性质和产品用途，可以分为下列三类：(1)采掘(伐)工业，是指对自然资源的开采，包括石油开采、煤炭开采、金属矿开采、非金属矿开采等工业；(2)原材料工业，指向国民经济各部门提供基本材料、动力和燃料的工业。包括金属冶炼及加工、炼焦及焦炭、化学、化工原料、水泥、人造板以及电力、石油和煤炭加工等工业；(3)加工工业，是指对工业原材料进行再加工制造的工业。包括装备国民经济各部门的机械设备制造工业、金属结构、水泥制品等工业，以及为农业提供的生产资料如化肥、农药等工业。

根据上述划分原则，修理业中以重工业产品为修理作业对象的划为重工业，反之划为轻工业。

工业总产值 指工业企业在本年内生产的以货币形式表现的工业最终产品和提供工业劳务活动的总价值量。

(1)工业总产值计算应遵循的原则

①工业生产的原则。即凡是企业在本年内生产的最终产品和提供的劳务，均应包括在内。其中的最终产品，不管是否在本年内销售，只要是本年内生产的，就应包括在内。凡不是工业生产的产品，均不得计入工业总产值。

②最终产品的原则。即企业生产的成品价值必须是本企业生产的，经检验合格不需再进行任何加工的最终产品。企业对外销售的半成品也应视为最终产品计入工业总产值。而在本企业内各车间转移的半成品和在制品只能计算其期末期初差额价值。

③“工厂法”原则。即以法人工业企业作为一个整体计算工业总产值，是其本年内生产的最终产品和提供劳务的

总价值量。

(2)工业总产值的内容

包括三部分：生产的成品价值、对外加工费收入、自制半成品在制品期末期初差额价值。

①成品价值：指企业在本年内生产，并在本年内不再进行加工，经检验合格、包装入库的已经销售和准备销售的全部工业成品(包括半成品)价值合计。成品价值中包括企业生产的自制设备及提供给本企业在建工程、其他非工业部门和生活福利部门等单位使用的成品价值，但不包括用订货者来料加工的成品(半成品)价值。

工业总产值是按现行价格计算的。成品价值按成品实物量乘以本年不含应交增值税(销项税额)的产品实际销售平均单价计算。会计核算中按成本价格转帐的自制设备和自产自用的成品，按成本价格计算生产成品价值。

②对外加工费收入：指企业在本年内完成的对外承做的工业品加工(包括用订货者来料加工生产)的加工费收入和对外工业品修理作业所收取的加工费收入。对外加工费收入按不含应交增值税(销项税额)的价格计算，可根据会计“产品销售收入”科目的有关资料取得。

对于以对外加工生产为主，对外加工费收入所占比重较大的企业，如果对外加工费收入出现跨年度支付的情况，为保证总产值生产口径计算的准确性，则应将对外加工费收入按实际情况调整，记录本年应实际收取的对外加工费收入。

③自制半成品在制品期末期初差额价值。为了使工业总产值与工业中间投入中的物耗价值一致，以便同口径地计算工业增加值，规定本指标的计算原则是：凡是企业会计产品成本核算中计算半成品、在制品成本，则工业总产值中必须包括自制半成品在制品期末期初差额价值。反之则不包括。

自制半成品在制品期末期初差额价值等于自制半成品在制品期末价值减去期初价值后的余额，如果期末价值小于期初价值，该指标为负值，企业在计算产值时，应按负值计算，不能作为零处理。

(3)工业总产值计算的几种具体规定

①凡自备原材料，不论其加工繁简程度如何，一律按全价，即包括自备原材料的价值，计算工业总产值。

②凡来料加工，加工企业一律按财务上结算的加工费计算工业总产值，即不包括定货者来料的价值。一般分两种情况：a、工业企业之间的来料加工，加工企业(即承包单位)按财务上结算的加工费计算工业总产值；委托加工的企业(即发包单位)按全价计算工业总产值。b、工业企业与非工业企业之间的来料加工，当工业企业作为加工企业时一律按加工费计算工业总产值。

③自制半成品、在制品期末期初差额价值，原则上应计入工业总产值，但如果会计产品成本核算中不计算自制半成品、在制品成本，则不计入工业总产值；如果会计产品成本核算中计算自制半成品、在制品成本的，则计入工业总产值。

工业销售产值 指以货币形式表现的，工业企业在本年内销售的本企业生产的工业产品或提供工业性劳务价值的总价值量。工业销售产值包括的内容为：(1)销售成品价值；(2)对外加工费收入。区分来料加工与自备原材料生产的依据同工业总产值中的规定。

工业增加值 指工业企业在报告期内以货币形式表现的工业生产活动的最终成果，是企业全部生产活动的总成果扣除了在生产过程中消耗或转移的物质产品和劳务价值后的余额，是企业生产过程中新增加的价值。

资产合计 指企业拥有或控制的能以货币计量的经济资源，包括各种财产、债权和其他权利。资产按其流动性(即资产的变现能力和支付能力)划分为：流动资产、长期投资、固定资产、无形资产、递延资产和其他资产。根据会计“资产负债表”中“资产总计”项的期末数填列。

（1）流动资产：指企业可以在一年内或者超过一年的一个生产周期内变现或者耗用的资产，包括现金及各种存款、短期投资，应收及预付款项、存货等。根据会计“资产负债表”中“流动资产合计”项的期末数填列。

（2）固定资产：指企业使用期限超过一年的房屋、建筑物、机器、机械、运输工具以及其他与生产、经营有关的设备、器具、工具等。不属于生产经营主要设备的物品，单位价值在 2000 元以上，并且使用年限超过 2 年的，也应当作为固定资产。“固定资产合计”根据会计“资产负债表”中“固定资产合计”项的期末数填列。

负债合计 指企业所承担的能以货币计量，将以资产或劳务偿付的债务，偿还形式包括货币、资产或提供劳务。负债一般按偿还期长短分为流动负债和长期负债。根据会计“资产负债表”中“负债合计”的期末数填列。

（1）流动负债：指企业在一年内或超过一年的一个营业周期内需要偿还的债务，包括短期借款、应付票据、应付帐款、预收帐款、应付工资、应交税金、应付利润、预提费用等。根据企业会计“资产负债表”中“流动负债合计”的期末数填报。

（2）长期负债：指企业偿还期在一年以上或者超过一年的一个营业周期以上的债务，包括长期借款、长期应付款、应付债券等。根据会计“资产负债表”中的“长期负债合计”的期末数填报。

所有者权益 指所有者在企业资产中享有的经济利益，它等于企业资产减去负债后的余额。包括实收资本（或股本）、资本公积、盈余公积、未分配利润等。根据会计“资产负债表”中的“所有者权益合计”项的期末数填列。

主营业务收入 指企业经营主要业务所取得的收入总额。根据会计“利润表”中对应指标的本年累计数填列。若执行 2006 年《企业会计制度》的企业，用“营业收入”的本期累计数代替。

主营业务成本 指企业经营主要业务发生的实际成本。根据会计“利润表”中对应指标的本年累计数填列。若执行 2006 年《企业会计制度》的企业，用“营业成本”的本期累计数代替。

主营业务税金及附加 指企业经营主要业务应负担的营业税、消费税、城市维护建设税、资源税、土地增值税、教育费附加。根据会计“利润表”中对应指标的本年累计数填列。若执行 2006 年《企业会计制度》的企业，用“营业税金及附加”的本期累计数代替。

营业利润 指企业从事生产经营活动所取得的利润，即主营业务收入减主营业务成本和主营业务税金及附加，加其他业务利润，减去营业费用、管理费用、财务费用后的金额。本指标根据会计“利润表”中对应指标的“本年累计数”填列。

应交增值税 指企业按税法规定，从事货物销售或提供加工、修理修配劳务等增加货物价值的活动本期应交纳的税金。指企业在报告期应交增值税额。计算公式为：

本年应交增值税=销项税额-(进项税额-进项税额转出)-出口抵减内销产品应纳税额-减免税款+出口退税

利润总额 指企业在生产经营过程中各种收入扣除各种耗费后的盈余，反映企业在报告期内实现的亏盈总额，包括营业利润、补贴收入、投资净收益和营业外收支净额。根据会计“利润表”中的对应指标的本期累计数填列。

利税总额 指企业利润总额、产品销售税金及附加、应交增值税之和。

工业经济效益综合指数 是综合衡量地区工业经济效益总体水平的一种特殊相对数，是反映一定时期工业经济运行质量的主要指标。工业经济效益综合指数由总资产贡献率、资本保值增值率、资产负债率、流动资产周转率、成本费用利润率、全员劳动生产率和产品销售率的实际数值分别除以该项指标的全国标准值，并乘以各自的权数，加总后除以总权数求得。该指标可从静态水平和动态趋势上较为全面地反映各地区工业经济效益的变化情况，并可在一定程度上消除地区对比的不可比因素。

工业增加值率 指在一定时期内工业增加值占同期工业总产值的比重，反映降低中间消耗的经济效益。计算公式为：

工业增加值率（%）＝工业增加值（现价）/工业总产值（现价）×100%

总资产贡献率 反映企业全部资产的获利能力，是企业经营业绩和管理水平的集中体现，是评价和考核企业盈利能力的核心指标。计算公式为：

总资产贡献率（%）=（利润总额+税金总额+利息支出）/平均资产总额×100%

资本保值增值率 反映企业净资产的变动状况，是企业发展能力的集中体现。计算公式为：
资本保值增值率（%）=报告期期末所有者权益/上年同期期末所有者权益×100%

资产负债率 该指标既反映企业经营风险的大小，也反映企业利用债权人提供的资金从事经营活动的能力。计算公式为：资产负债率（%）=负债总额/资产总额×100%

流动资产周转次数 指在一定时期内流动资产完成的周转次数，反映流动资产的周转速度。计算公式为：
流动资产周转次数=产品销售收入/全部流动资产平均余额

成本费用利润率 指在一定时期内实现的利润与成本费用之比，是反映工业生产成本及费用投入的经济效益指标，同时也是反映降低成本的经济效益的指标。计算公式为：
成本费用利润率（%）=利润总额/成本费用总额×100%

全员劳动生产率 指根据产品的价值量指标计算的平均每一就业人员在单位时间内的产品生产量。是考核企业经济活动的重要指标，是企业生产技术水平、经营管理水平、职工技术熟练程度和劳动积极性的综合表现。目前，我国的全员劳动生产率是将工业企业的增加值除以同一时期全部就业人员的平均人数来计算的。计算公式为：
全员劳动生产率=工业增加值/全部从业人员平均人数

产品销售率 指工业销售产值与同期全部工业总产值之比，反映工业产品已实现销售的程度，分析工业产销衔接情况，研究工业产品满足社会需求程度的指标。计算公式为：
产品销售率（%）=现价工业销售产值/报告期现价工业总产值×100%

销售利润率 指企业利润与销售收入的比率。计算公式为：
销售利润率（%）=利润/销售收入×100%

资本积累率 指企业所有者权益增长额与年初所有者权益的比率。计算公式为：
资本积累率（%）=所有者权益增长额/年初所有者权益×100%

流动比率 指流动资产与流动负债的比率，它表明每一元流动负债有多少流动资产作为偿还的保证，反映企业用可在短期内转变为现金的流动资产偿还到期流动负债的能力。计算公式为：
流动比率=流动资产/流动负债

速动比率 **指企业速动资产与流动负债的比率。计算公式为：**速动比率=速动资产/流动负债

产权比率 指企业负债总额与所有者权益的比率，是企业财务结构稳健与否的重要标志，也称资本负债率。计算公式为：产权比率=负债总额/所有者权益

Explanatory Notes on Main Statistical Indicators

Industry refers to the material production sector which is engaged in extraction of natural resources and processing and reprocessing of minerals and agricultural products, including 1) extraction of natural resources, such as mining, salt production, logging (but not including hunting and fishing); 2) processing and reprocessing of farm and sideline produces, such as rice husking, flour milling, wine making, oil pressing, cotton ginning, silk reeling, spinning and weaving, and leather making; 3) manufacture of industrial products, such as steel making, iron smelting, chemicals manufacturing, petroleum processing, machine building, timber processing; water and gas production and electricity generation and supply; 4) repairing of industrial products such as the repairing of machinery and means of transport (including cars). Prior to 1984, the rural industry run by villages and cooperative organizations under village was classified into agriculture. Since 1984, it has been grouped into industry.

In industrial statistics surveys, the units of enquiry are corporate industrial enterprises with independent accounting systems.

Corporate industrial enterprises with independent accounting systems refer to enterprises engaging in industrial production activities, which meet the following requirements: (1) They are established legally, having their own names, organizations, location and able to take civil liability; (2) They possess and use their assets independently, assume liabilities and are entitled to sign contracts with other units; (3) They are financially independent and compile their own balance sheets.

Types of enterprise registration involved in this yearbook are as the following:

(1) State-owned Enterprises: refer to non-corporation economic units where the entire assets are owned by the state and which have registered in accordance with the *Regulation of the People's Republic of China on the Management of Registration of Corporate Enterprises*. Excluded from this category are sole state-funded corporations in the limited liability corporations.

(2) Collective-owned Enterprises: refer to economic units where the assets are owned collectively and which have registered in accordance with the *Regulation of the People's Republic of China on the Management of Registration of Corporate Enterprises.*

(3) Cooperative Enterprises: refer to a form of collective economic units (enterprises) where capitals come mainly from employees as their shares, with certain proportion of capital from the outside, where production is organized on the basis of independent operation, independent accounting for profits and losses, joint work, democratic management, and a distribution system that integrates remuneration according to work with dividend according to capital share.

(4) Joint Ownership Enterprises: refer to economic units established by two or more corporate enterprises or corporate institutions of the same or different ownership, through joint investment on the basis of equality, voluntary participation and mutual benefits. They include state joint ownership enterprises, collective joint ownership enterprises, joint state-collective enterprises, other joint ownership enterprises. They include:

a) State-owned joint-operation enterprises (joint operation between State-owned enterprises);

b) Collective joint-operation enterprises (joint operation between collective enterprises);

c) State-collective joint-operation enterprises (joint operation between state and collective enterprises);

d)Other joint-operation enterprises(joint operation exclude state and collective enterprises).

(5) Limited Liability Corporations: refer to economic units established with investment from 2-50 investors and registered in accordance with the *Regulation of the People's Republic of China on the Management of Registration of Corporations*, each investor bearing limited liability to the corporation depending on its share of investment, and the corporation bearing liability to its debt to the maximum of its total assets. Limited liability corporations include exclusive state-funded limited liability corporations and other limited liability corporations.

Exclusive state-funded limited liability corporations: State-authorized investment institutions or departments of State has authorized the establishment of a separate investment in the limited liability company.

Other limited liability corporations:corporation exclude exclusive state-funded limited liability company.

(6) Share holding Corporations Ltd.: refer to economic units registered in accordance with the Regulation of the *People's Republic of China on the Management of Registration of Corporations*, with total registered capitals divided into equal shares and raised through issuing stocks. Each investor bears limited liability to the corporation depending on the holding of shares, and the corporation bears liability to its debt to the maximum of its total assets.

(7) Private Enterprises: refer to profit-making economic units invested and established by natural persons, or controlled by natural persons using employed labor. Included in this category are private limited liability corporations, private share-holding corporations Ltd., private partnership enterprises and private-funded enterprises registered in accordance with the *Corporation Law, Partnership Enterprises Law and Interim Regulations on Private Enterprise*.

(8) Other Domestic-funded Enterprises: refer to domestic-funded economic units other than those mentioned above.

(9) Joint-venture Enterprises with Funds from Hong Kong, Macao and Taiwan: refer to enterprises jointly established by invertors from Hong Kong, Macao and Taiwan with enterprises in the mainland of China in accordance with the *Law of the People's Republic of China on Sino-foreign Joint Venture Enterprises* and other relevant laws, where the share of investment, profits and risks is stipulated in the contract.

(10) Cooperative Enterprises with Funds from Hong Kong Macau and Taiwan: established by investors from Hong Kong, Macau and Taiwan with enterprises in the mainland of China in accordance with the *Law of the People's Republic of China on Sino-foreign Cooperative Enterprises* and other relevant laws, where the investment or provision of facilities, and the share of profits and risks is stipulated in the cooperative contract.

(11) Enterprises with Sole (exclusive) Investment from Hong Kong, Macau and Taiwan: refer to enterprises established in the mainland of China with exclusive investment from investors from Hong Kong, Macau and Taiwan in accordance with the *Law of the People's Republic of China on Foreign-Funded Enterprises* and other relevant laws.

(12) Share-holding Corporations Ltd. with Investment from Hong Kong, Macau and Taiwan: refer to share-holding corporations Ltd. established with the approval from the former Ministry of Foreign Trade and Economic Relations in line with relevant state regulations, where the share of investment from Hong Kong, Macau or Taiwan businessmen exceeds 25% of the total registered capital of the corporation. In case the share of investment from Hong Kong, Macau or Taiwan is less than 25% of the total registered capital, the enterprise is to be classified as domestic-funded share-holding corporation Ltd.

(13) Joint-venture Enterprises with Foreign Investment: refer to enterprises jointly established by foreign enterprises or foreigners with enterprises in the mainland of China in accordance with the *Law of the People's Republic of China on Sino-foreign Joint Venture Enterprises* and other relevant laws, where the share of investment, profits and risks is stipulated in the contract.

(14) Cooperation Enterprises with Foreign Investment: refer to enterprises jointly established by foreign enterprises or foreigners with enterprises in the mainland of China in accordance with the *Law of the People's Republic of China on Sino-foreign Cooperative Enterprises* and other relevant laws, where the investment or provision of facilities, and the share of profits and risks is stipulated in the cooperative contract.

(15) Enterprises with Sole (exclusive) Foreign Investment: refer to enterprises established in the mainland of China with exclusive investment from foreign investors in accordance with the *Law of the People's Republic of China on Foreign-Funded Enterprises* and other relevant laws.

(16) Share-holding Corporations Ltd. with Foreign Investment: refer to share-holding corporations Ltd. established with the approval from the Ministry of Foreign Trade and Economic Relations in line with relevant state regulations, where the share of investment from foreign investors exceeds 25% of the total registered capital of the corporation. In case the share of foreign investment is less than 25% of the total registered capital, the enterprise is to be classified as domestic-funded share-holding corporation Ltd.

State-holding Enterprises refer to a classification of enterprises of mixed ownership. It means the state-owned asset of total assets is more than that of other owners. The classification shows the status of share held by state-owned economy.

Light Industry refers to the industry that produces consumer goods and hand tools. It consists of two categories, depending on the materials used:

(1) Industries using farm products as raw materials. These are the branches of light industry which directly or indirectly use farm products as basic raw materials, including the manufacture of food and beverages, tobacco processing, textile, clothing, fur and leather manufacturing, paper making, printing, etc.

(2) Industries using non-farm products as raw materials. These are the branches of light industry which use manufactured goods as raw materials, including the manufacture of cultural, educational articles and sports goods, chemicals, synthetic fibre, chemical products for daily use, glass products for daily use, metal products for daily use, hand tools, medical apparatus and instruments, and the manufacture of cultural and office machinery.

Heavy Industry refers to the industry which produces capital goods, and provides various sectors of the national economy with necessary material and technical basis for production. It consists of the following three branches according to the purpose of production or the use of products:

(1) Mining, quarrying and logging industry, which refers to the industry that extracts natural resources, including extraction of petroleum, coal, metal and non-metal ores.

(2) Raw materials industry refers to the industry that provides various sectors of the national economy with raw materials, fuels and power. It includes smelting and processing of metals, coking and coke chemistry, chemical materials and building materials such as cement, plywood, and power, petroleum refining and coal dressing.

(3) Manufacturing industry which refers to the industry that processes raw materials. It includes machine-building industries which equip sectors of the national economy; industries producing metal structure and cement products; and industries producing means of agricultural production, such as chemical fertilizers and pesticides.

In accordance with the above principles of classification, the repairing trades, which are engaged primarily in repairing products of heavy industry, are classified as heavy industry while those which are engaged in repairing products of light industry are classified as light industry.

Gross Industrial Output Value refers to the total volume of final industrial products produced and industrial services provided in this year.

(1)Principles for calculations

①Statistics on industrial production follow the principle that all products produced by the enterprises and accepted through quality check during the reference period are to be included no matter whether they are sold or not during the reference period.

②Determination of final products follows the principle that all products that are included in the calculation of gross industrial output value are the final products of the enterprise which have been accepted through quality check and require no further processing. If an enterprise has semi-finished products to sell, these intermediate products are considered as the final products of the enterprise.

Finished and semi-finished products which tranfer in the workshop can only calculate the difference value between the end and the beginning.

③Gross industrial output value is calculated following the principle of factory approach, i.e. industrial enterprise is used as the basic accounting unit in calculating the gross industrial output value. By this approach, value of the same product is not to be double-counted, and the output value of different workshops (branch factories) within the enterprise should not be added. However, this approach allows the possibility of double counting between enterprises.

(2) Content

Gross industrial output value consists of 3 components: value of the finished products during the reference period, income from processing for external parties, and value of change in semi-finished products between the end and the beginning of the reference period.

①Value of finished products during the reference period: refers to the value of all finished (semi-finished) industrial products that are produced during the reference period without the need for further processing, checked for acceptance, packed and put into the warehouse of the enterprise, including the value of own-produced equipment and the value of products provided to the projects under construction of the enterprise, and to other non-industrial or welfare units. Value of finished products does not include the value of finished products (semi-finished products) that are produced using the materials from the clients who place the orders.

Value of finished products during the reference period is calculated by the quantity of products produced using own materials multiplied by the average unit prices at which products are sold (excluding value-added tax). Own-produced equipment and products produced for own use are valued at cost prices as in the case of enterprise accounting.

②Income from external processing: refers to income from contracted external processing of industrial products (including processing of industrial products using materials from the clients), and the income from industrial repairing work provided to other parties. Income from external processing is calculated using information from the item "products sales income" in the enterprise accounting at the prices with value-added tax excluded.

If the income from external processing is paid beyond one year， Enterprises which the share of income from processing service is significant should adjust and record actual income from external processing this year.

③Value of change in semi-finished products between the end and the beginning of the reference period.If the enterprise accountıng excludes the cost of semi-finished products,then it should not be included in the gross industrial output value,and the reverse if otherwise.

Value of change in semi-finished products between the end and the beginning of the reference period:refers to the value of change in semi-finished products between the end and the beginning of the reference period. If the value of the end is less than the beginning， the index is negative and not dealted as zero.

(3) Method of calculation

①All products produced using own materials are to be calculated with full value in reporting the gross industrial output value irrespective of the complexity of production.

②For external processing, it allows calculate using processing fee.There are two cases: a、Between industrial enterprises.For gross industrial output value，processing enterprises calculate using processing fee and Commissioned processing calculate using full price. b、Between industrial enterprise and non-industrial enterprise.When industrial enterprise is processing enterprise,it allows caluculate using processing fee.

③The value of change in semi-finished products should be included in the gross industrial output value if it is included in the accounting record of the enterprise, otherwise it should not be included.

Industrial Sales Value is the total volume of industrial products produced and sold by industrial enterprises in a given period in monetary terms. It includes: (1) the value of finished-products; (2) the value for external processing. The difference between all products produced using own materials and external processing for calculation of industrial sales value is as same as the calculation of gross industry output value.

Value Added of Industry refers to the final results of industrial trade in money terms during the reference period. The value added is the balance that the total results of industrial production deduct the used or transferred products and their value. It is the newly increased value.

Total Assets refer to all assets which are owned or controlled by enterprises, including circulating assets, long-term investment, fixed assets, intangible assets and deferred assets, other long-term assets, and deferred taxes, etc. The summation of above items is equal to total assets shown in the balance sheets of the enterprises. Total assets correspond to the summation item of total assets shown in the balance sheets of the enterprises.

(I) Circulating assets (working capital) refer to assets which can be cashed in or spent or consumed in an operating cycle of one year or over one year, including cash, all kinds of deposits, short term investment, receivables, advance payment, stock, etc. Circulating assets correspond to the summation item of circulation assets shown in the balance sheets of the enterprises.

(II) Fixed assets refer to the assets with high unit value can keep its original body in use and last for a long period. Refers to the use of more than one year of housing, buildings, machines, machinery, transport equipment and other production and business-related equipment, apparatus, tools, etc. Some items which are not belong to the production and operation of major equipment, but the unit value of more than 2,000 yuan, and the use of more than two years, should also be as fixed assets. Fixed assets correspond to the summation item of fixed assets shown in the balance sheets of the enterprises.

(III) Intangible assets refer to the assets without material form used by enterprises over a long time, such as patents, non-patent technologies, trade marks, copyright, land use right, business reputation, etc.

Total Liabilities refer to the debts that enterprises are responsible for repayment, including liquid liabilities and long-term liabilities. The forms of reimbursement are including currency,assets and providing labor services.Total liabilities correspond to the summation item of liabilities shown in the balance sheets of the enterprises.

(I) Liquid liabilities (also called quick liabilities or immediate liabilities) refer to enterprises total debt payable within an operating cycle of one year or over one year, including short term loans, payables and advance payments, wages payable, taxes payable and profit payable, etc. Liquid liabilities correspond to the summation item of liquid liabilities shown in the balance sheets of the enterprises.

(II) Long-term liabilities refers to total debt payable within an operating cycle of one year or over one year, including long-term loans, payable liabilities, long-term payables, etc. Long-term liabilities correspond to the summation item of long-term shown in the balance sheets of the enterprises.

Creditors' Equity refers to investors' ownership of net assets of the enterprise. It is equal to the total assets of the enterprise minus its total liabilities, including the primary input from investors, capital accumulation fund, surplus accumulation fund and undistributed profit.It is the last digital of “creditors’ equity” in “balance sheet”. Creditors equity correspond to the summation item of creditors’ equity shown in the balance sheets of the enterprises.

Revenue from Principal Business refers to the toal of revenue from principal business. It is the annual accumulation of the corresponding item in the “profit table” of the accountant. For enterprises that follow the 2006 Enterprise Accounting Standards, the year-end accumulation of Operating income is used as a substitute.

Cost of Principal Business refers to real costs from principal business. It is the annual accumulation of the corresponding item in the “profit table” of the accountant. For enterprises that follow the 2006 Enterprise Accounting Standards, the year-end accumulation of Operating costs is used as a substitute.

Tax and Extra Charges from Principal Business refer to the tax and charges including the business tax, consumption tax, city maintenance and construction tax, resources tax, land increasing value tax and extra charges for education and etc. It is the annual accumulation of the corresponding item in the “profit table” of the accountant. For enterprises that follow the 2006 Enterprise Accounting Standards, the year-end accumulation of tax and extra charges from the sales of products is used as a substitute.

Profit from business refers to the profits from operation activities, that is the main business income minus the cost of main business and main business tax and surcharges, add other business profits, minus operating expenses, management fees, finance charges. It is the annual accumulation of the corresponding item in the "profit table" of the accountant.

Value Added Tax Payable refers to the amount of the value-added tax, which should be paid by the enterprises in the reporting period. According to the tax laws, increasing the activities of the current value of the goods,such as the sale of goods or the provision of processing, repair workshop and other services should pay taxes.It is calculated as follows:

Value added tax payable=tax on sales-(tax on purchases-transferred tax on purchases)- Tax credits-tax cut +export rebate

Total Profits refers to the annual accumulation of the corresponding item in the "profit table" of the accountant. It is the profits gained from the revenues in the reference period, including business profits, subsidies, net income of investment and net income of other business.

Total Value of Profit and Tax (Pre-tax Profits) refers to the sum of the total profits, products sales tax and surcharges and the value added tax payable of industrial enterprises. It is also called Pre-tax profits.

Industrial Comprehensive Index of Economic Efficiency is a special kind of relative figure to comprehensively measure overall economic efficiency of regional industry, showing the quality of industrial economic efficiency of the reference period. Industrial comprehensive index of economic efficiency is calculated with 7 items of ratio of total assets to industrial output value, ratio of creditors' equity of current year to that of previous year, ratio of liabilities to assets, turnover ratio of output value, circulating funds, ratio of profits to cost, overall labor productivity, ratio of sales to products. The actual figure of every indicator above is divided by responding national standard numerical value, and the results multiply correlative weight coefficients, then the total number is divided by general weight coefficient. The index comprehensively reflects the changes of regional industrial economic efficiency in static and dynamic status, eliminating the incomparable factors at a certain extent.

Value Added Rate of Industry refers to the ratio of value added of industry in a given period to the gross output value in the same period, which reflects the economic efficiency of cutting down the intermediate input and is calculated as follows:

Value Added Rate of Industry (%) =Value Added of Industry (at Current Prices)/Gross Output Value (at Current Prices) ×100%

Ratio of Total Assets to Industrial Output Value reflects the profit-making capability of all assets of the enterprise and is a key indicator manifesting the performance and management and evaluating the profit-making potential of the enterprise. It is calculated as follows:

Ratio of Total Assets to Industrial Output (%) = [(Total profits + Total taxes + Interest payment) / average assets] × 100%

Capital Maintenance and Appreciation Rate reflects the changes of an enterprise's net assets. It epitomizes the growth capability of an enterprise. Its calcuating formula is:

Capital Maintenance and appreciation rate = Ownership equity at the end of the reporting period/Ownership equity at the same period of the previous year.

Ratio of Liabilities to Assets reflect both the operation risk and the capability of the enterprise in making use of the capital from the creditors. It is calculated as follows:

Ratio of liabilities to assets (%) = Total liabilities/total assets×100%

Turnover Ratio of Circulating Funds refers to times of turnover of circulating funds in a given period of time, which reflects the speed of the turnover of working capital and is calculated as follows:

Turnover Ratio of Circulating Funds (%) = Sales Revenue of Products/Average Balance of Total Circulating Funds×100%

Ratio of Profits to Costs refers to the ratio of profits realized in a given period to the total costs in the same period, which reflects the economic efficiency of input cost and is calculated as follows:

Ratio of Profits to Cost (%) =Total Profits/Total Costs×100%

Overall Labor Productivity refers to the average output per employed person in industrial enterprises in value terms. At present, the value added and the average number of staff and workers of an industrial enterprises in a given period are used to calculate the overall labor productivity. The formula used is:

Overall Labor Productivity = (Value Added of Industry) / (Average Number of Staff and Workers)

Ratio of Sales to Products refers to the ratio of total sales in a given period to the gross output value in the same period, which reflects the extent of industrial output sold and is calculated as follows:

Ratio of Sales to Products (%) =Total Sales (at Current Prices) / Gross Output Value (at Current Prices) ×100%

Ratio of Profits to Sales refers to the ratio of total profits to the sales revenue in a given period and is calculated as follows:

Ratio of Profits to Sales (%) =Total Profits /Sales Revenue×100%

Ratio of Accumulated Capital to Original Capital refers to the ratio of the increased volume of creditors' equity to the creditors' equity at the year's beginning. The formula used is:

Ratio of Accumulated Capital to Original Capital (%) = Increased Volume of Creditors' Equity / Creditors' Equity at Year's Beginning×100%

Current Ratio refers to the ratio of the circulating assets to the circulating liabilities, i.e. the amount of circulating assets as the guarantee to pay off each yuan of circulating liabilities, which reflects the ability of the enterprise to pay off the due circulating liabilities with the circulating assets realizable in a short period of time. The formula is:

Current Ratio (%) = Circulating Assets / Circulating Liabilities

Quick Ratio refers to the ratio of quick assets to circulating liabilities of the enterprise, and is calculated as the follows:

Quick Ratio = Quick Assets / Circulating Liabilities

Ratio of Equity to Production refers to the ratio of total liabilities to creditors' equity. It is the sign of financial stability of the enterprises, and also called ratio of total liabilities to total capital. The formula is:

Ratio of Equity to Production = Total Liabilities / Creditors' Equity

建筑业

Construction

简要说明 Brief Introduction

本章资料包括全市按登记注册地统计的建筑业基本情况、建筑企业房屋施工及竣工面积和劳务分包建筑业企业主要指标、各类建筑施工企业主要经济指标等，由市统计局固定资产投资处提供。全市建筑业增加值情况参见本书第二章国民经济核算。

The data in this chapter include the general information of all the construction enterprises with the place of registration in Chongqing, the main indicators on the floor space of buildings under construction and completed of construction enterprises and on the labor subcontractors in construction industry, as well as the main economic indicators on various construction enterprises. The data in this chapter are provided by Division of Statistics of Investment in Fixed Assets, Chongqing Municipal Bureau of Statistics. See Chapter 2 National Economic Accounting of this book for the value added of construction industry.

13－1 建筑业基本情况（1985－2009 年）
Basic Statistics on Construction Industry (1985-2009)

年 份 Year	企业数（个） Number of Enterprises (unit)	年末从业人数（万人） Number of Employees at Year-end (10 000 persons)	总产值（万元） Gross Output Value (10 000 yuan)	增加值（万元） Value Added (10 000 yuan)	房屋建筑施工面积（万平方米） Floor Space of Buildings under Construction (10 000 sq.m)	房屋建筑竣工面积（万平方米） Floor Space of Buildings Completed (10 000 sq.m)
1985	298	14.12	96201	20517	684.85	340.18
1986	291	17.12	112719	26225	674.54	345.37
1987	303	18.08	138515	35738	740.55	350.79
1988	399	20.71	183070	39989	866.76	372.69
1989	400	20.60	196510	50763	853.54	391.35
1990	445	20.89	220685	69913	905.58	450.19
1991	465	21.50	262155	84556	915.31	458.23
1992	482	23.58	340256	109961	1015.59	490.88
1993	607	22.47	426228	124993	1238.22	537.78
1994	561	26.61	656959	203632	1456.78	577.22
1995	556	28.24	810548	261437	1678.02	656.38
1996	1473	64.43	2052964	564293	4065.24	2276.97
1997	1501	68.98	2440552	688463	4451.06	2562.73
1998	1655	80.46	2896198	783225	5275.68	2837.02
1999	1735	75.49	3175927	871003	5481.86	2974.82
2000	1785	73.37	3486579	945158	6088.49	3083.72
2001	1721	83.99	4368064	1208296	7962.27	4341.38
2002	1778	82.05	5015839	1353087	8707.39	4711.06
2003	1760	81.80	5862095	1287202	9754.10	4939.62
2004	2442	86.91	6902774	1519837	10184.46	5167.65
2005	2310	83.10	7835658	1716125	10722.57	5155.18
2006	2455	86.72	8950918	1945849	11522.42	5309.27
2007	2486	96.97	11287118	2338877	13866.76	5750.65
2008	2483	105.42	14963195	4850027	15618.93	6485.30
2009	2465	118.88	19152495	5060137	16475.84	7473.16

注：1）1993 年实行一套表制度，附营建筑企业有所增加；1996 年以前口径范围包括全民、城镇集体建筑安装企业，1996 年－2001 年为资质等级四级以上的建筑安装企业(下表同)。
2）2002 年起建筑业执行新建筑资质，2002 年房屋建筑施工、竣工面积和 2003 年起所有数据不含劳务分包企业(下表同)。
3）建筑业增加值 2003 年前按工程结算利润计算，2003 年起按营业利润计算(下表同)。

Note: a) As the system of one suit of tables was implemented in 1993, the affiliated construction enterprises increased. The statistics scope before 1996 included the whole people-owned, collective-owned construction and installation enterprises; while the statistics scope from 1996 to 2001 included the construction and installation enterprises of qualification Grade-4 and above (the same below).
b) The new grade system was carried out in construction in 2002. The data of floor space under construction and completed in 2002, and all the data since 2003 exclude the data of labor subcontractors (the same below).
c) The value added of construction is calculated in terms of profits of project settled accounts before 2003, whereas in terms of business profits since 2003 (the same below).

13－2 建筑业企业房屋施工及竣工面积（2008－2009年）
Floor Space of Buildings under Construction and Completed by Construction Enterprises (2008-2009)

指　标	Item	2008	2009
房屋建筑施工面积（万平方米）	**Floor Space of Buildings under Construction (10 000 sq.m)**	**15618.93**	**16475.84**
#本年新开工面积	New Floor Space of Buildings in Current Year	7980.43	8853.54
#实行投标承包面积	Contracted Bidding Floor Space	10637.16	12284.30
#本年新开工	New Floor Space of Buildings in Current Year	6222.08	7163.71
房屋建筑竣工面积（万平方米）	**Floor Space of Buildings Completed (10 000 sq.m)**	**6485.30**	**7473.16**
厂房、仓库	Works and Warehouses	662.89	707.07
住　宅	Residential Buildings	4864.84	5653.29
办公用房	Office Buildings	220.76	354.25
批发和零售用房	Buildings for Wholesale and Retail	104.25	114.22
住宿和餐饮用房	Buildings for Hotels and Catering Services	51.46	46.80
居民服务业用房	Buildings for Residential Services	107.66	68.88
教育用房	Buildings for Education	222.12	305.83
文化、体育和娱乐用房	Buildings for Culture, Sports and Entertainment	27.91	22.37
卫生医疗用房	Buildings for Health and Medical Cares	43.44	49.95
科研用房	Buildings for Scientific Research	4.96	4.55
其他用房	Other Buildings	175.01	145.95

13－3 劳务分包建筑业企业主要指标（2008－2009年）
Main Indicators on Labor Subcontractors in Construction Industry (2008-2009)

单位：万元 (10 000 yuan)

指　标	Item	2008	2009
企业数（个）	Number of Enterprises (unit)	272	302
年末从业人数（人）	Number of Persons Employed at Year-end (person)	81454	104348
企业总收入	Total Revenue	191295	259536
#劳务收入	Revenue from Labor Services	187595	257865
税　金	Taxes	7197	7611
利润总额	Total Profits	6648	10272
从业人员劳动报酬	Earnings of Employed Persons	122917	167218

13－4 建筑施工企业主要经济指标（2008－2009 年）
Main Economic Indicators on Construction Enterprises (2008-2009)

指　标	Type	2008	2009
企业数（个）	**Number of Enterprises (unit)**	**2483**	**2465**
年末从业人数（万人）	**Number of Employees at Year-end (10 000 persons)**	**105.42**	**118.88**
总产值（万元）	**Gross Output Value (10 000 yuan)**	**14963195**	**19152495**
按登记注册类型分	By Status of Registration		
内资企业	Domestic-funded Enterprises	14949386	19138472
#国　有	State-owned Enterprises	2418323	3114046
其他有限责任	Other Limited Liability Enterprises	5465548	7682177
私　营	Private Enterprises	5907127	6974671
按构成分	By Constitution		
#建筑工程	Construction	13095869	16954917
安装工程	Installation	1230371	1570267
按行业分	By Sector		
#房屋和土木工程建筑业	Construction of Buildings and Civil Engineering	13238396	17563507
#房屋工程建筑业	Buildings	10230082	13462096
建筑安装业	Construction Installation	1040286	903206
建筑装饰业	Construction Decoration	386409	397865
按资质等级分	By Grade		
施工总承包	General Contractors of Construction	13176553	17524046
#一　级	First Grade	6225865	8503043
二　级	Second Grade	4549713	5809950
专业承包	Specialized Contractors of Construction	1786642	1628449
#一　级	First Grade	449332	513432
二　级	Second Grade	666156	544695
竣工产值（万元）	**Output Value of Completed Construction (10 000 yuan)**	**9429962**	**11603393**
按登记注册类型分	By Status of Registration		
内资企业	Domestic-funded Enterprises	9422215	11594639
#国　有	State-owned Enterprises	1193935	1405960
其他有限责任	Other Limited Liability Enterprises	3365404	4611057
私　营	Private Enterprises	4134443	4742411
按行业分	By Sector		
#房屋和土木工程建筑业	Construction of Buildings and Civil Engineering	8470095	10520735
#房屋工程建筑业	Buildings	6977619	9026532
建筑安装业	Construction Installation	553482	670751
建筑装饰业	Construction Decoration	286043	265673
按资质等级分	By Grade		
施工总承包	General Contractors of Construction	8469391	10609783
#一　级	First Grade	3740027	4557921
二　级	Second Grade	3090692	3908126
专业承包	Specialized Contractors of Construction	960571	993610
#一　级	First Grade	163808	232499
二　级	Second Grade	365070	383691
房屋建筑施工面积（万平方米）	**Floor Space of Buildings under Construction (10 000 sq.m)**	**15618.93**	**16475.84**
房屋建筑竣工面积（万平方米）	**Floor Space of Buildings Completed (10 000 sq.m)**	**6485.30**	**7473.16**
年末自有机械设备台数（万台）	**Number of Machinery and Equipment Self-owned (year-end)(10 000 sets)**	**19.75**	**19.01**
年末自有机械设备总功率（万千瓦）	**Total Power of Machinery and Equipment Self-owned (year-end)(10 000 kw)**	**347.07**	**419.15**

13－5 国有建筑施工企业主要经济指标（2008－2009年）
Main Economic Indicators on State-owned Construction Enterprises (2008-2009)

指 标	Type	2008	2009
企业数（个）	**Number of Enterprises (unit)**	**151**	**138**
年末从业人数（万人）	**Number of Employees at Year-end (10 000 persons)**	**10.04**	**12.64**
总产值（万元）	**Gross Output Value (10 000 yuan)**	**2418323**	**3114046**
按构成分	By Constitution		
#建筑工程	Construction	2058443	2622952
安装工程	Installation	255850	396848
按行业分	By Sector		
#房屋和土木工程建筑业	Construction of Buildings and Civil Engineering	2120506	2889528
#房屋工程建筑业	Buildings	735747	1126812
建筑安装业	Construction Installation	237744	58811
建筑装饰业	Construction Decoration	27555	30777
按资质等级分	By Grade		
施工总承包	General Contractors of Construction	2084312	3015069
#一 级	First Grade	1218992	1510050
二 级	Second Grade	584734	951924
专业承包	Specialized Contractors of Construction	334011	98977
#一 级	First Grade	123453	30478
二 级	Second Grade	193867	20689
竣工产值（万元）	**Output Value of Completed Construction (10 000 yuan)**	**1193935**	**1405960**
按行业分	By Sector		
#房屋和土木工程建筑业	Construction of Buildings and Civil Engineering	1148228	1294941
#房屋工程建筑业	Buildings	546850	717383
建筑安装业	Construction Installation	24320	36222
建筑装饰业	Construction Decoration	482	9995
按资质等级分	By Grade		
施工总承包	General Contractors of Construction	1117482	1354649
#一 级	First Grade	714038	828295
二 级	Second Grade	270198	277597
专业承包	Specialized Contractors of Construction	76453	51311
#一 级	First Grade	17107	16414
二 级	Second Grade	46789	6720
房屋建筑施工面积（万平方米）	**Floor Space of Buildings under Construction (10 000 sq.m)**	**1541.23**	**1136.04**
房屋建筑竣工面积（万平方米）	**Floor Space of Buildings Completed (10 000 sq.m)**	**516.37**	**401.83**
年末自有机械设备台数（万台）	**Number of Machinery and Equipment Self-owned (year-end)(10 000 sets)**	**1.56**	**2.70**
年末自有机械设备总功率（万千瓦）	**Total Power of Machinery and Equipment Self-owned (year-end)(10 000 kw)**	**37.32**	**45.10**

13－6 其他有限责任制建筑施工企业主要经济指标（2008－2009 年）
Main Economic Indicators on Other Construction Enterprises of Limited Liability (2008-2009)

指 标	Type	2008	2009
企业数（个）	**Number of Enterprises (unit)**	**687**	**714**
年末从业人数（万人）	**Number of Employees at Year-end (10 000 persons)**	**40.35**	**47.23**
总产值（万元）	**Gross Output Value (10 000 yuan)**	**5465548**	**7682177**
按构成分	By Constitution		
#建筑工程	Construction	4828094	6829251
安装工程	Installation	450316	579110
按行业分	By Sector		
#房屋和土木工程建筑业	Construction of Buildings and Civil Engineering	4926657	7007234
#房屋工程建筑业	Buildings	3855816	5300367
建筑安装业	Construction Installation	342908	431862
建筑装饰业	Construction Decoration	119680	147737
按资质等级分	By Grade		
施工总承包	General Contractors of Construction	4815327	6967580
#一 级	First Grade	3086087	4544473
二 级	Second Grade	1205361	1732136
专业承包	Specialized Contractors of Construction	650221	714597
#一 级	First Grade	193165	307346
二 级	Second Grade	177278	269020
竣工产值（万元）	**Output Value of Completed Construction (10 000 yuan)**	**3365404**	**4611057**
按行业分	By Sector		
#房屋和土木工程建筑业	Construction of Buildings and Civil Engineering	2976905	4137098
#房屋工程建筑业	Buildings	2452069	3452764
建筑安装业	Construction Installation	239901	322519
建筑装饰业	Construction Decoration	95167	113067
按资质等级分	By Grade		
施工总承包	General Contractors of Construction	2966787	4195781
#一 级	First Grade	1731056	2382606
二 级	Second Grade	857743	1306247
专业承包	Specialized Contractors of Construction	398617	415276
#一 级	First Grade	67501	121518
二 级	Second Grade	103955	202788
房屋建筑施工面积（万平方米）	**Floor Space of Buildings under Construction (10 000 sq.m)**	**6094.62**	**7219.82**
房屋建筑竣工面积（万平方米）	**Floor Space of Buildings Completed (10 000 sq.m)**	**2338.37**	**2905.05**
年末自有机械设备台数（万台）	**Number of Machinery and Equipment Self-owned (year-end) (10 000 sets)**	**7.72**	**7.65**
年末自有机械设备总功率（万千瓦）	**Total Power of Machinery and Equipment Self-owned (year-end)(10 000 kw)**	**141.11**	**140.89**

13－7 私营建筑施工企业主要经济指标（2008－2009年）
Main Economic Indicators on Private Construction Enterprises (2008-2009)

指　标	Type	2008	2009
企业数（个）	**Number of Enterprises (unit)**	**1384**	**1360**
年末从业人数（万人）	**Number of Employees at Year-end (10 000 persons)**	**46.96**	**49.84**
总产值（万元）	**Gross Output Value (10 000 yuan)**	**5907127**	**6974671**
按构成分	By Constitution		
#建筑工程	Construction	5323854	6304989
安装工程	Installation	381528	457561
按行业分	By Sector		
#房屋和土木工程建筑业	Construction of Buildings and Civil Engineering	5387963	6440357
#房屋工程建筑业	Buildings	4919961	6007741
建筑安装业	Construction Installation	259008	288165
建筑装饰业	Construction Decoration	207488	188505
按资质等级分	By Grade		
施工总承包	General Contractors of Construction	5306993	6338393
#一　级	First Grade	1800281	2129091
二　级	Second Grade	2272348	2599257
专业承包	Specialized Contractors of Construction	600134	636278
#一　级	First Grade	97864	118529
二　级	Second Grade	229193	224335
竣工产值（万元）	**Output Value of Completed Construction (10 000 yuan)**	**4134443**	**4742411**
按行业分	By Sector		
#房屋和土木工程建筑业	Construction of Buildings and Civil Engineering	3773069	4368095
#房屋工程建筑业	Buildings	3461630	4191415
建筑安装业	Construction Installation	151827	208993
建筑装饰业	Construction Decoration	165216	122265
按资质等级分	By Grade		
施工总承包	General Contractors of Construction	3764980	4319179
#一　级	First Grade	1207549	1275759
二　级	Second Grade	1689462	1939453
专业承包	Specialized Contractors of Construction	369463	423231
#一　级	First Grade	71998	87483
二　级	Second Grade	160671	147734
房屋建筑施工面积（万平方米）	**Floor Space of Buildings under Construction (10 000 sq.m)**	**6972.21**	**7052.60**
房屋建筑竣工面积（万平方米）	**Floor Space of Buildings Completed (10 000 sq.m)**	**3104.90**	**3551.99**
年末自有机械设备台数（万台）	**Number of Machinery and Equipment Self-owned (year-end) (10 000 sets)**	**8.35**	**7.28**
年末自有机械设备总功率（万千瓦）	**Total Power of Machinery and Equipment Self-owned (year-end)(10 000 kw)**	**142.20**	**203.79**

13－8 施工总承包建筑施工企业主要经济指标（2008－2009 年）
Main Economic Indicators on General Contractors of Construction (2008-2009)

指 标	Type	2008	2009
企业数（个）	**Number of Enterprises (unit)**	**1489**	**1480**
年末从业人数（万人）	**Number of Employees at Year-end (10 000 persons)**	**94.64**	**109.63**
总产值（万元）	**Gross Output Value (10 000 yuan)**	**13176553**	**17524046**
按登记注册类型分	By Status of Registration		
内资企业	Domestic-funded Enterprises	13175489	17524046
#国 有	State-owned Enterprises	2084312	3015069
其他有限责任	Other Limited Liability Enterprises	4815327	6967580
私 营	Private Enterprises	5306993	6338393
按构成分	By Constitution		
#建筑工程	Construction	11993423	16180801
安装工程	Installation	697319	866144
按行业分	By Sector		
#房屋和土木工程建筑业	Construction of Buildings and Civil Engineering	12511697	17081072
#房屋工程建筑业	Buildings	10070937	13303725
建筑安装业	Construction Installation	422630	228126
建筑装饰业	Construction Decoration	55963	46276
按资质等级分	By Grade		
#一 级	First Grade	6225865	8503043
二 级	Second Grade	4549713	5809950
竣工产值（万元）	**Output Value of Completed Construction (10 000 yuan)**	**8469391**	**10609783**
按登记注册类型分	By Status of Registration		
内资企业	Domestic-funded Enterprises	8467641	10609783
#国 有	State-owned Enterprises	1117482	1354649
其他有限责任	Other Limited Liability Enterprises	2966787	4195781
私 营	Private Enterprises	3764980	4319179
按行业分	By Sector		
#房屋和土木工程建筑业	Construction of Buildings and Civil Engineering	8193063	10318025
#房屋工程建筑业	Buildings	6861599	8897313
建筑安装业	Construction Installation	170034	156331
建筑装饰业	Construction Decoration	55087	41496
按资质等级分	By Grade		
#一 级	First Grade	3740027	4557921
二 级	Second Grade	3090692	3908126
房屋建筑施工面积（万平方米）	**Floor Space of Buildings under Construction (10 000 sq.m)**	**14671.90**	**16177.65**
房屋建筑竣工面积（万平方米）	**Floor Space of Buildings Completed (10 000 sq.m)**	**6236.66**	**7346.02**
年末自有机械设备台数（万台）	**Number of Machinery and Equipment Self-owned (year-end)(10 000 sets)**	**17.48**	**16.86**
年末自有机械设备总功率（万千瓦）	**Total Power of Machinery and Equipment Self-owned (year-end)(10 000 kw)**	**309.53**	**317.63**

13-9 专业承包建筑施工企业主要经济指标（2008-2009年）
Main Economic Indicators on Specialized Contractors of Construction (2008-2009)

指　标	Type	2008	2009
企业数（个）	**Number of Enterprises (unit)**	**994**	**985**
年末从业人数（万人）	**Number of Employees at Year-end (10 000 persons)**	**10.75**	**9.26**
总产值（万元）	**Gross Output Value (10 000 yuan)**	**1786642**	**1628449**
按登记注册类型分	By Status of Registration		
内资企业	Domestic-funded Enterprises	1773897	1614426
#国　有	State-owned Enterprises	334011	98977
其他有限责任	Other Limited Liability Enterprises	650221	714597
私　营	Private Enterprises	600134	636278
按构成分	By Constitution		
#建筑工程	Construction	1102446	774116
安装工程	Installation	533053	704122
按行业分	By Sector		
#房屋和土木工程建筑业	Construction of Buildings and Civil Engineering	726699	482435
#房屋工程建筑业	Buildings	159145	158372
建筑安装业	Construction Installation	617656	675080
建筑装饰业	Construction Decoration	330447	351589
按资质等级分	By Grade		
#一　级	First Grade	449332	513432
二　级	Second Grade	666156	544695
竣工产值（万元）	**Output Value of Completed Construction (10 000 yuan)**	**960571**	**993610**
按登记注册类型分	By Status of Registration		
内资企业	Domestic-funded Enterprises	954575	984856
#国　有	State-owned Enterprises	76453	51311
其他有限责任	Other Limited Liability Enterprises	398617	415276
私　营	Private Enterprises	369463	423231
按行业分	By Sector		
#房屋和土木工程建筑业	Construction of Buildings and Civil Engineering	277032	202710
#房屋工程建筑业	Buildings	116020	129220
建筑安装业	Construction Installation	383448	514420
建筑装饰业	Construction Decoration	230956	224177
按资质等级分	By Grade		
#一　级	First Grade	163808	232499
二　级	Second Grade	365070	383691
房屋建筑施工面积（万平方米）	**Floor Space of Buildings under Construction (10 000 sq.m)**	**947.03**	**298.19**
房屋建筑竣工面积（万平方米）	**Floor Space of Buildings Completed (10 000 sq.m)**	**248.64**	**127.14**
年末自有机械设备台数（万台）	**Number of Machinery and Equipment Self-owned (year-end)(10 000 sets)**	**2.27**	**2.15**
年末自有机械设备总功率（万千瓦）	**Total Power of Machinery and Equipment Self-owned (year-end)(10 000 kw)**	**37.54**	**101.52**

13－10 房屋和土木工程建筑施工企业主要经济指标（2008－2009 年）
Main Economic Indicators on Construction Enterprises of Buildings and Civil Engineering (2008-2009)

指 标	Type	2008	2009
企业数（个）	**Number of Enterprises (unit)**	**1547**	**1541**
年末从业人数（万人）	**Number of Employees at Year-end (10 000 persons)**	**94.88**	**109.79**
总产值（万元）	**Gross Output Value (10 000 yuan)**	**13238396**	**17563507**
按登记注册类型分	By Status of Registration		
内资企业	Domestic-funded Enterprises	13237332	17563507
#国 有	State-owned Enterprises	2120506	2889528
其他有限责任	Other Limited Liability Enterprises	4926657	7007234
私 营	Private Enterprises	5387963	6440357
按构成分	By Constitution		
#建筑工程	Construction	12244895	16305648
安装工程	Installation	636687	833052
按资质等级分	By Grade		
施工总承包	General Contractors of Construction	12511697	17081072
#一 级	First Grade	6194968	8483116
二 级	Second Grade	4093153	5580755
专业承包	Specialized Contractors of Construction	726699	482435
#一 级	First Grade	202863	226068
二 级	Second Grade	348817	110622
竣工产值（万元）	**Output Value of Completed Construction (10 000 yuan)**	**8470095**	**10520735**
按登记注册类型分	By Status of Registration		
内资企业	Domestic-funded Enterprises	8468345	10520735
#国 有	State-owned Enterprises	1148228	1294941
其他有限责任	Other Limited Liability Enterprises	2976905	4137098
私 营	Private Enterprises	3773069	4368095
按资质等级分	By Grade		
施工总承包	General Contractors of Construction	8193063	10318025
#一 级	First Grade	3705048	4549125
二 级	Second Grade	3006452	3777971
专业承包	Specialized Contractors of Construction	277032	202710
#一 级	First Grade	36912	52351
二 级	Second Grade	141422	73127
房屋建筑施工面积（万平方米）	**Floor Space of Buildings under Construction (10 000 sq.m)**	**15173.59**	**16192.24**
房屋建筑竣工面积（万平方米）	**Floor Space of Buildings Completed (10 000 sq.m)**	**6371.22**	**7366.89**
年末自有机械设备台数（万台）	**Number of Machinery and Equipment Self-owned (year-end) (10 000 sets)**	**17.55**	**16.90**
年末自有机械设备总功率（万千瓦）	**Total Power of Machinery and Equipment Self-owned (year-end) (10 000 kw)**	**307.98**	**381.96**

13－11 建筑安装企业主要经济指标（2008－2009 年）
Main Economic Indicators on Construction Enterprises of Installation (2008-2009)

指　　标	Type	2008	2009
企业数（个）	**Number of Enterprises (unit)**	**352**	**363**
年末从业人数（万人）	**Number of Employees at Year-end (10 000 persons)**	**4.79**	**4.39**
总产值（万元）	**Gross Output Value (10 000 yuan)**	**1040286**	**903206**
按登记注册类型分	By Status of Registration		
内资企业	Domestic-funded Enterprises	1031386	898462
#国　有	State-owned Enterprises	237744	58811
其他有限责任	Other Limited Liability Enterprises	342908	431862
私　营	Private Enterprises	259008	288165
按构成分	By Constitution		
#建筑工程	Construction	511131	223305
安装工程	Installation	504947	649753
按资质等级分	By Grade		
施工总承包	General Contractors of Construction	422630	228126
#一　级	First Grade	8000	19927
二　级	Second Grade	305847	140331
专业承包	Specialized Contractors of Construction	617656	675080
#一　级	First Grade	109153	83969
二　级	Second Grade	152971	286094
竣工产值（万元）	**Output Value of Completed Construction (10 000 yuan)**	**553482**	**670751**
按登记注册类型分	By Status of Registration		
内资企业	Domestic-funded Enterprises	551166	668166
#国　有	State-owned Enterprises	24320	36222
其他有限责任	Other Limited Liability Enterprises	239901	322519
私　营	Private Enterprises	151827	208993
按资质等级分	By Grade		
施工总承包	General Contractors of Construction	170034	156331
#一　级	First Grade	4840	8796
二　级	Second Grade	68204	95541
专业承包	Specialized Contractors of Construction	383448	514420
#一　级	First Grade	47708	51017
二　级	Second Grade	101029	232693
房屋建筑施工面积（万平方米）	**Floor Space of Buildings under Construction (10 000 sq.m)**	**305.08**	**240.03**
房屋建筑竣工面积（万平方米）	**Floor Space of Buildings Completed (10 000 sq.m)**	**89.30**	**101.21**
年末自有机械设备台数（万台）	**Number of Machinery and Equipment Self-owned (year-end) (10 000 sets)**	**1.25**	**0.93**
年末自有机械设备总功率（万千瓦）	**Total Power of Machinery and Equipment Self-owned (year-end) (10 000 kw)**	**25.66**	**14.26**

13－12 建筑装饰企业主要经济指标（2008－2009年）
Main Economic Indicators on Construction Enterprises of Decoration (2008-2009)

指　标	Type	2008	2009
企业数（个）	**Number of Enterprises (unit)**	**477**	**475**
年末从业人数（万人）	**Number of Employees at Year-end (10 000 persons)**	**4.54**	**3.58**
总产值（万元）	**Gross Output Value (10 000 yuan)**	**386409**	**397865**
按登记注册类型分	By Status of Registration		
内资企业	Domestic-funded Enterprises	382564	388585
#国　有	State-owned Enterprises	27555	30777
其他有限责任	Other Limited Liability Enterprises	119680	147737
私　营	Private Enterprises	207488	188505
按构成分	By Constitution		
#建筑工程	Construction	212601	228360
安装工程	Installation	63287	65484
按资质等级分	By Grade		
施工总承包	General Contractors of Construction	55963	46276
#一　级	First Grade	17448	
二　级	Second Grade	1796	13506
专业承包	Specialized Contractors of Construction	330447	351589
#一　级	First Grade	82266	145816
二　级	Second Grade	146922	123431
竣工产值（万元）	**Output Value of Completed Construction (10 000 yuan)**	**286043**	**265673**
按登记注册类型分	By Status of Registration		
内资企业	Domestic-funded Enterprises	282362	259504
#国　有	State-owned Enterprises	482	9995
其他有限责任	Other Limited Liability Enterprises	95167	113067
私　营	Private Enterprises	165216	122265
按资质等级分	By Grade		
施工总承包	General Contractors of Construction	55087	41496
#一　级	First Grade	17370	
二　级	Second Grade	1796	9811
专业承包	Specialized Contractors of Construction	230956	224177
#一　级	First Grade	47755	101258
二　级	Second Grade	111058	73373
房屋建筑施工面积（万平方米）	**Floor Space of Buildings under Construction (10 000 sq.m)**	**29.16**	**27.72**
房屋建筑竣工面积（万平方米）	**Floor Space of Buildings Completed (10 000 sq.m)**		
年末自有机械设备台数（万台）	**Number of Machinery and Equipment Self-owned (year-end) (10 000 sets)**	**0.63**	**0.94**
年末自有机械设备总功率（万千瓦）	**Total Power of Machinery and Equipment Self-owned (year-end) (10 000 kw)**	**8.65**	**17.61**

13－13 建筑施工企业按资质等级分主要财务和经济效益指标（2009年）

Main Indicators on Finance and Economic Benefit of Construction Enterprises by Grade (2009)

单位：万元

指标	Item	合计 Total	施工总承包 General Contractors	专业承包 Specialized Contractors
企业数（个）	Number of Enterprises (unit)	2465	1480	985
年末从业人数（万人）	Number of Employees at Year-end (10 000 persons)	118.88	109.63	9.26
自有固定资产原价	Original Value of Fixed Assets Owned	2680029	2292371	387659
自有固定资产净价	Net Value of Fixed Assets Owned	1824325	1568393	255932
自有机械设备年末台数（万台）	Number of Machinery and Equipment Self-owned (year-end) (10 000 sets)	19.01	16.86	2.15
自有机械设备年末净值	Net Value of Machinery and Equipment Self-owned (year-end)	871642	786191	85451
自有机械设备年末总功率（万千瓦）	Total Power of Machinery and Equipment Self-owned (year-end) (10 000 kw)	419.15	317.63	101.52
总产值	Gross Output Value	19152495	17524046	1628449
增加值	Value Added	5060137	4546821	513316
实收资本	Paid-in Capital	3854542	3278495	576047
资产合计	Total Assets	15299432	13466451	1832981
#流动资产	Circulating Assets	11600369	10240634	1359735
固定资产	Fixed Assets	2217818	1891382	326435
无形及递延资产	Intangible and Deferred Assets	243020	224757	18263
负债合计	Total Liabilities	9363723	8398694	965029
流动负债	Circulating Liabilities	8476076	7548336	927741
长期负债	Long-term Liabilities	887647	850359	37288
所有者权益	Creditors' Equity	5935709	5067756	867953
利税总额	Total Pre-tax Profits	1684319	1487612	196707
#利润总额	Total Profits	977639	844301	133338
企业总收入	Total Revenue of Enterprises	18878702	17068179	1810522
工程结算收入	Revenue on Project Settle Accounts	18634636	16953490	1681145
其他业务收入	Revenue from Other Business	244066	114689	129377
房屋建筑施工面积（万平方米）	Floor Space of Buildings under Construction (10 000 sq.m)	16475.84	16177.65	298.19
房屋建筑竣工面积（万平方米）	Floor Space of Buildings Completed (10 000 sq.m)	7473.16	7346.02	127.14
全员劳动生产率：	Overall Labor Productivity			
按总产值计算（元/人）	In Terms of Gross Output Value(yuan/person)	158958	158506	163996
按增加值计算（元/人）	In Terms of Value Added (yuan/person)	41997	41126	51694
技术装备率（元/人）	Value of Machines Per Laborer (yuan/person)	7332	7171	9228
动力装备率（千瓦/人）	Power of Machines Per Laborer (kw/person)	4	3	11
房屋建筑面积竣工率（%）	Rate of Floor Space of Buildings Completed (%)	45.4	45.4	42.6
资产负债率（%）	Asset-Liability Ratio (%)	61.2	62.4	52.6

13－14　建筑施工企业按行业分主要财务和经济效益指标（2009年）
Main Indicators on Finance and Economic Benefit of Construction Enterprises by Sector (2009)

单位：万元　　(10 000 yuan)

指　标	Item	合计 Total	房屋和土木工程建筑业 Buildings and Civil Engineering	建筑安装业 Construction Installation	建筑装饰业 Construction Decoration
企业数（个）	Number of Enterprises (unit)	2465	1541	363	475
年末从业人数（万人）	Number of Employees at Year-end (10 000 persons)	118.88	109.79	4.39	3.58
自有固定资产原价	Original Value of Fixed Assets Owned	2680029	2369328	187035	73292
自有固定资产净价	Net Value of Fixed Assets Owned	1824325	1615073	128887	47125
自有机械设备年末台数（万台）	Number of Machinery and Equipment Self-owned (year-end) (10 000 sets)	19.01	16.90	0.93	0.94
自有机械设备年末净值	Net Value of Machinery and Equipment Self-owned (year-end)	871642	811013	33604	12308
自有机械设备年末总功率（万千瓦）	Total Power of Machinery and Equipment Self-owned (year-end) (10 000 kw)	419.15	381.96	14.26	17.61
总产值	Gross Output Value	19152495	17563507	903206	397865
增加值	Value Added	5060137	4593698	263550	138247
实收资本	Paid-in Capital	3854542	3315826	310499	166024
资产合计	Total Assets	15299432	13496024	1047273	432371
#流动资产	Circulating Assets	11600369	10253891	763314	351079
固定资产	Fixed Assets	2217818	1944002	161470	55978
无形及递延资产	Intangible and Deferred Assets	243020	228795	3707	3678
负债合计	Total Liabilities	9363723	8349766	590121	206118
流动负债	Circulating Liabilities	8476076	7556926	523652	202425
长期负债	Long-term Liabilities	887647	792840	66469	3694
所有者权益	Creditors' Equity	5935709	5146258	457153	226252
利税总额	Total Pre-tax Profits	1684319	1519226	102717	31514
#利润总额	Total Profits	977639	867932	72346	15936
企业总收入	Total Revenue of Enterprises	18878702	17211860	963644	421850
工程结算收入	Revenue on Project Settle Accounts	18634636	17024690	912970	417274
其他业务收入	Revenue from Other Business	244066	187170	50674	4575
房屋建筑施工面积（万平方米）	Floor Space of Buildings under Construction (10 000 sq.m)	16475.84	16192.24	240.03	27.72
房屋建筑竣工面积（万平方米）	Floor Space of Buildings Completed (10 000 sq.m)	7473.16	7366.89	101.21	
全员劳动生产率：	Overall Labor Productivity				
按总产值计算（元/人）	In Terms of Gross Output Value (yuan/person)	158958	158061	197206	114129
按增加值计算（元/人）	In Terms of Value Added (yuan/person)	41997	41340	57544	39657
技术装备率（元/人）	Value of Machines Per Laborer (yuan/person)	7332	7387	7655	3438
动力装备率（千瓦/人）	Power of Machines Per Laborer (kw/person)	4	3	3	5
房屋建筑面积竣工率（%）	Rate of Floor Space of Buildings Completed (%)	45.4	45.5	42.2	
资产负债率（%）	Asset-Liability Ratio (%)	61.2	61.9	56.3	47.7

主要统计指标解释

建筑业统计单位 指从事房屋、构筑物建造和设备安装活动的法人企业。建筑业法人企业应具有建筑业资质并能够独立核算，同时其应具备以下条件：①依法成立，有自己的名称、组织机构和场所，能够承担民事责任；②独立拥有和使用资产，承担负债，有权与其他单位签订合同；③独立核算盈亏，能够编制资产负债表。

建筑业总产值 是以货币形式表现的建筑业企业在一定时期内生产的建筑业产品和提供的服务的总和。建筑业总产值包括：

⑴建筑工程产值：指列入建筑工程预算内的各种工程价值。

⑵安装工程产值：指设备安装工程价值，不包括被安装设备本身的价值。

⑶其他产值：建筑业总产值中除建筑工程、安装工程以外的产值。包括房屋构筑物修理产值、非标准设备制造产值、总包企业向分包企业收取的管理费以及不能明确划分的施工活动所完成的产值。

a.房屋构筑物修理产值：指房屋和构筑物修理所完成的产值，但不包括被修理房屋、构筑物本身价值和生产设备的修理产值。

b.非标准设备制造产值：指加工制造没有定型的非标准生产设备的加工费和原材料价值(如化工厂、炼油厂用的各种罐、槽，矿井生产统一使用的各种漏斗、三角槽、阀门等)以及附属加工厂为本企业承建工程制作的非标准设备的价值。

建筑业增加值 指建筑业企业在报告期内以货币形式表现的建筑业生产经营活动的最终成果。

从 2004 年第一次全国经济普查开始，建筑业现价增加值按生产法和分配法(收入法)两种方法计算，以收入法的计算结果为准，即从收入的角度出发，根据生产要素在生产过程中应得的收入份额计算。具体计算方法：经济普查年度建筑业增加值按照《经济普查年度 GDP 核算方案》计算，非经济普查年度建筑业增加值按照《非经济普查年度 GDP 核算方案》计算。

房屋建筑施工面积 指在报告期内施过工的全部房屋建筑面积，包括本期新开工的房屋面积、上期施工跨入本期继续施工的房屋面积、上期停缓建在本期恢复施工的房屋面积、本期竣工的房屋面积及本期施工后又停缓建的房屋面积。

房屋建筑竣工面积 指在报告期内房屋建筑按照设计要求全部完工，达到了使用条件，经验收鉴定合格，正式移交使用单位的房屋建筑面积。

Explanatory Notes on Main Statistical Indicators

Statistical Unit in the Construction Industry refers to a corporate enterprise engaged in the construction of buildings and structures and in the installation of equipment. A corporate construction enterprise should have qualification certificates with independent accounting system, and should meet the following 3 requirements: a) being set up in line with relevant legal basis, having its full name, organization and location, and capable of taking civil liabilities; b) independently possessing and using its assets and assuming its liabilities, and entitled to sign contracts with other institutions; and c) making independent accounts of its profits and losses, and capable of compiling its own balance sheet.

Gross Output Value of Construction refers to total of construction products and services, expressed in money terms, produced or rendered by construction and installation enterprises during a given period of time. It includes:

(1) Output value of construction projects: the value of projects covered by the project budgets;

(2) Output value of installation projects: the value of the installation of equipment, (excluding the value of the equipment to be installed);

(3) Other output values: the output value of construction industry apart from that of construction projects and installation projects. It includes: output value of repair of buildings and structures; output value of non-standard equipment manufacturing; overhead expenses received by contracted enterprises from the sub-contracted enterprises and the completed output value of construction activities for which there is no clear definition.

a. Output value of repair of buildings and structures: the value created through the repairs of buildings or structures. It does not include the value of buildings or structures being repaired and the value of the repair of production equipment;

b. Output value of manufactured non-standard equipment: the value of non-standard production equipment, including raw materials and manufacturing cost, made for the construction project (i.e., chemical plant; kettles or tanks used by refineries; various fillers, triangle tanks, valves used by mines). It also includes the output value of equipment manufactured by subsidiary workshops.

Value-added of Construction refers to the final result of the activities of production and operation of enterprises of the construction industry in monetary terms during the reference period.

Starting from the 2004 economic census, value-added of construction is calculated by both production approach and income approach, with the figures from the income approach as the final figures., Under the income approach,, calculation starts from the perspective of income and is based on the share of income derived from the production process by the relevant factors of production.. Specifically, value-added of construction for the Census years is calculated in accordance with the Programme of Compilation of GDP and National Accounts for the Year of Economic Census, and value-added of construction for other years is calculated in accordance with the Programme of Compilation of GDP and National Accounts for the Non Economic Census Years.

Floor Space of Buildings Under Construction refers to floor space of buildings under construction during the reference period, including the floor space of buildings for which construction has newly started; buildings for which construction has started earlier and is continuing during the reference period; and buildings for which construction has been suspended earlier but has restarted during the reference period; buildings completed during the reference period; and buildings under construction but construction has subsequently been during the reference period.

Floor Space of Buildings Completed refers to the floor space of buildings that are completed in the reference period in accordance with the requirements of the design, up to the standard for being put into use, and having been checked and accepted by departments concerned as qualified ones.

14

运输和邮电

Transport, Postal And Telecommunication Services

简要说明 Brief Introduction

本章反映全市交通运输业和邮电通信业情况，主要包括货物和旅客运输量、港口吞吐量、交通基础设施和运输营运工具、民用车辆和船舶、主要港口码头泊位和仓库、邮电业务、电信主要通信能力和邮电通信水平。本章资料由市统计局服务业统计处负责整理编辑。

交通运输有关资料来源于市交通委员会、市公安局、成都铁路局、民航重庆安全监督管理局和市统计局。邮电通信业资料来源于市邮政局和市通信管理局。

The data in this chapter show the conditions of transport, postal and telecommunication services, mainly covering the data of freight and passenger traffic, freight handled at ports, transport infrastructure and means, civil motor vehicles and transport vessels, berths and warehouses at major ports, business volume of postal and telecommunication services, main communication capacity of telecommunications and level of postal and telecommunication services. The data in this chapter are sorted and compiled by Division of Service Statistics, Chongqing Municipal Bureau of Statistics.

The data of transport are provided by Communications Commission of Chongqing Municipality, Chongqing Public Security Bureau, Chengdu Railway Bureau, CAAC Chongqing Safety Supervision and Administrative Bureau and Chongqing Municipal Bureau of Statistics. The data of postal and telecommunication services are provided by Post Bureau of Chongqing and Chongqing Communications Administration.

14－1 主要年份客货运输量及周转量
Freight and Passenger Volume and Turnover in Major Years

年 份 Year	客运量（万人） Passenger Traffic (10 000 persons)	旅客周转量（万人公里） Passenger-kilometers (10 000 person-km)	货运量（万吨） Freight Traffic (10 000 tons)	货物周转量（万吨公里） Freight ton-kilometers (10 000 ton-km)
1952	82		134	31531
1957	121		842	632103
1962	965	12619	808	147390
1965	1707	23268	2365	141406
1970	2136	27461	2536	111415
1975	3602	40180	3226	276337
1978	5294	293741	4816	1189803
1980	7846	417025	4469	1106294
1985	16923	975571	13513	2004938
1986	18308	1119673	14860	2184266
1987	21002	1160714	15618	2296505
1988	21119	1206942	22881	2470614
1989	22692	1185786	20764	2676052
1990	20332	1068775	15546	2452448
1991	26598	1176783	16186	2702591
1992	32924	1543492	17419	3005694
1993	34025	1724473	18841	3282548
1994	36340	1890785	21130	3077590
1995	39731	2104270	22796	3359847
1996	42370	2094740	24339	3150421
1997	46199	2242533	23979	2972254
1998	49020	2346281	25328	2684566
1999	52442	2434000	25190	2742000
2000	56969	2577859	26852	3063900
2001	59244	2662900	28212	3253200
2002	61918	2776900	29787	3376300
2003	58290	2526100	32565	3680300
2004	63495	2994200	36434	5180300
2005	60436	3018038	39200	6248968
2006	61228	3015761	42808	8213853
2007	77187	3938936	49973	10497955
2008	107191	4430156	63651	14864332
2009	114598	4814394	68491	16442995

注：1996 年起铁路数据按重庆现地域进行了调整。
Note:The data of railway have been adjusted according to present administrative divisions of Chongqing since 1996.

14－2 主要年份港口吞吐量和公路线路里程
Volume of Freight Handled at Ports and Length of Highways in Major Years

年 份 Year	港口货物吞吐量（万吨） Freight Handled at Ports (10 000 tons)	进港 In-port	出港 Out-port	公路线路里程（公里） Length of Highways (km)	高速公路 Expressways
1952	61.80	26.60	35.20	743	
1957	356.10	73.10	283.00	1021	
1962	173.50	93.40	80.10	6044	
1965	217.10	115.70	101.40	7221	
1970	267.00	161.00	106.00	7538	
1975	228.90	108.90	120.00	9753	
1978	369.80	184.10	185.70	15421	
1980	378.20	194.10	184.10	16811	
1985	438.30	195.40	242.90	19377	
1986	532.70	303.40	229.30	19666	
1987	553.70	292.28	261.42	19942	
1988	570.30	296.14	274.16	20609	
1989	651.93	330.74	321.19	20944	
1990	572.50	275.70	296.80	21162	
1991	566.10	262.77	303.33	21474	
1992	664.90	326.80	338.10	21804	
1993	687.70	299.50	388.20	21990	
1994	665.65	289.26	376.39	22148	
1995	853.00	390.00	463.00	22556	
1996	1076.00	492.00	584.00	26892	114
1997	2548.70	977.20	1571.50	27045	114
1998	2477.30	1186.60	1290.70	27210	134
1999	2599.84	1610.44	989.40	28086	134
2000	2448.00	1485.00	963.00	30354	232
2001	2839.87	1690.39	1149.48	30654	320
2002	3004.00	1718.41	1285.59	31060	399
2003	3243.76	1796.24	1447.52	31407	580
2004	4539.00	2337.09	2201.91	32344	714
2005	5251.30	2758.11	2493.19	98218	748
2006	5420.43	2747.65	2672.78	100299	778
2007	6433.54	3330.46	3103.08	104705	1049
2008	7892.80	4349.38	3543.42	108632	1165
2009	8611.62	4833.29	3778.33	110951	1577

注：2006年起，公路线路里程包括村道，2005年数据按同口径进行了调整。
Note:The length of highways has included village roads since 2006, and the data of 2005 has been adjusted according to the same scope.

14－3 主要年份邮电通信指标
Indicators of Postal and Telecommunication Services in Major Years

年 份 Year	邮政局、所（个） Number of Postal Offices (unit)	邮电业务总量（万元） Total Business Volume of Postal and Telecommunication Services (10 000 yuan)	#电信 Telecommunication Services	邮电业务收入（万元） Business Revenue from Postal and Telecommunication Services (10 000 yuan)	#电信 Telecommunication Services
1952	1023	12		133	
1957	1846	33		874	
1962	1747	102		1000	
1965	1751	245		1461	
1970	2166	267		1371	
1975	1933	2190		1726	
1978	1925	2650		2103	
1980	1917	5071		2650	
1985	1853	7268		5796	
1986	1862	8264		6840	
1987	1896	9719		7675	
1988	1918	11853		10120	
1989	2025	14351		11734	
1990	2056	18999		14222	
1991	2047	23708		20585	
1992	2075	31305		27608	
1993	2041	47627		41653	
1994	1957	70543		71212	
1995	2220	109627		157568	
1996	2314	159929		167313	
1997	1821	233471	211458	223052	184899
1998	1958	345932	319375	264846	219493
1999	1958	519537	490494	401767	349001
2000	2018	858200	822824	544369	482075
2001	2154	706000	635041	663200	593050
2002	2202	867600	791573	770500	695409
2003	2218	1213062	1128172	870787	788000
2004	2121	1686491	1592416	1006050	918555
2005	2068	2101467	1996000	1121730	1030130
2006	2008	2761750	2634708	1197759	1099750
2007	1981	3658095	3505910	1315347	1194089
2008	1927	4247535	4065296	1518100	1397500
2009	1838	4898417	4646833	1633300	1477100

注：1996 年前邮政电信合营，1996 年前电信数据包含在邮电通信指标中；邮电业务总量 2001 年前为 1990 年不变价，2001 年及以后为 2000 年不变价口径。

Note: Before 1996, postal services and telecommunication services are managed together, so the data of telecommunication service before 1996 is included in the postal and telecommunication services. The data of total business volume of postal and telecommunication services before 2001 is calculated at 1990 constant price, and since 2001 it is calculated at 2000 constant price.

14－4 邮电业务主要指标（1985－2009年）
Main Indicators of Postal and Telecommunication Services (1985-2009)

年份 Year	函件（万件）Number of Letters (10 000 pcs)	特快专递（万件）Pieces of Express Mail Services (10 000 pcs)	邮政部门报刊累计数（万份）Accumulated Issue of Newspapers and Magazines (10 000 copies)	长途电话（万分钟）Long-distance Calls (10 000 minutes)	移动电话用户（万户）Mobile Telephone Subscribers (10 000 subscribers)	国际互联网络用户（万户）Subscribers of Internet Services (10 000 subscribers)	本地电话年末用户（万户）Subscribers of Local Telephone at Year-end (10 000 subscribers)	#城市电话用户 Urban Telephone Subscribers
1985	8961		32750	477			3.80	3.10
1986	10210		34696	515			4.83	3.42
1987	11755	1	36902	595			5.39	3.93
1988	12432	1	40591	707			6.07	4.58
1989	11609	2	16162	724			6.62	5.17
1990	11544	2	16037	873	0.08		7.25	5.70
1991	11539	3	17540	1227	0.09		8.87	7.15
1992	13618	7	18216	2132	0.15		12.63	10.69
1993	16013	22	18464	3519	0.59		18.53	16.30
1994	16519	40	15491	7022	1.73		29.00	25.39
1995	14633	52	16453	11650	3.62		37.24	32.10
1996	14100	63	15572	18288	9.00	0.03	66.50	56.33
1997	12159	68	28025	23527	19.15	0.20	126.25	108.91
1998	12715	97	30922	23912	40.73	0.76	156.28	123.52
1999	13266	145	33532	22210	79.90	2.49	197.88	148.22
2000	11542	210	31232	23424	160.00	10.00	268.43	186.93
2001	13561	260	27506	22555	245.80	28.60	337.70	221.40
2002	18038	235	27177	23607	424.70	55.60	413.63	262.34
2003	20497	272	25945	23408	619.40	88.65	533.40	343.80
2004	18426	334	19833	26115	811.61	122.16	642.39	425.49
2005	12499	348	22369	27450	943.40	128.66	688.91	456.51
2006	9553	386	22455	27018	1064.60	140.60	725.50	469.07
2007	6579	520	22178	28379	1176.90	169.30	723.13	459.27
2008	5476	1608	23475	137977	1281.70	189.57	688.10	435.10
2009	5218	2240	25281	172229	1440.92	203.80	627.73	397.80

注：2009年起长途电话改以通话时长作计量单位（万分钟），2008年数据按同口径进行了调整，1985年-2007年长途电话计量单位为（万次）；2009年起特快专递包括快递公司数据，2008年数据按同口径进行了调整。

Note: Since 2009, the data of long-distance calls has been calculated by hold-on time(10 000 min), and the data of 2008 has been adjusted according to the same scope. From 1985 to 2007, the data of long-distance calls is calculated at 10 000 times. Since 2009, the data of express mail services has included the data of express delivery companies and the data of 2008 has been adjusted according to the same scope.

14－5　交通基础设施和交通运输营运工具（2008－2009 年）
Transport Infrastructure and Transport Means (2008-2009)

指　　标	`Item	2008	2009
交通基础设施	**Transport Infrastructure**		
公路线路里程（公里）	Length of Highways (km)	108632	110951
按行政等级分	By Administrative Level		
#国　道	National	2425	2833
省　道	Provincial	8209	8175
按技术等级分	By Technical Level		
等级公路	Expressway and Class I-IV Highways	58978	70213
#高速公路	Expressway	1165	1577
一级公路	First Class	420	516
二级公路	Second Class	6573	7495
等外公路	Highways Below Class IV	49654	40738
公路桥梁数量（座）	Number of Highway-bridges (unit)	9021	9333
公路桥梁总延米（延米）	Extended Length of Highway-bridges (extended meter)	417727	519804
铁路营运里程（公里）	Length of Railways in Operation (km)	1258	1285
内河航道里程（公里）	Length of Navigable Inland Waterways (km)	4337	4337
#等级航道	Standard Waterways	1819	1819
与重庆正班通航城市（个）	Number of Navigable Citys from Chongqing (city)	69	73
国　内	Domestic Routes	61	64
国　际（地区）	International (regional) Routes	8	9
交通运输营运工具	**Transport Means**		
公路营运载货汽车（辆）	Business Trucks (unit)	200328	228235
公路营运载客汽车（辆）	Business Buses and Cars (unit)	43156	45345
运输船舶实有数（艘）	Transportation Vessels (unit)	4257	4139
#交通部门	Transportation Department	2538	2577
机动船	Motor Vessels	2041	2145
驳　船	Barges	497	432
重庆机场飞行起降架次（万架次）	Throughput of Civil Aircrafts in Chongqing Airport (10 000 flights)	11.26	13.26

14－6 民用车辆、船舶拥有量（2008－2009 年）
Possession Civil Motor Vehicles and Transport Vessels (2008-2009)

指 标	Item	2008	2009
民用车辆拥有量（辆）	**Possession of Civil Motor Vehicles (unit)**	**1628164**	**2037034**
#私人民用车辆拥有量	Private Vehicles	1281478	1660074
#载客汽车	Buses and Cars	314281	434411
载货汽车	Trucks	86807	109840
#汽 车	Motor Vehicles	769110	941544
载客汽车	Buses and Cars	466637	600365
载货汽车	Trucks	254660	292962
其它汽车	Others	47813	48217
摩托车	Motorcycles	841548	1069006
民用船舶拥有量（艘）	**Possession of Civil Transport Vessels (unit)**	**4257**	**4139**
#私人船舶拥有量	Private Vessels	1719	1562
#机动船	Motor Vessels	1661	1513
#客 船	Passenger Vessels	801	776
货 船	Cargo Vessels	817	701
驳 船	Barges	58	49
#机动船	Motor Vessels	3702	3658
#客 船	Passenger Vessels	1201	1233
货 船	Cargo Vessels	2346	2291
驳 船	Barges	555	481

14－7 客货运输量、周转量及港口吞吐量（2008－2009 年）
Freight and Passenger Volume and Turnover and Throughput of Ports (2008-2009)

指 标	Item	2008	2009
客运量总计（万人）	**Total Passenger Traffic (10 000 persons)**	**107191**	**114598**
铁 路	Railway	2472	2603
公 路	Highway	102680	110150
水 路	Waterway	1578	1226
民 航	Civil Aviation	461	619
旅客周转量总计（亿人公里）	**Total Passenger-kilometers (100 million person-km)**	**443.02**	**481.44**
铁 路	Railway	90.63	93.28
公 路	Highway	280.44	301.33
水 路	Waterway	9.99	10.36
民 航	Civil Aviation	61.96	76.47
货运量总计（万吨）	**Total Freight Traffic (10 000 tons)**	**63650.99**	**68491.06**
铁 路	Railway	2085.80	2181.60
公 路	Highway	54589.00	58532.00
水 路	Waterway	6971.00	7771.34
民 航	Civil Aviation	5.19	6.12
货物周转量总计（亿吨公里）	**Total Freight Ton-kilometers (100 million ton-km)**	**1486.43**	**1644.29**
铁 路	Railway	166.98	171.81
公 路	Highway	453.15	503.26
水 路	Waterway	865.58	968.40
民 航	Civil Aviation	0.72	0.82
港口货物吞吐量（万吨）	**Total Cargo Handled at Ports (10 000 tons)**	**7892.80**	**8611.62**
其中：集装箱	Of Which: Containers	600.24	597.86
进港量	In-port	4349.38	4833.29
出港量	Out-port	3543.42	3778.33
空港吞吐量	**Throughput of Airports**		
旅 客（万人）	Passengers (10 000 persons)	1126.42	1424.68
货 物（万吨）	Cargo (10 000 tons)	16.09	18.74

注：2006 年起空港吞吐量包含万州机场数据；重庆航空调整 2008 年数据。
Note: The throughput of airports has included the data of Wanzhou Airport since 2006; the data of Chongqing aviation in 2008 has been adjusted.

14－8 主要港口码头泊位数（2008－2009年）
Number of Berths at Major Ports (2008-2009)

指　标	Item	2008	2009
码头岸线长度（米）	**Length of Quay Line (m)**	**13875**	**15218**
生产用	For Productive Use	12358	12158
非生产用	For Non-Productive Use	1517	3060
泊位个数（个）	**Number of Berths (unit)**	**155**	**162**
生产用	For Productive Use	126	136
非生产用	For Non-Productive Use	29	26

14－9 主要港口码头仓库（2008－2009年）
Warehouses at Major Ports (2008-2009)

指　标	Item	2008	2009
年末职工人数（人）	Number of Staff and Workers at Year-end (person)	9302	8705
仓库总面积（平方米）	Total Area of Warehouses (sq.m)	256400	264200
堆场总面积（平方米）	Total Area of Stacking Yard (sq.m)	621929	777400
集装箱吞吐量（吨）	Containers Handled at Ports (ton)	5560519	5018442
国际集装箱	International Containers	2732727	2118037
国内集装箱	Domestic Containers	2827792	2900405
集装箱吞吐量（TEU）	Containers Handled at Ports (TEU)	482934	406096
国际集装箱	International Containers	288783	207004
国内集装箱	Domestic Containers	194151	199092

注：1) TEU是“折合20英尺标准箱”的英文缩写。
2) 2009年，因仓库资产所有权整合，仓库总面积较大，2008年数据进行了相应调整。

Note: a) TEU is the abbreviation of " Twenty-foot Equivalent Unit".
b) Due to the integration of the ownership of warehouse assets in 2009, the total area of the warehouses is comparatively large, so the data of 2008 has been adjusted accordingly.

14－10 邮电业务基本情况（2008－2009 年）
Statistics on Postal and Telecommunication Services (2008-2009)

指标	Item	2008	2009
邮政局（所）数（处）	Number of Postal Offices (unit)	1927	1838
邮路总长度（公里）	Total Length of Postal Routes (km)	88116	78144
#农村投递线路（公里）	Rural Delivery Routes (km)	71675	66168
邮电业务总量（万元）	Business Volume of Postal and Telecommunication Services (10 000 yuan)	4247535	4898417
邮　政	Postal Services	182239	251584
电　信	Telecommunication Services	4065296	4646833
函件（万件）	Number of Letters (10 000 pcs)	5476	5218
包件（万件）	Number of Parcels (10 000 pcs)	111	103
特快专递（万件）	Pieces of Express Mail Services (10 000 pcs)	1608	2240
邮政部门报刊累计数（万份）	Accumulated Issue of Newspapers and Magazines (10 000 copies)	23475	25281
集邮业务（万枚）	Stamps for Collection (10000 pcs)	1039	800
长途电话（万分钟）	Long-distance Calls (10 000 min)	137977	172229
本地电话年末用户（万户）	Number of Fixed Telephone Subscribers at Year-end (10 000 subscribers)	688.10	627.73
城市电话用户	Urban Telephone Subscribers	435.10	397.80
#住宅电话	Householde Fixed Telephone Subscribers	315.90	213.14
乡村电话用户	Rural Telephone Subscribers	253.00	229.93
#住宅电话	Householde Fixed Telephone Subscribers	236.40	208.12
公用电话（万户）	Public Telephones (10 000 subscribers)	47.70	43.05
移动电话年末用户（万户）	Mobile Telephone Subscribers at Year-end (10 000 subscribers)	1281.70	1440.92
互联网络用户（万户）	Internet Subscribers (10 000 subscribers)	189.57	203.80

注：从 2009 年起，长途电话计量单位改为通话时长计量（万分钟），2008 年数据按同口径进行了调整。
Note: Since 2009, the data of long-distance calls has been calculated by hold-on time (10 000 min), and the data of 2008 has been adjusted according to the same scope.

14－11 电信主要通信能力（2008－2009年）
Main Communication Capacity of Telecommunications (2008-2009)

项目	Item	2008	2009
长话业务电路（2M）	Capacity of Long-distance Telephone Lines (2M)	41952	39119
本地交换机容量（万门）	Capacity of Local Telephone Exchanges (10 000 lines)	1161	1147
移动用户交换机容量（万户）	Capacity of Mobile Telephone Exchanges (10 000 subscribers)	2528	2340
移动电话基站数（个）	Number of Base Stations of Mobile Telephones (unit)	17513	24161
移动电话信道数（万个）	Number of Signal Channels of Mobile Telephones (10 000 lines)	120	116
短信息中心容量（万条）	Capacity of SMS Center (10 000 messages)	3600	5868
长途光缆线路长度（公里）	Length of Long-distance Optical Cable Lines (km)	8779	11143

注：2009年起，长话业务电路包括移动长途电话业务电路，2008年数据按同口径进行了调整。
Note: Since 2009, the capacity of long-distance telephones has included the capacity of mobile long-distance telephones, and the data of 2008 has been adjusted accordingly.

14－12 邮电通信水平（2008－2009年）
Level of Postal and Telecommunication Services (2008-2009)

项目	Item	2008	2009
平均每一邮政局所服务面积（平方公里）	Average Area Served by Every Post Office (sq.m)	42.80	44.76
平均每一邮政局所服务人口（万人）	Average Population Served by Every Post Office (10 000 persons)	1.47	1.56
平均每百人邮电业务总量（元）	Total Business Volume of Postal and Telecommunication Services per 100 Persons (yuan)	149614	171333
平均每人每年发函件数（件）	Annual Average Number of Letters Mailed Per Capita (piece)	1.93	1.83
平均每人每年自邮政部门订报刊数（份）	Annual Average Number of Newspapers and Magazines Subscribed from Postal Departments Per Capita (piece)	8.27	8.84
平均每百人拥有电话机(含移动)(部)	Number of Telephone Sets (including mobile phones) Owned Per 100 Persons (unit)	69.39	72.36
平均每百人拥有移动电话（部）	Number of Mobile Telephones Owned Per 100 Persons (unit)	45.15	50.40

注：人均指标按年末常住人口计算。
Note: The per capital indicators are calculated upon the permanent population at year-end.

主要统计指标解释

货（客）运量 指在一定时期内，各种运输工具实际运送的货物（旅客）数量。是反映运输业为国民经济和人民生活服务的数量指标，也是制定和检查运输生产计划，研究运输发展规模和速度的重要指标。货运按吨计算，客运按人计算。货物不论运输距离长短或货物类别，均按实际重量统计；旅客不论行程远近或票价多少，均按一人一次作为客运量统计。半价票，小孩票也按一人统计。

货物（旅客）周转量 指在一定时期内，由各种运输工具运送的货物（旅客）数量与其相应运输距离的乘积之总和。是反映运输业生产总成果的重要指标，也是编制和检查运输生产计划，计算运输效率、劳动生产率以及核算运输单位成本的主要基础资料。通常以吨公里和人公里为计算单位。计算货物周转量通常按发出站与到达站之间的最短距离，也就是计费距离计算。计算公式为：

货物（旅客）周转量=Σ货物（旅客）运输量×运输距离

公路里程 指在一定时期内实际达到《公路工程[WTBZ]技术标准 JTJ01-88》规定的等级公路，并经公路主管部门正式验收交付使用的公路里程数。包括大中城市的郊区公路以及通过小城镇街道部分的公路里程和桥梁、渡口的长度，不包括大中城市的街道、厂矿、林区生产用道和农业生产用道的里程。两条或多条公路共同经由同一路段，只计算一次，不得重复计算里程长度。它是反映公路建设发展规模的重要指标，也是计算运输网密度等指标的基础资料。

内河航道里程 也称内河通航里程，指在一定时期内，能通航运输船舶及排筏的天然河流、湖泊水库、运河及通航渠道的长度。包括全年季节性通航累计三个月以上的航道，不包括仅供零散流放竹、木排的河道。它是反映内河水运网规模、水平和发展情况的主要指标。

民用汽车拥有量 指报告期末，在公安交通管理部门按照《机动车注册登记工作规范》，已注册登记领有民用车辆牌照的全部汽车数量。汽车拥有量统计的主要分类：根据汽车结构分为载客汽车、载货汽车及其他汽车；根据汽车所有者不同分为个人（私人）汽车、单位汽车；根据汽车的使用性质分为营运汽车、非营运汽车和特种汽车；根据汽车大小规格不同载客汽车分为大型、中型、小型和微型，载货汽车分为重型、中型、轻型和微型。

邮电业务总量 指以货币表现的邮电通信企业为社会提供各类邮电通信服务的总数量。邮电业务量按专业分类包括函件、包件、汇票、报刊发行、邮政快件、特快专递、邮政储蓄、集邮、公众电报、用户电报、传真、长途电话、出租电路、无线寻呼、移动电话、分组交换数据通信、出租代维等。计算方法为各类产品乘以相应的平均单价（不变价）之和，再加上出租电路和设备、代用户维护电话交换机和线路等的服务收入。它综合反映了一定时期邮电业务发展的总成果，是研究邮电业务量构成和发展趋势的重要指标。计算公式为：

邮电业务总量=Σ（各类邮电业务量×不变单价）+出租代维及其他业务收入

=邮政业务总量+电信业务总量

本地电话用户 指接入本地电信运营商固定电话网上的电话用户。包括：住宅用户、单位用户、公用电话用户等。按电话用户位置又分为市内电话用户和农村电话用户。1997 年以前，“市内电话用户”是指接入县城及县以上城市的电话网上的电话用户；“农村电话用户”是指接入县邮电局农话台及县以下农村电话交换点，以县城为中心（除市话用户外）联通县、乡（镇）、行政村、村民小组的用户。从 1997 年起，电话用户数分组调整为以用户所在区域划分为“城市电话用户”和“乡村电话用户”，与过去的按市内电话和农村电话划分方法不同。而电话用户总数、电话机总部数统计范围不变。

城市电话用户 指直辖市、省辖市、地级市、县级市的市区、市郊区及县城（包括县人民政府所在地的县城关区或行政建制相当于县人民政府所在地的镇）范围内接入局用交换机的电话用户数，包括分布在农村地区的独立工矿区、林区、驻军等接入局用交换机的电话用户数。

乡村电话用户 指按行政区划属于城市范围以外的乡（镇）、村的电话用户数。

住宅电话用户 指安装在居民住宅或农民家里并按照住宅电话用户登记注册和收费的电话用户。包括私人付费、单位付费和按规定免费的住宅电话用户。

移动电话用户 指通过移动电话交换机进入移动电话网、占用移动电话号码的各类电话用户。包括签约用户和智能网预付费用户。一个移动电话号码统计为一户。

局用交换机容量 是指安装在电信运营企业内用于接续本地固定电话的电话交换机容量、有倍增设备按倍增后的数量计数。包括现用和备用的人工或自动交换机的全部容量。不包括用户交换机容量。

移动电话交换机容量 指移动电话交换机根据一定话务模型和交换机处理能力计算出来的最大同时服务用户的数量。

Explanatory Notes on Main Statistical Indicators

Freight (Passenger) Traffic refers to the volume of freight (passenger) transported with various means. Freight transport is calculated in tons and passenger traffic is calculated in the number of persons. Despite the type of freight and traveling distance, the freight transport is calculated in the actual weight of the goods; and despite the traveling distance and ticket price, the passenger traffic is calculated by the principle that one person can be counted only once in one travel. The passenger who travels with a half-price ticket or a child ticket is also calculated as one person. The freight (passenger) traffic provides a quantitative measure to show how the transport industry serves the national economy and people, and is also an important indicator for planning the transport industry and for studying the development scale and speed of the transport industry.

Freight Ton-kilometers (Passenger-kilometers) refer to the sum of the products of the volume of transported cargo (passengers) multiplying by the transport distance. It is an important indicator to reflect the achievement of transportation industry. Normally, the shortest distance between the departure station and the destination station (i.e., the payable distance) is the basis to calculate the freight ton-kilometers. This is an important indicator to show the total results of the transport industry, to prepare and examine the transport plan and to measure the efficiency, the labour productivity and the unit cost of transport. The formula is as follows:

Freight Ton-kilometers (Passenger-Kilometers) = $\sum$ *[Freight (Passenger) Traffic × Distance of Transportation]*

Length of Highways refers to the length of highways which are built in conformity with the grades specified by the highway engineering standard formulated by the Ministry of Communications, and have been formally checked and accepted by the departments of highways and put into use. The length of highways includes that of the suburb highways at large and medium-sized cities, highways passing through streets at small cities and towns, and also the length of bridge and ferries. It does not include the length of streets in big and medium-sized cities and highways built for the production purpose at factories, mines, forest areas and agricultural areas. If two more highways go the same section of the way, the length of the section is only calculated for once and no duplication is allowed. The length of highways is an important indicator to show the development of the highway construction and to provide essential information to calculate the transport network density.

Length of Navigable Inland Waterways an indicator reflecting the size and development of inland water network, it refers to the length of the natural rivers, lakes, reservoirs, canals, and ditches open to navigation during a given period, which enables the transport by ships and rafts. It includes the channels open to navigation for over an accumulative 3 months in a year, yet this does not include the river courses which are only used to float odd logs and bamboo rafts.

Possession of Civil Motor Vehicles refer to the total numbers of vehicles that are registered and received vehicles' license tags according to the Work Standard for Motor Vehicles Registration formulated by transport management office under department of public security at the end of reference period. They are divided into following categories according to the structure of motor vehicles: passenger vehicles, trucks and others; and private vehicles and vehicles for units use according to ownerships; working vehicles, non-working vehicles and special motor vehicles according to kind of usage; large passenger vehicles, medium passenger vehicles and small passenger vehicles, heavy trucks, light-heavy trucks and light trucks according to sizes of vehicles.

Business Volume of Postal and Telecommunication Services refers to the total amount of post and telecommunications services, expressed in value terms, provided by the post and telecommunications departments for the society. Postal and telecommunication services can be classified as letters, parcels, remittance, issue of newspapers and magazines, fast mail service, express mail service, saving deposits, stamps for collection, public and individual telegraph service, facsimiles, long-distance telephone service, leasing of telephone lines, urban paging service, mobile telephone service, data transfer and transmission, etc.. The accounting approach is to multiply the service products of all types with their average unit price (constant price) to get sum of business value, plus income from other services such as leasing of telephone lines and equipment, maintenance of telephone switchboards and lines on behalf of customers. This indicator reflects the overall results of post and telecommunications service during a given period, and is important to study the composition of business service and the development of post and telecommunications service. The formula is as follows:

Business Volume of Postal and Telecommunication Services = ∑ *(Transaction of Post and Telecommunication Services* × *Constant Price)* + *Income from Leasing, Maintenance and other Services* = *Business Volume of Postal Services* + *Business Volume of Telecommunication Services*

Local Telephone Subscribers refer to subscribers that are connected to the local telecommunication service provider through fix line network, including household subscribers, institutional subscribers and public telephones. They are also classified as city subscribers and rural subscribers according to locations. Before 1997, city subscribers referred to those connected to city telephone networks in county towns and cities, while village subscribers referred to those connected to village telephone stations at and below counties. Since 1997, the classification of telephone subscribers was modified on the basis of physical location of the subscribers as urban telephone subscribers and rural telephone subscribers, which is different from the previous classification of categorizing local telephones and rural telephones, while the definition of total subscribers and total number of telephones remain unchanged.

Urban Telephone Subscribers refer to subscribers telephone subscribers, located at municipalities, cities under the jurisdiction of province, cities at prefectural level, downtown and suburb of city at county level town and county towns (including country towns where county government located, and towns of county level according to the administrative organizational system), that are connected to the public line telephone network, including rural mineral area, forest area, military area.

Rural Telephone Subscribers refer to telephone subscribers, located at counties (towns) and villages outside the range of cities according to administrative jurisdiction.

Household Telephone Subscribers refer to telephone sets installed in resident dwellings, including those with telephone charges paid by individuals, by public units and free of charge.

Mobile Telephone Subscribers refer to the persons who own mobile telephone numbers and are connected with the mobile telephone communication network through the mobile telephone switchboards, including contracted subscribers and pre-paid subscribers for intelligent network. One mobile telephone is taken as a subscriber.

Capacity of Office Telephone Exchanges refers to the capacity (measured in gate) of telephone exchanges installed in the offices of telecommunication service providers for communication between fixed telephones. It includes the capacity of both manual and automatic exchanges in use and for stand-by purpose, excluding the capacity of subscribers exchanges.

Capacity of Mobile Telephone Exchanges refers to the capacity of the maximum services provided to subscribers at one time basing on a certain model and transacting capacity of the mobile telephone exchanges.

15

国内贸易

Domestic Trade

简要说明 Brief Introduction

本章主要内容有社会消费品零售总额，批发和零售业商品销售总额，限额以上批发零售和住宿餐饮业企业财务状况、限额以上住宿业和限额以上餐饮业基本经营情况，以及限额以上批发和零售业、住宿和餐饮业连锁经营情况。本章资料由市统计局贸易外经处提供。

The data in this chapter cover the total sales of the consumer goods, total sales of wholesale and retail trade, the financial indicators of wholesale and retail, hotel and catering enterprises above designated size，the operation of hotels and the enterprises in catering trade above designated size, and the operation of chain enterprises above designated size in wholesale, retail, hotel and catering trade. All the data in this chapter are provided by Division of Trade and External Economic Relations Statistics, Municipal Bureau of Statistics.

15－1 社会消费品零售总额（1949－2009 年）
Total Retail Sales of Consumer Goods(1949-2009)

单位：万元 (10 000 yuan)

年 份 Year	社会消费品零售总额 Total Retail Sales of Consumer Goods	国有经济 State-owned	集体经济 Collective -owned	个体及私营经济 Individual and Private	外资及港澳台经济 Funded by Hong Kong,Macao, Taiwan & Foreign Entrepreneurs	其他 Others
1949	46167					
1950	50695					
1951	55644					
1952	61973	19332	9941	32009		691
1953	77007	28033	13017	34889		1068
1954	83302	38415	19862	23381		1644
1955	84015	37910	18769	25264		2072
1956	98852	50892	39094	4648		4218
1957	108061	55533	43171	4458		4899
1958	119981	72248	40787	2705		4241
1959	141591	106899	26508	3006		5178
1960	156655	116749	28958	7877		3071
1961	133022	101961	20412	8403		2246
1962	124248	87477	27335	6987		2449
1963	112094	74490	31651	3913		2040
1964	122995	85845	32817	2405		1928
1965	134722	94009	35935	2318		2460
1966	147697	103011	38259	3585		2842
1967	155358	110170	40829	1502		2857
1968	132702	91591	37960	535		2616
1969	152531	110384	38638	638		2871
1970	163612	118044	40460	2120		2988
1971	172626	124688	42034	2739		3165
1972	191113	135637	45994	5863		3619
1973	195825	141100	48694	2376		3655
1974	197474	140839	50050	2682		3903
1975	217537	148811	53318	11876		3532
1976	218022	111129	95330	8200		3363
1977	233979	118830	102849	8402		3898
1978	250188	126981	112537	6599		4071

15-1 续表 CONTINUED

单位：万元 (10 000 yuan)

年份 Year	社会消费品零售总额 Total Retail Sales of Consumer Goods	国有经济 State-owned	集体经济 Collective -owned	个体及私营经济 Individual and Private	外资及港澳台经济 Funded by Hong Kong,Macao, Taiwan & Foreign Entrepreneurs	其他 Others
1979	301563	156918	130798	8043		5804
1980	366349	178516	162400	17649		7784
1981	405952	193060	180443	24020		8429
1982	431269	201845	188198	30649		10577
1983	466704	212294	190909	53632		9869
1984	538909	229611	202957	93137		13204
1985	690779	256981	261103	155266		17429
1986	780787	290656	260816	207041		22274
1987	926227	343448	302177	253031		27571
1988	1191747	430347	372593	350032		38775
1989	1332450	445314	380342	344338		162456
1990	1371244	464257	370361	352587		184039
1991	1569138	524150	448634	359098		237256
1992	2031140	661857	554059	494300		320924
1993	2573768	933913	704291	492283	2372	440909
1994	3343325	1079062	664616	880747	3166	715734
1995	4161295	1004126	752266	1223620	23727	1157556
1996	4986299	1106800	792017	1550975	25224	1511283
1997	5681890	1137394	853410	1529836	34914	2126336
1998	6193991	1029384	710562	2103320	82477	2268248
1999	6670104	1129936	643832	2562478	115128	2218730
2000	7199508	1075849	675284	2855855	163455	2429065
2001	7823114	1190283	634269	3243281	205648	2549633
2002	8535962	1166478	544491	3717999	208733	2898261
2003	9346711	1117167	406950	4449249	221716	3151629
2004	10683290	864210	201479	7404246	210630	2002725
2005	12278119	1062661	210209	8242314	266333	2496602
2006	14315133	1741735	235363	9545634	345925	2446476
2007	17111165	1446490	254185	11391396	523912	3495182
2008	21471209	1215973	366449	13829885	751017	5307885
2009	24790110	1113998	310118	16949474	1807967	4608553

15—2 社会消费品零售总额（2008—2009 年）
Total Retail Sales of Consumer Goods (2008-2009)

单位：万元 (10 000 yuan)

指　　标	Item	2008	2009
总　计	**Total**	**21471209**	**24790110**
按销售单位所在地分	**By Location**		
市	City	13164658	15211289
县	County	2879467	3318188
县以下	Under County Level	5427084	6260633
按登记注册类型分	**By Type of Registration**		
国有经济	State-owned	1215973	1113998
集体经济	Collective-owned	366449	310118
个体及私营经济	Individual and Private	13829885	16949474
外资及港澳台经济	Funded by Hong Kong, Macao, Taiwan & Foreign Entrepreneurs	751017	1807967
其他经济	Others	5307885	4608553
按行业分	**By Sector**		
批发和零售业	Wholesale and Retail Services	17935281	20489576
住宿和餐饮业	Catering Trade	3069957	3812727
其他行业	Others	465971	487807

15—3 限额以上住宿和餐饮业法人企业基本经营情况（2008—2009 年）
Basic Conditions of Enterprises above Designated Size in Hotels and Catering Services (2008-2009)

单位：万元 (10 000 yuan)

指　　标	Item	2008	2009
营业收入	**Business Revenue**	**962050**	**1123830**
客房收入	From Hotel Rooms	165407	189639
餐费收入	From Meals	722269	842759
商品销售收入	From Commodities	34477	43379
其他收入	Other Income	39897	48053
住宿餐饮设施	**Infrastructure of Hotels and Catering Services**		
床位数（个）	Number of Beds (unit)	67891	67460
餐位数（位）	Number of Catering Seats (unit)	458599	559282

15－4 批发和零售业法人企业商品销售总额（2009年）
Total Sales of Enterprises in Wholesale and Retail Trade (2009)

单位：万元 (10 000 yuan)

指标	Item	销售总额 Total Sales	批发 Wholesale	零售 Retail
总计	**Total**	**60389505**	**39899930**	**20489575**
限额以上批发零售贸易业	**Enterprises above Designated Size in Wholesales and Retail Trade**	**39384807**	**28539173**	**10845635**
按登记注册类型分	**By Type Registration**			
内资企业	Domestic-funded Enterprises	37243674	28126479	9117195
#国有企业	State-owned Enterprises	6433173	5558844	874329
集体企业	Collective-owned Enterprises	503803	464165	39638
股份合作企业	Cooperative Enterprises	345341	241791	103550
联营企业	Joint-owned Enterprises	118057	103177	14879
有限责任公司	Limited-liability Companies	11692000	7993476	3698524
股份有限公司	Share Holding Corporation Ltd.	4429928	2787358	1642570
私营企业	Private Enterprises	13502815	10840404	2662411
港澳台商投资企业	Enterprises Funded by Hong Kong, Macao and Taiwan	1461771	186990	1274782
外商投资企业	Foreign-funded Enterprises	679362	225704	453658
按行业分	**By Sector**			
农畜产品批发业	Wholesale of Farm Produce and Livestock Products	285123	235022	50102
食品、饮料及烟草制品批发业	Wholesale of Food, Beverages and Tobaccos	4694843	4512974	181869
纺织、服装及日用品批发业	Wholesale of Textiles, Garments and Daily Consumer Articles	375076	318181	56895
文化、体育用品及器材批发业	Wholesale of Culture, Sports Appliances and Equipment	147475	138548	8926
医药及医疗器材批发业	Wholesale of Medicines and Medical Appliances	1897296	1694463	202833
矿产品、建材及化工产品批发业	Wholesale of Mineral Products, Building Materials and Chemical Products	10789190	9704190	1085000
机械设备、五金交电及电子产品批发业	Wholesale of Machinery, Hardware and Electronic Products	10140077	9991745	148332
贸易经纪与代理业	Trade Broker and Agency			
其他批发业	Other Wholesale not Classified Elsewhere	572407	532635	39772
综合零售业	Retail Trade	3546704	102971	3443733
食品、饮料及烟草制品专门零售业	Special Retail of Food, Beverages and Tobaccos	131012	13494	117519
纺织、服装及日用品专门零售业	Special Retail of Textiles, Garments and Daily Consumer Articles	303930	12472	291458
文化、体育用品及器材专门零售业	Retail of Culture, Sports Appliances and Equipment	335902	153720	182182
医药及医疗器材专门零售业	Retail of Medicines and Medical Appliances	1037381	395322	642059
汽车、摩托车、燃料及零配件专门零售业	Retail of Motor Vehicles, Motorcycles, Fuel and Parts	2981042	248734	2732308
家用电器及电子产品专门零售业	Special Retail of Household Electric Appliances and Electronic Products	1213626	265198	948427
五金、家具及室内装修材料专门零售业	Special Retail of Hardware, Furniture and Decoration Materials	868066	212411	655655
无店铺及其他零售业	Non-shop and Other Retails	65659	7093	58566
限额以下批发零售贸易业	**Wholesales and Retail Trade below Designated Size**	**21004698**	**11360757**	**9643940**

15－5 限额以上批发和零售业主要商品分类销售额（2008－2009年）
Sales of Main Commodities of the Enterprises above Designated Size in Wholesale and Retail Trade by Category (2008-2009)

单位：亿元 (100 million yuan)

指 标	Item	销售额 Total Sales		批发 Wholesale		零售 Retail	
		2008	2009	2008	2009	2008	2009
总 计	**Total**	**2897.04**	**3915.43**	**2075.66**	**2809.76**	**821.38**	**1105.67**
食品、饮料、烟酒类	Food, Beverages, Tobacco and Liquor	492.49	667.49	367.07	502.65	125.42	164.84
肉禽蛋类	Meat, Poultry and Eggs	22.91	28.20	4.04	5.40	18.87	22.80
其他食品类	Other Food	150.23	232.61	68.97	124.70	81.26	107.91
饮料类	Beverages	14.01	23.51	5.12	10.78	8.89	12.73
烟酒类	Tobacco and Liquor	305.35	383.17	288.95	361.77	16.40	21.40
服装鞋帽、针、纺织品类	Clothing, Shoes, Hats and Textiles	132.76	168.87	19.70	23.49	113.06	145.38
服装类	Clothing	90.19	121.58	9.19	13.91	81.00	107.67
鞋帽类	Shoes and Hats	21.36	24.55	1.12	1.56	20.24	22.99
针、纺织品类	Knitwear and Textiles	21.21	22.74	9.39	8.02	11.82	14.72
化妆品类	Cosmetics	16.98	21.96	0.41	3.20	16.57	18.76
金银珠宝类	Gold, Silver and Jewelry	15.02	20.08	1.46	4.37	13.56	15.71
日用品类	Articles for Daily Use	44.85	63.09	8.43	18.37	36.42	44.72
#洗涤用品类	Washing Articles	13.78	19.79	2.43	7.48	11.35	12.31
儿童玩具类	Children Toys	1.77	1.80	0.18	0.14	1.59	1.66
五金、电料类	Hardware and Electrical Materials	10.41	10.61	5.60	5.92	4.81	4.69
体育、娱乐用品类	Sports and Recreation Articles	4.00	5.60	0.05	0.40	3.95	5.20
书报杂志类	Newspapers and Magazines	23.68	28.79	12.15	13.96	11.53	14.83
电子出版物及音像制品类	E-journal and Video Products	3.45	4.18	1.50	2.10	1.95	2.08
家用电器和音像器材类	Household Appliances and Video Appliances	352.54	471.28	274.60	356.85	77.94	114.43
中西药品类	Traditional Chinese and Western Medicines	229.09	302.37	159.87	211.46	69.22	90.91
#西 药	Western Medicines	156.73	214.76	102.21	142.02	54.52	72.74
中草药及中成药	Traditional Chinese Medicines	34.85	61.31	26.15	49.50	8.70	11.81
文化办公用品类	Cultural and Office Articles	31.04	36.31	10.63	14.24	20.41	22.07
家具类	Furniture	28.38	52.19	6.35	17.82	22.03	34.37
通讯器材类	Communication Appliances	20.96	203.34	8.51	183.67	12.45	19.67
煤炭及制品类	Coal and Related Products	60.79	76.48	60.15	75.39	0.64	1.09
木材及制品类	Wood and Wooden Products	0.44	6.13	0.44	6.13		
石油及制品类	Petroleum and Related Products	243.43	324.69	157.52	222.74	85.91	101.95
化工材料及制品类	Chemical Materials and Related Products	194.71	190.51	194.71	190.51		
#化肥类	Fertilizer	106.88	97.71	106.88	97.71		
金属材料类	Metal Materials	434.98	410.30	434.98	410.30		
建筑及装潢材料类	Building and Decoration Materials	38.37	104.14	24.73	73.47	13.64	30.67
机电产品设备类	Mechanical and Electrical Products	121.87	211.80	115.60	205.52	6.27	6.28
#农机类	Agricultural Machinery	1.10	3.09	1.10	3.09		
汽车类	Automobiles	294.17	427.46	118.61	181.05	175.56	246.41
种子饲料类	Seed and Feedstuff	2.61	2.33	2.61	2.33		
棉麻类	Cotton, Hemp	1.92	3.76	1.79	3.69	0.13	0.07
其他类	Others	98.10	101.67	88.19	80.13	9.91	21.54

15－6 限额以上批发业法人企业财务状况（2009 年）

单位：万元

指标	Item	企业数（个）Number of Enterprises (unit)	流动资产合计 Total Circulating Assets	固定资产原价 Original Value of Fixed Assets
总 计	**Total**	**1104**	**6445752**	**1177831**
#国有控股	State Holding	174	2605281	809235
按登记注册类型分组	**By Type of Registration**			
内资企业	Domestic-funded Enterprises	1083	6321866	1161750
国有企业	State-owned Enterprises	100	1319756	503776
集体企业	Collective-owned Enterprises	22	159299	11324
股份合作企业	Cooperative Enterprises	11	94808	4677
联营企业	Joint-owned Enterprises	4	11509	10840
国有联营企业	State Joint-owned Enterprises	2	4110	4398
集体联营企业	Collective Joint-owned Enterprises			
国有与集体联营企业	State-Collective Joint-owned Enterprises			
其他联营企业	Other Joint-owned Enterprises	2	7399	6443
有限责任公司	Limited Liability Corporations	407	2355587	208875
国有独资公司	Solely State-owned Corporations	18	368388	47679
其他有限责任公司	Other Limited Liability Corporations	389	1987199	161196
股份有限公司	Share-holding Corporations Ltd.	45	505450	261611
私营企业	Private Enterprises	478	1857928	154082
私营独资企业	Private-funded Enterprises	48	47949	34315
私营合伙企业	Private Partnership Enterprises	12	28867	2691
私营有限责任公司	Private Limited Liability Corporations	391	1751980	112448
私营股份有限公司	Private Share-holding Corporatinos Ltd.	27	29132	4628
其他企业	Other Enterprises	16	17529	6565
港澳台商投资企业	Enterprises Funded by Hong Kong, Macao and Taiwan	11	65247	4149
合资经营企业	Joint-venture Enterprises	3	11619	592
合作经营企业	Cooperative Enterprises			
独资经营企业	Enterprises with Sole Fund	7	52544	3557
投资股份有限公司	Share-holding Corporations Ltd.	1	1084	
外商投资企业	Foreign-funded Enterprises	10	58639	11932
中外合资经营企业	Joint-venture Enterprises	7	48581	11517
中外合作经营企业	Cooperative Enterprises	1	4874	170
外资企业	Enterprises with Sole Fund	2	5184	245
外商投资股份有限公司	Share-holding Corporations Ltd.			
按批发行业小类分组	**By Wholesale Sector**			
农畜产品批发	Wholesale of Farm Produce and Livestock Products	30	57580	44140
谷物、豆及薯类批发	Wholesale of Cereal, Bean and Tuber	9	20469	22063
种子、饲料批发	Wholesale of Seed and Feedstuff	2	11270	2047
棉、麻批发	Wholesale of Cotton and Fiber Crops	4	6301	5175
牲畜批发	Wholesale of Livestocks	9	6051	12161
其他农畜产品批发	Wholesale of Other Farm Produce and Livestock Products	6	13490	2695
食品、饮料及烟草制品批发	Wholesale of Food, Beverages and Tobaccos	142	1080885	397839
米、面制品及食用油批发	Wholesale of Rice, Flour and Edible Oil	22	160942	66134
糕点、糖果及糖批发	Wholesale of Cake, Candy and Sugar	8	17890	6436
果品、蔬菜批发	Wholesale of Fruits and Vegetables	19	1153	801
肉、禽、蛋及水产品批发	Wholesale of Meat, Poultry, Eggs and Aquatic Products	5	10408	3508
盐及调味品批发	Wholesale of Salts and Condiments	5	102675	20243

Financial Indicators of Wholesale Enterprises above Designated Size (2009)

(10 000 yuan)

累计折旧 Total Depreciation	资产总计 Total Assets	负债合计 Total Liabilities	实收资本 Paid-in Capital	主营业务收入 Revenue of Principal Business	主营业务成本 Cost of Principal Business	主营业务税金及附加 Taxes and Extra Charges on Principal Business	主营业务利润 Profits from Principal Business
365801	**8101930**	**5867022**	**2353561**	**26051992**	**23880085**	**176134**	**1920047**
271360	3589801	2263960	758153	9306471	8294781	91595	897498
362394	7921835	5722048	2296817	25677242	23552196	175633	1874581
177061	1873693	991505	427380	5045486	4268443	94082	652816
2620	176334	150656	9288	422297	406433	931	14805
1072	102617	97557	3127	229532	218202	100	5438
3232	32337	15843	12520	79511	75936	684	2891
2386	7241	6776	2400	65841	63934	546	1362
847	25096	9067	10120	13670	12002	138	1529
59192	2748768	2178008	344545	7201567	6702531	28662	450719
14266	492584	369198	77216	769125	727130	657	41371
44927	2256183	1808809	267329	6432442	5975401	28005	409348
80715	817768	513275	227840	2510349	2359363	4037	150839
36544	2147298	1761749	1267429	10039596	9393846	45264	581522
7316	79591	44450	25903	587793	518073	13124	55382
714	31050	25181	4230	111079	97123	484	11366
27776	2001002	1667749	1228166	9216416	8668707	30762	501402
737	35656	24368	9130	124308	109944	893	13372
1957	23021	13456	4688	148905	127441	1874	15552
1117	74327	73684	21933	154317	143657	114	9845
279	13579	11823	590	64292	60038	1	3552
838	59664	51558	21293	77773	73067	113	4594
	1085	10303	50	12252	10552		1700
2291	105768	71290	34811	220433	184232	387	35621
2029	95454	58538	33566	172549	143046	371	28989
98	4995	6823	415	8858	6384		2474
165	5319	5929	830	39026	34803	16	4158
10851	108747	56893	31311	272103	238342	3159	27716
8568	42238	25801	9291	92057	88191	216	3559
225	15413	8417	4681	7587	4380	8	3207
685	16922	8244	4141	45404	38984	116	5330
863	18219	2884	10314	103719	86560	2749	12581
511	15955	11547	2884	23337	20228	70	3039
156327	1495788	783309	222469	4238078	3424187	96864	685786
18626	254370	180341	44383	352013	321435	1165	28313
1025	24686	20351	2950	79469	73612	307	5550
78	24494	19396	4505	279977	261091	1028	13687
1735	14503	6310	5154	43558	37795	1657	4065
7752	140369	92890	27072	137432	112375	390	24523

15-6 续表 1

单位：万元

指 标	Item	企业数（个） Number of Enterprises (unit)	流动资产合计 Total Circulating Assets	固定资产原价 Original Value of Fixed Assets
饮料及茶叶批发	Wholesale of Beverages and Tea	9	11648	4070
烟草制品批发	Wholesale of Tobaccos	38	713000	284931
其他食品批发	Wholesale of other Food	36	63171	11718
纺织、服装及日用品批发	Wholesale of Textiles, Garments and Daily Consumer Articles	36	86132	15276
纺织品、针织品及原料批发	Wholesale of Textiles, Knitwear and Raw Materials	12	34862	1283
服装批发	Wholesale of Garments	8	27612	1459
鞋帽批发	Wholesale of Shoes and Hats			
厨房、卫生间用具及日用杂货批发	Wholesale of Kitchen Utensils, Toilet Ware and Daily Consumer Articles Sundry Goods	3	6905	9942
化妆品及卫生用品批发	Wholesale of Cosmetics and Sanitary Articles	3	6941	439
其他日用品批发	Wholesale of Other Daily Consumer Articles	10	9813	2154
文化、体育用品及器材批发	Wholesale of Cultural and Sports Articles and Equipment	12	117206	2527
文具用品批发	Wholesale of Cultural Articles	4	51972	422
体育用品批发	Wholesale of Sports Articles			
图书批发	Wholesale of Books	2	14351	98
报刊批发	Wholesale of Newspapers and Magazines			
音像制品及电子出版物批发	Wholesale of E-journals and Video Products			
首饰、工艺品及收藏品批发	Wholesale of Jewelry, Handicrafts and ollections	5	48854	724
其他文化用品批发	Wholesale of Other Cultural Goods	1	2030	1283
医药及医疗器材批发	Wholesale of Medicines and Medical Appliances	94	594333	59016
西药批发业	Wholesale of Western Medicines	73	341362	29422
中药材及中成药批发	Wholesale of Traditional Chinese Medicines	13	94427	23431
医疗用品及器材批发	Wholesale of Medical Articles and Appliances	8	158545	6164
矿产品、建材及化工产品批发	Wholesale of Mineral Products, Building Materials and Chemical Products	497	2169686	573598
煤炭及制品批发	Wholesale of Coal and Related Products	78	247951	33105
石油及制品批发	Wholesale of Petroleum and Related Products	51	196024	401368
非金属矿及制品批发	Wholesale of Nonmetal Mineral and Related Products	11	73555	10445
金属及金属矿批发	Wholesale of Metal and Metal Mineral	109	694215	46960
建材批发	Wholesale of Building Materials	136	398126	36663
化肥批发	Wholesale of Fertilizers	48	268036	28420
农药批发	Wholesale of Pesticides	1	903	12
农用薄膜批发	Wholesale of Films for Agriculture	2	3318	415
其他化工产品批发	Wholesale of Other Chemical Products	61	287557	16210
机械设备、五金交电及电子产品批发	Wholesale of Machinery, Hardware and Electronic Products	242	2272121	72604
农业机械批发	Wholesale of Agricultural Machinery	6	10409	2337
汽车、摩托车及零配件批发	Wholesale of Automobiles, Motorcycles and Parts	134	1068571	42096
五金、交电批发	Wholesale of Hardware	14	15184	2643
家用电器批发	Wholesale of Household Electric Appliances	30	1019546	7446
计算机、软件及辅助设备批发	Wholesale of Computers, Software and Assistant Equipment	10	28394	1832
通讯及广播电视设备批发	Wholesale of Communication, Broadcast and TV Equipment	12	44343	1567
其他机械设备及电子产品批发	Wholesale of Other Machinery and Electronic Products	36	85675	14684
贸易经纪与代理	Trade Broker and Agency			
其他批发业	Other Wholesales	51	67809	12831
再生物资回收与批发	Wholesale of Recycled Materials	40	48585	7636
其他未列明的批发	Other Wholesale not Classified Elsewhere	11	19224	5195

15-6 CONTINUED-1

(10 000 yuan)

累计折旧 Total Depreciation	资产总计 Total Assets	负债合计 Total Liabilities	实收资本 Paid-in Capital	主营业务收入 Revenue of Principal Business	主营业务成本 Cost of Principal Business	主营业务税金及附加 Taxes and Extra Charges on Principal Business	主营业务利润 Profits from Principal Business
1392	17947	10730	3412	54970	45914	473	6332
123065	936806	402778	124938	2941484	2287710	89532	541575
2654	82615	50513	10055	349177	284255	2312	61742
3625	111949	71592	28688	361388	326278	1296	32747
583	47599	26929	11418	187298	173013	752	12728
721	29335	23585	5015	69061	55623	98	13340
1590	15257	6672	7350	23540	19974	343	3224
165	7254	6802	530	23217	21583	31	1604
566	12504	7603	4376	58272	56086	72	1851
584	121386	108210	6856	149429	133157	233	16001
136	52861	46765	1078	83768	78128	165	5436
30	14419	13176	2200	7305	6165	6	1135
122	50889	45894	3148	52854	43770	57	9027
296	3217	2375	430	5502	5094	5	404
18782	723481	534766	124918	1694771	1583372	2478	113620
9271	387351	293364	52481	1136131	1072681	1302	57560
7880	149498	110201	29289	294788	275451	289	19047
1632	186633	131201	43148	263852	235240	887	37012
152692	3001631	2036560	766688	9795472	9174013	44826	531378
10727	301202	209530	61053	935283	830768	4650	96524
110282	688716	247548	406655	2383215	2191429	4129	181818
2363	112852	87593	23602	368021	336486	1892	29598
11050	797866	642282	119605	2281016	2203567	7586	67935
5851	460275	363160	73851	1736681	1630434	21282	58008
7289	319056	238237	40319	1137864	1082848	3264	51728
2	1532	1069	168	2431	1474		958
122	3611	3000	400	13122	12212	10	899
5007	316521	244141	41035	937840	884795	2013	43910
20167	2454443	2218995	1154586	9044607	8531885	22397	492267
695	12413	8724	2308	28243	25714	13	5516
12230	1206486	1037848	101058	2923404	2723576	15601	186126
956	17007	14562	2083	135017	127070	857	6754
1657	1033628	1017041	15280	5458968	5195774	3648	259336
861	32663	23684	9375	66810	60672	306	5741
431	46306	35738	1006839	78715	71785	121	6782
3337	105941	81398	17643	353451	327295	1852	22011
2773	84506	56698	18045	496146	468850	4881	20533
1317	58793	40053	11536	404526	386746	3296	14469
1456	25713	16644	6509	91620	82105	1585	6063

15-6 续表 2

单位：万元

指 标	Item	其他业务利润 Profits from Other Business	营业费用 Business Cost	管理费用 Overhead
总 计	**Total**	**51081**	**893168**	**437605**
#国有控股	State Holding	15896	305460	254888
按登记注册类型分组	**By Type of Registration**			
内资企业	Domestic-funded Enterprises	50561	872730	429765
国有企业	State-owned Enterprises	9633	144902	235241
集体企业	Collective-owned Enterprises	3991	8542	2906
股份合作企业	Cooperative Enterprises	90	8090	2159
联营企业	Joint-owned Enterprises	256	1156	790
国有联营企业	State Joint-owned Enterprises		1102	309
集体联营企业	Collective Joint-owned Enterprises			
国有与集体联营企业	State-Collective Joint-owned Enterprises			
其他联营企业	Other Joint-owned Enterprises	256	54	480
有限责任公司	Limited Liability Corporations	8368	235744	82275
国有独资公司	Solely State-owned Corporations	2100	13739	17638
其他有限责任公司	Other Limited Liability Corporations	6268	222006	64637
股份有限公司	Share-holding Corporations Ltd.	1426	105734	15228
私营企业	Private Enterprises	26682	366237	87371
私营独资企业	Private-funded Enterprises	4469	13814	9360
私营合伙企业	Private Partnership Enterprises	319	2864	1418
私营有限责任公司	Private Limited Liability Corporations	21546	345276	74336
私营股份有限公司	Private Share-holding Corporatinos Ltd.	349	4283	2257
其他企业	Other Enterprises	115	2323	3795
港澳台商投资企业	Enterprises Funded by Hong Kong, Macao and Taiwan	209	7570	2442
合资经营企业	Joint-venture Enterprises	209	3134	749
合作经营企业	Cooperative Enterprises			
独资经营企业	Enterprises with Sole Fund		4037	1682
投资股份有限公司	Share-holding Corporations Ltd.		400	11
外商投资企业	Foreign-funded Enterprises	312	12869	5398
中外合资经营企业	Joint-venture Enterprises	311	7769	4583
中外合作经营企业	Cooperative Enterprises	1	2241	211
外资企业	Enterprises with Sole Fund		2858	605
外商投资股份有限公司	Share-holding Corporations Ltd.			
按批发行业小类分组	**By Wholesale Sector**			
农畜产品批发	Wholesale of Farm Produce and Livestock Products	1101	8293	9481
谷物、豆及薯类批发	Wholesale of Cereal, Bean and Tuber	252	2008	4391
种子、饲料批发	Wholesale of Seed and Feedstuff		1404	814
棉、麻批发	Wholesale of Cotton and Fiber Crops	121	1256	1402
牲畜批发	Wholesale of Livestocks	521	2894	2109
其他农畜产品批发	Wholesale of Other Farm Produce and Livestock Products	206	731	765
食品、饮料及烟草制品批发	Wholesale of Food, Beverages and Tobaccos	7067	146260	233950
米、面制品及食用油批发	Wholesale of Rice, Flour and Edible Oil	1352	8467	9164
糕点、糖果及糖批发	Wholesale of Cake, Candy and Sugar	585	3065	1931
果品、蔬菜批发	Wholesale of Fruits and Vegetables		3656	2147
肉、禽、蛋及水产品批发	Wholesale of Meat, Poultry, Eggs and Aquatic Products	50	578	1392
盐及调味品批发	Wholesale of Salts and Condiments	357	10514	11020

15-6 CONTINUED-2

(10 000 yuan)

营业利润 Business Profit	利润总额 Total Profits	应交所得税 Payable Income Tax	劳动、失业保险费 Insurance of Labor and Unemployment	应付工资 Payable Wages	应付福利费 Payable Welfare Funds	本年应交增值税 Payable VAT	从业人员年平均人数（人） Average Employment (person)
645069	**644318**	**99766**	**11496**	**292498**	**19903**	**474375**	**86414**
340123	356176	65808	7799	183049	14693	328333	36827
631061	643331	98964	11153	285476	19800	470180	82942
280780	309613	58897	7307	144738	11530	203112	22082
6638	6471	864	90	2867	48	5649	1614
629	429	84	93	1358	112	538	1780
790	2392	155	8	1066	60	523	476
-175	-127		8	416	57	444	159
965	2519	155		650	3	79	317
131735	133899	19121	1253	59262	2785	73649	24831
8351	10569	1056	270	9273	683	9317	3123
123385	123330	18065	984	49989	2102	64333	21708
21210	16369	2319	564	32823	3100	101711	11470
180921	167157	16915	1800	41032	2027	82866	20005
34911	41000	5683	49	4192	354	5481	2248
7300	2775	579	20	856	23	686	668
132042	117275	10210	1609	34667	1569	74872	16275
6668	6108	443	122	1316	82	1827	814
8357	7000	611	38	2331	139	2133	684
-1947	-1891	57	27	3077	33	1280	1882
385	417	1	9	868		606	306
-1270	-1246	56	18	1562	33	629	1301
-1062	-1062			647		45	275
15955	2878	745	315	3945	69	2915	1590
16206	3143	745	260	1360	69	2191	627
-11	-6		17	873		120	463
-241	-259		39	1712		604	500
7390	13999	2030	1023	5164	561	6033	3080
-3283	3225	50	19	1478	153	1154	833
537	796	90	4	313		1038	189
1552	1784	275	16	1361	168	651	783
7001	6433	1605	964	1633	203	2588	1047
1584	1762	9	20	380	37	602	228
315621	323682	58549	7214	148684	11315	109702	25613
8063	10036	1186	217	5304	343	5569	2661
543	408	62	37	1351	62	909	530
12130	11556	6	4	1140	18	335	670
2155	2168	161	3	747	30	146	337
3445	6327	579	98	5917	278	1810	2316

15-6 续表 3

单位：万元

指 标	Item	其他业务利润 Profits from Other Business	营业费用 Business Cost	管理费用 Overhead
饮料及茶叶批发	Wholesale of Beverages and Tea	327	2653	1769
烟草制品批发	Wholesale of Tobaccos	4105	91370	200366
其他食品批发	Wholesale of other Food	291	25957	6162
纺织、服装及日用品批发	Wholesale of Textiles, Garments and Daily Consumer Articles	926	17333	8207
纺织品、针织品及原料批发	Wholesale of Textiles, Knitwear and Raw Materials	2	3735	2676
服装批发	Wholesale of Garments	107	8314	3153
鞋帽批发	Wholesale of Shoes and Hats			
厨房、卫生间用具及日用杂货批发	Wholesale of Kitchen Utensils, Toilet Ware and Daily Consumer Articles Sundry Goods	688	2057	985
化妆品及卫生用品批发	Wholesale of Cosmetics and Sanitary Articles		1260	566
其他日用品批发	Wholesale of Other Daily Consumer Articles	128	1968	826
文化、体育用品及器材批发	Wholesale of Cultural and Sports Articles and Equipment	482	6936	2906
文具用品批发	Wholesale of Cultural Articles	114	668	1221
体育用品批发	Wholesale of Sports Articles			
图书批发	Wholesale of Books	10	763	331
报刊批发	Wholesale of Newspapers and Magazines			
音像制品及电子出版物批发	Wholesale of E-journals and Video Products			
首饰、工艺品及收藏品批发	Wholesale of Jewelry, Handicrafts and Collections	2	5129	680
其他文化用品批发	Wholesale of Other Cultural Goods	356	376	673
医药及医疗器材批发	Wholesale of Medicines and Medical Appliances	4424	49267	26205
西药批发业	Wholesale of Western Medicines	3293	23735	16047
中药材及中成药批发	Wholesale of Traditional Chinese Medicines	20	4070	5888
医疗用品及器材批发	Wholesale of Medical Articles and Appliances	1111	21462	4269
矿产品、建材及化工产品批发	Wholesale of Mineral Products, Building Materials and Chemical Products	11420	278806	91952
煤炭及制品批发	Wholesale of Coal and Related Products	673	48191	15012
石油及制品批发	Wholesale of Petroleum and Related Products	3785	119957	13603
非金属矿及制品批发	Wholesale of Nonmetal Mineral and Related Products	100	4456	4693
金属及金属矿批发	Wholesale of Metal and Metal Mineral	710	35317	16786
建材批发	Wholesale of Building Materials	4193	29558	13595
化肥批发	Wholesale of Fertilizers	846	27572	14896
农药批发	Wholesale of Pesticides		64	18
农用薄膜批发	Wholesale of Films for Agriculture		208	268
其他化工产品批发	Wholesale of Other Chemical Products	1114	13482	13080
机械设备、五金交电及电子产品批发	Wholesale of Machinery, Hardware and Electronic Products	24696	380494	59250
农业机械批发	Wholesale of Agricultural Machinery	1	2515	1422
汽车、摩托车及零配件批发	Wholesale of Automobiles, Motorcycles and Parts	2427	106096	23452
五金、交电批发	Wholesale of Hardware		2549	1592
家用电器批发	Wholesale of Household Electric Appliances	20890	251420	20830
计算机、软件及辅助设备批发	Wholesale of Computers, Software and Assistant Equipment	3	2443	2617
通讯及广播电视设备批发	Wholesale of Communication, Broadcast and TV Equipment	557	3117	1773
其他机械设备及电子产品批发	Wholesale of Other Machinery and Electronic Products	818	12354	7564
贸易经纪与代理	Trade Broker and Agency			
其他批发业	Other Wholesales	965	5780	5655
再生物资回收与批发	Wholesale of Recycled Materials	922	2747	3889
其他未列明的批发	Other Wholesale not Classified Elsewhere	43	3034	1766

15-6 CONTINUED-3

(10 000 yuan)

营业利润 Business Profit	利润总额 Total Profits	应交所得税 Payable Income Tax	劳动、失业保险费 Insurance of Labor and Unemployment	应付工资 Payable Wages	应付福利费 Payable Welfare Funds	本年应交增值税 Payable VAT	从业人员年平均人数（人） Average Employment (person)
2120	376	132	20	925	29	349	430
260593	278075	54635	6655	126961	10207	94197	15789
26572	14737	1789	179	6339	347	6386	2880
8140	4598	468	170	11807	258	6249	6462
5779	2069	78	31	3939	26	4222	2076
1788	1503	274	64	4262	137	1119	2175
708	708	88	2	2050		88	1263
-227	88	7	56	457	8	315	249
91	229	22	16	1099	87	505	699
6471	6819	665	106	3046	87	2079	1916
3516	3524	136	2	856	6	1127	278
52	60		2	394	11	99	74
3200	3323	529	33	1425	3	778	1363
-296	-88		69	372	68	74	201
57887	59277	4118	603	16276	981	12250	7060
24388	22766	2003	240	11089	613	5998	5042
8155	10877	211	349	2848	236	3044	1357
25343	25634	1904	14	2339	133	3208	661
165828	145913	20865	1914	66951	5482	248690	26313
35567	30286	1791	258	5762	454	18323	2730
50302	39611	4656	690	34338	3484	88138	11332
8740	190	886	334	855	77	20627	394
14513	15652	3090	216	7588	298	13105	2838
29798	33537	6677	74	5742	416	7452	2339
7873	10483	1505	154	6033	321	90434	4781
853	954	1	1	23	1	41	13
402	402	73	4	103	2	133	13
17779	14799	2188	185	6505	429	10437	1873
80320	79288	12371	423	36908	1080	71744	13652
1511	1148	278	5	478	49	429	273
63018	61404	10337	247	15976	486	26917	5428
654	1214	136	10	508	32	2253	276
9962	10285	675	96	12707	216	37101	4812
357	320	125	19	2877	105	663	586
2064	2125	364	13	1440	30	1090	897
2755	2792	456	33	2922	163	3292	1380
3411	10742	701	45	3663	138	17629	2318
1062	8420	571	29	2679	87	16002	1671
2349	2322	129	16	984	51	1627	647

15－7　限额以上零售业法人企业财务状况（2009 年）

单位：万元

指　标	Item	企业数（个） Number of Enterprises (unit)	流动资产合计 Total Circulating Assets	固定资产原价 Original Value of Fixed Assets
总　计	**Total**	**980**	**2490126**	**847149**
#国有控股	State Holding	76	748299	187072
按登记注册类型分	**By Type of Registration**			
内资企业	Domestic-funded Enterprises	955	2067510	670919
国有企业	State-owned Enterprises	24	125555	22778
集体企业	Collective-owned Enterprises	16	1942	1570
股份合作企业	Cooperative Enterprises	17	14266	9757
联营企业	Joint-owned Enterprises	3	1305	998
国有联营企业	State Joint-owned Enterprises	1	254	320
集体联营企业	Collective Joint-owned Enterprises			
国有与集体联营企业	State-Collective Joint-owned Enterprises	1	623	678
其他联营企业	Other Joint-owned Enterprises	1	429	
有限责任公司	Limited Liability Corporations	316	1049468	382099
国有独资公司	Solely State-owned Corporations	5	6713	4895
其他有限责任公司	Other Limited Liability Corporations	311	1042754	377204
股份有限公司	Share-holding Corporations Ltd.	42	335475	45703
私营企业	Private Enterprises	521	525361	192204
私营独资企业	Private-funded Enterprises	105	45505	26564
私营合伙企业	Private Partnership Enterprises	30	10387	13537
私营有限责任公司	Private Limited Liability Corporations	346	437278	138661
私营股份有限公司	Private Share-holding Corporatinos Ltd.	40	32191	13442
其他企业	Other Enterprises	16	14140	15811
港澳台商投资企业	Enterprises Funded by Hong Kong, Macao and Taiwan	8	314592	116248
合资经营企业	Joint-venture Enterprises	3	289722	114613
合作经营企业	Cooperative Enterprises			
独资经营企业	Enterprises with Sole Fund	5	24869	1635
投资股份有限公司	Share-holding Corporations Ltd.			
外商投资企业	Foreign-funded Enterprises	17	108025	59982
中外合资经营企业	Joint-venture Enterprises	2	12520	6450
中外合作经营企业	Cooperative Enterprises	2	46591	38110
外资企业	Enterprises with Sole Fund	12	45684	14730
外商投资股份有限公司	Share-holding Corporations Ltd.	1	3230	692
按零售行业小类分	**By Retail Sector**			
综合零售	Comprehensive Retails	151	740746	315595
百货零售	Department Stores	62	631264	245834
超级市场零售	Supermarkets	51	89997	50172
其他综合零售	Other Comprehensive Retails	38	19485	19589
食品、饮料及烟草制品专门零售	Special Retail of Food, Beverages and Tobaccos	48	25621	32665
粮油零售	Retail of Grains and Edible Oil	15	11770	13038
糕点、面包零售	Retail of Cakes and Bread	5	893	943
果品、蔬菜零售	Retail of Fruits and Vegetables			
肉、禽、蛋及水产品零售	Retail of Meat, Poultry, Eggs and Aquatic Products	6	2182	5756
饮料及茶叶零售	Retail of Beverages and Tea	9	4053	6908
烟草制品零售	Retail of Tobaccos	2	1195	1022
其他食品零售	Retail of Other Food	11	5528	4998

Financial Indicators of Retail Enterprises above Designated Size (2009)

(10 000 yuan)

累计折旧 Total Depreciation	资产总计 Total Assets	负债合计 Total Liabilities	实收资本 Paid-in Capital	主营业务收入 Revenue of Principal Business	主营业务成本 Cost of Principal Business	主营业务税金及附加 Taxes and Extra Charges on Principal Business	主营业务利润 Profits from Principal Business
230941	**3720303**	**2561655**	**647035**	**9430980**	**7859861**	**86063**	**1354580**
59356	1097625	768817	115571	2539964	2268595	11218	262673
178786	3128998	2139349	528545	7946832	6657968	78990	1159007
5329	159746	123511	27928	453462	421818	2830	31333
593	3546	1414	1556	18501	15100	424	2967
2228	27696	10772	7670	103977	71960	1960	29250
342	1992	538	395	13325	11811	247	1266
159	445	295	150	4289	3397	237	655
183	1119	45	15	7017	6496	10	511
	429	199	230	2019	1918	1	99
104469	1533111	1095170	254527	3476682	2737868	35479	683134
1856	13667	8613	719	10599	8915	51	1633
102612	1519444	1086558	253808	3466083	2728953	35428	681501
11895	533600	370737	44449	1417108	1266207	7197	141144
50170	841844	522267	185113	2399160	2076071	30378	262962
6160	77773	40701	25625	337346	290267	14694	38268
2233	23821	12644	8973	130310	107729	1409	20812
39271	695632	452779	140055	1815639	1588940	12140	179848
2506	44617	16143	10459	115865	89135	2135	24034
3760	27463	14939	6907	64618	57133	475	6952
25766	425726	328977	62155	1044560	912705	6254	125048
25193	392150	304421	54368	949467	833195	6128	110144
573	33576	24557	7786	95093	79509	126	14904
26389	165578	93329	56336	439588	289189	819	70526
1060	21618	17554	1483	26633	18237	97	8299
20301	74325	37488	26739	149646	121704	34	27909
4488	62337	34826	27814	250658	138698	651	32254
541	7299	3462	300	12651	10550	37	2064
89825	1201897	858204	189994	3089246	2645119	18362	382868
69144	1009654	721981	150657	2496031	2143172	14737	305574
16188	154332	116151	23552	388312	327653	1841	48888
4493	37911	20073	15785	204903	174294	1785	28406
8042	59378	30722	13838	128028	113727	1059	14186
3719	26814	13493	2922	41351	40442	277	3827
285	1552	1253	357	4381	2651	66	1664
1698	8353	5267	2858	22405	19791	175	1229
1063	10502	4285	5670	16071	12912	192	2971
459	1767	742	171	6897	5857	20	1020
818	10391	5682	1859	36924	32073	330	3476

15-7 续表 1

单位：万元

指 标	Item	企业数（个） Number of Enterprises (unit)	流动资产合计 Total Circulating Assets	固定资产原价 Original Value of Fixed Assets
纺织、服装及日用品专门零售	Special Retail of Textile, Garments and Daily Consumer Articles	59	72440	39639
纺织品及针织品零售	Retail of Textiles and Knitwear	4	7832	4756
服装零售	Retail of Garments	30	41864	26081
鞋帽零售	Retail of Shoes and Hats	9	2562	2461
钟表、眼镜零售	Retail of Clocks, Watches and Glasses	3	9657	4152
化妆品及卫生用品零售	Retail of Cosmetics and Sanitary Articles	2	6637	1001
其他日用品零售	Retail of Other General Merchandise	11	3888	1188
文化、体育用品及器材专门零售	Special Retail of Cultural and Sports Articles	26	160463	75828
文具用品零售	Retail of Cultural Articles	7	2695	213
体育用品零售	Retail of Sports Articles			
图书零售	Retail of Books	8	144293	73527
报刊零售	Retail of Newspapers and Magazines			
音像制品及电子出版物零售	Retail of Video Products and E-journals			
珠宝首饰零售	Retail of Jewelry	10	13151	2029
工艺美术品及收藏品零售	Retail of Handicrafts and Collections			
照相器材零售	Retail of Cameras			
其他文化用品零售	Retail of Other Cultural Goods	1	324	60
医药及医疗器材专门零售	Special Retail of Medicine and Medical Appliances	90	275594	65872
药品零售	Retail of Medicine	86	271583	65638
医疗用品及器材零售	Retail of Medical Articles and Appliances	4	4011	234
汽车、摩托车、燃料及零配件专门零售	Special Retail of Automobiles, Motorcycles, Fuel and Spare Parts	322	755656	181384
汽车零售	Retail of Automobiles	224	706742	155655
汽车零配件零售	Retail of Automobile Fittings	9	19857	6647
摩托车及零配件零售业	Retail of Motorcycles and Parts	60	16362	9407
机动车燃料零售	Retail of Motor Fuel	29	12694	9674
家用电器及电子产品专门零售	Special Retail of Household Electric Appliances and Electronic Products	153	289720	29528
家用电器零售业	Retail of Household Electric Appliances	92	249460	14898
计算机、软件及辅助设备零售	Retail of Computers, Software and Assistant Equipment	37	25921	6888
通信设备零售	Retail of Communication Equipment	20	11505	7581
其他电子产品零售	Retail of Other Electronic Products	4	2834	161
五金、家具及室内装修材料专门零售	Special Retail of Hardware, Furniture and Decoration Materials	108	154183	96040
五金零售	Retail of Hardware	14	35425	11174
家具零售	Retail of Furniture	33	54577	55858
涂料零售	Retail of Paint	3	510	530
其他室内装修材料零售	Retail of Other Indoor Decoration Materials	58	63672	28477
无店铺及其他零售业	Non-shop and Other Retails	23	15703	10599
流动货摊零售	Retail by Mobile Stalls			
邮购及电子销售	Distribution of Post and E-commerce	1	1757	849
生活用燃料零售	Retail of Fuel for Daily Use	9	4470	2828
花卉零售	Retails of Flowers	3	4454	2927
旧货零售	Retail of Used Goods			
其他未列明的零售	Other Retails not Classified Elsewhere	10	5023	3995

15-7 CONTINUED-1

(10 000 yuan)

累计折旧 Total Depreciation	资产总计 Total Assets	负债合计 Total Liabilities	实收资本 Paid-in Capital	主营业务收入 Revenue of Principal Business	主营业务成本 Cost of Principal Business	主营业务税金及附加 Taxes and Extra Charges on Principal Business	主营业务利润 Profits from Principal Business
7934	130788	109556	19019	298452	219310	2926	59603
2598	15841	10594	1150	12195	9605	98	2492
3479	81375	75276	11935	171102	122440	1232	30838
608	4421	1601	1634	31204	24131	411	6662
489	16625	12760	2103	13699	6361	36	7302
361	7302	7179	500	13153	9977	267	2909
398	5225	2147	1697	57099	46796	882	9400
25015	241898	153653	20450	169440	116563	1087	51392
93	5575	3396	521	10533	8955	40	1139
24418	220609	139113	15230	133158	87764	626	44768
459	15374	10681	4481	24649	18745	419	5485
45	340	462	218	1100	1099	2	-1
20856	359840	259932	42521	913420	816307	5213	90837
20726	355497	257790	41911	906721	812061	5171	89065
130	4343	2143	610	6699	4246	43	1772
40916	1054331	739439	234688	2830325	2613206	18559	204766
35330	971997	704441	208809	2514876	2336119	17074	169037
848	26321	15506	4477	78834	72014	272	6548
1226	25245	14134	9809	79279	64338	689	13287
3511	30769	5358	11593	157335	140735	524	15894
7297	379863	260431	42231	1108505	920078	4805	109695
4517	321039	227336	23517	770438	681139	3148	81844
1627	34947	16760	12510	255436	172097	952	15766
1095	20922	14118	5453	67329	54717	701	11929
59	2955	2216	752	15303	12124	5	156
28326	267620	136439	65197	828545	364161	33519	428659
1950	47014	30058	14259	75269	65424	2657	7053
19589	128761	64428	14058	516307	86860	25977	402336
67	973	263	630	14130	13438	488	205
6720	90872	41690	36250	222839	198440	4398	19065
2731	24688	13279	19098	65020	51391	533	12574
632	1980	1643	10142	12011	8246	4	3761
388	6993	4191	1564	16287	13658	236	2278
207	7774	3304	3516	12941	9378	197	3366
1505	7940	4142	3877	23781	20109	95	3169

15-7 续表 2

单位：万元

指　标	Item	其他业务利润 Profits from Other Business	营业费用 Business Cost	管理费用 Overhead
总　计	**Total**	**105380**	**605368**	**505444**
#国有控股	State Holding	29558	145298	86546
按登记注册类型分	**By Type of Registration**			
内资企业	Domestic-funded Enterprises	67961	460020	468310
国有企业	State-owned Enterprises	2746	22178	5250
集体企业	Collective-owned Enterprises	11	723	638
股份合作企业	Cooperative Enterprises		8090	10098
联营企业	Joint-owned Enterprises		681	353
国有联营企业	State Joint-owned Enterprises		353	202
集体联营企业	Collective Joint-owned Enterprises			
国有与集体联营企业	State-Collective Joint-owned Enterprises		235	151
其他联营企业	Other Joint-owned Enterprises		94	
有限责任公司	Limited Liability Corporations	34294	242727	341311
国有独资公司	Solely State-owned Corporations	467	581	1084
其他有限责任公司	Other Limited Liability Corporations	33827	242146	340227
股份有限公司	Share-holding Corporations Ltd.	18219	75165	44286
私营企业	Private Enterprises	10937	107824	63590
私营独资企业	Private-funded Enterprises	485	13339	9219
私营合伙企业	Private Partnership Enterprises	146	4232	4555
私营有限责任公司	Private Limited Liability Corporations	9819	82708	45183
私营股份有限公司	Private Share-holding Corporatinos Ltd.	486	7545	4634
其他企业	Other Enterprises	1754	2632	2784
港澳台商投资企业	Enterprises Funded by Hong Kong, Macao and Taiwan	27506	102758	13787
合资经营企业	Joint-venture Enterprises	23837	89897	11046
合作经营企业	Cooperative Enterprises			
独资经营企业	Enterprises with Sole Fund	3670	12861	2741
投资股份有限公司	Share-holding Corporations Ltd.			
外商投资企业	Foreign-funded Enterprises	9912	42591	23348
中外合资经营企业	Joint-venture Enterprises	1085	5829	2278
中外合作经营企业	Cooperative Enterprises	6708	17938	6931
外资企业	Enterprises with Sole Fund	1685	17720	13451
外商投资股份有限公司	Share-holding Corporations Ltd.	434	1103	687
按零售行业小类分	**By Retail Sector**			
综合零售	Comprehensive Retails	67887	262218	102346
百货零售	Department Stores	59966	216913	76847
超级市场零售	Supermarkets	7585	36926	20142
其他综合零售	Other Comprehensive Retails	337	8379	5357
食品、饮料及烟草制品专门零售	Special Retail of Food, Beverages and Tobaccos	680	5493	5540
粮油零售	Retail of Grains and Edible Oil	518	2026	2846
糕点、面包零售	Retail of Cakes and Bread		603	568
果品、蔬菜零售	Retail of Fruits and Vegetables			
肉、禽、蛋及水产品零售	Retail of Meat, Poultry, Eggs and Aquatic Products	48	611	401
饮料及茶叶零售	Retail of Beverages and Tea	8	827	461
烟草制品零售	Retail of Tobaccos	26	201	449
其他食品零售	Retail of Other Food	80	1226	817

15-7 CONTINUED-2

(10 000 yuan)

营业利润 Business Profit	利润总额 Total Profits	应交所得税 Payable Income Tax	劳动、失业保险费 Insurance of Labor and Unemployment	应付工资 Payable Wages	应付福利费 Payable Welfare Funds	本年应交增值税 Payable VAT	从业人员年平均人数（人） Average Employment (person)
302879	**276762**	**45642**	**5360**	**192735**	**9826**	**148271**	**106540**
48890	48277	11484	1246	49476	2625	45155	24154
247831	221110	35475	4050	154165	9568	119187	91240
5016	5153	464	111	4257	261	14544	2208
1449	1269	113	11	402	85	345	325
9090	5682	435	69	3762	117	2201	1594
480	480	121	3	126	14	1411	54
48	48	14	2	30	3	214	20
431	431	106	2	73	8	1193	26
1	1			23	4	4	8
89150	83900	12199	1866	62343	4610	46578	35305
125	439	115	6	754	21	197	511
89025	83461	12084	1861	61588	4589	46381	34794
34757	29877	9562	414	25685	241	19566	12543
105183	92582	12314	1498	56037	4104	33976	38127
16373	16281	2524	234	6122	842	5066	4178
11479	10971	369	56	1973	112	1797	1531
65891	55975	7810	1079	43952	2984	24487	29468
11439	9356	1612	129	3990	167	2626	2950
2708	2170	269	78	1554	135	567	1084
38054	38695	5663	1106	29551	67	22511	9921
34887	35539	4675	1091	28099	7	20861	9311
3166	3156	989	15	1452	60	1650	610
16994	16957	4503	204	9019	192	6573	5379
780	754	204	22	1534		565	720
10176	10011	2212	65	2845	113	2023	1456
5304	5456	2017	106	4232	78	3814	3042
734	735	69	11	409	2	171	161
102076	98167	15923	2275	93013	2522	51639	54188
83156	83918	15083	1604	72739	1389	44445	35342
4263	1499	646	567	15909	781	5618	15473
14657	12750	195	104	4365	352	1576	3373
5130	4806	593	87	3413	151	1881	2219
47	453	136	22	1493	39	998	975
461	342	16	5	357	11	106	216
293	352	6	4	404	27	71	313
1584	1331	140	4	383	20	213	200
398	301	107	4	219	13	151	93
2348	2029	188	49	557	42	343	422

15-7 续表 3

单位：万元

指　标	Item	其他业务利润 Profits from Other Business	营业费用 Business Cost	管理费用 Overhead
纺织、服装及日用品专门零售	Special Retail of Textile, Garments and Daily Consumer Articles	989	24980	18156
纺织品及针织品零售	Retail of Textiles and Knitwear	27	621	1128
服装零售	Retail of Garments	400	14056	8990
鞋帽零售	Retail of Shoes and Hats		1409	1594
钟表、眼镜零售	Retail of Clocks, Watches and Glasses	562	4585	1320
化妆品及卫生用品零售	Retail of Cosmetics and Sanitary Articles		1217	1376
其他日用品零售	Retail of Other General Merchandise		3092	3748
文化、体育用品及器材专门零售	Special Retail of Cultural and Sports Articles	2682	26278	17998
文具用品零售	Retail of Cultural Articles	6	437	284
体育用品零售	Retail of Sports Articles			
图书零售	Retail of Books	2675	22440	16444
报刊零售	Retail of Newspapers and Magazines			
音像制品及电子出版物零售	Retail of Video Products and E-journals			
珠宝首饰零售	Retail of Jewelry	1	3392	1231
工艺美术品及收藏品零售	Retail of Handicrafts and Collections			
照相器材零售	Retail of Cameras			
其他文化用品零售	Retail of Other Cultural Goods		9	39
医药及医疗器材专门零售	Special Retail of Medicine and Medical Appliances	3379	30347	31844
药品零售	Retail of Medicine	3379	29636	31489
医疗用品及器材零售	Retail of Medical Articles and Appliances		711	354
汽车、摩托车、燃料及零配件专门零售	Special Retail of Automobiles, Motorcycles, Fuel and Spare Parts	8642	75479	49887
汽车零售	Retail of Automobiles	8155	59889	43807
汽车零配件零售	Retail of Automobile Fittings	91	2900	1257
摩托车及零配件零售业	Retail of Motorcycles and Parts	178	3677	2477
机动车燃料零售	Retail of Motor Fuel	218	9013	2347
家用电器及电子产品专门零售	Special Retail of Household Electric Appliances and Electronic Products	20358	67932	21795
家用电器零售业	Retail of Household Electric Appliances	19495	55560	13404
计算机、软件及辅助设备零售	Retail of Computers, Software and Assistant Equipment	281	7420	4524
通信设备零售	Retail of Communication Equipment	558	4555	3584
其他电子产品零售	Retail of Other Electronic Products	24	397	283
五金、家具及室内装修材料专门零售	Special Retail of Hardware, Furniture and Decoration Materials	642	105128	255051
五金零售	Retail of Hardware	170	1904	1833
家具零售	Retail of Furniture	475	95816	248346
涂料零售	Retail of Paint		76	54
其他室内装修材料零售	Retail of Other Indoor Decoration Materials	-3	7332	4817
无店铺及其他零售业	Non-shop and Other Retails	121	7515	2828
流动货摊零售	Retail by Mobile Stalls			
邮购及电子销售	Distribution of Post and E-commerce	2	4398	605
生活用燃料零售	Retail of Fuel for Daily Use	113	747	605
花卉零售	Retails of Flowers		745	774
旧货零售	Retail of Used Goods			
其他未列明的零售	Other Retails not Classified Elsewhere	6	1625	844

15-7 CONTINUED-3

(10 000 yuan)

营业利润 Business Profit	利润总额 Total Profits	应交所得税 Payable Income Tax	劳动、失业保险费 Insurance of Labor and Unemployment	应付工资 Payable Wages	应付福利费 Payable Welfare Funds	本年应交增值税 Payable VAT	从业人员年平均人数（人） Average Employment (person)
12610	10395	1463	205	9603	331	4699	6316
384	394	57	7	613	29	135	381
5363	4559	484	131	5250	229	2570	3627
2996	2926	502	7	887	15	669	859
1547	1556	210	17	1463	40	182	686
168	167	50	3	258	5	476	122
2152	793	160	40	1130	14	666	641
7000	6732	150	195	10051	1230	2254	4369
403	382	21	5	237	24	52	223
6020	6122	20	130	8965	1196	1833	3426
635	284	109	58	765	10	355	686
-57	-57		2	84		15	34
27718	19100	3707	916	17106	649	13516	8698
26418	17802	3391	914	16887	645	13116	8624
1299	1298	316	3	219	4	400	74
78657	73233	14157	926	29446	2524	48740	12430
65002	61132	9146	732	24179	1896	33568	9843
2051	1985	334	66	1218	110	1772	422
6141	4286	394	88	1692	252	917	1076
5463	5830	4283	40	2357	266	12483	1089
37590	30656	3931	401	16353	370	16696	10324
29430	25057	3035	291	8599	178	10961	5182
4415	3693	603	46	4966	106	2358	3511
3745	1945	292	60	2481	86	3306	1459
	-39	2	4	307		71	172
29607	31244	5409	279	11140	1918	8152	6553
2431	3490	732	42	1431	228	336	675
22100	22242	3836	145	4194	521	3196	2859
75	205	68	3	199	80	58	62
5000	5307	774	89	5317	1089	4562	2957
2492	2428	309	76	2611	133	694	1443
-1232	-1221		9	368		162	177
958	958	109	44	517	44	259	327
1802	1802	72	4	1047	37	60	506
964	889	127	19	679	52	213	433

15－8 限额以上住宿业法人企业财务状况（2009 年）

单位：万元

指　　标	Item	企业数（个） Number of Enterprises (unit)	流动资产合计 Total Circulating Assets	固定资产原价 Original Value of Fixed Assets
总　计	**Total**	**256**	**328672**	**754378**
#国有控股	State Holding	52	48997	196746
按住宿行业小类分组	**By Classification of Hotels**			
旅游饭店	Tourist Hotels	175	297545	679039
一般旅店	General Hotels	61	17524	58686
其他住宿服务	Other Accommodation Services	20	13603	16654
按登记注册类型分	**By Type of Registration**			
内资企业	Domestic-funded Enterprises	248	255464	538818
国有企业	State-owned Enterprises	34	27413	108496
集体企业	Collective-owned Enterprises	9	2053	12720
股份合作企业	Cooperative Enterprises	2	875	3887
联营企业	Joint-owned Enterprises			
有限责任公司	Limited Liability Corporations	70	102725	246952
国有独资公司	Solely State-owned Corporations	7	4606	24493
其他有限责任公司	Other Limited Liability Corporations	63	98119	222460
股份有限公司	Share-holding Corporations Ltd.	9	9738	10849
私营企业	Private Enterprises	110	111907	149842
私营独资企业	Private-funded Enterprises	30	7674	28153
私营合伙企业	Private Partnership Enterprises	11	990	10960
私营有限责任公司	Private Limited Liability Corporations	60	92841	87750
私营股份有限公司	Private Share-holding Corporatinos Ltd.	9	10402	22979
其他企业	Other Enterprises	14	753	6072
港澳台商投资企业	Enterprises Funded by Hong Kong, Macao and Taiwan	5	29182	90427
合资经营企业	Joint-venture Enterprises	4	3120	12085
合作经营企业	Cooperative Enterprises			
独资经营企业	Enterprises with Sole Fund	1	26062	78342
投资股份有限公司	Share-holding Corporations Ltd.			
外商投资企业	Foreign-funded Enterprises	3	44026	125134
中外合资经营企业	Joint-venture Enterprises			
中外合作经营企业	Cooperative Enterprises			
外资企业	Enterprises with Sole Fund	3	44026	125134
外商投资股份有限公司	Share-holding Corporations Ltd.			

Financial Indicators of Hotels above Designated Size (2009)

(10 000 yuan)

累计折旧 Total Depreciation	本年折旧 Depreciation in Current Year	资产总计 Total Assets	负债合计 Total Liabilities	实收资本 Paid-in Capital	主营业务收入 Revenue of Principal Business	主营业务成本 Cost of Principal Business	主营业务税金及附加 Taxes and Extra Charges on Principal Business
266677	**40501**	**1061744**	**704411**	**366473**	**382778**	**253574**	**19238**
72712	10221	278318	116284	141957	81804	32258	3984
242472	35152	951101	623752	332511	310851	116276	14826
15573	4104	84688	61860	28823	53849	25628	3406
8632	1245	25955	18799	5139	18078	111670	1005
167570	30433	839208	527287	303753	329210	237261	16794
43846	5871	108190	60239	27920	51636	21804	2599
4446	592	11158	8513	3806	6088	2826	344
1720	183	3301	2127	650	1349	426	67
70712	13738	430496	283533	183227	137365	50723	7706
8748	1297	31762	22591	15253	8060	5131	393
61964	12442	398734	260943	167974	129305	45592	7313
3563	591	17887	8108	5576	10720	5809	243
41575	9089	249903	162931	78883	112544	150306	5570
6315	1411	33813	12369	14181	14751	6960	796
1283	348	11010	4672	3987	8977	5231	262
30288	6226	170128	126838	43524	72465	132829	3711
3689	1104	34951	19052	17191	16351	5287	801
1708	369	18274	1837	3691	9508	5367	264
40315	4158	95538	73668	30114	20142	6646	846
4869	535	14955	9347	6550	10196	4319	398
35446	3623	80583	64321	23564	9945	2327	448
58792	5910	126998	103455	32606	33426	9667	1598
58792	5910	126998	103455	32606	33426	9667	1598

15-8 续表

单位：万元

指标	Item	主营业务利润 Profits from Principal Business	其他业务利润 Profits from Other Business	营业费用 Business Cost
总　计	**Total**	**205191**	**3310**	**99430**
#国有控股	State Holding	41881	387	21953
按住宿行业小类分组	**By Classification of Hotels**			
旅游饭店	Tourist Hotels	176298	3227	85073
一般旅店	General Hotels	20823	79	10583
其他住宿服务	Other Accommodation Services	8070	4	3774
按登记注册类型分	**By Type of Registration**			
内资企业	Domestic-funded Enterprises	170380	2136	83536
国有企业	State-owned Enterprises	24414	317	13605
集体企业	Collective-owned Enterprises	2853	2	1561
股份合作企业	Cooperative Enterprises	856		642
联营企业	Joint-owned Enterprises			
有限责任公司	Limited Liability Corporations	77604	867	37816
国有独资公司	Solely State-owned Corporations	2536	42	1102
其他有限责任公司	Other Limited Liability Corporations	75068	826	36714
股份有限公司	Share-holding Corporations Ltd.	4668	4	1571
私营企业	Private Enterprises	56103	940	27398
私营独资企业	Private-funded Enterprises	7006	175	2974
私营合伙企业	Private Partnership Enterprises	3484	16	1234
私营有限责任公司	Private Limited Liability Corporations	35350	732	18347
私营股份有限公司	Private Share-holding Corporatinos Ltd.	10263	16	4844
其他企业	Other Enterprises	3883	6	943
港澳台商投资企业	Enterprises Funded by Hong Kong, Macao and Taiwan	12649	28	4441
合资经营企业	Joint-venture Enterprises	5479	7	3019
合作经营企业	Cooperative Enterprises			
独资经营企业	Enterprises with Sole Fund	7170	21	1422
投资股份有限公司	Share-holding Corporations Ltd.			
外商投资企业	Foreign-funded Enterprises	22162	1147	11453
中外合资经营企业	Joint-venture Enterprises			
中外合作经营企业	Cooperative Enterprises			
外资企业	Enterprises with Sole Fund	22162	1147	11453
外商投资股份有限公司	Share-holding Corporations Ltd.			

15-8 CONTINUED

(10 000 yuan)

管理费用 Overhead	营业利润 Business Profit	利润总额 Total Profits	应交所得税 Payable Income Tax	劳动、失业保险费 Insurance of Labor and Unemployment	应付工资 Payable Wages	应付福利费 Payable Welfare Funds	从业人员年平均人数（人） Average Employment (person)
93315	**5442**	**4295**	**2953**	**899**	**64504**	**5011**	**36319**
25471	-4128	-3352	241	278	17296	1591	8990
78604	4561	2922	2277	806	54002	4246	29886
10170	610	1196	587	70	7644	298	4604
4542	272	177	89	24	2859	467	1829
75112	9027	6966	1785	814	54515	4204	32945
14643	-1770	-1050	80	133	11082	770	5798
902	246	104	7	9	993	80	702
153	56	56	9		200		110
36599	-775	-1000	650	270	23458	2205	13928
4651	-3331	-3325	48	54	2252	63	1194
31948	2557	2325	602	216	21206	2142	12734
1584	1798	1030	125	69	1322	125	808
20500	7343	5570	832	309	16541	962	10957
1748	1917	1906	52	45	2328	146	1571
619	1501	952	148	10	923	63	644
12868	4252	3509	602	201	10084	714	6898
5266	-327	-796	30	54	3206	39	1844
732	2130	2256	82	25	920	63	642
13175	-7333	-6677	43	43	4457	296	1489
3159	-941	-286	43	17	2346	1	939
10016	-6392	-6392		25	2111	296	550
5028	3748	4006	1126	42	5533	511	1885
5028	3748	4006	1126	42	5533	511	1885

15—9 限额以上餐饮业法人企业财务状况（2009 年）

单位：万元

指　标	Item	企业数（个） Number of Enterprises (unit)	流动资产合计 Total Circulating Assets	固定资产原价 Original Value of Fixed Assets
总　计	**Total**	**686**	**209339**	**271838**
#国有控股	State Holding	18	7204	23399
按登记注册类型分组	**By Type of Registration**			
内资企业	Domestic-funded Enterprises	677	196883	262175
国有企业	State-owned Enterprises	11	3071	7556
集体企业	Collective-owned Enterprises	14	3797	4623
股份合作企业	Cooperative Enterprises	22	958	4310
联营企业	Joint-owned Enterprises			
有限责任公司	Limited Liability Corporations	95	100763	109832
国有独资公司	Solely State-owned Corporations			
其他有限责任公司	Other Limited Liability Corporations	95	100763	109832
股份有限公司	Share-holding Corporations Ltd.	7	9357	6590
私营企业	Private Enterprises	481	74472	116544
私营独资企业	Private-funded Enterprises	241	16775	50972
私营合伙企业	Private Partnership Enterprises	64	4971	8252
私营有限责任公司	Private Limited Liability Corporations	151	49578	51672
私营股份有限公司	Private Share-holding Corporatinos Ltd.	25	3148	5648
其他企业	Other Enterprises	47	4466	12721
港澳台商投资企业	Enterprises Funded by Hong Kong, Macao and Taiwan	5	2770	3954
合资经营企业	Joint-venture Enterprises			
合作经营企业	Cooperative Enterprises			
独资经营企业	Enterprises with Sole Fund	4	2451	3952
投资股份有限公司	Share-holding Corporations Ltd.	1	319	1
外商投资企业	Foreign-funded Enterprises	4	9685	5709
中外合资经营企业	Joint-venture Enterprises			
中外合作经营企业	Cooperative Enterprises			
外资企业	Enterprises with Sole Fund	4	9685	5709
外商投资股份有限公司	Share-holding Corporations Ltd.			
按餐饮行业中类分组	**By Sector**			
正餐服务	Dinner Services	649	193841	257871
快餐服务	Fast Food Services	12	12842	10020
饮料及冷饮服务业	Beverage and Cold Beverage Services	3	39	173
其他餐饮服务	Other Catering Services	22	2617	3774

Financial Indicators of Catering Enterprises above Designated Size (2009)

(10 000 yuan)

累计折旧 Total Depreciation	本年折旧 Depreciation in Current Year	资产总计 Total Assets	负债合计 Total Liabilities	实收资本 Paid-in Capital	主营业务收入 Revenue of Principal Business	主营业务成本 Cost of Principal Business	主营业务税金及附加 Taxes and Extra Charges on Principal Business
77374	**17808**	**535863**	**304363**	**133416**	**722237**	**450337**	**31584**
5866	1729	31383	21198	10311	23151	10355	1062
74876	17247	501993	288394	116589	685816	427466	28887
1966	383	13682	8968	5997	7262	3659	204
1599	220	10255	9019	1224	9934	5840	333
1371	249	4975	3074	1198	9938	4432	216
32580	7537	252658	163394	31849	197285	112550	9120
32580	7537	252658	163394	31849	197285	112550	9120
1230	926	15716	5262	3187	41874	31091	2049
33017	7148	188262	93979	63727	384833	247516	15039
12988	3288	63431	25367	26046	156725	103619	6278
2142	806	15836	3200	7097	50739	31515	1699
16699	2763	101001	60557	26461	160125	102023	6176
1188	291	7994	4854	4123	17245	10359	886
3112	785	16444	4699	9407	34690	22379	1925
840	138	8720	6570	5546	7712	4733	377
839	137	7160	5010	3986	3136	1072	156
1	1	1560	1560	1560	4576	3661	221
1658	423	25150	9399	11281	28709	18139	2321
1658	423	25150	9399	11281	28709	18139	2321
73947	16591	499808	287947	122142	638621	395145	27947
2416	878	27923	13406	9484	67367	44885	3204
20	6	205	89	119	1031	603	42
991	333	7927	2921	1672	15218	9705	391

15-9 续表

单位：万元

指　标	Item	主营业务利润 Profits from Principal Business	其他业务利润 Profits from Other Business	营业费用 Business Cost
总　计	**Total**	**258790**	**3963**	**114946**
#国有控股	State Holding	10969	32	7274
按登记注册类型分组	**By Type of Registration**			
内资企业	Domestic-funded Enterprises	230636	2505	94057
国有企业	State-owned Enterprises	2976	16	1968
集体企业	Collective-owned Enterprises	3761	85	1836
股份合作企业	Cooperative Enterprises	5300		442
联营企业	Joint-owned Enterprises			
有限责任公司	Limited Liability Corporations	77034	416	37108
国有独资公司	Solely State-owned Corporations			
其他有限责任公司	Other Limited Liability Corporations	77034	416	37108
股份有限公司	Share-holding Corporations Ltd.	8734		1164
私营企业	Private Enterprises	122941	1715	47914
私营独资企业	Private-funded Enterprises	44682	1349	15923
私营合伙企业	Private Partnership Enterprises	17430	191	5770
私营有限责任公司	Private Limited Liability Corporations	54749	147	22907
私营股份有限公司	Private Share-holding Corporatinos Ltd.	6078	29	3315
其他企业	Other Enterprises	9891	274	3625
港澳台商投资企业	Enterprises Funded by Hong Kong, Macao and Taiwan	2602	1335	1436
合资经营企业	Joint-venture Enterprises			
合作经营企业	Cooperative Enterprises			
独资经营企业	Enterprises with Sole Fund	1908	1335	1436
投资股份有限公司	Share-holding Corporations Ltd.	695		
外商投资企业	Foreign-funded Enterprises	25551	122	19453
中外合资经营企业	Joint-venture Enterprises			
中外合作经营企业	Cooperative Enterprises			
外资企业	Enterprises with Sole Fund	25551	122	19453
外商投资股份有限公司	Share-holding Corporations Ltd.			
按餐饮行业中类分组	**By Sector**			
正餐服务	Dinner Services	231323	2391	102673
快餐服务	Fast Food Services	21958	1435	10727
饮料及冷饮服务业	Beverage and Cold Beverage Services	387	41	63
其他餐饮服务	Other Catering Services	5122	95	1483

15-9 CONTINUED

(10 000 yuan)

管理费用 Overhead	营业利润 Business Profit	利润总额 Total Profits	应交所得税 Payable Income Tax	劳动、失业保险费 Insurance of Labor and Unemployment	应付工资 Payable Wages	应付福利费 Payable Welfare Funds	从业人员年平均人数（人） Average Employment (person)
52966	**88248**	**84255**	**7636**	**1590**	**72986**	**6414**	**56669**
5737	-1410	-752	86	72	3644	181	2053
48369	84130	80620	6832	1377	65608	5700	50718
1949	-112	236	40	50	1426	52	848
1104	796	805	12	12	1234	137	761
343	268	4016	28	4	1006	106	772
15939	24076	24152	2191	263	19457	2676	16936
15939	24076	24152	2191	263	19457	2676	16936
859	6739	6915	1042	91	4522	31	2248
25557	48372	41477	3071	851	35245	2429	27144
9970	20111	17409	1691	379	11590	895	9033
2867	7137	4800	375	115	4413	394	3204
11401	19882	18161	834	338	17104	1066	13355
1320	1242	1107	172	19	2138	74	1552
2618	3991	3019	448	107	2718	270	2009
1511	1002	519	132	23	1110		555
1290	527	519	132	23	718		283
221	474				392		272
3086	3117	3116	673	190	6268	714	5396
3086	3117	3116	673	190	6268	714	5396
48929	75700	72813	6036	1249	65011	6198	51989
2995	9694	8983	1521	291	6799	95	3889
92	272	272	11	1	94	3	69
951	2583	2187	68	49	1082	119	722

15－10 限额以上批发和零售业、餐饮业连锁经营情况（2008－2009年）
Operation of Chain Enterprises above Designated Size in Wholesale, Retail and Catering Trade (2008-2009)

单位：万元 （10 000 yuan)

指标	Item	合计 Total 2008	合计 Total 2009	#直营店 Regular Chain 2008	#直营店 Regular Chain 2009
门店总数（个）	Number of Stores (unit)	9304	11702	2580	2713
#百货店	Department Stores	218	252	218	247
超级市场	Supermarkets	1791	2377	711	569
营业面积（平方米）	Business Areas (sq.m)	4309422	4252492	3120123	2863207
#百货店	Department Stores	1003500	1051011	1003500	1050491
超级市场	Supermarkets	526513	748908	484596	663660
从业人数（人）	Employment (person)	164066	183913	65361	74035
#百货店	Department Stores	17663	18738	17663	18687
超级市场	Supermarkets	19288	20607	17673	17534
商品购进总额	Total Purchases	3600409	4441499	3227372	3985134
#百货店	Department Stores	930073	1549789	930073	1549331
超级市场	Supermarkets	520546	623696	509827	597386
统一配送商品购进额	Purchases of Centralized Delivery	3182351	2919012	3019267	2716734
#百货店	Department Stores	930073	1540550	930073	1540550
超级市场	Supermarkets	509664	590311	502100	565209
自有配送中心配送商品购进额	Purchases of Self-owned Delivery Center	2703521	2213052	2588432	2067835
#百货店	Department Stores	669364	1237617	669364	1237617
超级市场	Supermarkets	366940	259306	362380	236628
非自有配送中心配送商品购进额	Purchases of Non-self-owned Delivery Center	291011	326513	271332	306612
#百货店	Department Stores	259887	301090	259887	301090
超级市场	Supermarkets	1614	1706	1273	
营业收入（餐饮业）	Business Revenue (Catering Trade)	791697	906975	128682	196211
#正餐	Restaurant	590213	718747	104936	119685
快餐	Fast Food	16882	60470	16882	60470
销售总额（批发和零售业）	Total Sales (Wholesale & Retail)	3513467	4837750	3463057	4711787
#百货店	Department Stores	1031737	1984919	1031737	1984333
超级市场	Supermarkets	576446	640543	566239	611081
#零售额	Retail	2369329	3535788	2326782	3469470
#百货店	Department Stores	1007256	1933715	1007256	1933715
超级市场	Supermarkets	572990	587454	563934	557993

主要统计指标解释

社会消费品零售总额 指批发和零售业、餐饮业、新闻出版业、邮政业和其他服务业等，售予城乡居民用于生活消费的商品和社会集团用于公共消费的商品之总量。社会消费品零售总额包括：

一、批发和零售业企业（单位）售予城乡居民用于生活消费和社会集团用于公共消费的商品。包括：

1.售予城乡居民的各种生活消费品；

2.售予入境旅游的外国人、华侨、港澳台同胞的各类商品；

3.售予行政事业单位、社会团体、军队和武警等机构的商品，以及以零售方式售予各类企业的商品。具体包括：用于非生产和社会交往的办公用品，如通讯设备、计算器具和设备、电讯网络设备、文印设备、音像视听器材和设备、纸张、本册、文具及装订文印材料、家具、日用电器、针纺织品、清洁卫生用品、文体用品、奖品、纪念品、礼品等；供内部人员乘坐的交通工具和燃料；用于办公设施修缮的各类配件、材料、工具等；用于取暖和防暑降温的设备、燃料、材料及食品等；专用于教学的用品和设备；非营利医疗机构的中、西药品、中药材和医疗设备器材；非专用的劳动保护用品；不对外营业的内部食堂用的餐具、炊具、设备、清洁卫生工具和食品、燃料等；军队、武警用于其人员生活的衣着品和个人用品；其他各类非生产性设备和用品。

二、餐饮业出售的主食、菜肴、烟酒饮料和其他商品。

三、新闻出版业、邮政业售予城乡居民、企事业单位、军队和武警等机构的书报杂志、音像制品、邮品等。

四、其他服务业出售的食品、烟酒饮料、服装鞋帽、日常生活用品、医药保健用品、艺术品、工艺美术品、玩具、殡葬用品以及其他消费品。

批发和零售业商品购进、销售、库存总额 指各种登记注册类型的批发和零售业企业(单位)以本企业(单位)为总体的，从国内、国外市场购进的商品总量，销售和出口的商品总量、库存的商品总量等情况。该指标可以反映商品流转过程中商品的购进、销售、库存之间的比例关系和存在的问题。

销售总额 指对本企业(单位)以外的单位和个人出售(包括对境外直接出口)的商品总额。它反映批发和零售业在国内市场上销售商品以及出口商品的总量。商品销售包括：(1)售给城乡居民和社会集团消费用的商品；(2)售给工业、农业、建筑业、运输邮电业、批发和零售业、住宿和餐饮业、其他服务业等作为生产、经营使用的商品；(3)售给批发和零售业作为转卖或加工后转卖的商品；(4)对国(境)外直接出口的商品。不包括出售本企业(单位)自用的废旧包装用品，未通过买卖行为付出的商品，经本单位介绍、由买卖双方直接结算、本单位只收取手续费的业务，购货退出的商品以及商品损耗和损失等。

住宿和餐饮业营业额 指住宿和餐饮业法人企业（单位）在经营活动中因提供服务或销售商品等取得的收入。包括：客房收入、餐费收入、商品销售额和其他收入。客房收入指住宿和餐饮业法人企业（单位）在经营活动中因提供住宿服务取得的收入。餐费收入指住宿和餐饮业法人企业、(单位）因为顾客提供就餐服务取得的收入，包括经烹饪、调制加工后出售的各种食品，如主食、炒菜、凉拌菜等的收入。商品销售额指住宿和餐饮业法人企业（单位）伴随服务而出售商品所取得的收入（含增值税）。其他收入指营业收入中除客房收入、餐费收入、商品销售额以外的其他收入，包括娱乐、健身和商务服务等。

连锁企业（或称连锁店、连锁公司） 指在核心企业或总店的领导下，由分散的、经营同类商品或服务的企业或活动单位，采取共同方针，实行集中采购和分散销售的有机结合，通过规范化经营，实现规模效益的经济联合组织形式。一般连锁店应由若干个分店组成。其经营特征：(1)经营同类商品；(2)使用统一商号；(3)统一采购配送，采购与销售相分离（部分商品可根据物流合理和保质保鲜原则，由供应商直接送货到门店，其余均由总部统一配送)。

连锁门店的形式分为直营连锁和加盟连锁。

直营连锁也叫正规连锁。指连锁门店均由总部独资或控股开设，在总部的直接领导下统一经营。总部采取纵深似的管理方式，直接下令掌管所有的零售门店，零售门店也必须完全接受总部指挥。这是大型垄断商业资本通过吞并、兼并或独资、控股等途径，发展壮大自身实力和规模的一种形式。

加盟连锁包括特许连锁和自由连锁两种形式。

特许连锁指各连锁门店（被特许人）通过合同形式，取得使用总部（特许人）商标、商号、经营技术和销售总部开发的商品的特许权，各加盟连锁门店为独立法人，在总部指导下统一经营。

自由连锁也称自愿连锁。指连锁公司的门店均为独立法人，各自的资产所有权关系不变，在公司总部的指导下共同经营。各成员店使用共同的店名，与总部订阅有关购、销、宣传等方面的合同，并按合同开展经营活动。在合同规定的范围之外，各成员店可以自由活动。根据自愿原则，各成员店可自由加入连锁体系，也可自由退出。

Explanatory Notes on Main Statistical Indicators

Total Retail Sales of Consumer Goods refer to the sum of retail sales of commodities sold by wholesale and retail trades, catering services, publishing, post and telecommunications and other service industries to urban and rural households for household consumption and to social institutions for public consumption. Retail sales of consumer goods include:

1) Sales sold by wholesale and retail trades to urban and rural households for household consumption and to social institutions for public consumption.

a) of commodities to urban and rural households;

b) of commodities to foreigners, overseas Chinese and Chinese compatriots from Hong Kong, Macao and Taiwan visiting China;

c) of commodities to government agencies, institutions, social organizations, military and armed police units, and commodities to enterprises in the form of retail sales. More specifically, they include: office facilities and articles for non-production purposes such as communications equipment, computing equipment and instruments, TV and network equipment, printing and copying equipment, audio-visual equipment and instruments, paper, notebooks, stationeries, furniture, electric appliances, knitwear, sanitation and cleaning articles, cultural and sport articles, articles for prizes, souvenirs, etc.; transport vehicles and fuels for employees; materials, spare parts and tools for the maintenance of office facilities; equipment, fuels, materials and food for winter heating or summer cooling purposes; articles and equipment for teaching purpose; Chinese and western medicines and medical equipment and facilities purchased by non profit-making medical institutes; non-specialized work safety articles; cooking utensils, tableware, equipment, cleaning articles, food and fuels purchased by in-house cafeterias; clothes and personal articles purchased by military or armed police units for their officials and soldiers; and other equipment and articles for non-production purposes.

2) Sales of stable food, cooked dishes, beverages, tobaccos and other articles by catering units.

3) Sales of books, newspapers, magazines, audio-visual products and post products by publishing, post and telecommunications departments to urban and rural households and to enterprises, institutions, military and armed police units.

4) Sales of food, beverages, tobaccos, clothing, hats, footwear, articles for daily use, medicines, medical and health articles, work of art, handicrafts, toys, funeral articles and other articles by other service industries.

Purchase, Sales and Stock of Commodities by Wholesale and Retail Trades refer to the total volume of commodities purchased, total volume of sales and exports, and the stock of commodities by wholesale and retail enterprises (establishments) of different status of registration from domestic and overseas markets. This indicator reflects the relationship among purchase, sales and stock of commodities in the circulation of goods and reveals the existing problems.

Total Sales of Commodities refer to value of commodities sold by the establishments to other establishments and individuals (including direct export to abroad). This indicator is used to show the total value of sales of commodities at domestic markets and export. The sales include: (1) commodities sold to urban and rural residents and social groups for their consumption; (2) commodities sold to establishments in industry, agriculture, construction, transportation, post and telecommunications, wholesale and retail trades, hotels and catering services, and public utility for their production and operation; (3) commodities sold to wholesale and retail establishments for re-selling, with or without further processing; and (4) commodities for direct export to abroad. Excluded are selling of waste packaging materials used by the establishments (units) themselves, commodities transferred without buying or selling procedures, commission income from brokerage in transactions for which settlement is directly handled by buyers and sellers, rejected commodities in the purchase, loss in commodities, etc.

Business Revenue of Hotels and Catering Services refers to revenue received from providing services or selling commodities by corporate enterprises and establishments engaged in hotels and catering services, including income from hotels, from catering services, from selling of commodities and from other services. Income from hotels refers to income of corporate enterprises and establishments engaged in hotels and catering services by providing lodging services. Income from catering services refers to income of corporate enterprises and establishments engaged in hotels and catering services by providing catering services, including selling of cooked or prepared foods such as staple food, cooked dishes or cold dishes. Income from selling of commodities refers to income of corporate enterprises and establishments engaged in hotels and catering services by selling commodities (including value-added tax) that accompany the services they provide. Income from other activities refers to income received other than income from hotels, catering services or selling of commodities, such as income from providing recreation, fitness or business services.

Chain Enterprises (also called chain stores or chain corporations) refer to a form of joint economic entities under which scattered enterprises or establishments engaged in providing homogeneous commodities or services, with the central leadership of core enterprise or headquarters and guided by common policies, conduct centralized purchase and distributed selling of commodities, in order to gain better efficiency through standardized operation. Consisting of a number of branch stores, the chain stores have in general the following features: 1) homogeneous commodities, 2) unique name of stores, 3) centralized purchase and delivery which is separated from distributed selling operation (most commodities are delivered from the headquarters except some items which, for logistics, quality or freshness considerations, might be delivered by suppliers directly).

The modes of chain operation include Regular Chain and Franchise Operation.

Regular Chain: refers to chain that are invested or controlled by the headquarters. They operate under direct and unified management from the headquarters. Adopting a direct management approach, the headquarters gives orders and controls all retail stores, which follow completely the directives from the headquarters. Large monopolized commercial companies develop and expand their business through purchasing, merging, direct investment and controlling of shares.

Franchise Operation includes Franchise Chain and Voluntary Chain.

Franchise Chain: Through contracts, chain stores (or their owners) obtain licenses from the headquarters (franchisee) to use designated trade marks, names, operation know-how, and to sell commodities developed by the headquarters. Under this arrangement, each store in the chain is an independent legal entity and operates under the guidance from the headquarters.

Voluntary Chain: Under this arrangement, all stores operate together under the guidance of the headquarters, while maintaining their status of independent legal entities with full ownership of their assets. They use the same store name and sign contracts with the headquarters concerning purchase, sale, and promotion. They will operate under the contracts. They are free to engage in other activities which are not bounded in the contract. They are free to join in or leave the chain.

对外经济贸易和旅游业

Foreign Economic Relations, Trade And Tourism

简要说明 Brief Introduction

本章内容包括全市进出口、利用外资、对外承包工程和劳务合作、旅游情况，以及利用内资方面的资料。进出口、利用外资、国外友好城市交流和旅游资料由市统计局贸易外经处分别根据重庆海关、市对外贸易经济委员会、市政府外事办公室和市旅游局的有关资料加工整理，利用内资数据由市统计局贸易外经处提供，外商投资企业生产经营和财务情况由国家统计局重庆调查总队提供，风景名胜区和重点文物由市统计局社会科技处根据市园林局和市文化局的资料整理编辑。

The data in this chapter include the statistics on imports & exports, utilization of foreign capital, contracted projects and labor cooperation with foreign countries (territories) and tourism as well as the utilization of domestic capital. The data of imports & exports, utilization of foreign capital, communications with foreign twin cities and tourism are provided by Chongqing Customs, Chongqing Foreign Trade and Economic Relations Commission, Foreign Affairs Office of Chongqing Municipal Government and Chongqing Tourism Administration, and sorted and compiled by Division of Trade and External Economic Relations Statistics, Chongqing Municipal Bureau of Statistics. The data of utilization of domestic capital are provided by Division of Trade and External Economic Relations Statistics of Municipal Bureau of Statistics; the statistics on production, business and finance of foreign-funded enterprises are provided by NBS Survey Office in Chongqing; the scenic spots and main cultural relics are provided by Municipal Bureau of Landscaping and Municipal Bureau of Culture and sorted and compiled by Division of Social and Technology Statistics of Chongqing Municipal Bureau of Statistics.

16－1 进出口总值（1987－2009 年）
Total Value of Imports and Exports (1987-2009)

单位：万美元 (USD 10 000)

年 份 Year	进出口总值 Total Imports and Exports	进口 Imports	出口 Exports	进出口差额 Balance of Imports and Exports
1987	29681	12235	17446	5211
1988	41078	18907	22171	3264
1989	60299	31247	29052	-2195
1990	68095	35366	32729	-2637
1991	61950	22701	39249	16548
1992	74244	33377	40867	7490
1993	85470	44310	41160	-3150
1994	123957	52430	71527	19097
1995	141859	57126	84733	27607
1996	158543	99178	59365	-39813
1997	167843	89828	78015	-11813
1998	103386	51975	51411	-564
1999	121044	72005	49039	-22966
2000	178547	79025	99522	20497
2001	183384	73136	110248	37112
2002	179401	70282	109119	38837
2003	259488	100979	158509	57530
2004	385735	176616	209119	32503
2005	429283	177229	252054	74825
2006	547013	211821	335192	123371
2007	744546	293774	450772	156998
2008	952121	379939	572182	192243
2009	770859	342851	428008	85157

16－2 利用外资基本情况（1985－2009 年）
Basic Statistics on Utilization of Foreign Capital (1985-2009)

单位：万美元 (USD 10 000)

年 份 Year	新签利用外资协议（合同）数(个) Number of Newly Signed Agreements (Contracts) of Foreign Capital Utilization (unit)	协议合同金额 Value of Agreements and Contracts	实际利用外资额 Foreign Capital Actually Utilized	#对外借款 Foreign Loans	#外商直接投资 Foreign Direct Investment
1985	28	3991	2499	736	427
1986	21	2957	3596	1464	790
1987	31	3320	4509	2451	1924
1988	72	54862	13153	10574	2069
1989	39	3887	22479	20427	756
1990	81	19133	14489	13187	332
1991	110	12074	16143	12340	977
1992	516	59665	29745	14359	10247
1993	795	106629	41970	14895	25915
1994	453	65266	65644	17376	44953
1995	341	112473	61554	20436	37926
1996	233	35873	44151	20772	21878
1997	289	77109	98208	36391	38466
1998	263	75099	55163	10484	43107
1999	199	70115	32699	8564	23893
2000	237	86888	34532	9953	24436
2001	191	71884	42442	16662	25649
2002	169	64824	45034	16817	28089
2003	218	71397	56654	25381	31112
2004	281	66621	68214	27462	40508
2005	266	81877	70423	18296	51575
2006	252	112960	87667	17450	69595
2007	263	407369	122011	13099	108534
2008	197	283124	285688	11953	272913
2009	220	379861	419178	14795	401643

注：2004 年以来新签利用外资协议(合同)数、协议合同金额数均不含对外借款。
Note: The indices of newly signed agreements (contracts) of foreign capital utilization and value of agreements & contracts have excluded foreign loans since 2004.

16－3 国际旅游人数和外汇收入（1983－2009年）
Number of International Tourists and Foreign Exchange Earnings (1983-2009)

年 份 Year	接待旅游人数（人次） Number of Tourists (person-time)	#外国人 Foreigners	#港澳台同胞 Compatriots from Hong Kong, Macao and Taiwan	旅游外汇收入（万美元） Foreign Exchange Earnings from Tourism (USD 10 000)	平均每人逗留天数（天） Average Staying Period Per Capita (day)
1983	23032	18706	3997	26	1.3
1984	28094	21110	6505	259	1.7
1985	49508	40460	8370	527	2.1
1986	55152	44290	8904	860	1.7
1987	60894	52177	8253	1063	1.5
1988	64181	45193	18711	1281	1.5
1989	41248	21454	19595	1027	1.6
1990	69609	19913	49570	1823	1.3
1991	81745	29625	51950	2354	1.6
1992	141165	52949	88050	3997	1.3
1993	135596	59140	76025	4819	1.4
1994	138593	93408	44180	5432	1.5
1995	142892	93625	48942	6333	2.0
1996	161761	108163	53238	7090	2.3
1997	259414	154919	103720	10548	2.7
1998	163738	116288	47211	8837	3.2
1999	184936	133629	51173	9726	3.2
2000	266081	192863	73218	13837	3.2
2001	313254	219214	94040	16341	3.1
2002	461484	310934	150550	21802	2.7
2003	234521	181744	52777	11323	2.8
2004	434423	338892	95531	20308	2.7
2005	523872	418076	105796	26436	3.0
2006	603239	488249	114990	30872	3.2
2007	761676	622427	139249	38231	3.2
2008	871907	742792	129115	44977	3.0
2009	1048125	847967	200158	53721	3.0

16－4　对外承包工程和劳务合作（1985－2009 年）
Contracted Projects and Labor Cooperation with Foreign Countries and Territories (1985-2009)

单位：万美元　　(USD 10 000)

年　份 Year	签订合同数（个） Number of Contracts (unit)	合同金额 Value of Contracts	实际完成营业额 Value of Turnover Fulfilled
1985	9	2109	572
1986	18	1571	337
1987	15	1540	572
1988	13	2640	2683
1989	27	2605	2574
1990	14	2971	2189
1991	16	4329	2436
1992	19	3765	2896
1993	13	9440	2704
1994	45	4106	4132
1995	33	4032	3757
1996	35	6654	3160
1997	22	2607	2725
1998	24	1969	3203
1999	235	4591	3842
2000	231	9232	5806
2001	232	11590	6700
2002	117	12200	7959
2003	94	13450	8810
2004	81	14805	10078
2005	70	18498	12138
2006	72	21447	16050
2007	67	30714	20585
2008	55	86398	30673
2009	80	104463	36885

16－5 按商品类别分的进出口总值（2008－2009 年）
Total Imports and Exports by Commodity Category (2008-2009)

单位：万美元 (USD 10 000)

商品类别	Categories of Commodities	进口 Imports		出口 Exports	
		2008	2009	2008	2009
总　值	**Total Value**	**379939**	**342851**	**572182**	**428008**
初级产品	**Primary Goods**	**77215**	**67108**	**20073**	**14999**
活动物、动物产品	Live Animals and Animal Products	1262	136	9017	8480
植物产品	Vegetable Products	33201	26007	2696	1757
动植物油脂及分解产品、精制食用油脂，动植物蜡	Animal or Vegetable Fats and Oils and Their Cleavage Products, Prepared Edible Fats, Animal or Vegetable Waxes	21	94	181	167
食品、饮料、酒及醋；烟草及烟草代用品的制品	Prepared Foodstuffs; Beverages, Spirits and Vinegar; Tobacco and Manufactured Tobacco Substitutes	251	515	3870	3485
矿产品	Mineral Products	42480	40356	4309	1110
工业制成品	**Mamufactured Goods**	**302724**	**275743**	**552109**	**413009**
化学工业及其相关工业的产品	Products of the Chemical or Industries Allied	11417	16891	54358	45996
塑料及其制品、橡胶及其制品	Plastics and Articles Thereof Rubber and Articles Thereof	17007	26363	8151	7726
生皮、皮革、毛皮及制品；鞍具及挽具；旅行用品、手提包及类似品；动物肠线（蚕胶丝除外）制品	Raw Hides and Skins, Leather, Fur Skins and Articles Thereof; Saddlery and Harness; Travel Goods, Handbags and Similar Containers; Articles of Animal Gut (Other Than Silk-Worm Gut)	34	215	683	718
木及木制品；木炭；软木及软木制品；稻草、秸杆、针茅或其他编结材料制品；蓝筐及柳条编结品	Wood and Articles of Wood; Wood Charcoal; Cork and Articles of Cork; Manufactures of Straw, of Esparto or of Other Plaiting Materials; Basket Ware and Wickerwork	29	87	278	408
木浆及其他纤维状纤维素浆；回收（废碎）纸或纸板；纸、纸板及其制品	Pulp of Wood or of Other Fibrous Cellulosic Material; Waste and Scrap of Paper or Paperboard; Paper and Paperboard and Articles Thereof	10403	11769	236	219

16-5 续表 CONTINUED

单位：万美元 (USD 10 000)

商品类别	Categories of Commodities	进口 Imports		出口 Exports	
		2008	2009	2008	2009
纺织原料及纺织制品	Textiles and Textile Articles	1278	1893	14584	23989
鞋、帽、伞、杖、鞭及其零件；已加工的羽毛及其制品；人造花；人发制品	Footwear, Headgear, Umbrellas, Sun Umbrellas, Walking-Sticks, Seat-Sticks, Whips, Riding-Crops and Parts Thereof; Prepared Feathers and Articles Made Therewith; Artificial Flowers; Articles of Human Hair	6	10	893	2503
石料、石膏、水泥、石棉、云母及类似材料的制品；陶瓷产品；玻璃及其制品	Articles of Stone, Plaster, Cement, Asbestos, Mica or Similar Materials; Ceramic Products; Glass and Glassware	1326	1009	31538	19826
天然或养殖珍珠、宝石或半宝石、贵金属、包贵金属	Natural or Cultured Pearls, Precious or Semi-Precious Stones, Precious Metals, Metals Clad With Precious Metal	8569	136	3311	3212
贱金属及其制品	Base Metals and Articles of Base Metal	24926	34300	51996	24860
机器、机械器具、电气设备及其零件；录音机及放声机、电视图象、声音的录制和重放设备及其零件、附件	Machinery and Mechanical Appliances; Electrical Equipment; Parts Thereof; Sound Recorders and Reproducers, Television Image and Sound Recorders and Reproducers; and Parts and Accessories of Such Articles	148131	96078	163562	136774
车辆、航空器、船舶及运输设备	Vehicles, Aircraft, Vessels and Associated Transport Equipment	51333	54252	212109	135515
光学、照相、电影、计量、检验、医疗或外科用仪器及设备、精密仪器及设备；钟表；乐器；上述物品的零件、附件	Optical, Photographic, Cinematographic, Measuring, Checking, Precision, Medical or Surgical Instruments and Apparatus; Clocks And Watches; Musical Instruments; Parts and Accessories Thereof	27295	31842	7810	8133
武器、弹药及其零件、附件	Arms and Ammunition; Parts and Accessories Thereof				
杂项制品	Miscellaneous Manufactured Articles	965	896	2573	3087
艺术品、收藏品及古玩	Works of Art, Collectors' Pieces and Antiques	5		1	1
特殊交易品及未分类商品	Commodities and Transactions not Classified According to Kind		2	26	42

16－6 按贸易方式分的进出口总值（2008－2009 年）
Total Value of Imports and Exports by Customs Regime (2008-2009)

单位：万美元 (USD 10 000)

指 标	Item	进出口总值 Total Imports and Exports		进口 Imports		出口 Exports	
		2008	2009	2008	2009	2008	2009
总 计	**Total**	**952121**	**770859**	**379939**	**342851**	**572182**	**428008**
一般贸易	Ordinary Trade	816437	676439	305429	312170	511008	364269
国家间国际组织无偿援助和赠送的物资	Donations by Foreign Countries and International Associations	204	213		10	204	203
其他境外捐赠物资	Other Donations from Abroad		35		27		8
补偿贸易	Compensation Trade						
来料加工装配贸易	Processing and Assembling Trade	1288	3146	316	407	972	2739
进料加工贸易	Feeding Processing Trade	72206	68158	15351	12888	56855	55270
加工贸易进口设备	Equipment Importation for Processing Trade	131	35	131	35		
寄售代销贸易	Consignment Trade		13				13
边境小额贸易	Petty Trade in Border Areas						
对外承包工程出口货物	Goods Exportation for Contracted Projects with Foreign Countries	135	446			135	446
租赁贸易	Leasing Trade	7	257	7	257		
外商投资企业作为投资进口的设备物品	Imported Equipment and Materials as Investment of Foreign-Funded Enterprises	40866	9096	40866	9096		
出料加工	Outward Processing Trade						
易货贸易	Barter Trade	8				8	
免税外汇商品	Tax-Free Commodities on Foreign Exchange						
保税仓库进出境货物	Inbound and Outbound Goods in Bonded Warehouses	19632	9947	17004	7344	2628	2603
保税区仓储转口货物	Storage of Transit Goods in Bonded Warehouses						
出口加工区进口设备	Imported Equipment for Export Processing Zone	186	81	186	81		
其 他	Others	1021	2993	649	536	372	2457

16－7 按国别（地区）分的进出口总值（2008－2009 年）
Imports and Exports by Country or Region (2008-2009)

单位：万美元 (USD 10 000)

国别（地区）	Country (Region)	进出口总额 Total Imports and Exports		进口 Imports		出口 Exports	
		2008	2009	2008	2009	2008	2009
总　计	**Total**	**952121**	**770859**	**379939**	**342851**	**572182**	**428008**
亚　洲	**Asia**						
#孟加拉国	Bangladesh	1357	1405	16	88	1341	1317
缅甸	Burma	11165	13247			11165	13247
柬埔寨	Cambodia	1197	887			1197	887
香港	Hong Kong	16676	18854	462	217	16214	18637
印度	India	22107	19657	2272	3304	19835	16353
印度尼西亚	Indonesia	18447	11139	352	993	18095	10146
伊朗	Iran	11459	13429	343	2282	11116	11147
伊拉克	Iraq	232	459	54		178	459
以色列	Israel	980	832	202	233	778	599
日本	Japan	106631	94117	78036	74482	28595	19635
约旦	Jordan	1835	4638	…		1835	4638
科威特	Kuwait	377	1591	104	74	273	1517
老挝	Laos	2900	2009			2900	2009
黎巴嫩	Lebanon	478	320			478	320
澳门	Macao	328	300	10		318	300
马来西亚	Malaysia	11087	10124	5468	4983	5619	5141
蒙古	Mongolia	670	352			670	352
阿曼	Oman	825	93			825	93
巴基斯坦	Pakistan	11571	12839	8	34	11563	12805
菲律宾	Philippines	9723	7184	205	158	9518	7026
卡塔尔	Qatar	1007	1669	420	336	587	1333
沙特阿拉伯	Saudi Arabia	7493	3007	3251	643	4242	2364
新加坡	Singapore	13419	15972	7646	12477	5773	3495
韩国	South Korea	26650	27802	16004	15945	10646	11857
斯里兰卡	Sri Lanka	1441	590	…		1441	590
叙利亚	Syria	3922	3568			3922	3568
泰国	Thailand	12069	11977	1949	4825	10120	7152
土耳其	Turkey	6203	4741	494	947	5709	3794
阿拉伯联合酋长国	United Arab Emirates	8762	5487	14	492	8748	4995
也门共和国	Yemen	265	671			265	671
越南	Vietnam	17102	13083	212	568	16890	12515
中华人民共和国	PRC	1972	2452	1972	2452		
台湾省	Taiwan	22186	13805	10347	5696	11839	8109
非　洲	**Africa**						
#阿尔及利亚	Algeria	6865	5571			6865	5571
安哥拉	Angola	2900	2637			2900	2637
埃及	Egypt	3151	3149	35	74	3116	3075
贝宁	Benin	518	478			518	478
喀麦隆	Cameroon	703	624			703	624

16-7 续表 1　CONTINUED-1

单位：万美元　　(USD 10 000)

国别（地区）	Country (Region)	进出口总额 Total Imports and Exports		进口 Imports		出口 Exports	
		2008	2009	2008	2009	2008	2009
刚果	Congo	267	86			267	86
埃塞俄比亚	Ethiopia	619	511			619	511
加纳	Ghana	961	830			961	830
几内亚	Guinea	382	318			382	318
科特迪瓦共和国	Cote d'ivoire	479	141			479	141
肯尼亚	Kenya	1560	2250	9	12	1551	2238
利比里亚	Liberia	372	244			372	244
利比亚	Libya	190	493			190	493
马达加斯加	Madagascar	335	229	1		334	229
毛里求斯	Mauritius	180	188			180	188
摩洛哥	Morocco	2200	1556	…		2200	1556
莫桑比克	Mozambique	1231	1225			1231	1225
纳米比亚	Namibia	214	109			214	109
尼日利亚	Nigeria	17127	10740		5	17127	10735
索马里	Somalia	99	117			99	117
南非	South Africa	10296	3541	3218	319	7078	3222
苏丹	Sudan	508	1424			508	1424
坦桑尼亚	Tanzania	1098	878			1098	878
多哥	Togo	3039	4365	…		3039	4365
突尼斯	Tunisia	355	586	…		355	586
乌干达	Uganda	125	659			125	659
布基纳法索	Burkina Faso	651	489			651	489
津巴布韦	Zimbabwe	75	129			75	129
欧　洲	**Europe**						
#比利时	Belgium	7062	9040	1387	2150	5675	6890
丹麦	Danmark	1889	2453	814	1530	1075	923
英国	UK	16567	11434	10207	7255	6360	4179
德国	Germany	81015	59366	58108	40174	22907	19192
法国	France	13528	8898	8198	5038	5330	3860
爱尔兰	Ireland	378	359	26	33	352	326
意大利	Italy	20692	19189	6568	7836	14124	11353
荷兰	Netherlands	20614	20988	10766	15658	9848	5330
希腊	Greece	2833	2920	1	1	2832	2919
葡萄牙	Portugal	1008	832	48	82	960	750
西班牙	Spain	21100	11592	15532	7662	5568	3930
奥地利	Austria	3622	3182	2601	1180	1021	2002
保加利亚	Bulgaria	602	225	14	18	588	207
芬兰	Finland	5852	2221	4813	820	1039	1401
匈牙利	Hungary	1387	1147	624	650	763	497
挪威	Norway	958	1644	556	709	402	935
波兰	Poland	9151	6716	636	1986	8515	4730
罗马尼亚	Romania	1462	908	121	371	1341	537

16-7 续表 2　CONTINUED-2

单位：万美元　　(USD 10 000)

国别（地区）	Country (Region)	进出口总额 Total Imports and Exports		进口 Imports		出口 Exports	
		2008	2009	2008	2009	2008	2009
瑞典	Sweden	10335	7986	6626	6282	3709	1704
瑞士	Switzerland	7595	3111	6384	2425	1211	686
爱沙尼亚	Estonia	730	194	12	11	718	183
拉脱维亚	Latvia	581	152	2	1	579	151
阿塞拜疆	Azerbaijan	451	152			451	152
俄罗斯联邦	Russia	12656	8151	2218	2941	10438	5210
乌克兰	Ukraine	10578	1132	1		10577	1132
斯洛文尼亚	Slovenia	300	251	1	39	299	212
克罗地亚	Croatia	1130	385	1	2	1129	383
捷克	Czech	1010	664	138	168	872	496
波斯尼亚—黑塞哥维那	Bosnia & Hercegovina	294	112			294	112
塞尔维亚	Serbia	333	80			333	80
拉丁美洲	**Latin America**						
#阿根廷	Argentina	24919	9828	4034	241	20885	9587
玻利维亚	Bolivia	104	148		4	104	144
巴西	Brazil	52793	33219	27343	25574	25450	7645
智利	Chile	5546	6222		4109	5546	2113
哥伦比亚	Columbia	4944	2764	…	16	4944	2748
哥斯达黎加	Costarica	1053	236		18	1053	218
多米尼加共和国	Dominica	2195	879			2195	879
厄瓜多尔	Ecuador	2971	2102		21	2971	2081
危地马拉	Guatemala	2090	593		2	2090	591
圭亚那	Guyana	746	197			746	197
海地	Haiti	373	305			373	305
洪都拉斯	Honduras	868	428			868	428
墨西哥	Mexico	14988	11473	596	1219	14392	10254
尼加拉瓜	Nicaragua	690	283			690	283
巴拿马	Panama	672	1805		5	672	1800
巴拉圭	Paraguay	6372	3064			6372	3064
秘鲁	Peru	6227	4400	274	10	5953	4390
萨尔瓦多	El Salvador	309	137		5	309	132
苏里南	Suriname	248	129			248	129
乌拉圭	Uruguay	4557	3208		10	4557	3198
委内瑞拉	Venezuela	1907	1214			1907	1214
北美洲	**North America**						
#加拿大	Canada	17186	7533	10285	2521	6901	5012
美国	U.S.A.	117122	109081	60617	55877	56505	53204
大洋洲	**Oceania**						
#澳大利亚	Australia	12029	18060	7014	15246	5015	2814
新西兰	New Zealand	645	429	15	31	630	398
巴布亚新几内亚	Papua New Guinea	219	156			219	156

16－8 出口主要商品数量和金额（2008－2009 年）
Main Export Commodities in Volume and Value (2008-2009)

单位：万美元 (USD 10 000)

品　　名	Name	数量 Volume		金额 Value	
		2008	2009	2008	2009
活猪（种猪除外）（万头）	Live Hogs (excluding boar hog)(10 000 heads)	5	45	122	83
粮　食（吨）	Cereals (ton)	961	348	77	66
蔬　菜（吨）	Vegetables (ton)	4585	4388	840	743
鲜、干水果及坚果（吨）	Fresh and Dried Fruits and Nuts (ton)	…	59	…	3
茶　叶（吨）	Tea (ton)	11879	11512	880	896
辣椒干（吨）	Dried Capsicum (ton)	32	19	5	4
猪肉罐头（吨）	Canned Pork (ton)	4717	3432	951	686
蘑菇罐头（吨）	Canned Mushroom (ton)	1980	1408	235	165
肠　衣（吨）	Casings (ton)	2434	2857	5057	3925
填充用羽毛；羽绒（吨）	Feathers and Down for Stuffing (ton)	551	603	1467	1545
药　材（吨）	Medical Materials (ton)	119	65	882	33
肥　料（吨）	Fertilizer (ton)	81879	36072	3197	1426
生　丝（吨）	Raw Silk (ton)	701	676	1627	1735
黏土及其他耐火矿物（吨）	Clay and Other Fire-resisting Minerals (ton)	146732	38050	4220	1050
天然硫酸钡（重晶石）（吨）	Barite (ton)	337	345	5	5
钨　品（吨）	Tungsten (ton)	261	92	691	196
碳酸钠(纯碱)（吨）	Sodium Carbonate (ton)	80984	130136	2257	2278
合成有机染料（吨）	Synthetic Organic Dyestuffs (ton)	115	205	132	133
医药品（吨）	Medical and Pharmaceutical Products (ton)	1313	2486	6551	9773
农　药（吨）	Pesticide (ton)	2566	2627	1121	1020
新的充气橡胶轮胎（条）	Rubber Tyres (unit)	396311	671	1303	1658
纺织纱线. 织物及制品	Yarn, Textile and Products			31797	26035
水　泥（吨）	Cement (ton)	892	3500	24	19
玻璃制品	Glass Products			1644	1312
家用陶瓷器皿（吨）	Porcelain and Pottery Ware for Household Use (ton)	7279	4751	1507	911
铁合金（吨）	Ferro-Alloys (ton)	36210	10732	5488	915
钢　材（吨）	Rolled Steel (ton)	15721	16972	2261	1874
未锻造的铜及铜材（吨）	Unwrought Copper and Rolled Copper (ton)	88	205	96	126
未锻造的铝及铝材（吨）	Unwrought Aluminum and Rolled Aluminum (ton)	60404	37509	19550	8603
未锻造的锰（吨）	Unwrought Manganese (ton)	19706	6311	7309	1642
钢铁或铜制标准紧固件（吨）	Iron or Copper Nails, Bolts, etc. (ton)	1209	1127	281	280
纺织机械及零件	Textile Machinery			315	366

16-8 续表 CONTINUED

单位：万美元 (USD 10 000)

品 名	Name	数量 Volume		金额 Value	
		2008	2009	2008	2009
金属加工机床（台）	Machine Tools (set)	252620	261366	810	1150
自动数据处理设备及其部件（千台）	Automatic Data Processing Machines and Components (1 000 sets)	41	217	804	86
自动数据处理设备的零件（吨）	Parts for Auto Data Processing Equipment (ton)	41	26	804	162
电动机及发电机（万台）	Electric Motors and Generators (10 000 sets)	604	367	2279	2970
变压器（万个）	Transformer (10 000 units)	7130	8244	3100	1910
静止式变流器（万个）	Static Converters (10 000 units)	168	159	670	427
原电池（万个）	Primary Cells and Batteries (10 000 units)	12561	9377	804	635
收音设备(包括收录音机及散件)（百台）	Radio Sets (including Sound Recording Apparatus) (100 sets)	789	638	83	232
电视. 收音机及电讯设备零附件（吨）	Parts of TV sets, Radio Sets and Telecommunication Equipment (ton)	77	180	239	216
通断保护电路装置及零件	Electrical Apparatus for Switching or Protecting Electrical Circuits			379	450
二极管及类似半导体器件（万个）	Diode and Semi Conductors(10 000 pcs)	16995	231	361	333
集成电路（百万个）	IC (1 million pcs)	5	5	318	554
电线和电缆（吨）	Insulated Wire or Cable (ton)	3145	1019	1865	657
集装箱（个）	Containers (unit)	4201	6	1373	3
汽车(包括整套散件)（辆）	Motor Vehicles (including parts) (unit)	57146	28180	33011	16548
汽车零件	Parts of Motor Vehicles			12709	10519
摩托车（辆）	Motorcycles (unit)	3511825	2155961	131335	81613
自行车（辆）	Bicycles (unit)	17165	21679	35	37
摩托车及自行车的零件	Parts of Motorcycles and Bicycles			17411	12532
船 舶（艘）	Ships (unit)	17	38	3130	8975
医疗仪器及器械	Medical Instruments and Appliances			980	604
日用钟（万只）	Clocks (10 000 sets)	184	146	412	378
家具及其零件	Furniture			979	1176
箱包及类似容器	Suitcases, Bags and Similar Containers			467	649
服装及衣着附件	Garments and Accessories			3522	9613
鞋 类	Footwear			738	2088
塑料制品（吨）	Plastic Articles (ton)	1204	3144	593	696
玩 具	Toys			159	209
圣诞用品	Articles for Christmas			18	94
机电产品	Mechanical and Electrical Products			399772	293328
高新技术产品	High and New-tech Products			23009	17719

16－9 进口主要商品数量和金额（2008－2009 年）
Main Import Commodities in Volume and Value (2008-2009)

单位：万美元 (USD 10 000)

品名	Name	数量 Volume		金额 Value	
		2008	2009	2008	2009
大　豆（吨）	Soybean (ton)	597769	587361	33155	25951
酒　类（升）	Liquor (liter)	97941	191605	29	61
饲料用鱼粉（吨）	Fish Meal as Feedstuff (ton)	2380	4436	185	403
天然橡胶(包括胶乳)（吨）	Natural Rubber (including Latex) (ton)	706	2419	188	409
合成橡胶(包括胶乳)（吨）	Synthetic Rubber (including Latex) (ton)	4043	17838	1269	3798
纸　浆（吨）	Paper Pulp (ton)	8000	3914	529	158
棉　花（吨）	Cotton (ton)	953	4399	170	737
铁矿砂及其精矿（万吨）	Iron Ore (10 000 tons)	135	305	19608	26494
锰矿砂及其精矿（吨）	Manganese Ores (10 000 tons)	6008	9198	240	179
成品油（吨）	Petroleum Products Refined (ton)	794	402	284	214
二甲苯（吨）	Xylene (ton)		38559		3988
医药品（吨）	Pharmaceutical Products (ton)	17	30	1192	1296
聚合物油漆及清漆（吨）	Polymer Paint and Varnish (ton)	1051	705	272	205
初级形状的塑料（吨）	Primary-Shaped Plastics (ton)	32138	88755	6264	12017
非泡沫塑料的板. 片. 膜. 箔（吨）	Non-Foam-Plastic Plates, Sheets, Films and Foils (ton)	725	1134	344	351
废塑料（吨）	Waste Plastics (ton)	18	4499	1	215
废　纸（吨）	Waste Paper (ton)	329571	646055	7947	9726
纸及纸板(未切成形的)（吨）	Paper and Paperboard (Unchopped in Shape) (ton)	4169	4412	1491	1557
纺织纱线. 织物及制品	Yarn, Textile and Products			951	960
玻璃纤维（吨）	Glass Fiber (ton)	96	93	104	86
废金属（吨）	Waste Metal (ton)	5522	61687	898	7610
钢　材（吨）	Rolled Steel (ton)	62318	93708	7368	9198
钢铁制标准坚固件（吨）	Iron Nails, Bolts, etc. (ton)	5462	6057	3925	4432
未锻造的铜及铜材（吨）	Unwrought Copper and Rolled Copper (ton)	58	5138	54	2521
未锻造的铝及铝材（吨）	Unwrought Aluminum and Rolled Aluminum (ton)	1272	12212	608	1921
钢铁或铝制结构体及其部件（吨）	Iron, Steel or Aluminum Structures and Components (ton)	54	32	163	25
活塞式内燃机的零件（吨）	Parts of Piston Combustion Engines (ton)	11347	7094	20732	12734
液泵及液体提升机（台）	Liquid Pump and Liquid Lifter (unit)	510905	634020	7917	6601
制冷设备用压缩机（台）	Compressors for Refrigeration (unit)	9464	19773	451	440
空气调节器（台）	Air Conditioners (unit)	316	5412	11	182
冷冻机和制冷设备	Refrigeration Equipment			331	119
非家用型水的过滤. 净化机器（台）	Water Filter and Purification Machines Not for Home Use (unit)	891	156	357	212
饮料及液体食品灌装设备（台）	Beverage and Liquid Food Filling Equipment (set)	5	5	386	676

16-9 续表 CONTINUED

单位：万美元 (USD 10 000)

品　名	Name	数量 Volume		金额 Value	
		2008	2009	2008	2009
机械提升搬运装卸设备及零件	Mechanical Lifting, Handling, Loading and Unloading Equipment and Parts			2315	509
建筑及采矿用机械及零件	Building and Mining Machinery and Parts			1380	573
食品加工机械及零件	Food Processing Machinery and Parts			665	135
制造纸及纸制品用机械及零件	Paper and Paper Products Manufacture Machinery and Parts			11852	286
印刷. 装订机械及零件	Printing and Binding Machinery and Parts			1380	597
纺织机械及零件	Textile Machinery			1508	67
金属加工机床（台）	Machine Tools (set)	337	155	10783	6749
金属轧机及零件	Rolling Mill and Parts			3938	2406
橡胶或塑料加工机械及零件	Rubber or Plastic Processing Machinery and Parts			1676	743
型模及金属铸造用型箱	Dies and Boxes for Metal Casting			687	619
阀门（万套）	Valves (10 000 sets)	156	159	5822	1724
自动数据处理设备及其部件（千台）	Automatic Data Processing Machines and Components (1 000 sets)	2	21	1142	747
自动数据处理设备的零件（吨）	Parts for Auto Data Processing Equipment (ton)	3	2	142	93
制造单晶柱或晶圆用的机器及装置（台）	Crystal Column or Wafer Manufacturing Machines and Devices (set)	31	16	433	824
电动机及发电机（万台）	Electric Motors and Generators(10 000 sets)	412	559	1707	1344
发电机组及旋转式变流机（台）	Generating Units and Rotary Converters (set)	81	137	382	116
变压. 整流. 电感器及零件	Transformers, Rectifiers, Inductors and Parts			1323	2803
无线电导航雷达及遥控设备（台）	Radio Navigation Radars and Remote Control Equipment (set)	342119	206147	435	591
收音设备(包括收录音机及散件)（台）	Radio Sets (including Sound Recording Apparatus) (set)	6215	59	112	95
电视. 收音机及电讯设备的零附件（吨）	Parts of TV sets, Radio Sets and Telecommunication Equipment (ton)	9	38	143	478
电容器（吨）	Capacitors (ton)	8	7	109	106
印刷电路（万块）	Printed Circuit (10 000 units)	3859	3744	198	261
通断保护电路装置及零件	Electrical Apparatus for Switching or Protecting Electrical Circuits			4458	3877
二极管及类似半导体器件（百万个）	Diode and Semi Conductors (1 million pcs)	161	169	349	296
集成电路（百万个）	IC (1 million pcs)	17	32	1301	1927
电线和电缆（吨）	Insulated Wire or Cable (ton)	218	243	464	602
汽车(包括整套散件)（辆）	Motor Vehicles (including parts) (unit)	675	269	1995	945
汽车零件	Parts of Motor Vehicles			48741	55117
液晶显示板（万个）	LCD (10 000 units)	45	30	126	93
医疗仪器及器械	Medical Instruments and Appliances			3340	4306
计量检测分析自控仪器及器具	Metering, Testing, Analyzing and Auto Controlling Instruments and Appliances			21478	24569
塑料制品（吨）	Plastic Articles (ton)	1411	1445	2065	2188
机电产品	Mechanical and Electrical Products			241833	193038
高新技术产品	High and New-tech Products			51780	43111

16－10 利用外资情况（2008－2009 年）
Utilization of Foreign Capital (2008-2009)

单位：万美元 (USD 10 000)

指　　标	Item	2008	2009
新签利用外资协议（合同）数(个)	**Number of Newly Signed Agreements (Contracts) of Foreign Capital Utilization (unit)**	**197**	**220**
外商直接投资	Foreign Direct Investment	135	161
外商其他投资	Other Foreign Investment	62	59
协议（合同）额	**Value of Agreements (Contracts)**	**283124**	**379861**
外商直接投资	Foreign Direct Investment	279513	371427
外商其他投资	Other Foreign Investment	3611	8434
实际利用外资额	**Foreign Capital Actually Utilized**	**285688**	**419178**
对外借款	Foreign Loans	11953	14795
外商直接投资	Foreign Direct Investment	272913	401643
外商其他投资	Other Foreign Investment	822	2740

16－11 对外承包工程、劳务合作和设计咨询（2008－2009 年）
Contracted Projects, Labor Services and Design & Consultation with Foreign Countries and Territories (2008-2009)

指　　标	Item	2008	2009
签订合同数（个）	**Number of Contracts (unit)**	**55**	**80**
对外承包工程	Contracted Projects	24	37
对外劳务合作	Labor Services	29	31
设计咨询	Design and Consultation	2	12
合同金额（万美元）	**Value of Contracts (USD 10 000)**	**86398**	**104463**
对外承包工程	Contracted Projects	85606	101176
对外劳务合作	Labor Services	596	1452
设计咨询	Design and Consultation	196	1835
实际完成营业额（万美元）	**Value of Turnover Fulfilled (USD 10 000)**	**30673**	**36885**
对外承包工程	Contracted Projects	25778	30092
对外劳务合作	Labor Services	3481	6010
设计咨询	Design and Consultation	1414	783
劳务输出（人）	**Labor Exported (person)**	**7818**	**9942**

16－12 外商直接投资项目（企业）数和投资额（2008－2009 年）

单位：万美元

指　标	Item	签定项目（合同）数(个) Number of Projects (Contracts) Signed (unit)		
		2008	2009	至当年底累计 Year-end Accumulation
总　计	**Total**	**135**	**161**	**4715**
按投资方式分	**By Investment Mode**			
合资经营	Joint Venture	38	64	2413
合作经营	Cooperative Operation	6	5	282
独资经营	Solely Foreign-Funded	90	90	2013
股份制	Share Holding	1	2	7
其　他	Others			
按行业分	**By Sector**			
第一产业	Primary Industry	22	11	116
第二产业	Secondary Industry	52	68	2903
工　业	Industry	52	64	2683
建筑业	Construction		4	220
第三产业	Tertiary Industry	61	82	1696
交通运输、仓储及邮电通讯业	Transport, Storage, Post and Communication	3	2	87
信息传输、计算机服务和软件业	Information Transmission, Computer Services and Softwares	5	7	41
批发和零售业	Wholesale and Retail Trades	22	17	90
住宿和餐饮业	Hotels and Catering Services	2	1	215
金融业	Financial Intermediation		3	5
房地产业	Real Estate	5	11	589
租赁和商务服务业	Leasing and Business Services	21	27	585
科学研究、技术服务和地质勘测业	Scientific Research, Technical Service and Geologic Prospecting		3	19
水利、环境和公共设施管理业	Management of Water Conservancy, Environment and Public Facilities	1	5	15
居民服务和其他服务业	Services to Households and Other Services	2	3	14
教　育	Education		1	20
文化、体育与娱乐业	Culture, Sports and Entertainment		2	10
其　他	Others			6
按主要国别（地区）分	**By Country (Region)**			
澳　门	Macao	2	3	47
台　湾	Taiwan	8	17	781
日　本	Japan	4	7	224
美　国	USA	12	8	498
加拿大	Canada	2	1	104
香　港	Hong Kong	69	81	2091
新西兰	New Zealand		1	17
新加坡	Singapore	6	7	162
马来西亚	Malaysia	4	3	56
澳大利亚	Australia	3	3	61
法　国	France		2	29
英　国	UK	3	2	61
瑞　典	Sweden	1		8
韩　国	South Korea	4	2	88
印度尼西亚	Indonesia			14
泰　国	Thailand		1	47
比利时	Belgium			4
瑞　士	Switzerland	1		6

注：本表当年底累计数据除实际利用外资累计数按行业分组和按主要国别分组为 1998 年开始的累计数外，其余均为 1979 年开始的累计数。

Number and Value of Foreign Direct Investment Projects (Enterprises) (2008-2009)

(USD 10 000)

外商协议投资额 Contracted Foreign Investment			实际利用外资额 Foreign Capital Actually Utilized		
2008	2009	至当年底累计 Year-end Accumulation	2008	2009	至当年底累计 Year-end Accumulation
279513	**371427**	**1933601**	**272913**	**401643**	**1272915**
66108	187439	766194	68374	181594	570220
20415	14119	190291	8786	9852	87377
186069	153037	941786	194277	186998	584411
6921	16832	31630	1476	23199	27054
		3700			3853
12325	9869	44911	1515	1001	5325
81047	148111	841965	87216	147233	440807
81831	142722	791956	86863	143324	433092
-784	5389	50009	353	3909	7715
186141	213447	1046725	184182	253409	674922
6972	1845	33803	325	414	9414
1871	35	3982	559	77	1366
17774	9113	60187	5922	14698	25905
1080	122	37607	2820	1036	17875
9000	33097	48853	1850	24864	43316
141480	87076	697281	168349	144357	482972
3599	64314	128979	2223	53832	72171
	259	1149			122
2389	12944	19156	515	10018	11512
1271	400	5886	139	2322	3309
705	1699	6236	1480	1785	6045
	2543	2841			250
		765		6	665
1225	-1079	7776	147	152	1565
2705	1679	82218	6585	1614	28635
1397	2379	84570	8677	7472	57332
3674	8410	90978	5317	9933	42559
2711	274	10263	1529	3076	7403
194294	258300	1122269	181043	249505	610451
-68		2449	72		198
6985	12949	60195	1081	24542	41986
713	71	9870	293	565	2859
29	287	9179	282	569	3411
13	25	4467	42	11	2623
-952	3760	25860	21	3542	17251
1		2483	1		1516
281	-251	12583	260	556	4364
		1051			75
	1705	8664	70	206	1325
		170			107
604	200	1070	107	200	4540

Note: All data of year-end accumulation are summed from 1979 except foreign capital actually utilized classified by sector and by country (region) which are summed from 1998.

16－13 外商投资企业生产经营和财务情况（2008－2009年）
Statistics on Production, Business and Finance of Foreign-funded Enterprises (2008-2009)

单位：万元 (10 000 yuan)

指　标	Item	2008	2009
调查企业数（个）	Number of Surveyed Enterprises (unit)	1067	1144
第一产业	Primary Industry	10	20
第二产业	Secondary Industry	548	531
第三产业	Tertiary Industry	509	593
#港澳台商投资企业	Enterprises with Funds from Hong Kong, Macao and Taiwan	465	509
协议总投资额（万美元）	Total Contracted Investment (USD 10 000)	2419282	2666277
#协议外商总投资额	Total Contracted Foreign Investment	1489144	1819707
当年外商实际投资额（万美元）	Actual Received Foreign Investment in Current Year (USD 10 000)	198713	108276
实际现金投资	Cash Investment	197720	107676
实际实物投资	Investment in Kind	603	444
无形资产作价投资	Intangible Assets as Investment	245	97
注册资本金总额（万美元）	Total Registered Capital (USD 10 000)	1226926	1359469
中　方	Chinese Participant	350624	422285
外　方	Foreign Participant	876301	937184
工业总产值	Gross Output Value of Industry	14701193	15374170
主营业务收入	Revenue from Principal Business	16901926	20656720
销售（营业）成本	Sales (Business) Cost	13592645	16444441
销售（营业）税金及附加	Sales (Business) Tax and Extra Charges	255963	401548
其他业务收入	Other Business Revenue	305381	1115290
利润总额	Total After-tax Profits	965492	1109434
资产总计	Total Assets	25581198	30330360
负债总计	Total Liabilities	14973909	18466098
#流动负债	Circulating Liabilities	10174016	13575763
长期负债	Long-Term Liabilities	3403965	4461415

16－14 实际利用内资项目资金来源情况（2008－2009 年）
Actual Utilization of Domestic Capital by Source (2008-2009)

单位：万元 (10 000 yuan)

项 目	Item	2008	2009
总 计	**Total**	**8428422**	**14680196**
按资金来源分组	**By Source of Domestic Capital**		
#北 京	Beijing	1504040	2660875
天 津	Tianjin	107729	166070
河 北	Hebei	68093	106250
山 西	Shanxi	58964	141816
内蒙古	Inner Mongolia	28662	33747
辽 宁	Liaoning	98613	206644
吉 林	Jilin	7744	16304
黑龙江	Heilongjiang	5180	51186
上 海	Shanghai	1055965	1864409
江 苏	Jiangsu	254908	789267
浙 江	Zhejiang	993264	1734985
安 徽	Anhui	101814	183336
福 建	Fujian	626764	807726
江 西	Jiangxi	29398	46098
山 东	Shandong	359752	265637
河 南	Henan	37597	69946
湖 北	Hubei	236032	387883
湖 南	Hunan	72967	120520
广 东	Guangdong	1506358	2806125
广 西	Guangxi	11409	52629
海 南	Hainan	33211	24668
四 川	Sichuan	904413	1648097
贵 州	Guizhou	42543	153286
云 南	Yunnan	213918	185573
西 藏	Tibet	5622	52618
陕 西	Shaanxi	14516	33269
甘 肃	Gansu	6373	17385
青 海	Qinghai	90	1398
宁 夏	Ningxia	2320	245
新 疆	Xinjiang	40163	52204
#东部地区	Eastern Region	6608697	11432656
中部地区	Middle Region	549696	1017089
西部地区	Western Region	1270029	2230451

16－15 实际利用内资项目资金行业分布情况（2008-2009年）
Actual Utilization of Domestic Capital by Sector (2008-2009)

单位：万元 (10 000 yuan)

项　目	Item	2008	2009
总　计	**Total**	**8428422**	**14680196**
按行业分	**By Sector**		
第一产业	**Primary Industry**	**90772**	**334215**
第二产业	**Secondary Industry**	**4077438**	**7069998**
采矿业	Mining and Quarrying	412819	677736
制造业	Manufacturing	2932270	4755830
电力、燃气及水的生产和供应业	Production and Supply of Electricity, Gas and Water	516351	798351
建筑业	Construction	215998	838081
第三产业	**Tertiary Industry**	**4260212**	**7275983**
交通运输、仓储及邮政业	Transport, Storage and Post	202861	369552
信息传输、计算机服务和软件业	Information Transmission, Computer Services and Software	29513	145429
批发与零售业	Wholesale and Retail Trades	258364	392329
住宿和餐饮业	Hotels and Catering Services	264792	179094
金融业	Financial Intermediation	25713	87109
房地产业	Real Estate	3056415	5314916
租赁与商务服务业	Leasing and Business Services	84232	67649
科学研究、技术服务与地质勘查业	Scientific Research, Technical Service and Geologic Prospecting	18940	13125
水利、环境和公共设施管理业	Management of Water Conservancy, Environment and Public Facilities	28064	321637
居民服务和其他服务业	Services to Households and Other Services	43131	35926
教　育	Education	95283	166468
卫生、社会保障和社会福利业	Health, Social Security and Social Welfare	12679	27835
文化、体育与娱乐业	Culture, Sports and Entertainment	140225	154914
公共管理与社会组织	Public Administration and Social Organizations		

16－16 1000万元以上利用内资项目合同（协议、计划）资金来源情况（2008－2009年）
Utilization of Contracted (Agreed, Planned) Domestic Capital above 10 Million Yuan by Source (2008-2009)

单位：万元 (10 000 yuan)

项目	Item	项目合同（协议、计划）总资金 Total Contracted (Agreed, Planned) Capital		#外省投入 From Outside Chongqing	
		2008	2009	2008	2009
总 计	**Total**	**37271625**	**64226015**	**31921465**	**56950620**
按资金来源分	**By Source of Domestic Capital**				
#北 京	Beijing	7793210	13390175	5807081	11094514
天 津	Tianjin	568191	279117	389627	285680
河 北	Hebei	94000	349588	88120	266892
山 西	Shanxi	105600	1462900	89300	1460600
内蒙古	Inner Mongolia	23000	63000	23000	58000
辽 宁	Liaoning	992600	816800	892600	787900
吉 林	Jilin	2000	38558	2000	33658
黑龙江	Heilongjiang	21700	109300	19900	101420
上 海	Shanghai	3453043	6714394	3340342	6246370
江 苏	Jiangsu	1719552	3089116	1141152	2173720
浙 江	Zhejiang	4934808	8095071	4712192	7455602
安 徽	Anhui	492000	574487	490800	567787
福 建	Fujian	2900016	3700001	2742066	3563651
江 西	Jiangxi	64700	82400	63028	82400
山 东	Shandong	1275110	1432465	985989	1179613
河 南	Henan	79100	361044	79100	338894
湖 北	Hubei	1569746	2167817	1520796	2049630
湖 南	Hunan	113940	178826	110545	178771
广 东	Guangdong	6276430	12171281	4639378	10463993
广 西	Guangxi	26800	73300	26800	73300
海 南	Hainan	101000	253000	75000	248000
四 川	Sichuan	3735375	5956769	3416525	5062007
贵 州	Guizhou	128948	292950	418868	556970
云 南	Yunnan	485100	2162800	533600	2203200
西 藏	Tibet	2500	78400	2500	73600
陕 西	Shaanxi	123256	156556	123256	156556
甘 肃	Gansu	13700	25700	13700	25700
青 海	Qinghai		3000		13992
宁 夏	Ningxia	2000	2000	2000	2000
新 疆	Xinjiang	174200	145200	172200	146200
#东部地区	Eastern Region	30107960	50291008	25175464	44030867
中部地区	Middle Region	2448786	4975332	2371584	4806815
西部地区	Western Region	4714879	8959675	4374417	8112938

16－17 1000万元以上实际利用内资项目资金来源情况（2008-2009年）
Actually Utilization of Domestic Capital above 10 Million Yuan by Source (2008-2009)

单位：万元 (10 000 yuan)

项　目	Item	实际利用内资 Domestic Capital Actually Utilized	
		2008	2009
总　计	**Total**	**7766803**	**13760177**
按资金来源分	**By Source of Domestic Capital**		
#北　京	Beijing	1467928	2619829
天　津	Tianjin	97224	141037
河　北	Hebei	55119	83180
山　西	Shanxi	50027	108727
内蒙古	Inner Mongolia	23000	32200
辽　宁	Liaoning	94026	200226
吉　林	Jilin	900	15000
黑龙江	Heilongjiang	3894	48327
上　海	Shanghai	1019149	1795513
江　苏	Jiangsu	219709	751884
浙　江	Zhejiang	923910	1604530
安　徽	Anhui	97124	177134
福　建	Fujian	591982	747519
江　西	Jiangxi	15364	26941
山　东	Shandong	346601	239637
河　南	Henan	30532	55891
湖　北	Hubei	198170	358033
湖　南	Hunan	49615	60883
广　东	Guangdong	1432378	2724150
广　西	Guangxi	8600	44600
海　南	Hainan	28500	18800
四　川	Sichuan	727120	1458012
贵　州	Guizhou	27437	126210
云　南	Yunnan	203201	179666
西　藏	Tibet	2500	51400
陕　西	Shaanxi	10345	24936
甘　肃	Gansu	5700	16525
青　海	Qinghai		1013
宁　夏	Ningxia	1300	242
新　疆	Xinjiang	35448	48132
#东部地区	Eastern Region	6276526	10926305
中部地区	Middle Region	445626	850936
西部地区	Western Region	1044651	1982936

16－18 1000万元以上利用内资项目合同（协议、计划）资金行业分布及登记注册类型情况（2008－2009年）
Utilization of Contracted (Agreed, Planned) Domestic Capital above 10 Million Yuan by Sector and by Registration (2008-2009)

单位：万元 (10 000 yuan)

项目	Item	项目合同（协议、计划）总资金 Total Contracted (Agreed, Planned) Capital		#外省投入 From Outside Chongqing	
		2008	2009	2008	2009
总计	**Total**	**37271625**	**64226015**	**31921465**	**56950620**
按行业分	**By Sector**				
第一产业	Primary Industry	171000	1020274	161390	998859
第二产业	Secondary Industry	17323963	29600233	15152021	26390473
采矿业	Mining and Quarrying	1473577	1977670	1464477	1961770
制造业	Manufacturing	11719706	19279431	10835719	17970030
电力、燃气及水的生产和供应业	Production and Supply of Electricity, Gas and Water	3361064	5678516	2128159	4192888
建筑业	Construction	769616	2664616	723666	2265785
第三产业	Tertiary Industry	19776662	33605508	16608054	29561288
交通运输、仓储及邮政业	Transport, Storage and Post	1089880	1764541	946414	1506483
信息传输、计算机服务和软件业	Information Transmission, Computer Services and Software	91000	279036	91000	273036
批发与零售业	Wholesale and Retail Trades	196400	805168	195800	803168
住宿和餐饮业	Hotels and Catering Services	529810	630350	497810	595550
金融业	Financial Intermediation	27999	154361	27999	128734
房地产业	Real Estate	16836564	26272598	13952918	22673271
租赁与商务服务业	Leasing and Business Services	47490	85800	47490	55800
科学研究、技术服务与地质勘查业	Scientific Research, Technical Service and Geologic Prospecting	42277	28200	38177	24700
水利、环境和公共设施管理业	Management of Water Conservancy, Environment and Public Facilities	155242	866654	76646	784946
居民服务和其他服务业	Services to Households and Other Services	63500	32500	39500	31500
教育	Education	285200	517200	284700	516700
卫生、社会保障和社会福利业	Health, Social Security and Social Welfare	36100	1114200	35100	1113200
文化、体育与娱乐业	Culture, Sports and Entertainment	375200	1054900	374500	1054200
公共管理与社会组织	Public Administration and Social Organizations				
按登记注册类型分	By Registration				
国有企业	State-owned Enterprises	1812400	3155565	1692400	2577754
集体企业	Collective-owned Enterprises	14800	41100	14800	40900
股份合作企业	Cooperative Enterprises	14500	62900	13000	55150
联营企业	Joint-owned Enterprises	200000	36558	150000	31658
有限责任公司	Limited Liabilities Corporation	21376445	34707860	18925030	31495734
股份有限公司	Share-holding Ltd.	7633971	17342312	6302248	15966369
私营企业	Private Enterprises	2628569	4773110	2425184	4382113
其他企业	Other Enterprises	625800	399590	530880	385085
港、澳、台商投资企业	Enterprises Funded by Hong Kong, Macao and Taiwan	2466948	2903227	1438930	1351964
外商投资企业	Foreign-funded Enterprises	138292	295973	70593	169543
个人	Individual	10600	41050	10600	41050
其他	Others	349300	466770	347800	453300

16－19 1000万元以上利用内资项目资金行业分布及登记注册类型情况（2008-2009年）
Utilization of Domestic Capital above 10 Million Yuan by Sector and by Registration (2008-2009)

单位：万元 (10 000 yuan)

项 目	Item	实际利用内资 Domestic Capital Actually Utilized	
		2008	2009
总 计	**Total**	**7766803**	**13760177**
按行业分	**By Sector**		
第一产业	Primary Industry	53164	247343
第二产业	Secondary Industry	3808256	6655839
采矿业	Mining and Quarrying	382915	615492
制造业	Manufacturing	2756155	4494586
电力、燃气及水的生产和供应业	Production and Supply of Electricity, Gas and Water	494935	782740
建筑业	Construction	174251	763021
第三产业	Tertiary Industry	3905383	6856995
交通运输、仓储及邮政业	Transport, Storage and Post	191104	342366
信息传输、计算机服务和软件业	Information Transmission, Computer Services and Software	2500	118036
批发与零售业	Wholesale and Retail Trades	102395	232468
住宿和餐饮业	Hotels and Catering Services	240159	145208
金融业	Financial Intermediation	17000	81554
房地产业	Real Estate	3019783	5245293
租赁与商务服务业	Leasing and Business Services	36790	23970
科学研究、技术服务与地质勘查业	Scientific Research, Technical Service and Geologic Prospecting	11110	8198
水利、环境和公共设施管理业	Management of Water Conservancy, Environment and Public Facilities	26192	315601
居民服务和其他服务业	Services to Households and Other Services	32000	17050
教 育	Education	94265	161508
卫生、社会保障和社会福利业	Health, Social Security and Social Welfare	11605	23341
文化、体育与娱乐业	Culture, Sports and Entertainment	120480	142402
公共管理与社会组织	Public Administration and Social Organizations		
按登记注册类型分	**By Registration**		
国有企业	State-owned Enterprises	142459	985157
集体企业	Collective-owned Enterprises	6700	26500
股份合作企业	Cooperative Enterprises	4260	22910
联营企业	Joint-owned Enterprises	150000	15000
有限责任公司	Limited Liabilities Corporation	4253493	6855259
股份有限公司	Share-holding Ltd.	1584654	3712290
私营企业	Private Enterprises	668420	1300621
其他企业	Other Enterprises	119480	114894
港、澳、台商投资企业	Enterprises Funded by Hong Kong, Macao and Taiwan	679381	448162
外商投资企业	Foreign-funded Enterprises	65839	145019
个 人	Individual	7175	25640
其 他	Others	84942	108725

16－20　旅游基本情况（2008－2009 年）
Basic Statistics on Tourism (2008-2009)

指　　标	Item	2008	2009
国际旅游者人数（人次）	**International Tourists (person-time)**	**871907**	**1048125**
外国人	Foreigners	742792	847967
#日　本	Japan	71498	97866
新加坡	Singapore	24035	34406
泰　国	Thailand	6392	5757
美　国	United States	317354	250671
加拿大	Canada	24297	24887
法　国	France	25052	23973
英　国	United Kingdom	49974	52445
德　国	Germany	60734	78418
意大利	Italy	7671	14041
澳大利亚	Australia	25603	29008
香港同胞	Compatriots from Hong Kong	73139	118512
澳门同胞	Compatriots from Macao	1649	2431
台湾同胞	Compatriots from Taiwan	54327	79215
来渝旅游者平均逗留天数（天）	Average Period Tourists Staying in Chongqing (day)	3.0	3.0
外国人	Foreigners	3.0	3.2
香港同胞	Compatriots from Hong Kong	3.5	2.7
澳门同胞	Compatriots from Macao	3.6	3.3
台湾同胞	Compatriots from Taiwan	2.9	2.6
旅行社组织国内居民出境旅游人数（万人天）	**Number of Outbound Chinese Tourists Organized by Travel Agencies (10 000 person-days)**	**88.20**	**123.37**
国内旅游者人数（万人次）	**Domestic Tourists (10 000 person-times)**	**10001.19**	**12191.03**
旅游收入	**Earnings from Tourism**		
国际旅游外汇收入（万美元）	Foreign Exchange Earnings from International Tourism (USD 10 000)	44977	53721
国内旅游收入（亿元）	Earnings from Domestic Tourism (100 million yuan)	530.03	666.34
星级饭店数（个）	**Number of Star-Rated Hotel (unit)**	**239**	**266**
年末旅行社数（个）	**Number of Travel Agencies at Year-end (unit)**	**323**	**353**
出境旅行社	International Travel Agencies		20
一般旅行社	Domestic Travel Agencies		333
年末旅行社从业人员（人）	**Number of Employees of Travel Agencies at Year-end (person)**	**5220**	**6813**
出境旅行社	International Travel Agencies		2445
一般旅行社	Domestic Travel Agencies		4368

16－21 星级饭店基本情况（2008－2009 年）
Basic Statistics on Star-rated Hotels (2008-2009)

指 标	Item	2008	2009
星级饭店数（个）	**Number of Star-rated Hotels (unit)**	**239**	**266**
按星级分	By Star Level		
#五星级	5-star	9	11
四星级	4-star	43	53
三星级	3-star	107	123
按注册类型分	By Registration		
内 资	Domestic Funded	229	255
#国 有	State-owned	77	80
集 体	Collective-owned	19	18
私 营	Private	78	95
股份制	Share-holding	24	25
外商及港澳台投资	Foreign-funded and Funded by Hong Kong, Macao and Taiwan	10	11
按饭店客房规模分	By Capacity		
300 间以上	With 300 Rooms and Above	9	11
200-299 间	With 200-299 Rooms	19	19
100-199 间	With 100-199 Rooms	75	87
99 间以下	With Less Than 100 Rooms	136	149
星级饭店客房数（间）	**Number of Rooms in Star-rated Hotels (unit)**	**26366**	**29873**
#五星级	5-star	3238	4125
四星级	4-star	7490	8812
三星级	3-star	10768	12241
星级饭店床位数（张）	**Number of Beds in Star-rated Hotels (unit)**	**46220**	**51738**
#五星级	5-star	4892	5573
四星级	4-star	12327	14464
三星级	3-star	19689	22300

16－22 重庆与国外友好城市交流（2008－2009 年）
Communications with Foreign Twin Cities (2008-2009)

指 标	Item	2008	2009
与国外结成友好城市累计数（个）	**Total Number of Foreign Twin Cities with Chongqing (unit)**	**21**	**21**
出访交流考查	**People Sent for Study Tour**		
批 数（批）	Number of Groups (group)	6	35
人（人次）	Number of People (person-time)	63	191
派出进修生	**People Sent Abroad for Further Studies**		
批 数（批）	Number of Groups (group)		3
人（人次）	Number of People (person-time)		27
接待来访团组	**Visitor Groups Received**		
批 数（批）	Number of Groups (group)	17	17
人（人次）	Number of People (person-time)	163	93

主要统计指标解释

进出口总额 指实际进出我国国境的货物总金额。包括对外贸易实际进出口货物，来料加工装配进出口货物，国家间、联合国及国际组织无偿援助物资和赠送品，华侨、港澳台同胞和外籍华人捐赠品，租赁期满归承租人所有的租赁货物，进料加工进出口货物，边境地方贸易及边境地区小额贸易进出口货物(边民互市贸易除外)，中外合资企业、中外合作经营企业、外商独资经营企业进出口货物和公用物品，到、离岸价格在规定限额以上的进出口货样和广告品(无商业价值、无使用价值和免费提供出口的除外)，从保税仓库提取在中国境内销售的进口货物，以及其他进出口货物。该指标可以观察一个国家在对外贸易方面的总规模。我国规定出口货物按离岸价格统计，进口货物按到岸价格统计。

商品经营单位所在地进、出口额 指在所在地海关注册登记的有进出口经营权的企业实际进、出口额。

利用外资 指我国各级政府、部门、企业和其他经济组织通过对外借款、吸收外商直接投资以及用其他方式筹措的境外现汇、设备、技术等。

对外借款 指通过对外正式签订借款协议，从境外筹措的资金，包括外国政府贷款、国际金融组织贷款、外国银行商业贷款、出口信贷以及对外发行债券等。1996 年及以前还包括对外发行股票。该指标是我国利用外资的重要部分。

外商直接投资 指外国企业和经济组织或个人(包括华侨、港澳台胞以及我国在境外注册的企业)按我国有关政策、法规，用现汇、实物、技术等在我国境内开办外商独资企业、与我国境内的企业或经济组织共同举办中外合资经营企业、合作经营企业或合作开发资源的投资(包括外商投资收益的再投资)，以及经政府有关部门批准的项目投资总额内企业从境外借入的资金。

外商其他投资 指除对外借款和外商直接投资以外的各种利用外资的形式。包括企业在境内外股票市场公开发行的以外币计价的股票（目前主要是在香港证券市场发行的H股和在境内证券市场发行的B股）发行价总额，国际租赁进口设备的应付款，补偿贸易中外商提供的进口设备、技术、物料的价款，加工装配贸易中外商提供的进口设备、物料的价款。

入境游客 指来中国（大陆）观光、度假、探亲访友、就医疗养、购物、参加会议或从事经济、文化、体育、宗教活动的外国人、港澳台同胞等游客（即入境旅游人数）。统计时，入境游客按每入境一次统计。

旅游外汇收入 指入境旅游者在中国（大陆）境内旅行、游览过程中用于交通、参观展览、住宿、餐饮、购物、娱乐等全部花费。

对外承包工程 指各对外承包公司以招标议标承包方式承揽的下列业务：(1)承包国外工程建设项目；(2)承包我国对外经援项目；(3)承包我国驻外机构的工程建设项目；(4)承包我国境内利用外资进行建设的工程项目；(5)与外国承包公司合营或联合承包工程项目时我国公司分包部分；(6)对外承包兼营的房屋开发业务。对外承包工程的营业额是以货币表现的本期内完成的对外承包工程的工作量，包括以前年度签订的合同和本年度新签订的合同在报告期内完成的工作量。

对外劳务合作 指以收取工资的形式向业主或承包商提供技术和劳动服务的活动。我国对外承包公司在境外开办的合营企业，中国公司同时又提供劳务的，其劳务部分也纳入劳务合作统计。劳务合作营业额按报告期内向雇主提交的结算数(包括工资、加班费和奖金等)统计。

对外设计咨询 指以服务成果向业主收费的技术服务项目。包括承担地形地貌测绘，地质资源勘探与普查，建设区域规划，提供设计文件、图纸、生产工艺技术资料和工程技术经济咨询，工程项目的可行性考察、研究和评估，进行技术指导和培训人员等；也包括承担国(境)内利用外资建设工程项目中的设计咨询项目内收取外币部分。

内资 指重庆市以外中华人民共和国境内（不包括港、澳、台地区）的企、事业单位、社会团体及其他投资者，来渝以从事经济社会活动为主要目的，遵循市场机制法则，本着互利互惠的原则进行的独资、合资、参股合作等而流入的资金。它不包括中央和各级政府无偿捐赠等。

Explanatory Notes on Main Statistical Indicators

Total Imports and Exports at Customs refer to the real value of commodities imported and exported across the border of China. They include the actual imports and exports through foreign trade, imported and exported goods under the processing and assembling trades and materials, supplies and gifts as aid given gratis between governments and by the United Nations and other international organizations, and contributions donated by overseas Chinese, compatriots in Hong Kong and Macao and Chinese with foreign citizenship, leasing commodities owned by tenant at the expiration of leasing period, the imported and exported commodities processed with imported materials, commodities trading in border areas (excluding mutual exchange goods), the imported and exported commodities and articles for public use of the Sino-foreign joint ventures, cooperative enterprises and ventures with sole foreign investment. Also included is import or export of samples and advertising goods for which CIF or FOB value are beyond the permitted ceiling (excluding goods of no trading or use value and free commodities for export), imported goods sold in China from bonded warehouses and other imported or exported goods. The indicator of the total imports and exports at customs can be used to observe the total size of external trade in a country. In accordance with the stipulation of the Chinese government, imports are calculated at CIF, while exports are calculated at FOB.

Import Export Value by Location of China's Foreign Trade Managing Units refers to actual value of imports and exports carried out by corporations which have been registered by the local Customs house and are vested with right to run import export business.

Utilization of Foreign Capital refers to remittance, equipment and technology financed from abroad, by loans, foreign direct investment and other forms undertaken by the Chins governments at all levels, by various departments, enterprises and other economic units.

Foreign Loans refer to funds borrowed from abroad through formal signing of borrowing agreements with foreign institutions, including loans of foreign governments, loans of international financial institutions, commercial loans of foreign banks, export credit, and funds raised by Chinese bonds (and shares before 1996) issued abroad.It is an important part of China's utilization of foreign capital.

Foreign Direct Investment refers to the investments inside China by foreign enterprises and economic organizations or individuals (including overseas Chinese, compatriots from Hong Kong and Macao, and Chinese enterprises registered abroad), following the relevant policies and laws of China, for the establishment of ventures exclusively with foreign own investment, Sino-foreign joint ventures and cooperative enterprises or for co-operative exploration of resources with enterprises or economic organizations in China. It includes the re-investment of the foreign entrepreneurs with the profits gained from the investment and the funds that enterprises borrow from abroad in the total investment of projects which are approved by the relevant department of the government.

Other Foreign Investment refers to all forms of utilization of foreign capitals other than foreign borrowings and foreign direct investment. It includes the total value of stock shares in foreign currencies issued by enterprises at domestic or foreign stock exchanges (now mainly consisting of K shares issued at Hong Kong Security Market and B shares issued at domestic security markets), rent payable for the imported equipment through international leasing arrangement, cost of imported equipment, technology and materials provided by foreign counterparts in compensation trade and processing and assembly trade.

Visitor arrivals refer to the number of foreigners, Chinese compatriots from Hong Kong, Macao and Taiwan Chinese (mainland) who come to China (mainland) for sight-seeing, vacation, visiting relatives, medical treatment, shopping, attending conference, or to engage in economic, cultural, sports and religious activities. In compiling statistics, each time of entering China is counted as one person-time.

Foreign Exchange Earnings from Tourism refer to the total expenditures cost in the process of foreigners' tourism in the mainland of China, including traffic, visit, accommodation, table, shopping and amusement expenditures.

Overseas Contracted Project refers to projects undertaken by Chinese contractors (project contracting companies) through bidding process. They include: (1) overseas civil engineering construction projects financed by foreign investors; (2) overseas projects financed by the Chinese government through its foreign aid programs; (3) construction projects of Chinese diplomatic missions, trade offices and other institutions stationed abroad; (4) construction projects in China financed by foreign investment; (5) sub-contracted projects to be taken by Chinese contractors through a joint umbrella project with foreign contractor(s); (6) housing development projects. The business income from international contracted projects is the work volume of contracted projects completed during the reference period, expressed in monetary terms, including completed work on projects signed in previous years.

Overseas Labour Services refer to the activities of providing technology and labour services to employers or contractors in the forms of receiving salaries and wages. Labour services providing by contractual joint ventures of Chinese international contracting corporations should be included in the statistics of service co-operation with foreign countries. The business income of labour service cooperation is the income in the form of wages and salaries, overtime pay, bonuses and other remuneration received from the employers during the reference period.

Overseas Design and Consultation Services refer to projects with income for technical services provided to overseas operators. It includes geographic and topographic mapping, geological resource prospecting and survey, planning of construction areas, provision of design documents, blueprints, materials on production process and techniques, as well as engineering, technical and economic consultation, and feasibility study, research and evaluation of projects. Also included under this category are the above-mentioned services of foreign-financed projects in China that are paid in foreign currencies.

Domestic Capital refers to capital inpoured by the way of sole investment, joint venture and cooperative operation from the corporations, social unions and other investors within China boundaries but outside Chongqing municipality (excluding Hong Kong, Macao, Taiwan) who consider engaging economic and social activities as their main destination in Chongqing, and follow the market system on behalf of equality. It excludes the subscription for no payment of central and local governments.

17

金融业

Financial Statistics

简要说明 Brief Introduction

本章资料包括全市金融机构信贷收支、证券和保险业情况，由市统计局综合处根据有关部门资料整理编辑。资料分别来源于中国人民银行重庆营业部、重庆市发展和改革委员会、重庆证监局、重庆保监局和重庆保险行业协会。

The data in this chapter include the statistics on credit funds balance of financial institutions, securities and insurance, which are sorted and compiled by Division of Comprehensive Statistics, Chongqing Municipal Bureau of Statistics. The data are provided by Chongqing Business Department of the People's Bank of China, Chongqing Development and Reform Commission, China Securities Regulatory Commission Chongqing Bureau, China Insurance Regulatory Commission Chongqing Bureau and Insurance Association of Chongqing.

17－1 主要金融机构数（2008－2009 年）
Number of Main Financial Institutions (2008-2009)

单位：个 (unit)

指 标	Item	2008	2009
银行机构	**Banks**		
内资银行	Dometic-funded Banks		
省（市）级分行/市联社会	Branches / Rural Credit Cooperative at Provincial (Municipal) Level	23	23
一级支行/地（区）级联合社	Sub-branches at 1st Level / Rural Credit Cooperative at District Level	85	369
二级支行/信用社	Sub-branches at 2nd Level / Credit Cooperative	812	1499
分理处（分社）	Banking Offices (Credit Cooperative Branches)	2333	2195
储蓄所	Saving Offices	997	88
中外合资、外资银行分行	Branches of Joint-venture Banks with Foreign Investment and Wholly Foreign-owned Banks	6	8
保险机构	**Insurance Institutions**		
保险公司法人机构	Corporate Entity of Insurance Companies	3	3
内资保险公司	Dometic-funded Insurance Companies		
省（市）级分公司	Branches at Provincial (Municipal) Level	30	27
中心支公司	Central Sub-branches	34	39
支公司	Sub-branches	243	253
营销服务部	Marketing & Service Departments	774	776
中外合资、外资保险公司	Insurance Joint-venturse with Foreign Investment and Wholly Foreign-owned Insurance Companies	3	5
外资保险公司代表处	Agencies of Foreign-funded Insurance Companies	1	1
专业保险中介机构	Professional Insurance Intermediary Institutions		
保险代理公司	Insurance Agent Companies	24	26
保险公估公司	Insurance Assessment Companies	6	8
保险经纪公司	Insurance Broker Companies	13	14
证券机构	**Security Institutions**		
内资证券公司	Dometic-funded Security Companies		
法人机构	Corporate Entity	1	1
营业部	Business Departments	68	81
服务部	Service Departments	25	11
中外合资、外资证券公司分公司	Security Branches of Joint-ventures with Foreign Investment and Wholly Foreign-owned Security Companies		

注：1）中外合资、外资金融机构数只统计到省（市）级。
2）保险机构数不含中国出口信用保险公司重庆营业管理部。

Note: a) Joint-venture financial institutions with foreign investment and wholly foreign-owned financial institutions are accounted up to provincial (municipal) level only.
b) Chongqing Business Department of China Export & Credit Insurance Corporation is not incuded in the number of insurance institutions.

17－2 金融机构（含外资）存贷款年末余额（1980－2009 年）
Year-end Deposit and Loan Balance of Financial Institutions (Including Foreign-funded Institutions) (1980-2009)

单位：亿元 (100 million yuan)

年 份 Year	本外币存款余额 Total Deposit Balance of RMB and Foreign Currencies	人民币存款余额 Total Deposit Balance of RMB	#企业存款 Enterprise Deposits	#储蓄存款 Urban and Rural Saving Deposits	本外币贷款余额 Total Loan Balance of RMB and Foreign Currencies	人民币贷款余额 Total Loan Balance of RMB	短期贷款 Short-term Loans	中长期贷款 Medium & Long-term Loans
1980		29.15	11.32	6.22		42.19	40.96	1.23
1981		33.98	11.86	8.35		50.29	47.69	2.21
1982		38.66	12.44	10.56		55.30	51.50	3.05
1983		45.22	15.29	13.34		63.25	58.14	4.32
1984		70.86	25.40	18.39		84.53	70.42	11.76
1985		62.38	22.87	25.41		101.56	84.85	14.89
1986		84.57	27.94	34.79		131.70	110.61	18.86
1987		110.37	31.84	44.46		163.63	125.85	22.99
1988		123.47	38.22	50.50		183.32	141.01	25.90
1989		146.71	39.27	68.17		214.41	167.66	29.65
1990		198.00	48.51	92.17		268.40	205.63	38.30
1991		253.57	63.76	121.95		336.85	249.51	58.82
1992		315.70	83.75	154.45		408.64	294.63	78.75
1993		386.86	89.57	198.05		495.71	357.59	98.88
1994		518.27	143.26	285.40		596.96	409.16	136.46
1995		676.70	193.38	401.45		755.39	501.66	185.89
1996	885.91	846.43	266.42	500.71	968.71	913.93	601.10	219.05
1997	1147.92	1098.67	429.42	580.67	1224.01	1156.13	873.14	248.06
1998	1359.52	1306.04	483.80	724.54	1443.65	1358.61	978.51	299.59
1999	1638.21	1580.80	544.00	909.10	1693.64	1611.68	1093.09	398.22
2000	1982.21	1904.71	645.54	1085.36	1966.40	1881.29	1246.81	470.70
2001	2377.99	2294.05	750.81	1317.17	1969.97	1871.98	1043.84	631.26
2002	2903.42	2821.04	909.43	1595.01	2338.17	2244.72	1191.70	754.57
2003	3512.82	3438.61	1098.15	1896.56	2976.67	2774.81	1378.85	1010.69
2004	4105.09	4039.61	1230.85	2189.73	3309.13	3246.28	1362.75	1346.91
2005	4784.76	4727.72	1337.05	2545.85	3779.28	3719.52	1471.86	1810.83
2006	5587.50	5519.75	1551.98	2949.05	4443.84	4388.28	1510.73	2392.26
2007	6662.36	6576.68	1997.71	3228.15	5197.08	5131.69	1597.12	3220.70
2008	8102.00	8021.95	2377.48	3988.96	6384.03	6320.81	1617.52	4093.50
2009	11084.82	10933.00	3770.43	4908.68	8856.56	8766.06	1499.85	6563.63

17－3 金融机构（含外资）本外币信贷资金平衡表(2008－2009 年)
Balance Sheet of RMB and Foreign Currencies Credit Funds of Financial Institutions (Including Foreign-funded Institutions) (2008-2009)

单位：亿元 (100 million yuan)

项　　目	Item	2008	2009
各项存款余额	Total Deposit Balance	8102.00	11084.82
企事业单位存款	Deposits of Enterprises and Public Institutions	2425.41	3886.59
活期存款	Demand Deposits	2006.12	3082.96
定期存款	Fixed Deposits	419.29	803.63
储蓄存款	Urban and Rural Saving Deposits	4016.82	4937.49
活期存款	Demand Deposits	1355.41	1857.24
定期存款	Fixed Deposits	2661.40	3080.25
各项贷款余额	Total Loan Balance	6384.03	8856.56
短期贷款	Short-term Loans	1624.29	1508.48
中长期贷款	Medium & Long-term Loans	4120.52	6599.88
有价证券及投资	Securities and Investment	493.36	606.79

注：外币折本币所用汇率为当年最后一个交易日的中间汇率。
Note:The exchange rates between foreign currencies and RMB are the middle rates on the last trading day in current year.

17－4 金融机构（含外资）人民币信贷资金平衡表（2008－2009年）

Balance Sheet of RMB Credit Funds of Financial Institutions (Including Foreign-funded Institutions) (2008-2009)

单位：亿元 (100 million yuan)

项目	Item	2008	2009
各项存款余额	**Total Deposit Balance**	**8021.95**	**10933.00**
#企业存款	Enterprise Deposits	2377.48	3770.43
#定期存款	Fixed Deposits	408.38	790.84
财政存款	Fiscal Deposits	251.80	227.25
机关团体存款	Deposits of Government Departments and Organizations	440.10	650.76
储蓄存款	Urban and Rural Savings Deposits	3988.96	4908.68
#定期储蓄	Fixed Deposits	2640.70	3060.01
农业存款	Agricultural Deposits	160.91	290.98
信托及委托存款	Trusted Deposits	40.78	58.44
金融债券	Financial Bonds		
同业往来	Inter-bank Deposits	66.74	120.22
各项准备	Various Reserves	106.96	121.71
#贷款损失准备金	Reserve for Loan Losses	103.08	112.40
各项贷款余额	**Total Loan Balance**	**6320.81**	**8766.06**
#短期贷款	Short-term Loans	1617.52	1499.85
#个人短期消费贷款	Personal Short-term Consumer Loans	53.09	37.20
中期流动资金贷款	Medium-term Circulating Capital Loans		
中长期贷款	Medium & Long-term Loans	4093.50	6563.63
#基本建设贷款	Loans to Capital Construction	2102.20	3053.96
技术改造贷款	Loans to Technique Innovation	38.08	36.84
个人中长期消费贷款	Personal Medium & Long-term Consumer Loans	958.51	1438.10
委托贷款	Trusted Loans		
票据融资	Bill Financing	608.12	701.07
#贴　现	Discount	539.66	701.07
有价证券及投资	Securities and Investment	549.61	813.26
同业往来	Inter-bank Loans	0.55	245.07
外汇占款	Purchase of Foreign Exchanges	-1.01	1.79
固定资产	Fixed Assets	103.28	118.85
库存现金	Cash on Hand	61.74	73.14

17－5 金融机构人民币现金收入和支出（2008－2009 年）
RMB Cash Income and Expenditures of Financial Institutions (2008-2009)

单位：亿元 (100 million yuan)

项　目	Item	2008	2009
现金收入合计	**Total Cash Income**	**12911.53**	**14537.79**
商品销售收入	Income from Commodity Sales	1063.44	1121.08
服务事业收入	Income from Service Trade	568.93	540.01
税款收入	Income from Taxes	126.26	118.95
城乡个体经营收入	Income from Urban and Rural Individual Business	223.04	233.45
储蓄存款收入	Income from Saving Deposits	9786.34	11096.76
其他金融机构收入	Income from Other Financial Institutions	22.33	12.75
居民归还贷款收入	Income from Repayment of Loans by Residents	142.40	132.41
汇兑收入	Income from Remittances	72.90	83.27
有价证券收入	Income from Securities	7.68	7.76
其他收入	Other Income	898.20	1191.34
#兑换外币收入	Income from Foreign Currency Exchanges	7.03	7.03
现金回笼	**Cash Withdrawn**	**57.65**	**84.22**
现金支出合计	**Total Cash Expenditures**	**12853.88**	**14453.56**
工资性支出	Wages	896.37	902.45
农副产品采购支出	Purchases of Agricultural and Sideline Products	171.58	163.49
工矿及其他产品采购支出	Purchases of Industrial & Mineral Products and Other Products	111.24	117.72
行政事业管理费支出	Government and Enterprises Overhead	612.98	566.86
城乡个体经营支出	Expenditure for Individual Business	260.43	246.77
储蓄存款支出	Expenditure for Saving Deposits	9887.45	11227.02
其他金融机构支出	Expenditure for Other Financial Institutions	54.57	14.47
居民提取贷款支出	Expenditure for Loans by Residents	46.67	40.20
汇兑支出	Expenditure for Remittances	65.07	55.88
有价证券支出	Expenditure for Securities	7.04	4.94
其他支出	Other Expenditure	740.48	1113.76
#兑换外币支出	Expenditure for Foreign Currency Exchanges	3.76	2.52
现金投放	**Currency Issuance**	**-57.65**	**-84.22**

17－6 按行业分金融机构（不含外资）本外币贷款结构（2008－2009年）

Loan Composition of RMB and Foreign Currencies of Financial Institutions (Excluding Foreign-funded Institutions) (By Sector) (2008-2009)

单位：亿元 (100 million yuan)

项　目	Item	2008	2009
贷款总计	**Total Loans**	**6204.70**	**8107.98**
按行业分	**By Sector**		
#农、林、牧、渔业	Farming, Forestry, Animal Husbandry and Fishery	211.55	168.69
采矿业	Mining and Quarrying	20.65	31.62
制造业	Manufacturing	1044.96	1084.43
电力、燃气及水的生产和供应业	Production and Supply of Electricpower,Gas & Water	452.42	444.46
建筑业	Construction	232.71	324.21
交通运输、仓储和邮政业	Transport, Storage and Post	624.14	948.41
信息传输、计算机服务和软件业	Data Transmission, Computer Services and Software	31.74	29.11
批发和零售业	Wholesale and Retail Trades	289.75	257.17
住宿和餐饮业	Hotels and Catering Services	30.75	39.61
金融业	Financial Intermediation	253.73	13.36
房地产业	Real Estate	648.27	872.47
租赁和商务服务业	Leasing and Business Services	251.15	560.09
科学研究、技术服务和地质勘查业	Scientific Research, Technical Services and Geological Prospecting	6.58	6.03
水利、环境和公共设施管理业	Administration of Water Conservancy, Environment and Public Utilities	669.68	1327.04
居民服务和其他服务业	Household Services and Other Services	72.13	27.25
教育	Education	97.15	122.23
卫生、社会保障和社会福利业	Public Health, Social Security and Social Welfare	26.82	30.32
文化、体育和娱乐业	Culture, Sports and Entertainment	25.90	28.67
公共管理和社会组织	Public Administration and Social Organizations	70.71	61.47
国际组织	International Organizations	2.20	3.89
对境外贷款	Loans Abroad		
个人贷款	Individual Loans	1141.74	1727.46
其中：个人消费贷款	Individual Consumer Loans	1015.00	1483.90
附：信托贷款	Trusted Loans		
委托贷款	Entrusted Loans		

注：1）委托贷款与信托贷款为金融机构的表外业务，因此，金融机构一般不对此类贷款进行细分。
2）因2009年统计制度调整，贷款分行业数据从2009年1月起不再包含票据融资。

Note: a) Entrusted loans and trusted loans are the off-balance-sheet business of financial institutions, so those loans will not be further classified.
b) Due to the adjustment of statistic system in 2009, the data of loans by sector no longer includes bill financing since January 2009.

17－7 按贷款对象分金融机构（不含外资）本外币贷款结构（2008－2009 年）
Loan Composition of RMB and Foreign Currencies of Financial Institutions (Excluding Foreign-funded Institutions) by Prospective Borrower (2008-2009)

单位：亿元 (100 million yuan)

项 目	Item	2008	2009
贷款总计	**Total Loans**	**6204.70**	**8107.98**
按贷款对象分	**By Prospective Borrower**		
内资企业贷款	Loans to Domestic-funded Enterprises	4723.41	6090.72
#国有企业	State-owned	1786.00	2849.00
港澳台商投资企业贷款	Loans to Enterprises Funded by Hong Kong, Macao and Taiwan	89.71	138.71
外商投资企业贷款	Loans to Foreign-funded Enterprises	138.57	151.09
个人贷款	Individual Loans	1253.01	1727.46
#个人消费	Individual Consumer Loans	1015.41	1483.90
境外贷款	Loans Abroad		

注：1）本表数据不含商业银行在人民银行的再贴现。
2）因 2009 年统计制度调整，贷款分对象数据从 2009 年 1 月起不再包含票据融资。
Note: a) The data hereof excludes the rediscount by the People's Bank of China.
b) Due to the adjustment of statistic system in 2009, the data of loans by sector no longer includes bill financing since January 2009.

17－8 上市公司情况（1993－2009 年）
Statistics on Listed Companies (1993-2009)

单位：个 (unit)

年 份 Year	全市总计 Total	上交所 Shanghai Stock Exchange	深交所 Shenzhen Stock Exchange	仅发 A 股公司 A Share Only	发 A、B 股公司 A&B Shares	仅发 B 股公司 B Share Only	发 A、H 股公司 A&H Shares
1993	3	1	2	3			
1994	5	2	3	5			
1995	7	3	4	6		1	
1996	11	4	7	10		1	
1997	19	8	11	17	1	1	
1998	19	8	11	17	1	1	
1999	22	9	13	20	1	1	
2000	25	11	14	23	1	1	
2001	26	12	14	24	1	1	
2002	27	13	14	25	1	1	
2003	27	13	14	25	1	1	
2004	29	14	15	27	1	1	
2005	29	14	15	27	1	1	
2006	29	14	15	27	1	1	
2007	30	15	15	27	1	1	1
2008	31	15	16	28	1	1	1
2009	31	15	16	28	1	1	1

注：本表不包括仅发 H 股的公司。
Note:Companies with H share only are not included in this tables.

17－9 有价证券发行情况（1981－2009年）
Issuance of Securities (1981-2009)

单位：亿元 (100 million yuan)

年份 Year	企业债券发行额 Issued Value of Corporate Bonds	股票发行量（万股） Amount of Issued Shares（10 000shares）	A股 A Shares	B股 B Shares	股票筹资额 Raised Capital	A股 A Shares	B股 B Shares
1981							
1982							
1983							
1984							
1985							
1986	1.50						
1987	0.59						
1988	1.85						
1989	0.39						
1990	1.95						
1991	3.90						
1992	5.45						
1993	4.18	7220	7220		2.08	2.08	
1994	1.17	3000	3000		1.13	1.13	
1995		17200	5200	12000	5.30	0.52	4.78
1996	3.60	50610	15610	35000	10.41	4.56	5.85
1997	4.85	42039	42039		26.76	26.76	
1998	3.40	5000	5000		3.75	3.75	
1999	4.10	10000	10000		7.21	7.21	
2000		29600	29600		22.63	22.63	
2001		3108	3108		4.73	4.73	
2002	15.00	2000	2000		3.16	3.16	
2003		3275	3275		3.74	3.74	
2004		22285	22285		15.65	15.65	
2005	17.00						
2006	30.00	31133	31133		14.63	14.63	
2007	20.00	51929	51929		26.37	26.37	
2008	45.00	22062	22062		12.73	12.73	
2009	105.00	237708	237708		17.56	17.56	

注：股票发行量和筹资额均不含H股。
Note: The amount of issued shares and raised capital don't include H share.

17－10 保险业务基本情况（1996－2009 年）
Basic Statistics on Insurance Business (1996-2009)

单位：亿元 (100 million yuan)

年份 Year	保费收入 Premium	财产保险 Property Insurance	人身保险 Life Insurance	赔款及给付 Claim and Payments	财产保险 Property Insurance	人身保险 Life Insurance
1996	12.82	8.05	4.77	6.48	4.44	2.04
1997	19.52	9.03	10.49	7.18	4.39	2.79
1998	22.77	9.31	13.46	10.64	6.55	4.09
1999	25.39	10.04	15.35	8.91	4.96	3.95
2000	27.71	10.72	16.99	8.27	5.28	2.99
2001	33.72	11.32	22.40	11.25	5.91	5.34
2002	46.17	13.31	32.86	14.20	7.57	6.63
2003	57.93	15.24	42.69	14.53	8.56	5.97
2004	66.51	17.45	49.06	16.25	9.43	6.82
2005	73.10	19.46	53.64	17.59	10.54	7.05
2006	93.24	24.17	69.07	20.51	12.08	8.43
2007	124.68	33.10	91.58	35.25	18.44	16.81
2008	200.55	37.76	162.80	45.64	22.59	23.05
2009	244.70	47.05	197.65	56.63	28.88	27.75

17－11 按险种分的保险业务指标（2008－2009 年）
Statistics on Insurance Business by Classification (2008-2009)

单位：万元 (10 000 yuan)

项目	Item	保费 Premium 2008	保费 Premium 2009	赔款及给付 Claim and Payment 2008	赔款及给付 Claim and Payment 2009
合计	**Total**	**2005523**	**2447045**	**456403**	**566316**
财产保险	**Property Insurance**	**377552**	**470584**	**225949**	**288774**
企业财产保险	Enterprise Property Insurance	22958	26678	13458	10265
家庭财产保险	Family Property Insurance	1827	1021	269	348
机动车辆保险	Motor Vehicle Insurance	297140	374722	181803	233692
工程保险	Engineering Insurance	5642	13002	4164	4560
责任保险	Liability Insurance	16954	19920	7615	11522
信用保险	Export Credit Insurance	4254	3640	733	4935
保证保险	Guarantee Insurance	392	2155	2555	2468
船舶保险	Ship Insurance	9495	9780	6673	6466
货物运输保险	Freight Transport Insurance	11293	9760	4223	5242
特殊风险保险	Special Risks Insurance	226	258	3	8
农业保险	Agriculture Insurance	7354	9604	4453	9270
其他保险	Other Insurances	18	46		-4
人身保险	**Life Insurance**	**1627971**	**1976461**	**230454**	**277543**
人寿保险	Life Insurance	1489504	1815985	171330	204823
健康保险	Health Insurance	85804	99946	39922	49996
意外伤害保险	Personal Accident Insurance	52663	60531	19201	22724

主要统计指标解释

信贷资金 指金融机构以信用方式积聚和分配的货币资金。金融机构信贷资金的来源有各项存款、金融债券发行、应付及暂收款、对国际金融机构负债、流通中货币、各项准备、所有者权益和其他项目等；信贷资金的运用有各项贷款、有价证券及投资、应收及预付款、委托投资、金银占款、外汇占款、库存现金、财政借款及在国际金融机构中的资产等。

存款 指企业、机关、团体或居民根据资金必须收回的原则，把货币资金存入银行或其他信贷机构保管并取得一定利息的一种信用活动形式。根据存款对象或性质的不同可划分为企业存款、财政存款、机关团体存款、基本建设存款、储蓄存款、农村存款、委托存款、其他存款等科目。它是银行信贷资金的主要来源。

贷款 指银行或其他信贷机构根据资金必须归还的原则，按一定利率，为企业、个人等提供资金的一种信用活动形式。我国银行贷款分为短期贷款、委托及信托类贷款、其他类贷款等。

金融机构往来 指各金融机构之间的资金往来，包括同业存放款和同业拆借款。

准备金 指各金融机构在中央银行的存款及缴存中央银行的法定准备金。

证券 由债券购买者承购的或因销售产品而拥有的，可在金融市场上交易并代表一定债权的书面证明。包括政府债券、金融债券、企业债券、商业票据、股票、支付固定收入但不提供法人企业残余价值分享权的优先股等。

股票 指股票购买者及直接投资者对其投资企业净资产所拥有的权益。股票是股份公司签发的证明股东投资并按其所持股份享有权益和承担义务的权益性证券。

保险公司 在中国境内的、经过保险监督部门批准设立，并依法登记注册的各类商业保险公司。

保费 指投保人为取得保险人在约定范围内所承担赔偿责任而支付给保险人的费用。

赔款 指保险人根据保险合同的规定，向被保险人支付的赔偿保险责任损失的金额。

给付 包括死伤医疗给付和满期给付。死伤医疗给付是指保险人根据人寿保险及长期健康保险合同的规定，因被保险人在保险期内发生保险责任范围内的保险事故支付给被保险人（或受益人）的金额。满期给付是指被保险人生存期满，保险人按人寿保险合同规定支付给被保险人的满期保险金额。

Explanatory Notes on Main Statistical Indicators

Credit Funds refer to the funds issued as loans by banking institutions. The sources of credit funds of the banking institutions included deposits, issue of financial bonds, account-payable and temporary gathering, liabilities to international financial institutions, currency in circulation, various reserves, owners rights and interests and other items. The credit funds can be used in forms of loans, securities and investment, account receivable and advance payment, entrusted investment, gold, foreign exchange, cash on hand, government debt and assets in the international financial institutions.

Deposit is a form of credit by which enterprises, institutions, organizations or households can put money into banks and other credit institutions for safekeeping and interest earning under the principle of free withdrawal. According to different depositors, deposits are divided into enterprise deposits, treasury deposits, deposits of government agencies and organizations, capital construction deposits, savings deposits, rural saving deposits, entrusted deposits and other deposits. Deposits are major sources of the credit funds of banks.

Loan is a form of credit by which banks and other credit institutions provide funds at certain interest rate to enterprises and individuals in the light of the principle of unconditional repayment. Loans from Chinese banks include short-term loan, medium-term and long-term loans, entrusted loans, and other loans.

Transactions between Financial Institutions refer to flow of capital between financial institutions, including inter-bank deposits and loans.

Reserve Funds refer to savings of financial institutions in the central bank and designated reserves to the central bank.

Securities refer to written certificates representing creditors' rights, purchased by bond holders or owned by selling products, which can be transacted at the financial markets. They include government bonds, financial bonds, corporation bonds, commercial drafts, stocks, preferential stocks that provide fixed income without the right to share the residual value of corporations, etc.

Stocks refer to the rights by stockholders and direct investors on the net assets of corporations they invested in. Stocks refer to negotiable securities on creditor's rights, issued by stock companies certifying the investment by stockholders and their rights and duties depending on their stocks.

Insurance Companies refer to commercial insurance companies of various forms registered by law and established in China with the approval of insurance regulatory agencies.

Premium is the fee paid by the insurant based on a proportion of the benefit he or she may get from the insurance plus the insurance value. It includes the income from the deposit of property insurance and personal insurance.

Settled Claim is the compensation paid by the insurer to the insurant in accordance with the insurance contract.

Payment includes payment for death, injury or medical treatment and mature payment. Payment for death, injury or medical treatment refers to the money paid to the insurant (of the beneficiary) in accordance with the life of health insurance contract when the insurant encounters accidents within the insured period covered in the contract. Mature payment refers to the mature payment to the insurant in accordance with the life insurance contract at the end of the insured period for the loss which has been checked and found to be in the range of liability of the insurance after an accident has happened to the insured property or to a person who has insured his life. It is further divided into settled and unsettled claim.

18

教育、科技和文化业

Education, Science, Technology And Culture

简要说明 Brief Introduction

本章资料主要包括全市教育事业、科学技术活动和文化事业的基本情况，由市统计局社会科技统计处根据调查资料和有关部门资料整理编辑。

教育部分包括各类教育的学校、教师和学生情况，由市教育委员会提供；专利资料由市知识产权局提供；商标申请注册来源于市工商行政管理局；产品质量监督抽查由市质量技术监督局提供；文化部分主要包括图书馆、文物、群众艺术文化、广播电视、新闻出版等情况，资料主要来自市文化广播电视局、市新闻出版局。

由于国家开展全国第二次R&D资源清查工作，为确保清查数据的准确性和权威性，在国家清查数据审核工作全部完成前，各地区不得对外发布或提供本地区有关清查数据。根据国家要求2009年科学技术部分包括的科技机构、大中型工业企业和高等学校科技活动情况的数据未能编撰入2010年年鉴，2009年科学技术部分资料将补充编辑入2011年年鉴。

The data in this chapter include the basic statistics on education, scientific & technological activities and culture undertakings. All the data are compiled by Division of Social and Technology Statistics, Chongqing Municipal Bureau of Statistics on the basis of the data from survey and related departments.

The statistics of education cover the data of schools, teachers and students of various kinds, which were provided by Chongqing Education Commission. The data of patent are provided by Chongqing Intellectual Property Office. The data of trademark application and registration are provided by Chongqing Administration for Industry and Commerce. The data of sampling supervision & check on quality of products are provided by Chongqing Bureau of Quality and Technical Supervision. The data of culture mainly include public libraries, cultural relics, mass arts & culture, radio and television, and press and publication, which are provided by Chongqing Administration of Culture, Radio and Television and Chongqing Press and Publication Bureau.

Due to the 2nd National Investigation of R&D Resources, to ensure the accuracy and authority of the data of investigation, any region is not allowed to release or provide the related data to the public before the investigation data review work is completed. In accordance with the requirement of the state, the data like number of science and technology institutions and the scientific and technological activities of the medium-large industrial enterprises and universities included in the chapter of science and technology in 2009 were not included in the yearbook of 2010. The related data of 2009 will be covered in the yearbook of 2011.

18－1 主要年份各级各类学校数
Number of Schools by Level and Type in Major Years

单位：所 (unit)

年 份 Year	普通高等学校 Regular Institutions of Higher Education	普通中等专业学校 Specialized Secondary Schools	普通中学 Regular Secondary Schools	小学 Primary Schools	特殊教育学校 Special Schools	幼儿园 Kindergartens
1952	7	50	128	12920		
1957	9	43	249	16201		
1962	10	14	402	14148		
1965	11	52	696	31503		
1970	11	22	1700	21253		
1975	8	72	1366	25465		
1978	13	76	2948	25002		
1980	16	73	1989	25120		
1985	18	74	1788	22793	7	5800
1986	19	77	1739	22486	19	5230
1987	19	81	1759	22094	18	5542
1988	20	82	1753	21629	20	5009
1989	20	82	1751	20972	23	4726
1990	20	82	1753	20248	24	5232
1991	20	82	1762	19829	29	4486
1992	20	82	1766	19496	32	4814
1993	20	82	1746	18849	30	4061
1994	20	83	1725	18175	31	4094
1995	22	83	1638	19637	30	6046
1996	22	81	1651	16779	36	5538
1997	22	81	1606	16261	37	5741
1998	22	81	1555	15737	37	5412
1999	23	78	1552	15223	42	6007
2000	22	62	1568	14730	42	6659
2001	29	52	1607	13076	44	3726
2002	29	47	1574	12031	38	3477
2003	33	39	1564	10966	41	3093
2004	34	38	1511	10409	43	3408
2005	35	37	1414	9558	43	3287
2006	38	30	1373	8754	44	3376
2007	38	28	1361	7990	43	3351
2008	47	25	1325	7575	41	3582
2009	51	24	1304	7096	36	3700

注：1）2001年起幼儿园资料按教育部对幼儿园数的认定标准统计，与以往年数不可比（下表同）。
2）2008年学校数含"独立学院"数。

Note: a) The data of kindergartens have been in accordance with the definition by Ministry of Education since 2001, not comparable with that of previous years (the same below).
b) Number of schools in 2008 includes the number of "non-university tertiary".

18－2 主要年份各级各类学校在校学生数
Number of Students Enrollment by Level and Type in Major Years

单位：人 (person)

年 份 Year	普通高等学校 Regular Institutions of Higher Education	普通中等专业学校 Specialized Secondary Schools	普通中学 Regular Secondary Schools	小学 Primary Schools	特殊教育学校 Special Schools	幼儿园 Kindergartens
1952	6437	20712	61345	1524145		
1957	15211	29238	181423	1539805		
1962	21173		163628	1640036		
1965	17408	19715	266504	1967997		
1970	4235		651232	2130534		
1975	10194	18901	963304	3415196		
1978	16357	25626	1631581	4035934		
1980	25349	33954	1323181	4316902		
1985	39871	31952	1102702	3857331	418	296336
1986	44454	34591	1107545	3610433	543	306591
1987	47644	36894	1122462	3279059	571	409209
1988	49981	38580	1124510	2858642	669	389185
1989	48449	40719	1111706	2581889	831	351175
1990	49331	40820	1080755	2393235	803	413552
1991	49964	41100	978204	2314986	1179	505799
1992	54121	44023	868431	2361261	1966	549271
1993	63795	53031	790396	2500362	1850	445940
1994	71118	52795	876008	2595400	1415	534177
1995	73398	62734	977079	2638555	1783	577162
1996	79929	69491	1012654	2737051	1832	588854
1997	83764	78800	1002915	2854307	1706	590464
1998	86913	91479	1083691	2884385	2325	613298
1999	101601	91954	1282599	2802741	9007	625666
2000	132512	84524	1477861	2761308	21160	640804
2001	170006	77056	1540317	2777859	18383	599282
2002	211221	86046	1574357	2797557	17199	587645
2003	255266	95057	1663728	2779441	14483	572538
2004	303913	99541	1707489	2718999	15973	544759
2005	357926	96883	1735166	2609754	12463	536266
2006	405118	106736	1794129	2523824	12151	530842
2007	445800	106960	1834364	2384527	11773	535457
2008	485013	113853	1907856	2243916	12172	574187
2009	523279	110553	1920158	2081367	13189	632170

注：本章普通高等学校数据均含研究生（以下各表同）。
Note:The data of regular institutions of higher education in this chapter include the postgraduates (the same applies to the following tables).

18－3 主要年份各级各类学校专任教师数
Number of Full-time Teachers by Level and Type in Major Years

单位：人 (person)

年 份 Year	普通高等学校 Regular Institutions of Higher Education	普通中等专业学校 Specialized Secondary Schools	普通中学 Regular Secondary Schools	小学 Primary Schools	特殊教育学校 Special Schools	幼儿园 Kindergartens
1952	839	1090	3385	41698		
1957	2193	2446	7940	52530		
1962	3297			55213		
1965	3336	2336		78503		
1970	3177		24970	73695		
1975	3574	2659	42893			
1978	3914					
1980	5025	3944	60953	125304		
1985	8061	4443	58886	119119	74	11937
1986	8236		55071	113724	101	12054
1987	8622		57044	112163	113	15090
1988	8823	4665	60450	111596	145	15873
1989	8726	4745	61938	109691	186	15898
1990	8677	4726	64056	110580	186	17443
1991	8596	4786	64934	111305	277	19313
1992	8696	4502	65030	111667	321	19244
1993	8777	4663	63555	113834	326	18388
1994	9186	4664	65316	116603	360	19729
1995	9409	4542	67498	117497	353	19948
1996	9400	4505	69503	117711	383	20111
1997	9432	4538	70661	119881	411	20665
1998	9498	4615	72333	121062	400	20962
1999	9987	4791	76158	120229	469	21088
2000	10449	4125	81766	119014	569	22598
2001	12125	3248	85030	118623	474	12067
2002	13954	2953	87427	117543	510	11666
2003	16013	2656	89560	115212	543	12141
2004	18214	2821	92051	114007	541	12351
2005	20184	2333	93997	114326	556	13220
2006	23717	1888	95782	113724	584	13615
2007	26089	2036	99807	119831	652	14270
2008	28398	2105	103111	119161	670	15507
2009	29883	2035	106544	117460	699	16579

18－4 研究生基本情况（1996－2009年）
Basic Statistics on Postgraduates (1996-2009)

单位：人 (person)

年 份 Year	在校学生数 Total Enrollment	招生数 New Enrollment	毕业生数 Graduates
1996	2953	1052	762
1997	3199	1108	847
1998	3726	1389	862
1999	5032	2132	991
2000	6233	2686	1084
2001	8358	3410	1401
2002	11110	4423	1616
2003	14763	6392	2715
2004	19367	8202	3426
2005	24363	9436	4193
2006	29000	10475	5492
2007	32145	11312	7483
2008	35005	12376	8925
2009	39080	14159	9759

18－5 主要年份文化机构数
Number of Cultural Institutions in Major Years

单位：个 (unit)

年份 Year	专业剧团 Specialized Troupes	文化馆、艺术馆 Cultural Centers and Art Centers	图书馆 Libraries
1975	54	33	10
1978	54	36	10
1980	55	35	21
1985	54	35	25
1986	52	35	26
1987	51	35	26
1988	45	35	27
1989	44	35	35
1990	42	39	36
1991	42	39	38
1992	42	39	38
1993	41	39	41
1994	36	40	41
1995	36	40	42
1996	39	46	42
1997	39	47	42
1998	39	47	42
1999	36	46	42
2000	35	44	42
2001	36	44	42
2002	32	44	43
2003	32	44	44
2004	29	44	44
2005	29	42	43
2006	78	41	43
2007	84	41	43
2008	177	41	43
2009	160	41	43

注：专业剧团数据2006年起统计口径调整为含系统内、系统外两部分。
Note:The data of specialized troupes has included the units either inside or outside the public-owned system since 2006.

18－6 教育事业基本情况（2008－2009 年）
Basic Statistics on Education (2008-2009)

单位：人、所 (person, unit)

指　标	Item	2008	2009
学校数	**Number of Schools**		
高等学校	**Higher Education**	**54**	**57**
普通高等学校	Regular Institutions of Higher Education	47	51
本科院校	Universities with Full Undergraduate Courses	22	22
#独立学院	Non-university Tertiary	7	7
专科院校	Colleges with Specialized Courses	25	29
成人高等学校	Institutions of Higher Education for Adult	7	6
高中阶段学校	Senior Secondary Education	568	538
普通高中	Regular Senior Secondary Schools	268	267
中等职业学校	Vocational Secondary Schools	300	271
义务教育学校	Compulsory Education	8632	8133
普通初中	Regular Jnior Secondary Schools	1057	1037
普通小学	Regular Primary Schools	7575	7096
特殊教育学校	Special Education	41	36
幼儿园	Kindergartens	3582	3700
工读学校	Schools for Juvenile Delinquents	6	5
成人中学	Secondary Schools for Adult	31	77
成人小学	Primary Schools for Adult	761	771
#扫盲班	Literacy Courses	414	279
在校学生数	**Total Enrollment**		
高等教育	Higher Education	709157	753163
研究生	Postgraduates	35005	39080
博士	Doctor's Degree	4301	4737
硕士	Master's Degree	30704	34343
普通本专科	Regular Undergraduates and College Students	450008	484199
本科	Enrolled in Full Undergraduate Courses	279994	301780
专科	Enrolled in Specialized Courses	170014	182419
成人本专科	Adult Undergraduates and College Students	132391	134644
本科	Enrolled in Full Undergraduate Courses	47115	39043
专科	Enrolled in Specialized Courses	85276	95601
在职人员攻读博硕士学位	Employees Enrolled in Graduate Programs Leading to Doctor and Master Degree	9983	10370
网络本专科	Students Enrolled in Internet-based Courses	81770	84870
本科	Enrolled in Full Undergraduate Courses	49507	47808
专科	Enrolled in Specialized Courses	32263	37062
高中阶段教育	Senior Secondary Education	1102667	1137253
普通高中	Regular Senior Secondary Schools	557405	591983

18-6 续表-1 CONTINUED-1

单位：人、所 (person, unit)

指 标	Item	2008	2009
中等职业教育	Vocational Secondary Education	545262	545270
义务教育	Compulsory Education	3594367	3409542
普通初中	Regular Jnior Secondary Schools	1350451	1328175
普通小学	Regular Primary Schools	2243916	2081367
特殊教育	Special Education	12172	13189
学前教育	Pre-school Education	574187	632170
工读学校	Schools for Juvenile Delinquents	179	114
成人中学	Secondary Schools for Adult	2189	11550
成人小学	Primary Schools for Adult	25813	15793
#扫盲班	Literacy Courses	4064	1688
招生数	**New Enrollment**		
高等教育	Higher Education	251803	266915
研究生	Postgraduates	12376	14159
博士	Doctor's Degree	1098	1147
硕士	Master's Degree	11278	13012
普通本专科	Regular Undergraduates and College Students	141481	152176
本科	Enrolled in Full Undergraduate Courses	78229	85176
专科	Enrolled in Specialized Courses	63252	67000
成人本专科	Adult Undergraduates and College Students	49947	50970
本科	Enrolled in Full Undergraduate Courses	14643	11729
专科	Enrolled in Specialized Courses	35304	39241
在职人员攻读博硕士学位	Employees Enrolled in Graduate Programs Leading to Doctor and Master Degree	3624	3174
网络本专科	Students Enrolled in Internet-based Courses	44375	46436
本科	Enrolled in Full Undergraduate Courses	24141	22234
专科	Enrolled in Specialized Courses	20234	24202
高中阶段教育	Senior Secondary Education	409641	417802
普通高中	Regular Senior Secondary Schools	215513	220899
中等职业教育	Vocational Secondary Education	194128	196903
义务教育	Compulsory Education	820968	761312
普通初中	Regular Jnior Secondary Schools	473329	439979
普通小学	Regular Primary Schools	347639	321333
特殊教育	Special Education	2006	1482
学前教育	Pre-school Education	380458	412453
工读学校	Schools for Juvenile Delinquents	106	74
成人中学	Secondary Schools for Adult	…	…
成人小学	Primary Schools for Adult	…	…
#扫盲班	Literacy Courses	…	…

18-6 续表-2 CONTINUED-2

单位：人 (person)

指 标	Item	2008	2009
毕业生数	**Graduates**		
高等教育	Higher Education	167075	201327
研究生	Postgraduates	8925	9759
博士	Doctor's Degree	585	668
硕士	Master's Degree	8340	9091
普通本专科	Regular Undergraduates and College Students	99747	114515
本科	Enrolled in Full Undergraduate Courses	56710	61175
专科	Enrolled in Specialized Courses	43037	53340
成人本专科	Adult Undergraduates and College Students	38373	46327
本科	Enrolled in Full Undergraduate Courses	15339	20188
专科	Enrolled in Specialized Courses	23034	26139
在职人员攻读博硕士学位	Employees Enrolled in Graduate Programs Leading to Doctor and Master Degree	…	…
网络本专科	Students Enrolled in Internet-based Courses	20030	30726
本科	Enrolled in Full Undergraduate Courses	12973	18047
专科	Enrolled in Specialized Courses	7057	12679
高中阶段教育	Senior Secondary Education	277986	311580
普通高中	Regular Senior Secondary Schools	156906	161360
中等职业教育	Vocational Secondary Education	121080	150220
义务教育	Compulsory Education	856467	838529
普通初中	Regular Jnior Secondary Schools	389032	407488
普通小学	Regular Primary Schools	467435	431041
特殊教育	Special Education	1919	1581
学前教育	Pre-school Education	235470	233671
工读学校	Schools for Juvenile Delinquents	100	103
成人中学	Secondary Schools for Adult	1492	21887
成人小学	Primary Schools for Adult	20918	18241
#扫盲班	Literacy Courses	2882	1584
教职工数	**Teachers and Staff**		
高等学校	Higher Education	47611	49095
普通高等学校	Regular Institutions of Higher Education	45596	47173
本科院校	Universities with Full Undergraduate Courses	34470	35238
#独立学院	Non-university Tertiary	5277	5776
专科院校	Colleges with Specialized Courses	11126	11935
成人高等学校	Institutions of Higher Education for Adult	2015	1922
高中阶段、义务教育学校	Senior Secondary Education and Compulsory Education	274563	273021
普通中学	Regular Secondary Schools	119637	122328
中等职业	Vocational Secondary Schools	24376	22575

18-6 续表-3 CONTINUED-3

单位：人 (person)

指 标	Item	2008	2009
普通小学	Regular Primary Schools	130550	128118
特殊教育学校	Special Education	802	837
幼儿园	Pre-school Education	25463	27656
工读学校	Schools for Juvenile Delinquents	92	76
成人中学	Secondary Schools for Adult	107	254
成人小学	Primary Schools for Adult	1299	1103
#扫盲班	Literacy Courses	727	581
专任教师数	**Full-time Teachers**		
高等学校	Higher Education	29576	31037
普通高等学校	Regular Institutions of Higher Education	28398	29883
本科院校	Universities with Full Undergraduate Courses	21238	22065
#独立学院	Non-university Tertiary	3433	3718
专科院校	Colleges with Specialized Courses	7160	7818
成人高等学校	Institutions of Higher Education for Adult	1178	1154
高中阶段学校	Senior Secondary Education	46703	46746
普通高中	Regular Senior Secondary Schools	28985	30093
中等职业教育	Vocational Secondary Schools	17718	16653
义务教育	Compulsory Education	193287	193911
普通初中	Regular Jnior Secondary Schools	74126	76451
普通小学	Regular Primary Schools	119161	117460
特殊教育学校	Special Education	670	699
幼儿园	Kindergartens	15507	16579
工读学校	Schools for Juvenile Delinquents	61	53
成人中学	Secondary Schools for Adult	56	172
成人小学	Primary Schools for Adult	602	536
#扫盲班	Literacy Courses	359	344
每一教师负担学生数	**Student-Teacher Ratio**		
小学	Primary Schools	18.8	17.7
普通初中	Regular Jnior Secondary Schools	18.2	17.4
普通高中	Regular Senior Secondary Schools	19.2	19.7
中职（不含技工校）	Secondary Vocational Schools (not including technical schools)	30.5	32.8
普通高等学校	Regular Institutions of Higher Education	15.8	16.2
每十万人口在校学生数	**Student Enrollment per 100 000 population**		
高等教育	Higher Education	2192	2317
高中阶段	Senior Secondary Education	3791	4006
初中阶段	Jnior Secondary Education	4796	4678
小学	Primary Education	7968	7331
幼儿园	Kindergartens	2039	2227

18－7 各级学校入学率及升学率（2008－2009 年）
Net Enrollment Ratio and Promotion Rate of Schools by Level (2008-2009)

单位：% (%)

指　标	Item	2008	2009
小学学龄儿童入学率	Net Enrollment Ratio of Primary Schools	99.98	99.93
初中适龄人口入学率	Net Enrollment Ratio of Junior Secondary Schools	98.9	98.8
高中阶段毛入学率	Gross Enrollment Ratio of Senior Secondary Schools	68.0	75.8
高等教育毛入学率	Gross Enrollment Ratio of Higher Education	25.0	27.0
初中毕业生升学率	Promotion Rate of Junior Secondary School Graduates	86.5	88.2
#升普通高中	To Regular Senior Secondary Schools	55.4	54.2
小学毕业生升学率	Promotion Rate of Primary School Graduates	101.3	102.1

18－8 普通高等学校分科学生数（2009 年）
Student Enrollment in Regular Institutions of Higher Education by Field of Study (2009)

单位：人 (person)

项　目	Item	在校学生数 Total Enrollment	#本　科 Undergratudat Courses	招生数 New Enrollment	#本　科 Undergratudat Courses	毕业生数 Graduates	#本　科 Undergratudat Courses
总　计	**Total**	**523279**	**301780**	**166335**	**85176**	**124274**	**61175**
哲　学	Philosophy	520	62	185	18	125	11
经济学	Economics	24518	17398	7085	4596	5469	3444
法　学	Law	26882	18801	7846	5488	7073	4548
教育学	Education	18400	8183	5651	2293	6046	1883
文　学	Literature	96257	71996	29185	20612	22792	15240
历史学	History	2051	1785	545	443	534	459
理　学	Science	32123	28944	8842	7659	6885	6121
工　学	Engineering	171104	80261	55259	22579	42838	15658
农　学	Agriculture	9253	6404	2781	1817	2345	1567
医　学	Medicine	31313	13626	10833	3467	6186	1749
管理学	Management	108249	54320	36163	16204	23703	10495
专业学位	Special Degrees	2609		1960		278	

18—9　普通中等专业学校分类情况（2009 年）
Students in Regular Vocational Secondary Schools by Field of Study (2009)

单位：人 (person)

项　目	Item	毕业生数 Graduates	招生数 New Enrollment	在校学生数 Total Enrollment
总　计	**Total**	**34821**	**40269**	**110553**
农林类	Agriculture and Forestry	486	1283	2592
资源与环境类	Resources and Environment	36		84
能源类	Energy	136	55	140
土木水利工程类	Civil and Hydraulic Engineering	2208	1075	3577
加工制造类	Manufacturing	9873	8771	27330
交通运输类	Communication & Transportation	203	2210	3475
信息技术类	Information Technology	6769	7798	19797
医药卫生类	Medicine and Health	8952	11097	29669
商贸与旅游类	Trade and Tourism	1585	1079	4192
财经类	Finance and Economics	2238	1594	6718
文化艺术与体育类	Culture, Arts and Physical Education	1084	2789	6809
社会公共事务类	Public Affairs	255	301	1195
师范类	Teacher Training	909	2117	4740
其　他	Others	87	100	235

18－10 各级学校女学生和女专任教师数（2008－2009年）
Number of Female Students and Female Full-time Teachers by School Level (2008-2009)

单位：人 (person)

项　目	Item	2008	2009
女学生数	**Number of Female Students**		
普通高等学校	Institutions of Higher Education	243614	258393
普通中等专业学校	Regular Vocational Secondary Schools	63990	64099
普通中学	Regular Secondary Schools	925021	935003
职业中学	Vocational Secondary Schools	118120	125133
小　学	Primary Schools	1059585	979471
女学生占学生总数的百分比(%)	**Percentage of Female Students to Total Students(%)**		
普通高等学校	Institutions of Higher Education	50.2	50.2
普通中等专业学校	Regular Vocational Secondary Schools	56.2	58.0
普通中学	Regular Secondary Schools	48.5	48.7
职业中学	Vocational Secondary Schools	47.9	47.4
小　学	Primary Schools	47.2	47.1
女专任教师数	**Number of Female Full-time Teachers**		
普通高等学校	Institutions of Higher Education	12251	13017
普通中等专业学校	Regular Vocational Secondary Schools	893	909
普通中学	Regular Secondary Schools	44235	46608
职业中学	Vocational Secondary Schools	3970	3991
小　学	Primary Schools	62438	62080
女专任教师占专任教师总数的百分比(%)	**Percentage of Female Full-time Teachers to Total Full-time Teachers(%)**		
普通高等学校	Institutions of Higher Education	43.1	43.6
普通中等专业学校	Regular Vocational Secondary Schools	42.4	44.7
普通中学	Regular Secondary Schools	42.9	43.7
职业中学	Vocational Secondary Schools	45.4	46.6
小　学	Primary Schools	52.4	52.9

18－11　科技经费、科技奖励情况（2008－2009 年）
Funds and Rewards for Scientific and Technological Research (2008-2009)

单位：项　(item)

指　标	Item	2008	2009
科学支出(万元)	**Expenditure of Scientific Research (10 000 yuan)**	**151279**	**155544**
市级	Municipal	75041	65003
区县	District and Country	76238	90541
科技奖励情况	**Rewards for Scientific and Technological Research**		
科技进步奖	Award for Science and Technology Progress		
国家级	National	7	12
一等奖	1st Prize		
二等奖	2nd Prize	7	12
市　级	Municipal	120	125
一等奖	1st Prize	12	11
二等奖	2nd Prize	36	38
三等奖	3rd Prize	72	76
自然科学奖	Award for Natural Sciences		
市　级	Municipal	16	17
一等奖	1st Prize	1	2
二等奖	2nd Prize	4	5
三等奖	3rd Prize	11	10
技术发明奖	Award for Technological Invention		
市　级	Municipal	8	8
一等奖	1st Prize	1	2
二等奖	2nd Prize	3	1
三等奖	3rd Prize	4	5

18－12 科学技术协会活动情况（2009 年）
Activities of Science and Technology Associations (2009)

指　标	Item	合计 Total	市级科协 Science and Technology Associations at Municipal Level	市级学会 Learned Societies at Municipal Level	区县科协 Science and Technology Associations below Municipal Level
国内学术会议	**Domestic Academic Meetings**				
举办次数（次）	Number of Meetings (time)	843	118	577	148
参加人数（人次）	Number of Participants (person-times)	145814	11900	116450	17464
交流论文数（篇）	Number of Theses Presented (piece)	24577	3915	20662	
国际学术会议	**International Academic Conference**				
在国内举行的国际学术会议（次）	Number of Conferences Held in China (time)	59	7	52	
中方参加人数（人次）	Number of Chinese Participants (person-time)	8904	1215	7689	
中方交流论文（篇）	Number of Chinese Theses Presented (piece)	20837	270	20567	
外方参加人数（人次）	Number of Foreign Participants (person-times)	3483	87	3396	
外方交流论文（篇）	Number of Foreign Theses Presented (piece)	124	29	95	
科普活动	**Science Popularization Activities**				
举办科普讲座次数（次）	Number of Lectures (time)	2727	181	1462	1084
科普讲座受众人数（人次）	Number of Audience (person-time)	964994	69500	323942	571552
举办科普展览次数（次）	Number of Exhibitions (time)	864	14	196	654
科普展览受众人数（人次）	Number of Participants (person-times)	2814730	470500	358004	1986226
举办科技夏（冬）令营次数（次）	Number of Summer (Winter) Camps with the Theme of Science and Technology (time)	33	4	12	17
举办青少年科技竞赛次数（次）	Number of Teenagers Science and Technology Competitions (time)	214	21	22	171
科学考察	**Scientific Study Tour**				
外派科技团组个数（个）	Number of Scientific Groups Sent Abroad (unit)	108	3	105	
外派总人次（人次）	Number of Person-times Sent Abroad (person-times)	247	15	232	
咨　询	**Consultancy**				
完成技术咨询合同数（项）	Number of Technological Consultancy Contracts Completed (item)	504	335	115	54
技术咨询合同实现金额（万元）	Actually Received Contract Amount of Technological Consultancy (10 000 yuan)	18361	14000	2004	2357
#技术交易额（万元）	Technology Transaction Value (10 000 yuan)	14966	14000	231	735

18－13　专利申请受理量及专利授权量（2008－2009年）
Patent Applications Accepted and Granted (2008-2009)

单位：件　　(pcs)

项　　目	Item	申请受理量 Applications Accepted		专利授权量 Applications Granted	
		2008	2009	2008	2009
总　　计	**Total**	**8324**	**13482**	**4820**	**7501**
按种类分	**By Type**				
发　　明	Inventions	1997	3845	532	834
实用新型	Utility Models	3237	5503	2765	3274
外观设计	Designs	3090	4134	1523	3393
按对象分	**By Applicant**				
个　　人	Individuals	3040	4855	1819	2395
大专院校	Universities and Colleges	884	1272	366	638
科研单位	Research Institutions	162	185	71	123
工矿企业	Industrial and Mineral Enterprises	4098	6886	2468	4227
机关团体	Government Agencies and Organizations	140	284	96	118

18－14　规模以上工业企业专利主要指标（2008-2009年）
Major Indicators on the Patents of Industrial Enterprises above Designated Size (2008-2009)

指　　标	Item	2008	2009
有专利申请的企业数（个）	Number of Enterprises with Patent Application (unit)	279	351
有专利授权的企业数（个）	Number of Enterprises with Patent Granted (unit)	238	330
拥有有效专利的企业数（累计值）(个)	Number of Enterprises with Valid Patent (cumulative value) (unit)	323	434
专利产品产值（万元）	Output Value of Patented Products (10 000 yuan)	5456099	7692484
专利产品销售收入（万元）	Sales Revenue of Patented Products (10 000 yuan)	5060603	7156088

18－15　各类技术合同签定及执行情况（2009年）
Signing and Implementation of Technical Contracts by Type (2009)

项　　目	Item	合同数（项）Number of Contracts (item)	合同成交金额（万元）Value of Contracts (10 000 yuan)	#技术交易额（万元）Technology Transaction Value (10 000 yuan)	技术交易额比重（%）As Percentage of Contract Value (%)
总　　计	**Total**	**2546**	**456191**	**339961**	**74.5**
技术开发	Technical Development	1617	260517	233300	89.6
技术转让	Technical Transfer	214	143675	60847	42.4
技术咨询	Technical Consultation	202	7096	6626	93.4
技术服务	Technical Services	513	44903	39188	87.3

18－16 产品质量监督抽查情况（2009 年）
Results of Sampling Check and Supervision on Quality of Products (2009)

产品名称	Name of Product	监督检验企业数（个）Number of Enterprises Supervised & Checked (unit)	检验批次（批次）Number of Batches Checked (batch-time)	合格批次（批次）Number of Conforming Batches (batch-time)	批次合格率（%）Rate of Conforming Batches (%)
总　计	**Total**	**27548**	**37135**	**32604**	**87.8**
农业用运输车	Agricultural Vehicles	60	103	93	90.3
农用配件	Farm Machinery Parts	2	2	2	100.0
农用化肥	Chemical Fertilizers	530	672	505	75.1
化学农药	Chemical Pesticides	13	20	15	75.0
农用薄膜	Agricultural Films	28	34	31	91.2
其　它	Others	22	24	22	91.7
加工食品和饮料	**Food and Beverage**				
小麦粉、大米	Wheat Powder and Rice	744	856	738	86.2
肉制品	Meat Products	506	767	697	90.9
食用盐	Edible Salts	3	4	4	100.0
调味品	Condiments	883	1452	1338	92.1
保健食品	Hygienic Food	92	141	137	97.2
白　酒	Distilled Spirit	1507	1832	1436	78.4
啤　酒	Beer	37	106	106	100.0
黄酒、果酒	Rice Wine and Fruit Wine	10	15	14	93.3
食用植物油	Edible Vegetable Oil	639	693	623	89.9
罐　头	Canned Food	10	14	14	100.0
糕点、糖果	Cake and Sugar	2047	2274	2056	90.4
非酒精液体饮料	Non-alcoholic Beverage	558	671	570	84.9
冷冻饮品	Frozen Beverage	74	119	98	82.4
方便主食品	Instant Staple Food	158	216	201	93.1
乳制品	Dairy Products	68	237	235	99.2
其　它	Others	1145	1601	1453	90.8
家用电器	**Household Electric Appliances**	**2**	**2**	**2**	**100.0**
电视机、录象机	TV Sets and Videocorders	13	71	71	100.0
洗衣机	Washing Machines	67	154	140	90.9
电风扇	Electric Fans	2	4	4	100.0
吸油烟器	Exhaust Fans	3	3	3	100.0
电冰箱、冷藏冷冻箱	Refrigerators, Freezers	3	6	6	100.0
空调器	Air Conditioners	37	56	50	89.3
厨房电器具	Electric Cooking Utensils	17	34	32	94.1
电热器具	Electric Heating Appliances	3	21	21	100.0
其　它	Others	1	1	1	100.0
轻工产品	**Light Industry Products**				
纸	Paper	11	11	11	100.0
纸制品	Paper Products	427	549	440	80.1
家　具	Furniture	1286	1454	1115	76.7
眼　镜（架、片）	Spectacles (glass & frame)	903	1127	925	82.1
灯泡、灯管	Electric Bulbs & Fluorescence Tubes	32	55	51	92.7
镇流器	Ballast	1	1	1	100.0
电热燃气淋浴器	Water Heaters	5	9	9	100.0
铝制品、压力锅	Aluminum Products	1	1	1	100.0
玻璃制品	Glass Products	14	23	20	87.0
日用五金	Hardware	125	174	169	97.1
燃气灶具	Gas Stoves	23	39	37	94.9
合成洗涤剂	Synthetic Detergent	83	116	113	97.4
化妆品	Cosmetics	12	37	31	83.8

18-16 续表 CONTINUED

产品名称	Name of Product	监督检验企业数（个）Number of Enterprises Supervised & Checked (unit)	检验批次（批次）Number of Batches Checked (batch-time)	合格批次（批次）Number of Conforming Batches (batch-time)	批次合格率（%）Rate of Conforming Batches (%)
橡胶、塑料制品	Rubber and Plastic Products	707	1179	1082	91.8
其　它	Others	47	65	59	90.8
纺织、鞋类产品	**Textile and Shoes Product**				
布（印染、色织、坯布）	Cloth	8	14	10	71.4
服　装	Garments	143	195	169	86.7
棉纺织	Cotton Textile	139	384	158	41.1
毛织品	Wool Fabrics	16	21	14	66.7
针织品	Knit Goods	19	37	19	51.4
皮革及制品	Leather and Leather Products	159	169	169	100.0
鞋	Shoes	635	667	660	99.0
丝麻织品	Silk & Linen Fabrics	71	93	80	86.0
其　它	Others	95	140	114	81.4
化工产品	**Chemical Products**				
涂料、油漆	Paints	396	592	529	89.4
化学试剂	Chemical Reagent	73	131	126	96.2
其　它	Others	9	12	12	100.0
建材产品	**Building Raw Materials**				
水　泥	Cement	442	534	507	94.9
水泥预制构件	Cement Prefabricated Components	2082	2383	2286	95.9
砖、瓦	Bricks & Tiles	3041	3655	3289	90.0
油毡、油纸	Asphalt Felt and Oilpaper	13	17	14	82.4
水暖管件	Waterpipe	22	22	22	100.0
卫生建筑陶瓷	Ceramics for Sanitary Use	57	116	107	92.2
装饰材料	Decoration Materials	4	4	4	100.0
石棉制品	Asbestos Products	254	338	272	80.5
人造板	Artificial Board	188	210	167	79.5
其　它	Others	369	657	619	94.2
机电产品	**Mechanical and Electric Products**				
轴承	Bearing	15	15	15	100.0
阀类、泵	Valves and pumps	91	150	116	77.3
电线、电缆	Electric Wires	269	637	560	87.9
通用设备	General Equipment	12	16	13	81.3
电动工具	Electric Tools	11	17	17	100.0
工业专用设备	Speical Industrial Equipment	144	232	205	88.4
低压电器及元件	Low-voltage Electric Elements	235	398	378	95.0
消防器材	Fire-fighting Equipment & Materials	19	31	25	80.6
安全防范设备	Safety Equipment	112	194	181	93.3
电动机、柴油机	Motors and Diesel Engines	140	271	264	97.4
汽车、摩托车	Motor Vehicles and Motorcycles	140	216	213	98.6
其　它	Others	29	31	31	100.0
冶金产品及金属制品	**Metallurgical and Metal Products**				
线　材	Wire Rods	656	1074	886	82.5
型　材	Section Steel	253	299	238	79.6
其　它	Others	87	159	134	84.3
能源产品	**Energy Products**				
原　煤	Coal	1513	1733	1421	82.0
焦　炭	Coke	1	1		
汽油、柴油	Gasoline and Diesel	766	1865	1846	99.0
其　它	Others	328	445	407	91.5
其　它	**Others**	**1531**	**1915**	**1525**	**79.6**

18－17 文化机构和人员数（2008－2009 年）
Number of Institutions and Personnel in Culture (2008-2009)

项　目	Item	2008	2009
机构数（个）	**Number of Institutions (unit)**	**1422**	**1428**
艺术业	Art	231	203
#艺术表演团体	Art Performance Troupes	177	160
艺术表演场所	Art Performance Places	54	42
文物业	Cultural Relics	74	89
图书馆业	Public Libraries	43	43
群众文化服务业	Mass Culture	1035	1035
艺术教育业	Art Education	12	13
文艺科研	Art Research Institutions	1	1
其他	Others	36	56
从业人员数（人）	**Number of Employed Persons (person)**	**10144**	**11114**
艺术业	Art	3194	3485
#艺术表演团体	Art Performance Troupes	2857	2813
艺术表演场所	Art Performance Places	328	662
文物业	Cultural Relics	1455	1785
图书馆业	Public Libraries	802	805
群众文化服务业	Mass Culture	3194	3574
艺术教育业	Art Education	1449	1959
文艺科研	Art Research Institutions	28	30
其　他	Others	1242	1257

注：艺术教育机构统计口径为含教育部门和文化部门的艺术教育机构。
Note: The scope of art education institutions include the institutions in educational sector and cultural sector.

18－18 公共图书馆情况（2008－2009 年）
Public Libraries (2008-2009)

项 目	Item	总计 Total		#市级 At Municipal Level	
		2008	2009	2008	2009
总藏量（万册、件）	Total Collections (10 000 volumes)	932	988	333	346
书架总长度（万米）	Total Monolayer Length of Bookshelves (10 000 meters)	13	12	4	4
发放借书证数（万个）	Number of Library Cards Distributed (10 000 units)	15	20	6	10
图书流通情况	Circulation of Books				
总流通人次（万人次）	Total Number of Circulation (10 000 person-times)	505	588	171	190
书刊外借册次（万册次）	Number of Books Borrowed by Readers (10 000 volume-times)	539	760	191	310
为读者举办各种活动服务次数（次）	Number of Service Activities Provided for Readers (time)	986	1268	256	423
总支出（万元）	Total Expenditures (10 000 yuan)	7812	9123	4122	4659
#藏量购置费	Purchase Expenses	864	1461	410	916
本年新购藏量（万册）	Number of Books Purchased During Current Year (10 000 volumes)	72	58	18	22
公用房屋建筑面积（万平方米）	Floor Space of Public Buildings (10 000 sq.m)	16	17	6	5
#书 库	Stack Rooms	3	4	1	1
阅览室座席（个）	Seating Capacity of Reading Rooms (seat)	8153	10308	822	2482

18－19 文物业情况（2009 年）
Statistics on Cultural Rclics (2009)

项 目	Item	文物业 Cultural Relics	#博物馆 Museums	#文物保护管理机构 Protection and Management Agencies
藏 品(件)	Number of Collections(pcs)	760449	488687	83974
#一级品	Grade One	924	899	25
经费支出（万元）	Total Expenditure(10 000 yuan)	23858	17467	1399

18－20 群众艺术馆和文化馆（站）情况（2009 年）
Mass Art Centers and Cultural Centers (2009)

项目	Item	合计 Total	群众艺术馆 Mass Art Centers	文化馆 Cultural Centers	文化站 Cultural Stations
单位数（个）	Number of Units (unit)	1035	1	40	994
举办展览个数（个）	Conducting Exhibitions (unit)	3019	2	304	2715
组织文艺活动次数（次）	Art Performances (time)	14022	40	1385	12597
举办培训班班次(次)	Training Courses (time)	6866	80	1278	5508

18－21 艺术表演团体演出情况（2009 年）
Basic Statistics on Performance of Art Troupes (2009)

种类	Item	国内演出场数（场） Number of Performances in China (show)	国内演出观众人数 (千人次) Number of Spectators of the Performances in China（1000 person-times)
总 计	**Total**	**12360**	**17937**
按登记注册类型分	**By Registration**		
国 有	State-owned	2600	3237
集 体	Collective-owned	180	144
其 他	Others	9580	14556
按剧种分	**By Art Troupes**		
话剧、儿童剧、滑稽剧团	Drama, Plays for Children and Comedy Troupes	480	983
歌剧、舞剧、歌舞剧团	Opera, Dance Drama and Song and Dance DramaTroupes	920	1573
歌舞团、轻音乐团	Song and Dance Troupes, Light Music Troupes	3260	5744
文工团、宣传队、乌兰牧骑	Cultural and Performance Troupes and Ulanmuchi (equestrian art troupes)	20	32
乐团、合唱团	Philharmonic and Chorus Troupes	240	178
戏曲剧团	Local Opera Troupes	510	876
#京 剧	Beijing Opera Troupes	100	91
曲艺、杂技、木偶、皮影团	Recitation and Ballad Troupes, Acrobatics and Circus Troupes, Puppet Show Troupes, and Shadow Play Troupes	1050	1302
综合性艺术表演团体	General Art Performing Troupes	5890	7249

注：艺术表演团体统计口径调整为含系统内、系统外两部分。
Note: The scope of art performance troupes includes the troupes either inside or outside the public-owned system.

18－22　广播电台、电视台情况（2008－2009 年）
Statistics on Radio and TV Stations (2008-2009)

项　　目	Item	2008	2009
广播电台情况	**Statistics on Radio Stations**		
广播节目套数（套）	Number of Programs (set)`	27	26
广播人口覆盖率（%）	Radio Coverage of Population (%)	92.88	92.89
中短波转播发射台（座）	Transmission and Relaying Stations of of Medium and Short Wave Broadcast(unit)	5	5
中短波广播发射功率（千瓦）	Power of Transmitters of Medium and Short Wave Broadcast (kw)	120	120
调频转播发射台（座）	Number of Transmission and Relaying Stations of Frequency Modulation Broadcast (unit)	53	57
调频发射功率（千瓦）	Power of Transmitters of Frequency Modulation Broadcast (kw)	164	152
全年公共广播节目播出时间（小时）	Public Programs Broadcasting Hours of the Year (hour)	105631	105741
#新闻资讯	News	24211	26905
专题服务	Special Subject	28021	26992
综　艺	General Entertainment	25712	25699
广播剧	Radio Drama	8350	7354
广　告	Advertising	6435	7095
电视台情况	**Statistics on TV Stations**		
电视节目套数（套）	Number of Programs (unit)	45	45
电视人口覆盖率（%）	TV Coverage of Population (%)	96.42	96.46
电视转播发射台（座）	Number of Broadcast-Television Stations (unit)	43	45
电视发射功率（千瓦）	Power of Television Transmitters (kw)	103	98
全年公共电视节目播出时间（小时）	Public Programs Broadcasting Hours of the Year (hour)	216573	244384
#新闻资讯	News	22872	30167
专题服务	Special Subject	28854	38751
综艺益智	General Entertainment	36557	36204
影视剧	Films and TV plays	84672	92550
广　告	Advertising	31850	34626

18－23 新闻出版机构和人员数（2008－2009年）
Number of Institutions and Persons Engaged in Press and Publication (2008-2009)

单位：个、人 (unit, person)

指　标	Item	2008	2009
书刊出版社	**Publishing Houses**		
机构数	Institutions	3	3
从业人员	Personnel	1212	1123
书刊印刷厂	**Printing Houses**		
机构数	Institutions	51	45
从业人员	Personnel	5062	5126
国有书店	**State-owned Book Stores**		
机构数	Institutions	288	265
从业人员	Personnel	3223	3075

18－24 图书发行流转及销售情况（2008－2009年）
Statistics on Publication, Circulation and Sales of Books (2008-2009)

单位：万册、万元 (10 000 copies, 10 000 yuan)

项　目	Item	册数 Number of Books		金额 Value	
		2008	2009	2008	2009
购　进	**Purchases**	**65733**	**61982**	**452747**	**40268**
销　售	**Sales**	**62480**	**60120**	**438502**	**432163**
零　售	Retail	28700	24561	200351	185621
区　县	Districts and Counties	21587	18690	154679	149854
县以下	Below Counties	7113	5871	45672	35767
批　发	Wholesale	33780	34559	238151	282309
区　县	Districts and Counties	32764	33692	231430	271236
县以下	Below Counties	1016	867	6721	11073
库　存	**Inventory**	**9058**	**10920**	**109670**	**129865**

18－25 图书、杂志和报纸出版情况（2008－2009 年）
Publication of Books, Magazines and Newspapers (2008-2009)

指　标	Item	2008	2009
图　书	**Books Published**		
种　数（种）	Number of Publications (kind)	3387	3476
总印数（万册、万张）	Printed Copies (10 000 copies)	13677	13185
总印张数（万印张）	Printed Sheets (10 000 sheets)	93554	92169
期　刊	**Magazines Published**		
种　数（种）	Number of Publications (kind)	135	135
每期平均印数（万册）	Average Printed Copies Per Issue (10 000 copies)	346	338
总印数（万册）	Printed Copies (10 000 copies)	6108	6356
总印张数（万印张）	Printed Sheets (10 000 sheets)	39330	41563
报　纸	**Newspapers Published**		
种　数（种）	Number of Publications (kind)	45	45
每期平均印数（万份）	Average Printed Copies Per Issue (10 000 copies)	283	280
总印数（万份）	Printed Copies (10 000 copies)	60321	59862
总印张数（万印张）	Printed Sheets (10 000 sheets)	320454	315698

注：2008 年报纸总印张数进行了调整。
Note: The data of total printed sheets of newspaper in 2008 has been adjusted.

主要统计指标解释

普通高等学校 指按照国家规定的设置标准和审批程序批准举办的，通过全国普通高等学校统一招生考试，招收高中毕业生为主要培养对象，实施高等教育的全日制大学、独立设置的学院和高等专科学校、高等职业学校和其他机构。

大学、独立设置的学院主要实施本科层次以上教育，高等专科学校、高等职业学校实施专科层次教育，其他机构是承担国家普通招生计划任务不计校数的机构。包括普通高等学校分校和批准筹建的普通高等学校等。

成人高等学校 指按照国家规定的设置标准和审批程序批准举办的，通过全国成人高等学校统一招生考试，招收具有高中毕业或同等学历的在职从业人员为主要培养对象，利用函授、业余、脱产等多种形式对其实施高等学历教育的学校。包括职工高等学校、农民高等学校、管理干部学院、教育学院、独立函授学院、广播电视大学、其他机构等。其他机构是承担国家成人招生计划任务不计校数的机构。

小学学龄儿童入学率 指调查范围内已入小学学习的学龄儿童占校内外学龄儿童总数（包括弱智儿童在内，但不包括盲聋哑儿童）的比重。计算公式：

小学学龄儿童入学率＝已入学的小学学龄儿童数/校内外小学学龄儿童总数×100％

专利 是专利权的简称，是对发明人的发明创造经审查合格后，由专利局依据专利法授予发明人和设计人对该项发明创造享有的专有权。包括发明、实用新型和外观设计。反映拥有自主知识产权的科技和设计成果情况。

有专利申请的企业 指在报告年内向国家知识产权局或中国以外的国家知识产权局（地区专利组织）提交专利申请，并收到《专利申请受理通知书》和缴纳相关费用的工业企业。

有专利授权的企业 指报告年内获得国家知识产权局或中国以外的国家知识产权局（地区专利组织）《专利授权通知书》并缴纳相关费用的工业企业。

拥有有效专利的企业（累计值） 指截至报告年末，有专利权处于维持状态的工业企业。

专利产品产值（当年价格） 工业企业在报告年度内生产的以货币形式表现的工业最终专利产品的总价值量。专利产品产值计算参照国家关于“工业总产值”的计算方法。

专利产品销售收入 工业企业在报告期内销售专利产品的货币收入总额。

发明 指对产品、方法或其改进所提出的新的技术方案。是国际通行的反映拥有自主知识产权技术的核心指标。

实用新型 指对产品的形状、构造或者其结合所提出的适于实用的新的技术方案。反映具有一定技术含量的技术成果情况。

外观设计 指对产品的形状、图案、色彩或者其结合所做出的富有美感并适于工业上应用的新设计。反映拥有自主知识产权的外观设计成果情况。

驰名商标 是指在市场上享有较高声誉并为相关公众所熟知的注册商标，也是一种法律保护手段。

著名商标 著名商标的知名度介于驰名商标和普通商标之间的商标群落，是驰名商标坚实的后备力量。

文化事业机构 指从事专业文化工作和为专业文化工作服务的独立建制的单位。不包括这些单位另外举办独立核算的其他机构和各部门的业余文化组织。

艺术表演团体 指从事戏曲、音乐、舞蹈、杂技等专业艺术表演，有独立帐户。不包括半工半艺、半农半艺和民间职业剧团。

艺术表演观众人数（人次） 指售票、包场演出或民族地区免费演出的艺术表演观众人次数，不包括彩排审查和内部观摩演出的观看人次数。

Explanatory Notes on Main Statistical Indicators

Regular Institutions of Higher Education refer to educational establishments set up according to the government evaluation and approval procedures, enrolling graduates from senior secondary schools and providing higher education courses and training for senior professionals. They include full-time universities, colleges, high professional schools, high professional vocational schools and others.

Universities and colleges are mainly providing undergraduate courses; those high professional schools and high professional vocational schools are mainly providing professional trainings; and others refer to educational establishments, which are responsible for enrolling students but not covered in the total number of schools, including: branch schools of universities and colleges, and universities and colleges that have been proved and prepared to construct.

Institutions of Higher Learning for Adults refer to educational establishments, set up in line with relevant rules approved by the government, enrolling staff and workers with senior secondary school or equivalent education, and providing higher education courses in many forms of correspondence, spare time, or full time for adults. Professionals thus trained receive a qualification equivalent to graduates studying regular courses at regular universities, colleges and professional colleges. Institutions of higher learning for adults include schools of high education for staff and workers, schools of high education for peasants, colleges for management cadres, pedagogical colleges, independent correspondence colleges, Radio and TV universities and other educational establishments. Other educational establishments are responsible for enrolling adult students but not covered in the number of schools.

Enrollment Rate of Primary School-aged Children refers to the proportion of school-aged children enrolled at schools to the total number of school-age children both in and outside schools (including retarded children, but excluding blind, deaf and mute children). The formula is:

Enrollment Rate of Primary School-aged Children =Total Primary School-aged Children at Schools/Total Primary School-age Children Both at and Outside Schools×100%

Patent is an abbreviation for the patent right and refers to the exclusive right of ownership by the inventors or designers for the creation or inventions, given from the patent offices after due process of assessment and approval in accordance with the Patent Law. Patents are granted for inventions, utility models and designs. This indicator reflects the achievements of S&T and design with independent intellectual property.

Enterprise with Patent Application refers to the industrial enterprise which has submitted patent application to the State Intellectual Property Office or the national intellectual property administration outside China (regional patent organization), received the "Notification of Patent Application Acceptance" and paid off the related fees within the year of report.

Enterprise with Patent Granted refers to the industrial enterprise which has received the "Notification of Patent Granted" from the State Intellectual Property Office or the national intellectual property administration outside China (regional patent organization) and paid off the related fees within the year of report.

Enterprise with Valid Patents (Cumulative Value) refers to the industrial enterprise with patents in the status of maintenance by the end of the year of report.

Output Value of Patented Products (Current Price) refers to the total value of the final patented industrial products produced by the industrial enterprises in the year of report in the form of currency. Refer to the calculation method of "gross industrial output value" stipulated by the state for the calculation of the output value of patented products

Sales Revenue of Patented Products refers to the total revenue of currency from the sales of the patented products by the industrial enterprises within the year of report.

Inventions refer to the new technical proposals to the products or methods or their modifications. This is universal core indicator reflecting the technologies with independent intellectual property.

Utility Models refer to the practical and new technical proposals on the shape and structure of the product or the combination of both. This indicator reflects the condition of technological results with certain technical content.

Designs refer to the aesthetics and industrially applicable new designs for the shape, pattern and color of the product, or their combinations. This indicator reflects the appearance design achievements with independent intellectual property.

Famous Trade Marks refer to trade marks publicly known with higher honors. It is also a legal protection.

Well-known Trade Marks their fames are between famous trade marks and ordinary trade marks. And they are tough reserve force of famous trade marks.

Cultural Institutions refer to units which have their own organizational system and independent accounting system and specialize in or serve cultural development. They exclude other establishments run by these cultural institutions and amateur cultural groups established by various departments.

Art Troupe refers to the troupe who is engaged in drama, opera, music, dance, acrobatics or other art performance, opens independent accounts with banks and has self-supporting accounting system; excluding the troupes who are engaged partly in industrial or agricultural activities, partly in art performance and the professional troupes organized by the people.

Number of Spectators at Art Performance refers to the number of attendants at commercial shows, completely booked shows of free shows given in minority national areas, and does not include the number of spectators at rehearsals for examination and internal shows for study.

19

卫生、体育和其他社会活动

Public Health, Sports And Other Social Activities

简要说明 Brief Introduction

本章资料主要包括卫生事业、体育事业、民政事业、劳动和社会保障事业、公检法司情况、安全生产情况、火灾事故和道路交通事故等内容，由市统计局社会科技统计处根据有关部门资料整理提供。

卫生资料来自市卫生局，体育资料来源于市体育局，民政和劳动社会保障有关资料分别由市民政局、市人力资源和社会保障局提供，公检法司资料分别由市公安局、市人民检察院、市高级人民法院和市司法局提供，安全生产情况来自于市安全生产监督管理局，火灾事故和道路交通事故分别由市消防总队和市公安交通管理局提供。

The data in this chapter mainly cover public health, sports, civil affairs, labor & social securities, public security, procuratorial, legal & judicial affairs, work safety, and fires & highway traffic accidents. The data are sorted and compiled by Division of Social and Technology Statistics, Chongqing Municipal Bureau of Statistics on the basis of the data provided by other related departments.

The data on public health are provided by Chongqing Municipal Health Bureau; the data on sports are provided by Chongqing Administration of Sports; the data on civil affairs and labor & social securities are provided by Chongqing Civil Affairs Bureau and Chongqing Administration of Labor and Social Security; the data on public security, procuratorial and legal affairs are provided by Chongqing Public Security Bureau, Chongqing People's Procuratorate, Higher People's Court and Chongqing Justice Bureau; the data on work safety are provided by Chongqing Administration of Work Safety; and the data on fires & highway traffic accidents are provided by Chongqing Fire Brigade and Chongqing Bureau of Traffic Administration.

19－1 主要年份卫生事业情况
Statistics on Public Health Care in Major Years

年 份 Year	机构数（个） Number of Institutions (unit)	#医院、卫生院 Hospitals and Health Centers	床位数（张） Number of Beds in Health Care Institutions(bed)	卫生技术人员（人） Medical Technical Personnel (person)	#执业（助理）医师 Licensed (Assistant) Doctors	#注册护士 Registered Nurses
1952	742		5031	19807		
1957	2185		10255	30290		
1962	3591		22971	35681		
1965	3938		20314	36762	10234	
1970	3579	2183	25038	39813	10475	
1975	4221	2286	37300	51536	12442	
1978	4789	2294	48948	59934	12870	
1980	4686	2316	51194	65441	12806	
1985	4796	2170	54054	76486	12577	11724
1986	5095	2140	54801	77437	12895	11921
1987	5136	2136	57178	78382	13201	12156
1988	5148	2151	59514	80153	21004	13688
1989	5229	2152	61912	81219	27789	16027
1990	5248	2154	62568	82690	28824	16929
1991	5326	2153	64057	83973	28652	17163
1992	5328	2160	64978	85204	28643	17557
1993	4807	2114	65859	84125	29516	17714
1994	4795	2590	66891	85586	30915	18298
1995	4801	2505	67243	86041	31169	18692
1996	4777	2567	66339	87542	30733	19289
1997	4743	2553	69591	88423	43178	19593
1998	4643	2438	65934	83696	43423	19804
1999	4552	2351	66003	88569	44453	20263
2000	4382	2250	65666	88619	44940	20773
2001	4151	2020	64981	86430	44666	20533
2002	2725	1717	61875	79850	37873	20729
2003	2705	1682	63287	78628	37122	20629
2004	2539	1574	63899	77516	36603	20249
2005	2447	1463	64674	78780	37321	20842
2006	2478	1450	68298	79805	37511	21269
2007	2410	1447	74785	83736	38739	23972
2008	2258	1396	81950	88746	39417	26799
2009	2425	1404	92689	97199	41943	31756

注：1）本表机构数不含个体办诊所。
2）2002 年起卫生统计制度变更，其指标名称和统计口径变化，与往年不可比：从 2002 年起卫生机构、床位、卫生技术人员统计范围均不含“医学院校”、“卫生学校”和“计生站”。卫生技术人员中，2002 年前为医生和护师（士），2002 年后改为执业(助理)医师和注册护士(表 18-1 至 18-5 同）。

Note: a) The number of institutions in this table exclude individual-run clinics.
b) Due to the change of health care statistic system in 2002, the indicators and statistic scopes were changed, not comparable with the previous years: since 2002, the scope of the number of health care institutions, the number of beds and the number of medial technical personnel has not included the data of “medical universities”, “health schools” and “family plan service stations”. The indicators of “doctor” and “nurse” before 2002 have been replaced by “licensed (assistant) doctors” and “registered nurses” since 2002 (the same applies to the tables from 18-1 to 18-5).

19－2 卫生事业情况（2008－2009年）
Statistics on Public Health Care (2008-2009)

指 标	Item	2008	2009
执业（助理）医师数（人）	Number of Licensed (Assistant) Doctors (person)	39417	41943
医院床位数（张）	Number of Beds in Hospitals (bed)	53036	58403
孕产妇死亡率（1/10万）	Mortality Rate of Pregnant Women (per 100 000 persons)	35.2	30.1
新生儿死亡率（‰）	Mortality Rate of New Infants (‰)	5.2	4.9
甲乙类传染病发病率（1/10万）	Incidence Disease Rate of Class A and B Infections Diseases (per 100 000 persons)	336.2	275.3
农村自来水普及率（%）	Rate of Access to Tap Water in Rural Area (%)	76.4	80.9

19－3 医院、卫生院诊疗情况（2009年）
Statistics on Visits and Inpatients in Medical Institutions (2009)

机构类别	Type of Institution	诊疗人次（万人次） Number of Visits (10 000 person-times)	#门诊急诊 Outpatients and Emergency Treatment	健康检查人数（万人） Medical Examination (10 000 patients)	住院人数（万人） Number of Inpatients (10 000 patients)	每百门急诊次的入院人数（人） Number of Inpatents per 100 Visits (person)	治愈率（%） Rate of Fully Recovery (%)	好转率（%） Rate of Improvement (%)	病死率（%） Rate of Mortality (%)
医 院	**Hospitals**	**3267.94**	**3191.15**	**189.09**	**156.31**	**4.90**	**50.14**	**45.89**	**1.05**
#综合医院	General Hospitals	2350.65	2289.36	156.48	119.93	5.20	50.06	45.68	1.14
中医医院	Hospitals Specialized in Traditional Chinese Medicine	446.78	441.65	20.16	20.54	4.70	46.84	50.15	0.67
中西医结医院	Hospitals of Traditional Chinese and Western Medicine	73.06	73.03	1.54	2.05	2.80	50.98	46.46	1.26
口腔医院	Stomatological Hospitals	33.39	33.39		0.10	0.30	96.97	2.93	
肿瘤医院	Cancer Hospitals	13.18	13.18	1.57	1.41	10.80	27.40	63.41	2.25
胸科医院	Chest Hospitals	6.93	6.93	0.17	0.34	5.00	5.91	82.44	2.24
妇产（科）医院	OB/GYN Hospitals	9.26	9.16	1.81	0.27	3.00	92.19	7.81	
儿科医院	Children's Hospital	126.54	126.54		4.62	3.70	69.24	29.48	0.36
精神病院	Mental Hospitals	83.95	77.33	2.38	3.24	4.30	47.48	49.42	0.50
传染病院	Hospitals for Infectious Diseases	0.12	0.12		0.07	53.30	26.12	72.24	0.30
卫生院	**Health Centers**	**2876.94**	**2850.35**	**117.77**	**142.74**	**5.00**	**76.38**	**21.67**	**0.11**
#乡镇卫生院	Township Health Centers	2786.70	2760.33	116.78	140.27	5.10	76.31	21.73	0.11

19－4 卫生机构、床位、人员数（2009 年）
Number of Health Care Institutions, Beds and Personnel (2009)

机构类别	Type of Institutions	机构数（个） Health Care Institutions (unit)	床位数（张） Beds (bed)	人员合计（人） Total Personnel (person)	卫生技术人员 Medical Technical Personnel	其他技术人员 Other Technical Personnel	管理人员 Management Personnel	工勤人员 Logistic Workers
总 计	**Total**	**6512**	**92689**	**119561**	**97199**	**3544**	**7600**	**11218**
医院、卫生院	Total Number of Hospitals	1404	86960	96815	77638	3064	6407	9706
医 院	**Hospitals**	**386**	**58403**	**67153**	**53171**	**2180**	**4921**	**6881**
#综合医院	General Hospitals	273	41577	48545	38595	1571	3597	4782
中医医院	Hospitals Specialized in Traditional Chinese Medicine	42	6943	8821	7220	204	473	924
中西医结合医院	Hospitals of Traditional Chinese and Western Medicine	7	756	1098	926	35	41	96
口腔医院	Stomatological Hospitals	1	44	411	331	39	15	26
肿瘤医院	Cancer Hospitals	1	469	752	587	29	73	63
胸科医院	Chest Hospitals	1	300	368	257	26	23	62
妇产（科）医院	OB/GYN Hospitals	6	165	439	264	4	55	116
儿科医院	Children's Hospital	1	992	1265	1008	81	58	118
精神病院	Mental Hospitals	19	4811	2145	1616	50	198	281
传染病院	Hospitals for Infectious Diseases	2	149	84	64		9	11
卫生院	**Health Centers**	**1018**	**28557**	**29662**	**24467**	**884**	**1486**	**2825**
城市街道卫生院	Urban Subdistrict Health Centers	19	972	890	721	12	55	102
乡镇卫生院	Township Health Centers	999	27585	28772	23746	872	1431	2723
门诊部	Outpatient Department	53	163	664	545	21	54	44
采供血机构	Blood Centers	11		446	316	26	47	57
妇幼保健院（所、站）	Women and Children Care Centers	41	2187	3540	2851	107	281	301
专科疾病防治院（所）	Specialized Disease Prevention & Treatment Institutions	15	146	313	221	7	34	51
疾病预防控制中心	CDC (Epidemic Preventation Stations)	43		2419	1745	141	286	247
医学科学研究机构	Research Institutes of Medical Sciences	1		55	7	33	11	4
医学在职培训机构	Training Institutes for Medical Staff and Workers	7		129	84	14	19	12
健康教育所（中心）	Health Care Training Centers	1		34	6	15	9	4
疗养院	Sanatoriums	4	920	181	83	17	28	53
社区卫生服务中心(站)	Community Health Service Centers	268	2313	3794	3150	81	245	318
卫生监督所	Health Supervision Institutes	42		1285	1097	10	147	31
其他卫生机构	Other Health Care Institutions	7		71	18	8	32	13
诊所、卫生保健所、室	Clinics and Hygienic Centers	4615		9815	9438			377

注：本表机构数包含个体办诊所。
Note: The number of institutions in this table includes individual-run clinics.

19－5 卫生机构各类人员数（2008－2009 年）
Number of Employed Persons in Health Institutions (2008-2009)

单位：人、% (person, %)

人员分类	Type of Personnel	人数 Personnel		构成 Composition	
		2008	2009	2008	2009
总　计	**Total**	**109016**	**119561**	**100.0**	**100.0**
卫生技术人员	Medical Technical Personnel	88746	97199	81.4	81.3
执业医师	Licensed Doctors	29476	31738	27.0	26.5
执业助理医师	Licensed Assistant Doctors	9941	10205	9.1	8.5
注册护士	Registered Nurses	26799	31756	24.6	26.6
药剂人员	Pharmacists	5643	5911	5.2	4.9
技师（士）	Technical Workers	4715	5052	4.3	4.2
其他人员	Others	12172	12537	11.2	10.5
其他技术人员	Other Technical Personnel	3188	3544	2.9	3.0
管理人员	Management Personnel	7530	7600	6.9	6.4
工勤人员	Logistics Workers	9552	11218	8.8	9.4
每万人口拥有卫生技术人员	**Number of Medical Technical Personnelper 10 000 Population**	**27.2**	**29.7**		
#执业（助理）医师	Licensed (Assistant) Doctors	12.1	12.8		

19－6 结婚登记和离婚登记情况（2008－2009 年）
Statistics on Marriages and Divorces (2008-2009)

项　目	Item	2008	2009
结婚登记对数（对）	Number of Registered Marriages (couple)	262315	301071
内地居民	Registered Marriages in Mainland	261242	300102
涉外及华侨、港澳台居民	Registered Marriages with Foreigner or Citizen of Hong Kong, Macao and Taiwan	1073	969
结婚登记人数（人）	Number of Persons of Registered Marriages (person)	524630	602142
初　婚	First Marriages	415576	450674
再　婚	Remarriages	109054	151468
离婚登记数（对）	Registered Divorces (couple)	73806	83183
#内地居民	Registered Divorces in Mainland	73692	83091
离婚率（‰）	Divorce Rate (‰)	2.3	2.5

19－7 民政事业情况（2008－2009 年）
Statistics on Civil Affairs (2008-2009)

指　　标	Item	2008	2009
民政经费支出（万元）	Expenditure for Civil Affairs (10 000 yuan)	449642	514480
城市居民最低生活保障人数（万人）	Number of Persons Receiving Minimum Living Allowance in Urban Areas (10000 persons)	78.78	70.41
农村居民最低生活保障人数（万人）	Number of Persons Receiving Minimum Living Allowance in Rural Areas (10000 persons)	78.00	116.63
农村五保供养人数（万人）	Number of Persons Receiving Livelihood Guaranteed in Five Aspects in Rural Areas (10000person)	15.23	15.80
享受城镇居民最低生活保障人数占非农业人口比重（%）	Number of Persons Receiving Minimum Living Allowance in Urban Areas as Percentage to Total Non-agricultural Population (%)	8.6	7.4
各种收养性单位床位数（张）	Number of Beds in Various Social Welfare Institutions (bed)	72366	80685
福利企业职工人数（人）	Number of Staff and Workers in Welfare Enterprises (person)	54681	57747
#残疾职工	Disabled Staff and Workers	24109	27123
城镇社区服务设施数（个）	Number of Urban Welfare Facilities (unit)	1732	2710
城镇便民、利民服务网点（个）	Number of Service Stations for Urban Residents (unit)	7025	7532
福利彩票销售额（万元）	Sales of Welfare Lotteries (10000 yuan)	111486	140283

注：农村居民最低生活保障人数无同期数可比。
Note: There are not data in the previous years of the number of persons receiving minimum living allowance in rural areas.

19－8 优抚对象基本情况（2008－2009 年）
Statistics on Special Cares for Servicemen (2008-2009)

单位：人　　(person)

项　　目	Item	2008	2009
优抚对象	**Residents Receiving Special Cares for Serviceman**	**221616**	**223712**
享受定期抚恤金人数	Persons Receiving Regular Pensions	6507	6408
享受定期补助人数	Persons Receiving Regular Subvention	194311	196263
#在乡复员军人	Demobilized Soldiers in the Countryside	47415	45225
在乡退伍军人	Veterans in the Country	62548	64478
红军失散人员	Scattered Red Army Soldiers	9	6
伤残人员	Wounded and Disabled Servicemen	20798	21041

19－9 社会福利事业、企业单位数和工作人员数（2008－2009年）
Number of Social Welfare Institutions & Enterprises and Employed Persons (2008-2009)

单位：个、人 (unit, person)

项目	Item	机构 Number of Institutions and Enterprises		工作人员 Number of Personnel	
		2008	2009	2008	2009
收养性单位	Residential Institutions	2205	2414	5908	6313
优抚类	For Servicemen	10	12	113	201
福利类	For Welfares	2195	2402	5795	6112
社会福利企业单位	Social Welfare Enterprises	763	764	54681	57747
福利工厂	Welfare Factories	452	445	31534	32497
假肢厂	Prosthesis Factories				
其他福利企业	Others	311	319	23147	25250
优抚事业单位	Agencies for Servicemen	69	67	455	436
救助管理站	Salvation Management Stations	41	44	360	363
殡葬事业单位	Funeral and Interment Institutions	114	113	1686	1832
福利彩票发行单位	Welfare Lottery Issuing Units	1	1	105	132
募捐单位	Donation Soliciting Units	42		149	
社区服务单位	Community Service Institutions	152	157	805	824

19－10 收养性单位基本情况（2009年）
Basic Statistics on Residential Social Welfare Institutions (2009)

项目	Item	院数（个） Number of Institutions (unit)	工作人员（人） Number of Staff and Workers (person)	床位数（张） Number of Beds (bed)	年末收养人数（人） Number of Residents at Year-end (person)
收养性单位	**Residential Institutions**	**2414**	**6313**	**80685**	**62070**
优抚类	**For Servicemen**	**12**	**201**	**611**	**439**
荣誉军人康复医院	Convalescent Hospitals for Honorable Servicemen	2	137	260	178
复退军人精神病院	Mental Hospitals for Ex-servicemen	1	29	45	45
光荣院	Homes for Disabled Veterans	9	35	306	216
福利类	**For Welfares**	**2402**	**6112**	**80074**	**61631**
社会福利院	Social Welfare Homes	42	943	8127	5983
儿童福利院	Baby Welfare Homes	6	181	901	774
社会福利医院	Social Welfare Hospitals	13	497	1695	1550
城镇老年性福利机构	Urban Welfare Homes for the Aged Persons	111	1214	9863	6585
农村五保供养服务机构	Welfare Homes for Rural Households with Livelihood Guaranteed in Five Aspects	2230	3277	59488	46739
其它福利机构	Others				

19－11 社会活动参与情况（2008－2009 年）
Participation in Social Activities (2008-2009)

单位：人、个 (person, unit)

指 标	Item	2008	2009
省级人大代表人数	Number of Municipal Deputies of People's Congress	864	866
#女 性	Female	196	197
省级政协委员人数	Number of Municipal Deputies of People's Political Consultative Conferences	836	868
#女 性	Female	169	173
基层地方妇联组织数	Number of Local Women's Federation Unions	12104	11452
工会基层组织数	Number of Grassroots Trade Unions	28090	30447
工会会员人数	Membership of Trade Unions	4238000	4895000

19－12 基本养老保险情况（2008－2009 年）
Statistics on Basic Pension Insurance (2008-2009)

单位：万元、万人 (10 000 yuan, 10 000 persons)

指 标	Item	2008	2009
城镇企业基本养老保险参保人数	Number of Contributors to Urban Enterprise Basic Pension Insurance	410.10	520.25
#参保职工	Employees	282.54	347.00
#企 业	Enterprises	196.55	232.49
城镇企业基本养老保险实际缴纳保险金	Actually Received Premium of Urban Enterprise Basic Pension Insurance	1562131	2540081
城镇企业基本养老保险实际支付人数	Number of Beneficiaries of Urban Enterprise Basic Pension Insurance	127.56	173.25
城镇企业基本养老保险金当年支出额	Expenditure of Urban Enterprise Basic Pension Insurance	1506949	2081092
城镇企业基本养老保险当年末结余额	Year-end Balance of Urban Enterprise Basic Pension Insurance	1243067	2010833
应发养老金额	Pension Payable	1506949	2081092
实发养老金额	Pension Actually Paid	1506949	2081092
社会化发放人数	Number of Social Beneficiaries	127.56	173.25
社会化发放养老金额	Actually Paid Social Pension	1506949	2081092
离休、退休、退职人员年末人数	Number of Retires at Year-end	127.56	173.25
机关事业单位社会养老保险参保人数	Number of Contributors to Social Pension Insurance in Government and Public Institutions	2.31	2.39
城乡居民社会养老保险参保人数	Number of Urban and Rural Residents Participating in Social Pension Insurance		268.00

注：城镇企业基本养老保险统计口径发生变化。增加被征地农转非人员。
Note: The statistic scope of urban enterprise basic pension insurance was changed. The land-requisited farmers were added.

19－13 失业保险基本情况（2008－2009年）
Statistics on Unemployment Insurance (2008-2009)

指 标	Item	2008	2009
年末失业保险参保人数（万人）	Unemployment Insurance Contributors at Year-end (10 000 persons)	210.12	215.91
企 业	Enterprises	170.79	174.65
#国有企业	State-owned	67.74	71.66
集体企业	Collective-owned	13.12	14.63
事业单位	Institutions	35.33	35.30
其 他	Others	4.00	5.96
失业保险当年实际缴纳保险金（万元）	Actual Received Premium of Unemployment Insurance in Current Year (10 000 yuan)	85031.29	104632.90
失业保险实际支付人数（万人）	Actual Beneficiaries of Unemployment Insurance (10 000 persons)	7.38	10.33
失业保险基金当年支出额（万元）	Expenses of Unemployment Insurance in Current Year (10 000 yuan)	24849.99	48565.69
失业保险基金当年末结余额（万元）	Year-end Balance of Unemployment Insurance (10 000 yuan)	175837.13	233822.31
年末城镇登记失业人员数（人）	Year-end Registered Urban Unemployment (person)	130206	134412
年末企业实有下岗职工人数（人）	Actual Laid-off Staff and Workers of Enterprises at Year-end (person)	3085	1187
安置城镇登记失业人员就业人数（人）	Reemployment of the Registered Urban Unemployment (person)	165027	175333
本年企业下岗职工再就业人数（人）	Reemployment of Laid-off Staff and Workers of Enterprises in Current Year (person)	7937	798
本年领取失业保险金人次数（万人次）	Person-times of Reception of Unemployment Insurance in Current Year (10 000 person-times)	50.44	57.64
领取失业保险金人数（万人）	Beneficiaries of Unemployment Insurance in Current Year (10 000 persons)	7.38	10.33

19－14 基本医疗保险情况（2008－2009年）
Statistics on Basic Medical Care Insurance (2008-2009)

单位：万元、万人 (10 000 yuan, 10 000 persons)

指 标	Item	2008	2009
城镇职工基本医疗保险参保人数	Basic Urban Workers Medical Care Insurance Contributors at Year-end	326.15	362.46
在职职工	Staff and Workers	211.00	241.67
退休人员	Retirees	115.15	120.79
城镇职工基本医疗保险基金总收入	Total Revenue of Urban Workers Basic Medical Care Insurance	537792.37	558616.66
城镇职工基本医疗保险基金总支出	Total Expenses of Urban Workers Basic Medical Care Insurance	319775.88	412566.73
农民工大病医疗保险参保人数	Off-Farm Workers Major Disease Medical Care Insurance Contributors	12.69	16.24
农民工大病医疗保险基金总收入	Total Revenue of Off-Farm Workers Major Disease Medical Care Insurance	3453.59	6315.25
农民工大病医疗保险基金总支出	Total Expenses of Off-Farm Workers Major Disease Medical Care Insurance	122.49	391.40

19－15 体育事业基本情况（2008－2009年）
Statistics on Mass Sports (2008-2009)

项　目	Item	2008	2009
体育经费（万元）	**Sports Expenditures (10 000 yuan)**	**31515**	**40534**
体育彩票销售额（万元）	**Sales Value of Sports Lotteries (10 000 yuan)**	**50575**	**63885**
体育场地数（个）	**Stadiums and Gymnasiums (unit)**	**17351**	**17351**
#体育场	Stadiums	69	69
体育馆	Gymnasiums	35	35
游泳馆	Natatoriums	7	7
室内外游泳池	Indoor and Outdoor Swimming Pools	122	122
有固定看台的灯光球场	Illuminated Fields with Fixed Seating	70	70
当年新增等级运动员（人）	**Number of Newly Added Graded Athletes (person)**		
国际级运动健将	International Masters of Sports	2	1
运动健将	Masters of Sports	7	6
一级运动员	First Grade	28	65
二级运动员	Second Grade	797	686
当年新增等级裁判员（人）	**Number of Newly Added Graded Referees (person)**		
国际裁判	International Referees		
国家级裁判	National Referees	7	
一级裁判	First Grade Referees	213	345

注：1）体育经费包括体育事业费和体育基建支出。
　　2）体育场地数为2003年普查数。
Note: a) Sports expenditures include sports funds and expenditure for sports infrastructure.
　　b) The number of stadiums and gyms are the data in the census in 2003.

19－16 律师、公证、调解工作基本情况（2008－2009年）
Statistics on Lawyers, Notarization and Mediation (2008-2009)

项目	Item	2008	2009
律师工作	**Lawyers**		
律师事务所（所）	Number of Law Offices (unit)	373	416
律师工作者（人）	Number of Lawyers (person)	4023	4311
#专　职	Full-time Lawyers	3531	3882
聘请担任法律顾问单位（处）	Number of Units with Permanent Legal Advisors (unit)	7338	7859
民事诉讼代理（件）	Agent of Civil Cases (case)	34230	34440
刑事辩护（件）	Defender of Criminal Cases (case)	8066	9430
行政诉讼代理（件）	Agent of Administrative Action (case)	1095	1223
非诉讼法律事务（件）	Cases of Non-litigious Legal Affairs (case)	7132	6443
解答法律询问（件）	Advisory Services of Legal Affairs (case)	157232	172572
代写法律事务文书（件）	Legal Documents Written on Behalf of Clients (case)	11487	10928
公证工作	**Notarization**		
公证处（个）	Number of Notarial Offices (unit)	41	41
公证员（人）	Public Notaries (person)	185	184
办理公证书（件）	Notarized Documents (case)	129429	174078
人民调解工作	**Number of People's Mediation**		
专职司法助理员（人）	Number of Full-time Judicial Assistants (person)	2760	3025
人民调解委员会（个）	Number of People's Mediation Committees (unit)	12967	13151
调解员（人）	Number of Mediators (person)	80772	112606
调解纠纷（件）	Number of Disputes Mediated (case)	314090	377287
婚姻家庭	Family Disputes	65517	72743
房屋、宅基地	Housing and Housing Sites	13608	11734
合　同	Contract Disputes	19844	12892
劳　动	Labor Disputes	15464	9986
邻　里	Neighbor Disputes	64861	109707
赔　偿	Compensation Disputes	34050	41694
其　他	Others	100746	118531

19－17 国内外公证文书（2008－2009 年）
Domestic and Foreign-Related Notarial Documents (2008-2009)

单位：件、% (case, %)

项目	Item	国内公证文书 Domestic Notarial Documents			
		办证件数 Number of Notarial Documents Issued		比重 Percentage	
		2008	2009	2008	2009
经济公证合计	**Total Notarized Documents on Economic Affairs**	**17258**	**23725**	**100.0**	**100.0**
#购　销	Purchases and Sales of Products	183	595	1.1	2.5
建筑工程承包	Construction Project Contracts	240	200	1.4	0.8
农林牧渔承包	Farming, Forestry, Animal Husbandry and Fishery Contracts	24	28	0.1	0.1
财产租赁	Property Leasing	30	8	0.2	…
劳务合同	Labor Contracts	64	3	0.4	…
贷款合同	Loan Contracts	9938	13503	57.6	56.9
民事公证合计	**Total Notarized Documents on Civil Affairs**	**79160**	**116275**	**100.0**	**100.0**
#收　养	Child Adoption	55	142	0.1	0.1
继承权	Right of Inheritance	9989	13146	12.6	11.3
遗　嘱	Testament	1075	1143	1.4	1.0
房屋买卖	Purchases and Sales of Houses	1041	1145	1.3	1.0
产　权	Property Right	23	58	…	…
民事协议	Civil Agreements	2396	2017	3.0	1.7

项目	Item	涉外公证文书 Foreign-related Notarial Documents			
		办证件数 Number of Notarial Documents Issued		比重 Percentage	
		2008	2009	2008	2009
合　计	**Total**	**29687**	**29741**	**100.0**	**100.0**
#出　生	Births	4283	4718	14.4	15.9
学　历	Schooling	2948	2472	9.9	8.3
死　亡	Deaths	62	53	0.2	0.2
婚姻状况	Marital Status	692	1099	2.3	3.7
亲属关系	Kinship Confirmation	2847	2503	9.6	8.4
受刑事处分	Criminal Records	3904	3247	13.2	10.9
委托书	Proxy	324	132	1.1	0.4
声明书	Announcement	776	937	2.6	3.2
经　历	Personal Histories	153	58	0.5	0.2
副本与原本相符	Conformation of Copies and Photo-offset Copies to Originals	7658	8921	25.8	30.0
商标注册	Trademark Registrations	1		…	
其他经济合同	Other Business Contracts		13		…

19－18 公安机关受理查处治安案件情况（2009 年）
Offense Cases against Public Order Handled by Public Security Organs (2009)

单位：起 (case)

案件类别	Category of Cases	受理 Number of Cases Accepted to be Treated	查处 Number of Cases Investigated and Treated
合 计	**Total**	**317362**	**304546**
扰乱公共秩序	**Disturbing Public Order**	**41320**	**41097**
#扰乱公共场所秩序	Disturbing the Orders in Public Places	31677	31641
寻衅滋事	Causing Quarrels and Making Troubles	1440	1354
利用邪教、会道门、迷信或冒用宗教气功名义危害社会	Imperil the Society through Evil Cult and Superstition or in the name of Religion and *Qigong*	176	174
妨害公共安全	**Disturbing Public Safety**	**15179**	**14906**
#违反危险物质管理规定	Violation of Explosives Control Regulations	1715	1674
非法携带枪支、弹药及管制刀具	Violation of Firearms Control Regulations	3677	3658
盗窃损毁公共设施	Stealing and Damaging Public Facilities	368	320
侵犯他人人身权利、财产权利	**Infringing the Personal Right and Property Right of Others**	**154672**	**143262**
#殴打他人	Battering Other Persons	80160	76215
故意伤害	Willfully Injuring Others	7432	6468
盗 窃	Stealing Property	14823	12089
诈 骗	Swindling, Seizing and Extorting Property	1823	1320
抢 夺	Robbery and Snatch	214	173
敲诈勒索	Extortion and Blackmail	544	462
妨害社会管理秩序	**Disturbing Order Social Administration**	**106191**	**105281**
#违反旅店业管理	Violating the Hotel Management Regulations	3883	3875
卖淫、嫖娼	Prostitution or Soliciting Prostitutes	2268	2250
赌博或为赌博提供条件	Gambling or Offering Conditions for Gambling	2836	2783
毒品违法案件	Illegal Drug Related Action	5566	5501

19－19　公安机关立案的刑事案件情况（2009 年）
Criminal Cases Registered in Public Security Organs (2009)

指　　标	Item	2009
人民警察数（人）	**Number of Police (person)**	**29891**
刑事案件立案数（起）	**Total Registered Criminal Cases (case)**	**201519**
杀　人	Homicide	321
伤　害	Injury	2963
抢　劫	Robbery	9636
强　奸	Rape	1196
拐卖妇女儿童	Abducting Women or Children	157
盗　窃	Larceny	136372
诈　骗	Fraud	18868
走　私	Smuggling	
伪造、变造货币，出售、购买、运输、持有、使用假币	Forging Currency, Selling, Buying, Transporting, Holding and Using Counterfeit Currency	82
其　他	Others	31924
刑事案件破案率（%）	**Rate of Solved Criminal Cases (%)**	**25.3**

19－20　检察机关直接立案侦查案件情况（2009 年）
Cases under Direct Investigation by People's Procuratorate (2009)

案件分类	Category of Cases	受案（件）Cases Accepted (case)	立案件数（件）Registered Cases (case)	#大案 Large Cases	立案人数（人）Person of Cases Registered (person)	#要案 Key Cases	结案合计 Total Settled Cases 件 (case)	人 (person)
合　计	**Total**	**1386**	**790**	**579**	**1027**	**198**	**724**	**955**
贪污贿赂案件	**Cases on Corruption and Bribery**	**1166**	**635**	**504**	**828**	**165**	**586**	**780**
贪　污	Corruption	466	137	103	292	22	138	290
贿　赂	Bribery	664	475	387	506	139	421	452
挪用公款	Misappropriation of Public Funds	21	18	12	21	2	21	28
集体私分	Collective Illegal Possession of Public Funds	8	5	2	9	2	6	10
巨额财产来源不明	Unstated Source of Large Amount of Properties	7						
其　他	Others							
渎职案件	**Cases on Abuse and Dereliction of Duty**	**220**	**155**	**75**	**199**	**33**	**138**	**175**
滥用职权	Abuse of Power	68	52	21	79	14	46	72
玩忽职守	Dereliction of Duty	86	64	37	65	10	59	60
徇私舞弊	Fraudulent Practice	48	35	15	47	9	29	35
其　他	Others	18	4	2	8		4	8

19－21 检察机关审查批准、决定逮捕犯罪嫌疑人和提起公诉被告人情况（2009 年）

Arrests of Criminal Suspects and Defendants under Public Prosecution Approved by People's Procuratorate (2009)

案件类别	Category of Cases	批捕、决定逮捕合计 Total Arrests		决定起诉合计 Total Public Prosecutions	
		件 (case)	人 (person)	件 (case)	人 (person)
合　计	**Total**	**15507**	**21723**	**20650**	**28839**
公安、安全、监狱机关侦查	**Handled by Departments of State, Public Security and Prisons**	**14984**	**21159**	**20002**	**27957**
危害国家安全案	Offences Against State Security	2	8	3	3
危害公共安全案	Offences Against Public Security	867	1046	4041	4349
破坏社会主义市场经济秩序案	Offences Against Socialist Economic Order	471	755	448	673
侵犯公民人身、民主权利案	Offences Against Citizens' Personal and Democratic Rights	3056	3939	3809	5090
侵犯财产案	Offences Against Properties	6683	9598	7719	11594
妨害社会管理秩序案	Offences Against Social Management of Order	3899	5807	3978	6244
危害国防利益案	Offences Against National Defense	6	6	4	4
军人违反职责案	Offences on Dereliction of Duty by Servicemen				
检察机关侦查	**Handled by Procuratorates**	**523**	**564**	**648**	**882**
贪污贿赂案	Offences on Corruption and Bribery	479	514	548	739
渎职案	Offences on Abuse and Dereliction of Duty	44	50	100	143

19－22 人民法院刑事一审案件收结案情况（2008－2009 年）

First Trial Criminal Cases Accepted and Settled by Courts (2008-2009)

单位：件　　(case)

类　别	Category of Cases	收案 Accepted Cases		结案 Settled Cases	
		2008	2009	2008	2009
合　计	**Total**	**19674**	**21672**	**18690**	**19972**
#自诉案件	Private Prosecution	426	352	309	238
危害公共安全罪	Offences against Public Security	414	4072	382	3961
破坏社会主义市场经济秩序罪	Offences against Socialist Economic Order	4133	441	3738	394
侵犯公民人身权利、民主权利罪	Offences against Citizens' Personal and Democratic Rights	8736	4432	8453	3861
侵犯财产罪	Offences against Properties	3443	7979	3308	7440
妨害社会管理秩序罪	Offences against social Management of Order	5	3996	5	3678
危害国防利益罪	Offences against National Defense	500	6	425	6
贪污贿赂罪	Offences on Corruption and Bribery	58	645	51	546
渎职罪	Offences on Dereliction of Duty	1957	97	2017	82
危害国家安全罪	Offences against Country Safety	2	3	2	3
其它	Others		1		1

注：收结案中含上年结转。

Note: The numbers of accepted and settled cases include the cases turned over from the previous year.

19－23　人民法院民事、行政一审案件收结案情况（2008－2009 年）
First Trial Civil and Administrative Cases Accepted and Settled by Courts (2008-2009)

单位：件　(case)

类　别	Category of Cases	收案 Accepted Cases		结案 Settled Cases	
		2008	2009	2008	2009
民事一审案件	**First Trial of Civil Cases**	**138500**	**163654**	**116559**	**136518**
婚姻家庭纠纷案件	Disputes of Marriages and Family Affairs	38376	41339	34479	36912
继承纠纷案件	Disputes of Inheritance	978	1367	798	1135
合同纠纷案件	Disputes of Contracts	71562	87643	58883	71760
权属、侵权纠纷案件	Disputes of Ownership and Infrigement of Right	22953	33305	18366	26711
行政一审案件	**First Trial of Administrative Cases**	**3728**	**4377**	**3381**	**3686**

注：收案中含上年结转。
Note: The number of accepted cases includes the cases turned over from the previous year.

19－24　安全生产情况（2002－2009 年）
Basic Statistics on Work Safety (2002-2009)

年　份 Year	亿元地区生产总值生产安全事故死亡率 Mortality Rate of Work Safety Accident per 100 Billion Yuan GDP	工矿商贸企业从业人员十万人生产安全事故死亡率 Mortality Rate of Work Safety Accident per 100 000 Employees of Enterprises	煤炭生产百万吨死亡率 Mortality Rate per 1 Million Tons of Coal Procuction	道路交通万车死亡率 Mortality Rate of Highway Traffic Accident per 10 000 Vehicles
2002	1.44	9.90	21.08	37.50
2003	1.41	13.43	17.82	30.70
2004	0.89	10.24	12.24	18.30
2005	0.75	10.62	13.73	14.51
2006	0.61	8.49	9.30	10.83
2007	0.47	8.05	7.64	9.26
2008	0.34	7.13	6.82	7.60
2009	0.30	6.39	5.44	6.00

19－25 安全生产事故死亡情况（2001－2009 年）
Basic Statistics on Death Toll of Work Safety Accidents (2001-2009)

年份 Year	生产安全事故死亡起数（起） Safety Accidents with Death Toll (case)	道路交通事故 Traffic Accidents	煤矿事故 Coal Mine Accidents	火灾事故 Fires	生产安全事故死亡人数（人） Death Toll in Safety Accidents (person)	道路交通事故 Traffic Accidents	煤矿事故 Coal Mine Accidents	火灾事故 Fires
2001	2225	1767	241	44	2794	2083	309	53
2002	2535	1872	323	39	3208	2245	460	43
2003	2732	1989	315	44	3613	2317	446	56
2004	2237	1434	342	56	2694	1707	419	63
2005	2117	1333	349	54	2596	1616	455	57
2006	2002	1175	288	42	2381	1424	357	44
2007	1813	1105	257	35	2197	1331	321	40
2008	1681	1063	212	35	1982	1219	280	39
2009	1679	1109	160	35	1928	1209	234	43

19－26 火灾事故情况（2009 年）
Basic Statistics on Fires (2009)

项目	Item	合计 Total	按事故发生程度分 By Serious Degree of Fires			
			特大 Extra-Serious	重大 Serious	较大 Large	一般 Ordinary
发生（起）	Fires (case)	6017			2	6015
死亡（人）	Deaths (person)	43			8	35
受伤（人）	Injuries (person)	28			1	27
损失折款（万元）	Losses Converted into Cash (10 000 yuan)	3764.90			13.10	3751.80
平均每起事故损失（万元）	Average Loss per Fire (10 000 yuan)	0.63			6.55	0.62

注：损失折款指直接经济损失（下表同）。
Note: Losses converted into cash refer to direct losses (the same below).

19－27 道路交通事故情况（2009 年）
Basic Statistics on Traffic Accidents (2009)

类别	Type	发生数（起） Number of Traffic Accidents (case)	死亡人数（人） Number of Deaths (person)	受伤人数（人） Number of Injuries (person)	损失折款（万元） Losses Converted into Cash (10 000 yuan)
总计	**Total**	**5992**	**1031**	**9178**	**1048.41**
其中：死亡事故	In Which: Deaths	962	1031	722	249.43
伤人事故	Injuries	4961		8456	749.75
财产损失事故	Assets Losses	69			49.23
#机动车	Motor Vehicles	5672	975	8838	1040.36
#汽车	Automobiles	3437	624	5408	874.27
摩托车	Motorcycles	2029	305	3095	137.83
拖拉机	Tractors	105	17	170	11.87
非机动车	Non-motor-driven Vehicles	74	11	94	3.65
#自行车	Bicycles	37	5	43	2.15
行人乘车人	Pedestrians and Passengers	54	23	33	4.19

注：本表数据不含高速公路交通事故。
Note: The data in this table excludes traffic accidents on expressway.

主要统计指标解释

等级运动员人数 指经考核正式批准授予等级运动员称号的人数。运动员等级分为国际级运动健将、运动健将、一级运动员、二级运动员、三级运动员、少年级运动员。

等级裁判员人数 指经考核正式批准授予等级裁判员称号的人数。裁判员等级分为国际裁判、国家级裁判、一级裁判、二级裁判、三级裁判。

体育场 指有 400 米跑道（中心含足球场），有固定道牙，跑道 6 条以上，并有固定看台的室外田径场地。体育场按看台容纳观众人数分为：甲级 25000 人以上，乙级 15000-25000 人，、丙级 5000-15000 人，丁级 5000 人以下。

体育馆 指有固定看台，可供篮球、排球、羽毛球、乒乓球、体操等项目训练比赛活动用的室内运动场地。体育馆按看台容纳观众人数分为：甲级 6000 人以上，乙级 4000-6000 人，丙级 2000-4000 人，丁级 2000 人以下。

卫生机构 包括医疗机构、疾病预防控制中心（防疫站）、采供血机构、卫生监督及监测（检验）机构、医学科研和在职培训机构、健康教育所等。

医疗机构 包括医院、社区卫生服务中心（站）、疗养院、卫生院、门诊部、诊所（卫生所、医务室）、妇幼保健院（所、站）、专科疾病防治院（所、站）、急救中心（站）和临床检验中心。医疗机构分为非赢利性医疗机构和赢利性医疗机构。

医院 包括综合医院、中医医院、中西医结合医院、民族医院、各类专科医院和护理院。

卫生技术人员 指卫生机构中医生、护理人员 、药剂人员、检验人员等卫生技术人员。

医生 指在医疗、预防保健机构工作且取得《执业医师证书》的执业医师和执业助理医师。

社会福利企业单位 指以安置城镇有一定劳动能力的盲、聋、哑和肢体残疾人员就业为目的，享受国家减免税待遇的国有或集体企业。包括福利工厂、福利商业和服务业、假肢厂和安置农场等单位。该指标主要反映我国对残疾人照顾的特殊政策。

基本养老保险

（1）参加保险人数：指报告期末按照国家法律、法规和有关政策规定参加基本养老保险的职工人数。包括不能正常缴费、已中断缴费但未终止保险关系的职工人数。

（2）社会统筹基金收入：指根据国家规定，由纳入基本养老保险范围的单位，按照国家规定的缴费基数和缴费比例缴纳的社会统筹基金，以及通过其他方式取得的形成基金来源的收入，包括：单位缴纳的社会统筹基金收入、财政补贴收入、利息收入、其他收入。

（3）社会统筹基金支出：指按照国家政策规定的开支范围和开支标准从社会统筹基金中支付给参加基本养老保险的离休、退休、退职人员个人的养老金、丧葬抚恤补助，以及由于保险关系转移、上下级之间调剂资金等原因而发生的支出。包括：基础性养老金、过渡性养老金、离休金、退休金、退职金、补贴、丧葬抚恤补助、其他支出。

（4）社会统筹基金结余：指截止报告期末基本养老保险的社会统筹基金结余金额。包括银行存款、财政专户、债券投资和其他。

离休、退休、退职人员 指正式办理了离休、退休、退职手续，并享受相应的离休、退休、退职待遇的人员。

失业保险

（1）参加保险人数：指报告期末按照国家法律、法规和有关政策规定参加了失业保险的城镇企业事业单位的职工及地方政府规定参加失业保险的其他人员的人数。

（2）失业保险金：指为保障失业人员的基本生活而按规定支付的失业保险金金额。

基本医疗保险

（1）参加保险人数：指报告期末按国家有关规定参加基本医疗保险的人数。包括参加保险的职工人数和退休人员人数。

（2）社会统筹基金收入：指根据国家有关规定，由纳入基本医疗保险范围的缴费单位，按国家规定的缴费基数和缴费比例缴纳的社会统筹基金，以及通过其他方式取得的形成基金来源的款项，包括：单位缴纳的社会统筹基金收入、财政补贴收入、利息收入、其他收入。

（3）社会统筹基金支出：指按照国家政策规定的开支范围和开支标准从社会统筹基金中支付给参加基本医疗保险的职工和退休人员的医疗保险待遇支出及其他支出。包括：住院医疗费用支出、门急诊医疗费用支出、其他支出。

（4）社会统筹基金结余：指截止报告期末基本医疗保险的社会统筹基金结余金额。包括银行存款、财政专户、债券投资和其他。

律师　指依法取得律师执业证书，担任法律顾问，民事（刑事、行政）案件代理人、刑事案件辩护人、办理非诉讼业务，解答法律询问，代写法律事务文书等，为社会提供法律服务的人员。

公证人员　指在公证处工作的人员总称，包括公证处主任、副主任、公证员、公证员助理（助理公证员）和其他从事辅助性工作的人员。

公证文书　指公证处根据当事人申请，依照事实和法律，按照法定程序制作的，具有法律效力的司法证明文书。

调解员　指在人民调解委员会担负调解民间纠纷工作的人员，包括调解委员会的委员和调解小组的调解员。

调解民间纠纷　指调解委员会按照法律规定，根据自愿原则，用说服教育的方法调解民间发生的有关民事权利和义务争执的件数，包括调解成功数和调解未成功数。

立案　指人民检察院对受理的报案、控告、举报或自首及自行发现的犯罪线索、犯罪嫌疑人进行初步调查后，认为存在职务犯罪事实和应追究刑事责任，并决定作为刑事案件进行侦查的诉讼活动，是追究犯罪的开始。该指标主要反映人民检察院依法将职务犯罪线索作为刑事案件进行侦查的诉讼活动。

大案　指贪污、贿赂案数额在5万元以上，挪用公款案数额在10万元以上，集体私分、巨额财产来源不明、隐瞒境外存款案数额在50万元以上以及按照《人民检察院直接受理的渎职、侵权重、特大案件标准（试行）》认定的案件。该指标主要反映人民检察院立案查办的职务犯罪案件中经济损失大、社会危害严重的案件。

要案　指县、处级以上干部的犯罪案件。该指标主要反映国家工作人员中县、处级以上干部因职务犯罪被人民检察院依法立案侦查的情况。

决定逮捕　指人民检察机关对直接受理、自行侦查的案件，认为需要逮捕犯罪嫌疑人时，依据法律作出的逮捕决定。

批准逮捕　指人民检察机关对公安机关、国家安全机关、监狱管理机关提出逮捕的犯罪嫌疑人进行审查，根据事实，依法作出逮捕决定。

决定起诉　指人民检察机关对公安机关、国家安全机关、监狱管理机关和检察机关内设机构反贪污贿赂部门移送起诉的刑事犯罪嫌疑人进行审查，根据事实，依法向人民法院提起公诉。

Explanatory Notes on Main Statistical Indicators

Number of Athletes in Grades refers to the number of athletes who have been given titles through examination. The titles of athletes include international masters of sports, masters of sports, first-grade, second-grade and third-grade sportsmen and young athletes.

Number of Referees in Grades refers to the number of referees who have been given titles after examination. They are classified as international referees, national referees and referees of the first, second and third grades.

Stadiums refer to stadiums for track and field events with six lane 400-meter tracks around soccer fields, permanent track marks and permanent bleachers. Stadiums are classified according to seating capacity. They include: Class A stadiums seating 25000 people each, Class B stadiums seating 15000 to 25000 people each, Class C stadiums seating 5000 to 15000 people each, and Class D stadiums seating fewer than 5000 people.

Gymnasiums refer to indoor sports grounds with permanent seats in which basketball, volleyball, badminton, table tennis and gymnastics competitions can be held. Gymnasiums are classified according to seating capacity. They include Class A gymnasiums seating over 6000 people, Class B gymnasiums seating 4000 to 6000 people, Class C gymnasiums seating 2000 to 4000 people, and Class D gymnasiums seating fewer than 2000 people.

Health Care Institutions include medical institutions, disease prevention and control centers (epidemic prevention stations), blood gathering and supplying institutions, health supervision and inspection (check up) institutions, medicinal scientific research and on-job training institutions, health education and so on.

Medical Organizations include hospitals, health service centers (stations) of communities, nursing homes, health centers, clinics, clinics (health stations and infirmaries), maternity and child care agencies (centers and stations), special disease prevention and curing agencies (centers and stations), first aid centers (stations) and clinical inspection centers. Medical organizations are grouped by two types: profit-making and non-profit-making medical organizations.

Hospitals include polyclinics, traditional Chinese medical hospitals, hospitals integrated with traditional Chinese therapeutics and western therapeutics, ethical hospitals, various specialties hospitals and nursing hospitals.

Medical Technical Personnel refers to doctors, assistant nurses, pharmacists, and laboratory technicians working in medical institutions.

Doctors refer to certified physicians and certified assistant physicians with certifications working in medical and health care and prevention agencies.

Social Welfare Enterprises are collective owned enterprises which employ the blind, deaf-mute, and other handicapped people who are able to work in cities and towns and enjoy exemption from state taxes, including welfare plants, welfare commercial services, artificial limb plants and farms, etc. This indicator reflects the preferential policies toward disabled persons.

Basic Endowment Insurance

(I) Number of people participating in the insurance program: by the end of reference period, number of staff and workers participating in the insurance program in line with national laws, regulations and related policies, including those who can not make regular payment or interrupt payment but not terminate the insurance program.

(II) Revenue of social comprehensive funds: according to national provision, payments made by units covered in basic endowment insurance program, and income from other resources, including: income of social comprehensive funds paid by unites, financial subsidies, interest income and others.

(Ⅲ) Expenditure of social comprehensive funds: refer to payment made to those retired and resigned people covered in endowment insurance program in terms of pension or compensation within the expenditure scope and standards according to related national policies, and the expenditure occurred due to shift of the insurance relationship or adjustment funds among agencies, including: basic pension, transitional pension, pension for resigned people, pension for retired people, pension for people quitting jobs, subsidies, funeral subsidies and other expenditure.

(Ⅳ) Balance of social comprehensive funds: refer to the balance of basic endowment insurance of social comprehensive funds at the end of the reference period, including: bank savings, special fiscal account, investment in bonds and others.

Retired or Resigned Personnel refers to people who have formally gone through the formalities for their retirement or quitting work and enjoy the corresponding treatments.

Unemployment Insurance

(Ⅰ) Number of people participated in unemployment insurance program: number of staff and workers in urban enterprises or institutions and other people according to local government regulations participated in unemployment insurance program in line with national law, regulations and related policies by the end of the reference period.

(Ⅱ) Sum of Unemployment Insurance: refer to total amount of insurance paid to un-employees to guarantee their basic lives according to related regulations.

Basic Medical Care Insurance

(Ⅰ) Number of people participated in the insurance program: refer to number of people participated in the basic medical care insurance program according to related regulation by the end of reference period, including: number of staff and workers and retired persons participated in this insurance program.

(Ⅱ) Revenue of social comprehensive funds: according to national provision, payments made by units covered in basic medical care insurance program, and income from other resources, including: income of social comprehensive funds paid by unites, financial subsidies, interest income and others.

(Ⅲ) Expenditure of social comprehensive funds: refer to payment made to those retired and resigned people covered in basic medical care insurance within the expenditure scope and standards according to related national policies, including: expenditure on fee-for-service in hospital, expenditure on fee-for-service in clinic and other expenditure.

(Ⅳ) Balance of social comprehensive funds: refer to the balance of medical care insurance of social comprehensive funds at the end of the reference period, including: bank savings, special fiscal account, investment in bonds and others.

Lawyers are certified legal workers according to law, and who are employed by legal counseling firms to act as legal advisers, agents in criminal or civil lawsuits, or defenders in criminal lawsuits, or to handle non-litigious legal affairs, to advise on matters of law or to write legal papers for others, and provide service to the public.

Notary Personnel refers to people working for notary offices including: directors, deputy director, notaries, assistant notaries, and other people providing assistance.

Notary Documents refer to the judicatory notary documents drawn up by the request of the party and are in accordance with facts and laws and following certain legal proceedings.

Mediators refer to workers on people mediation committees responsible for mediating in civil disputes and cases of slight infraction of the law. They include members of the mediation committees and mediators of mediation groups.

Mediation of Civil Disputes refers to number of cases made by mediation committees in mediating in civil disputes concerning civil rights and duties through persuasion and education in accordance with the provisions of law on a voluntary basis, so as to solve disputes by helping the parties involved come to an agreement and understanding, including those unsuccessful ones.

Acceptance of Case refers to the decision made by the people's procuratorate office on reported cases, prosecution, impeachment, surrender, self-found criminal clues or suspects after initial investigation to confirm the act of crime and to start legal proceedings of the case as criminal case.

Large Cases refer to cases involving a corruption or bribery of over 50,000 yuan, or a misappropriation of over 100,000 yuan, Cases of collectively illegal possession of public funds, unstated sources of large properties, or disguised overseas savings deposits involving 500,000 yuan, or a case that has been defined by *Standard on Serious and Large Cases of Misconduct and Tortious that Directly Accepted by People's Procurators Office (trial)*. This indicator mainly reflects number of accepted cases of job-related criminals that caused serious economic losses or extremely harmful to the society.

Key Cases refer to cases committed by government officials with a ranking of division director or county administrator. This indicator mainly reflects the recorded and spied on cases by the people's procurators offices toward government official with a ranking of division director or county administrator.

Decision of Arrest refers to decision made by procurators office, in accordance with laws, to arrest the suspect(s) in the cases that are accepted and to be investigated by procurators office.

Approval for Arrest refers to the decision made by procurators office, in accordance with laws and relevant facts, to approve the arrest of the suspect(s) that is proposed by the public security departments, state security departments or authority of prisons.

Decision on Prosecution refers to the decision made by procurators office, in accordance with laws and relevant facts, to institute proceedings to the people court against the suspect(s) of criminal cases handed over by the public security departments, state security departments or authority of prisons, or by the anti-corruption departments within the procurators office.

20

区县和开发区

Districts, Counties And Development Zones

简要说明 Brief Introduction

本章资料包括按“都市经济发达圈”和“一圈两翼”分组的全市40个区县（自治县）的主要经济社会统计资料，以及重庆市北部新区的主要统计资料。

“都市经济发达圈”包括渝中区、大渡口区、江北区、沙坪坝区、九龙坡区、南岸区、北碚区、渝北区、巴南区，即主城九区。

“一圈两翼”的多数统计数据经过评估和测算取得，其合计数不等于各区县数据直接相加。2008年原来的北部新区、经济技术开发区以及高新技术产业开发区三区合一，组建成新的北部新区。

本市自治县包括石柱土家族自治县、秀山土家族苗族自治县、酉阳土家族苗族自治县和彭水苗族土家族自治县。

本章资料分别由市统计局人口就业处、核算处、工业处、服务业处、固定资产投资处、贸易外经处、社会科技处、能源资源统计处、综合处和国家统计局重庆调查总队根据有关专业统计资料、各区县统计局资料和市级有关部门的区县资料整理编辑。

This chapter includes the main economic and social indicators of 40 districts and counties (autonomous counties) grouped by the Metropolitan Developed Economic Circle and the “One Circle and Two Wings”, as well as main statistic indicators of the New Northern Zone of Chongqing.

The “Metropolitan Developed Economic Circle” covers the 9 central urban districts, namely Yuzhong, Dadukou, Jiangbei, Shapingba, Jiulongpo, Nan'an, Beibei, Yubei and Banan.

The data of the “One Circle and Two Wings” are mostly obtained by evaluation and calculation, which are not equal to the sums of all the districts and counties. In 2008, the former New Northern Zone, Economic and Technical Development Zone and High-Tech Industrial Zone were combined into the present New Northern Zone.

The autonomous counties in Chongqing include Shizhu Tujia Autonomous County, Xiushan Tujia and Miao Autonomous County, Youyang Miao Autonomous County and Pengshui Miao and Tujia Autonomous County.

The data in this chapter are prepared and compiled by Division of Population and Employment Statistics, Division of National Economic Accounting, Division of Industry Statistics, Division of Service Statistics, Division of Statistics of Investment in Fixed Assets, Division of Trade and Foreign Economic Relations Statistics, Division of Social and Technology Statistics, Division of Energy and Natural Resources Statistics, Division of Comprehensive Statistics of Chongqing Municipal Bureau of Statistics as well as the NBS Survey Office in Chongqing on the basis of the data provided by the related divisions of Municipal Bureau of Statistics, the statistical bureaus of districts and counties and the related municipal departments.

20－1　各区县户数和人口（2009 年）
Households and Population by Region (2009)

区　县	Region	年末总户数（户籍统计）（万户）Year-end Households (registration statistics) (10 000 households)	年末总人口（户籍统计）（万人）Year-end Population (registration statistics) (10 000 persons)	#非农业人口 Non-agricultural	#女性 Female
全　市	**Total**	**1110.70**	**3275.61**	**948.69**	**1577.92**
#都市发达经济圈	**Metropolitan Developed Economic Circle**	**228.14**	**600.56**	**402.43**	**297.09**
一小时经济圈	**One-Hour Economic Circle**	**650.03**	**1829.44**	**701.47**	**889.77**
渝中区	Yuzhong District	23.15	58.50	58.50	29.40
大渡口区	Dadukou District	9.75	23.27	18.93	11.68
江北区	Jiangbei District	21.59	53.54	47.26	26.56
沙坪坝区	Shapingba District	26.28	76.70	59.33	38.06
九龙坡区	Jiulongpo District	31.18	80.62	59.97	39.94
南岸区	Nan'an District	20.99	58.37	48.95	29.05
北碚区	Beibei District	23.98	63.58	31.24	31.52
渝北区	Yubei District	38.23	98.48	48.40	48.50
巴南区	Ba'nan District	32.99	87.50	29.85	42.38
万盛区	Wansheng District	9.09	26.90	13.46	13.42
双桥区	Shuangqiao District	1.92	5.01	3.11	2.46
涪陵区	Fuling District	41.03	114.51	35.18	55.87
长寿区	Changshou District	33.45	90.10	22.67	44.00
江津区	Jiangjin District	56.76	149.16	41.33	71.58
合川区	Hechuan District	53.63	154.27	34.27	74.00
永川区	Yongchuan District	36.15	110.34	30.39	53.43
南川区	Nanchuan District	22.08	66.42	12.42	32.37
綦江县	Qijiang County	31.51	94.65	23.19	45.73
潼南县	Tongnan County	28.00	93.28	12.43	43.93
铜梁县	Tongliang County	28.43	82.73	15.62	39.68
大足县	Dazu County	28.10	95.66	19.06	45.16
荣昌县	Rongchang County	29.15	83.33	19.54	40.56
璧山县	Bishan County	22.59	62.52	16.37	30.49
渝东北翼	**Northeast of Chongqing**	**349.92**	**1083.84**	**193.64**	**517.11**
万州区	Wanzhou District	61.22	172.82	54.60	84.27
梁平县	Liangping County	29.90	91.08	13.09	43.38
城口县	Chengkou County	7.43	24.37	3.16	11.33
丰都县	Fengdu County	25.92	82.42	16.12	39.48
垫江县	Dianjiang County	29.82	94.22	14.90	45.03
忠　县	Zhongxian County	32.28	100.39	16.92	48.10
开　县	Kaixian County	50.59	161.57	22.34	76.32
云阳县	Yunyang County	41.10	134.21	19.78	63.76
奉节县	Fengjie County	32.94	106.15	15.28	50.21
巫山县	Wushan County	21.15	62.97	10.60	29.85
巫溪县	Wuxi County	17.57	53.64	6.85	25.38
渝东南翼	**Southeast of Chongqing**	**110.75**	**362.33**	**53.58**	**171.04**
黔江区	Qianjiang District	18.10	52.68	11.72	24.82
武隆县	Wulong County	12.92	41.08	6.72	19.45
石柱县	Shizhu County	17.03	53.92	9.44	26.06
秀山县	Xiushan County	17.86	64.54	9.37	30.91
酉阳县	Youyang County	24.78	81.81	8.86	38.18
彭水县	Pengshui County	20.06	68.30	7.47	31.62

20-1 续表 CONTINUED

区 县	Region	人口自然增长（户籍统计） Natural Growth of Population (registration statistics)		常住人口（万人）		城镇化率（%）
		人数（万人） Population (10 000 persons)	自然增长率（‰） Natural Growth Rate (‰)	Permanent Popolation (10 000 persons)	城镇人口 Urban (10 000 persons)	Urbanization Rate (%)
全 市	**Total**	**18.54**	**5.67**	**2859.00**	**1474.92**	**51.6**
#都市发达经济圈	**Metropolitan Developed Economic Circle**	**5.06**	**8.50**	**694.49**	**618.95**	**89.1**
一小时经济圈	**One-Hour Economic Circle**	**8.74**	**4.79**	**1725.26**	**1108.83**	**64.3**
渝中区	Yuzhong District	-1.06	-17.97	71.84	71.84	100.0
大渡口区	Dadukou District	0.38	16.37	27.72	27.72	100.0
江北区	Jiangbei District	0.89	16.73	69.62	69.62	100.0
沙坪坝区	Shapingba District	0.56	7.32	91.42	91.42	100.0
九龙坡区	Jiulongpo District	0.71	8.85	100.82	100.82	100.0
南岸区	Nan'an District	0.78	13.44	71.52	71.52	100.0
北碚区	Beibei District	-0.44	-6.94	73.14	53.76	73.5
渝北区	Yubei District	2.98	30.76	97.62	67.43	69.1
巴南区	Ba'nan District	0.26	3.02	90.79	64.82	71.4
万盛区	Wansheng District	0.08	3.09	25.57	18.52	72.4
双桥区	Shuangqiao District	…	-0.71	4.79	4.52	94.4
涪陵区	Fuling District	0.71	6.23	103.17	57.51	55.7
长寿区	Changshou District	0.23	2.56	76.80	38.82	50.6
江津区	Jiangjin District	0.51	3.46	127.94	71.17	55.6
合川区	Hechuan District	0.38	2.44	128.54	67.64	52.6
永川区	Yongchuan District	0.16	1.47	93.42	52.72	56.4
南川区	Nanchuan District	0.34	5.08	55.09	25.74	46.7
綦江县	Qijiang County	-0.35	-3.69	84.31	33.04	39.2
潼南县	Tongnan County	0.02	0.25	71.87	21.89	30.5
铜梁县	Tongliang County	0.32	3.82	62.96	24.03	38.2
大足县	Dazu County	0.64	6.71	77.04	27.80	36.1
荣昌县	Rongchang County	0.26	3.07	65.89	25.15	38.2
璧山县	Bishan County	0.38	6.15	53.38	21.33	40.0
渝东北翼	**Northeast of Chongqing**	**6.53**	**6.04**	**851.39**	**292.35**	**34.3**
万州区	Wanzhou District	0.28	1.64	154.22	81.51	52.9
梁平县	Liangping County	0.01	0.08	71.57	23.89	33.4
城口县	Chengkou County	0.22	9.17	18.87	4.14	21.9
丰都县	Fengdu County	-0.02	-0.20	64.17	19.32	30.1
垫江县	Dianjiang County	0.28	3.02	72.27	23.28	32.2
忠 县	Zhongxian County	1.17	11.73	74.27	22.58	30.4
开 县	Kaixian County	1.84	11.48	115.48	38.80	33.6
云阳县	Yunyang County	0.62	4.66	101.36	30.36	30.0
奉节县	Fengjie County	1.39	13.15	85.47	25.45	29.8
巫山县	Wushan County	0.62	9.96	49.78	13.51	27.1
巫溪县	Wuxi County	0.12	2.25	43.93	9.51	21.7
渝东南翼	**Southeast of Chongqing**	**3.27**	**9.07**	**282.35**	**73.74**	**26.1**
黔江区	Qianjiang District	0.50	9.60	43.86	15.03	34.3
武隆县	Wulong County	0.07	1.61	34.53	10.90	31.6
石柱县	Shizhu County	0.58	10.86	43.11	10.63	24.7
秀山县	Xiushan County	0.20	3.11	49.77	12.47	25.1
酉阳县	Youyang County	1.00	12.31	57.23	12.36	21.6
彭水县	Pengshui County	0.92	13.51	53.85	12.35	22.9

20—2 各区县就业（2009 年）
Employment by Region (2009)

区 县	Region	城镇非私营单位职工人数（万人） Employment of Urban Non-private Units (10 000 persons)	#国有 State-owned	#集体 Collective-owned	年末失业人员登记数（人） Year-end Registered Unemployment (person)
全 市	**Total**	**234.90**	**114.32**	**9.88**	**134412**
#都市发达经济圈	**Metropolitan Developed Economic Circle**	**115.46**	**49.67**	**3.10**	**54323**
一小时经济圈	**One-Hour Economic Circle**	**184.17**	**82.43**	**7.58**	**94142**
渝中区	Yuzhong District	26.98	11.76	0.46	7837
大渡口区	Dadukou District	6.29	3.72	0.15	2803
江北区	Jiangbei District	9.99	3.91	0.34	5650
沙坪坝区	Shapingba District	11.68	8.11	0.52	9399
九龙坡区	Jiulongpo District	19.42	6.28	0.83	7460
南岸区	Nan'an District	10.93	3.74	0.12	8571
北碚区	Beibei District	5.82	3.30	0.10	2390
渝北区	Yubei District	13.15	5.07	0.20	3759
巴南区	Ba'nan District	11.20	3.78	0.38	2938
万盛区	Wansheng District	3.22	2.24	0.40	2564
双桥区	Shuangqiao District	1.09	0.20	0.07	455
涪陵区	Fuling District	10.31	4.82	0.79	6850
长寿区	Changshou District	8.04	2.78	0.33	3847
江津区	Jiangjin District	11.19	4.05	0.71	4459
合川区	Hechuan District	6.42	2.85	0.55	3273
永川区	Yongchuan District	5.85	3.78	0.21	3125
南川区	Nanchuan District	2.89	1.85	0.25	386
綦江县	Qijiang County	4.71	1.88	0.10	3591
潼南县	Tongnan County	2.06	1.66	0.03	1588
铜梁县	Tongliang County	2.35	1.62	0.12	2260
大足县	Dazu County	3.72	1.73	0.42	1567
荣昌县	Rongchang County	3.22	1.77	0.15	3556
璧山县	Bishan County	3.64	1.53	0.35	2298
渝东北翼	**Northeast of Chongqing**	**38.21**	**22.01**	**1.88**	**29721**
万州区	Wanzhou District	12.22	5.24	0.47	5974
梁平县	Liangping County	3.12	1.65	0.29	1709
城口县	Chengkou County	0.98	0.80	0.06	462
丰都县	Fengdu County	2.36	1.49	0.15	2411
垫江县	Dianjiang County	3.94	2.47	0.43	2415
忠 县	Zhongxian County	1.80	1.68	0.05	2293
开 县	Kaixian County	4.63	2.45	0.04	3069
云阳县	Yunyang County	3.14	2.05	0.07	3577
奉节县	Fengjie County	2.49	1.74	0.10	4945
巫山县	Wushan County	1.68	1.27	0.14	1623
巫溪县	Wuxi County	1.85	1.17	0.08	1243
渝东南翼	**Southeast of Chongqing**	**12.52**	**9.88**	**0.42**	**10549**
黔江区	Qianjiang District	2.47	1.85	0.06	2165
武隆县	Wulong County	1.78	1.17	0.03	1876
石柱县	Shizhu County	2.45	2.37	0.07	1770
秀山县	Xiushan County	1.60	1.33	0.14	1635
酉阳县	Youyang County	2.25	1.64	0.10	1443
彭水县	Pengshui County	1.97	1.52	0.02	1660

注：都市发达经济圈和一小时经济圈的年末失业人员登记数据包括北部新区，九龙坡、南岸、渝北区数据不含北部新区。
Note: The data of year-end registered unemployment in the Metropolitan Developed Economic Circle and the One-Hour Economic Circle include the data of the New Northern Zone, which are excluded from the data of Jiulongpo, Nan'an and Yubei.

20—3 各区县（自治县）生产总值（2009 年）
Gross Domestic Product by Region (2009)

区 县	Region	地区生产总值（万元） Gross Domestic Product (10000 yuan)	第一产业 Primary Industry	第二产业 Secondary Industry	#工业 Industry	第三产业 Tertiary Industry	人均地区生产总值（元） Per Capita GDP (yuan)
全 市	**Total**	**65300100**	**6068000**	**34487700**	**29174000**	**24744400**	**22920**
#都市发达经济圈	**Metropolitan Developed Economic Circle**	**29015800**	**681700**	**15029500**	**13121800**	**13304600**	**42085**
一小时经济圈	**One-Hour Economic Circle**	**50740000**	**3576300**	**27385100**	**23671800**	**19778600**	**29541**
渝中区	Yuzhong District	4683640		208628	120959	4475012	65505
大渡口区	Dadukou District	1495622	16300	991173	893982	488149	54446
江北区	Jiangbei District	3253546	26267	1262074	1062382	1965205	47051
沙坪坝区	Shapingba District	3476947	43763	1699561	1489441	1733623	38286
九龙坡区	Jiulongpo District	5000291	62876	2360966	2139920	2576449	49916
南岸区	Nan'an District	3001501	33421	1842198	1564947	1125882	42307
北碚区	Beibei District	1923567	83989	1170639	1002479	668939	26525
渝北区	Yubei District	4594015	171363	2517039	2157771	1905613	47503
巴南区	Ba'nan District	2433339	243683	1223739	1048887	965917	26988
万盛区	Wansheng District	400125	43227	207303	173055	149595	15725
双桥区	Shuangqiao District	315100	2855	258455	235850	53790	66128
江津区	Jiangjin District	2492853	407971	1308594	1139549	776288	19517
合川区	Hechuan District	2027492	332542	863177	608419	831773	15796
永川区	Yongchuan District	2440761	259026	1273651	972309	908084	26173
南川区	Nanchuan District	1147261	202733	539293	461417	405235	20874
綦江县	Qijiang County	1409650	231664	610283	532218	567703	16760
潼南县	Tongnan County	955856	237325	303984	221268	414547	13321
铜梁县	Tongliang County	1277970	184031	707724	577295	386215	20348
大足县	Dazu County	1186283	203722	556878	482104	425683	15432
荣昌县	Rongchang County	1299825	224792	694803	607916	380230	19777
璧山县	Bishan County	1280463	106576	750572	670533	423315	24169
涪陵区	Fuling District	3550379	266440	1972924	1803051	1311015	34517
长寿区	Changshou District	1763812	191779	866454	745677	705579	23043
渝东北翼	**Northeast of Chongqing**	**10997900**	**1846900**	**5402200**	**4290000**	**3748800**	**12942**
万州区	Wanzhou District	3864546	298938	1979724	1718885	1585884	25132
梁平县	Liangping County	925479	172677	357390	302240	395412	12958
城口县	Chengkou County	208889	36545	97889	68744	74455	11081
丰都县	Fengdu County	657076	144818	250369	147113	261889	10252
垫江县	Dianjiang County	946825	175419	435527	384766	335879	13120
忠 县	Zhongxian County	936896	184718	382024	287221	370154	12637
开 县	Kaixian County	1230269	267021	509418	401237	453830	10668
云阳县	Yunyang County	746052	202869	231571	144731	311612	7370
奉节县	Fengjie County	855842	184296	280408	159164	391138	10036
巫山县	Wushan County	419065	101685	147501	90462	169879	8440
巫溪县	Wuxi County	309436	77851	100104	48856	131481	7056
渝东南翼	**Southeast of Chongqing**	**3562200**	**644800**	**1700400**	**1212200**	**1217000**	**12649**
黔江区	Qianjiang District	790985	92548	385311	310797	313126	18090
石柱县	Shizhu County	539074	117761	209307	141817	212006	12541
秀山县	Xiushan County	621158	98070	297373	251604	225715	12516
酉阳县	Youyang County	476985	124034	174357	103128	178594	8350
彭水县	Pengshui County	581401	117951	233397	146031	230053	10822
武隆县	Wulong County	592003	94449	202246	107254	295308	17192

注：人均地区生产总值按常住人口计算。
Note: The per capita GDP is calculated by permanent population.

20-3 续表 CONTINUED

（上年=100） (preceding year=100)

区 县	Region	地区生产总值指数（可比价） Indices of GDP (constant prices)	第一产业 Primary Industry	第二产业 Secondary Industry	#工业 Industry	第三产业 Tertiary Industry	人均地区生产总值指数 Indices of Per Capital GDP
全 市	**Total**	**114.9**	**105.5**	**117.9**	**117.4**	**113.5**	**114.1**
#都市发达经济圈	**Metropolitan Developed Economic Circle**	**113.1**	**103.9**	**112.4**	**111.8**	**114.2**	**111.2**
一小时经济圈	**One-Hour Economic Circle**	**114.3**	**105.3**	**115.9**	**115.5**	**113.8**	**113.0**
渝中区	Yuzhong District	115.6	100.0	109.5	103.1	116.0	115.0
大渡口区	Dadukou District	110.0	101.3	108.3	105.1	113.3	108.5
江北区	Jiangbei District	117.2	102.4	119.4	122.3	115.9	115.3
沙坪坝区	Shapingba District	112.2	102.5	111.9	110.1	112.9	110.8
九龙坡区	Jiulongpo District	112.1	100.5	107.6	107.2	116.8	110.4
南岸区	Nan'an District	115.3	102.5	115.8	116.8	115.1	113.4
北碚区	Beibei District	117.0	104.5	119.1	118.1	115.4	114.5
渝北区	Yubei District	115.3	104.1	118.6	119.5	113.4	112.5
巴南区	Ba'nan District	115.1	105.5	113.0	112.9	120.3	112.7
万盛区	Wansheng District	111.9	104.8	111.1	106.0	114.8	110.8
双桥区	Shuangqiao District	106.6	100.4	108.5	105.8	102.9	105.6
江津区	Jiangjin District	116.5	105.7	122.9	124.7	111.3	115.9
合川区	Hechuan District	116.3	105.5	122.6	124.0	113.9	115.7
永川区	Yongchuan District	117.6	105.6	122.6	124.4	114.2	116.9
南川区	Nanchuan District	116.3	105.7	119.8	119.5	116.4	115.5
綦江县	Qijiang County	116.2	105.6	120.6	120.8	116.1	115.5
潼南县	Tongnan County	114.5	106.3	124.2	123.1	113.0	113.8
铜梁县	Tongliang County	117.9	106.1	124.0	125.6	114.1	117.1
大足县	Dazu County	116.0	105.5	120.6	119.4	114.7	115.2
荣昌县	Rongchang County	117.8	105.5	124.8	125.8	112.9	117.0
璧山县	Bishan County	114.0	106.0	115.5	117.3	113.6	112.1
涪陵区	Fuling District	118.1	106.2	122.1	122.1	114.4	117.2
长寿区	Changshou District	116.5	105.5	117.0	114.1	118.9	115.4
渝东北翼	**Northeast of Chongqing**	**118.3**	**105.7**	**128.3**	**128.7**	**111.6**	**118.0**
万州区	Wanzhou District	125.7	106.3	142.0	144.6	112.3	124.7
梁平县	Liangping County	116.0	105.6	125.8	126.1	111.9	115.6
城口县	Chengkou County	106.8	105.8	103.8	94.5	111.1	106.9
丰都县	Fengdu County	116.2	105.9	129.9	116.2	107.7	116.0
垫江县	Dianjiang County	116.2	105.5	121.7	120.8	114.0	116.1
忠 县	Zhongxian County	116.2	105.9	127.8	130.3	112.7	116.1
开 县	Kaixian County	114.3	105.7	118.7	120.7	114.8	114.1
云阳县	Yunyang County	114.9	105.6	118.9	119.7	118.0	114.7
奉节县	Fengjie County	115.1	105.7	125.3	120.3	111.3	114.9
巫山县	Wushan County	114.0	105.6	114.8	116.8	117.5	113.8
巫溪县	Wuxi County	116.8	105.6	134.9	120.0	112.3	116.8
渝东南翼	**Southeast of Chongqing**	**114.5**	**105.7**	**118.4**	**115.5**	**113.8**	**114.3**
黔江区	Qianjiang District	116.1	105.4	118.7	120.3	115.8	115.8
石柱县	Shizhu County	116.0	106.0	122.2	121.9	114.5	115.8
秀山县	Xiushan County	114.1	105.8	114.5	112.9	117.4	113.9
酉阳县	Youyang County	120.8	105.8	146.6	126.2	109.4	120.7
彭水县	Pengshui County	112.3	105.4	114.3	113.4	113.4	112.1
武隆县	Wulong County	114.9	106.1	114.0	107.5	118.4	114.7

20－4 各区县农业和农村经济（2009年）
Agriculture and Rural Economy by Region (2009)

区 县	Region	农林牧渔业总产值（万元）Gross Output Value (10 000 yuan)	农业 Farming	林业 Forestry	牧业 Animal Husbandry	渔业 Fishery	农林牧渔服务业 Farming, Forestry, Animal Husbandry and Fishery Services	农林牧渔业总产值指数（可比价）（上年=100） Indices of Gross Output (constant prices) (preceding year=100)
全　市	**Total**	**9131080**	**5228407**	**341356**	**3194244**	**242699**	**124374**	**106.4**
#都市发达经济圈	**Metropolitan Developed Economic Circle**	**1003655**	**577880**	**19418**	**324730**	**47288**	**34339**	**104.5**
一小时经济圈	**One-Hour Economic Circle**	**5285733**	**2684312**	**264280**	**2013073**	**214792**	**109276**	**106.4**
渝中区	Yuzhong District							
大渡口区	Dadukou District	24180	14460	700	6280	1560	1180	101.3
江北区	Jiangbei District	38474	11112	2213	20206	3873	1070	102.9
沙坪坝区	Shapingba District	62475	34101	680	17058	2580	8056	102.1
九龙坡区	Jiulongpo District	91424	54145	3958	27219	3571	2531	100.3
南岸区	Nan'an District	51210	28337	454	13977	8264	178	103.1
北碚区	Beibei District	122912	76589	1244	36008	6323	2748	104.2
渝北区	Yubei District	250637	148667	4828	80703	6515	9924	104.2
巴南区	Ba'nan District	362343	210469	5341	123279	14602	8652	107.0
万盛区	Wansheng District	65783	36100	9191	17873	1982	637	104.6
双桥区	Shuangqiao District	4445	1847	48	2228	200	122	100.1
涪陵区	Fuling District	401765	219736	21809	123719	18260	18241	106.8
长寿区	Changshou District	287860	117617	4079	143052	17247	5865	107.1
江津区	Jiangjin District	600878	284536	102243	188868	14346	10885	107.3
合川区	Hechuan District	484209	248479	16780	183790	26257	8903	106.8
永川区	Yongchuan District	386057	202387	11779	150837	14186	6868	106.9
南川区	Nanchuan District	300586	133917	27646	128517	6578	3928	107.0
綦江县	Qijiang County	343284	152120	3119	171911	13509	2625	107.0
潼南县	Tongnan County	343186	227517	12383	86342	14718	2226	107.4
铜梁县	Tongliang County	275745	113288	5331	141584	11275	4267	107.5
大足县	Dazu County	303771	160786	11860	116344	9581	5200	106.1
荣昌县	Rongchang County	319650	134328	15879	153453	12286	3704	105.6
璧山县	Bishan County	164859	73774	2715	79825	7079	1466	107.0
渝东北翼	**Northeast of Chongqing**	**2822190**	**1364956**	**130169**	**1190462**	**74444**	**62159**	**106.3**
万州区	Wanzhou District	442089	224336	24892	169953	19527	3381	106.9
梁平县	Liangping County	263006	150800	6889	93795	8537	2985	106.0
城口县	Chengkou County	58001	22252	5874	28671	741	463	106.1
丰都县	Fengdu County	214677	102707	11945	90643	6664	2718	106.8
垫江县	Dianjiang County	270588	112569	3778	128239	9531	16471	105.8
忠　县	Zhongxian County	283712	141063	7762	117748	3879	13260	106.4
开　县	Kaixian County	406729	195967	15125	173334	10497	11806	106.6
云阳县	Yunyang County	310460	134388	15891	151198	6008	2975	105.6
奉节县	Fengjie County	290294	148830	5042	127308	5282	3832	106.3
巫山县	Wushan County	160776	72889	21585	60758	2980	2564	105.9
巫溪县	Wuxi County	121858	59155	11386	48815	798	1704	105.8
渝东南翼	**Southeast of Chongqing**	**1023157**	**538656**	**55668**	**408205**	**9557**	**11071**	**106.6**
黔江区	Qianjiang District	148701	66509	10611	68397	1468	1716	106.3
武隆县	Wulong County	152823	81233	5390	62617	3077	506	107.0
石柱县	Shizhu County	181171	94141	6277	77280	2062	1411	106.1
秀山县	Xiushan County	152532	91195	7149	48319	1236	4633	106.7
酉阳县	Youyang County	197855	95610	14840	85240	1271	894	106.8
彭水县	Pengshui County	190075	109968	11401	66352	443	1911	106.5

20-4 续表 1 CONTINUED-1

区 县	Region	农业商品产值（万元） Output Value of Agricultural Commodities (10 000 yuan)	农业商品率（%） Commercial Rate (%)	乡村从业人员（万人） Rural Employment (10 000 persons)	农作物播种面积（公顷） Sown Areas of Farm Crops (hectare)	#粮食 Grain	农用化肥施用量（折纯）（吨） Consumption of Chemical Fertilizer (net) (tons)
全 市	**Total**	**5533941**	**60.6**	**1379.94**	**3308300**	**2229493**	**911657**
#都市发达经济圈	**Metropolitan Developed Economic Circle**	**638701**	**63.6**	**126.28**	**236721**	**143948**	**60902**
一小时经济圈	**One-Hour Economic Circle**	**3388007**	**64.1**	**696.56**	**1530995**	**995622**	**444528**
渝中区	Yuzhong District						
大渡口区	Dadukou District	23600	97.6	2.73	2843	67	2677
江北区	Jiangbei District	26124	67.9	4.65	5482	3437	6491
沙坪坝区	Shapingba District	43483	69.6	10.21	12057	5168	7981
九龙坡区	Jiulongpo District	79996	87.5	12.53	14837	7182	3523
南岸区	Nan'an District	40712	79.5	6.51	5818	2088	3389
北碚区	Beibei District	72149	58.7	21.12	30290	17408	8105
渝北区	Yubei District	135595	54.1	33.28	69522	44146	12838
巴南区	Ba'nan District	217043	59.9	35.25	95872	64452	15898
万盛区	Wansheng District	28221	42.9	8.61	19958	12097	9874
双桥区	Shuangqiao District	2503	56.3	1.18	1639	1296	332
涪陵区	Fuling District	252710	62.9	52.79	166194	95788	44290
长寿区	Changshou District	173004	60.1	41.76	84350	67103	22141
江津区	Jiangjin District	425422	70.8	73.10	150408	101137	35870
合川区	Hechuan District	289557	59.8	74.54	158412	118728	29851
永川区	Yongchuan District	253639	65.7	38.73	98656	69078	62251
南川区	Nanchuan District	195080	64.9	33.63	85725	56342	32800
綦江县	Qijiang County	197388	57.5	42.57	103916	69470	28509
潼南县	Tongnan County	244005	71.1	48.21	120294	62273	31097
铜梁县	Tongliang County	187231	67.9	40.16	81660	59766	31239
大足县	Dazu County	208513	68.6	40.86	94491	61878	24350
荣昌县	Rongchang County	175808	55.0	41.39	78739	47264	23592
璧山县	Bishan County	116226	70.5	32.78	49832	29454	7430
渝东北翼	**Northeast of Chongqing**	**1598222**	**56.6**	**489.30**	**1198221**	**859764**	**324041**
万州区	Wanzhou District	263043	59.5	73.76	167958	111616	39568
梁平县	Liangping County	140182	53.3	46.74	94883	72849	35927
城口县	Chengkou County	26506	45.7	11.29	44170	30140	5549
丰都县	Fengdu County	122366	57.0	38.47	107736	74062	21549
垫江县	Dianjiang County	195906	72.4	49.27	80387	62101	51342
忠 县	Zhongxian County	182711	64.4	44.44	103095	78944	29431
开 县	Kaixian County	226548	55.7	76.50	169348	122870	46292
云阳县	Yunyang County	163612	52.7	54.02	136265	97438	24788
奉节县	Fengjie County	161984	55.8	41.77	124671	89740	23796
巫山县	Wushan County	64793	40.3	28.29	87335	60072	18572
巫溪县	Wuxi County	50571	41.5	24.75	82373	59932	27227
渝东南翼	**Southeast of Chongqing**	**547712**	**53.5**	**194.08**	**579084**	**374107**	**143088**
黔江区	Qianjiang District	95912	64.5	28.38	87222	55879	23122
武隆县	Wulong County	68159	44.6	22.61	78850	47631	17468
石柱县	Shizhu County	103630	57.2	28.05	84553	53405	24235
秀山县	Xiushan County	83893	55.0	35.67	91805	52561	22907
酉阳县	Youyang County	100510	50.8	44.68	126237	85236	27635
彭水县	Pengshui County	95608	50.3	34.69	110417	79395	27721

20-4 续表 2 CONTINUED-2

区 县	Region	农村用电量（万千瓦时） Electricity Consumption in Rural Areas (10 000 kwh)	农药使用量（吨） Consumption of Chemical Pesticides (ton)	粮食产量（吨） Output of Grain (ton)	油料产量（吨） Output of Oil-bearing Crops (ton)	甘蔗产量（吨） Output of Sugarcane (ton)	烟叶产量（吨） Output of Tobacco (ton)	茶叶产量（吨） Output of Tea (ton)
全 市	**Total**	**614832**	**22004**	**11372000**	**405388**	**115667**	**99905**	**22569**
#都市发达经济圈	**Metropolitan Developed Economic Circle**	**200672**	**1149**	**781207**	**6332**	**1841**	**864**	**3102**
一小时经济圈	**One-Hour Economic Circle**	**447938**	**12163**	**5800476**	**160142**	**99141**	**7842**	**16166**
渝中区	Yuzhong District							
大渡口区	Dadukou District	7693	44	472				
江北区	Jiangbei District	1911	36	15169	92		1	7
沙坪坝区	Shapingba District	55257	98	28627	66			27
九龙坡区	Jiulongpo District	30916	192	36894	720	375		
南岸区	Nan'an District	10285	30	12619				
北碚区	Beibei District	70493	268	94288	1216	210	42	78
渝北区	Yubei District	7384	138	227085	2492	933	96	8
巴南区	Ba'nan District	16733	343	366053	1746	323	725	2982
万盛区	Wansheng District	5892	107	52932	1052		87	680
双桥区	Shuangqiao District	158	12	6843	149			
涪陵区	Fuling District	27000	1741	429233	5425	100	1721	535
长寿区	Changshou District	12397	617	360530	7527	886	165	47
江津区	Jiangjin District	23215	1076	650024	10029	70556	1056	1462
合川区	Hechuan District	13326	674	704047	14344	825	128	79
永川区	Yongchuan District	15370	2528	490000	14608	5300	6	2200
南川区	Nanchuan District	17000	500	338948	16483		2802	2920
綦江县	Qijiang County	20084	434	377176	6673	216	771	1296
潼南县	Tongnan County	14940	390	372659	28886	7356	34	197
铜梁县	Tongliang County	10387	531	355199	8043	1130	4	220
大足县	Dazu County	16820	1080	418501	20945	2300	195	600
荣昌县	Rongchang County	10499	654	288064	16859	8235	8	2464
璧山县	Bishan County	60178	670	175113	2787	396	1	364
渝东北翼	**Northeast of Chongqing**	**117860**	**6461**	**3936719**	**155912**	**16046**	**38897**	**2395**
万州区	Wanzhou District	13009	934	510011	13933	904	6151	143
梁平县	Liangping County	8920	925	373978	12814	6836	108	90
城口县	Chengkou County	1852	31	92757	2646		103	294
丰都县	Fengdu County	13960	298	336802	16088	22	4637	14
垫江县	Dianjiang County	6629	752	370112	12702	1909	496	68
忠 县	Zhongxian County	6135	772	404163	26018	1683	269	15
开 县	Kaixian County	14818	838	575733	20829	4620	879	608
云阳县	Yunyang County	11054	498	421876	13110	72	870	298
奉节县	Fengjie County	28718	907	432063	17078		5875	277
巫山县	Wushan County	7965	149	225124	12347		11575	220
巫溪县	Wuxi County	4800	357	194100	8347		7934	368
渝东南翼	**Southeast of Chongqing**	**49034**	**3380**	**1634805**	**89334**	**480**	**53166**	**4008**
黔江区	Qianjiang District	2565	668	244394	12244		9819	620
武隆县	Wulong County	11736	275	168118	5225		9464	50
石柱县	Shizhu County	8352	601	254652	9498	313	5097	186
秀山县	Xiushan County	14850	1088	307587	25294		1242	2311
酉阳县	Youyang County	8081	356	365032	20476		11499	669
彭水县	Pengshui County	3450	392	295022	16597	167	16045	172

20-4 续表 3 CONTINUED-3

区 县	Region	水果产量（吨） Output of Fruit (ton)	蔬菜产量（吨） Output of Vegetable (ton)	肉类总产量（吨） Output of Meat (ton)	#猪肉 Output of Pork	#牛肉 Output of Beef	水产品产量（吨） Output of Aquatic Products (ton)
全 市	**Total**	**2128709**	**11774486**	**1877226**	**1465247**	**59295**	**203900**
#都市发达经济圈	**Metropolitan Developed Economic Circle**	**154257**	**1438692**	**129555**	**99045**	**569**	**30403**
一小时经济圈	**One-Hour Economic Circle**	**942769**	**7795269**	**980600**	**723380**	**7876**	**151539**
渝中区	Yuzhong District						
大渡口区	Dadukou District	698	70800	2814	2510	4	856
江北区	Jiangbei District	4382	21722	3535	2510	11	812
沙坪坝区	Shapingba District	4553	131310	4829	2620	33	3571
九龙坡区	Jiulongpo District	15131	128747	8784	6258	3	3907
南岸区	Nan'an District	5547	70068	3143	2701	57	2076
北碚区	Beibei District	14510	165863	11947	9631	52	3557
渝北区	Yubei District	68337	394132	37939	26061	201	5069
巴南区	Ba'nan District	41099	456050	56564	46754	208	10555
万盛区	Wansheng District	3571	138113	7411	6232	80	1412
双桥区	Shuangqiao District	693	3604	753	674		307
涪陵区	Fuling District	93970	1419069	66677	54732	1211	12335
长寿区	Changshou District	112444	227090	60524	47655	643	14833
江津区	Jiangjin District	151974	564410	84764	67459	345	12606
合川区	Hechuan District	45065	497257	90034	77253	281	14849
永川区	Yongchuan District	112944	445000	106716	68580	232	14145
南川区	Nanchuan District	43150	284365	57671	45428	1502	4799
綦江县	Qijiang County	23016	435758	58003	48982	1802	5980
潼南县	Tongnan County	46689	988600	52361	47567	385	7509
铜梁县	Tongliang County	27379	357107	83569	44767	151	9225
大足县	Dazu County	28250	248600	54719	44846	113	8309
荣昌县	Rongchang County	25145	347231	63933	50150	497	5674
璧山县	Bishan County	74222	400373	63910	20010	65	9153
渝东北翼	**Northeast of Chongqing**	**1062628**	**2776837**	**629125**	**518632**	**25117**	**46335**
万州区	Wanzhou District	194544	695770	71802	61997	1561	13160
梁平县	Liangping County	65486	346623	59459	45760	1127	4493
城口县	Chengkou County	2142	32395	21100	15842	828	316
丰都县	Fengdu County	26584	211767	53036	33415	10955	4084
垫江县	Dianjiang County	47733	227712	61863	54080	898	7059
忠 县	Zhongxian County	147268	173881	55066	46419	1768	3987
开 县	Kaixian County	232754	283092	94538	75496	1282	7905
云阳县	Yunyang County	94839	298680	70877	58872	3458	2171
奉节县	Fengjie County	213780	192825	62368	55887	2220	2079
巫山县	Wushan County	31718	163742	36978	33830	550	458
巫溪县	Wuxi County	5780	150350	42038	37034	470	623
渝东南翼	**Southeast of Chongqing**	**123312**	**1202380**	**267501**	**223235**	**26302**	**6026**
黔江区	Qianjiang District	33185	138259	56058	50561	4287	920
武隆县	Wulong County	13660	259526	33617	28812	2611	1603
石柱县	Shizhu County	11198	215385	33767	25461	5522	1442
秀山县	Xiushan County	47572	203332	38207	32312	2293	998
酉阳县	Youyang County	12894	163610	58268	47054	5883	882
彭水县	Pengshui County	4803	222268	47584	39035	5706	181

20－5 各区县工业（2009 年）
Industry by Region (2009)

区 县	Region	工业总产值（万元） Gross Output Value of Industry (10 000 yuan)	工业总产值指数（上年=100） Index of Gross Output Value of Industry (preceding year=100)	工业企业资产总计（万元） Total Assets of Industrial Enterprises (10 000 yuan)	主营业务收入（万元） Revenue from Principal Business (10 000 yuan)	利润总额（万元） Total Profits (10 000 yuan)
全 市	**Total**	**67729015**	**115.2**	**64377008**	**66247114**	**3560249**
#都市发达经济圈	**Metropolitan Developed Economic Circle**	**38368124**	**111.3**	**34251590**	**37742142**	**1855736**
一小时经济圈	**One-Hour Economic Circle**	**60115747**	**113.5**	**55318221**	**59170512**	**3101012**
渝中区	Yuzhong District	182465	106.8	347299	185067	7774
大渡口区	Dadukou District	2495172	82.5	3494905	2442074	78898
江北区	Jiangbei District	3708018	139.7	3765082	3626799	208781
沙坪坝区	Shapingba District	4646910	107.5	3663649	4708909	230117
九龙坡区	Jiulongpo District	6667597	102.0	6103563	6287544	261318
南岸区	Nan'an District	4800774	122.2	3755721	4490672	250693
北碚区	Beibei District	3370232	123.2	2475019	3398859	150635
渝北区	Yubei District	8660576	131.1	7519263	8689769	516063
巴南区	Ba'nan District	3836379	111.4	3127090	3912450	151456
万盛区	Wansheng District	371462	105.6	797729	389191	8994
双桥区	Shuangqiao District	802721	98.4	681606	791693	39
涪陵区	Fuling District	3873225	120.9	3636636	3102140	268523
长寿区	Changshou District	1802116	103.9	1212238	1308180	149515
江津区	Jiangjin District	3137884	130.5	1633126	2206994	209365
合川区	Hechuan District	1331872	130.4	859730	739925	35619
永川区	Yongchuan District	2222525	133.2	1192613	1136313	32323
南川区	Nanchuan District	956153	109.9	300313	330275	13004
綦江县	Qijiang County	1115451	122.8	583225	1136184	32539
潼南县	Tongnan County	357036	117.9	458544	1185113	107614
铜梁县	Tongliang County	1059257	135.2	902682	1748108	94614
大足县	Dazu County	1122876	120.1	1326363	1859408	102173
荣昌县	Rongchang County	1687477	130.9	4532181	3684543	140321
璧山县	Bishan County	1907569	116.4	2949645	1810303	50635
渝东北翼	**Northeast of Chongqing**	**5736548**	**127.4**	**5396629**	**5342467**	**306001**
万州区	Wanzhou District	2694250	155.5	2478911	2458188	150706
梁平县	Liangping County	593369	129.5	341543	550706	15375
城口县	Chengkou County	150743	96.5	135645	141169	14072
丰都县	Fengdu County	301744	112.4	374972	284747	21353
垫江县	Dianjiang County	647613	109.1	430198	624912	28168
忠 县	Zhongxian County	393812	138.7	367330	320394	28495
开 县	Kaixian County	533974	123.7	551325	527165	26203
云阳县	Yunyang County	120370	115.2	219810	124100	248
奉节县	Fengjie County	139957	135.0	159825	150188	17939
巫山县	Wushan County	92373	109.9	125413	85518	-709
巫溪县	Wuxi County	68344	116.9	211657	75380	4152
渝东南翼	**Southeast of Chongqing**	**1876720**	**112.2**	**3662158**	**1734136**	**153235**
黔江区	Qianjiang District	594259	120.9	813464	528395	48080
武隆县	Wulong County	149236	99.1	283817	260211	21204
石柱县	Shizhu County	265082	126.5	532136	434840	39411
秀山县	Xiushan County	458613	101.3	337540	147744	17172
酉阳县	Youyang County	158635	112.9	1332300	209589	25926
彭水县	Pengshui County	250895	116.7	362902	153356	1443

注：本表为规模以上工业企业统计数。
Note: The data in this table are the data of industrial enterprises above designated size.

20-5 续表 CONTINUED

区 县	Region	经济效益综合指数 Comprehensive Index of Economic Benefit	总资产贡献率（%） Ratio of Total Assets to Industrial Output Value (%)	资产负债率（%） Asset-Liability Ratio (%)	产品销售率（%） Sales as Percentage of Output (%)	全员劳动生产率（元/人年） Overall Labor Productivity (yuan/person--year)
全 市	**Total**	**204.4**	**12.1**	**60.3**	**98.3**	**159484**
#都市发达经济圈	**Metropolitan Developed Economic Circle**	**208.2**	**12.0**	**60.8**	**99.0**	**180371**
一小时经济圈	**One-Hour Economic Circle**	**205.4**	**12.0**	**60.1**	**98.6**	**167633**
渝中区	Yuzhong District	217.2	5.5	65.9	103.2	222599
大渡口区	Dadukou District	183.8	5.7	63.1	97.9	176854
江北区	Jiangbei District	224.3	10.1	56.2	98.3	199906
沙坪坝区	Shapingba District	200.9	11.2	67.0	101.4	166172
九龙坡区	Jiulongpo District	182.7	8.3	53.8	98.8	154425
南岸区	Nan'an District	244.5	16.1	58.3	97.8	209204
北碚区	Beibei District	206.5	13.2	61.5	98.5	160710
渝北区	Yubei District	248.0	16.9	64.9	98.3	216754
巴南区	Ba'nan District	191.2	12.2	62.1	100.6	152113
万盛区	Wansheng District	131.0	7.2	74.3	98.1	92789
双桥区	Shuangqiao District	218.9	3.0	76.3	91.9	248168
涪陵区	Fuling District	243.6	11.8	65.5	99.1	244737
长寿区	Changshou District	180.3	5.1	55.7	96.4	158685
江津区	Jiangjin District	253.4	13.3	62.9	96.0	218000
合川区	Hechuan District	247.0	18.8	56.5	100.4	118134
永川区	Yongchuan District	263.7	19.9	42.5	101.3	147928
南川区	Nanchuan District	183.6	9.0	52.3	84.5	141863
綦江县	Qijiang County	152.4	8.9	62.2	102.6	96621
潼南县	Tongnan County	214.4	8.8	45.7	98.1	126951
铜梁县	Tongliang County	215.1	12.6	50.3	100.2	138690
大足县	Dazu County	314.5	34.5	33.7	100.4	142569
荣昌县	Rongchang County	218.5	17.5	47.5	101.9	119485
璧山县	Bishan County	179.7	12.3	61.1	96.9	117291
渝东北翼	**Northeast of Chongqing**	**203.9**	**12.6**	**56.6**	**95.0**	**148591**
万州区	Wanzhou District	246.2	13.1	59.8	92.1	212658
梁平县	Liangping County	267.4	10.3	50.3	101.7	205744
城口县	Chengkou County	270.9	18.0	52.7	94.7	206832
丰都县	Fengdu County	198.8	10.7	56.6	100.7	135323
垫江县	Dianjiang County	231.3	19.9	49.9	96.6	178286
忠 县	Zhongxian County	219.8	12.1	40.4	96.4	147155
开 县	Kaixian County	176.0	12.3	64.4	97.5	86270
云阳县	Yunyang County	115.8	3.5	52.8	84.4	68665
奉节县	Fengjie County	201.7	20.2	57.9	99.9	52903
巫山县	Wushan County	106.2	7.0	67.9	98.7	52940
巫溪县	Wuxi County	136.1	5.6	48.7	97.5	63174
渝东南翼	**Southeast of Chongqing**	**210.2**	**12.5**	**68.8**	**97.3**	**156864**
黔江区	Qianjiang District	334.4	25.3	54.3	96.4	307265
武隆县	Wulong County	149.9	5.8	65.1	98.1	106926
石柱县	Shizhu County	202.2	16.1	56.0	98.4	103025
秀山县	Xiushan County	192.8	12.8	64.5	96.3	119894
酉阳县	Youyang County	204.4	8.5	61.9	99.0	132740
彭水县	Pengshui County	235.4	6.6	84.8	98.6	175906

20－6 各区县建筑业（2009 年）
Construction by Region (2009)

区 县	Region	企业数（个） Number of Construction Enterprises (unit)	年末从业人数（万人） Number of Employed Persons at Year-end (10 000 persons)	总产值（万元） Gross Output Value (10 000 yuan)	房屋建筑施工面积（万平方米） Floor Space under Construction (10 000 sq.m)	房屋建筑竣工面积（万平方米） Floor Space Completed (10 000 sq.m)	#住宅 Residential Buildings
全 市	**Total**	**2465**	**118.88**	**19152495**	**16475.84**	**7473.16**	**5653.29**
#都市发达经济圈	**Metropolitan Developed Economic Circle**	**1286**	**51.32**	**9963336**	**7243.45**	**2560.17**	**1913.79**
一小时经济圈	**One-Hour Economic Circle**	**2008**	**91.39**	**15493173**	**12707.12**	**5220.02**	**4052.70**
渝中区	Yuzhong District	195	4.55	1455383	1293.57	222.05	144.08
大渡口区	Dadukou District	78	1.99	442078	190.03	97.90	52.88
江北区	Jiangbei District	134	3.67	711926	668.86	164.29	121.37
沙坪坝区	Shapingba District	126	6.41	1286302	834.30	300.82	258.97
九龙坡区	Jiulongpo District	158	8.55	1620846	1515.03	549.62	402.59
南岸区	Nan'an District	115	3.66	881746	414.83	96.22	79.43
北碚区	Beibei District	67	4.07	627141	500.62	191.16	129.84
渝北区	Yubei District	235	10.97	1567699	928.26	447.17	319.03
巴南区	Ba'nan District	104	6.23	816451	830.76	434.43	353.23
万盛区	Wansheng District	23	0.33	58262	38.35	28.64	21.40
双桥区	Shuangqiao District	3	0.05	7969	7.62	6.36	6.36
涪陵区	Fuling District	109	7.87	1219536	959.61	346.87	261.77
长寿区	Changshou District	53	5.88	727447	845.69	424.70	368.75
江津区	Jiangjin District	92	5.37	604152	831.37	341.64	288.74
合川区	Hechuan District	100	3.10	383021	454.80	271.18	218.70
永川区	Yongchuan District	76	5.71	843742	604.34	327.62	259.54
南川区	Nanchuan District	37	1.11	205238	72.88	17.36	10.30
綦江县	Qijiang County	42	1.03	124387	152.78	73.83	65.54
潼南县	Tongnan County	33	3.30	581024	355.55	251.23	227.45
铜梁县	Tongliang County	34	1.93	198511	303.22	144.75	109.35
大足县	Dazu County	34	1.88	238464	407.09	213.31	149.11
荣昌县	Rongchang County	36	1.53	192027	202.81	98.13	64.45
璧山县	Bishan County	50	1.00	146057	227.55	114.21	87.44
渝东北翼	**Northeast of Chongqing**	**364**	**24.36**	**3219185**	**3341.83**	**2028.53**	**1439.31**
万州区	Wanzhou District	138	9.68	1570135	1360.58	755.20	518.46
梁平县	Liangping County	22	0.65	129868	151.47	120.23	85.24
城口县	Chengkou County	6	0.04	8729	6.62	1.94	1.75
丰都县	Fengdu County	18	2.08	159454	255.83	72.67	55.35
垫江县	Dianjiang County	37	2.57	227725	302.58	241.79	182.95
忠 县	Zhongxian County	28	1.82	271886	303.48	155.12	139.26
开 县	Kaixian County	41	4.43	364792	353.80	203.39	142.17
云阳县	Yunyang County	25	1.12	140990	127.67	63.40	42.77
奉节县	Fengjie County	28	1.16	251282	367.57	337.21	242.69
巫山县	Wushan County	13	0.20	19217	18.69	3.57	2.96
巫溪县	Wuxi County	8	0.60	75107	93.55	74.02	25.70
渝东南翼	**Southeast of Chongqing**	**93**	**3.13**	**440137**	**426.89**	**224.61**	**161.28**
黔江区	Qianjiang District	29	0.99	142077	131.38	74.92	54.58
武隆县	Wulong County	17	0.43	75582	80.81	71.63	60.77
石柱县	Shizhu County	13	0.65	85549	72.59	35.53	28.88
秀山县	Xiushan County	12	0.45	63067	68.38	19.07	8.72
酉阳县	Youyang County	12	0.47	46045	50.15	13.09	3.56
彭水县	Pengshui County	10	0.14	27817	23.59	10.36	4.77

注：本表数据不包括劳务分包企业。
Note: The data in this table exclude construction enterprises of labor subcontracting.

20－7 各区县总承包建筑业企业主要经济指标（2009年）
Main Economic Indicators on Construction Enterprises of General Contracting by Region (2009)

区 县	Region	企业数（个） Number of Enterprises (unit)	年末从业人数（万人） Number of Employed Persons at Year-end (10 000 persons)	总产值（万元） Gross Output Value (10 000 yuan)	利税总额（万元） Total Pre-Tax Profits (10 000 yuan)	按总产值计算的劳动生产率（元/人） Overall Labor Productivity by Gross Output Value (yuan/person)
全 市	**Total**	**1480**	**109.63**	**17524046**	**1487612**	**158506**
#都市发达经济圈	**Metropolitan Developed Economic Circle**	**531**	**44.00**	**8603910**	**569512**	**193903**
一小时经济圈	**One-Hour Economic Circle**	**1087**	**82.78**	**13953311**	**1122482**	**164368**
渝中区	Yuzhong District	53	3.31	1251116	82757	378633
大渡口区	Dadukou District	34	1.49	330639	44535	213370
江北区	Jiangbei District	39	2.64	578672	37643	154473
沙坪坝区	Shapingba District	43	5.99	1200267	60126	212893
九龙坡区	Jiulongpo District	63	6.90	1453697	78616	210730
南岸区	Nan'an District	58	3.15	700139	44190	225169
北碚区	Beibei District	34	3.69	570245	30399	154911
渝北区	Yubei District	124	10.27	1282425	118284	130987
巴南区	Ba'nan District	70	5.90	772541	55738	129112
万盛区	Wansheng District	16	0.29	55026	3085	180235
双桥区	Shuangqiao District	2	0.03	6759	315	244888
涪陵区	Fuling District	79	7.69	1201120	134874	153108
长寿区	Changshou District	42	5.82	713831	52378	90381
江津区	Jiangjin District	58	5.18	577189	42683	132456
合川区	Hechuan District	71	2.97	368214	28298	116137
永川区	Yongchuan District	66	5.55	822173	48109	141839
南川区	Nanchuan District	36	1.11	205233	13537	173192
綦江县	Qijiang County	37	1.01	121767	13275	125727
潼南县	Tongnan County	33	3.30	581024	136182	175171
铜梁县	Tongliang County	25	1.87	189988	26560	103412
大足县	Dazu County	32	1.65	211077	20543	132937
荣昌县	Rongchang County	26	1.43	171623	14867	124086
璧山县	Bishan County	33	0.90	124379	18264	148176
渝东北翼	**Northeast of Chongqing**	**311**	**23.87**	**3152572**	**297386**	**138099**
万州区	Wanzhou District	106	9.47	1551221	135623	180236
梁平县	Liangping County	16	0.51	101222	19629	197430
城口县	Chengkou County	6	0.04	8729	1659	195706
丰都县	Fengdu County	18	2.08	159454	9756	63751
垫江县	Dianjiang County	30	2.50	221652	17813	89246
忠 县	Zhongxian County	22	1.76	258951	24788	151779
开 县	Kaixian County	41	4.43	364792	40483	91424
云阳县	Yunyang County	25	1.12	140990	14306	133652
奉节县	Fengjie County	28	1.16	251282	25620	219441
巫山县	Wushan County	11	0.20	19173	1232	101496
巫溪县	Wuxi County	8	0.60	75107	6477	126316
渝东南翼	**Southeast of Chongqing**	**82**	**2.97**	**418163**	**67744**	**147298**
黔江区	Qianjiang District	25	0.94	134200	28141	141532
武隆县	Wulong County	12	0.38	72010	15171	183512
石柱县	Shizhu County	13	0.65	85549	8243	131999
秀山县	Xiushan County	12	0.45	63067	10238	186204
酉阳县	Youyang County	10	0.41	35520	2537	96130
彭水县	Pengshui County	10	0.14	27817	3414	195892

20－8 各区县专业承包建筑业企业主要经济指标（2009 年）
Main Economic Indicators on Construction Enterprises of Specialized Contracting by Region (2009)

区 县	Region	企业数（个） Number of Enterprises (unit)	年末从业人数（万人） Number of Employed Persons at Year-end (10 000 persons)	总产值（万元） Gross Output Value (10 000 yuan)	利税总额（万元） Total Pre-Tax Profits (10 000 yuan)	按总产值计算的劳动生产率（元/人） Overall Labor Productivity by Gross Output Value (yuan/person)
全 市	**Total**	**985**	**9.26**	**1628449**	**196707**	**163996**
#都市发达经济圈	**Metropolitan Developed Economic Circle**	**755**	**7.33**	**1359426**	**161854**	**169854**
一小时经济圈	**One-Hour Economic Circle**	**921**	**8.61**	**1539862**	**180101**	**165250**
渝中区	Yuzhong District	142	1.24	204267	12258	162788
大渡口区	Dadukou District	44	0.51	111440	11173	237814
江北区	Jiangbei District	95	1.03	133254	31677	131155
沙坪坝区	Shapingba District	83	0.42	86035	14230	155270
九龙坡区	Jiulongpo District	95	1.65	167149	20571	105764
南岸区	Nan'an District	57	0.51	181607	20420	244489
北碚区	Beibei District	33	0.37	56896	7510	133277
渝北区	Yubei District	111	0.70	285275	33123	302582
巴南区	Ba'nan District	34	0.32	43910	5285	115888
万盛区	Wansheng District	7	0.04	3237	80	75796
双桥区	Shuangqiao District	1	0.02	1210	103	56279
涪陵区	Fuling District	30	0.18	18415	1988	111069
长寿区	Changshou District	11	0.07	13616	737	96498
江津区	Jiangjin District	34	0.18	26963	1386	151139
合川区	Hechuan District	29	0.12	14808	1606	155543
永川区	Yongchuan District	10	0.16	21570	1228	130727
南川区	Nanchuan District	1	0.00	5	1	7143
綦江县	Qijiang County	5	0.01	2621	339	172428
潼南县	Tongnan County					
铜梁县	Tongliang County	9	0.06	8523	2180	115965
大足县	Dazu County	2	0.23	27387	2879	119490
荣昌县	Rongchang County	10	0.09	20404	2566	218687
璧山县	Bishan County	17	0.10	21678	3155	232347
渝东北翼	**Northeast of Chongqing**	**53**	**0.49**	**66613**	**10902**	**146790**
万州区	Wanzhou District	32	0.21	18914	2239	93821
梁平县	Liangping County	6	0.14	28646	5610	218336
城口县	Chengkou County					
丰都县	Fengdu County					
垫江县	Dianjiang County	7	0.07	6073	920	108631
忠 县	Zhongxian County	6	0.07	12936	2118	205005
开 县	Kaixian County					
云阳县	Yunyang County					
奉节县	Fengjie County					
巫山县	Wushan County	2	0.00	45	15	22450
巫溪县	Wuxi County					
渝东南翼	**Southeast of Chongqing**	**11**	**0.16**	**21974**	**5704**	**139426**
黔江区	Qianjiang District	4	0.04	7877	1942	174659
武隆县	Wulong County	5	0.05	3571	675	71285
石柱县	Shizhu County					
秀山县	Xiushan County					
酉阳县	Youyang County	2	0.07	10525	3087	168670
彭水县	Pengshui County					

20－9 各区县公路交通运输业（2009 年）
Highway Transportation by Region (2009)

区 县	Region	公路里程（公里） Length of Highways (km)	#等级公路 Expressway and Class I-IV Highways	高速公路 Expressway	公路客运量（万人） Passenger Traffic by Highways (10 000 persons)	公路货运量（万吨） Freight Traffic by Highways (10 000 tons)
全 市	**Total**	**110951**	**70213**	**1577**	**110150**	**58532**
#都市发达经济圈	**Metropolitan Developed Economic Circle**	**9236**	**6523**	**485**	**27145**	**22868**
一小时经济圈	**One-Hour Economic Circle**	**42923**	**29768**	**1035**	**72313**	**47069**
渝中区	Yuzhong District				2559	1924
大渡口区	Dadukou District	196	186	5	689	3594
江北区	Jiangbei District	444	444	44	3129	3087
沙坪坝区	Shapingba District	988	518	61	2679	1988
九龙坡区	Jiulongpo District	829	742	50	2682	1946
南岸区	Nan'an District	590	452	33	3811	4831
北碚区	Beibei District	1109	775	57	2331	1267
渝北区	Yubei District	2419	1826	108	3456	2201
巴南区	Ba'nan District	2662	1579	126	5809	2030
万盛区	Wansheng District	1032	662	7	1104	4254
双桥区	Shuangqiao District	96	88		169	345
涪陵区	Fuling District	3732	2237	20	6241	1398
长寿区	Changshou District	2600	2361	72	4455	2594
江津区	Jiangjin District	4064	2690	54	4591	2152
合川区	Hechuan District	3284	2766	65	4593	1419
永川区	Yongchuan District	2769	1731	32	5644	2798
南川区	Nanchuan District	2987	2094	56	2375	482
綦江县	Qijiang County	3676	2894	99	2230	5865
潼南县	Tongnan County	1697	1521	28	1441	574
铜梁县	Tongliang County	1942	1107	42	2154	379
大足县	Dazu County	2204	668	6	4142	738
荣昌县	Rongchang County	2051	1604	29	2945	448
璧山县	Bishan County	1554	821	40	3084	755
渝东北翼	**Northeast of Chongqing**	**51350**	**27856**	**316**	**30834**	**6035**
万州区	Wanzhou District	4796	2556	94	14486	1971
梁平县	Liangping County	3829	2060	47	2770	1026
城口县	Chengkou County	2254	1947		214	101
丰都县	Fengdu County	3880	1477		2261	138
垫江县	Dianjiang County	2334	1886	77	1922	875
忠 县	Zhongxian County	3787	1992	58	2386	246
开 县	Kaixian County	8284	3440	19	1572	585
云阳县	Yunyang County	6509	3677	20	1867	279
奉节县	Fengjie County	8929	3548		1499	253
巫山县	Wushan County	3605	2641		1387	329
巫溪县	Wuxi County	3144	2632		470	232
渝东南翼	**Southeast of Chongqing**	**16677**	**12590**	**226**	**6176**	**1572**
黔江区	Qianjiang District	2297	1877	28	1861	280
武隆县	Wulong County	3577	2483	66	473	177
石柱县	Shizhu County	3012	2201	66	584	514
秀山县	Xiushan County	2080	1228		1076	159
酉阳县	Youyang County	2516	2035		929	244
彭水县	Pengshui County	3195	2767	67	1253	198
其 他	**Others**				**827**	**3856**

注：1）2006 年起，公路里程包括村道。
2）渝中区公路归为市政道路，不属于本表统计范围。
3）指标“其他”为市直管企业、经开区及高新区合计数。

Note: a) The length of highways has included village roads since 2006.
b) The highways in Yuzhong District are municipal roads, not included in the statistic scope of this table.
c) The index of "others" is the total of the enterprises directly under the municipal government, Chongqing Economic & Technical Development Zone and Chongqing High-Tech Development Zone.

20－10 各区县固定资产投资（2009 年）
Investment in Fixed Assets by Region (2009)

区　县	Region	全社会固定资产投资（万元） Total Investment in Fixed Assets (10 000 yuan)	#建设与改造投资 Construction and Renovation	#工业 Industry	#房地产开发 Real Estate Development	#住宅 Residential Building	全社会固定资产投资指数（上年=100） Index of Total Investment in Fixed Assets (preceding year=100)
全　市	**Total**	**53179185**	**40790060**	**17930742**	**12389125**	**7890183**	**131.5**
#都市发达经济圈	**Metropolitan Developed Economic Circle**	**22500856**	**13205548**	**5031693**	**9295308**	**5652137**	**123.1**
一小时经济圈	**One-Hour Economic Circle**	**39749191**	**28433202**	**13423125**	**11315989**	**7090180**	**129.4**
渝中区	Yuzhong District	1515455	784340	38992	731115	338269	135.9
大渡口区	Dadukou District	1206518	878395	373891	328123	153647	135.2
江北区	Jiangbei District	3251076	1496495	294311	1754581	859078	123.0
沙坪坝区	Shapingba District	2489830	1644159	448634	845671	491118	132.2
九龙坡区	Jiulongpo District	2402281	1238786	607886	1163495	848456	119.0
南岸区	Nan'an District	3060553	1464554	661239	1595999	740005	114.3
北碚区	Beibei District	2061201	1685845	802154	375356	262571	144.1
渝北区	Yubei District	3800637	2136517	1068475	1664120	1423158	106.8
巴南区	Ba'nan District	2713305	1876457	736111	836848	535835	132.2
万盛区	Wansheng District	375302	326602	181271	48700	39585	152.8
双桥区	Shuangqiao District	172918	135845	63648	37073	25457	92.1
涪陵区	Fuling District	1813002	1602176	946430	210826	118587	138.1
长寿区	Changshou District	2284805	2021126	1525427	263679	207680	153.7
江津区	Jiangjin District	1970317	1695606	844462	274711	160950	135.7
合川区	Hechuan District	2003662	1839820	802861	163842	113585	131.0
永川区	Yongchuan District	2299275	1951954	1184293	347321	275966	138.9
南川区	Nanchuan District	923251	826829	512768	96422	70258	138.1
綦江县	Qijiang County	883402	762316	346897	121086	103763	143.2
潼南县	Tongnan County	724604	676147	281928	48457	40769	151.8
铜梁县	Tongliang County	1109921	1004040	455530	105881	72446	138.1
大足县	Dazu County	942637	861697	315533	80940	54092	149.2
荣昌县	Rongchang County	951596	827655	443522	123941	86634	149.2
璧山县	Bishan County	793643	695841	486862	97802	68271	109.1
渝东北翼	**Northeast of Chongqing**	**9380318**	**8624967**	**3443699**	**755351**	**598431**	**139.6**
万州区	Wanzhou District	2723970	2456526	1242612	267444	224708	137.5
梁平县	Liangping County	594898	556858	181196	38040	35817	146.8
城口县	Chengkou County	293004	288176	122567	4828	1850	136.6
丰都县	Fengdu County	1025329	986886	444296	38443	34359	179.9
垫江县	Dianjiang County	506464	430241	139287	76223	40830	136.9
忠　县	Zhongxian County	755353	667081	337172	88272	60794	128.2
开　县	Kaixian County	885236	794502	285026	90734	74224	115.2
云阳县	Yunyang County	851181	816155	192970	35026	32485	141.3
奉节县	Fengjie County	911453	835430	226049	76023	64209	147.1
巫山县	Wushan County	426522	396014	150478	30508	20777	121.4
巫溪县	Wuxi County	406908	397098	122046	9810	8378	165.9
渝东南翼	**Southeast of Chongqing**	**4049676**	**3731891**	**1063918**	**317785**	**201572**	**133.7**
黔江区	Qianjiang District	712598	625710	176040	86888	34399	127.5
武隆县	Wulong County	787964	705381	231456	82583	72637	135.8
石柱县	Shizhu County	701714	669054	161439	32660	22461	133.8
秀山县	Xiushan County	474850	425496	109401	49354	25029	139.0
酉阳县	Youyang County	676687	645856	164469	30831	19910	179.4
彭水县	Pengshui County	695863	660394	221113	35469	27136	107.6

20-10 续表 CONTINUED

区 县	Region	商品房竣工面积（平方米） Floor Space Completed of Commercial Buildings (sq.m)	#住宅 Residential Buildings	商品房销售面积（平方米） Floor Space Sold of Commercial Buildings (sq.m)	#住宅 Residential Buildings	商品房销售额（万元） Sales Revenue of Commercial Buildings (sq.m)	#住宅 Residential Buildings
全 市	**Total**	**29070462**	**23845130**	**40028921**	**37712236**	**13777615**	**12317053**
#都市发达经济圈	**Metropolitan Developed Economic Circle**	**17360969**	**13864347**	**21196745**	**19950773**	**9649782**	**8597621**
一小时经济圈	**One-Hour Economic Circle**	**25545163**	**20812142**	**32913432**	**30960187**	**12378468**	**11022945**
渝中区	Yuzhong District	237245	158670	711777	690142	351694	338132
大渡口区	Dadukou District	252644	214520	447239	432262	185912	166618
江北区	Jiangbei District	3251728	2633495	3497602	3262718	1652328	1444723
沙坪坝区	Shapingba District	1684576	1244690	2376760	2239717	1079159	928116
九龙坡区	Jiulongpo District	3840970	2974780	3249987	3065689	1426874	1252172
南岸区	Nan'an District	3475414	2841529	3577239	3303149	1800806	1551157
北碚区	Beibei District	1476630	1226703	1019380	984243	337676	316014
渝北区	Yubei District	2100922	1654568	4372766	4069692	2167741	1969942
巴南区	Ba'nan District	1040840	915392	1943995	1903161	647592	630747
万盛区	Wansheng District	184604	175821	361332	355856	74854	71407
双桥区	Shuangqiao District	30329	30329	248521	219579	32866	22602
涪陵区	Fuling District	674448	568361	978572	936353	290246	269479
长寿区	Changshou District	881933	746499	1807050	1761756	306685	277852
江津区	Jiangjin District	1184832	1025119	1460999	1343732	365828	326874
合川区	Hechuan District	761416	689098	1095473	1030254	275442	257548
永川区	Yongchuan District	1590039	1257815	1352373	1211377	397503	316604
南川区	Nanchuan District	204958	180039	518447	485362	116901	102437
綦江县	Qijiang County	928529	791792	879149	855261	213812	202949
潼南县	Tongnan County	128680	103854	267748	240408	46736	35969
铜梁县	Tongliang County	526485	461417	577505	550975	125406	114565
大足县	Dazu County	244684	206997	628553	574176	126027	107128
荣昌县	Rongchang County	355562	305402	799760	756350	180265	166803
璧山县	Bishan County	487695	405252	741205	687975	176115	153107
渝东北翼	**Northeast of Chongqing**	**2798198**	**2437196**	**5972796**	**5672692**	**1155666**	**1074967**
万州区	Wanzhou District	842258	666560	1682961	1604485	386227	360653
梁平县	Liangping County	412056	398540	364999	358849	63823	62265
城口县	Chengkou County	64686	57367	58686	52467	9535	7604
丰都县	Fengdu County	314397	271387	427606	395925	123464	118987
垫江县	Dianjiang County	166591	135656	444522	399797	79501	67824
忠 县	Zhongxian County	467225	424790	858058	824173	123510	116305
开 县	Kaixian County	215169	195793	702603	669774	131139	120573
云阳县	Yunyang County	94548	76935	319433	270536	66871	54627
奉节县	Fengjie County	54000	54000	822139	821494	115696	115570
巫山县	Wushan County	48000	48000	172661	169664	38391	36859
巫溪县	Wuxi County	119268	108168	119128	105528	17509	13700
渝东南翼	**Southeast of Chongqing**	**727101**	**595792**	**1142693**	**1079357**	**243481**	**219141**
黔江区	Qianjiang District	83272	62778	185958	185958	45096	45096
武隆县	Wulong County	208568	184712	372245	352161	81113	76451
石柱县	Shizhu County	139055	127525	178135	166775	31605	29147
秀山县	Xiushan County	239114	178152	202594	179700	40136	29253
酉阳县	Youyang County	40041	32236	62495	57946	16347	12211
彭水县	Pengshui County	17051	10389	141266	136817	29184	26983

20－11 各区县社会消费品零售总额（2009 年）
Total Retail Sales of Consumer Goods by Region (2009)

区 县	Region	社会消费品零售总额（万元）Total Retail Sales of Consumer Goods (10 000 yuan)	批发和零售业 Wholesale and Retail Trade	住宿和餐饮业 Hotels and Catering Services	其他行业 Others	社会消费品零售总额指数（上年=100）Index of Total Retail Sales of Consumer Goods (preceding year=100)
全 市	**Total**	**24790110**	**20489576**	**3812727**	**487807**	**15.5**
#都市发达经济圈	**Metropolitan Developed Economic Circle**	**13165041**	**11164086**	**1718875**	**282080**	**119.1**
一小时经济圈	**One-Hour Economic Circle**	**19850549**	**16487063**	**3001761**	**361725**	**118.6**
渝中区	Yuzhong District	2912035	2557939	310396	43700	117.5
大渡口区	Dadukou District	229673	198064	31609		119.0
江北区	Jiangbei District	1807171	1522219	219229	65723	126.3
沙坪坝区	Shapingba District	1713019	1447068	222248	43703	119.0
九龙坡区	Jiulongpo District	2160566	1912205	221376	26985	119.0
南岸区	Nan'an District	1615873	1355265	260608		120.3
北碚区	Beibei District	674471	569377	99539	5555	122.1
渝北区	Yubei District	1798363	1579143	219220		126.3
巴南区	Ba'nan District	839043	746749	92294		126.3
万盛区	Wansheng District	159297	132216	25339	1742	118.8
双桥区	Shuangqiao District	32579	24665	7460	454	117.0
涪陵区	Fuling District	868344	742878	123527	1939	121.8
长寿区	Changshou District	464281	370604	87744	5933	121.1
江津区	Jiangjin District	886828	741695	145133		121.1
合川区	Hechuan District	840059	669204	170682	173	121.8
永川区	Yongchuan District	923251	766264	151995	4992	122.1
南川区	Nanchuan District	401950	353142	48083	725	121.1
綦江县	Qijiang County	472626	373165	90349	9112	119.6
潼南县	Tongnan County	345573	280984	56612	7977	119.0
铜梁县	Tongliang County	399229	308296	81916	9017	119.6
大足县	Dazu County	394560	306612	80090	7858	118.8
荣昌县	Rongchang County	380569	284925	86254	9390	119.4
璧山县	Bishan County	413524	313502	96083	3939	118.3
渝东北翼	**Northeast of Chongqing**	**3627606**	**2914654**	**612051**	**100901**	**118.5**
万州区	Wanzhou District	1063478	859045	180425	24008	122.1
梁平县	Liangping County	313470	262232	49411	1827	119.4
城口县	Chengkou County	55264	46916	7652	696	118.1
丰都县	Fengdu County	260745	229480	31265		119.0
垫江县	Dianjiang County	348645	277264	50835	20546	119.0
忠 县	Zhongxian County	290372	237612	45281	7479	119.6
开 县	Kaixian County	579978	473824	92255	13899	119.2
云阳县	Yunyang County	349319	276925	63168	9226	118.1
奉节县	Fengjie County	256202	209299	40190	6713	119.0
巫山县	Wushan County	157598	134224	19544	3830	119.0
巫溪县	Wuxi County	113779	96836	16943		119.0
渝东南翼	**Southeast of Chongqing**	**1311955**	**1087859**	**198915**	**25181**	**118.2**
黔江区	Qianjiang District	299194	262127	37067		120.3
武隆县	Wulong County	189249	149278	37605	2366	119.2
石柱县	Shizhu County	207510	171011	36499		119.2
秀山县	Xiushan County	226666	192481	30311	3874	119.2
酉阳县	Youyang County	212101	180785	23684	7632	118.6
彭水县	Pengshui County	235551	202720	28847	3984	118.1

注：1）由于国家统计局根据第二次经济普查数据的结果对基期进行了调整，因此我市 2009 年社会消费零售总额的增速和当年的年报数不一致。

2）各区县社会消费品零售总额增速采用年度评审数，未按国家口径调整。

Note: a)The basis of data have been adjusted according to the result of the 2nd National Census by NBS,so indel of total retail sales of consumer goods is different with the annual statistic report of chongqing in 2009.

b)The growth rate of the total retail sales of consumer goods by region is the data from the annual review, not modified according to the national scope.

20－12　各区县财政收支（2009年）
Government Revenue and Expenditures by Region (2009)

单位：万元　(10 000 yuan)

区　县	Region	区县级地方财政收入 Revenue of Governments at District (county) Level	#一般预算收入 General Budgetary Revenue	#增值税 Value-added Tax	#营业税 Business Tax	#企业所得税 Corporate Income Tax	#个人所得税 Individual Income Tax
全　市	**Total**	**5991233**	**4129271**	**360941**	**808283**	**206838**	**99235**
#都市发达经济圈	**Metropolitan Developed Economic Circle**	**2807858**	**2117334**	**146489**	**497873**	**113647**	**60037**
一小时经济圈	**One-Hour Economic Circle**	**4996359**	**3427625**	**280930**	**682463**	**168953**	**82335**
渝中区	Yuzhong District	288391	286093	12784	92628	28092	19000
大渡口区	Dadukou District	90637	86765	7246	12328	3914	1752
江北区	Jiangbei District	371196	245751	18736	61572	17454	8393
沙坪坝区	Shapingba District	323342	243493	11934	43014	6792	3991
九龙坡区	Jiulongpo District	231806	168560	16312	36947	7532	3231
南岸区	Nan'an District	237845	195482	9044	43018	3691	2750
北碚区	Beibei District	152166	114985	6613	15526	2439	2266
渝北区	Yubei District	265318	225981	9782	67005	7689	7005
巴南区	Ba'nan District	144281	142325	10449	21237	3041	1423
万盛区	Wansheng District	33456	28431	7735	5500	1784	506
双桥区	Shuangqiao District	28083	15571	1427	2293	923	146
涪陵区	Fuling District	302002	165294	23859	29141	10301	3611
长寿区	Changshou District	227537	133128	14262	23607	3648	2637
江津区	Jiangjin District	253537	159824	17155	22561	7784	3004
合川区	Hechuan District	253972	136641	9211	14803	3954	1958
永川区	Yongchuan District	221138	152347	14899	22842	6083	2548
南川区	Nanchuan District	94605	62867	6006	9044	3677	714
綦江县	Qijiang County	155146	90466	10413	12654	3430	1424
潼南县	Tongnan County	50366	30607	2582	4632	1203	590
铜梁县	Tongliang County	150440	94811	4017	8571	2630	1022
大足县	Dazu County	146991	72236	3640	7782	1757	917
荣昌县	Rongchang County	141526	81741	8185	11186	4380	1770
璧山县	Bishan County	129702	86327	11050	9974	3752	1451
渝东北翼	**Northeast of Chongqing**	**650565**	**458242**	**50094**	**76434**	**27369**	**10644**
万州区	Wanzhou District	180486	115419	14001	24692	11651	2857
梁平县	Liangping County	68196	53101	3916	5994	1102	998
城口县	Chengkou County	17280	16418	2363	2334	901	1036
丰都县	Fengdu County	56512	37617	2218	5080	1865	674
垫江县	Dianjiang County	74794	43048	4531	5604	2563	982
忠　县	Zhongxian County	70426	41405	2619	7352	2240	756
开　县	Kaixian County	55280	47330	7258	7889	2216	961
云阳县	Yunyang County	35264	25423	2793	6031	1501	754
奉节县	Fengjie County	46387	41316	5351	5036	1225	725
巫山县	Wushan County	25795	23163	3281	3965	1228	590
巫溪县	Wuxi County	20145	14002	1763	2457	877	311
渝东南翼	**Southeast of Chongqing**	**344309**	**243404**	**29917**	**49386**	**10516**	**6256**
黔江区	Qianjiang District	96406	57891	10452	11552	2021	1151
武隆县	Wulong County	48867	35380	2991	7996	2039	575
石柱县	Shizhu County	42910	33815	3034	7611	1662	998
秀山县	Xiushan County	59567	41535	6702	7782	2134	1506
酉阳县	Youyang County	46054	33359	3294	5784	1551	850
彭水县	Pengshui County	50505	41424	3444	8661	1109	1176

注：都市发达经济圈和一小时经济圈的财政收支数据包括北部新区，九龙坡、南岸、渝北区数据不含北部新区。
Note: The data of government revenue and expenditure in the Metropolitan Developed Economic Circle and the One-Hour Economic Circle include the data of the New Northern Zone, which are excluded from the data of Jiulongpo, Nan'an and Yubei.

20-12 续表 CONTINUED

单位：万元 (10 000 yuan)

区 县	Region	区县级地方财政支出 Expenditure of Governments at District (county) Level	#一般预算支出 General Budgetary Expenditures	#农林水支出 Expenditure for Agriculture, Forestry and Water Conservancy	#教育支出 Expenditure for Education	#卫生支出 Expenditure of Public Health	#社会保障和就业支出 Expenditure for Social Security and Employment Effort
全 市	**Total**	**11747400**	**9461930**	**1072656**	**1611404**	**631342**	**1575988**
#都市发达经济圈	**Metropolitan Developed Economic Circle**	**4362347**	**3487592**	**172464**	**459012**	**145248**	**556078**
一小时经济圈	**One-Hour Economic Circle**	**8196201**	**6387100**	**562418**	**999380**	**382798**	**1058537**
渝中区	Yuzhong District	429734	414658	619	45686	13588	100465
大渡口区	Dadukou District	181776	152510	4928	23391	5487	47562
江北区	Jiangbei District	616627	377744	13652	61760	17563	40182
沙坪坝区	Shapingba District	490789	422322	15005	55109	18575	60762
九龙坡区	Jiulongpo District	394111	304988	9452	43865	17047	77667
南岸区	Nan'an District	402184	350700	10706	50237	18025	83782
北碚区	Beibei District	266614	220393	25425	38862	11515	37086
渝北区	Yubei District	443609	382849	26748	49820	20594	41004
巴南区	Ba'nan District	324632	308203	55052	57456	12924	43764
万盛区	Wansheng District	141030	126529	10168	16843	11310	42082
双桥区	Shuangqiao District	51062	37790	4781	7788	1539	4864
涪陵区	Fuling District	506695	363132	44566	58810	23642	56109
长寿区	Changshou District	342500	233043	26984	40452	19184	52317
江津区	Jiangjin District	438097	335686	37466	61633	27892	64059
合川区	Hechuan District	403128	277904	29958	52799	24732	50440
永川区	Yongchuan District	359099	288056	38876	70381	23214	43653
南川区	Nanchuan District	193041	167859	30700	28324	13489	22932
綦江县	Qijiang County	292168	225648	31404	34139	20690	35677
潼南县	Tongnan County	191098	166636	28752	36928	18580	26995
铜梁县	Tongliang County	237808	178985	33920	33230	15267	24454
大足县	Dazu County	234845	160305	22484	32042	13190	25174
荣昌县	Rongchang County	243844	181228	31884	40393	14091	26289
璧山县	Bishan County	199439	156707	18011	26606	10730	27414
渝东北翼	**Northeast of Chongqing**	**2418073**	**2068080**	**320225**	**425921**	**175188**	**370464**
万州区	Wanzhou District	515677	415213	44874	78757	37244	86919
梁平县	Liangping County	173406	160688	28032	30679	12248	22693
城口县	Chengkou County	84580	83480	15221	10373	6595	12195
丰都县	Fengdu County	188858	162856	32479	31296	11211	30415
垫江县	Dianjiang County	204534	164374	26062	37097	16352	25482
忠 县	Zhongxian County	215822	168264	22835	36480	13109	34215
开 县	Kaixian County	279887	247179	44137	62246	23006	44201
云阳县	Yunyang County	256827	221715	34141	44639	21650	39015
奉节县	Fengjie County	214015	186003	25519	44045	13446	29046
巫山县	Wushan County	140143	126620	21588	26420	9489	21946
巫溪县	Wuxi County	144324	131688	25337	23889	10838	24337
渝东南翼	**Southeast of Chongqing**	**1133126**	**1006750**	**190013**	**186103**	**73356**	**146987**
黔江区	Qianjiang District	263020	220178	37207	36727	12114	35679
武隆县	Wulong County	163904	141482	26902	19883	11604	17544
石柱县	Shizhu County	143255	130037	24602	27278	8906	16321
秀山县	Xiushan County	183470	162650	31748	31040	11211	29615
酉阳县	Youyang County	203495	187594	34047	38686	17121	26670
彭水县	Pengshui County	175982	164809	35507	32489	12400	21158

20－13 各区县金融机构存贷款、人民生活和社会福利（2009 年）
Deposit and Loan of Financial Institutions, People's Livelihood and Social Welfare by Region (2009)

区 县	Region	金融机构人民币存款余额（万元） Total Deposit Balance of RMB of Financial Institutions (10 000 yuan)	#城乡居民储蓄 Saving Deposits of Urban and Rural Residents	金融机构人民币贷款余额（万元） Total Loan Balance of RMB of Financial Institutions (10 000 yuan)	城镇非私营单位在岗职工年平均工资（元） Average Salaries of Employees of Urban Non-private Units (yuan)	城镇居民人均可支配收入（元） Per Capita Disposable Income of Urban Residents(yuan)
全 市	**Total**	**104620144**	**48985958**	**85885808**	**30965**	**15749**
#都市发达经济圈	**Metropolitan Developed Economic Circle**	**67079620**	**23244419**	**68280034**	**35568**	
一小时经济圈	**One-Hour Economic Circle**	**87697872**	**37364630**	**79121275**	**32171**	
渝中区	Yuzhong District	22967753	4193201	34145752	39745	18063
大渡口区	Dadukou District	1788119	843471	1789834	36262	17183
江北区	Jiangbei District	8730091	2649696	8598389	37344	17263
沙坪坝区	Shapingba District	6335058	3235098	4018730	35386	17361
九龙坡区	Jiulongpo District	8642945	3767521	6674425	34757	17210
南岸区	Nan'an District	4943597	2289847	4598863	34884	17210
北碚区	Beibei District	2469501	1465235	1825402	32212	17184
渝北区	Yubei District	8578290	3244558	4739553	35054	17187
巴南区	Ba'nan District	2624267	1555792	1889086	27830	17181
万盛区	Wansheng District	478238	285314	234403	23721	11305
双桥区	Shuangqiao District	125729	73681	34693	30082	17185
涪陵区	Fuling District	2888526	1494182	2021639	28211	15109
长寿区	Changshou District	2168152	1308643	1170967	29862	14927
江津区	Jiangjin District	2544571	1789346	1239090	24585	14939
合川区	Hechuan District	2535272	1915363	1231097	24482	14878
永川区	Yongchuan District	2130861	1495711	1081989	26666	15138
南川区	Nanchuan District	949275	608090	684760	23449	14329
綦江县	Qijiang County	1385898	976013	739963	26350	14452
潼南县	Tongnan County	825624	681624	276668	27867	13980
铜梁县	Tongliang County	1293447	1053233	489732	25636	15503
大足县	Dazu County	882731	667384	396634	25391	14697
荣昌县	Rongchang County	1102589	798960	555001	26747	14918
璧山县	Bishan County	1307340	972666	684603	27630	15842
渝东北翼	**Northeast of Chongqing**	**13224986**	**9410087**	**4213954**	**26294**	
万州区	Wanzhou District	3768302	2464179	1621430	26885	14918
梁平县	Liangping County	1138991	906046	233155	27045	14039
城口县	Chengkou County	256263	161888	146918	23736	11053
丰都县	Fengdu County	939506	705895	343557	25435	12073
垫江县	Dianjiang County	1039803	796342	297768	28196	14215
忠 县	Zhongxian County	1316565	1018263	329541	26006	13913
开 县	Kaixian County	1743074	1331320	363004	26576	12385
云阳县	Yunyang County	1247852	887139	285052	25643	11233
奉节县	Fengjie County	820530	526719	226372	24868	11261
巫山县	Wushan County	553850	342048	218283	23484	12323
巫溪县	Wuxi County	400251	270248	148874	24605	10323
渝东南翼	**Southeast of Chongqing**	**3655982**	**2190030**	**2544782**	**27571**	
黔江区	Qianjiang District	743866	381666	534390	31664	12379
武隆县	Wulong County	547886	335751	627721	28309	13927
石柱县	Shizhu County	702147	429925	271125	25508	12766
秀山县	Xiushan County	526631	322732	308917	27278	13104
酉阳县	Youyang County	645956	406073	242126	24572	10457
彭水县	Pengshui County	489495	313883	560504	27874	11430

20-13 续表 1 CONTINUED-1

区 县	Region	农村居民人均纯收入(元) Per Capita Net Income of Rural Residents (yuan)	农村居民人均生活消费支出(元) Per Capita Living Consumption of Rural Residents (yuan)	#食品支出 Expenditure for Food	农村居民人均住房面积(平方米) Per Capita Residential Floor Space of Rural Residents (sq.m)	城市居民最低生活保障人数(人) Number of Persons Receiving Minimum Living Allowance in Rural Areas (person)
全 市	**Total**	**4478**	**3142**	**1542**	**35.73**	**704054**
#都市发达经济圈	**Metropolitan Developed Economic Circle**	**6582**	**4821**	**2281**	**42.11**	**119733**
一小时经济圈	**One-Hour Economic Circle**	**5780**	**3892**	**1916**	**38.97**	**351057**
渝中区	Yuzhong District					19963
大渡口区	Dadukou District	7612	4463	2072	43.12	6383
江北区	Jiangbei District	7444	4980	2310	30.57	17003
沙坪坝区	Shapingba District	7421	5953	2665	51.99	16632
九龙坡区	Jiulongpo District	7440	5370	2436	42.63	16361
南岸区	Nan'an District	7955	6000	2483	49.36	17467
北碚区	Beibei District	6179	5116	2342	43.12	10674
渝北区	Yubei District	5803	4472	2367	43.23	2283
巴南区	Ba'nan District	5781	4086	2000	38.41	9057
万盛区	Wansheng District	5079	3579	1547	46.47	14100
双桥区	Shuangqiao District	5969	3734	1852	32.88	1227
涪陵区	Fuling District	4651	2993	1505	36.57	30214
长寿区	Changshou District	5437	3251	1669	40.33	54317
江津区	Jiangjin District	6041	4072	2034	39.64	23180
合川区	Hechuan District	5877	4215	2183	39.36	16439
永川区	Yongchuan District	5987	3677	1741	37.94	14928
南川区	Nanchuan District	5076	3015	1477	37.14	5037
綦江县	Qijiang County	5237	4786	2262	37.34	16800
潼南县	Tongnan County	4991	2939	1618	31.25	19613
铜梁县	Tongliang County	5954	3589	1768	42.37	6298
大足县	Dazu County	5604	3235	1668	36.51	8324
荣昌县	Rongchang County	5744	2946	1405	33.93	12673
璧山县	Bishan County	6047	4138	2234	42.89	8174
渝东北翼	**Northeast of Chongqing**	**4036**	**3065**	**1554**	**37.26**	**268309**
万州区	Wanzhou District	4470	3646	1693	39.73	83926
梁平县	Liangping County	4657	3953	1933	44.17	5517
城口县	Chengkou County	3096	2442	1296	32.83	3043
丰都县	Fengdu County	3992	2213	1140	34.00	25996
垫江县	Dianjiang County	4766	3662	1757	33.76	9698
忠 县	Zhongxian County	4528	3416	1818	39.32	23214
开 县	Kaixian County	4275	2578	1322	44.08	29505
云阳县	Yunyang County	3700	2477	1341	34.58	28215
奉节县	Fengjie County	3499	2705	1444	29.27	22534
巫山县	Wushan County	3307	2757	1450	31.58	26116
巫溪县	Wuxi County	3078	3298	1721	39.37	10545
渝东南翼	**Southeast of Chongqing**	**3604**	**3004**	**1504**	**37.37**	**84688**
黔江区	Qianjiang District	3696	3343	1670	35.35	20106
武隆县	Wulong County	3863	2863	1412	36.75	8969
石柱县	Shizhu County	3998	3602	1823	43.85	12556
秀山县	Xiushan County	3447	2457	1251	39.01	12377
酉阳县	Youyang County	3082	2888	1391	35.92	18568
彭水县	Pengshui County	3517	2875	1475	33.19	12112

20-13 续表 2 CONTINUED-2

区 县	Region	社会福利收养单位（个）Residential Social Welfare Institutions (unit)	社会福利收养单位床位数（张）Beds in Residential Social Welfare Institutions (bed)	城镇社区服务设施数（个）Number of Urban Welfare Facilities (unit)	城镇便民利民服务网点（个）Number of Service Stations for Urban Residents (unit)
全 市	**Total**	**2414**	**80685**	**2710**	**7532**
#都市发达经济圈	**Metropolitan Developed Economic Circle**	**268**	**20617**	**973**	**4052**
一小时经济圈	**One-Hour Economic Circle**	**1271**	**47339**	**1565**	**5640**
渝中区	Yuzhong District	14	1049	229	596
大渡口区	Dadukou District	4	227	50	267
江北区	Jiangbei District	9	756	161	560
沙坪坝区	Shapingba District	42	3479	143	246
九龙坡区	Jiulongpo District	15	1104	74	430
南岸区	Nan'an District	18	1825	68	1418
北碚区	Beibei District	55	2384	81	379
渝北区	Yubei District	63	4037	84	81
巴南区	Ba'nan District	38	1980	78	75
万盛区	Wansheng District	44	564	40	58
双桥区	Shuangqiao District	1	80	10	8
涪陵区	Fuling District	50	2333	59	181
长寿区	Changshou District	101	1680	30	186
江津区	Jiangjin District	47	3350	63	580
合川区	Hechuan District	48	2836	47	316
永川区	Yongchuan District	120	2598	34	
南川区	Nanchuan District	93	1920	47	34
綦江县	Qijiang County	28	1311	36	5
潼南县	Tongnan County	94	1670	34	86
铜梁县	Tongliang County	108	2204	48	57
大足县	Dazu County	143	2363	84	49
荣昌县	Rongchang County	101	1844	33	25
璧山县	Bishan County	25	1969	27	3
渝东北翼	**Northeast of Chongqing**	**822**	**24743**	**859**	**1116**
万州区	Wanzhou District	199	7111	480	391
梁平县	Liangping County	32	1046	21	103
城口县	Chengkou County	35	870	9	230
丰都县	Fengdu County	55	1356	49	175
垫江县	Dianjiang County	29	1445	30	20
忠 县	Zhongxian County	41	2176	40	98
开 县	Kaixian County	184	2924	65	30
云阳县	Yunyang County	60	3203	66	19
奉节县	Fengjie County	83	2267	22	
巫山县	Wushan County	26	950	29	50
巫溪县	Wuxi County	78	1395	48	
渝东南翼	**Southeast of Chongqing**	**321**	**8603**	**286**	**776**
黔江区	Qianjiang District	89	1681	52	420
武隆县	Wulong County	26	1430	13	5
石柱县	Shizhu County	44	1387	24	31
秀山县	Xiushan County	48	1180	153	280
酉阳县	Youyang County	51	967	18	12
彭水县	Pengshui County	63	1958	26	28

注：都市发达经济圈和一小时经济圈的社会福利收养单位及床位数包含重庆市本级数据。

Note: The number of residential social welfare institutions and the number of beds in the Metropolitan Developed Economic Circle and the One-Hour Economic Circle include the data of institutions at municipal level.

20－14 各区县教育和文化（2009年）
Education and Culture by Region (2009)

区县	Region	学校数（所）Number of Schools (unit)	#普通中学 Regular Secondary Schools	#小学 Primary Schools	专任教师数（人）Full-time Teachers (person)	#普通中学 Regular Secondary Schools	#小学 Primary Schools
全市	**Total**	**12383**	**1304**	**7096**	**284171**	**106544**	**117460**
#都市发达经济圈	**Metropolitan Developed Economic Circle**	**1769**	**253**	**541**	**76582**	**23572**	**20394**
一小时经济圈	**One-Hour Economic Circle**	**6403**	**743**	**2734**	**172166**	**61969**	**60530**
渝中区	Yuzhong District	135	16	38	7287	2424	2184
大渡口区	Dadukou District	72	6	21	2310	930	843
江北区	Jiangbei District	168	20	55	5595	2122	1839
沙坪坝区	Shapingba District	288	33	61	16729	3438	2548
九龙坡区	Jiulongpo District	251	34	51	10189	3809	2838
南岸区	Nan'an District	154	23	42	8741	2104	1735
北碚区	Beibei District	139	23	63	7949	2280	2074
渝北区	Yubei District	359	50	151	10053	3693	3663
巴南区	Ba'nan District	203	48	59	7729	2772	2670
万盛区	Wansheng District	111	14	51	2399	1026	1133
双桥区	Shuangqiao District	22	3	8	561	277	213
涪陵区	Fuling District	316	58	117	10660	4222	4203
长寿区	Changshou District	182	28	88	6306	2908	2944
江津区	Jiangjin District	833	55	548	10151	4141	4181
合川区	Hechuan District	424	37	133	11186	3869	4094
永川区	Yongchuan District	631	46	250	11760	3515	3637
南川区	Nanchuan District	194	38	72	5326	2021	2729
綦江县	Qijiang County	331	58	226	7427	3317	3587
潼南县	Tongnan County	253	39	170	5998	2708	2855
铜梁县	Tongliang County	206	26	77	5876	2780	2469
大足县	Dazu County	548	30	220	7657	3410	3352
荣昌县	Rongchang County	419	35	186	5907	2304	2798
璧山县	Bishan County	164	23	47	4370	1899	1941
渝东北翼	**Northeast of Chongqing**	**4524**	**407**	**3260**	**79919**	**32791**	**38571**
万州区	Wanzhou District	517	61	244	14678	5328	5246
梁平县	Liangping County	247	34	152	5817	2556	2755
城口县	Chengkou County	198	8	181	2109	692	1250
丰都县	Fengdu County	282	42	168	5711	2384	2996
垫江县	Dianjiang County	292	37	146	6841	2781	3468
忠　县	Zhongxian County	498	30	403	6453	3029	3079
开　县	Kaixian County	721	61	506	12412	5177	6135
云阳县	Yunyang County	736	59	607	8834	3737	4663
奉节县	Fengjie County	444	36	346	7459	3195	3790
巫山县	Wushan County	327	20	274	4821	2102	2433
巫溪县	Wuxi County	262	19	233	4784	1810	2756
渝东南翼	**Southeast of Chongqing**	**1456**	**154**	**1102**	**32086**	**11784**	**18359**
黔江区	Qianjiang District	208	25	159	5061	2098	2600
武隆县	Wulong County	145	12	97	3567	1288	1946
石柱县	Shizhu County	259	20	211	4871	1826	2736
秀山县	Xiushan County	327	28	243	5777	2124	3244
酉阳县	Youyang County	256	39	191	6778	2412	4007
彭水县	Pengshui County	261	30	201	6032	2036	3826

注：本表教育数据统计口径包括普通高校、普通中专、职业中学、成人中专、普通中学、小学、幼儿园和特殊教育及工读学校（下表同）。

Note: Data of education in this table include regular institutions of higher education, specialized secondary schools, vocational senior schools, regular secondary schools, primary schools, kindergartens, schools of special educations and reformatory schools (the same below).

20-14 续表 CONTINUED

区 县	Region	在校学生数（人） Total Enrollment (person)	#普通中学 Regular Secondary Schools	#小学 Primary Schools	广播覆盖率（%） Radio Coverage of Population (%)	电视覆盖率（%） Television Coverage of Population (%)	公共图书馆（个） Number of Public Libraries (unit)	公共图书馆藏书（万册） Number of Books in Public Libraries (10 000 volumes)
全 市	**Total**	**5595547**	**1920158**	**2081367**	**92.89**	**96.46**	**43**	**987.99**
#都市发达经济圈	**Metropolitan Developed Economic Circle**	**1355731**	**341467**	**333959**				
一小时经济圈	**One-Hour Economic Circle**	**3171434**	**1013421**	**999869**	**98.19**	**97.61**	**26**	**871.90**
渝中区	Yuzhong District	116004	27312	33933	100.00	100.00	2	97.01
大渡口区	Dadukou District	47603	15340	16747	100.00	100.00	1	8.40
江北区	Jiangbei District	96899	35683	29075	100.00	100.00	1	6.92
沙坪坝区	Shapingba District	302645	46476	44964	100.00	100.00	2	321.60
九龙坡区	Jiulongpo District	183422	51968	50871	100.00	100.00	1	11.64
南岸区	Nan'an District	174500	34360	34296	100.00	100.00	1	20.20
北碚区	Beibei District	136360	34465	26827	99.70	98.92	1	88.80
渝北区	Yubei District	160149	52100	57768	99.01	96.99	1	34.90
巴南区	Ba'nan District	138149	43763	39478	95.55	98.07	1	14.38
万盛区	Wansheng District	37631	15686	14774	97.02	97.02	1	4.03
双桥区	Shuangqiao District	10051	4636	3672	100.00	100.00	1	5.04
涪陵区	Fuling District	194405	71217	59624	98.89	96.80	2	70.60
长寿区	Changshou District	115698	48847	47114	99.83	97.04	1	59.40
江津区	Jiangjin District	202277	67375	77420	98.95	99.15	1	26.80
合川区	Hechuan District	223071	78768	69449	96.17	96.50	1	21.06
永川区	Yongchuan District	219022	52119	62134	96.60	96.50	1	10.12
南川区	Nanchuan District	97008	36963	40166	96.61	95.54	1	6.80
綦江县	Qijiang County	131256	55291	54922	94.78	91.97	1	6.80
潼南县	Tongnan County	138805	56767	68004	96.41	98.45	1	10.60
铜梁县	Tongliang County	115851	54026	37231	100.00	100.00	1	20.00
大足县	Dazu County	129243	55988	46550	95.87	95.40	1	9.40
荣昌县	Rongchang County	115426	40359	49396	99.92	100.00	1	9.00
璧山县	Bishan County	85959	33912	35454	99.95	93.10	1	8.40
渝东北翼	**Northeast of Chongqing**	**1768396**	**663159**	**769329**	**93.63**	**96.46**	**11**	**78.58**
万州区	Wanzhou District	324739	105149	102195	95.50	96.50	1	22.55
梁平县	Liangping County	130153	53509	52870	95.01	90.01	1	2.05
城口县	Chengkou County	37181	11721	19139	67.25	93.17	1	4.00
丰都县	Fengdu County	128964	45598	60097	92.30	96.51	1	2.63
垫江县	Dianjiang County	165202	57502	70426	99.23	98.23	1	4.83
忠 县	Zhongxian County	131818	54911	56658	98.51	98.52	1	3.81
开 县	Kaixian County	265074	102686	125968	95.25	97.65	1	19.78
云阳县	Yunyang County	215213	89350	102578	95.30	98.00	1	3.30
奉节县	Fengjie County	181319	71547	85639	89.01	97.00	1	6.27
巫山县	Wushan County	110161	37821	57996	86.99	95.83	1	5.78
巫溪县	Wuxi County	78572	33365	35763	88.00	94.10	1	3.58
渝东南翼	**Southeast of Chongqing**	**655717**	**243578**	**312169**	**63.78**	**90.64**	**6**	**37.51**
黔江区	Qianjiang District	114488	43241	48815	96.74	96.95	1	9.31
武隆县	Wulong County	64503	23921	27016	86.47	94.61	1	9.23
石柱县	Shizhu County	97015	37179	42353	66.29	82.64	1	4.60
秀山县	Xiushan County	102690	39684	53167	25.42	86.40	1	4.87
酉阳县	Youyang County	149291	54752	73462	62.03	90.47	1	6.10
彭水县	Pengshui County	127730	44801	67356	61.21	93.92	1	3.40

20－15 各区县卫生（2009年）
Public Health Care by Region (2009)

区 县	Region	卫生机构数（个） Number of Health Care Institutions (unit)	#医院、卫生院 Number of Hospitals and Health Centers	卫生机构床位数（张） Hospital Beds in Health Care Institutions (bed)	卫生技术人员（人） Medical Technical Personnel (person)	#执业（助理）医师 Licensed (Assistant) Doctors	#注册护士 Registered Nurses
全 市	**Total**	**6512**	**1404**	**92689**	**97199**	**41943**	**31756**
#都市发达经济圈	**Metropolitan Developed Economic Circle**	**2254**	**257**	**31422**	**37440**	**15346**	**14080**
一小时经济圈	**One-Hour Economic Circle**	**3973**	**739**	**61213**	**65048**	**27136**	**22601**
渝中区	Yuzhong District	378	23	7707	9945	3952	4279
大渡口区	Dadukou District	157	15	979	1345	631	480
江北区	Jiangbei District	340	26	4001	4459	1751	1637
沙坪坝区	Shapingba District	192	32	3442	3969	1621	1507
九龙坡区	Jiulongpo District	362	41	4375	5081	2202	1884
南岸区	Nan'an District	194	21	2193	2990	1272	1037
北碚区	Beibei District	169	24	2881	3221	1289	991
渝北区	Yubei District	161	44	3144	3158	1318	990
巴南区	Ba'nan District	301	31	2700	3272	1310	1275
万盛区	Wansheng District	51	14	1152	1334	436	517
双桥区	Shuangqiao District	17	4	221	148	56	43
涪陵区	Fuling District	238	56	4018	3992	1732	1257
长寿区	Changshou District	157	34	2794	2621	1104	892
江津区	Jiangjin District	74	34	1011	1158	577	336
合川区	Hechuan District	64	35	929	911	390	170
永川区	Yongchuan District	77	41	1441	933	515	202
南川区	Nanchuan District	111	42	957	1097	499	293
綦江县	Qijiang County	210	37	4246	3255	1423	740
潼南县	Tongnan County	190	33	3071	3249	1363	978
铜梁县	Tongliang County	190	41	3837	3414	1353	1174
大足县	Dazu County	79	43	2135	1433	691	443
荣昌县	Rongchang County	126	39	2611	2582	948	1032
璧山县	Bishan County	135	29	1368	1481	703	444
渝东北翼	**Northeast of Chongqing**	**1923**	**402**	**22427**	**23102**	**10607**	**6754**
万州区	Wanzhou District	682	70	5036	6635	2841	2439
梁平县	Liangping County	137	31	1883	2174	1065	659
城口县	Chengkou County	121	41	2168	1614	678	356
丰都县	Fengdu County	136	23	2048	2045	967	545
垫江县	Dianjiang County	152	28	1618	1528	767	333
忠 县	Zhongxian County	58	26	616	539	222	79
开 县	Kaixian County	131	35	1674	1358	568	414
云阳县	Yunyang County	96	27	1902	1708	859	440
奉节县	Fengjie County	102	28	730	825	395	185
巫山县	Wushan County	155	50	1999	1887	880	469
巫溪县	Wuxi County	153	43	2753	2789	1365	835
渝东南翼	**Southeast of Chongqing**	**616**	**263**	**9049**	**9049**	**4200**	**2401**
黔江区	Qianjiang District	71	32	1452	1615	606	615
武隆县	Wulong County	125	37	1714	1730	777	542
石柱县	Shizhu County	100	69	2406	2260	1148	464
秀山县	Xiushan County	120	37	1827	1437	796	319
酉阳县	Youyang County	69	28	892	1082	417	322
彭水县	Pengshui County	131	60	758	925	456	139

注：卫生机构数含个体诊所。
Note: The number of health care institutions include individual-run clinics.

20－16 各区县高技术产业（2009 年）
High-Tech Industry by Region (2009)

区 县	Region	高技术制造业产值（万元） Gross Output Value of High-Tech Manufacturing (10 000 yuan)	高技术制造业销售收入（万元） Sales Revenue of High-Tech Manufacturing (10 000 yuan)	软件业销售收入（万元） Sales Revenue of Software Industry (10 000 yuan)
全 市	**Total**	**9202674**	**8801068**	**1061196**
#都市发达经济圈	**Metropolitan Developed Economic Circle**	**4957615**	**4774364**	**1060201**
一小时经济圈	**One-Hour Economic Circle**	**7976240**	**7678197**	**1060710**
渝中区	Yuzhong District	6879	6632	816653
大渡口区	Dadukou District	138936	159499	480
江北区	Jiangbei District	461885	444288	18276
沙坪坝区	Shapingba District	219948	212176	14697
九龙坡区	Jiulongpo District	922369	850303	90380
南岸区	Nan'an District	1222858	1130593	6801
北碚区	Beibei District	849703	843711	375
渝北区	Yubei District	927304	919934	112189
巴南区	Ba'nan District	207733	207229	350
万盛区	Wansheng District	10210	8422	118
双桥区	Shuangqiao District	5170	4861	
涪陵区	Fuling District	1000880	959882	336
长寿区	Changshou District	665295	627743	
江津区	Jiangjin District	559695	521783	
合川区	Hechuan District	125872	125105	
永川区	Yongchuan District	149367	179185	22
南川区	Nanchuan District	167106	139347	
綦江县	Qijiang County	16515	23954	
潼南县	Tongnan County	10275	9922	
铜梁县	Tongliang County	85266	83997	
大足县	Dazu County	26327	25832	
荣昌县	Rongchang County	134694	133683	
璧山县	Bishan County	61953	60116	33
渝东北翼	**Northeast of Chongqing**	**1146956**	**1044777**	**134**
万州区	Wanzhou District	765131	680551	134
梁平县	Liangping County	54238	55407	
城口县	Chengkou County			
丰都县	Fengdu County	60068	51344	
垫江县	Dianjiang County	158554	155512	
忠 县	Zhongxian County	67087	62494	
开 县	Kaixian County	16304	15515	
云阳县	Yunyang County	18599	17420	
奉节县	Fengjie County	2570	2570	
巫山县	Wushan County	1648	1354	
巫溪县	Wuxi County	2757	2610	
渝东南翼	**Southeast of Chongqing**	**79478**	**78094**	**352**
黔江区	Qianjiang District	7904	5912	
武隆县	Wulong County	11866	11656	
石柱县	Shizhu County	49294	49718	352
秀山县	Xiushan County			
酉阳县	Youyang County	10414	10808	
彭水县	Pengshui County			

注：本表中的软件业销售收入不含嵌入软件类产品。
Note: The sales revenue of software industry hereof does not include the data of embedded software products.

20－17 各区县对外经济贸易（2009年）
Foreign Economic Relations and Trade by Region (2009)

区 县	Region	进出口总值（万美元） Total Imports and Exports (US$ 10 000)	出口 Imports	进口 Exports	实际利用内资（万元） Domestic Capital Actually Utilized (10 000 yuan)
全 市	**Total**	**770859**	**428008**	**342851**	**14680196**
#都市发达经济圈	**Metropolitan Developed Economic Circle**	**631117**	**361274**	**269843**	**7051937**
一小时经济圈	**One-Hour Economic Circle**	**732980**	**399431**	**333549**	**11616389**
渝中区	Yuzhong District	58452	25290	33162	669797
大渡口区	Dadukou District	49230	16426	32804	526312
江北区	Jiangbei District	121048	75385	45663	1042725
沙坪坝区	Shapingba District	54560	45885	8675	726385
九龙坡区	Jiulongpo District	79328	61543	17785	760692
南岸区	Nan'an District	27655	20196	7460	1011268
北碚区	Beibei District	17000	16079	921	542259
渝北区	Yubei District	168632	62728	105904	1069505
巴南区	Ba'nan District	55212	37742	17470	702994
万盛区	Wansheng District	483	259	224	91174
双桥区	Shuangqiao District	50		50	95080
涪陵区	Fuling District	43647	6231	37415	645731
长寿区	Changshou District	14438	6160	8277	475080
江津区	Jiangjin District	13827	4037	9791	520712
合川区	Hechuan District	2468	2467	1	738022
永川区	Yongchuan District	4964	1743	3222	690885
南川区	Nanchuan District	2035	2024	11	268816
綦江县	Qijiang County	446	443	3	55719
潼南县	Tongnan County	862	856	5	43526
铜梁县	Tongliang County	504	492	13	394535
大足县	Dazu County	743	741	3	209790
荣昌县	Rongchang County	8722	8720	2	194498
璧山县	Bishan County	8674	3984	4690	140884
渝东北翼	**Northeast of Chongqing**	**19957**	**10975**	**8982**	**2028077**
万州区	Wanzhou District	12732	4707	8025	346191
梁平县	Liangping County	253	253		32396
城口县	Chengkou County	60	60		34100
丰都县	Fengdu County	523	494	29	276800
垫江县	Dianjiang County	2337	2337		89687
忠 县	Zhongxian County	2729	2363	367	412225
开 县	Kaixian County	718	167	551	385344
云阳县	Yunyang County	157	147	10	107115
奉节县	Fengjie County	9	9		190412
巫山县	Wushan County	20	20		68786
巫溪县	Wuxi County	419	419		85021
渝东南翼	**Southeast oChongqing**	**17939**	**17616**	**323**	**1035730**
黔江区	Qianjiang District	533	262	270	206198
武隆县	Wulong County	284	238	45	138879
石柱县	Shizhu County	1868	1863	4	283884
秀山县	Xiushan County	371	371		81917
酉阳县	Youyang County	14819	14816	3	43484
彭水县	Pengshui County	64	64		281368

20－18 各区县法人、产业活动单位数（2009年）
Number of Corporate Units and Establishments by Region (2009)

区　县	Region	法人单位（个）Number of Corporate Units (unit)	#企业 Enterprises	产业活动单位（个）Number of Establishments (unit)
全　市	**Total**	**156513**	**112514**	**201362**
#都市发达经济圈	**Metropolitan Developed Economic Circle**	**68394**	**59082**	**80379**
一小时经济圈	**One-Hour Economic Circle**	**115799**	**90847**	**145950**
渝中区	Yuzhong District	11283	10020	13461
大渡口区	Dadukou District	3375	2828	3839
江北区	Jiangbei District	7275	6278	8238
沙坪坝区	Shapingba District	9150	8067	10363
九龙坡区	Jiulongpo District	15276	14108	17703
南岸区	Nan'an District	5469	4760	6817
北碚区	Beibei District	4169	3283	5334
渝北区	Yubei District	7207	5813	8356
巴南区	Ba'nan District	5190	3925	6268
万盛区	Wansheng District	1229	712	1652
双桥区	Shuangqiao District	599	362	635
涪陵区	Fuling District	5566	3721	7830
长寿区	Changshou District	4238	2708	5037
江津区	Jiangjin District	4117	2961	6307
合川区	Hechuan District	4888	3441	7568
永川区	Yongchuan District	5210	4068	7479
南川区	Nanchuan District	3750	2679	4577
綦江县	Qijiang County	2781	1612	3689
潼南县	Tongnan County	2723	1442	3321
铜梁县	Tongliang County	3213	2052	5043
大足县	Dazu County	3324	2192	4396
荣昌县	Rongchang County	2816	1793	3585
璧山县	Bishan County	2951	2022	4452
渝东北翼	**Northeast of Chongqing**	**30427**	**16133**	**41139**
万州区	Wanzhou District	5685	3613	7435
梁平县	Liangping County	1822	679	2924
城口县	Chengkou County	1162	462	1494
丰都县	Fengdu County	2503	1263	3307
垫江县	Dianjiang County	2860	1814	3809
忠　县	Zhongxian County	4902	2653	6762
开　县	Kaixian County	3369	1882	4504
云阳县	Yunyang County	2355	1070	3200
奉节县	Fengjie County	2625	1334	3003
巫山县	Wushan County	1401	687	2097
巫溪县	Wuxi County	1743	676	2604
渝东南翼	**Southeast of Chongqing**	**10287**	**5534**	**14273**
黔江区	Qianjiang District	1523	885	2307
武隆县	Wulong County	1624	816	2162
石柱县	Shizhu County	1437	804	2216
秀山县	Xiushan County	1762	952	2389
酉阳县	Youyang County	2205	1352	2918
彭水县	Pengshui County	1736	725	2281

20－19 重庆市北部新区主要统计指标（2009年）

Main Indicators on the New Northern Zone of Chongqing (2009)

单位：万元 (10 000 yuan)

指　标	Item	2008	2009
地区生产总值	Gross Domestic Product	4678633	5449849
#工业增加值	Value-added of Industry	2852588	3270060
工业总产值	Gross Output Value of Industry	12028661	13933425
固定资产投资完成额	Completed Investment in Fixed Assets	2230549	2775493
#基础设施建设	Infrastructure Construction	279577	981597
入库税金	Paid-up Taxes	1035603	1253170
财政收入	Government Revenues	1382367	1671409
地方财政收入	Revenue of Local Government	585556	702877
进出口总额（万美元）	Total Imports and Exports (USD 10 000)	151142	156809
#出　口（万美元）	Total Exports (USD 10 000)	45149	47255
征地面积（亩）	Area of Land Requisition (mu)		35015
投资总额	Total Investment	1800346	2244703
实际利用资金	Actually Utilized Capital	2108586	2177634
实际利用外资（万美元）	Foreign Capital Actually Utilized (USD 10 000)	48209	43727
实际利用内资	Domestic Capital Actually Utilized	1771123	1871545
合同外资金额（万美元）	Contracted Foreign Investment (USD 10 000)	12352	35771

三峡工程重庆库区移民情况

Resettlement Of The Residents
In Chongqing Reservoir Area Of Three Gorges Project

简要说明 Brief Introduction

本章资料包括三峡工程重庆库区经济和社会发展情况、移民工程投资完成情况、移民迁移情况及农村移民生产安置情况，由市统计局综合处根据市移民局资料整理编辑。

库区指库区15区县，包括万州区、涪陵区、渝北区、巴南区、长寿区、江津区、丰都县、武隆县、忠县、开县、云阳县、奉节县、巫山县、巫溪县、石柱县。重点库区指8个重点移民区县，包括万州区、涪陵区、丰都县、忠县、开县、云阳县、奉节县、巫山县。

This chapter includes the economic and social development of the reservoir area of Three Gorges Project in Chongqing, the statistics on the completed investment in Three Gorges Resettlement, the resettlement of residents and the resettlement of rural residents for production in Chongqing Reservoir Area of Three Gorges Projects. The data here are provided by Chongqing Migration Bureau and sorted and compiled by Division of Comprehensive Statistics of Chongqing Municipal Bureau of Statistics.

The Reservoir Area refers to 15 districts and counties, namely Wanzhou, Fuling, Yubei, Ba'nan, Changshou, Jiangjin, Fengdu, Wulong, Zhongxian, Kaixian, Yunyang, Fengjie, Wushan, Wuxi and Shizhu. The Key Reservoir Area refers to 8 key districts and counties of migration, namely Wanzhou, Fuling, Fengdu, Zhongxian, Kaixian, Yunyang, Fengjie and Wushan.

21－1 三峡工程重庆库区经济和社会发展情况（2008－2009年）
Economic and Social Development of the Reservoir Area of Three Gorges Project in Chongqing (2008-2009)

指标	Item	2008		2009	
		库区合计 Total of Reservoir Area	重点库区 Key Area	库区合计 Total of Reservoir Area	重点库区 Key Area
人口	**Population**				
户籍总户数（万户）	Total Number of Households (10 000 households)	499.55	296.32	515.18	306.23
户籍人口（万人）	Total Household Populaion (10 000 persons)	1497.52	928.41	1508.92	935.04
非农业	Non-agriculture	333.83	178.35	356.08	190.82
农业	Agriculture	1163.69	750.06	1152.84	744.22
男性	Male	779.01	484.46	783.71	487.18
女性	Female	718.51	443.95	725.21	447.86
年末常住人口	Year-end Permanent Residents (10 000 persons)	1254.89	744.77	1262.64	747.92
城镇	Urban	535.78	275.30	562.32	289.04
乡村	Rural	719.11	469.47	700.32	458.88
城镇化率（%）	Urbanization Rate (%)	42.70	36.96	44.54	38.65
工资和收入	**Wages and Income**				
城镇非私营单位职工人数（万人）	Staff and Workers of Urban Non-private Units (10 000 persons)	83.28	38.38	88.30	38.63
城镇非私营单位职工工资总额（万元）	Total Wages of Staff and Workers of Urban Non-private Unit(10 000 yuan)	1978151	857990	2431009	1018855
城镇非私营单位在岗职工平均工资（元）	Average Wages of Staff and Workers of Urban Non-private Units(yuan)	24100	22642	28058	26691
农民人均纯收入（元）	Per Capita Net Income of Rural Households (yuan)	4013.21	3680.53	4461.99	4093.79
工资性收入	Income from Wages and Salaries	1739.35	1613.69	1973.45	1817.75
家庭经营收入	Income from Household Business Operation	1934.12	1748.43	2069.42	1901.01
转移收入	Income from Transfer	269.07	272.27	334.42	329.12
财产收入	Income from Property	70.66	46.14	84.70	45.92
农民人均消费支出（元）	Per Capita Expenditure of Rural Households (yuan)	2921.79	2620.82	3235.27	2904.38
食品	Food	1555.42	1394.42	1644.80	1481.80
衣着	Clothing	151.28	133.63	171.50	153.73
居住	Residence	366.64	342.79	468.36	410.52
设备用品	Appliances and Articles	147.75	132.55	207.07	187.55
医疗	Medical Services	208.70	178.38	227.02	206.81
交通通讯	Transport and Communications	224.60	202.72	242.56	212.08
文教娱乐	Culure, Education and Entertainment	225.67	200.72	230.74	212.44
其他	Others	41.73	35.61	43.23	39.44
国民经济核算	**National Economic Accounting**				
地区生产总值（亿元）	Gross Domestic Product (100 million yuan)	2177.68	1061.61	2498.37	1222.63
第一产业	Primary Industry	279.65	156.19	295.56	165.08
第二产业	Secondary Industry	1176.94	546.15	1379.03	651.39
#工　业	Industry	994.27	458.62	1159.13	543.11
建筑业	Construction	182.67	87.53	219.9	108.28
第三产业	Tertiary Industry	721.09	359.27	823.78	406.16
公有制经济	Public-owned Economy	912.45	491.53	1031.83	541.63
非公有制经济	Non-public-owned Economy	1265.23	570.08	1466.54	681.00
人均地区生产总值（元）	Per Capita GDP (yuan)	17419	13646	19848	15659
地区生产总值结构（%）	Composition of Gross Domestic Product（%）	100	100	100	100
第一产业	Primary Industry	12.8	14.7	11.8	13.5
第二产业	Secondary Industry	54.0	51.4	55.2	53.3
#工　业	Industry	45.7	43.2	46.4	44.4
建筑业	Construction	8.3	8.2	8.8	8.9
第三产业	Tertiary Industry	33.2	33.9	33.0	33.2
公有制经济	Public-owned Economy	41.9	46.3	41.3	44.3
非公有制经济	Non-public-owned Economy	58.1	53.7	58.7	55.7

21-1 续表 1 CONTINUED-1

指　标	Item	2008		2009	
		库区合计 Total of Reservoir Area	重点库区 Key Area	库区合计 Total of Reservoir Area	重点库区 Key Area
固定资产投资（万元）	**Investment in Fixed Assets (10 000 yuan)**				
全社会固定资产投资总额	Total Investment in Fixed Assets	16694332	6795121	22057696	9392046
#基础设施	Infrastructure			6820765	2870959
工业投资	Industry	6260927	2538564	8514449	3825033
城　镇	Urban	15563574	6277408	17775801	7393177
#房地产开发	Real Estate Development	3377518	687551	4001687	837276
#住宅	Residential Bulidings	2463892	520596	3061242	630143
农　村	Rural	1130758	517713	4281897	1998869
建筑业（万平方米）	**Construction (10 000 sq.m)**				
房地产施工面积	Floor Space under Construction	4063.63	1158.85	4732.51	1398.02
#住宅	Residential Bulidings	3329.99	941.90	4101.78	1200.98
#经济适用房	Economically Affordable Housing	191.72	10.80	133.09	5.01
房地产竣工面积	Floor Space Completed	841.12	319.09	838.55	271.00
#住宅	Residential Bulidings	681.34	260.71	706.78	230.58
#经济适用房	Economically Affordable Housing	62.03	3.27	16.25	4.00
财 政（万元）	**Government Finance (10 000 yuan)**				
区县级地方财政收入	Local Government Revenue	1392547	598093	1774747	772152
#一般预算收入	General Budgetary Revenue	979856	386989	1241422	496967
区县级地方财政支出	Local Government Expenditure	3477827	1884153	4318245	2317924
#一般预算支出	General Budgetary Expenditure	2720619	1439091	3553970	1890982
农 业	**Agriculture**				
农林牧渔业总产值（万元）	Gross Output Value of Farming, Forestry, Animal Husbandry and Fishery (10 000 yuan)	4258295	2395416	4468072	2510502
#农业	Farming	2066629	1135400	2235734	1239916
牧业	Animal Husbandry	1773383	1039219	1739275	1014661
农林牧渔业增加值（万元）	Value-added of Farming, Forestry, Animal Husbandry and Fishery (10 000 yuan)	2796492	1561854	2955642	1650784
#农业	Farming	1540166	834055	1649773	901589
牧业	Animal Husbandry	927958	548821	919235	543210
蔬菜总播种面积（万亩）	Sown Areas of Vegetables (10 000 mu)	362.12	203.09	430.36	257.67
蔬菜总产量（万吨）	Gross Output of Vegestables (10 000 tons)	448.59	245.26	570.58	343.88
肉类总产量（万吨）	Gross Output of Meat (10 000 tons)	81.01	47.58	86.06	51.13
#猪肉	Pork	66.96	40.01	69.99	42.06
禽肉	Meat of Poultry	7.95	3.61	9.11	4.09
猪出栏量（万头）	Slaughtered Hogs (10 000 heads)	901.14	535.99	951.04	570.79
禽出栏量（万只）	Slaughtered Poultry (10 000 heads)	5328.45	2434.44	5885.32	2611.03
牛奶产量（万吨）	Output of Milk (10 000 tons)	3.23	0.79	3.51	1.05
禽蛋产量（万吨）	Output of Poultry Eggs (10 000 tons)	18.17	9.91	19.06	10.04
粮食播种面积（万亩）	Sown Areas of Grain (10 000 mu)	1739.91	1090.29	1752.50	1095.80
夏粮	Grain Crops Harvested in Summer	457.53	303.47	448.38	295.52
秋粮	Grain Crops Harvested in Aulture	1282.38	786.82	1304.12	800.28
#水稻	Rice	455.75	268.13	459.06	270.98
玉米	Corn	363.89	212.15	366.75	213.62
薯类	Tuber	603.49	401.71	616.39	409.13
粮食总产量（万吨）	Gross Output of Grain (10 000 tons)	562.31	336.46	555.56	333.50
夏粮	Grain Crops Harvested in Summer	92.35	65.13	88.80	62.11
秋粮	Grain Crops Harvested in Aulture	469.96	271.33	466.76	271.39
#水稻	Rice	230.89	126.82	220.95	122.44
玉米	Corn	128.69	73.90	126.84	73.13
薯类	Tuber	152.96	101.66	159.24	105.55

注：2008年禽蛋产量数据已根据第二次农业普查结果进行了调整。
Note: Output of Poultry Eggs was adjusted according to the sencond National Agricultural Census in 2008.

21-1 续表 2 CONTINUED-2

指 标	Item	2008		2009	
		库区合计 Total of Reservoir Area	重点库区 Key Area	库区合计 Total of Reservoir Area	重点库区 Key Area
工 业（规模以上）	**Industry (above Desingated Size)**				
企业数(个)	Number of Enterprises (unit)	1884	753	2018	791
工业总产值（万元）	Gross Output Value of Industry (10 000 yuan)	20432114	6147271	26396902	8120709
新产品产值（万元）	Output Value of New Products (10 000 yuan)	7351045	1402350	11539470	2178960
出口交货值（万元）	Sales of Exported Products (10 000 yuan)	992262	102988	1049644	137218
工业增加值（万元）	Value-added of Industry (10 000 yuan)	6585695	2373381	8748416	3249407
资产总计（万元）	Total Assets (10 000 yuan)	20400067	6803313	26900777	8809766
主营业务收入（万元）	Revenue from Principal Business (10 000 yuan)	19997105	5888164	25638451	7634843
利润总额（万元）	Total After-tax Profits (10 000 yuan)	1080710	302435	1398031	384555
利税总额（万元）	Total Pre-tax Profits (10 000 yuan)	2306041	695753	3051868	912522
全部从业人员平均数（万人）	Average Emloyment (10 000 persons)	44.06	17.79	48.51	18.51
经济效益综合指数（%）	Comprehensive Index of Economic Benefits (%)	210.9	201.3	217.0	212.1
总资产贡献率（%）	Ratio of Total Assets to Industrial Output Value (%)	12.9	12.1	12.7	12.0
资本保值增值率（%）	Ratio of Assets Appreciation YOY (%)	113.8	121.2	122.9	122.1
资产负债率（%）	Asset-Liability Ratio (%)	59.9	61.2	62.1	62.0
流动资产周转率(次)	Turnover Ratio of Circulating Assets(time)	2.28	2.16	2.16	2.26
成本费用利润率（%）	Ratio of Profits to Cost (%)	5.74	5.53	5.73	5.35
全员劳动生产率（元/人年）	Overall Labor Productivity (yuan/person-year)	168942	158039	180343	175549
产品销售率（%）	Sales as Percentage of Output (%)	97.5	95.3	97.6	96.3
国内贸易	**Domestic Trade**				
社会消费品零售总额（万元）	Total Retail Sales (10 000 yuan)	6635903	3095118	7970795	3663208
限额以上法人企业数（个）	Number of Corporate Enterprises above Designated Size (unit)	926	447	900	436
批发业	Wholesale	267	149	314	144
零售业	Retail	293	149	333	168
住宿业	Hotel	97	50	88	43
餐饮业	Catering	269	99	165	81
实际利用内资（亿元）	Domestic Capital Actually Utilized（100 million yuan）	312.51	113.34	570.87	243.26
教 育	**Education**				
学校数（所）	Number of Schools(unit)	6310	3987	6084	3841
#普通高等学校	Regular Institutions of Higher Education	11	6	13	6
普通中学	Regular Secondary Schools	613	377	599	367
小学	Primary Schools	4189	2772	4052	2665
专任教师数（人）	Number of Full-time Teachers (person)	117868	70234	118489	71028
#普通高等学校	Regular Institutions of Higher Education	5811	3060	5858	3144
普通中学	Regular Secondary Schools	46155	28061	47612	29174
小学	Primary Schools	54293	32993	53441	32545
在校学生数（人）	Student Enrollment (person)	2493458	1602455	2408056	1551693
#研究生	Postgraduates	510		697	
普通高等学校	Regular Institutions of Higher Education	91069	46172	88507	49519
普通中学	Regular Secondary Schools	887361	576031	884829	578279
小学	Primary Schools	1075659	712012	977667	650755
卫 生	**Public Health**				
卫生机构数（个）	Number of Health Institutions (unit)	2649	1602	2669	1598
卫生机构床位数（张）	Number of Hospital Beds (bed)	30837	18287	34545	18023
卫生技术人员（人）	Medical Technological Personnel (person)	32671	18953	35977	18989
基本单位	**Basic Units**				
法人单位数（个）	Number of Corporate Units(unit)	48154	25723	53962	28406
产业活动单位数（个）	Number of Establishments (unit)	64753	35055	71088	38138

21－2 三峡移民工程移民投资完成情况综合表（2009年底止）

单位：万元、%

指 标	Item	移民投资累计计划 Cumulative Investment in Resettlement Planned					
		小计 Total	原概算投资 Originally Estimated Investment	规划调整新增投资 Additional Investment by Adjustment of Plan	政策性新增投资 Additional Investment by Policies	一次性补助投资 Lump-sum Subsidy Investment	派生资金 Derived Funds
项目直接费合计	**Total of Direct Cost**	**5838879**	**4223020**	**597865**	**611861**	**174583**	**231550**
农村移民安置	Resettlement of Rural Residents	1634690	886956	225900	420282	58022	43530
城市(县城)迁建	Resettlement and Reconstruction of Cities	1975177	1497954	181739	99480	29849	166156
集镇迁建	Resettlement and Reconstruction of Towns	409960	288630	89058	18044	3963	10265
工矿企业迁建	Resettlement and Reconstruction of Industrial and Mineral Enterprises	894808	828353	10847	923	54551	133
专业项目复建	Reconstruction of Special Establishment	652487	506877	52847	70870	17857	4036
环境保护	Environmental Protection	40190	40190				
勘测设计费	Survey and Design Expense	102211	76278	25933			
监理费	Supervision Expense	48512	37691	10821			
滑坡治理	Landslide Control	61755	60091	720	242	637	65
其他	Others	19090			2020	9704	7365

注：此表投资统计口径含包干内项目直接费、政策性资金、派生资金以及规划调整新增资金。

Note: The statistics scope of investment in this table includes the direct cost of contracts, policy funds, derived funds and additional investment by adjustment of plan.

21-2 续表

单位：万元、%

指 标	Item	移民投资本年计划 Investment in Resettlement Planned in Current Year					
		小计 Total	原概算投资 Originally Estimated Investment	规划调整新增投资 Additional Investment by Adjustment of Plan	政策性新增投资 Additional Investment by Policies	一次性补助投资 Lump-sum Subsidy Investment	派生资金 Derived Funds
项目直接费合计	**Total of Direct Cost**	**360020**	**55333**	**208943**	**24851**	**39314**	**31579**
农村移民安置	Resettlement of Rural Residents	140307	617	82626	22198	24874	9991
城市(县城)迁建	Resettlement and Reconstruction of Cities	64790	1522	41765		3000	18503
集镇迁建	Resettlement and Reconstruction of Towns	26630		24255		704	1671
工矿企业迁建	Resettlement and Reconstruction of Industrial and Mineral Enterprises	9950	982	7654	300	1014	
专业项目复建	Reconstruction of Special Establishment	35008		25129	2352	7022	504
环境保护	Environmental Protection	520	520				
勘测设计费	Survey and Design Expense	16052		16052			
监理费	Supervision Expense	10742		10742			
滑坡治理	Landslide Control	53049	51692	720		637	
其他	Others	2973				2063	910

Comprehensive Statistics on the Completed Investment in Three Gorges Resettlement (End of 2009)

(10 000 yuan, %)

移民资金累计完成 Cumulative Investment in Resettlement Completed											
小计 total		原概算投资 Originally Estimated Investment		规划调整新增投资 Additional Investment by Adjustment of Plan		政策性新增投资 Additional Investment by Policies		一次性补助投资 Lump-sum Subsidy Investment		派生资金 Derived Funds	
金额 Sum	比例 Proportion	金额 Sum	比例 Proportion	金额 Sum	比例 Proportion	金额 Sum	比例 Proportion	金额 Sum	比例 Proportion	金额 Sum	比例 Proportion
5674558	**97.2**	**4142745**	**98.1**	**574263**	**96.1**	**575865**	**94.1**	**159144**	**91.2**	**222542**	**96.1**
1599990	97.9	871073	98.2	233054	103.2	403452	96.0	50004	86.2	42407	97.4
1965912	99.5	1513720	101.1	169894	93.5	96197	96.7	26884	90.1	159217	95.8
405961	99.0	282521	97.9	92781	104.2	16778	93.0	3620	91.3	10261	100.0
872171	97.5	807484	97.5	9558	88.1	852	92.3	54092	99.2	185	138.8
617379	94.6	493700	97.4	49447	93.6	56323	79.5	14518	81.3	3391	84.0
27621	68.7	27621	68.7								
84822	83.0	69223	90.8	15599	60.1						
36543	75.3	32689	86.7	3853	35.6						
45734	74.1	44713	74.4	77	10.7	242	100.0	637	100.0	65	100.0
18425	96.5					2020	100.0	9389	96.7	7015	95.3

21-2 CONTINUED

(10 000 yuan, %)

移民资金本年完成 Investment in Resettlement Completed in Current Year											
小计 total		原概算投资 Originally Estimated Investment		规划调整新增投资 Additional Investment by Adjustment of Plan		政策性新增投资 Additional Investment by Policies		一次性补助投资 Lump-sum Subsidy Investment		派生资金 Derived Funds	
金额 Sum	比例 Proportion	金额 Sum	比例 Proportion	金额 Sum	比例 Proportion	金额 Sum	比例 Proportion	金额 Sum	比例 Proportion	金额 Sum	比例 Proportion
439787	**122.2**	**102627**	**185.5**	**243349**	**116.5**	**29043**	**116.9**	**36828**	**93.7**	**27941**	**88.5**
172822	123.2	18017	2918.5	102834	124.5	21363	96.2	21529	86.6	9080	90.9
110854	171.1	29309	1925.8	59254	141.9	3541		3000	100.0	15750	85.1
38887	146.0	3478		31618	130.4	780		904	128.4	2106	126.0
9859	99.1	2216	225.7	6405	83.7	250	83.3	987	97.4		
48596	138.8	10213		27541	109.6	3099	131.7	7649	108.9	95	18.8
7095	1364.7	6978	1342.2	117							
12194	76.0	2193		10001	62.3						
5178	48.2	311		4867	45.3						
31261	58.9	29912	57.9	712	98.8			637	100.0		
3042	102.3					9		2122	102.9	910	100.0

21—3 三峡移民工程投资完成情况（2009 年）
Completed Investment in Three Gorges Resettlement (2009)

单位：万元 (10 000 yuan)

项目	Item	工程设计总投资 Total Planned Investment	移民资金累计计划 Cumulative Investment in Resettlement Planned	移民资金累计完成 Cumulative Investment in Resettlement Completed	本年计划移民资金 Investment Planned in This Year	本年完成移民资金 Investment Completed in This Year
合　计	**Total**	**3774039**	**4223020**	**4142745**	**55333**	**102627**
农村移民安置	**Resettlement of Rural Residents**		**886956**	**871073**	**617**	**18017**
内迁生产安置	Resettlement Inward for Production		284301	233628		9142
土地开发	Land Development		246507	197959		8190
小型水利设施	Small Water Conservancy Facilities		18594	12596		
过渡期生活补助	Living Subsidies in the Interims		19199	23072		952
内迁生活安置	Resettlement Inward for Living		335869	315880		6240
基础设施	Infrastructure		16817	27421		
农村道路	Rural Roads		14462	15960		
农村建房	Rural Buildings		261009	215493		5611
村组副业	Sidelines		3333	3443		
搬迁补偿	Compensation for Resettlement		375	3866		
学校搬迁补偿	Compensation for School Moving		1958	2026		
其　他	Others		37917	47672		629
外迁生产安置	Resettlement Outward for Production		159555	219521	4	4
外迁生活安置	Resettlement Outward for Living		107232	102045	613	2631
城市迁建	**Resettlement and Reconstruction of Cities**	**1528454**	**1497954**	**1513720**	**1522**	**29309**
基础设施	Infrastructure	839512	936913	948055	1522	20502
征　地	Land Requisition	152690	250007	269217	292	8306
场地平整	Ground Leveling	63637	96648	108197	350	2203
道　路	Roads	279845	326928	306215	352	3623
大中型桥梁	Medium and Large Bridges	35479	35208	35971		1896
给排水	Water Supply and Drainage	114504	96115	101091		528
邮电通讯	Posts and Communications	11514	13563	13442		
广播电视	Broadcasting and TV	5825	2236	3398		
防洪护岸	Flood Prevention and Embankment	72440	30171	33745		
输气管道	Gas Pipework	18919	6297	9231		
输变电	Transmission and Transformer Substations	26425	25847	25313	56	1192
绿　化	Afforestations	3111	14577	15083	88	2037
其　他	Others	55123	39317	27152	385	715
城市建房	Urban Buildings	688942	561041	565665		8807
集镇迁建	**Resettlement and Reconstruction of Towns**	**230909**	**288630**	**282521**		**3478**
基础设施	Infrastructure	70081	110720	106150		2807
集镇建房	Buildings in Towns	138756	156107	148722		378
道　路	Roads	22072	21803	27648		293
工矿企业迁建	**Resettlement and Reconstruction of Industrial and Mineral Enterprises**	**1192058**	**828353**	**807484**	**982**	**2216**

21-3 续表 CONTINUED

单位：万元 (10 000 yuan)

项　目	Item	工程设计总投资 Total Planned Investment	移民资金累计计划 Cumulative Investment in Resettlement Planned	移民资金累计完成 Cumulative Investment in Resettlement Completed	本年计划移民资金 Investment Planned in This Year	本年完成移民资金 Investment Completed in This Year
专项设施复建	**Reconstruction of Special Establishment**	**747958**	**506877**	**493700**		**10213**
公　路	Highways	188161	173125	169716		1398
大中型桥梁	Medium and Large Bridges	63390	54874	55582		586
港口码头	Ports and Quays	149265	106255	101058		814
港　口	Ports	10355	20276	17124		
码　头	Quays	137311	83807	82794		814
停靠站	Docks	1598	2172	1140		
水电站	Hydropower Stations	112422	42179	40736		6650
抽水站	Pumping Stations	2416	3865	2422		90
输变电	Transmission and Transformer Substations	25278	23092	26246		162
110KV 变电站	110KV Substations	3751	1948	1695		
110KV 输电线路	110KV Transmission Grids	7833	3365	4787		150
35KV 及以下变电站	35KV and below Substations	4315	6298	5622		
35KV 及以下输电线路	35KV and below Transmission Grids	9378	11481	14142		12
广播电视	Broadcasting and TV	9404	9648	9547		130
中转站	Intermediate Stations	384	707	625		
线　路	Network	9019	8941	8921		130
输气管道	Gas Pipework	12441	9368	7646		50
汛后工程	Projects after Floodwater	100000	3702	2577		328
库底清理	Reservoir Bottom Cleaning	8132	11307	11335		4
邮政通讯	Posts and Communications	33785	21758	21164		
文物古迹	Cultural Relics and Historical Sites	27100	36065	36065		
水文网站	Hydrographic Stations	4105	5707	3525		
汽　渡	Vehicular Ferry Service	3625	1279	1318		
航道设施	Water Channel Facilities	8436	4654	4762		
环境保护	**Environmental Protection**	**52221**	**40190**	**27621**	**520**	**6978**
水土保持	Water and Soil Conservation	766	244	88		
城集镇迁建	Resettlement of Cities and Towns	37366	6280	5814		17
污水治理	Sewage Treatment	25909	3668	3726		
垃圾处理	Waste Treatment	11457	2612	2088		17
其　他	Others	14090	33666	21719	520	6961
勘测设计费	**Survey and Design Expense**		**76278**	**69223**		**2193**
监理费	**Supervision Expense**		**37691**	**32689**		**311**
单项监理	Supervision on Single Item		27951	24377		235
综合监理	Comprehensive Supervision		9741	8313		76
滑坡治理	**Landslide Control**	**22439**	**60091**	**44713**	**51692**	**29912**

注：此表投资统计口径为包干内项目直接费。
Note: The statistics scope of investment in this table includes the direct cost of contracts.

21－4 三峡工程重庆库区移民迁移情况（2009年底止）
Resettlement of Residents in Chongqing Reservoir Area of Three Gorges Project (End of 2009)

单位：人 (person)

项 目	Item	移民应迁人口 Residents to Be Resettled			移民实迁人口 Residents Actually Resettled					
		合计 Total	城镇 Urban	乡村 Rural	合计 Total	城镇 Urban	乡村 Rural	县内安置 Resettled inside the County	县外安置 Resettled outside the County	#市外安置 Resettled outside Chong-qing
搬迁总人数	**Total Resettled Residents**	**1138049**	**648570**	**489479**	**1138049**	**648570**	**489479**	**313641**	**175838**	**116738**

21－5 三峡工程重庆库区农村移民生产安置情况（2009年底止）
Resettlement of Rural Residents for Production in Chongqing Reservoir Area of Three Gorges Project (End of 2009)

单位：人 (person)

项 目	Item	应迁人口 Residents to Be Resettled	实际生产安置人口 Residents Actually Resettled	县内安置 Resettled inside the County				县外安置 Resettled outside the County	
				小计 Sub-total	农业安置 Engaged in Agriculture	二、三产业安置 Engaged in Secondary & Tertiary Industry	其他 Others		#市外安置 Resettled outside Chongqing
搬迁总人数	**Total Resettled Residents**	**332419**	**483681**	**315305**	**202916**	**30039**	**82350**	**168376**	**122557**
90米以下	Below 90m	33909	19052	18169	14449	1605	2115	883	674
90米-135米	90-135m	132078	96403	53736	31391	5627	16718	42667	27719
135米-156米	135-156m	114957	183113	100185	74305	9159	16721	82928	61901
156米-175米	156-175m	51475	185113	143215	82771	13648	46796	41898	32263

22

基本单位名录库

Statistics On Basic Units

简要说明 Brief Introduction

本章资料包括按行业分的法人、产业活动单位数，按机构类型和登记注册类型分的法人单位数，按行业分的企业法人单位数以及按登记注册类型分的企业法人单位数，由市统计局普查中心根据普查资料和基本单位统计年报资料整理编辑。

This chapter includes the number of corporate units and establishments by sector, the number of corporate units by institutional type and status of registration, the number of enterprises as corporate units by sector and the number of enterprises as corporate units by status of registration. The data are prepared and compiled by Census Centre of Chongqing Municipal Bureau of Statistics on the basis of the data of census and the annual statistic report of the basic units.

22－1 按行业分的法人、产业活动单位数（2006－2009 年）
Number of Corporate Units and Establishments by Sector (2006-2009)

单位：个 (unit)

指标	item	2006		2007		2008		2009	
		法人单位 Corporate Units	产业活动单位 Establish-ments	法人单位 Corporate Units	产业活动单位 Establish-ments	法人单位 Corporate Units	产业活动单位 Establish-ments	法人单位 Corporate Units	产业活动单位 Establish-ments
总计	**Total**	**108191**	**156154**	**119898**	**170960**	**139072**	**182429**	**156513**	**201362**
第一产业	**Primary Industry**	**2242**	**3303**	**3723**	**4798**	**54**	**622**	**6862**	**7640**
第二产业	**Secondary Industry**	**30459**	**33326**	**33793**	**37027**	**39045**	**41503**	**40946**	**43562**
工业	Industry	26227	28735	28738	31530	33480	35493	34612	36740
采矿业	Mining and Quarrying	3017	3242	3114	3379	3389	3644	3380	3660
制造业	Manufacturing	21869	23351	24133	25815	28221	29297	29265	30420
电力、燃气及水的生产和供应业	Production and Supply of Electricity,Gas & Water	1341	2142	1491	2336	1870	2552	1967	2660
建筑业	Construction	4232	4591	5055	5497	5565	6010	6334	6822
第三产业	**Tertiary Industry**	**75490**	**119525**	**82382**	**129135**	**99973**	**140304**	**108705**	**150160**
交通运输、仓储和邮政业	Transport, Storage and Post	2510	5243	2949	6069	3691	6185	4149	6686
信息传输、计算机服务和软件业	Data Transmission, Computer Services and Software	1697	3520	2072	4221	3269	4848	3668	5337
批发和零售业	Wholesale and Retail Trades	18857	31351	21659	35552	27425	38470	31092	42655
住宿和餐饮业	Hotels and Catering Services	2021	3399	2296	3764	4142	6328	4408	6665
金融业	Financial Intermediation	763	4577	880	4902	909	5677	1053	5891
房地产业	Real Estate	4440	5122	5159	6090	5363	6412	6024	7271
租赁和商务服务业	Leasing and Business Services	5928	7090	7187	8517	8942	9934	10629	11795
科学研究、技术服务与地质勘查业	Scientific Research, Technical Services and Geological Prospecting	2797	3339	3042	3622	3502	3992	3741	4241
水利、环境和公共设施管理业	Administration of Water Conservancy, Environment and Public Utilities	1052	1422	1137	1503	1203	1579	1337	1712
居民服务和其他服务业	Household Services and Other Services	1754	2293	2188	2778	2499	2916	2862	3297
教育	Education	6678	13787	6787	13723	7393	10609	7612	10834
卫生、社会保障和社会福利业	Public Health, Social Security and Social Welfare	3080	9550	3220	9666	5793	12088	5880	12091
文化、体育和娱乐业	Culture, Sports and Entertainment	1077	1576	1289	1797	1904	2448	2050	2594
公共管理和社会组织	Public dministration and Social Organizations	22836	27256	22517	26931	23938	28818	24200	29091

注：2008 年为第二次经济普查国家统计局认定数，不含只从事第一产业经营活动的单位（以下各表同）。
Note: The data of 2008 has been confirmed by the NBS in the Second Economic Census, excluding the establishments only engaged in primary industry (the same applies to the following tables).

22－2 按机构类型和登记注册类型分的法人单位数（2006－2009年）

Number of Corporate Units by Institutional Type and Status of Registration (2006-2009)

单位：个 (unit)

指标	item	2006	2007	2008	2009
总计	**Total**	**108191**	**119898**	**139072**	**156513**
按机构类型分组	**By Institutional Type**				
企业	Enterprises	71427	82609	97413	112514
事业单位	Public Institutions	15086	15127	16322	16921
机关	Governmental Agencies	4176	4198	4543	4539
社会团体	Social Organizations	2709	2864	3605	3925
其他组织机构	Others	14793	15100	17189	18614
按登记注册类型分组	**By Status of Registration**				
内资	**Domestic-funded Enterprises**	**107160**	**118815**	**137981**	**155345**
国有	State-owned	21656	21868	23013	24220
集体	Collective-owned	6516	6439	4650	4733
股份合作	Cooperative Share-holding	1718	1741	1174	1257
联营	Joint Ownership	472	510	335	335
国有联营	State-owned	40	42	53	54
集体联营	Collective-owned	151	154	120	118
国有与集体联营	Joint State-Collective-owned	57	57	29	33
其他联营	Others	224	257	133	130
有限责任公司	Limited-liability Corporations	12082	14023	12316	14584
国有独资公司	Soly State-owned	437	488	464	497
其他有限责任公司	Other Limited-liability Corporations	11645	13535	11852	14087
股份有限公司	Share-holding Limited Companies	2559	2824	2993	3327
私营	Private	47023	56047	73142	79753
私营独资	Soly Private-funded Enterprises	16851	19414	34084	34290
私营合伙	Private Partnership Enterprises	4362	5288	6426	6640
私营有限责任公司	Private Limited Liability Corporations	22710	27424	29230	34707
私营股份有限公司	Private Share-holding Limited Companies	3100	3921	3402	4116
其他	Others	15134	15363	20358	27136
港、澳、台商投资	**Enterprises with Funds from Hong Kong, Macao and Tainwan**	**443**	**465**	**464**	**503**
合资经营	Joint-venture Enterprises	235	248	177	186
合作经营	Cooperative Enterprises	18	15	15	16
独资经营	Soly-funded Enterprises	183	192	229	254
投资股份有限公司	Share-holding Limited Companies	7	10	43	47
外商投资	**Foreign-funded Enterprises**	**588**	**618**	**627**	**665**
中外合资经营	Joint-venture Enterprises	339	341	289	298
中外合作经营	Cooperative Enterprises	23	24	26	26
外资企业	Soly-funded Enterprises	202	231	276	303
外商投资股份有限公司	Share-holding Limited Companies	24	22	36	38

22－3　按行业分的企业法人单位数（2006－2009 年）
Number of Enterprises as Corporate Units by Sector (2006-2009)

单位：个　　(unit)

指　标	item	2006	2007	2008	2009
总　计	**Total**	**71427**	**82609**	**97413**	**112514**
第一产业	**Primary Industry**	**1481**	**2561**	**23**	**5364**
第二产业	**Secondary Industry**	**30453**	**33774**	**39041**	**40932**
工　业	Industry	26221	28720	33476	34599
采矿业	Mining and Quarrying	3017	3114	3389	3380
制造业	Manufacturing	21869	24120	28221	29265
电力、燃气及水的生产和供应业	Production and Supply of Electricity,Gas & Water	1335	1486	1866	1954
建筑业	Construction	4232	5054	5565	6333
第三产业	**Tertiary Industry**	**39493**	**46274**	**58349**	**66218**
交通运输、仓储和邮政业	Transport, Storage and Post	2423	2855	3560	4001
信息传输、计算机服务和软件业	Data Transmission, Computer Services and Software	1625	1990	3117	3477
批发和零售业	Wholesale and Retail Trades	18857	21617	27425	31092
住宿和餐饮业	Hotels and Catering Services	1982	2253	4079	4313
金融业	Financial Intermediation	717	826	852	983
房地产业	Real Estate	4401	5114	5261	5897
租赁和商务服务业	Leasing and Business Services	5162	6392	8012	9544
科学研究、技术服务和地质勘查业	Scientific Research, Technical Services and Geological Prospecting	1374	1603	1740	1969
水利、环境和公共设施管理业	Administration of Water Conservancy, Environment and Public Utilities	441	529	602	711
居民服务和其他服务业	Household Services and Other Services	1555	1904	2185	2499
教　育	Education	297	347	454	548
卫生、社会保障和社会福利业	Public Health, Social Security and Social Welfare	137	167	198	215
文化、体育和娱乐业	Culture,Sports and Entertainment	522	677	864	969
公共管理和社会组织	Public Administration and Social Organizations				

22－4 按登记注册类型分的企业法人单位数（2006－2009 年）
Number of Enterprises as Corporate Units by Status of Registration (2006-2009)

单位：个 (unit)

指 标	item	2006	2007	2008	2009
总 计	**Total**	**71427**	**82609**	**97413**	**112514**
内 资	**Domestic-funded Enterprises**	**70411**	**81541**	**96345**	**111375**
国 有	State-owned	2945	2983	2763	2930
集 体	Collective-owned	4922	4883	3176	3109
股份合作	Cooperative Share-holding	1664	1680	1108	1186
联 营	Joint Ownership	405	420	282	274
国有联营	State-owned	38	40	48	49
集体联营	Collective-owned	126	127	103	99
国有与集体联营	Joint State-Collective-owned	49	48	23	27
其他联营	Others	192	205	108	99
有限责任公司	Limited-liability Corporations	12041	13964	12224	14439
国有独资公司	Soly State-owned	423	474	459	491
其他有限责任公司	Other Limited-liability Corporations	11618	13490	11765	13948
股份有限公司	Share-holding Limited Companies	2547	2808	2968	3296
私 营	Private	45622	54505	71097	77503
私营独资	Soly Private-funded Enterprises	15884	18347	32583	32690
私营合伙	Private Partnership Enterprises	4039	4933	6069	6271
私营有限责任公司	Private Limited Liability Corporations	22625	27333	29068	34473
私营股份有限公司	Private Share-holding Limited Companies	3074	3892	3377	4069
其 他	Others	265	298	2727	8638
港、澳、台商投资	**Enterprises with Funds from Hong Kong, Macao and Tainwan**	**430**	**452**	**453**	**489**
合资经营	Joint-venture Enterprises	227	240	173	180
合作经营	Cooperative Enterprises	17	14	15	16
独资经营	Soly-funded Enterprises	179	188	223	248
投资股份有限公司	Share-holding Limited Companies	7	10	42	45
外商投资	**Foreign-funded Enterprises**	**586**	**616**	**615**	**650**
中外合资经营	Joint-venture Enterprises	338	340	286	295
中外合作经营	Cooperative Enterprises	22	23	22	22
外资企业	Soly-funded Enterprises	202	231	271	295
外商投资股份有限公司	Share-holding Limited Companies	24	22	36	38

附录

Appendix

附录 1：重庆市国民经济主要指标占全国的比重（2009 年）
Appendix I: Chongqing's Main Indicators of National Economy as Percentage of Whole Nation (2009)

指　标	Item	全　国 Whole Nation	重　庆 Chongqing	重庆占全国的比重（%） Chongqing as Percentage of Whole Nation (%)
土地面积（万平方公里）	Land Area (10 000 sq. km)	960	8	0.86
年底总人口（万人）	Year-end Population (10 000 persons)	133474.00	2859.00	2.14
年底就业人员数（万人）	Year-end Employment (10 000 persons)	77995.00	1668.83	2.14
国内（地区）生产总值（亿元）	Gross Domestic Product (100 million yuan)	335352.90	6530.01	1.95
第一产业	Primary Industry	35477.00	606.80	1.71
第二产业	Secondary Industry	156957.90	3448.77	2.20
第三产业	Tertiary Industry	142918.00	2474.44	1.73
主要农业、工业产品产量（万吨）	Output of Major Agricultural and Industrial Products (10 000 tons)			
粮　食	Gain	53082.08	1137.20	2.14
油　料	Oil-bearing Crops	3154.29	40.54	1.29
肉　类	Meat	7649.90	187.72	2.45
原煤(亿吨)	Coal（100 million tons)	29.73	0.43	1.44
发电量(亿千瓦小时)	Electricity（100 million kw·h)	37146.51	428.26	1.15
货运量（万吨）	Freight Traffic (10 000 tons)	2780627.91	68491.06	2.46
客运量（万人次）	Passenger Traffic (10 000 person-times)	2976897.83	114597.91	3.85
邮电业务总量（亿元）	Total Business Volume of Postal and Telecommunication Services (100 million yuan)	27312.70	489.84	1.79
社会消费品零售总额（亿元）	Retail Sales of Consumer Goods (100 million yuan)	132678.40	2479.01	1.87
全社会固定资产投资额（亿元）	Investment in Fixed Assets (100 million yuan)	224845.60	5317.92	2.37
#房地产开发投资	Real Estate Development	36231.71	1238.91	3.42
财政收入（亿元）	Revenue of Government (100 million yuan)	68476.88	1165.71	1.70
财政支出（亿元）	Expenditure of Government (100 million yuan)	75873.64	1806.07	2.38
金融机构人民币各项存款余额（亿元）	Deposit Balance of RMB of Financial Institutions (100 million yuan)	597741.10	10933.00	1.83
金融机构人民币各项贷款余额（亿元）	Loan Balance of RMB of Financial Institutions (100 million yuan)	399684.82	8766.06	2.19
货物进出口总额（亿美元）	Total Imports and Exports (USD 100 million)	22072.18	77.09	0.35
出口额	Exports	12016.63	34.29	0.29
进口额	Imports	10055.55	42.80	0.43
外商直接投资	Foreign Direct Investment	900.33	40.16	4.46
建筑业总产值（亿元）	Gross Output Value of Construction (100 million yuan)	75863.78	1915.25	2.52
在校学生数（万人）	Student Enrollment (10 000 persons)			
#普通高等学校	Regular Institutions of Higher Education	2144.66	52.33	2.44
普通中学	Secondary Schools	7867.92	192.02	2.44
普通小学	Primary Schools	10071.47	208.14	2.07
图书总印数（亿册(张)）	Printed Copies of Books (100 million copies)	70.29	1.32	1.88
报纸总印数（亿份）	Printed Copies of Newspaper (100 million copies)	436.95	5.99	1.37
医院、卫生院数（个）	Number of Hospitals and Health Centers (unit)	59918	1404	2.34
执业(助理)医师（万人）	Licensed (Assistant) Doctors (10 000 persons)	220.50	4.20	1.90
医院、卫生院床位数（万张）	Number of Beds in Hospitals and Health Centers (10 000 units)	408.10	9.27	2.27

注：1) 本表中全国数据摘自 2010 年《中国统计摘要》，部分数据为初步统计数，正式统计数据以《中国统计年鉴—2010》为准（以下各表同）。
2) 工业部分为规模以上工业企业数。

Note: a) The data of the whole nation in this table are extracted from *China Statistical Summary—2010,* and some of the data are primary statistics.See *China Statistical Yearbook—2010* for the official data (the same applies to the following tables).
b) The data of industry refers to the industrial enterprises above designated size.

附录 2：全国国民经济与社会发展速度指标
Appendix II: Indicators on the Growth Rate of National Economic and Social Development

指　　标	Item	2009 年为下列各年% 2009 as Percentage of the Following Years (%)				平均每年增长（%） Average Annual Growth Rate (%)		
		1978 年	1990 年	2000 年	2008 年	1979-2009	1991-2009	2001-2009
人　口	**Population**							
年末总人口(万人)	Year-end Population (10 000 persons)	138.7	116.7	105.3	100.5	1.1	0.8	0.6
城镇人口	Urban Population	360.6	205.9	135.5	102.5	4.2	3.9	3.4
乡村人口	Rural Population	90.2	84.7	88.2	98.8	-0.3	-0.9	-1.4
就业和失业	Employment and Unemployment							
年末就业人员数	Year-end Employment	194.2	120.5	108.2	100.7	2.2	1.0	0.9
城镇登记失业人员	Registered Unemployment in Urban Areas	173.8	240.3	154.8	104.0	1.8	4.7	5.0
国民经济核算	**National Accounting**							
国内生产总值（亿元）	Gross Domestic Product (100 million yuan)	1855.7	658.8	244.2	108.7	9.9	10.4	10.4
第一产业	Primary Industry	401.8	210.7	145.1	104.2	4.6	4.0	4.2
第二产业	Secondary Industry	2837.7	933.1	262.3	109.5	11.4	12.5	11.3
第三产业	Tertiary Industry	2505.7	692.0	262.1	108.9	10.9	10.7	11.3
固定资产投资	**Investment in Fixed Assets**							
全社会固定资产投资总额（亿元）	Total Investment in Fixed Assets (100 million yuan)		4977.8	683.1	130.1		22.5	22.6
城　镇	Urban		5929.0	740.4	130.5		23.7	23.9
#房地产开发	Real Estate Development		14306.7	726.9	116.1		31.6	25.6
农　村	Rural		2471.2	458.6	127.5		18.2	16.7
对外贸易和实际利用外资	Foreign Trade and Foreign Capital Actually Utilized							
货物进出口总额（亿美元）	Total Imports and Exports (USD 100 million)	10693.9	1912.0	465.4	86.1	16.3	16.8	18.6
出口额	Exports	12324.7	1935.4	482.2	84.0	16.8	16.9	19.1
进口额	Imports	9233.7	1884.8	446.7	88.8	15.7	16.7	18.1
外商直接投资	Foreign Direct Investment		2582.0	221.1	97.4		18.7	9.2
外商其他投资	Other Foreign Investment		660.8	20.5	62.0		10.4	-16.1
财政和金融	**Government Finance and Financial Intermediation**							
国家财政收入(亿元)	Government Finance Revenue (100 million yuan)	6047.8	2331.4	511.2	111.7	14.1	18.0	19.9
国家财政支出	Government Finance Expenditures	6761.8	2460.6	477.6	121.2	14.6	18.4	19.0

注: 1) 本表国内生产总值、邮电业务总量按可比价格计算。
2) 平均每年增长速度除固定资产投资按累计法计算。
3) 2006 年起，外商直接投资包括银行、证券、保险部门数据。外商直接投资按可比口径计算。
4) 邮电业务总量指标 2000 年及以前按 1990 年不变价格计算，2001 年及以后按 2000 年不变价格计算。
5) 社会消费品零售总额 1978 年为社会商品零售总额，即包括农业生产资料零售额在内（下表同）。

Note: a) The data of GDP and the business volume of postal and telecommunication services and average wages in value terms in this table are calculated at constant prices.
b) The data of average annual growth rate are calculated by cumulative-sum method except the investment in fixed assets.
c) Since2006, the foreign direct investment has included the data from banks, securities institutions and insurance companies. It is calculated in comparable scope.
d) The data of total business volume of postal and telecommunication services of 2000 and before are calculated at the constant price of 1990, while the data of 2001 and after are calculated at the constant price of 2000.
e) The retail sales of consumer goods in 1978 refers to the total sales of commodities, which includes the retail sales of agricultural means of production (the same below).

附录 2 续表　APPENDIX II CONTINUED

指　　标	Item	2009 年为下列各年% 2009 as Percentage of the Following Years (%)				平均每年增长（%） Average Annual Growth Rate(%)		
		1978 年	1990 年	2000 年	2008 年	1979-2009	1991-2009	2001-2009
金融机构人民币各项存款余额	Deposit Balance of Financial Institutions	51752.5	4287.1	482.8	128.2	22.3	21.9	19.1
金融机构人民币各项贷款余额	Loan Balance of Financial Institutions	21142.9	2282.5	402.2	131.7	18.9	17.9	16.7
主要产品产量	**Output of Major Products**							
粮　食(万吨)	Gain（10 000 tons)	174.2	119.0	114.9	100.4	1.8	0.9	1.6
棉　花(万吨)	Cotton（10 000 tons)	294.3	141.5	144.4	85.1	3.5	1.8	4.2
油　料(万吨)	Oil-bearing Crops（10 000 tons)	604.5	195.5	106.8	106.8	6.0	3.6	0.7
肉　类(万吨)	Meat（10 000 tons)			127.1	105.0			2.7
原　煤(亿吨)	Coal（100 million tons)	481.1	275.3	214.8	106.1	5.2	5.5	8.9
原　油(万吨)	Oil（10 000 tons)	182.1	137.0	116.3	97.1	2.0	1.7	1.7
发电量（亿千瓦小时）	Electricity（100 million kw·h)	1447.6	598.0	274.0	106.3	9.0	9.9	11.9
粗　钢(万吨)	Steel（10 000 tons)	1787.4	856.1	442.0	112.9	9.7	12.0	18.0
水　泥(万吨)	Cement（10 000 tons)	2529.1	786.8	276.4	115.9	11.0	11.5	12.0
建筑业	**Construction**							
建筑业企业从业人员（万人）	Number of Persons Employed (10 000 persons)		355.9	180.4	108.5		6.9	6.8
建筑业总产值(亿元)	Gross Output Value of Construction (100 million yuan)		5640.4	607.0	122.3		23.6	22.2
交　通	**Transportation**							
客运量（万人）	Passenger Traffic (10 000 persons)	1172.0	385.3	201.3	103.8	8.3	7.4	8.1
货物量（万吨）	Freight Traffic (10 000 tons)	1117.0	286.5	204.7	107.5	8.1	5.7	8.3
沿海主要港口货物吞吐量（万吨）	Cargo Throughput of Major Sea Ports (10 000 tons)	2397.3	984.0	378.6	110.7	10.8	12.8	15.9
邮电通信业	**Telecommunications and Postal Services**							
邮电业务总量(亿元)	Total Business Volume (100 million yuan)	107532.7	23566.9	764.8	115.5	25.3	33.3	25.4
移动电话用户(万户)	Mobile Telephone Subscribers (10 000 subscribers)		4084065.6	884.1	116.6		74.9	27.4
固定电话年末用户（万户）	Fixed Telephone Subscribers (10 000 subscribers)	16291.8	4579.2	216.6	92.2	17.9	22.3	9.0
国内贸易和对外贸易	**Domestic Trade and Foreign Trade**							
社会消费品零售总额（亿元）	Retail Sales of Consumer Goods(100 million yuan)	8512.7	1598.5	339.3	115.5	15.4	15.7	14.5
国际旅游	**International Tourism**							
入境过夜旅游者人数（万人次）	Inbound Tourists Staying Overnight (10 000 person-times)	7105.5	485.3	162.9	95.9	14.7	8.7	5.6
国际旅游收入（亿美元）	Foreign Exchange Earnings from International Tourism (USD 100 million)	15085.6	1788.8	244.6	97.1	17.6	16.4	10.4

附录3：全国各省（自治区、直辖市）国民经济主要指标（2009年）
Appendix III: Main Indicators of National Economy by Province, Municipality and Autonomous Region (2009)

地　区	Region	地区生产总值（亿元） Gross Domestic Product (100 million yuan)	第一产业 Primary Industry	第二产业 Secondary Industry	工业 Industry	第三产业 Tertiary Industry	人均地区生产总值（元） Per Capita GDP (yuan)
东部地区	**Eastern Region**						
北　京	Beijing	11865.9	118.3	2743.2	2191.0	9004.5	68788
天　津	Tianjin	7500.8	131.0	4110.5	3749.8	3259.3	62403
河　北	Hebei	17026.6	2218.9	8874.9	7902.1	5932.8	24284
辽　宁	Liaoning	15065.6	1414.9	7821.7	6841.0	5829.0	34898
上　海	Shanghai	14900.9	113.8	5940.0	5349.8	8847.2	78225
江　苏	Jiangsu	34061.2	2201.6	18416.1	16464.7	13443.4	44232
浙　江	Zhejiang	22832.4	1161.7	11843.3	10457.1	9827.5	44335
福　建	Fujian	11949.5	1182.9	5812.4	4918.1	4954.2	33051
山　东	Shandong	33805.3	3226.6	19035.0	17032.7	11543.7	35796
广　东	Guangdong	39081.6	2006.0	19270.5	17946.3	17805.1	40748
海　南	Hainan	1646.6	461.9	443.4	300.6	741.2	19166
中部地区	**Central Region**						
山　西	Shanxi	7365.7	477.6	4021.2	3551.9	2867.0	21544
吉　林	Jilin	7203.2	980.5	3492.0	3004.6	2730.7	26319
黑龙江	Heilongjiang	8288.0	1154.3	3920.4	3412.9	3213.3	21665
安　徽	Anhui	10052.9	1495.6	4902.8	4064.2	3654.5	16391
江　西	Jiangxi	7589.2	1098.3	3890.3	3170.1	2600.6	17185
河　南	Henan	19367.3	2769.0	10968.6	9858.4	5629.7	20477
湖　北	Hubei	12831.5	1795.9	5909.4	5059.1	5126.2	22450
湖　南	Hunan	12930.7	1969.7	5682.2	4814.4	5278.8	20226
西部地区	**Western Region**						
重　庆	Chongqing	6528.7	606.8	3447.5	2917.4	2474.4	22916
四　川	Sichuan	14151.3	2240.6	6711.9	5678.2	5198.8	17339
贵　州	Guizhou	3893.5	554.0	1474.3	1252.7	1865.2	10258
云　南	Yunnan	6168.2	1064.0	2580.3	2088.3	2523.9	13536
西　藏	Tibet	441.4	64.0	136.2	32.7	241.2	15295
陕　西	Shaanxi	8186.7	789.6	4312.1	3579.0	3084.9	21732
甘　肃	Gansu	3382.4	497.5	1511.0	1191.3	1373.9	12852
青　海	Qinghai	1081.3	107.4	576.3	471.3	397.5	19454
宁　夏	Ningxia	1334.6	127.1	680.2	538.3	527.2	21475
新　疆	Xinjiang	4273.6	759.7	1951.9	1579.9	1562.0	19926
内蒙古	Inner Mongolia	9725.8	929.0	5101.4	4503.3	3695.4	40225
广　西	Guangxi	7700.4	1458.7	3377.7	28 63.8	2863.9	15923

注：本表绝对数按当年价计算。
Note: the values in this table are calculated at current prices.

附录 3 续表 1 APPENDIX III CONTINUED-1

地 区	Region	年末总人口（万人） Year-end Total Pupulation (10 000 persons)	就业人员（万元） Total Employment (10 000 persons)	客运量（万人） Passenger Traffic (10 000 persons)	货运量（万吨） Freight Traffic (10 000 tons)	金融机构本外币存款余额（亿元） Total Deposit Balance of RMB and Foreign Currencies of Financial Institutions (100 million yuan)	#城乡居民储蓄 Saving Deposits of Urban and Rural Residents
东部地区	**Eastern Region**						
北 京	Beijing	1755	1255	129534	20470	56960	15329
天 津	Tianjin	1228	507	23337	42324	13887	4973
河 北	Hebei	7034	3900	77773	123065	22361	13551
辽 宁	Liaoning	4319	2190	95505	135055	22621	11997
上 海	Shanghai	1921	929	9571	76669	44620	14358
江 苏	Jiangsu	7725	4536	200713	152581	50062	20304
浙 江	Zhejiang	5180	3825	199068	151566	45112	18169
福 建	Fujian	3627	2169	75009	58163	15098	7079
山 东	Shandong	9470	5450	234564	284086	35171	17224
广 东	Guangdong	9638	5643	418938	169653	69691	32136
海 南	Hainan	864	431	40735	18393	3176	1297
中部地区	**Central Region**						
山 西	Shanxi	3427	1600	36474	109534	15760	8138
吉 林	Jilin	2740	1185	58580	34771	8406	4679
黑龙江	Heilongjiang	3826	1687	43365	54208	11023	6430
安 徽	Anhui	6131	3690	141229	196654	13307	6620
江 西	Jiangxi	4432	2244	70496	86057	9353	5122
河 南	Henan	9487	5949	144203	169942	19175	11207
湖 北	Hubei	5720	3024	94334	78984	17678	8223
湖 南	Hunan	6406	3908	140572	128921	14026	7852
西部地区	**Western Region**						
重 庆	Chongqing	2859	1878	113981	68566	11085	4909
四 川	Sichuan	8185	4945	220020	118253	24976	11575
贵 州	Guizhou	3798	2341	64918	34803	5898	2676
云 南	Yunnan	4571	2730	35556	46039	11120	4669
西 藏	Tibet	290	169	7844	943	1028	227
陕 西	Shaanxi	3772	1919	84303	92557	13860	6732
甘 肃	Gansu	2635	1407	49968	26605	5903	3027
青 海	Qinghai	557	286	10071	9874	1791	714
宁 夏	Ningxia	625	329	12629	29242	2068	972
新 疆	Xinjiang	2159	829	29886	45046	6877	3065
内蒙古	Inner Mongolia	2422	1142	22077	113916	8374	3914
广 西	Guangxi	4856	2863	68593	94466	9639	4715

注： 本表年末金融机构人民币存款余额和城乡居民储蓄数据摘自《领导查询快速反应系统-2009》。

Note: the data of year-end deposit balance of RMB of financial institutions and saving deposits of urban and rural residents are extracted from *Quick Response System for Leadership-2009*.

附录3 续表2 APPENDIX III CONTINUED-2

地 区	Region	固定资产投资额（亿元）Investment in Fixed Assets (100 million yuan)	社会消费品零售总额（亿元）Total Retail Sales of Consumer Goods (100 million yuan)	农林牧渔总产值（亿元）Gross Output Value of Farming, Forestry, Animal Husbandry and Fishery (100 million yuan)	进出口总额(按经营单位所在地分)（亿美元）Total Imports and Exports (by location of operation units) (USD 100 million)	#出口 Exports
东部地区	**Eastern Region**					
北 京	Beijing	4616.9	5309.9	315.0	2148.7	483.8
天 津	Tianjin	4738.5	2430.8	281.7	638.4	298.9
河 北	Hebei	12267.0	5764.9	3640.9	296.1	156.9
辽 宁	Liaoning	12292.6	5812.6	2704.6	629.3	334.4
上 海	Shanghai	5143.7	5173.2	283.2	2777.5	1418.8
江 苏	Jiangsu	18950.0	11484.1	3816.0	3388.3	1992.4
浙 江	Zhejiang	10741.6	8622.3	1873.4	1877.3	1330.2
福 建	Fujian	6231.2	4481.0	2001.2	796.6	533.3
山 东	Shandong	19034.5	12363.0	6003.1	1389.7	795.0
广 东	Guangdong	12941.5	14891.8	3337.6	6110.7	3589.6
海 南	Hainan	988.2	537.5	705.0	48.1	13.1
中部地区	**Central Region**					
山 西	Shanxi	4943.2	2809.0	908.7	85.5	28.4
吉 林	Jilin	6411.3	2957.3	1734.3	117.5	31.3
黑龙江	Heilongjiang	5029.2	3401.8	2251.1	162.2	100.8
安 徽	Anhui	8985.8	3527.8	2569.5	156.4	88.9
江 西	Jiangxi	6642.4	2484.4	1733.8	126.6	73.6
河 南	Henan	13704.6	6746.4	4871.5	134.4	73.5
湖 北	Hubei	7866.9	5928.4	2985.2	172.3	99.8
湖 南	Hunan	7703.5	4913.7	3207.9	101.5	54.9
西部地区	**Western Region**					
重 庆	Chongqing	5214.3	2479.0	913.1	77.1	42.8
四 川	Sichuan	11387.3	5758.7	3689.8	242.3	141.5
贵 州	Guizhou	2401.7	1247.3	875.2	23.0	13.6
云 南	Yunnan	4526.4	2051.1	1706.2	80.2	45.1
西 藏	Tibet	379.4	156.6	93.4	4.0	3.8
陕 西	Shaanxi	6249.0	2699.7	1337.2	84.0	39.9
甘 肃	Gansu	2363.0	1183.0	876.3	38.2	7.4
青 海	Qinghai	798.3	300.5	157.3	5.9	2.5
宁 夏	Ningxia	1075.9	339.3	243.5	12.0	7.4
新 疆	Xinjiang	2710.9	1177.5	1297.6	138.3	108.2
内蒙古	Inner Mongolia	7318.9	2855.3	1570.6	67.7	23.2
广 西	Guangxi	5237.2	2790.7	2377.2	142.3	83.8

注：本表各省、市固定资产投资数据不含跨区投资部分。
Note: the data of investment in fixed assets in this table excludes trans-regional investment.

附录 3 续表 3　APPENDIX III CONTINUED-3

地 区	Region	地方财政一般预算收入（亿元） General Budgetary Revenue of Local Government (100 million yuan)	地方财政一般预算支出（亿元） General Budgetary Expenditure of Local Government (100 million yuan)	城镇居民人均可支配收入（元） Per Capita Disposable Income of Urban Residents (yuan)	农村居民人均纯收入（元） Per Capita Net Income of Rural Households (yuan)	居民消费价格指数（上年=100） General Consumer Price Index (preceding year=100)
东部地区	**Eastern Region**					
北 京	Beijing	2026.8	2301.7	26738.5	11668.6	98.5
天 津	Tianjin	821.4	1099.2	21402.0	8687.6	99.0
河 北	Hebei	1066.2	2311.8	14718.3	5149.7	99.3
辽 宁	Liaoning	1591.0	2651.4	15761.4	5958.0	100.0
上 海	Shanghai	2540.3	2989.6	28837.8	12482.9	99.6
江 苏	Jiangsu	3228.6	3885.0	20551.7	8003.5	99.6
浙 江	Zhejiang	2142.4	2653.0	24610.8	10007.3	98.5
福 建	Fujian	932.3	1403.8	19576.8	6680.2	98.2
山 东	Shandong	2198.5	3266.8	17811.0	6118.8	100.0
广 东	Guangdong	3649.2	4305.4	21574.7	6906.9	97.7
海 南	Hainan	178.2	485.0	13750.9	4744.4	99.3
中部地区	**Central Region**					
山 西	Shanxi	805.8	1556.7	13996.6	4244.1	99.6
吉 林	Jilin	487.1	1479.2	14006.3	5265.9	100.1
黑龙江	Heilongjiang	641.6	1877.7	12566.0	5206.8	100.2
安 徽	Anhui	863.9	2101.0	14085.7	4504.3	99.1
江 西	Jiangxi	581.2	1548.6	14021.5	5075.0	99.3
河 南	Henan	1126.1	2902.6	14371.6	4807.0	99.4
湖 北	Hubei	800.4	2107.3	14367.5	5035.3	99.6
湖 南	Hunan	845.0	2118.6	15084.3	4909.0	99.6
西部地区	**Western Region**					
重 庆	Chongqing	681.8	1318.1	15748.7	4478.4	98.4
四 川	Sichuan	1174.2	3591.0	13839.4	4462.1	100.8
贵 州	Guizhou	416.5	1358.8	12862.5	3005.4	98.7
云 南	Yunnan	698.2	1949.8	14423.9	3369.3	100.4
西 藏	Tibet	30.1	470.1	13544.4	3531.7	101.4
陕 西	Shaanxi	733.9	1839.9	14128.8	3437.6	100.5
甘 肃	Gansu	286.7	1245.6	11929.8	2980.1	101.3
青 海	Qinghai	87.7	486.7	12691.9	3346.2	102.6
宁 夏	Ningxia	111.5	427.8	14024.7	4048.3	100.7
新 疆	Xinjiang	388.8	1349.2	12257.5	3883.1	100.7
内蒙古	Inner Mongolia	850.8	1925.1	15849.2	4937.8	99.7
广 西	Guangxi	620.8	1606.3	15451.5	3980.4	97.9

注：本表地方财政一般预算收入和预算支出摘自 2010 年《重庆领导干部手册》。
Note: the data of general budgetary revenue of local government and general budgetary expenditure of local government in this table are extracted from *Manual for Leadership of Chongqing —2010*.

中国统计出版社最新图书简目

(仅供参考,以最后出书为准)

统计资料

中国统计年鉴-2010
中国统计摘要-2010
国际统计年鉴-2010
2010 中国发展报告
中国第三产业统计年鉴-2010
中国区域经济统计年鉴-2010
中国劳动统计年鉴-2010
中国社会统计年鉴-2010
中国城市统计年鉴-2009
中国建筑业统计年鉴-2010
中国人口和就业统计年鉴-2010
中国工业经济统计年鉴-2010
中国商品交易市场统计年鉴-2010
中国房地产统计年鉴-2010
中国能源统计年鉴-2010
中国民政统计年鉴-2010
中国贸易外经统计年鉴-2010
2010 中国地区经济监测报告
中国科技统计年鉴-2010
中国农村统计年鉴-2010
中国农产品价格调查年鉴-2010
中国高技术产业统计年鉴-2010
中国教育经费统计年鉴-2009
中国农村贫困监测报告-2010
全国农产品成本收益资料汇编-2010
中国科学技术协会统计年鉴-2010
工业企业科技活动资料-2010
第二次全国残疾人抽样调查资料系列
中国棉花年鉴-2008/2009
中国城市(镇)生活与价格年鉴-2010
中国县(市)社会经济调查年鉴-2010
中国农村住户调查年鉴-2010(中、英文)
中国农村全面建设小康监测报告-2010
中国国内生产总值核算历史资料(1952-2004)
中国季度国内生产总值核算历史资料(1992-2005)
中国零售和餐饮业连锁企业统计年鉴-2010
大中型批发零售和住宿餐饮企业统计年鉴-2010
2005 年中国 1%人口抽样调查系列资料

2010 年省级综合统计年鉴系列

北京 天津 河北 山西 内蒙古
辽宁 吉林 黑龙江 上海 江苏
浙江 安徽 福建 江西 山东
河南 湖北 湖南 广东 广西
海南 重庆 四川 贵州 云南
西藏 陕西 甘肃 青海 宁夏
新疆 新疆生产建设兵团

2010 年市(县)级综合统计年鉴系列

天津滨海新区
石家庄 唐山 邯郸 太原 大同
长治 阳泉 晋城 朔州 晋中
运城 忻州 临汾 呼和浩特
包头 沈阳 大连 长春 吉林市
四平 延吉 哈尔滨 齐齐哈尔
黑龙江垦区 上海浦东新区
苏州 无锡 常州 徐州 南通
盐城 镇江 江阴 丹阳 杭州
宁波 绍兴 台州 舟山 温州
金华 嘉兴 衢州 安庆 福州
福州经济技术开发区
厦门经济特区 南昌 上饶
济南 青岛 潍坊 东营 郑州
洛阳 三门峡 南阳 武汉 宜昌
十堰 荆州 黄冈 长沙 广州
东莞 惠州 深圳 桂林 南宁
柳州 来宾 河池 海口 成都
贵阳 昆明 西安 庆阳 银川
乌鲁木齐 吐鲁番

“十一五”规划教材

非参数统计 医学统计学
概率论与数理统计 统计学
现代金融投资统计分析
多元统计分析 经济计量学教程
应用时间序列分析
统计指数理论及应用
统计数据处理概论
质量管理统计方法 社会统计学
多元统计分析实验
企业经营管理统计
市场调查与预测
统计学原理(非统计专业使用)
统计学:从数据到结论
国民经济核算教程(国民经济统计学)
概率论与数理统计(经济、管理类专业使用)

重点图书

新中国六十年
挑大学选专业 2010—高考志愿填报指南
挑大学选专业 2010—考研择校指南

统计年鉴

2010

CHONGQING STATISTICAL YEARBOOK 2010

如何使用年鉴浏览

请在阅读光盘前，请选择IE选项/高级/“允许来自CD的活动内容在我的计算机上运行”。

三种浏览方式：为方便用户浏览和使用年鉴，本书提供了超文本（网面格式）、EXCEL电子表格和PDF（电子阅读）三种浏览方式。默认为超文本格式，方便查阅。同时提供安装Acrobat Reader软件，方便阅读PDF文书。

本光盘中所有资料的浏览查阅和计算加工，未经许可均不得用于商业性用途，否则必追究其法律责任。

How to use the yearbook to browse

Please choose"contents of CD are permitted on my computer"of IE/senior.Three modes to browse:In order to browse and use the yearbook easily,three modes-HTML,EXCEL and PDF form are offered.HTML mode is acquiescent,which provides more convenient consultation and temporary calculation.Acrobat Reader is provided to read PDF.

The consultation and calculation of data in this disk are not permitted for commercial purposes without written permission from the publisher.legal responsibilities are reserved to prosecute.

重庆市统计局 国家统计局重庆调查总队 编

CHONGQING MUNICIPAL BUREAU OF STATISTICS

NBS SURVEY OFFICE IN CHONGQING